인간의
성에 관한
50가지 신화

이 도서의 국립중앙도서관 출판예정도서목록(CIP)은 서지정보유통지원시스템 홈페이지(http://seoji.nl.go.kr)와 국가자료종합목록시스템(http://www.nl.go.kr/kolisnet)에서 이용하실 수 있습니다.
CIP제어번호: CIP2018042588(양장), CIP2018042589(반양장)

인간의 성에 관한 50가지 신화

Pepper Schwartz
페퍼 슈워츠
Martha Kempner
마사 켐프너
지음

고경심
유채영
이수연
옮김

50 Great Myths of Human Sexuality

50 GREAT MYTHS OF HUMAN SEXUALITY

by Pepper Schwartz and Martha Kempner

서문

불과 얼마 전, 미국 하원의원 한 명이 여성이 자기 의지에 반해 강간당할 경우 임신될 가능성 같은 것은 없다고 말했다. 그의 설명에 따르면, 인간의 몸에는 일련의 생체 과정이 있어서 '진짜 강간'이 발생할 경우 이러한 기질적 과정이 임신을 차단한다는 것이다. 도대체 어디서 이런 사실을 배웠는지 상상이 되지 않는다. 그는 의사들이 그렇게 말해주었다고 주장했다. 하지만 의사들이 거짓말을 하거나 농담하는 것이 아니라면, 진짜 의과대학을 나온 사람 중에 누가 이런 사실을 진실이라고 믿을지 상상이 되지 않는다. 너무나도 터무니없어서 이 문제를 우리 책에서 다루어야겠다고 생각해보지 못했다. 그런데 잘 교육받은 성인, 그것도 하원의원이 텔레비전 리포터에게 이것이 사실이라고 무척이나 편하게, 반복적으로 말할 만큼 여전히 이 사실을 굳게 믿고 있다.

이 터무니없는 이야기가 대중의 공감을 얻어 온 나라로 퍼져나갈 것이라고 생각하지는 않는다. 하지만 한 가지 중요한 사실을 깨닫게 해준다. 성에 관한 놀랍고 터무니없는 오해들이 존재한다는 것과, 이들 중 상당수의 신화들이 스스로를 신격화한 '전문가'들에 의해 보증되어 복음이 되고 이것이 대중 속으로 전달된다는 것이다. 심지어 그중 일부는 학교에서 가르치고 있다. 이런 신화들은 그저 쓸데없는 걱정과 불안을 불러일으키는 것에서 너무나 터무니없어 사람들을 위험에 이르게 하는 것까지 다양하다.

우리 모두는 인생의 어느 시점에서 한두 가지 신화를 받아들이게 되는 희생자이다. 언제나 올바른 정보만을 얻을 수 있는 사람은 없다. 때때로 초기 정보들은 그것이 사실은 상당히 부정확한 것이었음을 알기 전까지는 옳은 소리로 들린다.

페퍼가 대학 초년생이었을 때, 그녀는 다른 여학생 몇 명과 함께 살았다. 처음에 그들 대부분은 성 경험이 없었다. 젊은 그녀들은 하나둘씩 남자 친구를 사귀게 되거나 깊은 데이트 관계를 가지게 되었으며, 그렇게 육체적 관계를 경험하게 되었다. 그 가운데 한 명이 처음으로 임신을 하고는 곧바로 충격에 빠져버렸다. '첫 섹스에서는 임신되지 않는다'라는 말을 확신했거나, 임신되지 않을 확률이 너무 커서 걱정할 필요가 없다고 확신했던 것이다. 이후 그녀는 섹스 무료입장권을 즐겼던 만큼의 괴로움을 대가로 내놓아야 했다. 당시 그녀가 믿었던 신화는 매우 평범한 것이었으며 아직도 종종 농담하듯이 가볍게 이야기되고 있어서, 엄청난 양의 '탄산음료'를 마시거나 질 세척을 하게 되면 임신을 방지할 수 있다는 등의 더 새로운 신화들과 함께 이 신화도 다루어야만 했다(신화 25를 참조하시라).

신화는 결과를 낳는다. 우리가 첫 경험이나 생리 중에는 임신되지 않는다고 믿으면, 어떤 사람들은 진짜 임신에 대한 걱정을 접어놓게 된다. 악의 없는 신화조차 우리의 행동을 바꿀 수 있다. 우리가 빨강 머리 소녀는 태생적으로 육감적이라고 믿고 떠벌린다면, 몇몇 수줍은 빨강 머리들은 자기가 좋아하지도 않는 유혹의 몸짓을 하려 든다. 또 자신이 할 수도 없고, 원하지도 않는 기대를 충족시키기 위해 살아야 한다고 느낀다.

이 문제가 훨씬 더 어려운 것은 성에 관한 많은 신념들이 과학적 사실이 아닌 개인적이거나 (그저 지배적인) 사회적 가치들에 기초하고 있기 때문이다. 하지만 가치는 변화하는 속성을 지닌다. 몇 세대 전만 해도 어머니들은 '공짜로 우유를 얻을 수 있으면 남자들은 암소를 사지 않는다'라는 속담을 들먹이며 결혼할 때까지 처녀성을 지키라고 말했다. 이 말은 성 혁명이 여성들의 행동을 변화시키기 시작한 1960년대 후반과 1970년대 이전에는 그리 나쁜 충고가 아니었을 것이다. 현재에도 그리 나쁜 충고가 아닐지 모른다. 하지만 여성들에게 처녀성이 성 경험이 아니라 문화적 부담에 가까운 오늘날의 현실을 반영하지 못한다. 이와 더불어 오늘날의 십 대들이 섹스는 보다 이른 나이에 시작하고 결혼은 보다 늦게 한다는 사실에도 불구하고, 1980년대에 시작되어서 2000년대 초까지 계속된 '혼전순결' 운동은 젊은이들에게 혼전 성관계가 해롭다고 딱 잘라 말했다. 혼전 처녀성을 높이 평가하고 그 믿음에 따라 행동하는 사람들이 여전히 존재하겠지만, 그렇게 하지 않는 것이 해롭다고 말하는 것 역시 부정확하다.

다른 신화들도 절대 진실이 아니었다. 때때로 정치적 의제 때문에 사실들이 왜곡된다. 예를 들어, 몇몇 반(反)낙태주의자들은 여자들에게 겁을 잔뜩 주어서 임신중절 수술을 받지 못하게 만들고 싶어 하기 때문에 낙태의 육체적·감정적 결과에 관해 말 그대로 말을 만들어낸다(29번째 신화를 보시라!). 그리고 여전히 사람들은 더 이상 진실이 아닌 역사적 사실들에 대해 편견을 지니고 있다. 예를 들어, 젊은 여성들과 십 대들이 미래의 출산을 염려한다면 자궁 내 피임기구(intrauterine devices)를 피해야 한다는 말은 더 이상 진실이 아니다. 자궁 내 피임기구의 가장 최신 버전은 모든 연령대의 모든 여성들에게 안전하다.

이 책에서는 성에 관한 50가지 신화를 골라보았다. 50가지로 좁히는 작업이 쉽지 않았음을 인정한다. 우선 많은 사람들이 믿고 있지만, 이 책에서 다루지 않으면 절대 진실을 알지 못할 것이라고 생각되는 것들을 골랐다. 다음으로 그것이 너무 위험해서 자기 자신에게 혹은 (차별을 통해서) 다른 사람들에게 육체적·정신적 위해가 될 만한 것들을 골랐다. 마지막으로, 신화에 반대되는 증거들을 보여주는 훌륭한 연구들을 가려냈다. 우리는 이 책이 다루려고 하는 것과 똑같은 우를 범하고 싶지 않다. 여러분은 더 많은 것들에 대해 생각해볼 수 있게 될 것이다. 책을 읽으면서 더 많은 신화들을 떠올릴지 모른다. 이 책에서 다루지 못한 중요한 신화들을 제안하는 편지를 보내준다면 더 없는 기쁨이 될 것이다(그래서 항상 제2판이 있는 것이다!).

그릇된 정보를 심도 있게 파헤치고 수정하기 전에, 몇 가지 점들에 대해 충분히 이야기하고 싶다. 우리가 다룬 대부분의 연구들은 미국을 대상으로 한 것이며, 문화적 이슈 역시 미국에 특정한 것들이다. 성에 대한 태도는 세계 곳곳에서 너무나 다른 양상을 띠기 때문에 각각의 신화를 세계적 수준에서 다루려 했다면 이 작업은 불가능했을 것이다. 하지만 몇 가지 신화에서 신념들이 어떻게 변화할 수 있는지, 그리고 사회가 어떻게 인식에 영향을 미치는지 설명하는 것을 돕기 위해 다른 나라와 다른 문화를 비교하는 작업을 포함했다.

또한 가능한 한 동성 커플을 포함하려 했다. 임신과 같은 특정 신화들은 이성 커플에 한정될 수밖에 없다. 나머지들은 게이, 레즈비언, 양성애, 트랜스젠더 개인과 커플에 대한 오해를 바로잡는 데 할애했다. 하지만 가짜 오르가슴 혹은 동시적 오르가슴의 중요성처럼, 많은 신화들이 이성 커플에서 비롯된 관계로 이를 모든 사람에게 적용하기는 불가능했다. 이 경우에도 우리는 동성 커플을 다룬 연구들을 가능한 한 포함하려 노력했다. 불행하게도 성과 성 행동의 많은 측면들에 대해, 레즈비언과 게이 커플을 대상으로 한 연구가 충분하지 않았다. 동성결혼과 동성애가 더 개방되고 사회에서 더 많이 수용될수록, 동성 커플들을 면밀히 조사하기 시작할 것이라 희망한다(앞서 말했던 제2판에는 더 많은 정보를 실을 수 있을 것이다).

마지막으로 성에 대한 신념들은 개인적 가치와 의견을 바탕으로 하는 경우가 매우 많기 때문에, 여러분이 읽는 것 가운데 어떤 것들은 저자인 우리 자신의 신념을 반영하고 있음을 이해해주기 바란다. 하지만 우리의 의견은 과학에 근거를 두고 있으며, 이 책 전체를 통해 그러한 과학을 여러분에게 보여주려 한다. 또한 우리의 의견은 성 분야에서 쌓아 올린 수년간의 직업적 경험, 글쓰기, 연구, 교육을 기초로 하고 있음을 밝히는 것이 합당하다고 생각한다. 이러한 경험으로 인해 때때로 약간의 설명을 덧붙이는 작업을 피할 수 없었다.

궁극적으로 이 책의 한 장 한 장이 여러분의 생각을 명확히 하고, 깨우침이 되고, 즐거움이 되길 바란다. 주제들이 심각하다는 것이 재미를 느낄 수 없다는 뜻은 아닐 것이다.

차례

서문 5

제1장
몸: 구조와 기능

신화 1. 음경은 클수록 좋다 15
신화 2. 질은 불결하고 냄새가 난다 20
신화 3. 포경수술은 위험하고, 필요도 전혀 없다 29
신화 4. 지스폿은 여성 오르가슴의 강한 성감대이다 39
신화 5. 테스토스테론은 남성 성욕의 지표이자 해결책이다 44
신화 6. 모든 인간은 남성 아니면 여성이다 49

제2장
성적 지향과 성 정체성: 지금 우리의 모습은 무엇이며, 어떤 모습이기를 바라는가

신화 7. 게이는 한눈에 알아볼 수 있다 63
신화 8. 진짜 양성애자는 없다 68
신화 9. 트랜스젠더들 대부분은 성전환 수술을 한다 74
신화 10. 동성애는 치료될 수 있다 83
신화 11. 동성 커플 관계는 이성 커플과 태생적으로 다르다 95
신화 12. 동성애자 부모를 둔 아이들은 심리적 문제가 있으며 보통 게이가 된다 101
신화 13. 아동 성추행범 대부분이 게이 남성이다 112

제3장
성에 관한 통계들: 어떤 사람들이, 얼마나 자주, 얼마나 뜨겁게 섹스를 할까?

신화 14. 최고의 성생활은 독신자들이 하고 있다 121
신화 15. 결혼한 사람들의 섹스는 따분하다, 따분한 섹스는 나쁘다 125
신화 16. "할머니는 섹스 안 해요. 음, 엄마도 안 할 것 같아요." 131
신화 17. 젊은 사람들은 성적으로 거칠고, 난잡하고, 무책임하다 138
신화 18. 항문 성교는 정상이 아니다 146

제4장
연기: 조명, 카메라, 오르가슴

신화 19. 첫 섹스는 생애 최고의, 그리고 가장 뜻깊은 사건 중 하나이다 155
신화 20. 좋은 섹스는 언제나 두 사람을 동시에 오르가슴에 이르게 한다 165
신화 21. 내 파트너 중에 오르가슴을 가짜로 연기한 사람은 없다 172
신화 22. 여자들은 침대에서 지배받고 싶어 한다, 거친 섹스가 가장 흥미진진하다 178
신화 23. 절대 자위는 안 할 사람들만 182
신화 24. 성적으로 흥분되지 않을 때 최음제가 도움이 된다 186

제5장
임신과 피임: 오해와 착각

신화 25. 황당한 피임법들: 그렇게만 했어도 임신 안 됐을 텐데 195
신화 26. 피임약과 피임법은 여성의 건강에 실제로 해롭다 200
신화 27. 체외사정은 다른 피임법 못지않은 효과적인 피임법이다 213
신화 28. 콘돔은 피임이 잘 안 되고 성생활의 즐거움을 감소시킨다 219
신화 29. 임신중절은 유방암의 원인이며 정신건강상 후유증을 초래한다 226

제6장
성병과 예방: 사랑의 리스크

신화 30. 에이즈는 완치된다 235
신화 31. 성병은 약만 잘 먹으면 문제될 게 없다 243
신화 32. 인유두종바이러스 예방백신은 소녀를 성적으로 문란하게 만든다 253

제7장
관계: 데이트와 욕망

신화 33. 후킹업은 결코 연인 관계로 발전되지 않는다 261
신화 34. 누군가 다른 사람에게 매력을 느낀다면 관계에 문제가 있는 게 틀림없다 266
신화 35. 여성의 환상은 대부분 러브스토리와 함께 전개된다 269
신화 36. 남성은 바람을 피우지만 여성에겐 드문 일이다 276
신화 37. 대부분 커플은 성욕이 서로 잘 맞는다 284

제8장
섹스가 건강하지 못할 때: 섹스와 트러블

신화 38. 질투는 로맨틱하다 291
신화 39. 알코올은 섹스를 더 좋게 만든다 295
신화 40. 알코올과 섹스는 해롭지 않은 조합이다 302
신화 41. 여성에게 섹스는 때론 아프기만 할 뿐이다 307
신화 42. 마흔이 안 된 남성에겐 발기 문제가 거의 없다 315
신화 43. 알코올이나 약물에 중독되듯이 섹스에 중독될 수 있다 323
신화 44. 성폭행에 관한 흔한 신화들: 그녀가 원한 것이다 334
신화 45. 포르노그래피는 위험하다 342

제9장
섹스의 그다지 사적이지 않은 측면: 섹스, 사회, 법

신화 46. 성교육이 아이들을 성적으로 더 활발하게 만든다 355
신화 47. 섹스를 많이 하는 남자는 종마, 섹스를 많이 하는 여자는 헤픈 여자 366
신화 48. 섹스팅은 십 대들의 유행성 질병이다 377
신화 49. 합의된 섹스라면 절대 불법일 리가 없다 387
신화 50. 게이 인권운동은 더 이상 필요 없다 400

옮긴이 후기 410
각 장의 주 412
찾아보기 454

제1장

몸

구조와 기능

신화 01

음경은 클수록 좋다

'남성 음경은 클수록 좋다'라는 말을 흔히 듣는다. 또 '크기보다 운동 기능이 더 중요해'라는 말도 듣는다. 음경에 대한 이런 말과 허풍을 단순히 우스갯소리로 넘겨버릴 수 없다. 오히려 심각한 영향을 줄 수 있기 때문이다. 음경이 작은 남성들이 자신의 남성성에 열등감을 느껴서 성생활을 피하거나 심지어 공중화장실에서 용변을 보는 것조차 피하고 음경을 길게, 강하게, 또는 굵게 만들어준다는 엉터리 물건을 사기도 한다. 또 일부 남성들은 보형물을 삽입하는 수술을 감행해서 신경 손상과 발기부전으로 고생하기도 한다. 음경을 지지하는 인대를 잘라내는 수술에 성공하더라도 음경에 추를 달아 여러 주 동안 당겨야 하는 심각한 일도 벌어진다.[1] 수술로 음경의 길이가 늘어나긴 해도, 발기되기 전 상태에서만 그럴 뿐이다(그런데 왜 이런 수술을 하는가? 남자 화장실에서 다른 남성의 길고 큰 음경을 흘끗 보면서 부러워하라고?). 게다가 음경을 굵게 만들려고 삽입한 지방조직이 불균등하게 분포되면 말썽을 일으킬 수 있다. 그래서 수술을 한 남성 다수가 결과에 만족하지 못한다.[2]

음경은 보통 얼마나 큰가?

음경의 크기는 다양하다. 길이와 굵기도 마찬가지이다. 음경 크기에 대한 한 연구[3]에 따르면, 음경의 평균 길이는 약 3.5인치(8.9cm)이고 발기된 상태에서는 약 5.1인치(12.9cm)이다. 치골에서부터 측정할 경우 약 6.2인치(15.7cm)이다. 발기된 상태에서 음경 둘레는 약 4.8인치(12.2cm)이다. 남성 3분의 2가 평균치에서 1인치(2.5cm) 범위 내에 있다. 다른 연구도 비슷한 결과를 보인다.[4] 흥미로운 것은 이 두 연구에서 평소 상태와 발기 상태의 음경 길이에 상관관계가 없다는 것이다. 그러므로 당신이 옆 변기에서 소변을 보는 남자의 음경을 흘끗 보았다 해도 그게 전부가 아니다.

남성의 키와 음경 크기의 상관관계를 보자. 사람들은 키가 크면 음경도 클 것이라고 생각한다. 이성애자 남성과 여성 5만 2031명 대상 인터넷 조사 결과, 키가 큰 남성의 음경이 컸고 키가 작으면 음경도 더 작았다.[5] 이란의 남성 1500명을 대상으로 한 외성기 관련 연구에서도 음경 크기와 키는 통계적으로 유의하게 정비례했다.[6] 아테네 해군보훈병원 비뇨기과에서 40세 이하 남성 52명을 대상으로 한 연구에서도 음경의 길이와 전체 길이는 키와 정비례해서 크다고 했다.[7]

체질량지수(BMI) 역시 음경의 크기와 관련성이 있지만, 뚱뚱한 남성일 경우 음경이 복부 안으로 퇴축해 들어가서 작게 측정되기 때문이라고 추정한다. 연구자들은 "비만도는 음경이 큰지 작은지 결정하는 좋은 예측자"라고 했다.[8]

사람들은 손발이 크면 음경도 크다고 농담처럼 말하지만 실제로는 그렇지 않다. 성메리병원과 런던대학병원 비뇨기과 의사들이 남성 104명의 음경 길이를 연구했는데, "신발 크기와 음경 길이가 통계적으로 의미 있는 관련성을 보이지 않았다"라고 확인했다.[9] 그 이후 누구도 관련성을 발견하지 못했다.

그런데 손, 특히 검지 길이는 좀 다른 경향을 보였다. 이란 남성을 대상으로 한 연구에서 검지와 음경의 길이에 정비례 관계가 있다고 보고했다.[10] 표본 수가 더 적은 다른 연구에서도 비슷하게 나타났다.[11] 보라체크와 매닝은 이에 대해 다음과 같이 설명했다. "호메오박스(homeobox) 유전자가 손발 등의 사지 발달을 조절하는 동시에 음경 같은 비뇨생식기 발달도 조절한다. 그래서 손가락의 모양은 외부생식기의 모양과 관련성이 있다."[12]

지금까지 음경 길이를 예측하는 몇 가지 생리학적 인자들이 드러났다. 하지만 더 중요한 질문은 왜 여기에 관심을 갖느냐이다. 음경의 크기가 성적인 만족에 정말 영향을 주는 걸까?

음경의 크기가 성적 만족에 영향을 주는가?

이 질문에 대한 답을 찾는 데는 두 가지 방식이 있다. 하나는 뇌, 하나는 몸이다. 생리학 연구는 음경 크기가 여성 오르가슴과 성적 만족에 영향을 주는가를 본다. 심리 연구는 정신적·정서적·미학적으로 음경 크기가 어떻게 여성 오르가슴과 성적 만족에 영향을 주는가를 본다. 이 문제에 대한 연구 중 먼저 이성애자 자료를 들여다보자.

매스터스와 존슨은 1960년대 말과 1970년대에 인간의 성 기능을 연구한 유명한 성 연구자로, 성학과 성 치료 분야를 개척했으며, 수백(아마도 수천) 쌍의 이성애 성행위를 연구했다. 그들은 음경 크기는 여성의 성적 만족에 미미한 영향을 주거나 거의 관계가 없다고 결론지었다. 이 연구에 대한 후속 검증에서도 같은 결론이 나왔다.[13] 여성의 성적 흥분과 오르가슴이 음경의 크기와 상관이 없는 이유는 질벽이 음경을 감싸면서 음경 크기에 적합하게 적응하기 때문이다. 성교 중 음경을 감싸는 느낌이 지속되지 않는 이유는 여성의 흥분기와 절정기에는 질의 안쪽 벽이 풍선처럼 부풀어 늘어나기 때문이다(아마도 정액을 더 잘 보관하기 위해). 절정기에서 질벽은 더 느슨해지며 음경이 질 안에 꽉 채워지지 않는다.

비록 대중매체는 여성들이 크고 굵은 음경을 좋아하는 것처럼 표현하지만, 연구자들은 이를 부인하며 오히려 여성들보다 남성들의 염려가 더 문제라고 보고 있다. 큰 규모의 학술 인터넷 연구에 따르면 이성애자 남성 55%가 자신의 음경 크기나 굵기에 만족하며, 이성애자 여성 84%는 파트너의 음경에 만족한다고 했다. 단지 여성 14% 정도가 좀 더 컸으면 좋겠다고 했다.[14] 질버겔드가 시행한 여성의 주관적 의견에 대한 연구에서는 "성 경험 여성 426명 어느 누구도 음경의 크기가 중요하다고 하지 않았다"라고 밝혔다.[15]

최근의 연구는 더 흥미로운 결과를 보인다. 아이젠먼[16]은 음경 크기의 중요성에 대해 여성 50명에게 질문했다. 45%의 여성이 굵을수록 좋은 느낌이라고 한 반면, 길수록 좋다고 한 여성은 단 5%였다. 한 유럽 연구에서는 엄마가 된 여성들에게 파트너의 음경의 크기와 성적 만족에 대해 질문했는데, 단 1%만이 음경이 길 때 만족이 증가된다고 했다. 대부분은 음경의 길이가 중요하지 않거나(55%), 전혀 중요하지 않다(22%)고 했다. 반면에 같은 연구자가 추가로 진행한 다른 연구에서는 여성의 3분의 1이 음경의 크기와 길이가 중요하다고 언급했다.[17] 크로아티아 여성 556명을 대상으로 한 1998년 연구에 기초를 둔 2006년 논문에서는 음경의 굵기가 길이보다 더 중요하다고 했으나, 여전히 12.8%만이 굵기 또는 길이가 매우 중요하다고 응답했다. 그러나 저자가 성 경험이 있는 여성들만을 대상으로 한정했던 다른 연구에서는 여성들이 음경 크기가 중요하다고 생각한다는 다른 결론이 나오기도 했다.[18]

흥미로운 것은 음경의 외관에 관한 것으로, 여성 26.9%는 파트너 음경의 모양이 매우 중요하다고 했으며, 여성 44.9%는 어느 정도 중요하다고 했다. 단지 여성 18.2%만이 음경의 모양이 전혀 중요하지 않다고 했다. 이 연구는 여성들이 생리적인 기능보다 음경의 미적 외관을 선호한다는 것을 보여주었다는 점에서 흥미롭다.

이성애자 남성들은 자신의 음경에 대해 노심초사하고 있다. 그러나 신화와 달리 실제 음경의 크기는 그리 중요하지 않다. 결론을 말하자면, 지금까지 나온 정보로는 음경의 크기가 이성애 성관계에서 만족을 가져다준다는 말을 뒷받침할 수 없다는 것이다.

게이 남성에게도 차이가 있는가?

게이 성 노동자는 자신의 물건 크기를 광고한다. 또 음경이 크고 긴 게이 남성 모델이 곧잘 채용되는 것 같다. 게이 카툰에 나오는 게이들은 항상 음경이 크다. 이런 상황에서 게이 남성들이 음경 크기로 걱정하는 것은 이상한 일이 아니다. 이는 특히 미국에서 널리 퍼진 강박관념인 것 같다. 그러나 이것이 게이들의 관계에 정말 중요한 것인가?

어느 정도는 사람들이 사실이라고 믿는 것이 결과적 사실이다(초기 사회학자 윌리엄 토머스가 처음 발언한 격언이다). 게이 세계에서 음경의 외양이 이렇게 칭송되고 있는 상황에서, 게이 남성들이 영향을 받지 않는다고 말하기는 힘들다. 그러나 과연 음경의 크기가 성적인 만족에 차이를 가져올까?

분명히 어떤 남성들은 그렇게 생각할 것이다. 그러나 크기가 작은 음경을 가진 파트너를 두고 게이 남성이 방황하거나 성적으로 불만족스러워할까? 이러한 동성애 관계 문제에 대해 어떤 자료도 발견할 수 없었기 때문에, 우리는 음경의 크기가 어떤 영향을 미치는지에 대해 확신할 수 없다.

왜 우리는 큰 음경이 좋다고 오해하는가?

여기에는 두 가지 이유가 있다. 첫째, 사람들은 큰 것이 좋다고 생각한다. 마치 큰 햄버거나 큰 집처럼 말이다. 큰 집을 소유한다는 사실은 문제를 계급의 관점에서 보게 한다. 집이 크면 더 가치가 있고, 거기 사는 사람은 부자라고 간주한다. 집이 쾌적하건 말건 그것은 중요하지 않다. 음경 크기에 대한 선호도 이와 같은 사고 체계이다. 물론 알다시피 크다고 항상 좋은 것은 아니다. 과도한 체중 증가는 대형 베이글, 대형 스테이크, 대형 감자튀김을 먹은 결과이다. 사실 음경이 크면 일부 여성들에게는 고통을 주며, 이성애자 또는 동성애자 파트너와 항문 성교 시 위험하고, 혈액순환이 되지 않아 실제로는 물렁거리는 경우도 있다.

둘째, 포르노 영화에 나오는 큰 음경을 보고 큰 것과 좋은 것을 혼동한다. 포르노에서는 음경이 크면 강력한 것처럼 연출된다. 그래서 남성 시청자는 다음과 같은 생각을 하게 된다. '내 음경은 저렇지 않으니 아마 나는 성적 능력이 없을 거야!'

물론 개인마다 선호의 차이가 있으나, 음경 크기에 집착하는 것은 적절하지 못하다고 본다. 일부 소수의 여성들이 음경이 큰 것을 좋아하거나 게이 남성이 에로틱한 자극을 위해 크기를 중요시하는 경우를 제외하고는 말이다. 파트너와의 관계에서 다양한 측면으로 만족을 느끼면 음경 크기는 큰 문제가 되지 않는다.

신화 02

질은 불결하고 냄새가 난다

1980년대에 방영되었던 미국 텔레비전 광고 시리즈 하나를 떠올려보자. 엄마와 스무 살이 조금 넘어 보이는 딸이 개를 데리고 산책하다가, 또는 운전을 하다가 갑자기 딸이 심각한 표정으로 엄마를 바라보고는 말한다. "엄마, 내 몸에서 이상한 냄새 나지 않아요?" 딸이 질에서 냄새가 난다고 절대 언급한 적이 없음에도, 엄마는 질 세정액 상품을 당당히 권한다. 딸의 표정이 갑자기 환해지고 하늘의 구름이 걷히고 햇빛이 비친다.

이 광고는 이제 더 이상 나오지 않는다. 하지만 질 세정제, 특수 비누, 여성 청결제와 질 향수 스프레이 등 비슷한 종류의 광고는 계속되고 있다. 요새도 냄새를 없앤다면서 '아래 거기'를 청결히 하기 위한 특별한 상품이 소개되곤 한다. 이 광고들은 질은 불결하고 냄새가 난다는 것을 기정사실화하면서 이를 해결하기 위한 상품을 소개하는 데 열을 올린다. 이때 외음부나 질이라는 명칭을 대놓고 사용하지 않는 것은 여성의 그 부위를 명명하는 것이 당황스럽고 언짢은 일이라는 생각이 내재되어 있기 때문이기도 하다(불행하게도 여성이든 남성이든 생식기의 위치와 이름을 정확히 모르기 때문에 명명을 잘하지 못한다).

불필요한 상품을 파는 산업과 생식기를 정확히 명명하지 못하는 사회 분위기에 편승해, 여성들은 자신의 생식기에 대해 부끄러움을 느끼고 성생활에도 좋지 않다고 생각한다. 그래서 자신의 외음부 모양을 바꾸고자 음모를 제거하기도 하고, 음부 모양을 '정상화'하기 위해 고통스러운 성형수술을 감행하기도 한다.

여성 생식기의 해부학적 구조와 명칭

잘못된 신화를 말하기 전에 먼저, 여성 생식기 명칭을 아는 것이 필요하다. 성교육 강의에서 이미 배운 내용을 반복하는 것을 용서하시라. 여성 생식기의 외음부는 다양한 부분으로 구성되어 있다. 치부는 치골 아래 지방 조직으로 이루어진

패드로, 사춘기 이후 음모로 덮인다. 대음순과 소음순은 치부 아래에 있는 외부와 내부의 음순을 각각 말한다. 대음순은 음모로 덮여 있다. 소음순을 옆으로 벌리면 음핵덮개, 음핵, 요도구가 보이고, 질구가 보인다. 이 모든 부위를 외음부라고 부른다.[1]

질은 내부 생식기의 일종이며 몸의 외부와 자궁을 연결하는 관이다. 질은 항상 열려 있고, 무언가가 들어가고 채워질 것처럼 비어 있는 관이나 터널이라고 생각하지만 실제로는 그렇지 않다. 질은 근육조직으로 이루어져 있고, 어떤 것(탐폰, 음경, 또는 섹스토이 등)이 들어갈 때나 어떤 것(예를 들어 아기)이 밀고 나올 때만 열리며, 평소에 질벽은 서로 맞붙어 닫혀 있다. 질벽은 탄력성이 있어 출산 때는 아기 머리가 나올 정도로 늘어날 수 있으나 평소에는 늘어나지 않는다.[2]

외음부와 질 관리하기

마케팅의 세계에서는 외음부 관리를 위해서 특별한 로션, 비누, 연고 등이 필요하고 질도 깨끗하게 해주어야 한다고 강권하지만, 실상은 몸의 다른 부위와 마찬가지로 비누와 물로 관리하면 충분하다.

외음부에는 혈관과 체온을 조절하는 땀샘과 분비샘이 많이 분포하므로 땀 냄새 또는 특별한 냄새가 날 수 있다. 약간 짜다고 하거나 효모 냄새 또는 신 우유 냄새가 난다고 하는 등 사람마다 느끼는 냄새가 다르다.[3] 이는 모두 정상이며 특별한 향수 비누나 스프레이가 필요하지 않다. 성 마사 간호대학의 굿이너프 교수는 "여성의 외음부에서 산딸기 냄새가 나야 할 이유가 없다"라고 했다. 외음부의 냄새가 평소와 다르거나 매우 심하면 감염의 징후이지만, 그렇지 않으면 걱정거리가 아니다. 여성 외음부에서 나는 냄새는 성 기능의 통합된 일부라고 보기도 한다.

질도 자체 세정 기능이 있다. 질 건강 유지를 위한 유산균이 균형을 이루어 상주하면서 자정 기능을 한다.[4] 비데로 물이 들어가게 하거나 질 세척을 위해 질 안으로 뒷물을 넣는 것은 수천 년간 여성들이 해온 방법이지만, 성병이나 기타 감염을 초래할 우려가 높다는 것이 수차례 입증되었다. 마르티노 외[5]의 논문에 따르면, 뒷물은 골반염, 세균성 질증, 자궁경부암, 곰팡이 염증 재발, 에이즈 감염의 위험을 높인다고 한다. 또한 불임과 저체중아 또는 조산과 관련성을 보였다. 또 다른 연구에서도 뒷물은 클라미디아 감염과 관련이 있었으며, 뒷물을 하지 않은 경우에는 관련이 없었다.

마르티노 외는 뒷물과 질병의 인과관계를 따질 때는 주의를 기울일 필요가 있다고 했다. 뒷물을 많이 하는 특정한 인구 집단인 아프리카계 미국인들은 소득과 교육 수준이 낮고 섹스파트너 수가 많아서 이미 골반염, 세균성 질증, 성병을 포함한 각종 건강지표의 위험이 높은 집단이라고 했다.[6] 하지만 여전히 뒷물은 불필요하며 확실히 위험하다.

뒷물은 아직도 남아 있는 잘못된 신화이며 수년간의 연구 결과에도 불구하고 여성들은 여전히 뒷물이 필요하고 건강에 좋다고 생각한다. 네스 외[7]가 뒷물 습관에 대해 여러 지역의 여성을 대상으로 조사한 결과, 여성 66.5%가 월경 후 깨끗하게 느껴지기 때문에, 43.6%는 개인위생을 위해서, 35.7%는 섹스 전후에, 23.9%는 냄새를 없애려고, 19.4%는 평상시 늘 하는 것이라고 생각하기 때문이라고 했다.

그림리 외[8]는 여성 70.3%가 뒷물에 찬성하며 "질 세정액은 안전해요, 그렇지 않다면 시장에 버젓이 나올 리가 없죠"라고 말한다고 했다. 이에 대해 마르티노 외는 다음과 같이 결론지었다.

> 질 세정액 규제에서 미국식품의약국(Food and Drug Administration: FDA)의 역할은 매우 복잡하다. 이것을 약품으로 인정할지 화장품으로 인정할지는 부작용, 성분의 종류, 농도 등에 따라 다르다. 화장품이든 약품이든 안전성을 입증해야 하지만, 화장품은 반드시 효과를 입증할 필요가 없는 반면 약품은 입증해야 한다. FDA는 질 세정액에 사용되는 도구의 디자인과 안전성도 평가한다. 현재 행해지는 세정제 규제 방식은 매우 혼란스럽다.[9]

그림리 외가 조사한 바에 따르면, 현재까지 뒷물을 해온 여성의 90%는 앞으로도 계속하겠다고 했다.[10] 게다가 뒷물을 하는 여성들은 하지 않는 여성보다 각종 여성 위생용품, 즉 스프레이(전자는 24%, 후자는 5.7%), 세정 휴지(30%, 14.5%), 파우더(21.5%, 6.6%), 거품 목욕제(20.5%, 6%) 등을 사용하는 경향이 더 높다. 흥미로운 것은 뒷물을 하지 않는 여성들은 냄새 제거용 질 좌약을 더 많이 사용하는 경향이 있었다(뒷물을 하지 않는 여성의 19%, 뒷물을 하는 여성의 12%).[11]

여성 생식기에 관한 신화는 특별한 관심이 필요하며, 냄새 방지 제품들은 문제가 많다. 여성의 불안을 미끼로 삼아 필요하지도 않을뿐더러 건강에 잠재적으로 위험할 수도 있는 제품을 기업이 만들어 팔고 있다.

주관적인 느낌과 성생활

여성 스스로 자신의 생식기를 어떻게 느끼고 생각하느냐 하는 것은 중요한 문제이지만, 이를 부끄럽게 여기는 경향이 있다.

자신의 생식기에 대해 좋지 않은 감정을 느끼는 여성들은 성생활을 잘 즐기지 못하며, 안전하지 않은 성행위를 할 위험이 높다는 연구가 제시되었다. 모리슨 외[12]의 연구에서 5명 중 1명의 여대생이 자신의 생식기 냄새가 불만이라고 했다. 그보다 더 전에 시행된 연구에서 라인홀츠와 뮈렌하르트[13]는 자신의 생식기 냄새나 모양을 부정적으로 인식하는 경우 다양한 성적 활동 참여가 저조해진다는 것을 발견했다.[14] 더 최근 연구자들은 여성들이 포르노그래피를 쉽게 접하게 되면서 자신의 외음부 모양에 대해 어떻게 느끼는지를 조사하기 시작했다.

2010년 조지워싱턴대학의 연구자들은 젊은 여성들을 대상으로 자신의 외음부에 대한 인식이 성행위와 즐거움에 어떤 영향을 주는지 세 가지 측정 도구를 사용해 조사했다. '외음부 외모 만족도', '생식기 이미지 자기 인식'과 함께 '안전하지 않은 섹스를 피하기 위한 동기, 성 존중감과 성적 만족'에 대한 조사였다. 저자들이 예상한 대로 "외음부 외모 만족도는 성적 만족도와 안전하지 않은 섹스와 관련이 있으며, 이는 생식기 이미지에 대한 자기 인식이 자기 존중감에 영향을 주기 때문이다".[15] 표본 수가 더 적은 버먼 외[16]의 연구도 같은 결과로, "긍정적인 생식기 자기 이미지는 성적 스트레스와 우울감과 반비례하며, 성적 욕구와 정비례한다"라고 했다. 그러나 "생식기 자기 이미지는 건강 관계, 스트레스, 전체적인 성 기능, 흥분, 윤활 작용, 오르가슴, 만족, 또는 통증 없음과는 관련성이 없다"라고 했다.

쉬크 외는 생식기 외모에 대한 불만족은 특히 여대생에게서 더 많이 발견되는데, 이는 그들 대부분이 성 경험을 처음 시작했기 때문이라고 보았다. "초기의 성적 만족이 감소하는 경험을 갖게 되면 건강한 성 자기 인식에 방해가 되고, 장래의 어려움과 우려로 이어지게 된다." 게다가 안전하지 않은 성생활을 피할 동기가 감소해서 에이즈를 포함한 성병에 더 취약하게 노출될 우려가 있다고 했다.[17]

외음부의 (불필요한) 성형수술

현대 사회에서 마음에 들지 않는 자기 신체의 일부를 바꾸는 것은 어느 정도 용인된다. 여성(그리고 남성)은 보톡스로 주름을 감추고, 지방 흡입으로 불필요한 지방을 없애며, 스키 경사면 같은 콧등을 만들기 위해서 코 성형수술을 받는다. 더블 디(double D) 컵을 만드는 유방 확대술도 흔하게 받고 있다. 『질 디자이너(Designer Vagina)』라는 책을 낸 브라운과 티퍼[18]는 다음과 같이 지적했다. "여성에게 외음부에 대한 스트레스가 새로운 것은 아니지만, 여성 생식기에 대한 관심은 최근까지도 자기 검열로 인해 성형수술 문화에 대한 비판적 검토가 필요하다고 인식되지 못했다."

오늘날 여성 생식기 외모와 감각을 바꾸기 위한 성형수술이 많이 행해지고 있다. 일부 '질 회춘' 또는 '처녀 만들기'라는 수술은 섹스 때 쾌락을 증진하기 위해 질을 좁힌다. '지스폿 확대' 수술도 여성의 성적 감각을 높여주는 지스폿의 위치를 보강해주는 수술이다(신화 4에서 지스폿이 모든 여성에게 존재하는지 논의할 예정이다). 또 소음순 성형수술은 소음순이 대음순 밖으로 돌출되어 나오지 않도록 소음순 일부를 잘라내어 모양을 변형한다. 소음순이 너무 길어서 꼭 끼는 옷을 입거나 걷고 운동할 때 불편하다는 사람도 있다. 미클로스와 무어[19]는 여성들이 생활하는 데 불편하다는 이유로 소음순 수술을 한다고 했다. 한 클리닉에서 27개월간 여성 131명을 대상으로 조사를 했는데, 37%는 순전히 미용을 목적으로,

31%는 기능 개선 목적으로, 31%는 미용과 기능 개선의 복합적인 목적으로 소음순 수술을 한다고 했다.

그러나 미국산부인과학회(American College of Obstetrics and Gynecology: ACOG)는 이 수술이 의학적으로 꼭 필요하지 않다고 밝혔다. 이 주제에 관한 미국산부인과학회 위원회의 언급은 다음과 같다.

> 이 수술은 의학적으로 꼭 필요하지 않으며 안전성과 효과도 입증되지 않았다. 성형수술을 원하는 환자와 의사가 상담할 때는 수술의 필요성과 신체적 징후나 증상에 대해 충분히 평가를 해야 한다. 여성들은 이 수술로 인한 잠재적인 합병증, 즉 감염, 감각 변화, 성교통, 유착 및 상처 등에 대한 정보를 충분히 제공받아야 한다.[20]

미클로스와 무어[21]는 대부분(93.1%)의 여성이 스스로 결정해 수술을 하는 반면, 소수(6%)만이 남성 파트너의 의사를 따라 결정한다고 했다. 그러나 일부 페미니스트 이론가들은 스스로 선택했다 하더라도 그 선택을 결정하는 맥락을 살펴보아야 한다고 반박한다. 라브레[22]는 브라질리언 왁싱(brazilian waxing)•에 대한 논문에서, 여성이 자신의 몸을 대상화하고 성애화하는 과정을 통해 쾌락을 느끼고 자존감을 느낀다고 할지라도 여성 자신이 실제로 권력을 행사하는 것을 의미하는 것은 아니라고 했다.

티퍼[23]는 성형수술을 둘러싼 여성의 선택과 관련한 두 가지 입장의 페미니스트 논쟁을 소개했다. 먼저 한 부류의 페미니스트들은 성형수술의 육체적·정신적 폐해를 밝히면서, 여성들이 외모 중심 문화에 참여하는 것은 이미 억압적 환경에 불가피하게 뛰어드는 것이고, 동시에 다른 여성들이 이 개입에 저항하는 것을 더 어렵게 만든다고 본다. 이러한 개인적 해결 방안인 성형수술은 젠더 불평등과 미래의 모든 여성의 선택을 제한하는 사회문제라고 주장한다. 다른 한편, 어떤 페미니스트들은 이미지의 완벽성을 추구하는 문화에서 고통을 받는 사람은 성형수

• 왁스와 같은 약제나 면도를 이용해 여성의 음모를 전부 제거하는 것을 뜻한다.

술을 통해 자신의 모습을 바꾸어 자존감을 높이는 것이 필요하다고 주장한다.

음모 없애기

생식기 성형수술은 자신의 외음부 모양에 대한 문제를 인식하고 바꾸려는 선택이지만, 실제로 매우 극단적이고 고통스러우며 영구적인 수술을 거쳐야 한다. 아마 여기까지 읽어온 독자들은 생식기 성형수술에 대해 회의적일 것으로 추측된다. 그러나 독자(특히 여성들) 중에는 자기 음모의 일부 또는 모두를 밀어버릴지 고민 중이거나 이미 밀어버린 사람도 있을 것이다. 이것은 그다지 극단적인 방법이 아니지만 (음모는 다시 자라므로) 고통스러울 수 있고, 또 외음부의 자연스러운 외모를 바꾸어놓는다.

텍사스주 보건소에서 시행한 청소년 대상의 한 최근 연구에서는 70%의 청소년이 음모를 정기적으로 면도하거나 왁스로 제거한다고 했다.[24] 더 큰 규모의 연구에서도 허베닉 외가 여성 2451명에게 질문했는데, 연령에 따라 다른 반응이 나왔다. 최근 몇 개월 동안 음모를 제거한 경우가 18~24세 여성들은 20.1%, 25~29세 여성들은 12.1%, 30~39세 여성들은 8.6%, 40~49세 여성들은 6.5%, 50세 이상 여성들은 9.1%로 나타났다. 게다가 최근 한 달 동안 한두 번 이상 음모를 일부라도 제거한 여성들은 이보다 더 많았다. 그래서 저자들은 여성 대부분이 부분적으로 음모를 제거하고 있다고 결론지었다.[25]

이 현상은 조사나 주류 미디어에서 주장하는 바와 같이 음모가 없는 것이 새로운 정형이 되고 있다는 것과는 다르다. 「브라질리언 왁스: 음모 없는 것이 여성의 정형인가?(The Brazilian wax: New hairlessness norm for women?)」라는 논문을 낸 브라질 출신의 라브레는 이 현상이 순전히 미국의 현상일 뿐이며, 미디어의 왜곡된 보도와 무비판으로 인해 불필요한 처치를 하고 있다고 했다. 브라질리언 왁싱은 치골에서 음순까지의 음모를 거의 전부 제거하는 시술이며, 브라질의 리우가 아닌 뉴욕의 미용실에서 시작된 것이라고 했다. 미디어는 왁스로 음모를 제거하는 일이 매우 고통스럽다는 것을 보여주지만 비판은 하지 않는다.

라브레는 겨드랑이나 다리 털 등 체모 제거에 대한 사회적인 동의가 이루어지는 현상에 주목한다. 그녀는 "여성들이 사회적 정형을 따르느라고 체모를 제거하기 시작하더니 이제는 여성성과 매력을 위해 그렇게 한다"[26]라고 했다. 또 "특히 음모 등 체모를 제거하는 것은 남성에게 성적 쾌락을 제공하고, 남성의 주목을 끌도록 여성을 대상화하는 것의 일환이다"[27]라고 했다. 그녀는 정상적이고 자연스러운 여성의 체모가 이상적이지 못하다는 생각을 관철하는 미디어를 비판한다. "그 결과, 실제 자연스럽고 정상적인 체모가 여성들이 늘 싸워야 하는 전쟁터의 성가신 적이 되고 말았다."[28]

흥미로운 것은 허베닉 외[29]가 음모를 전부 또는 일부 제거한 여성들이 자기 생식기 이미지 지표를 더 높게 보고한다고 밝힌 사실인데, 이것은 음모를 제거하지 않은 여성들보다 제거한 여성들이 자신의 생식기에 대해 더 긍정적으로 생각하고 있다는 것을 의미한다.

아마도 조사 당시 음모를 제거한 여성들이 자신을 새로운 사회적 기준에 '적합하다'고 여긴 결과, 자기 생식기에 대한 이미지가 더 좋아진 것으로 추정된다.

우리는 여기서 여성의 아름다움에 대한 선택권을 논하거나 외음부에 관한 우리 사회의 지극히 사적인 문제를 다루고자 하는 것이 아니다. 말하고 싶은 것은, 외음부 성형수술이나 음모 제거는 의학적으로 필요하지 않으며 신중하게 고려해야 한다는 것이다(특히 수술의 경우는 여러 명의 의사와 상의할 것을 권한다).

특히 이 장에서 우리는 경고할 만한 연구 하나를 소개하려고 한다. 음모를 제거하다가 생긴 사고로 응급실에 오는 사람이 많다는 보고다. 캘리포니아대학 연구자들이 2002년과 2010년 사이에 응급실에 외음부 자상, 열상 및 화상으로 오는 환자들이 5배 증가했으며, 2010년에는 2500명의 부상 사례가 있었다고 보고했다. 부상자 다수는 여성(57%)이었으며, 나머지는 남성(43%)이었다. 면도기로 인한 자상이 83%, 가위로 인한 부상이 22%, 뜨거운 왁스로 인한 화상이 1% 이상이었다.[30] 왁스를 하든 뽑아내든 면도를 하든 기르든 상관하지는 않겠지만, 다만 조심하라는 경고를 하고자 한다.

있는 그대로 놔두라

이제 우리는 여성 외음부에 관한 단순한 원칙을 명확히 주장하고자 한다. 외음부는 바깥에 있고 질은 안에 있다. 질은 자정 능력이 있으며, 외음부는 그냥 비누와 물로 잘 씻으면 된다. 특별히 냄새를 없애려 할 필요도, 파우더를 뿌릴 필요도, 크게 또는 작게 만들 필요도, 모양을 변형할 필요도 없다. 그냥 있는 그대로 놔두면 된다.

신화 03

포경수술은 위험하고, 필요도 전혀 없다

50개의 신화 중 세 번째 신화로 제시하는 이 주제는 이 책에서 논란거리가 가장 많은 이슈 중 하나이다. 포경수술은 음경 두부의 피부를 제거하는 아주 오래된 수술로, 지금까지도 격렬하게 논란이 되고 있다. 애초에는 무슬림과 유대인의 종교적인 실천이었으나, 20세기 들어와서는 미국과 유럽에서 흔히 시행되는 수술이 되었다. 그러나 최근 남아 신생아에게 포경수술을 하는 비율이 떨어지고 있으며, 의학적으로 유용한 수술이라는 입장과 동의 없는 신체적 학대이며 비도덕적 행위라고 비난하는 입장 사이에 뜨거운 논란이 있다.

심지어 학문적 결과에 대해서도 논란의 여지가 많으며, 포경수술을 근절하려는 사람들은 연구 방법과 연구자의 동기에 의심의 눈초리를 보내고 있기도 하다.

우리는 이 논란을 해결할 수 있다고 생각하지 않으며, 그것이 이 책을 쓰는 목적도 아님을 분명히 밝힌다. 다만 이 주제에 대한 다양한 생각과 최상의 정보를 제공하고 논란의 양쪽 측면을 제시하고자 한다. 물론 이 주제에 대해 완전히 중립적이지 않은 이유는 우리는 보건 전문가이자 교육자로서 공중보건의 관점으로 볼 수밖에 없기 때문이다. 특히 우리는 포경수술이 에이즈와 같은 성병의 합병증이나 감염의 위험을 줄인다는 논문을 보여줄 것이다. 우리는 과학적 증거들을 통해 포경수술의 좋은 점과 위험 요인을 보여주고, 위험하지도 않고 전혀 불필요하지도 않다는 점 역시 제시하려고 한다.

포경수술에 대한 학문적 논란

영국 빅토리아 시대부터 남성 포경수술에 대한 의학의 입장은 긍정적이었으나 과학적으로 입증된 것은 아니었다. (오늘날 연구 결과에 대해서 일부 사람들이 의심을 하는 것도 이상한 일이 아니다.) 19세기 말에 의사들은 포경수술이 '자위, 간질 발작에서부터 야뇨증'까지 다 치료할 수 있다고 주장하기도 했다.[1] 20세기 중

엽에 와서야 포경수술이 일부 암의 감소를 가져오는 장점이 있다고 밝혀졌다.

홍미롭게도 에이브러햄 래비치 박사는 이 논란을 시작한 의사들 중 한 사람이다. 래비치 박사는 1920년대 브루클린에서 개업한 비뇨기과 의사였다. 그가 맡은 환자들 중에는 종교적 이유로 포경수술을 받으러 온 동유럽 출신 이민자가 많았다. 그는 포경수술을 한 남성들이 음경암, 전립선암, 성병 감염률이 낮다고 주장했다. 그는 『포경수술로 성병과 암 예방하기(Preventing V. D. and Cancer by Circumcision)』라는 책을 1970년 초반에 출판했다. 포경수술 반대론자들은 래비치 박사를 포경수술 보급에 앞장서는 열혈 당원이라고 지목하고 비판했다.

최근까지도 비슷한 비판이 존재한다. 래비치의 연구가 후향적 연구설계를 기초로 했고, 표본 수가 적고, 참가자들의 실제 포경수술 여부를 자기가 기입하는 간접적 자료 수집 방법을 사용했다는 점 등을 이유로 신뢰할 수 없다고 지적한다. 또 아프리카의 에이즈 관련 연구 결과는 미국에서 태어난 신생아 연구에 적용할 수 없다고 했는데, 그 이유는 에이즈 유행 방식(에이즈 발생이 아니라 에이즈가 감염되는 방식)이 매우 다르기 때문이다.

미국소아과학회(American Academy of Pediatrics: AAP)는 2012년 새로운 의견을 도출하기 위해 1995년과 2011년 사이에 출판된 연구 논문들을 검토하는 전문가 조사단을 구성했다. 이들은 연구 방법론과 적용을 기반으로 논문에 대해 '훌륭함', '좋음' 또는 '미달' 등의 평가 점수를 매겼다. 기존의 논문을 검토하면서 최종적으로 위원회의 결정 사안을 도출하기 위해 이 평가 점수를 고려했다.[2] 일부 의학계는 조사단의 결론에 동의하지 않지만, 우리는 이 연구가 매우 포괄적이고 사려 깊은 보고라고 생각하며 이 연구의 결과에 근거해 요약하고자 한다.

저위험 시술

포경수술의 비용과 편익을 결정할 때 가장 먼저 이해해야 할 것은 시술 자체가 가져올 위험, 합병증, 그리고 정도의 심각성을 검토해야 한다는 점이다. 미국소아과학회는 두 개의 대형 병원을 대상으로 연구를 실시해 포경수술이 심각한 급성 합병증을 초래할 위험은 0.19~0.22%로 매우 낮으며, 대부분 심각하지 않다고 밝혔다. 급성 합병증은 출혈, 감염 및 음경 손상이다. 만성 합병증은 음경 유착인데 매우 드물다.[3] 합병증은 병원 밖의 전통적인 주술사나 의식 집례자가 시술할 경우 더 많이 발생할 것으로 추정되나, 이에 대한 자료가 부족하다. 신생아기를 지나 나중에 포경수술을 했을 때 합병증이 더 많이 발생한다.[4]

포경수술을 반대하는 사람들은 이 시술이 고통스럽고 역사적으로 진통제 없이 행해져 왔다는 점을 비판한다. 과거에는 그저 설탕 바른 젖꼭지를 아기에게 물릴 뿐이었다. 미국소아과학회는 비록 신생아라 할지라도 진통 조치로는 충분치 않으며 '적절한 마취'가 필요하다고 제안했다.[5]

포경수술의 건강상 장점

미국소아과학회는 신생아 포경수술은 요로 감염, 음경암, 에이즈, 인유두종바이러스, 기타 성병을 예방하는 데 도움이 된다고 했다.

* 요로 감염: 두 개의 연구에서 신생아 포경수술은 2세 이하 남아의 요로 감염을 감소시킨다는 증거를 보였다. 다른 연구에서도 마찬가지로 생후 1년 이내에 포경수술을 하지 않은 1000명의 남아 중 7~14명이 요로 감염에 걸린 반면, 포경수술을 한 남아는 1~2명이 요로 감염에 걸렸다고 했다. 요로 감염은 심각한 질병은 아니지만 통증을 유발하고 의사를 찾아가서 약물 처방을 받아야 하며, 심할 경우는 병원 입원이나 침습성(侵襲性) 시술을 받아야 한다.[6]
* 음경암: 포경수술이 음경암을 예방해주며 음경암 중에서 가장 공격적인 형태의 암을 예방해준다는 증거들이 있다. 그러나 음경암은 미국에서 매우 드문 암이라서 990건의 포경수술 중 단 1건이 음경암을 예방한다고 했다.[7] 990건 포경수술로 약 2건의 합병증이 발생하기 때문에 음경암을 예방하는 장점을 부정하는 사람도 있다.
* 에이즈: 에이즈 발생률이 높은 지역에서 포경수술에 건강상의 장점이 있다는 증거들이 나오고 있다. 조사단은 다음과 같이 진술한다. "논문을 검토해본 결과 이성애자의 감염으로 인한 에이즈 유병률이 높은 지역(즉 아프리카)에서 남성 포

경수술은 40%에서 60% 정도 에이즈 예방 효과를 가져온다고 일관되게 보고되었다."[8] 미국의 경우는 전체 에이즈 유병률이 낮고, 주로 남성 간의 섹스로 감염되므로 이러한 예방적 효과에 대한 연구가 적다. 최근 미국질병관리본부(Centers for Disease Control and Prevention: CDC)에서 나온 연구에 따르면, 이러한 아프리카 연구 내용을 미국에 수학적 모델로 적용해보면, 미국에서 성 경험 이전의 포경수술이 남성에게서 15.7% 정도 에이즈 감염을 감소시킬 수 있을 거라고 추정한다.[9] 또 이 추정에서 포경수술은 남성 사이의 섹스에서 에이즈 감염 예방 효과는 적다고 했다. 또 "남성 사이의 섹스에서 삽입을 하는 쪽과 수용하는 쪽 중 어느 쪽에 에이즈 감염을 방지하는 효과가 얼마나 있는지 알 수 없다"라고 설명했다.[10]

포경수술이 에이즈를 어떻게 예방해주는지 알아보는 연구도 진행되었다. 가능한 이유 중 하나는, 음경 귀두의 포피 안쪽은 섹스 도중 쉽게 찢어질 수 있어서 에이즈 바이러스(다른 세균도 마찬가지)의 진입 경로가 된다는 것이다. 이 포피에는 "에이즈 타깃 세포(즉, 랑게르한스섬 세포, CD4 T세포, 대식세포)의 밀도가 높아서 에이즈 바이러스 감염을 촉진한다". 그리고 이 바이러스는 포피 안에 갇혀서 복제할 시간을 더 갖게 된다.[11]

* 인유두종바이러스와 자궁경부암: 바로 앞의 설명이 여기에도 해당될 수 있다. 인유두종바이러스(human papillomavirus: HPV)는 음부 사마귀의 원인이자 여성 자궁경부암의 원인이다. HPV는 미국에서 가장 흔한 성병 중 하나이다. 조사단은 '좋음'으로 평가되는 두 개의 연구 결과에서 포경수술을 한 남성에게서 감염 위험이 30~40% 감소한 점을 제시했다. 호주 연구자들에 따르면 포피는 HPV의 저장고 역할을 한다.[12] 그러나 저자들은 저장된 바이러스가 바로 감염성이 있다는 것을 의미하지 않는다고 단서를 달았다.

'좋음'으로 평가되는 증거로 자궁경부암을 일으키는 고위험 HPV가 남성에게서 여성에게로 감염되는 것을 포경수술이 방지해준다는 결과가 나왔다. 게다가 또 다른 증거는(비교적 좋은 평가 점수의 논문) 남성 포경수술이 여성 파트너(여러 명의 여성 파트너일 경우에도)의 자궁경부암에 대해 방어적 효과가 있다는 것을

보여준다고 했다.[13]

* 기타 성병: 포경수술이 매독, 헤르페스, 무른 궤양(chandroid), 희귀한 세균 감염, 세균성 질증(질의 세균 감염으로 꼭 성 접촉에 의한 것만은 아니다)에 방어적 효과가 있다는 증거들이 있다. 그러나 클라미디아나 임질에는 방어적 효과를 보이지 않는다고 했다.

섹스에 미치는 영향

포경수술에 반대하는 사람들의 주장 중 하나는 성 기능에 악영향을 주고 성적 쾌감을 감소시킨다는 것이다. 대부분 신생아(성적으로 활동적인 시기 훨씬 전) 시기에 수술을 하므로 성적 감각이나 기능에 미치는 영향은 측정하기가 어렵다.

성인이 되어 포경수술을 한 남성들의 성적 만족에 미치는 영향을 살펴본 연구가 있다. 조사단은 '좋음'으로 평가되는 연구 논문을 살펴보았다. 5000명의 우간다 남성에 대한 연구에서 포경수술을 한 남성들이 하지 않은 남성에 비해 성교 중 통증이 유의미하게 적었으며, 수술 후 2년이 지나도 성적 만족도가 처음과 마찬가지였다고 했다(98.4% 대 98.5%). 흥미로운 점은, 대조군에서도 처음에는 98%였던 성적 만족도가 2년 후에는 99.9%였다. 케냐에서 진행된 두 번째 연구는, 64%가 수술 후에 감각이 더 민감해졌다고 했으며, 55%가 수술 전보다 수술 후에 더 쉽게 오르가슴에 도달했다고(통계적으로 의미는 없지만) 보고했다.[14]

미국소아과학회에 따르면, 한국 남성 대상 연구에서 성인이 포경수술을 하고 나서 자위를 할 때 쾌감이 줄어들었다는 증거를 보였다고 했다. 그러나 포경수술 전후 비교에서 성적 감각의 감소는 보이지 않았다고 했다. 대부분의 증거들을 보면 남성의 성적 감각과 만족에 차이는 없다고 했다.[15]

건강상의 장점에 대한 조사단의 결론과 마찬가지로 성적 쾌감과 기능에 대한 결론에도 반론이 많다. 크리스토퍼 L. 게스트는 어린이 건강 및 인권 파트너십(Children's Health & Human Rights Partnership)의 공동 설립자인데, 미국소아과학회 보고를 다음과 같이 반박했다. "음경 포피에는 신경세포가 풍부하게 분포하고 있고, 성적인 쾌감을 촉진하는 성감대가 있으며, 성교 시 미끄러짐을 도와준다.” 그는 2009년 브리티시컬럼비아 의과대학이 “포피에 특별한 감각신경의 분지가 풍부하다”라고 했다는 점을 지적했다. 2010년 호주왕립의과대학은 “포피는 음경의 가장 민감한 부분을 포함하는 첨단의 성감대”라고 했으며, 같은 해에 네덜란드왕립의사협회도 “음경 포피는 성행위 시 음경의 물리적 기능에 중요한 역할을 하는 복합적인 성감대”라고 결론지었다.[16]

포경수술에 대한 윤리적 논란

포경수술에 대한 논란은 매우 뜨겁고 갈수록 격렬해지고 있다. 채핀은 포경수술 반대 단체인 인택트 아메리카(Intact America)의 대표로, 다음과 같이 말했다. “매년 100만 명의 신생아가 정상적이고 건강하고 기능적이고 쾌감을 주고 보호 작용을 하는 자신의 신체 일부를 동의 없이 잃어버리고 있다.”[17]

채핀과 포경수술 반대 활동가들은 미국소아과학회 조사단의 보고서가 왜곡되고, 이익에 현혹되었으며, 폐기되어야 한다고 주장한다. 그녀는 이 보고서가 “어린이에게 해를 끼치며 기본권을 침해하는, 의학적으로 불필요한 수술을 정당화하고 심지어 변명까지 해주는 이해관계의 광고판”이라고 비난한다.[18] 그녀는 에이즈에 대한 아프리카 연구가 “어린이의 신체자율권과 장래 종교의 자유까지 침해하는 것을 우려하는 사람들이 늘어나고, 이를 거부하게 되자 뒷북을 치면서 정당성을 확보하는 데 이용되고 있다”라고 했다.[19]

포경수술 반대론자들은 포경수술이 신생아에게 정보 제공 동의를 받을 수 없고, 신생아들이 수술을 받지 않는다고 당장 위험에 빠지는 것도 아니며, 부모는 저항할 수 없는 아이에게 자신의 문화적 가치를 부당하게 부과하는 것이라고 주장한다. 그들은 또한 의학계를 포함해 포경수술을 지지하는 서구 사회가 남성 포경수술 역시 혐오스럽고 원시적인 의식인 여성 포경수술과 도덕적 유사점이 있다는 점을 인정해야 하며, 자신의 문화적 가치에 눈이 멀었다고 비난했다.

정보 제공 동의와 긴급한 위험

의학 치료의 기본적인 전제는 의사는 환자의 정보 제공 동의 없이 어떤 시술도 할 수 없다는 것이다. 따라서 의사는 환자의 동의를 받기 위해 시술의 위험과 장단점을 명백히 설명해야 한다. 그런데 어린이들에게 동의를 받을 수 없어서 부모나 보호자가 어린이를 대신해 동의하는 것을 일반적으로 인정한다. 그러나 포경수술 반대론자들은 부모도 어린이의 건강과 복지에 긴급히 필요하지 않는 한 어린이의 신체에 영구적으로 변형을 가져오는 시술에 동의할 권리가 없다고 말한다.

10세 아이의 코를 성형수술하는 것에 부모가 동의하는 것이 부적절하다는 데 사람들은 분명히 동의할 것이다. 왜냐하면 이 수술이 긴급하게 의학적으로 필요하지 않고, 아이가 나중에 커서 스스로 결정할 때까지 미룰 수 있기 때문이다. 그런데 이 문제가 명확하게 구분되지 않는 경우가 있다. 만약 아이가 태어날 때부터 얼굴 기형이나 눈에 띄는 큰 피부 반점이 있다면, 아이의 삶의 질 개선을 위해 특정한 성형수술(순전히 미용에 관한 것일지라도)에 부모가 동의하는 것을 사람들은 도덕적으로 용인할 것이다.

포경수술을 나중으로 연기할 경우에는 추가적인 합병증이 생기기도 한다. 더 복잡하고, 더 아프고, 더 위험하고, 심리적인 어려움을 초래할 수 있다. 아이가 자라서 스스로 결정을 내릴 수 있을 때까지 수술을 미루는 것이 이상적이지만, 포경수술의 경우 실제로는 그렇지 않다.

게다가 포경수술의 건강상의 장점은 어린 나이에 시술했을 경우 바로가 아니고 나중에 나타날 수도 있다. 공중보건학적 관점에서 성병과 HPV와 B형간염 예방주사와 같은 예방적 조치는 성생활에 노출되기 전에 취하는 것이 중요하다. 채핀 외는 아프리카 에이즈 연구가 학술적으로 타당하다고 하더라도, 앞으로 성생활을 수십 년 후에야 할 미국의 신생아에게 적용할 수 없다고 반박한다. 부모는 아이들의 현재의 건강을 위해서만이 아니라 장래의 건강을 위해서도 결정을 내린다. 예방주사가 실제 좋은 사례이다. 어린이는 현재 홍역에 걸릴 위험이 없더라도 백신을 맞아야 하며, 부모들은 당연히 아이의 평생 예방을 위해 접종을 선택한다. 게다가 부모들은 자신의 아이만을 보호하는 것에 한하지 않고 대부분의 사람이 '집단'으로 접종했을 때 더 효과적으로 면역이 된다는 것도 알기 때문이다.[20] 마찬가지로 포경수술도 집단적으로 행해질 때 유병률이 높은 지역의 에이즈 감염을 감소시키는 데 효과가 있다.[21]

사실 포경수술에 관한 윤리적인 논쟁도 학문적 연구 결과에 달려 있다. 만약 포경수술이 위험이 적고 장점이 많다고 한다면 정보 제공 동의 같은 것은 문제가 되지 않을 것이다. 부모들은 항상 자신의 아이들을 위해 의학적으로 필요한 시술에 동의해왔다. 만약 이 시술이 도움이 되지 않고 심지어 해롭기까지 하다면 당신의 윤리적인 입장도 달라질 것이다.

문화 및 종교의 역할과 여성 포경수술의 비교

남성 포경수술은 애초에 의료 시술이 아니라 문화적·종교적 의식으로 시작되었다. 많은 사람들이 의학적 장점 때문이 아니라 문화적 이유 때문에 자신의 아이에게 포경수술을 받도록 한다. 어떤 사람들은 남성 포경수술이 문화적·종교적 뿌리를 가지고 있기 때문에라도 도덕적으로 용인되어야 한다고 주장하기도 한다. 그러나 이 입장은 수술을 정당화하는 충분한 이유가 되지 못한다. 베나타와 베나타[22]는 "단순히 시술이 문화적으로 가치가 있다는 이유만으로 도덕적으로 용인될 수는 없다"라고 했다. 예를 들어 그 시술이 해롭다면, 문화적 가치는 도덕적 가치를 상실한다. 바로 여기에 적용될 수 있는 사례가 여성 음부 훼손(female genital mutilation: FGM)이라고 하는 여성 포경수술이다.

FGM은 광범위한 시술로, 세계보건기구(WHO)가 네 가지 종류로 분류했다. 첫 번째는 음핵의 포피 또는 외피를 제거하는 것이다. 이 시술은 가장 덜 침습적이고 전 세계에 행해지는 FGM의 가장 흔한 형태이며 남성 포경수술과 비슷하다. 두 번째는 음핵을 제거하고 소음순의 일부 또는 전부를 제거하는 것이다. 이 시술은 남성 포경수술보다 더 침습적이다. 음핵 자극을 못 하게 해서 여성이 오르가슴을 느끼는 것을 차단한다. 세 번째는 소위 음부 꿰매기라 하는 것으로, 가장 극단적이고 침습적인 형태이다. 외음부의 모든 것을 전부 또는 일부 제거할 뿐 아니라 질 입구를 꿰매어 좁힌다. 음부 꿰매기는 다른 지역에서는 흔하지 않지만 두 국가(수단과 에리트레아)에서 행해지며, FGM이라는 말의 대명사처럼 여겨지고 있다. 마지막으로 네 번째 부류는 '미분류'로 호칭되는데, 덜 침습적인 형태(음핵에 칼자국을 내는 의식 등)에서부터 가장 해로운 형태(질 안에 부식성 물질을 넣는 것 등)까지 다 포함한다.[23]

FGM은 특정 문화의 사회현상 중 하나여서 이 수술을 받지 않은 여성은 그 사회로부터 버림받기 때문에 어쩔 수 없는 면이 있다는 입장과 기본적인 인권침해라는 입장이 대립하고 있다.[24] 비록 일부 여성인권론자들이 아주 미미한 침습적 형태의 FGM 의식은 허용할 만하다고 주장하지만, 대부분의 사람들은 이를 완전히 근절하기 위해 세계적인 캠페인을 벌이고 있다.

남성 포경수술 반대론자들은 남성 포경수술이 여성 포경수술과 같은 차원의 도덕적 유린일 수도 있다고 문제를 제기한다. 딜렛[25]은 "일반적으로 행해지는 남성 포경수술은 음부 꿰매기와 같은 동급의 신체적 또는 도덕적 차원이 아니며, 남성 포경수술을 지지하는 사람들이나 FGM에 비판적인 사람들이 이러한 단순 비교에 분노하는 것은 당연하다"라고 인정한다. 가장 흔한 형태의 FGM은 음핵을 덮는 외피를 없애는 것으로, 남성의 포피를 없애는 것과 동일하다. 이 시술은 남성 포경수술과 다르지 않으나 시술에 대한 반응은 매우 다르다. 딜렛[26]은 "사회가 여성과 남성 포경수술에 대해 다르게 대응하는 것에 대한 비판은 '서구의' 이중 잣대를 반영하며, 이는 서구의 인권운동가들이 사회에서 남아에게 가해지는 성적 학대를 무시하는 경향을 가지고 있음을 말한다"라고 지적한다.

우리는 사람들이 자신의 고유한 문화적 시각을 가지고 이중 잣대로 이 문제를 보고 있다고 생각한다. 즉, 남아 포경수술을 지지하는 동시에 여성 포경수술을 비난하는 종교적인 문화 속에서 아이들이 키워지고 양육되며 규정된다는 것이다.

결론적으로 우리의 입장은 이 시술이 건강상 해로운가 이로운가를 기준으로 보는 것이다. FGM이 이롭다는 것을 입증하는 연구는 없으며, 가장 침습적인 형태의 FGM은 매우 해롭다는 연구가 많다. 아직까지 의견 차가 있지만, 오늘날의 연구 결과를 볼 때 남성 포경수술은 어느 정도의 장점은 있다고 볼 수 있다.

결론

지금까지 모든 신생아에게 건강상의 이유로 포경수술을 해야 한다고 주장한 의료 단체는 없다. 그러나 가족이 원한다면 포경수술을 할 수 있어야 하고, 보험도 수술비를 지급해주어야 한다고 생각한다. 미국소아과학회와 질병관리본부는 부모가 이 시술의 장점과 위험에 대해 교육을 잘 받아야 하며, 시술을 선택할 경우 안전하고 고통 없는 방법으로 해야 한다고 제안한다.

부모들에게 현재까지의 학문적 평가를 바탕으로 한 포경수술 교육이 필요하며(비판과 함께), 아이들을 위해 최선의 선택을 하도록 해야 한다. 이 분야에 사람들이(신생아 포경수술을 찬성하든지 반대하든지) 매우 강한 관심을 가지고 있으므로 앞으로 건설적이고 존중할 만한 토론이 진행되기를 희망한다.

신화 04

지스폿은 여성 오르가슴의 강한 성감대이다

지스폿(G-spot)이 여성의 질 안에 존재하는, 오르가슴과 쾌감을 느끼는 특별한 성감대라고 칭송하는 지지자들이 있다. 또 자신이 지스폿을 가지고 있고, 몸 안에 강한 실재감을 느낀다는 여성도 있다. 그러나 이러한 확신에 찬 증거에도 불구하고 회의적인 입장 또한 존재한다. 이 주제는 뜨거운 논란이 되어왔다. 우리는 지스폿의 신봉자들에게서 비난을 받을 염려가 있지만 용감하게 이 주제를 파헤쳐보고자 한다.

그럼 어려운 부분부터 시작해보자.

지스폿은 무엇인가?

1940년대에 에르네스트 그라프텐베르크가 질 안에 요도와 연결되는 특별한 조직이 있다고 발표했다. 그 이후 1982년에『지스폿과 섹슈얼리티에 대한 최근의 발견들(The G Spot and Other Recent Discoveries About Human Sexuality)』이라는 책을 앨리스 칸 라다스, 베벌리 휘플, 존 D. 페리가 출판하면서 관심을 끌게 되었다. 이 저자들은 여성을 대상으로 한 실험에서 그라프텐베르크가 지목한 대로 질 안에 알려지지 않은 성감대가 있으며 음핵과 관련 없는 질 오르가슴 부위라고 했다. 그들은 처음 발견한 사람의 이름을 따서 지스폿이라 명명했으며, 이 책 외에도 여러 논문을 냈다. 많은 성 의학 전문가들이 이 연구를 부정했으나, 원저자들과 일부 연구자들은 처음의 주장을 방어하고 확장하는 일을 계속해왔다.

얀니니 외[1]는 논란 많은 부위를 다음과 같이 묘사했다.

> 지스폿은 질 앞 벽 중간 정도에 요도의 코스를 따라 위치한다. 여성이 등을 대고 누워서 만지면 지스폿을 쉽게 느낄 수 있다. 질에 한 개 또는 두 개의 손가락을 넣고 '이리 와' 손동작을 하게 되면 요도를 감싸고 있는 조직이 부풀어 오른다. 처음 이 부

위를 만지게 되면 여성은 요의를 느낄 수도 있고, 몇 초 이상 계속 자극하면 쾌감을 느끼게 된다.

그러나 많은 여성들이 이 부위를 찾는 데 실패했다. 질에 손가락을 넣어 시도해보았으나 쉽게 찾을 수 있다고 한 그곳을 느낄 수 없었다. 그들은 지스폿의 존재에 의문을 품고 원저자들에게 발견 방법에 대해 자세히 안내를 해달라고 사연을 보내기도 했다.

최근에 폴란드 연구자는 연구용 시체를 대상으로 연구를 시행했는데, "지스폿은 질벽 안에 경계가 뚜렷한 주머니 형태로 발견된다. …… 발기 조직과 비슷하다. 주머니의 상층 면은 푸른 비정형의 그물 모양이다. 말단 부위는 로프와 같은 조직이 약 1.6밀리미터 정도 있는데 주위 조직에 둘러싸여 잘 보이지 않는다"라고 했다.[2] 이 내용은 아직도 논란이 많다.

지스폿 오르가슴이 더 좋은가?

열성 지지자들은 지스폿을 자극하면 아주 민감한 성 감각을 느끼며 기존의 오르가슴과 다른 오르가슴을 느끼게 된다고 주장한다. "배리 R. 코미사루크 럿거스 대학 심리학과 교수는 지스폿이 음핵을 포함하는 신경다발과 겹치는 부위에 있지만, 음핵 오르가슴과 다른 오르가슴 경로를 가진다"라고 썼다.[3] 또 원래 연구팀의 일부 일원은 더 나아가 다음과 같이 기술했다. "일부 여성들은 단지 지스폿만을 자극해도 오르가슴을 느낀다고 한다. 지스폿을 자극해서 느끼는 오르가슴은 신체 깊숙이 느껴지며 배변 욕구를 느끼기도 한다."[4]

지스폿의 부활을 지지하는 연구자들은 음핵 흥분과 달리 지스폿 자극으로 뇌가 다르게 반응한다는 증거들을 제시하기도 한다.

> 질과 자궁경부 자위는 음핵 자위에 의해 활성화되는 부위와 확실히 다른 대뇌피질의 감각 부위를 자극하므로, 질 또는 자궁경부 자극이 단지 간접적인 음핵 자극의 결과일 뿐이라는 논리를 부정한다. …… 또 질과 자궁경부 자극은 뇌에 독특한 감각

진입 경로를 보이며, 음핵 감각 진입 경로와 분리되어 구별되며 오르가슴을 충분히 활성화한다.[5]

그렇다면 왜 누구나 다 지스폿을 믿지 않는가?

지스폿을 확신하는 연구 발표를 보고 많은 여성들이 지스폿의 독특한 감각을 입증해보려고 노력했다. 그러나 이를 입증한 책은 매우 적다. 그리고 많은 과학자들이 질 입구를 둘러싸고 있는 음핵신경과 성적 흥분을 일으키는 특별한 조직은 분리될 수 없다고 말한다. 또 많은 여성들이 질 안에서 지스폿을 찾아보려고 했으나 실패했다. 지스폿 연구 팀도 다음과 같이 말한다. "여성들이 스스로 지스폿을 찾고 자극하는 게 어렵다고 하지만, 딜도나 지스폿 진동기 또는 비슷한 도구를 사용하면 느낄 수 있다. …… (그러나 파트너가 그 부위를 자극하면 어렵지 않게 확인이 된다)."[6]

그렇다면 지스폿이 음핵을 둘러싼 신경의 풍부한 그물망과 분리된 것인지에 대한 논란이 생긴다. 매스터스와 존슨은 음순 안에 있거나 음순과 연장되는 음핵 구조와 부위를 처음으로 확인했다. 그들은 음핵 자극과 질 삽입을 통한 오르가슴을 분석했으며, 모든 오르가슴은 음핵 흥분의 직접적 또는 간접적 자극에 기인한다고 결론지었다.[7]

최근에는 새로운 보고가 나왔다. 2009년 나온 연구의 공동 연구자인 스펙터는 지스폿 조직은 음핵의 일부이며, 지금까지의 주장처럼 분리된 성감대가 아니라고 했다.[8] 비뇨기과 의사 헬렌 오코넬도 해부학 연구를 통해 지스폿은 실제로 음핵의 조직이며, 질을 통해 흥분이 되지만 감각을 느끼는 것은 음핵신경이라고 했다. 오코넬은 MRI 스캔을 사용해 연구한 결과, 음핵의 '분지들'이 지스폿의 발기 부위에 해당된다는 결정적 증거를 제시했다. 그녀는 "질벽은 실제로는 음핵이다. …… 만약 질벽의 옆벽을 벗겨서 들어 올리면 음핵의 돌출부를 발견하게 된다"라고 했다.[9]

오코넬은 여성 검안용 시체를 해부했을 때 어떤 여성에게서는 다른 사람들보다 더 광범위한 음핵신경이 있다는 흥미로운 발견을 했다. 그녀는 이것이 음핵을 직접 또는 간접적으로 자극했을 때 오르가슴을 느끼는 정도가 다른 이유일 것으로 추정했다. 프랑스 팀인 오딜레 부이송과 피에르 폴드도 같은 결과를 내놨다. 그들은 음핵신경이 주위에 분포해 질을 자극하는 양상을 보여주었으며, 이것으로 '질' 오르가슴이 발생한다고 보았다. 기본적으로 저자들은 질과 음핵신경계는 서로 얽혀서 상호작용을 하므로 각각 따로 분리할 수 없다고 했다.[10]

최근 또 다른 연구자가 지스폿은 음핵과 음핵신경계의 연장이며, 이 신경을 마찰하게 되면 질 오르가슴이 유발되는 것이어서 명확히 따로 분리된 해부학적 구조가 아니라는 가설을 세웠다. 매우 영향력 있는 논문의 주 저자인 킬체프스키는 음핵은 원칙적으로 남성의 음경과 같은 생물학적 구조이므로 오르가슴을 느끼는 두 개의 분리된 구조로 진화될 이유가 없다고 했다. 그는 지스폿의 신화를 믿고자 하는 포르노 제작자와 섹스토이 제조사를 비난했다.[11]

실제 2010년과 2012년에 ≪성 의학 저널(Journal of Sexual Medicine)≫은 저자들을 소집해 패널을 구성하고 이 주제에 대한 명확한 답변을 제시하고자 했다. 패널은 지스폿에 대한 수많은 논문들을 검토한 연후에 결국 이 논문들을 폐기했다. 패널은 다음과 같이 결론을 내렸다. "지스폿이 성적 자극을 제공하는 특징적인 실체라고 믿게 하는 논문들이 미디어를 통해 쏟아져 나왔지만, 이것들은 사실과 거리가 멀다."[12]

자, 그럼 우리는 어떻게 할까?

우리는 지스폿에 대한 의혹은 정당하다고 생각한다. 조사된 여성 대상자가 적고, 소수의 연구자들이 이 주제를 다루는 대부분의 논문을 냈으며, 음핵신경계 분포의 밀도는 형태학적으로 유일한 지점이라고 특정할 수 없다. 게다가 과학자들이 지스폿을 찾는 데 실패했고 성 기능의 특별한 지점이라는 것도 정의 내리지 못한 것처럼, 우리도 여성들이 지스폿을 못 찾았다고 해서 (아마 존재하지 않을 것이므로) 자신이 성적으로 결함이 있다고 느끼지 않기를 바란다.

지스폿이 아직도 논란이 많은 영역이라 할지라도 우리는 다음과 같이 타협해 보려 한다. 럿거스대학의 배리 코미사루크 교수는 MRI 연구에서 음핵, 질, 자궁경부를 자극했을 때 여성의 뇌의 분리된 지점에 반응이 나타났다고 하면서 다음과 같이 결론지었다. "지스폿은 어떤 특정한 실체가 아니라고 생각한다. '갑상선이란 무엇인가'라는 질문처럼 특정한 실체라고 답할 수 없다. 지스폿은 뉴욕시가 무엇이냐고 하는 것 이상이다. 그것은 하나의 지역이며 매우 많은 다른 구조물의 집합체이다."[13]

그러나 독자들이 우리가 제시한 의혹 때문에 자신 또는 파트너를 대상으로 사적인 실험을 하는 것을 말릴 생각은 없다. 실제 당신이 어떻게 느끼고 무엇을 발견하게 되는지 실험해보시라 말하고 싶다. 만약 그것이 좋게 느껴지고 강한 오르가슴이 왔다면 분리된 해부학적 구조물이든 음핵신경 다발이든 당신은 상관하지 않을 것이다.

신화 05

테스토스테론은 남성 성욕의 지표이자 해결책이다

남성호르몬 안드로겐, 즉 테스토스테론이 성적인 흥분과 성욕에 중요한 역할을 한다는 것은 의문의 여지가 없다. 그러나 이 호르몬이 여성과 남성의 성욕에 영향을 준다고 해도 성욕은 분위기, 가치, 신념, 경험, 관계, 신체적 문제, 약물 등 여러 조건들에 의해 매개된다. 따라서 테스토스테론의 역할을 정확히 구분하는 것은 어렵다. 이제 이 신화에 도전하기 위해 여성과 남성을 대상으로 한 연구를 살펴보고자 한다.

남성의 테스토스테론

테스토스테론은 남성의 정소와 여성의 난소 그리고 여성과 남성의 부신에서 생산되는 성 호르몬으로, 남성의 이차 성징, 즉 수염, 음모, 굵은 목소리 등을 발현시킨다. 테스토스테론은 남성과 여성의 성적 욕구를 활성화하는 효과가 있다.[1]

안드로겐은 남성 음경의 발기에 중요한 역할을 한다. 혈중 자유테스토스테론 농도가 낮으면 음경 체부 평활근과 해면체 혈관의 기능이 떨어져 정맥혈이 충분히 들어가지 못해 발기가 잘되지 않는다.[2] 게다가 테스토스테론 농도가 낮으면 성욕도 떨어진다고 보고되었다.[3] 그러나 테스토스테론 농도가 높다고 항상 성적 활동과 발기가 잘된다는 것은 사실이 아니다.[4] 자유테스토스테론의 농도가 정상보다 낮지 않아도 성기 손상 등 신체적인 원인으로 욕구장애와 발기부전이 생기기도 한다. 그러나 흥분과 발기부전의 근본 원인은 주로 성에 대한 정신적 문제, 성 기능에 대한 두려움, 관계의 단절, 또는 매력 저하 등이다.[5]

테스토스테론이 성욕에 영향을 준다는 점은 연구자 사이에서 논란이 많은 주제이다. 총 테스토스테론은 발기 능력과 관련이 있지만, 생체활성 테스토스테론이 적은 남성 노인을 제외하고는 일반적인 성욕과 관련이 없다고 한다.[6] 마찬가지로 발기와 관련이 있지만 성욕과 관련이 없다는 보고도 있다.[7] 매사추세츠 남성 노화 연구(Massachusetts Male Aging study)도 장기간 연구에서 총 테스토스테론과 생체활성 테스토스테론이 발기 기능과 관련이 없다고 보고했다.[8] 그런데 볼로냐 외는 17개 연구를 메타분석한 후, 테스토스테론이 발기에 직접적인 효과가 있으며 성욕에도 효과적이라고 보고했다.[9] 게다가 테스토스테론을 억제하기 위해 화학적 거세 약물 치료를 한 한국 성범죄자를 대상으로 한 연구는 테스토스테론을 성적 흥분의 매개 인자라고 보고했다. 그러나 저자들은 그들의 연구가 표본 수가 적고, 대조군이 없으며, 또 범죄자들이 자기 기입하는 방식이었기 때문에 정직한 응답을 하지 않았을 가능성이 있으므로 연구 결과를 해석할 때 신중을 기해야 한다고 했다.[10]

낮은 테스토스테론 농도가 성욕에 미치는 영향에 대한 논의보다 어떻게 치료할 것이냐에 대한 논란이 더 많이 제기되고 있다. 만약 성욕 저하와 발기 기능 저하가 테스토스테론 농도가 낮기 때문에 일어나는 것이라면 의사들은 테스토스테론을 처방할 것이다.[11] 최근 UCLA 의대 내분비학 및 대사학 주임교수인 로널드 스워들로프는 다음과 같이 언급했다. "혈중 테스토스테론 농도가 지속적으로 낮거나 테스토스테론 부족으로 인한 증상을 꾸준히 보이는 남성들은 적절한 치료 대상자이다."[12] 그러나 검증은 어렵다. 그는 이어서 "사람마다 테스토스테론 농도가 들쭉날쭉해서 어떤 날은 농도가 낮다가 한 주 또는 한 달 이후에는 저절로 완전히 정상 농도로 돌아오기도 한다"라고 말한다.[13]

한편 정신 상태가 신체에 영향을 주어, 다시 말해 스트레스 또는 관계 요인에 의해서 테스토스테론 결핍과 음경의 혈액 감소가 발생한다는 점은 매우 흥미롭고 민감한 문제이다. 예를 들어 직장, 가정, 인간관계의 어려움과 짜증 같은 것들이 테스토스테론의 농도를 떨어뜨릴 수 있다. 한 연구자 집단의 말을 인용하면, "성기능장애 상담자들을 조사해보면 부부 관계의 악화가 성생활장애와 관련되며, 이것이 성호르몬 저하증을 가져올 수 있다"[14]라고 한다. 다른 말로 표현하면, 정신적 요인에 영향을 받는 것은 성욕과 발기만이 아니라 테스토스테론 농도 자체이기도 하다.[15]

연구자들은 테스토스테론 주입 치료의 장기적 영향에 대해 우려한다. 일부 연구자들은 장기적인 호르몬 보충 요법이 가져올지 모르는 잠재적 부작용의 위험에 대해 여전히 정보가 충분하지 않다고 경고한다.[16]

여성의 테스토스테론

남성에게 있어 테스토스테론의 효과가 논란을 일으키고 있다면, 여성의 경우에는 의학과 행동심리학 측면에서 더 큰 논란이 잠재되어 있다. 경구용, 피부용 패치, 설하(혀밑) 흡수제, 근육주사, 피하주사, 펠릿형 제제, 젤, 크림 등 여러 종류의 테스토스테론 제제가 치료에 이용되고 있으며, 이러한 호르몬 치료로 여성들에게 나타날 수 있는 위험 역시 더 큰 것이 사실이기 때문이다.[17]

잠시 쥐 실험을 소개하려고 한다(여성들에게 죄송하지만). 여성의 성적 욕구가 낮은 것(또는 여성이나 그녀의 파트너가 섹스를 즐기는 능력이 부족하다고 느끼는 것)을 변화시키기 위한 방법을 탐색해보기 위해 암컷 쥐를 대상으로 실험을 했다. 연구자들은 바데나필을 주입해 쥐의 발정에 영향을 미치는지 살펴보았다. 실험에서는 피하 테스토스테론이나 경구용 바데나필을 각각 사용했을 때는 변화가 없었지만, 이 두 약을 복합주입했을 때 암컷이 수컷과 교미 행동을 보이고 구애를 하는 양상을 보였다.[18]

다른 연구에서는 비슷한 실험을 여성을 대상으로 시행했다. 판데르마더 외[19]는 성욕이 아주 없거나 전혀 없는 여성들에게 앞서 말한 두 약을 복합 투입했을 때에 성욕이 촉진되었으며 에로틱한 영상을 보고 성적으로 더 흥분이 되었다고 했다.

호르몬이 부족한 여성들을 대상으로 한 이중맹검법* 연구에서 에스트로겐 치료를 했을 때 성적 욕구의 변화가 일어났다고 했다.[20] 다른 연구는 더 이상 난소가 기능하지 않는 여성에게 에스트로겐과 테스토스테론을 투입했을 때 여성의 성적 흥미가 개선되는 것을 관찰했다.[21] 워싱턴대학 연구자 스테퍼니 페이지[22]는 "수술로 폐경이 왔거나 자연적으로 폐경이 온 여성들의 성 기능이 약간 개선되었

* 실험자가 어떤 약이나 치료를 받고 있는지 모르게 설계한 역학조사 방법 중 하나이다.

다"라고 했다.

표본 수가 적은 일련의 연구에서는 배란 주기 전후 여성의 테스토스테론이 자연적으로 최고점에 이르는 것을 살펴보았는데, 결과는 성교 중 또는 다른 성적 활동 중의 성적 만족과 연관이 있다고 나타났다. 11쌍의 커플을 대상으로 한 연구에서 일상적인 테스토스테론이 아닌 고점(高點)에서의 기본 테스토스테론이 여성의 성적 경험에서 긍정적인 만족과 관련된다고 했다.[23]

테스토스테론 단독으로 여성의 성적 흥미를 매개한다는 것에 모든 연구자들이 동의하지 않지만, 여전히 '오프라벨(off-label)' 사용이 만연하다. '오프라벨'이란 FDA에서 승인한 실제 용도와 다르게 약을 전용하는 것을 말한다. 따라서 합성 테스토스테론은 남성 발기부전에 사용이 승인되었지만 효과와 안전성이 검증되지 않은 채 여성의 성적 흥분을 위해 처방된다면 '오프라벨'로 사용된다고 할 수 있다. 그럼에도 일부 의사들은 성적 흥미가 없어진 여성에게 호르몬 복합 제제 형태로 테스토스테론을 사용할 수 있다고 생각한다. 예를 들어 에스트라테스트(estratest)는 호르몬 복합 제제로, 미국 FDA가 심한 폐경기 증상(불면증, 안면홍조, 두통 등 기타 증상)을 보이는 여성에게 사용을 승인했지만, '오프라벨'로 여성의 성적 흥미를 증가시키기 위해 전용되고 있다. 에스트로겐과 테스토스테론의 복합제가 질로 가는 혈액량, 음핵의 민감성과 오르가슴의 속도를 증가시켜서 여성의 성욕을 증가시킨다는 연구 보고도 있다. 또 난소가 제거된 여성이나 폐경이 된 여성에게 오는 질 위축증도 개선할 수 있다고 한다.[24]

테스토스테론 치료를 지지하는 사람들도 지성 피부화, 여드름, 목소리 굵어짐, 공격성 증가 등 성격 변화, 체중 증가, 탈모와 같은 부작용이 있을 수 있다는 것을 인정한다. 다른 부작용으로 간 효소 증가, 고밀도지질 저하, 심지어 암 발생을 들 수 있다.[25] 특히 심각한 부작용을 알리는 논문이 ≪뉴잉글랜드 의학 저널(New England Journal of Medicine)≫에 실렸는데, 테스토스테론 농도가 낮은 남성 209명 대상으로, 한 집단은 테스토스테론을 주고 다른 집단은 위약을 주어 비교한 결과, 테스토스테론을 주입한 남성들에게서 심장마비 또는 심장 문제가 5배나 더 많이 발생한다는 것을 발견했다. 이 문제가 매우 심각해서 연구를 중도에 중단했다.[26] 그래도 아직 이러한 부작용은 미미하고 장점이 많아 치료에 이용할 가치가 있다고 생각하는 의사들이 있다.

이러한 부작용은 여성 대상 테스토스테론 치료의 정당성을 반대하는 사람들에게 가볍게 넘길 문제가 아니다. 그들은 여성의 신체가 여러 약물(예를 들어 고농도 피임약)의 실험 대상이 되고 있다고 비판한다. 특히 페미니스트들과 의사들은 여성의 낮은 성적 욕구는 발명된 것이라 하면서, 여성 대상 테스토스테론 치료를 강하게 비판한다. 이 비판자 중 대표적인 사람은 정신분석학자 리어노어 티퍼[27]로, 치료사, 임상 의사, 연구자들과 함께 의견을 같이해, 여성의 '낮은' 성욕에 대한 정의는 매우 왜곡되었으며 남성의 기준과 욕망에 근거하는 것이라고 비판했다. 그들은 이러한 성욕의 가상적인 기준은 임의로 만들어졌고, 여성의 성욕 약화는 '자연적'이고도 적절한 것이며 문제시하면 안 된다고 했다. 한마디로 이들은 일정 수준의 욕구를 '정상'이라고 정해놓고 이를 벗어나는 욕구를 비정상, 즉 고쳐야 할 문제로 파악하는 태도에서 벗어나려는 노력이 폐경에도 적용되어야 한다고 제안한다.

왜 테스토스테론에 대해 야단법석인가?

테스토스테론은 효과가 빨리 나타나서 엄청난 주목을 받았다. 그러나 불행하게도 테스토스테론은 성적 흥미의 원인을 설명해주는 합리적이거나 의학적인 해답이 아니며, 효과적인 결과를 도출해내는 처방도 아니다. 사실 우리는 아직도 성욕 감소나 흥분장애를 간단히 설명해낼 수 없다. 테스토스테론의 작용기전을 정확히 파악할 수 없기 때문에 단순히 문제가 있을 때 이것을 추가하면 모든 것이 좋아질 것이라고 말할 수 없다. 성 치료사들은 일부 심한 호르몬 부전증(의학적 처방이 필요한)을 제외하고 대부분의 성 문제는 심리학적·정서적 그리고 관계 문제를 자세히 살펴보아야 한다고 대답한다.

신화 06

모든 인간은 남성 아니면 여성이다

텔레비전 쇼나 영화에서 출산 장면이 심심치 않게 나온다. 병원 드라마, 시트콤, 십 대를 위한 30분짜리 디즈니 코미디, 블록버스터 영화를 막론하고 항상 크고 작은 장면 어디서든 출산을 하는 여성을 볼 수 있다.

병원 분만실(또는 차 안, 또는 엘리베이터 안) 장면에서 실제 삶을 모방하는 게 목적이든 단순히 값싼 웃음을 자아내는 게 목적이든 다양한 모습들을 보여주는데, 항상 마지막은 같은 방식으로 누군가가 행복하게 외치면서 끝난다. "아들이에요." (물론 "딸이에요!" 하고 끝나기도 한다.)

할리우드에서 표현하는 이 극적인 순간은 단순하다. 의사가 아기의 다리를 잡고 중요한 선언을 하자마자 부모는 항상 놀라워하고(비록 요새 부모들은 이미 몇 달 전에 아기의 성을 미리 알긴 하지만) 기뻐한다(아들을 원했던 아빠도 자신의 딸을 안는 순간 곧 누그러진다).

그러나 실제로는 의사가 아기를 보자마자 바로 아들이나 딸이라고 선언해줄 수 없는 상황을 맞는 부모도 있다.

젠더는 염색체, 호르몬 그리고 내부 및 외부 생식기에 의해 결정되는 '생물학적 성(biological sex)'을 기초로 한다. 자라면서 남성과 여성이 어떻게 행동하기를 기대하는가를 학습하고(젠더 역할), 자신의 젠더를 세상에 어떻게 보일지를 결정하며(젠더 표현), 자신이 남성 또는 여성인지에 대해 자기 자신의 내부 감각을 발달시킨다(젠더 정체성). 사회는 미디어, 패션 산업, 장난감 가게에 이르기까지 우리에게 단지 두 가지 성만 있다고 믿도록 하지만, 실제 젠더는 남성과 여성 사이의 연장선상에 있고, 그 사이 어딘가에 위치하는 사람(다수는 아님)도 있다.

여기서 우리는 생물학적 성의 변이에 중점을 두고 생물학적 성을 남성 또는 여성으로 확연히 구분할 수 없을 때 어떻게 되는지 알리고자 한다. 이 책의 나중 장(신화 9)에서 젠더 역할과 젠더 정체성에 대해 더 자세히 다룰 예정이다. 자신의 젠더 정체성이 생물학적인 성이나 사회가 기대하는 젠더 역할과는 다른 트랜스젠더의 경우 어떻게 되는지도 볼 것이다. 어떤 사람에게는 이 두 가지가 분리될 수 없이 연결되어 있지만, 이를 따로 살펴보기로 한다.

생물학적 성의 변이

인간 섹슈얼리티에 관한 오래된 신화를 언급할 때, 먼저 생물학 기초에서 출발하지 않을 수 없다. 이미 학교에서 배운 것을 다 기억하지 못할 것 같아 다시 복습하는 것을 양해해주시기 바란다.

정자와 난자는 생식세포이다. 각각 23개의 염색체를 가지고 있으며, 이것이 합쳐질 때 23쌍의 염색체가 되면서 유일한 유전적 합일체가 형성된다. 유전자 중 한 쌍이 생물학적 성을 결정한다. 난자는 항상 하나의 X 염색체를 가지며, 정자는 X 또는 Y 염색체를 가진다. 이것이 합쳐지면 모든 것은 예정대로 진행되어, XX 염색체를 가진 배아는 여성이, XY 염색체를 가진 배아는 남성이 된다.

모든 태아가 처음에는 미분화된 생식기로 시작하지만, 차차 특정한 호르몬에 의해서 남성 또는 여성 생식기로 분화된다. Y 염색체의 특정한 부위[고환결정인자(testes-determining factor region: TDF)]는 생식기에 신호를 보내 정소가 발생하게 한다. 정소(고환이라고도 명명한다)가 테스토스테론을 생산해 태아의 발생 과정에 영향을 주어 남성으로 분화된다. 즉, 태아 때 미분화된 동일한 구조물(처음에는 같은 구조)이 남성의 내부 생식기(쿠퍼선, 전립선, 부정소)와 외부 생식기(음경과 음낭)로 분화된다.

TDF가 없다면 생식기는 난소로 분화되고, 테스토스테론 대신 에스트로겐을 생산한다. 태아의 미분화된 구조물이 여성의 내부 생식기로는 자궁, 난관과 내부 질이 되고, 외부 생식기로는 대음순, 소음순, 음핵과 질구로 발달한다(그런데 내부 및 외부 생식기가 모두 남성 또는 여성 생식기로 분화하는 것은 아님을 상기하라).

대부분의 신생아는 이 두 가지 경로를 겪지만, 이를 벗어나는 여러 경우가 다음과 같이 발생한다.

염색체 변이

염색체 변이는 난자 또는 정자에서 시작된다. 생식세포가 단지 하나의 염색체를 가진 것으로 간주되지만, 감수분열이 일어나는 동안 하나 이상의 염색체를 가지거나 염색체가 없는 생식세포가 만들어질 수 있다. 따라서 너무 많은, 또는 너무 적은 성염색체를 가진 배아가 발생하게 된다. 다음은 이러한 염색체 변이로 흔히 생기는 상태이다.

• **터너 증후군, XO** 터너 증후군(Turner syndrome)은 난자 또는 정자 중 하나의 성염색체가 없을 때 생긴다. 터너 증후군의 특징은 외부 여성 생식기와 내부 여성 생식기(난소, 자궁, 난관)를 가지고 있으나 난소가 기능을 하지 않아 에스트로겐을 생산하지 않는다는 것이다. 터너 증후군 여성은 대개 키가 작고, 유두가 양옆으로 넓게 퍼진 넓은 가슴을 보이며, 귀의 위치가 낮다. 또 선천성 심장 기형을 가지고 있기도 하다. 이차성징은 나타나지 않는다. 키를 크게 하기 위해 소아기에 성장호르몬을 주사하기도 하고, 이차성징을 발현시키기 위해 에스트로겐 치료를 하기도 한다.[1]

• **클라인펠터 증후군, XXY** 클라인펠터 증후군(Klinefelter syndrome)은 두 개의 X 염색체를 가진 난자가 Y 염색체를 가진 정자에 의해 수정이 되거나, X 염색체를 가진 난자가 X와 Y 염색체를 둘 다 가진 정자에 의해 수정이 될 때 생긴다. 외모는 남성처럼 보이지만, 정소가 작고 음모의 위치가 여성과 비슷하며 근육 발달이 미미하고, 사춘기가 되었을 때 얼굴에 수염이 나지 않는 것이 발견되기도 한다.[2] 클라인펠터 증후군을 가진 남성들은 팔다리가 길고 골반이 넓으며, 일부는 학습장애(특히 언어장애)가 생기기도 한다. 성인이 되어 불임 검사를 하다가 뒤늦게 발견되기도 한다. 출산 시 또는 사춘기에 발견되면 테스토스테론 치료로 이차성징이 나타나도록 치료할 수 있다.[3]

• **XYY 증후군, XYY** XYY 증후군은 한 개의 X 염색체를 가진 난자가

두 개의 Y 염색체를 가진 정자에 의해 수정되었을 때 생긴다. 이 남성은 정상보다 항상 키가 크지만, 다른 외관상 증상이 없다. XYY 증후군 남성은 정상적인 성적 발달을 보이며, 임신이 가능하다. 그러나 언어 발달 지연을 포함한 학습장애가 생길 확률이 높다. 운동 기능의 발달 지연, 근육 긴장도 약화, 손 떨림, 기타 운동성 틱 등이 생길 수 있다. 또 행동장애나 정서장애가 나타나기도 한다.[4] 한때 공격성이 높아서 다른 남성보다 감옥에 갈 가능성이 높다고 했지만, 이 이론은 폐기되었다.[5]

• **XXX 증후군, XXX** XXX 증후군[triple X syndrome, 초자(超雌)]은 두 개의 X 염색체를 가진 난자와 한 개의 X 염색체를 가진 정자가 수정이 되어 생긴다. 육체적 이상을 거의 보이지 않아 모르고 지나치는 경우도 많다. 그러나 월경이 불규칙하고, 임신이 잘되지 않으며, 조기 폐경이 오는 수가 많다.[6]

또 다른 변이도 있다. XO/XY 염색체를 가진 태아는 남성 또는 여성 생식기를 가지거나 중복 생식기를 가지기도 하고, 아무 문제가 없는 경우도 있다. 또 XX/XY 염색체를 가진 태아는 난소와 정소가 중복되기도 하며 자궁이 있을 확률이 있다. 외부 생식기는 남성이나 여성 또는 중복해서 나타나기도 한다. 사춘기가 되면 유방이 커지고 월경을 시작한다.[7] YO 성염색체를 가진 배아는 생존할 수 없어서 관련 증후군이 없는데, 그 이유는 X 염색체가 적어도 한 개 이상 존재해야 필수적으로 생존이 가능하기 때문이다. 하나의 Y 염색체만 가진 배아는 자연유산이 된다.

호르몬 이상

염색체가 태아의 생물학적 성을 결정하지만, 자궁 안에서(그리고 출생 후에도) 태아는 노출된 호르몬에 의해서 통제되며 신체도 이 호르몬에 의해 달라진다. 이렇게 발생 과정 중에 염색체와 다르게 발생하는 호르몬 이상 사례들을 소개하고자 한다.

• **안드로겐 무감응 증후군** 안드로겐 무감응 증후군(androgen insensitivity syndrome: AIS)은 남성호르몬(안드로겐)을 신체가 감응하지 못해서 생긴다. 유전적으로 남성(XY)이지만 남성 생식기와 생식 기능으로 발생하는 과정이 방해를 받아 생긴다. TDF 구역은 미분화된 성기를 정소가 되도록 하고 정소는 테스토스테론을 생산하는데, 이 과정이 진행되지 못하고 여성 쪽 경로로 진행이 되어 음순 등 외성기는 여성처럼 보이게 된다. 그러나 내부 생식기는 완전히 형성되지 않아 질이 짧고 자궁은 없다.[8] 정소는 종종 복강 내에서 발견되기도 한다. 사춘기가 되면 이차 여성 성징을 발현시키기 위해 호르몬 보충 치료를 하기도 하고, 정소에서 암이 발생하는 것을 막기 위해 정소 제거 수술을 하기도 한다.[9] 이 증후군을 가진 사람은 유전적으로 남성이지만, 대부분 여성처럼 보인다.

• **선천성 부신증식증** 선천성 부신증식증(congenital adrenal hyperplasia: CAH)은 태아와 소아의 부신(각각의 신장 바로 위에 있다)에서 안드로겐 분비에 장애가 생기는 부신 질환이다. 유전적으로 남성에게서 이 질환이 생기면 이차성징이 너무 이르게 나타난다. 사춘기 전에 목소리가 굵어지고, 음경이 커지며(정소 크기는 정상), 음모와 겨드랑이 털이 나고, 근육이 발달한다. 유전적으로 여성에게서 생기면 정상적인 내부 생식기(난소, 자궁, 난관)를 갖추고 있으나, 출생 시 큰 음핵을 갖고 태어난다. 경우에 따라 음핵이 너무 커서 음경으로 오인되기도 한다. 사춘기 전에 음모와 겨드랑이 털이 나오며, 수염이 나기도 한다. 선천성 부신증식증이 있는 여성이 남성 젠더로 성장하는 경우도 종종 있다.[10]

• **DHT 부전증** 유전적 염색체상 남성에게서 자궁 안 태아기에 남성성 발현에 중요한 역할을 하는 디하이드로테스토스테론(DHT)이 충분히 생산되지 못해서 일어난다. 보통 태어날 때 외성기가 여성으로 보이거나, 일부는 외성기가 남성처럼 보이나 비정상적으로 작다(소음경이라고 부르기도 한다). 또 어떤 이들은 외관상 남성인지 여성인지 구분하기 어려운 불분명한 외성기를 보이기도 한다. 사춘기가 되면 종종 이차 남성 성징이 나타나서 근육이 커지고, 목소리가 굵

어지며, 음모가 난다. 음경과 음낭이 커지기도 한다. 처음에는 대체로 여성으로 키워지지만 사춘기가 되어도 유방이 커지지 않고, 이차 여성 성징도 나타나지 않는다.[11]

진화하는 언어

옛날에는 외성기가 불분명한 아이가 태어나면 허머프로다이트(hermaphrodite, 남녀한몸증 또는 자웅동체)라고 불렀다. 진짜 허머프로다이트의 의학적인 정의는 한 몸에 난소와 정소를 같이 가지고 있는 사람을 말한다. 그러나 대부분의 경우에는 이러한 정의에 딱 들어맞지 않는다. 어떤 의학자들은 슈도허머프로다이트(pseudohermaphrodite)라는 용어로 구분하기를 제안하는데, 정소는 있으나(난소는 없음) 여성 외성기를 가진 사람을 남성 슈도허머프로다이트라 부르고, 난소는 있으나 남성 외성기를 가진 사람을 여성 슈도허머프로다이트라고 한다.

1993년 젠더에 관한 저술을 낸 생물학자 앤 파우스토스털링은 ≪사이언스≫에 다섯 가지 생물학적 성의 명칭을 제시했다. 기존 여성(female)과 남성(male)에 추가해 'herms'(진짜 허머프로다이트를 말함), 'merms'(남성 슈도허머프로다이트), 'ferms'(여성 슈도허머프로다이트)를 제시했다. 이후 논문에서 그녀는 "혀는 턱에 깊이 뿌리 박혀 있다"라고 하면서 양성 체계는 우리 문화에 깊이 뿌리 박혀 있으며 "섹슈얼리티의 전체 스펙트럼을 포괄하기에" 불충분하다고 말했다.[12]

우리 사회는 이 생소한 다섯 가지 성 개념을 미친 짓으로 간주하지만, 이미 다른 문화권의 사람들은 남성과 여성의 범주에 들어맞지 않는 사람들에게 더 열려 있었다. 도미니카공화국의 한 마을은 유전적 돌연변이에 의해 DHT 부전증으로 태어난 아기들이 많았다. 이 아기들은 소아기 때는 외성기가 여성으로 보이지만, 사춘기에 테스토스테론에 노출되면 이차 남성 성징을 보인다. 마을 사람들은 이러한 남성을 '게베도체(guevedoche)'라고 불렀는데, '12세에 쌍방울'이라는 뜻이다. 또 '마치 엠브라(machi-embra, 남성-여성)'이라 부르기도 했다.[13] 중요한 점은 여러 세대 동안 이들을 제3의 성으로 사회가 인정했다는 것이다. 비슷한 유전적 돌연변이로, 파푸아뉴기니의 삼비아 부족도 태어날 때 외관상으로는 여성이었다가 사춘기가 되면 이차 남성 성징을 보이는 이들을 '크올루 아튼위크(kwolu-aatnwik)'라 불렀으며, 그 사회에서 남성 또는 여성으로 대하지 않았다. 이들은 나중에 영혼 치료사 또는 샤먼이 되는 것이 용인되었다.[14]

서구 사회에서는 지금까지도 생물학적 성의 범주에 들어가지 않는 사람에 대한 호칭에 동의된 바가 없다. 파우스토스털링이 다섯 개의 성을 제시한 같은 해에, 관련 활동가들이 북미간성협회(Intersex Society of North America: ISNA)를 설립했다. 웹사이트에 의하면, "북미간성협회는 남성 또는 여성의 기준에 맞지 않은 해부학적 구조를 가지고 태어난 이들을 위해 부끄러움, 비밀주의, 원치 않는 성기 수술을 막기 위해 사회체제의 변화를 꾀한다". 이 협회의 이름으로 알 수 있듯이, 인터섹스(intersex, 간성)라는 용어를 제안했는데, "여성과 남성의 전형적인 정의에 맞지 않는 해부학적 성을 가지고 태어난 사람들의 다양한 조건에 맞는 일반적인 용어"라고 주장한다. 이 용어는 수년간 유행했지만, 일부 사람들은 '환자에 대해 모멸적'이며 '의사도 부모도 헷갈리게 하는' 말이라고 지적하기도 한다.[15]

이 분야의 전문가들에 의해 새로 나온 가이드라인이자 북미간성협회가 지지한 용어는 '성 발달 장애(disorders of sex development)'이며, "염색체, 성기, 또는 해부학적 성이 비전형적 발달을 보이는 선천성 조건들"이라고 정의했다.[16] 모든 사람이 이 용어를 마음에 들어하지는 않는데, 그 이유는 맨 처음에 나오는 장애라는 단어 때문이다. 일부 활동가와 성 발달 장애 당사자들은 이 용어가 그들의 정체성을 소외시킨다고 생각한다.

진화하는 치료법

성 발달 장애를 가진 사람들을 부르는 용어조차도 통일이 안 된 상황에서 아이의 부모는 무엇을 어떻게 할지 막막할 거라는 것을 상상할 수 있다. 역사적으로 미국 사회는 '정상'이 아니면 치료해야 한다고 생각해왔다. 부모들은 아이의 음핵이나 음경이 정상처럼 보이도록 수술을 해야 한다는 얘기를 의사로부터 들어왔다. 그런데 음경(특히 기능하는)을 만들어내는 수술보다 음순과 질을 만들어내는 수술이 훨씬 더 쉬웠다. 그래서 의사들은 염색체상의 성이나 자궁 내에서 노출된 호르몬이 무엇이든지 상관없이 여성 성기로 수술할 것을 권했다.

북미간성협회의 창시자인 셰릴 체이스의 경우도 그랬다. 그녀는 1956년에 불분명한 외성기를 가지고 태어났다. 음핵이 컸고, 질로 보이는 입구가 있었다. 첫 번째 의사는 그녀를 남자아이로 키우라고 권유해서 이름을 찰리라고 지었다. 그러나 18개월이 되었을 때, 부모가 외성기 모양에 대한 걱정으로 다른 전문가 의사들과 상담을 했다. 그들은 그녀가 정상적인 질을 가지고 있으므로 외성기를 여성처럼 만드는 성형수술을 권했다. 그녀는 음핵절제술을 받았고, 셰릴로 이름을 바꾸었다. 그녀의 부모는 그녀에게 일어난 일을 말하지 않았으나, 그녀는 자신이 어린 시절 설명할 수 없는 수술과 성기 검사를 받았다는 것을 기억했다. 그리고 자신이 다른 소녀들과 다르다는 것도 인식했다. "나는 권총이나 라디오에 더 흥미를 느꼈고, 주로 남자 아이들과 어울려 놀았으며, 나의 오빠처럼 되고 싶었다."[17]

파우스토스털링은 성 발달 장애를 가지고 태어나 여성 성형수술을 받은 맥스벡의 사례를 언급했다. 그녀의 경우 십 대에는 평안한 세월을 보냈지만, 20대에 와서는 부치 레즈비언(butch lesbian)•이 되었고, 30대 중반에는 남성이 되었다. 그는 지금 여성 파트너와 결혼해서 아이를 키우고 있다(현대 의학의 도움으로 시술을 해서).

흥미롭게도 성 발달 장애가 전혀 없는 아이에게 젠더 결정을 한 유명한 사례가 있다. 1965년에 태어난 일란성 쌍둥이는 남성 성기를 가지고 있었다. 아이들은 생후 8개월에 음경협착(phimosis)으로 포경수술을 받았다. 그런데 심각한 수술 사고가 생겨서 한 아이의 음경이 제거되었다. 의사가 정상적이면서 제대로 기능하는 음경을 재건할 수 없다고 했을 때, 부모들에게는 다른 선택의 여지가 없었다.

부모는 볼티모어의 존스홉킨스병원에서 성 결정 수술을 연구하고 시행하는 한 의사를 찾았다. 존 머니 박사는 젠더 분야의 개척자로, 젠더는 생애 초기에 형성되며 순전히 문화적인 환경에서 결정된다는 이론을 주장했다. 그는 아이는 완

• 남성처럼 보이거나 남성의 성 역할을 하는 레즈비언을 뜻한다.

전히 백지상태에서 태어나며, 부모와 사회가 그들에게 젠더를 각인시켜서 자신을 남성 또는 여성으로 인식한다고 믿었다.

머니 박사는 아이(당시 이름은 데이비드)의 부모를 만나서 여성 외성기로 수술을 하고 소녀로 키울 것을 권고했으며, '그녀'가 잘 적응된 젊은 여성으로 자랄 수 있을 것이라고 확신시켰다. 머니 박사는 일란성 쌍둥이로서 데이비드가 대조군에 비해 어떻게 자랄지 특별히 관심을 가졌다. 만약 '그녀'가 여성으로 성공적으로 키워지고, 그녀의 오빠(유전적으로 동일한 남성)가 남성으로 성공적으로 키워지면 자신의 백지상태 이론을 입증할 수 있을 것이라고 보았다.

부모는 그의 충고를 받아들여 수술을 하도록 했고, 데이비드를 브렌다로 키웠다. 머니 박사는 이 사례를 계속 추적하면서 '존/조안'이라고 명명하고, '조안'은 여성의 역할과 특성을 쉽게 습득하면서 행복한 소녀로 잘 자라고 있다고 수차례 논문을 발표했다. 1973년에 ≪타임(Time)≫지는 "이 극적인 사례는 여성해방론자들의 핵심 주장에 강한 증거를 제공한다. 전형적인 남성성과 여성성을 규정하는 행동은 바뀔 수 있다. 이것은 수태될 때 유전자에 의해 심리학적·해부학적 성차가 존재한다는 이론을 뒤집는 것이다"[18]라고 보도했다.

머니 박사가 진실을 보지 못했거나 의도적으로 브렌다 가족의 말을 무시했는지는 확실치 않다. 그녀의 오빠는 이렇게 말했다. "나는 브렌다를 여동생이라고 여겼지만, 실제론 전혀 그렇게 행동하지 않았어요. 그 애는 로프를 선물로 받았을 때 사람들을 묶고 회초리질을 했어요." 그는 계속해서 "브렌다는 정말 여자다운 행동을 하지 않았죠. 남자처럼 걸었어요. 남자들이 좋아하는 말을 주로 했고, 집안 청소, 결혼, 화장에 대해 수다를 떨거나 하지 않았어요"라고 말했다.[19] 브렌다의 엄마는 브렌다가 아주 어렸을 때 처음으로 드레스를 입혔더니 필사적으로 벗어버리려고 했다고 회상했다.

사람들은 그 아이가 자신을 어디에도 맞지 않는 다른 존재라고 느끼며 절망적인 어린 시절을 보냈다고 말했다. 브렌다는 서서 소변보기를 좋아하며 여러 방면에서 자신은 소녀가 아니라는 것을 일찌감치 알아챘다. 브렌다는 자신의 미래를 상상할 때 자신을 여성과 결혼한 남성으로 묘사했다.

그녀가 사춘기가 되었을 때 유방이 나오도록 호르몬주사를 억지로 맞아야 했고, 그러다가 결국 더 이상 머니 박사를 만나지 않겠다고 거절하면서 집 근처 의사와 정신과 의사에게 치료받기 시작했다. 14세가 되는 날, 의사가 그녀에게 질을 재건하기 위한 수술을 받아야 한다고 권유했을 때 그녀는 거부했다. 의사는 화가 나서 물었다. "여자가 되고 싶지 않니?" 브렌다는 큰 소리로 대답했다. "되고 싶지 않아요." 그러자 의사는 부모에게 브렌다에게 진실을 알려줄 때가 되었다고 충고했다.

데이비드는 그날 오후 아버지로부터 자신의 얘기를 들었을 때, 여러 감정들이 갈등하는 중에도 가장 지배적인 감정은 이제 놓여났다는 느낌이었다고 회상했다. 그는 당장 자신의 이름을 데이비드로 바꾸고, 남자로 돌아가는 삶을 선택했다. 그는 16세 직전에 유방 제거 수술을 받고, 남아 있던 작은 음경을 재건했다. 20대에 음경을 외관상 좋고 기능적으로 성형하기 위한 재수술을 받았다.

1990년대 중반에 존/조안 사례의 결과가 알려졌을 때, 데이비드는 31세였고, 한 여성과 결혼해 아이를 키우고 있었다. 그는 남자로서 행복하게 살고 있다고 말했으나, 사실 적응이 쉽지 않아 결국 여러 번 자살 시도를 했다. 불행하게도 행복은 지속되지 못했다. 2004년에 데이비드 라이머는 자살을 하고 말았다.[20]

현재 생각할 일

셰릴 체이스와 존/조안의 사례를 볼 때, 외관상의 이유만으로 복구가 불가능한 흔적을 남기는 수술로 모든 것을 해결하려는 생각은 문제가 있다. 기능상의 이유(붙어 있는 요도와 질을 구분하는 사례), 또는 안전상의 이유(암 발생 가능성 때문에 복강 내 정소를 제거하는 사례)로 조기 수술이 필요한 경우도 있다. 북미간성협회는 국제간성집담회(International Consensus Conference on Intersex)를 개최했다. 이 집담회에서 나온 중요한 결실 중 하나인 합의문은 로슨 윌킨스 미국 소아내분비학회와 유럽 소아내분비학회에 의해 작성되었다.

합의문에 나온 조언은, 의학적으로 즉시 치료가 필요한 응급 상황이 아니면 치료를 하지 말고 시간을 두고 천천히 관찰하라는 것이다. 전문가 평가가 시행되기 전에 어떤 젠더 결정을 해서는 아니 되며, 전문가 평가도 경험이 많은 공동 전문가팀(이상적으로 보면 성 발달 장애에 경험이 많은 소아내분비학자, 외과 의사, 비뇨기과 의사, 정신과 의사, 부인과 의사, 유전학자, 신생아 전문의 포함)이 있는 센터에서 받아야 한다고 했다. 이 팀은 해부학, 유전학, 영상의학(초음파 또는 MRI 등)과 여러 호르몬 측정을 통해 진단을 내려야 한다.

단지 외모만으로 사람의 성을 즉각적으로 범주화하는 문화에서, 그리고 젠더 없는 적절한 대명사로 누군가를 지칭할 수 없는 문화에서 젠더 정체성 없이 아이를 양육한다는 것은 사실상 불가능하며, 가족과 아이에게 매우 힘든 일이다. 그래서 가이드라인은 아이에게 하나의 젠더 지정을 해줄 것을 권한다. 이 젠더 지정은 진단, 외성기 모양, 수술 방법, 평생 호르몬 치료(예를 들어 에스트로겐 주사 등), 임신 가능성, 가족과 문화의 관점에서 고려해야 할 것이다.

그러나 젠더 지정은 아이가 자라면서 자신을 남성 또는 여성으로 느끼는지에 따라 변할 수 있다. 합의문은 이러한 젠더 행동은 성 발달 장애가 있는 아이에게서 흔히 나타나며 젠더가 잘못 지정되었거나 바꾸어야 하는 지표는 아니라고 했다. 만약 해당 아이 또는 청소년이 '심각한 젠더 이상'(자신의 젠더 정체성이 사람들이 지정한 젠더와 일치하지 않는다는 느낌)을 느낀다면 다시 시간을 두고 포괄적인 정신과적 진단과 전문가의 젠더 평가를 받아야 한다고 권한다. "만약 젠더를 바꾸고 싶다는 마음이 계속된다면, 당사자의 느낌은 존중되어야 하며, 젠더를 바꾸기 위해 전문가의 도움이 필요하다."[21]

이 새로운 가이드라인은 젠더 정체성을 개발하는 과정이 (심지어 확실한 생물학적 성을 가진 사람에게도) 매우 복잡하며, 심지어 진화한다는 점을 인정한다. 당사자가 자신이 누구인가 하는 내적인 느낌을 발견했을 때 자기 스스로 회복 불가능한 결정을 내려야 하며 매우 신중해야 한다고 권고하고 있다.

이 가이드라인은 우리가 생물학적 성에 대해 어떻게 생각하느냐와 우리가 그 차이를 어떻게 다루느냐가 중요하다고 한다. 그러나 우리는 사람을 남성 또는 여성, 남성적 또는 여성적으로 구분하는 사회에 살고 있다. 젠더 역할과 젠더 표현의 다양성을 이해한다고 해도, 아직도 개인이 어떻게 보이고 행동하느냐에 따라

선입견을 가진다. 이 책의 뒷부분에서 젠더 역할, 젠더 정체성과 트랜스젠더에 대해 자세히 다루겠지만, 우리는 아직도 여성과 남성만으로 구분 짓는 문제에 관한 많은 신화를 해결하기 위해 할 일이 많다. 이것은 확실하다 — 두 범주 사이에 뭔가 많은 것이 있다.

제2장

성적 지향과 성 정체성

지금 우리의 모습은
무엇이며,
어떤 모습이기를 바라는가

50
Great
Myths of
Human
Sexuality

신화 07

게이는 한눈에 알아볼 수 있다

'게이더(gaydar)'라는 말을 들어본 적이 있을 것이다. 게이(gay)와 레이더(radar)의 단순 합성어인 게이더는 간접적 단서들을 사용해 이성애자로부터 동성애자를 구분해내는 능력을 말한다. 많은 사람들이 과거에 누가 게이이고 아닌지를 알아맞히는 데 성공한 적이 있다는 이유 하나로 자신은 한눈에 게이를 알아볼 수 있다고 믿는다. 물론 이들은 자신이 눈치채지 못한 사람들 중 상당수가 게이였다는 사실과, 게이라고 이름 붙인 사람들 중 상당수가 게이가 아니었다는 사실을 알지 못한다.

만약 이 글의 목적이 누군가를 만나자마자 그 사람이 게이인지 혹은 스트레이트(straight)인지 판단할 필요를 느끼게 되는 이유를 분석하는 것이었다면, 거기에는 다양한 이유들이, 그것도 완전히 새로운 장 하나를 구성해야 할 정도로 많은 이유들이 존재함을 보여줄 수 있었을 것이다. 그리고 그 많은 이유들 모두가 다 저급하지만은 않다. 스트레이트 독신 여성을 예로 들어보자. 이 여성은 잘생긴 남성이 게이로 드러나게 되어 당황하는(실망하는) 일이 없도록 하고 싶은 마음에 자신의 게이더를 제대로 사용하고 싶을 것이다. 그럼에도 불구하고 이 게임은 보통 사회가 행동이나 외모상의 특징으로 사람들을 분류하기 좋아하는 그 단순한 문화적 습성에서 비롯된다. "그 여자는 뚱뚱해", "그 남자는 성형수술을 했어"라고 말하듯이 "그 남자는 게이야"라고 하는 것이다. 우리는 곧바로 결론으로 뛰어들길 좋아한다. 안타깝지만 진실은 우리가 자주 틀린다는 것이다. 우리는 사람들이 우리에게 보여주는 것만을 알아볼 수 있다.

이번 신화에서 우리는 타인을 게이로 식별하는 표식인 '게이더 신호'의 본질과 정확성 그리고 그것이 타인과의 관계 맺기에 미치는 함축적 의미에 대해 알아보고자 한다. 그러나 글을 계속하기 전에 여러분에게 한 가지 중요한 점을 상기시킬 필요가 있다. 성적 지향, 젠더 정체성 그리고 젠더 표현은 서로 다르다는 것이다. 어떤 사람이 게이, 스트레이트, 양성애자인지를 말하는 성적 지향은 그 사람이 누구에게 성적 매력을 느끼고 누구와 사랑에 빠지는가를 나타내기 위한 것이다. 이에 비해 젠더 정체성은 남자인지 여자인지에 대한 당사자의 내적 감각이다. 우리 연구의 초점은 게이를 인식하는 데 사용하는 단서들이 성적 지향보다 젠더 정체성이나 젠더 표현을 더 많이 반영한다는 것을 보여주는 데 있기 때문에 이 점을 명확히 할 필요가 있다(이 점에 대해서는 신화 8과 9에서 더 자세히 이야기할 것이다).

나의 게이더가 당신의 게이더보다 더 강력하다

어떤 남자나 여자가 게이인지 알아볼 수 있다고 생각하려면 우선 게이나 레즈비언의 외모 혹은 행동에 그 정체성을 보여주는 뚜렷한 구별점이 있다고 믿어야 한다. 사람들이 정확히 어떤 특징들을 보고 '게이'로 인식하는지에 대한 연구들이 시도되어왔는데, 이러한 연구에 따르면 사람들의 초기 판단은 대체적으로 전형적인 젠더 역할에서 벗어나는 특징들에 기반을 두는 것 같다. 어떤 연구팀이 사진, 짧은 동영상, 목소리 녹음을 제시한 후 이를 두고 사람들이 성적 지향을 판단하는 행태를 살펴보았다. 성적 지향 평가는 높지만 불완전한 결과를 가져왔다.[1] 흥미롭게도 관찰자들은 몸매나 움직임만을 보여주는 동영상 또는 컴퓨터 영상을 볼 때 성적 지향을 가장 잘 결정할 수 있었다.[2] 프리먼 외[3]는 얼굴 모습에 나타나는 남성성과 여성성이 성적 지향 추측을 위한 일반적 단서로 사용되고 있음을 보여주었다.

성적 지향을 추측해보라고 했을 때 응답자들이 저지르는 가장 일반적인 실수는 전형적인 젠더 기준에서 볼 때 예외적인 얼굴의 사람들이나 게이 또는 레즈비언에 대한 타성적 특징을 지닌 사람들만을 선택한다는 것이다. 이는 그러한 특징을 보여주지 않는 동성애자 모두를 놓치고 있음을 의미한다. 물론 그 반대 역시 사실이어서, 비전형적인 젠더 행위를 가진 이성애자들은 예외 없이 게이로 분류되었다.[4]

그렇다면 게이와 레즈비언들은 이러한 실수로부터 자유로울까? 물론 이를 알아보기 위한 연구들도 진행되었다. 결과는 이들의 게이더가 그저 약간 유리하게 작동할 뿐이라는 것이었다.[5] 말투에 대한 연구는 동성애자들이 게이 남성을 조금 더 잘 구별해낸다는 점을 확인했다. 그러나 레즈비언을 구별하는 데는 그다지 유리하게 작동하지 않았다.[6] 또 다른 연구들은 동성애자와 이성애자의 게이더가 별반 다르지 않음을 보여주었다.[7]

결국 게이더는 남성성이나 여성성에 귀속되는 특성적 신호들을 주워 모아놓은 것인데, 이러한 특성과 성적 지향 사이에는 '불완전한' 연결성만이 존재할 뿐이라는 점에서 진짜 문제가 발생한다.[8] 나아가 '남성적' 혹은 '여성적' 특성들은 문화에 따라 천차만별이기 때문에 이러한 연결성 역시 문화에 따라 다르게 나타날 수밖에 없다.[9] 연구자들은 남성들이 각양각색의 문화가 요구하는 정상적 남성성을 충족시키지 못하는 행동, 말투, 버릇을 보여주는 경우에 동성애자로 인식될 가능성이 있다고 본다.[10] 그러나 로스[11]는 조사연구를 통해 동성애에 대해 덜 수용적인 문화를 가진 사회가 변형된 젠더 행동에 대해 낮은 인내력을 보일 수 있다고 제언했다. 이러한 사회의 경우 규범적인 젠더 행동에서 조금만 벗어나도 의심의 눈초리를 보내는 경향이 있다고 했다. 이는 게이나 레즈비언에 대한 사회적 기준에 일치하지 않는 사람들에게도 이름을 붙이고, 유형화하고자 하는 신경과민일 수 있다. 또 미국인들이 일본이나 스페인의 '평가자'들보다 동성애 단서에 대해 더 깐깐하다는 사실을 밝힌 연구 결과와 일치하기도 한다. 이에 대한 해석은 다양할 수 있는데, 우선 그저 같은 주제에 대해 미국 사람들이 더 많이 생각하고 있을 뿐이라는 현실을 반영하는 것일 수 있다. 혹은 미국의 게이들이 다른 게이로 하여금 자신을 알아볼 수 있는 행동을 더 많이 한다는 의미일 수도 있으며, 억압적이고 호모포비아적인 문화권의 남성들보다 더 편안하게 반규범적인 행동을 표현하기 때문일 수도 있다. 아니면 일본이나 스페인의 경우 남성적 행동에 대한 스펙트럼이 미국에 비해 넓기 때문일 수도 있다.[12]

특성을 인식하는 데는 아주 특이한 문화적 변형들이 있을 수 있다. 사람들이 고정되고 안정된 특성(상황에 따라 변하는 특성에 반대되는)을 가진다고 믿는 경향을 예로 보면, 미국인이 일본인에 비해 그런 경향이 더 강해서 말투나 버릇 같은

특성에 기초해 누군가를 전면적으로 판단하는 경향이 강하게 나타난다.[13]

우리는 게이더가 한시적 시점에서 제대로 작동할 가능성은 있지만 항상 옳을 수는 없다는 사실을 통해 사람을 어떻게 대해야 할 것인가라는 문제에 대해 함의를 제공받을 수 있다. 앰버디와 그 동료들[14]은 행동의 세세한 면들에 대한 평가를 통해 첫인상이 이후의 행동에 영향을 미칠 수 있다고 지적했다. 사람들은 흔히 남성성과 여성성의 규범에 기초해 상대방의 성적 지향을 가정한다. 그러고 나서 성적 지향에 대한 자신의 개인적 가치에 기초해 그 사람에게 더 긍정적으로 혹은 덜 긍정적으로 행동한다.

연구자들은 게이더라는 것이 관찰 대상이 아니라 보는 사람의 마음에 따라 더 많이 달라지는 것은 아닌지에 대해서도 의문을 제기한다. 사람들이 동성애나 변형된 젠더 행동에 대해 불편해한다고 해서 이것이 자동으로 특별히 더 경계하고 심판적임을 뜻하는 것일까? 이 문제에 관한 약간의 증거들이 있다. 예를 들자면 보수주의자들이 자유주의자들에 비해 게이 남성에게서 다른 점을 구별해낼 확률이 훨씬 높고, 또 자신들 눈에 덜 남성적으로 보이는 사람이 게이라고 추측할 확률이 높다는 사실을 보여주는 연구이다.[15]

측정의 불완전함

게이더는 전적으로 '여성적' 혹은 '남성적' 특성을 구별하는 것에 의존하기 때문에 결국 우리는 게이더가 가끔은 제대로 작동하지만 항상 제대로 작동하는 것은 아니라는 결론에 다다른다. 이런 방법의 문제점은 한 사람의 성적 지향이 그/그녀 자신의 젠더가 아니라 그/그녀가 매력을 느끼는 대상의 젠더와 연결된다는 것이다. 그래서 남자나 여자가 어떻게 옷을 입고, 어떻게 행동하며, 어떻게 말해야 하는지에 관한 사회적 기대에 부합하지 못하는 일이 때때로 성적 지향의 표현으로 인식되는 일이 발생한다. 하지만 이는 엄밀히 말하자면 그렇게 말하는 사람의 젠더 정체성을 반영하는 것일 뿐이다.

그렇다고 우리의 말을 오해하지는 마시라. 사회가 게이와 레즈비언을 위해 설정해둔 모든 고정관념에 일치하기 때문에, 멀리에서도 한눈에 게이와 레즈비언이라고 알아볼 수 있는 사람들이 분명히 존재한다. 많은 사람들에게 이것은 자기 정체성의 중요한 한 부분을 이루며, 세상을 향해 자신이 누구인지를 보여주는 방법이다. 그러나 다음에 당신의 게이더를 시험해보고 싶은 생각이 들 때 '비밀을 누설하는' 특징들을 보여주지 않는 게이와 레즈비언들이 많이, 아니 더 많이 있다는 사실을 기억하길 바란다. 아울러 남성성 혹은 여성성 규정에 부합하지 않는 이성애자들 또한 많이 있다는 사실도 기억해주길 바란다. 상대방이 게이임을 알아봐주기 원할 때, 바로 그때라야 한눈에 게이임을 알아차릴 수 있다는 것이 궁극적인 해답일 것 같다.

신화 08

진짜 양성애자는 없다

불쌍한 양성애자들! 아무도 그들의 존재를 믿으려 하지 않는다.[1] 자신을 양성애자라고 밝힌 남성들은 게이나 스트레이트 남성 동료 모두로부터 존재 자체를 무시당한다. 게이 남성들은 양성애자들을 가리켜 동성애자임을 커밍아웃하기 무서워하는 남자들일 뿐이라고 쉽게 말해버린다.[2] 이성애자들도 고유의 불신 버전이 있다. 이성애자들은 단 한 번의 동성애 경험을 가진 사람에 대해서 그 사람 자신이 스스로를 어떻게 부르는지에 상관하지 않고 게이로 분류히려는 경향이 있는데, 이는 아마도 동성애공포증에서 기인하는 것 같다.[3]

사람들은 양성애자라고 밝힌 여성들 역시 믿지 않는다. 하지만 불신의 이유는 남성 양성애자에 대한 것과 사뭇 다르다. 어떤 사람들은 동성애 관계를 하나의 발달 단계나 일시적 실험 정도로 일축해버리는 반면, 어떤 사람들은 이들이 아직 커밍아웃을 못 하고 있을 뿐이라고 믿는다. 이러한 인식은 우리가 여성의 성에 대해 지닌 고정관념이나 신념, 즉 여성과 사랑을 나누는 여성은 (실제 생활에서나 포르노그래피에서나) 호색적이라는 생각에 딱 들어맞는다. 또 '여성과 여성'의 섹스는 기본적으로 그 여성이 진짜 좋아서라기보다는 남성의 성적 판타지를 채우기 위한 것으로 이해하는 관점과도 부합된다. 사실 레즈비언주의조차 여성들의 성적 유연성의 일부로 간주되는 경우가 종종 있으며, 발달상의 한 과정으로 치부된다(평생 지속되지 않는다는 이유로, 또 지속될 때까지만). 어떤 여성이 과거에는 이성애자였다가 동성애 관계로 들어갈 경우 언젠가는 이성애자로 '돌아올 것'이라는 추정이 주저 없이 이루어진다.[4]

성행위 그리고 성적 지향 혹은 성 정체성은 각기 다른 의미를 지니다. 게이라는 성 정체성을 지녔지만 때때로 여성과 잠자리를 가지는 남성들이 있고, 스트레이트인 여성이 때때로 여성과 잠자리를 하기도 한다. 당신이 상상하는 모든 조합이 가능하다. 그리고 그곳에 양성애자가 있다. 이들은 바로 그 순간에 누구와 함께하는가에 상관없이 자신의 성 정체성을 유지하면서 같은 젠더나 반대의 젠더를 가진 사람에게 매혹되고, 성관계를 갖고, 사랑에 빠지는 남성과 여성들이다.

'진정한' 양성애자에 대한 연구

성에 대한 연구는 매우 많지만 우리의 이야기는 킨제이에서 시작하는 것이 합당하다. 자신의 선구적인 책에서 킨제이는 성적 매력과 행위는 이분법적 카테고리에 갇힌 것이 아니라 연속체의 어느 지점에 있는 것이라고 분명하게 말했다.[5] 연구를 통해 그는 "전체 남성 인구의 37%가 청소년기에서 노령기 사이에 오르가슴에 이르는 꽤 분명한 동성애 경험을 가진 적이 있다"는 사실을 알게 되었다. 킨제이와 그의 연구팀이 행한 후속 연구는 8~20%(결혼 지위에 따라) 사이의 어딘가에 해당하는 여성 인구가 20~35세 사이에 동성애적인 경험을 가졌음을 알게 되었다.[6] 하지만 자신의 성 정체성에 대한 질문에서는 오직 4%의 남성과 1.3%의 여성만이 초기 청소년기부터 동성애자였다고 대답했다. 킨제이가 연구 보고한 데이터들은 양성애 행위와 판타지가 절대 희귀한 것이 아니라는 것을 밝혀주었지만 여전히 어떤 사람들은 양성애를 하나의 정체성으로 받아들이는 데 의문을 제기한다.[7]

더 최근의 조사는 양성애 정체성이 우리가 생각하는 것보다 더 흔할 수 있음을 시사한다. 2010년 미국 가족인구조사(National Survey of Family Growth)에 따르면 인구의 7.8%가 자신의 정체성이 레즈비언, 게이 혹은 양성애자라고 밝혔고, 동성애 경험은 이보다 훨씬 더 흔했다. 퓨 리서치 센터[8]는 자신을 LGBT•라고 인식하는 1174명의 성인을 조사했다. 그 결과 이들 가운데 36%가 게이, 16%가 레즈비언, 5%가 트랜스젠더라고 대답했으며, 이에 비해 자신을 양성애자라고 한 사람들은 40%를 차지했다. 양성애자라고 응답한 경우는 대체로 여성이 남성보다 더 많았다.

• LGBT는 성소수자 중 레즈비언(lesbian), 게이(gay), 양성애자(bisexual), 트랜스젠더(transgender)를 합쳐서 부르는 단어이다.

자신을 양성애자라고 밝힌 사람들이 많은데도, 이것이 단순히 성격적 우유부단함에서 비롯되는 현상이 아니라 '실재하는' 정체성이라는 점에 대해서는 회의주의가 만연하다. 어떤 사람들이 양성애자이고 어떤 사람들이 양성애자가 아닌지를 과학적으로 증명하기 위해 일부 연구자들이 동성애 이미지와 이성애 이미지에 대한 성적 흥분을 측정하는 실험을 시도했다. 한 연구를 통해 대부분의 여성들이, 자신을 스트레이트 혹은 레즈비언으로 인식하는가에 상관없이 남성과 여성 포르노그래피 모두에 대해 생식기 흥분 반응을 보인다는 사실을 알게 되었다. 그들은 이 자료를 여성들이 남성보다 양성애 지향성이 더 강하고, 성에 있어 더 유동적이라는 생각을 확인하는 데 사용했다.[9] 이어서 같은 연구팀의 후속 연구가 생식기 성적 흥분 측정을 통해 양성애자 남성이 동성애자 남성과 같은 방법으로 반응했다는 결론을 내놓자 일대 소동이 일어났다.[10] 이 자료는 양성애자 남성이 커밍아웃을 두려워하는 게이일 뿐이라는 고정관념을 더 부추겼다. 이를 증명하듯 당시 ≪뉴욕타임스(New York Times)≫의 헤드라인은 다음과 같이 적고 있다. "스트레이트, 게이, 혹은 거짓말? 양성애를 다시 돌아보다."[11]

그러나 일부 양성애 옹호론자들의 강한 반대에 같은 연구자들 가운데 일부가 표집 방법을 수정해 연구를 다시 수행했다. 이번에는 게이 잡지에 광고를 내서 사람들이 연구자에게 연락할 때까지 기다리는 방법을 취하지 않았다. 그 대신에 연구팀이 한 커플의 남녀 모두와 성적 체험을 하고 싶다는 온라인 광고를 낸 남성들에게 접촉했다. 이 실험에 참가하기 위한 조건으로 이 남성들은 남성과 여성 모두와 로맨틱한 관계를 가졌던 과거 경험이 있어야만 했다. 이 새로운 연구는 또 다른 점들을 찾아냈으며, 이 남성들이 보여주는 성애 패턴이 양성애자로서의 자기 정체성을 확인해주는 것처럼 보였다.[12]

한 가지 정체성에 도달하기

양성애자가 되는 길이 하나만 있는 것이 아니듯, 양성애를 식별하는 방법도 한 가지만은 아니다. 또 양성애자를 낳는 '전형적인' 가족 배경 같은 것은 없다. 인생 주기에서 그러한 '변화'가 일어나는 특정한 때라는 것도 없다. 그 점에 대해

서는 그 어떤 정체성의 통일된 일관성이라는 것이 존재하지 않는다.[13]

남녀 모두와 성적 경험을 나눴지만 여전히 자신을 이성애자 혹은 동성애자로 부르기 좋아하는 사람들과 달리 스스로를 양성애자로 분류하는 다양한 방식들이 있는 것처럼 보인다. 양성애에 이르는 길은 청소년기에 양성애자나 게이로 분류되는 것, 양성 모두에 대해 성적 매력을 지속적으로 느끼게 됨을 인정하는 것, 오랜 시간에 걸쳐 양성 모두에게 사랑에 빠져본 경험(이는 특히 여성들에게 적용된다)이 있는 것, 자신들은 양성애자여서 세 가지 방법의 성적 실험을 해보도록 격려받는다는 생각을 지지하는 집단에 소속되어본 경험, 그리고 마지막으로 모든 사람들은 태생적으로 양성애자라는 신념처럼 양성애 지지 이데올로기를 가지거나 발전시키는 것 등을 포함한다.[14]

연구에 따르면 이성애자 남성들은 (이성애자 여성들에 비해) 동성 간 성적 매력에 대해서는 더 많이 걱정하고 불안해하지만, 동성 간 성행위에 대해서는 덜 민감해한다고 한다. 여성들은 종종 다른 여성과의 성적 어울림을 친밀한 우정과 여성적 애정의 이해 가능한 확장이라고 느낀다.[15] 동성 간 성 경험이 발생하면 남성들은 자신이 누구인지, 자신의 정체성을 재정의하지 않을 수 없다고 느끼는 반면, 그러한 경험이 충격적이었음에도 여성들은 이를 정체성의 핵심적인 문제로 받아들일 확률이 낮다.[16] 여성 79명을 10년 동안 추적한 연구를 예로 들어보자. 대부분은 연구 초기에 스스로를 레즈비언이나 양성애자라고 밝혔지만, 일부는 자기 정체성에 이름을 붙이고 싶어 하지 않았다. 시간이 흐르면서 3분의 2에 해당하는 여성이 연구의 시작점에서 가졌던 자기 정체성을 바꾸었고, 3분의 1은 두 번 바꾸었다. 재미있게도 양성애는 오랜 시간 동안 가장 안정적인 것들 중 하나였다. 연구자는 "레즈비언과 양성애 구분은 종류의 문제라기보다 정도의 문제"라고 느꼈으며, 전체적인 결론은 많은 여성들의 성적 자기 이름 붙이기와 성적 행위가 상당한 정도의 유동성을 지닌다는 것이었다.[17]

남성들의 일대기에서는 흔히 예상하는 것보다는 더 많은 변화들이 일어남에도 불구하고, 대부분의 연구가 여성들에게서 보이는 것과 같은 정도의 유동성을 남성들에게서 발견하지 못하고 있다.[18] 유의표본 추출법에 따른 꽤 큰 규모의 한 연구는 동성애자 남성의 40%가 양성애 정체성을 선택하고 있지만 결국 자신을 게이로 분류하게 됨을 밝혔다.[19] 또 다른 연구는 비슷한 변화를 확인하는 동시에 양성애자 남성 가운데 많은 수가 오랜 시간에 걸쳐 더 많이 이성애자로 변한다는 사실을 확인했다.[20]

이슈 가운데 하나는 이성애자나 동성애자 모두가 자신들을 받아들여주지 않을 것이라는 두려움 때문에 양성애자라고 커밍아웃하지 않는 경우가 많다는 것이다. 양성애자 활동가이자 연설자로 전국을 순회하는 로빈 오크는 ≪뉴욕타임스≫에서 자신이 대학생이었을 때 그 대학의 레즈비언 공동체가 자신을 지지해주지 않을까 봐 양성애자임을 밝히기 꺼려했었다고 말했다.

> 레즈비언들은 양성애자를 신뢰할 수 없고, 결국은 남자를 찾아 떠날 것이라 말했다. 내가 만약 레즈비언이라고 커밍아웃했다면 그들은 두 팔 벌려 나를 반겼을 것이고, 파티에 데려가고, 소프트볼 팀에 끼워주었을 것이다. 당신이 그렇게 한다면 레즈비언들이 열렬히 환영할 것이다. 그러나 레즈비언이라고 말하려면 내가 남성들에게 매력을 느꼈던 과거의 그 모든 끌림들을 뭔가 잘못된 것이 있었기 때문이라고 치부하며 묻어버려야 했다. 그래서 나는 레즈비언이라고 커밍아웃하지 않았다.[21]

양성애에 대한 지지 부족은 그에 따른 피해를 낳는다. 양성애자들이 우울, 불안, 약물 사용, 폭력의 희생자, 자살 충동, 성적 건강에 대한 염려에서 높은 빈도를 보인다는 연구가 있다.[22]

성적 범주 고쳐 쓰기

같은 행동에 대해서도 성적 지향에 관한 생각은 사람마다 달라서 서로 다른 결론을 내릴 수 있음이 명확해지고 있다. 연구자들은 성적 매력과 성 정체성에 대한 우리의 생각이 그동안 지나치게 단순화되어왔음을 자각하고 이에 대해 논의하기 시작했다.[23] 킨제이와 그 동료들이 이미 50년 전 일련의 작업을 통해 성적 지향이 양자택일적인 명제가 아님을 주장했음에도 말이다. 오늘날 킨제이 척도는 무척 잘 알려져 있는데, 이 척도는 사람들의 성적 지향을 배타적 동성애를 의미하는 0점에서 배타적 이성애를 뜻하는 6점에 이르는 연속선상에서 파악한다. 이 척도를 사용해 개인들은 자신의 행위에 기초해 점수를 매길 수 있다. 오랜 세월에 걸쳐 다른 성 과학자들이 킨제이 척도에 타인과의 로맨스 그리고 우정에 대한 사람들의 선호를 반영하기 위한 단계들을 추가해왔다. 또 일부에서는 응답자들에게 자신의 과거, 현재, 미래를 살펴보도록 요청할 수 있다면 이 척도가 훨씬 더 정교해질 것이라는 주장을 제기하고 있다.

세대 간 이동에서 큰 변화가 있었다. 젊은 사람들, 특히 십 대와 이십 대는 자신의 성행위와 정체성과 관련된 개인적 선택과 허용 범위를 놓고 더 많이 논의하기 시작했다. 사람들은 이제 성 정체성이란 것이 단순히 자신이 무엇을 했는지 혹은 누구와 그것을 했는지에 국한되는 것이 아니라 판타지, 로맨틱한 매력, 우정에 대한 선호에 관한 것임을 깨닫는 중이다. 젊은 세대가 사용 중인 용어들 중에는 바이큐리어스(bi-curious),• 팬섹슈얼(pansexual),•• 퀴어(queer),••• 폴리아모리(polyamory)•••• 같은 것들이 있는데, 이 용어들에는 남녀 모두와 로맨틱하고 섹슈얼한 분위기에서 살아가고자 하는 욕망이 담겨 있다.[24]

굳이 이런 이야기를 꺼낼 필요가 없을 수도 있으나 혹시나 해서 말하는데, 우리는 양성애가 존재한다고 믿는다. 우선 스스로를 양성애자로 인식하는 사람들을 알고 있기 때문이며, 나아가 성 정체성은 개인의 선택 문제이고 또 그래야 한다고 생각하며, 우리 모두는 그 선택을 존중해야 한다고 믿기 때문이다.

• 자신이 선호하지 않는 성별을 가진 사람과의 성적 활동에 호기심을 보이면서도 스스로를 양성애자와 구별하는 현상을 일컫는다.

•• 상대의 성이나 젠더 정체성에 관계없이 성적, 낭만적, 정서적으로 매력을 느끼고 끌리는 것을 말한다. 젠더에 개의치 않는 사람들(젠더블라인드)로 부르기도 한다. 팬섹슈얼은 성별 이분법을 거절하기 때문에 양성애보다 더 포괄적이다.

••• 퀴어는 본래 '괴상한, 기묘한'이란 의미를 가진 단어로, 20세기에는 동성애자를 비하하기 위한 호칭으로 쓰였다. 1980년대에 동성애자 인권운동의 영향으로 동성애자들이 자신들을 퀴어라 지칭하면서 경멸적 의미가 사라졌다. 현재는 성소수자 전반을 포함하는 단어로 의미가 확장되었다.

•••• 두 사람 이상을 동시에 사랑하는 다자(多者) 간 사랑을 뜻하는 말이다.

신화 09

트랜스젠더들 대부분은 성전환 수술을 한다

우리는 평생 "남자입니까, 여자입니까?"라는 질문을 듣고 산다. 우리 부모님 역시 초음파 검사나 분만 대기실에서 같은 질문을 했을 것이다. 만약 꼬마 아이 하나가 길을 걸어가다가 우리를 보았는데 머리 모양이나 옷, 화장 등으로 금세 알아보지 못하겠으면 부모를 향해 "남자야, 여자야?"라는 질문을 던진다. 유치원 입학원서에서 대학 지원서까지, 결혼 허가서에서 이혼 허가서까지 그리고 방문하는 모든 병원들에서 우리가 마주하게 되는 모든 서식에는 다음과 같은 사항이 있다.

다음 사항에 체크해주십시오: □ 남자 □ 여자

우리 대부분(우리 자신, 우리 부모님, 우리 주치의)에게 이것은 잠시도 생각할 필요 없는 쉬운 질문이다. 하지만 어떤 사람들에게는 복잡할 수 있다. "남자입니까, 여자입니까?"라는 질문에 대한 대답은 생물학적 성 그리고 젠더 정체성 모두에 해당한다. 생물학적 성은 상대적으로 간단한 문제이다. 이것은 신체 부위와 염색체로 구성되어 있다. 대부분의 환경에서 XX 염색체를 지닌 사람은 난소, 자궁, 유방을 가지며 생물학적으로 여성이 된다. XY 염색체를 지닌 사람은 음경, 고환을 가지고 생물학적으로 남성이 된다. 몇몇 경우 염색체 변이가 일어나서 XO, XXY, XYY와 같은 염색체 조합을 가지게 되는데 이는 생식기 내부·외부 조직의 발달 방법과 모습에 영향을 준다. 또 어떤 경우 정상적인 성염색체를 가졌지만 태아 발육이 일어나는 동안 발생한 변동으로 인해 내부·외부 생식기 발달이 전형적인 남녀 경로를 따르지 못하기도 한다. 이런 문제들을 성 발달 장애라고 부르며 이런 문제를 지닌 사람들을 간성이라고 부른다(신화 6이 이와 같은 생물학적 이슈에 대해 세밀히 논의한 것이다).

이제 우리는 남/녀라는 근원적 질문에 대한 대답을 이루는 나머지 한 가지 요소, 젠더 정체성에 초점을 맞추고자 한다. 젠더 정체성이란 남자 혹은 여자인 것에 대한 한 사람의 내적 감각이다. 대부분의 사람들에게 이와 같은 내적 느낌은 생물학적 성과 일치하지만 일부에게는 그렇지 못하다. 신화 9에서는 트랜스젠더가 된다는 것이 어떤 의미인지를 이해하기 위해 몇 가지 기본적인 사항들과 이를 둘러싼 상당히 오래된 신화를 살펴보고자 한다.

젠더 표현

방금 말했던 것처럼 젠더 정체성은 남자, 여자 혹은 그 중간 어디쯤이라는 당사자의 내적 감각이다. 젠더 표현은 한 개인이 이러한 정체성을 어떻게 세상에 알릴지 선택하는 것이다. 사회에는 남성과 여성이 어떤 식으로 달라야 하는지에 대해 상대적으로 엄격한 규칙이 있으며, 이는 어린 아이에게조차도 예외가 없다. 이러한 규칙들은 외모, 말투, 행동 등에 적용된다. 소녀들은 분홍색 옷에, 예쁘고, 수줍고, 인형을 가지고 놀도록 기대된다. 소년들은 파란색에 끌리고, 거칠고, 외향적이고 트럭을 더 좋아해야만 한다. 우리 모두는 어린 소녀가 '소년'의 옷을 입는 것에 신경을 쓴다. 어린 소년이 '소녀처럼' 입고 싶어 할 때면 더 신경을 쓴다. 사실 젠더를 이루는 한 가지 측면인 젠더 표현은 타인들이 자동적으로 보게 되어 있다는 특징을 지닌다(생물학적 성은 옷으로 덮여 감춰지는 반면, 젠더 정체성은 느낌으로 온다).

대부분의 사람들은 종종 진짜 아무 생각 없이 자신에게 기대되는 젠더 표현을 따른다. 사람들이 어떻게 행동해야 하는지에 대해 말해주는 문화적 각본은 사회 속에 너무나 단단히 뿌리내리고 있어서, 우리가 내린 결정 가운데 도대체 어떤 것들이 사회가 말하는 것을 행하려는 의식적인 결정인지 구별하기란 쉽지 않다. 세 살배기 소녀가 치마를 입는 것은 그 작은 아이의 인생을 통틀어 노출되었던 이미지들과 영향들이 미친 결과일까? 여자로 보이고 싶은, 약간은 자연스러운 충동에서일까? 아니면 그녀가 얼마나 예뻐 보이는지를 말해줄, 주변 어른들을 기쁘게 하고 싶은 바람에서일까? 타이시는 실제 사회가, 적어도 아이들이 어릴 때는 아이들이 자신의 젠더 표현을 선택하도록 내버려두지 않는다고 지적한다. 예를 들어 우리는 세상 사람들이 머리카락도 없고 얼굴 모습도 채 갖추어지지 않은 이 작은 생명체가 남자인지 여자인지를 금방 알아볼 수 있도록 아이들에게 옷을 입힌다.[1]

사람들은 자라면서 자신의 젠더에 대한 내적 감각을 더 많이 경험하게 되고, 세상을 향해 이를 표현하는 방법 또한 선택하고 싶어 한다. 젠더 불일치라는 말은 생물학적 성에 기초'해야만' 하는, 다시 말해 전형적인 방법으로 젠더를 표현하지 않는 사람들을 위한 용어이다. 화장을 하고 하이힐을 신는 남자 혹은 커트머리에 남성 정장을 입는 여자는 젠더를 바라보는 사회의 시각과 일치하지 않는다. 하지만 이런 사람들이 곧바로 트랜스젠더를 의미하지는 않는다. 그들은 자신의 생물학적 성에 완전히 편안함을 느끼면서도 그냥 자신과 반대되는 성에 적합한 외적 모습을 선호하는 것일 수 있다.

젠더를 남자 아니면 여자 이 두 가지 선택만이 가능한 이진법으로 분류하는 것에 반대하는 사람들이 있다는 사실에 주목할 가치가 있다. 일반적으로 우리는 남자, 여자라는 두 지점 사이 그 어디쯤에 해당하는 변형들은 허용하지 않는다. 하지만 어떤 사람들은 사회가 젠더의 연속체적 성질을 인정해서 각 개인들이 이 두 지점 사이의 어디쯤인가 한 점에 해당한다는 사실을 수용하라고 주장한다. 자기 정체성을 남자 혹은 여자로 파악할 수 없다고 느끼는 개인들은 때로 스스로를 젠더퀴어(genderqueer)라고 부른다.[2] '퀴어'라는 말이 게이를 부르는 경멸적 용어로 사용되어왔다는 역사를 감안하면, 당사자가 자신의 정체성을 퀴어라고 표현하지 않는 경우 다른 누군가가 그 사람을 가리켜 사용할 용어가 아니다. 어쨌든, 알아둘 일이다.

젠더 정체성과 성적 지향은 다른 의미의 말이다

최근 들어 사람들은 남성적 이미지를 보이는 여자를 보면 "흠, 저 여자는 분명히 남자 역할을 맡은 레즈비언일 거야"라고 말하거나, 사내답지 못하고 연약해 보이는 남성을 보면 게이라고 생각하는 경향이 있다. 이는 아마도 게이들은 남자와 성관계를 맺기 위해 여자가 되는 게 그들의 궁극적 목적이라고 믿는, 성적 지향에 관한 문화적 오해 때문일 것이다. 타이시가 지적한 것처럼 이것이 이성애를 정상성으로 놓고 세상을 바라보는 우리들의 방식이다. 이런 가치관 속에서는 여성스러운 여자들이 남성다운 남자와 결혼하는 것이 숙명이고, 이것에서 벗어나는 그 어떤 것도 비정상으로 받아들여진다.[3] 운 좋게도 게이 인권운동과 옹호 작업의 결과, 많은 사회가 성적 지향에 대해 좀 더 발전된 이해를 하게 되었다.

개인들의 성적 지향은 그/그녀의 타고난 젠더에 속박되지 않으며, 그/그녀가 끌리는 사람들의 젠더와 관련된다. 자신과 같은 성별을 지닌 사람에게 끌리는 사람들은 동성애자로, 동성 혹은 이성 모두에게 끌리는 사람은 양성애자이다. 젠더와 성적 지향이 서로 다르다는 것은 다시 말해 남자로 태어났지만 자신을 여성으로 느끼면서 다른 여성에게 끌리는 사람의 정체성을 성전환 여성인 동시에 레즈비언으로 파악할 수 있음을 의미한다. 비슷하게, 생물학적으로 여성인 사람이 현재 남성으로 살고 있으면서 여성과 데이트하고 있다면 이 사람은 자신의 정체성을 이성애자로 파악할 수 있다.[4]

그렇다면 트랜스젠더란 무엇인가?

트랜스젠더는 자신의 젠더 정체성과 생물학적 성이 일치하지 않는다고 느끼는 사람들을 총칭하는 용어이다. 대부분 우리는 남자로 살아가길 소망해 마지않는 소녀 혹은 자신을 여성으로 느껴서 남성 육체라는 함정 속에 빠져 있다고 느끼는 생물학적 남성에 대해 이야기할 때 이 용어를 사용한다. 이처럼 특수한 사례들 또한 태어나면서 부여받은 성과 반대되는 성으로 자신의 정체성을 규정하는 사람들을 설명하기 위해 더 오래 전에 사용되었던 성전환자(transsexual)의 개념도 사용될 수 있다. 이 용어 역시 지금도 사용되고 있는데, 젠더가 아니라 생물학적 성을 강조하기 때문에 이 개념을 좋아하지 않는 사람들이 있다.[5]

트렌스젠더라는 범주에 포함되면서 사람들의 정체성을 더 정확히 설명해주는 용어들이 수없이 많이 있다. 예를 들어 성전환 남성, 젠더전환 남성, 남자가 된 여자(female-to-male: FTM) 등이 모두 여성으로 태어나서 남성으로 전환한 사람들을 설명하기 위한 용어들이다. 성전환 여성, 젠더전환 여성, 여자가 된 남자(male-to-female: MTF)는 모두 그 반대의 경우를 설명하고 있다(언어는 끊임없이 변하기 마련이지만 현재로선 성전환 남성과 성전환 여성이 선호되고 있다).

전환기는 자신이 태어날 때 부여받은 젠더가 아니라 스스로 결정한 젠더로 살아가기 시작한 시기를 이르는 말이다. 이것은 종종 그/그녀의 이름을 바꾸는 것에서 시작해 가족, 친구, 동료의 호칭 그리고 그/그녀의 외모를 바꾸는 것을 포함한다. 일부 성전환 남성과 성전환 여성들이 줄곧 자신의 생물학적 성에 걸맞지 않는 젠더 표현을 해왔을 경우라도 이런 표현들은 전환기에 들어 종종 더 격해질 수 있다. 이것은 예를 들자면, 세상 속에 비춰지는 자신의 모습이 그저 여성스러운 정도를 넘어 여성이길 바라는 작업이다.[6]

누군가가 성전환을 하고 타고난 것과 반대되는 젠더로서 그/그녀의 삶을 살아가기 시작하게 된다면, 그/그녀는 이 모든 딱지들을 훌훌 털어버리고 그냥 남자 혹은 여자가 되고 싶어 할 것이다. 따라서 남성 대명사를 사용하고, 성전환 남성을 다른 남성들과 매한가지의 칭호로 불러주는 단순한 일이 그 삶에 대한 존중의 일부가 된다.

또 트랜스젠더 장르에 속하면서 때때로 혼란을 일으키는 몇몇 용어에 대해 이야기하고 싶다. 예로, 이성의 옷을 입는 사람들(cross-dressers)은 때때로 자신과 반대의 젠더가 입으리라고 예상되는 옷을 입는 남성 혹은 여성들을 말한다. 이들은 일반적으로 타고난 생물학적 성을 받아들이며, 또 반대의 젠더로 살아갈 계획도 없지만 한동안 그런 식으로 옷 입기를 즐긴다. 이들은 오랫동안 복장도착자로 불렸지만 이제 많은 사람이 이를 경멸적인 용어라고 생각한다. 마지막으로 여장남자(drag queens)와 남장여자(drag kings)는 행위 활동의 일부로 반대 젠더 옷을 입는 사람들이다. 다시 말해, 이들 대부분은 반대의 젠더로 살아가고 싶은 욕구 없이 이런 행위들을 진정으로 즐긴다.[7]

성전환이 항상 수술을 뜻하지는 않는다

어떤 사람이 트랜스젠더라는 것을 알았을 때 가장 흔하게 알고 싶어 하는 것 가운데 한 가지가 그/그녀의 신체에 일어난 변화다. 우리는 성기에 많은 흥미를 가진다. 또 자기와 다른 모든 것들에 호기심을 가지기 때문에 궁금해하지 않을 수 없고, 심하게는 물어보지 않을 수 없다. 텔레비전 진행자 케이티 쿠릭은 최근 성전환 여성 모델인 카르멘 카레라에게 그녀의 '성기'가 이제 달라졌느냐고 물었다가 트랜스젠더 커뮤니티의 분노를 자아냈다. 카레라가 태어날 때부터 여자였다면 쿠릭이 전국 방송에서 그녀의 질에 대해 질문하는 일은 발생하지 않았을 것이다. 하지만 쿠릭은 시청자들이 자극받으리라는 것을 알았기 때문에 카레라가 이를 불편해함에도 같은 질문을 반복해 밀어붙였다.[8]

진실은 트랜스젠더를 만난다 하더라도 그들이 자신의 외모나 성기를 바꾸기 위해 어떤 조치를 취했는지 알 수 없다는 것이다. 좋은 소식이라면 오늘날에는 트랜스젠더들의 느낌에 맞추어 신체를 변화시키도록 도울 방안들이 있다는 것이다. 나쁜 소식은 이러한 방안들이 종종 엄두도 못 낼 만큼 비싸고 보험 혜택이 없다는 것이다.

일부 트랜스젠더들은 호르몬 치료를 선택한다. 테스토스테론은 매우 강력해서 남성에서 여성으로의 성전환은 이를 억제하는 것에서 시작해야 한다. 그러고 나면 기본적인 여성 호르몬 중의 하나인 에스트로겐을 투입할 수 있게 된다. 이것은 알약이나 패치 형태로 사용 가능하다. 에스트로겐 치료 중인 성전환 여성은 이렇게 몇 년의 시간을 보내야 하고, 그 대가로 엄청나게 큰 젖가슴은 아니지만 젖가슴이 약간이나마 자라리라는 기대를 품을 수 있다. 또한 에스트로겐은 지방을 좀 더 여성적인 패턴으로 재분배되도록 돕는다. 그 덕분에 대부분의 남자들처럼 지방을 가운데로 몰리게 하는 대신(볼록 나온 배를 떠올려보라) 지방을 허리, 엉덩이, 허벅지로 분산시켜준다. 에스트로겐은 몸에 나는 털을 감소시킨다. 하지만 왕왕 얼굴에 나는 털의 성장을 멈추진 못한다. 성전환 여성은 턱수염 제거를 위해 레이저 제모기 같은 것을 사용해야 할지 모른다. 또 에스트로겐은 목소리 변화를 가져오지 않는다. 다시 말해 일단 남자로서 사춘기를 보내게 되면 그 깊고 낮은 목소리는 그대로 남게 된다. 성전환 여성은 좀 더 여성적인 억양의 높고 날카로운 목소리로 말하기 위해 발성 지도자와 연습을 해야 할 수도 있다.[9]

또 성전환 여성은 에스트로겐으로 인해 성욕 저하를 경험할 수도 있다. 게다가 성기 전환 수술은 하지 않고 호르몬 치료만 할 경우 에스트로겐의 작용으로 인해 오르가슴 순간에 사정하는 양이 줄 뿐만 아니라 정자 생산 그 자체도 영향받게 됨을 경험할 수 있다.

성전환 남성의 호르몬 치료는 소년들이 사춘기에 겪는 것과 꼭 같은 변화들 중 많은 것들이 일어나게 하는 테스토스테론으로 시작한다. 목소리는 저음으로 변해가고, 얼굴을 포함해 몸에 난 털들은 더 많아지며, 몸속의 지방은 남성적 패턴으로 다시 자리 잡게 된다(남성적 패턴에 관해 말해보자면, 전형적인 남성 대머리로 변하기 시작하는 것을 지켜봐야 할지도 모른다). 테스토스테론은 또한 클리토리스를 확장시키고 성욕을 증가시킬 수 있다. 그리고 특히, 생리를 멈추게 할 것이다. 그러나 호르몬 치료가 유방 크기의 감소를 가져오지는 않는다.

많은 성전환 남성과 여성들이 다양한 이유로, 즉 이 정도로 충분하다고 느끼거나 수술을 원하지 않기 때문에, 혹은 수술할 돈이 충분치 않아서 호르몬 치료에서 의료적 개입을 멈춘다. 반면 수술을 선택하는 사람들은 여러 가지 옵션을 가지게 된다. 한때 '성전환' 수술이라고 불렸던 것이 이제는 '젠더 재배치' 수술로 더 많이 알려져 있다. 하지만 수술의 목적이 젠더를 바꾸는 데 있지 않고 오히려 그 사람의 신체를 젠더에 맞게 바꾸는 것이라는 의미에서 '젠더 확정' 수술이라고 부르는 것이 더 합당하다고 여기는 사람들이 있다. 하지만 우리가 무엇이라고 부르든지, 이 과정은 보통 한 번 이상의 수술이 필요하고, 이때 성전환 남성과 여성들은 어떤 부분을 또 몇 번이나 수술하고 싶은지 선택하게 된다.

성전환 여성의 경우 유방을 키우기 위한 유방 확대 수술, 얼굴을 좀 더 여성스럽게 보이도록 하기 위한 얼굴 여성화 수술, 목젖이 덜 도드라져 보이게 하는 성형수술을 받을 수 있다. 성기 수술을 선택할 경우 음경을 뒤집어 질을 만들게 된다. 어떤 수술법은 귀두를 사용해 클리토리스를 만드는데, 이것이 음경의 가장 예민한 부분이기 때문에 성공적으로 해낼 수 있다. 그리고 고환을 제거하는 고환절제술이 동반된다. 이때 음낭 주머니는 대음순을 만드는 데 사용된다.[10]

의사들이 음경으로 질을 만드는 데만 숙달되어왔기 때문에 그 반대의 수술은 훨씬 더 어려워서 성전환 남성들은 성기 수술을 하려면 힘든 시간을 갖게 된다. 성전환 남성을 위한 젠더 재배치 수술은 종종 유방절제술, 즉 유방의 제거로부터 시작된다. 이는 때때로 탑서저리(top surgery)라고 불리기도 하는데, 성전환 남성이 선택하는 유일한 수술일 수도 있다. 내부 재생산 기관인 자궁, 난소, 나팔관을 제거하는 수술을 선택하는 사람들도 있다.[11]

수술을 통해 성기를 더욱 남성적인 것으로 바꾸고 싶어 하는 성전환 남성을 위한 첫 번째 방법으로 메토이디오플라스티(metoidioplasty)가 있다. 먼저 성전환 남성이 테스토스테론을 투여받으면 클리토리스가 확장되고, 이후 클리토리스가 충분히 확장되면 의사가 이를 덮개로부터 분리한다. 요도가 이곳을 지나도록 만들고 나면 이제 이것은 작은 음경처럼 보이게 된다. 그러고 나서 의사는 질을 닫아버리고 나머지 조직들로 음낭 주머니를 만들어 그 속에 인공 고환을 넣는다.[12]

또 다른 방법으로는 신체의 다른 부위에서 떼어온 조직과 피부로 페니스를 만들고, 요도의 길이를 연장하고, 신경을 붙여서 새로운 음경을 적당한 장소에 붙이는 음경성형술(phalloplasty)이 있다. 이상적으로 말하자면 이것은 한 번의 수술로 가능한 작업이다. 하지만 많은 경우 성전환 남성에게 이는 몇 차례의 수술을 필요로 하는 작업이며, 감각을 놀라게 하거나 잃게 될지도 모르는 위험을 준다. 감각이 음경의 끝부분까지 살아나는 데는 보통 1년 정도 걸리는데, 의사는 이때 인공 페니스를 이식할 수 있게 된다. 이로써 성전환 남성은 발기가 가능해질 뿐만 아니라 인공 고환도 갖게 된다.[13]

변이를 위한 여지를 두자

얼마나 많은 성전환자들이 있는지, 또 그들이 어떤 선택을 하는지에 대한 통계가 없기 때문에 몇 퍼센트의 성전환자들이 수술을 받는지 확실하게 말할 수 없다. 진실은 당신이 성전환 남성이나 성전환 여성의 가족, 연인 혹은 가까운 친구가 아니라면 그들이 어떤 선택을 하는지 문제 삼지 않아야 한다는 것이다. 모든 사람은 비록 그것이 자신의 생물학적 성과 부합하지 않는다고 하더라도, 자신의 젠더 표현과 젠더 정체성을 결정할 자격이 있다. 자신이 느끼기에 바꿀 필요가 있는 것은 무엇이든, 그것이 외모, 행동, 신체 혹은 삶 자체이든 그것을 바꿀 자격이 있다. 또 그들 주변에 있는 사람으로서 우리는 그들이 어떤 일들을 경험해 왔는지 알고 싶을 수 있다. 하지만 그 이유는 단순한 호기심과 관음증이 아닌 공감과 이해에서 비롯된 것이라야 한다. 가장 중요한 것은 우리가 그들의 선택을 존중한다는 것이다.

전환기의 성전환자들은 사회적으로(변화를 받아들이지 않는 가족과 친구들), 법적으로(출생 증명이나 운전면허를 바꾸려 노력), 의료적으로(호르몬은 부작용을 내고 수술은 고통스러울 수 있다), 재정적으로(대부분의 의료 비용에 보험 적용이 되지 않으며, 직업에서 차별을 받을 수 있고 심한 경우 직업을 잃기도 한다), 즉 삶의 모든 측면에서 숱한 장애물에 부딪히게 된다. 이에 더해서 차별이나 폭력에 부딪히기도 한다.[14]

모든 사람들이 젠더로 인한 차별과 폭력 없이 살 수 있음을 확실히 하기 위해 다 함께 노력할 필요가 있다. 그 출발은 멈추는 것, 즉 사람들을 분류하는 것을 멈추고, 사람들이 우리가 정한 분류에 깔끔하게 맞추어지기를 기대하거나 명령하려는 본능을 억제하고 멈추는 것에서 시작되어야 한다. 사람들 스스로 자기 범주를 선택해 고유한 이름을 붙이도록 두어야 하며, 더 정확히는 주변에 있는 우리가 할 것이 아무것도 없다는 결론을 내려야 한다. 또한 누군가의 아랫도리에 무엇이 있는지 그만 궁금해해야 한다. 누군가와 친밀해질 계획이 아니라면 이는 당신이 상관할 일이 아니다. 전혀 상관없다.

신화 10

동성애는 치료될 수 있다

2005년 16세 소년 잭 스타크는 자신의 미니홈피에 "가족, 성인, 청소년이 부딪히게 되는 건강하지 못하고 파괴적인 행동을 예방하거나 치료하기 위한 그리스도 중심의 목사가 되기 위해 만들어진" 근본주의 기독교 기관이 주관한 캠프에서 경험한 일에 대해 털어놓았다. 스타크의 부모들은 그가 게이에서 스트레이트로 바뀌기를 바라는 마음에 캠프에 참가시켰다. 프로그램은 2~6주간 진행된다고 적혀 있었다. 낮에는 '공원 같은 환경' 속에서 치료 과정에 참가하며 밤에는 법적 후견인과 함께 호텔로 보내졌다. 프로그램 지도자들은 이메일을 통해 부모들에게 '독방 감금, 격리, 복장, 통신에 대한 제한 그리고 성서에 따른 사생활 제재' 등을 포함한 규정을 전했다. 새로이 진화하는 소셜미디어를 이용해 자신의 이야기를 세상에 알리면서 스타크는 다음과 같이 적고 있다. "설사 내가 스트레이트라고 커밍아웃하는 일이 일어난다 하더라도 나는 정신적으로 너무 불안정하고 우울해서 그건 아무런 의미가 없다."[1]

스타크의 경험은 불행하게도 드문 것이 아니다. 1980년대와 1990년대를 지나면서 게이와 레즈비언에 대한 사회적 수용력이 증가했는데, 이에 대한 반동으로 '동성애는 질병이며 그 치료를 약속할 수 있다'는 생각에 집착하는 운동이 나타났다. '회복치료' 혹은 '전환치료'라 불렸던 이 치료법들은 극단적인 방법(환자가 동성애 이미지를 볼 때 흥분 신호를 보이면 전기 충격을 주는 것 등)들을 자주 사용했다. 회복치료 지지자들은 종종 자신의 환자들을 '엑스게이(ex-gay)'라 불렀으며, 이러한 남성들(그리고 여성들, 대부분은 남자였다)은 이제 이성애자로 행복하게 살고 있다고 주장했다. 그러나 과거의 엑스게이들은 전혀 다른 이야기를 들려준다.

사실 최근 몇 년간, 이 운동을 지지했던 많은 사람들이 이 운동에 대해 도움을 주기보다 해를 더 많이 끼친다는 이유로 반대 입장을 취하고 있다. 주요 의료협회와 정신건강협회 역시 이에 동의하며 이것이 잠재적으로 위험하다는 입장을 밝혔다.

그러나 우리가 회복치료나 동성애 치료를 위한 노력에 관한 자료들을 읽을 때 반드시 기억해야 할 것이 있다. 그것은 1973년까지 주류를 이루는 의료 기관들조차 동성애를 정신장애로 간주했다는 사실이다.

프로이트와 시작하기

1900년대 오스트리아 신경과 의사였던 지그문트 프로이트는 근대 심리학의 아버지로 불린다. 그는 정신분석이라는 새로운 실천 분야를 개척했고, 섹슈얼리티 이론을 포함해 마음과 정신 작동에 관해 많은 이론을 제시했다. 비중 있게 다루지는 않았지만, 그는 당시 시대 상황에 견주어볼 때 동성애에 너그러웠던 것 같다. 그는 1930년대에 독일과 오스트리아에서 동성애를 처벌 대상에서 제외하자는 성명서에 동참했다. 그는 모든 사람의 내면에는 어느 정도 동성애적 요소들이 있다고 믿었으며, '정상적인' 사람이란 이것을 승화시킬 수 있는 능력이 있을 뿐이라고 생각했다. 그는 동성애를 '다루어지지 않은 유아기의 성적 소망에 대한 표현'이라고 보았다.[2] 그는 동성애를 치료하는 것이 가능하다고 믿지 않았다. 또 그렇게 하려고 했던 단 한 번의 시도 역시 완전히 실패로 끝나버렸다. 나이 든 여성과 사랑에 빠진 젊은 여성의 사례에 대해 그는 다음과 같이 적고 있다.

> 일반적으로 완전히 발전된 동성애를 이성애로 바꾸려드는 것은 그 반대의 것을 시도하는 것과 비교해 성공의 전망이 보다 높지 않다. 충분히 타당한 근거가 없다면 후자는 절대 시도되지 않는다.[3]

1940년대, 1950년대, 1960년대를 관통해 프로이트 추종자들은 계속해서 동성애가 정신의 문제라고 믿었고, 많은 사람들이 원인과 더불어 (프로이트와 달리) 치료에 대한 연구에 매달렸다. 비버와 동료들은 부모가 문제의 원인이라고 믿었다. 1968년 소카리즈는 "동성애자들의 가족 환경은 보통 여성 지배적이며, 거기서 아버지는 부재하거나, 약하거나, 소외되었거나, 가학적이다"[4]라고 말했다(아이러니하게도 소카리즈의 아들은 1990년대에 자신이 게이라고 커밍아웃했다).[5] 당시 다른 사람들은 동성애가 성 역할 기대 수행에 대한 공포 때문에 발생한다고 믿었다. 그들은 이를 근거로 공포증 치료에 사용하는 행동치료요법을 동성애 치료에 사용할 수 있다고 제안했다. 오베시는 그냥 단순한 이성애 성교가 동성애를 치료해준다고 믿었다. 대부분의 환자가 그러한 생각에 저항하겠지만, 이들을 떠밀어 여성과 데이트하게 하고, 서로 껴안고 키스하게 하고, 애무하게 해서 종국에는 더 멀리 나아가도록 하는 것이 치료자의 역할이라 믿었다. 그러나 환자가 계속 저항한다면 치료자는 치료를 종료하겠다고 겁을 주는 최후통첩을 해야 할 수도 있다.[6]

성 지향성 변화를 위한 노력에 헌신해왔던 사람들(이들은 전문적인 문헌에서 때때로 이렇게 불린다)은 '동성애 이미지나 생각에 반응을 보이면 구역질, 구토, 마비 혹은 전기 충격을 주거나 손목에 두른 전기 밴드에 자극을 주는' 것 같은 혐오치료를 사용했다.[7]

사고의 전환

앞서 살펴본 치료자들이 환자의 행동 수정을 위해 노력을 기울이고 있는 동안(어떤 이들은 이것이 필수적이라고 말할지도 모른다), 일단의 사람들이 동성애가 진짜 병인지에 대해 의문을 품기 시작했다. 1957년 심리학자 에벌린 후커는 임상에 참여하지 않는 동성애자 남성 표본을 뽑아서 대조군의 이성애자 남성과 비교했다. 그 결과, 적응에 있어 두 집단은 별 차이점을 보이지 않았다. 이때까지는 대부분의 연구가 심리학자나 정신과 의사와 상담 중이거나 도움을 구하는 동성애자들에 한정되어 있었다. 일 년 후 동성애자 여성에 대해 비슷한 연구가 수행되었는데 이 역시 비슷한 결과를 보였다. 그다음 십 년 동안, 성적 지향에 대한 연구가 급증했지만 동성애자와 이성애자 간 별다른 차이점이 없다는 결론이 계속되었다. 게다가 가족 역동, 젠더 정체성 문제, 이른 나이의 트라우마가 동성애의 원인이 된다는 이론을 지지하려는 연구들은 소기의 목적을 달성하지 못했다.[8]

이 시기는 또한 게이 인권운동이 힘을 얻어 미국정신의학회(American Psychiatric Association)가 DSM(Diagnostic and Statistical Manual of Mental Disorders)이

라는 정신질환에 관한 공식 목록에서 동성애를 제거하라고 주장하기 시작한 때와 겹친다. 1970년대 초에 몇몇 게이 인권활동가들이 컬럼비아대학의 교수이자 정신과 의사인 로버트 스피처의 강연을 맹렬히 비난했다. 스피처는 자신을 언제나 갈등에 흥미를 느끼고 이를 회피하지 않는 사람이라고 밝혀왔고, 말 그대로 비난을 보낸 사람들과 마주 앉아 그들은 왜 동성애를 질병으로 생각하지 않는지에 대해 들었다. 스피처는 그들의 논지에 흥미를 느꼈다. DSM 개정을 위한 집필위원회의 소장과 위원이기도 했던 그는 이 이슈에 관한 심포지엄을 조직했고, 마침내 몇몇 동료들(소카리즈를 포함하는)과 열띤 논쟁에 돌입했다. 결국 DSM집필위원회와 미국정신의학회는 스피처의 편에 서서 동성애를 질병으로 파악하기를 멈추자는 의견에 표를 던졌다. 대신 '성적지향장애'로 바꾸기로 했으며, 이는 성적 지향으로 인해 고통을 겪는 사람들을 구별하기 위해 고안된 진단이 되었다.[9]

종교적 회복치료의 등장

일부 정신과 의사들과 정신분석가들, 그들의 수장인 소카리즈는 이 결정에 대해 반대 입장을 고수했다. 자신들은 여전히 동성애가 치료를 필요로 하는 질병이라고 생각하며, 주류를 이루는 전문가 조직이 이를 달리 보기 시작했기 때문에 자신들이 새로운 조직을 만들 수밖에 없다고 주장했다. 소카리즈는 회복치료운동의 지도자인 조 니콜로시와 함께 사람들을 규합해서 '동성애 연구와 치료를 위한 전미협회(National Association for Research and Therapy of Homosexuality: NARTH)'를 만들었다. 이 단체는 '강제적인 동성애는 치료 가능한 장애'라는 가정을 그 기초로 삼았다. 조직의 목적은 동성애 연구였음에도, 설립 원칙에 손상을 주는 제안들에 대해서는 폐쇄적이어서 "NARTH는 글이나 대중 연설이 조직의 원칙에 대해 명백한 반감을 표명할 경우, 그 사람을 회원으로 뽑는 것을 거부하거나 회원 자격을 박탈하는 쪽을 선택할지도 모른다"라고 천명했다.[10]

NARTH가 회복치료를 장려하는 유일한 조직은 아니었다. 하지만 나머지 조직들은 과학적 바탕이 아닌 종교적 바탕에서 출현했다. 1976년 '엑소더스 인터내셔널(Exodus International)'이 회복치료에 참가하는 종교 조직들을 위한 통합 조직으로 출범했다. 한때 세계적으로 260개의 지부를 가졌던 엑소더스 인터내셔널의 임무는 '기독교 교회를 동원해 동성애로 충격받은 세상을 은총과 진실로 채우는 것'이었다. 이들은 자신들 조직의 목표가 '동성애에 관한 성서적 메시지를 교회, 개인, 가족들에게 전달'하는 선도적이고 세계적인 원조 활동을 수행하는 데 있다고 밝혔다.[11]

1990년대 들어 엑소더스 인터내셔널과 다른 엑스게이 성직자들의 목소리가 꽤 널리 퍼져나갔다. 1998년 엑소더스 인터내셔널은 15개의 저명한 보수적 집단 중 하나로 손꼽혔으며, "게이들을 물리쳐주소서(pray away the gay)!"[12]라는 광고 캠페인에 백만 달러를 지불할 능력이 있을 정도였다. 광고들 중 하나에는 이전에 게이였다고 자기 고백한 차기 대표 앨런 체임버스와 그의 아내가 주연으로 등장하기도 했다. 같은 해에 '포커스 온 더 패밀리(Focus on the Family)'가 '사랑의 승리(Love Won Out)'라는 로드쇼를 위한 순회를 시작했는데, 이는 '기독교인들이 동성애 이슈에 대해 성서적으로 어떻게 반응해야 하는지를 교육하고 무장시키기 위한' 것이었다.[13] 이러한 행사는 부모와 젊은이들의 욕구를 채워주었고, 동성애가 잘못된 육아의 결과이긴 하지만 극복될 수 있다는 메시지를 전파했다. 이에 맞서 웹사이트 '진실의 승리(Truth Wins Out)'는 이 행사에 참석한 사람들이 가능한 최악의 것에 비추어 동성애를 표현하는 정보들을 제공받게 되었을 뿐이라고 말했다. 이를 보여주기 위해 '사랑의 승리' 행사에서 있었던 연설 일부를 인용했다. "나는 여러분들에게 동성애와 동성애 충동은 언제나 내적 공허함에서 비롯된다고 말씀드립니다. 동성애는 결코 섹스의 문제가 아닙니다."[14]

이 활동의 지지자들은 자신이 믿는 종교가 동성애를 인정하지 않아 이미 심한 갈등을 겪고 있는 사람들에게 이 활동이 생명줄이나 다름없다고 압박했다. 본인 스스로 회복치료를 받은 경험이 있고, 또 제공하기도 했던 제프리 포드는 운동에서 탈퇴하기 전에 이를 엄격한 종교적 숭배에 비유해 다음과 같이 표현했다. "추종자들은 진실되고 헌신적이다. 그들은 심장과 마음과 영혼으로 말한 것들을 믿는다."[15] 또 이전에 동성애자였던 목사를 알게 되었다는 사실이 그에게 희망과 (일생을 통해 경험했던 동성애 성향을 인정할 수 있는) 공개 토론의 장을 가져다주었음을 다음과 같이 표현했다. "외롭고 고립되어 있다는 느낌에서 타인과 비슷한 삶의 경험을 나누는 공동체로 들어간다는 사실은 숨이 막힐 정도로 굉장한 것이었다."[16]

하지만 허니문은 이내 시들어버렸다. 포드는 혐오적 충격 치료의 대상이 되었고, 이것은 그의 팔뚝에 4분의 1을 덮는 화상을 남겼다. 또 동성애를 엄청나게 자극하는 이미지를 떠올리도록 자극받았고, 마침내 성적으로 흥분하는 순간, 상상 속에 떠올렸던 그 남자가 자신을 향해 온통 토사물을 쏟아놓는 식의 소름 끼치고 혐오감에 치를 떨게 하는 시나리오로 치료받았다. 그때를 회고하면서 그는 다음과 같이 적고 있다. "내 생각에 그 과정은 야만적이고 학대적이었다. 다른 치료를 받는 환자들과 함께 사무실 밖에서 기다리는 동안 나는 수치심을 느꼈고 당황스러웠다. 다른 사람들이 내 화상 자국을 보지 못하게 하려고 팔을 가리려 하거나 긴 소매 셔츠를 입곤 했다."[17] 하지만 더 나쁜 것은 치료가 소용없었다는 것이다. 동성애 감정과 성적 환상은 계속 되살아났다. 사실 엑스게이 조직에서 일하면서 포드는 한 남자와 사랑에 빠졌고, 처음으로 동성애 경험을 했다. 이 운동 안에서 이런 종류의 성적 '실행'은 드물지 않게 발생했다.[18]

사실이 이러함에도 불구하고, 소카리즈와 니콜로시 등의 엑스게이운동 참여자들은 성 지향성 변화를 위한 노력이 성공했다고 찬양하는 내용의 논문과 책을 계속해서 출판했다. 이들은 과학과 의료 공동체 내부자로서 지녀야 할 신뢰성이라는 자질이 부족했다. 최근에 ≪뉴욕타임스≫ 기사에서 드레셔는 이 운동을 다음과 같이 묘사했다. "세계관을 공유한 사람들은 기본적으로 공조하게 되어 있어서 정책적 대안을 제시하는 그들만의 전문성을 만들어낸다."[19] 사실 여러 가지 이유로 엑스게이운동은 게이와 레즈비언의 시민권(특히 결혼할 권리)을 거부하려는 노력과 동의어가 되었다.

그 당시 이 운동은 자신들의 과학적 정당성을 가장 뜻밖의 장소에서 찾아냈다. 1973년에 DSM의 변화를 강하게 주장했던 정신과 의사 로버트 스피처 박사는 회복치료가 진짜 효과가 있는지 알고 싶어졌다. 이 이슈를 연구하기 위해 그는 회복치료를 받기로 예정된 200명의 남녀를 엑소더스 인터내셔널과 NARTH가운영하는 치료센터를 포함해 전국 단위로 모집했다. 전화를 이용한 심층 면접에서 치료 전과 후의 성 충동과 감정에 대해 질문하고 그들의 대답에 점수를 매겼다. 이후 치료 전후의 점수를 비교했다. 2001년 어느 모임에서 발표한 논문에서 그는 대부분의 참가자들이 성적 지향을 성공적으로 바꾸었다고 말했다. 하지만 이 내용은 전문가 평가 없이 ≪성 행동 아카이브(Archives of Sexual Behavior)≫에 논문을 게재하기 전이었다.[20]

회복치료운동에 선 사람들은 이를 주요한 승리로 여겨 열렬히 지지했으며, 특히 스피처의 명성과 경력은 그가 편견 없는 결론을 내린 증거가 되어주었다. 그들은 이 연구를 실로 모든 논쟁에, 학교에서 게이·스트레이트 동맹(Gay-Straight Alliances)을 제거하는 데, 동성결혼과 시민결합(civil union)을 막는 데 사용했다. 반대로 스피처의 동료들은 이 연구가 회복치료의 치료 방법에 대해 어떤 검증도 한 적이 없고(참가자들의 일부는 치료에 참가한 적조차 없으며 그저 독립된 성서 연구를 했을 뿐이었다), 그뿐만 아니라 자기 보고된 감정에 의존하고 있다는 점을 들어 과학적이지 못하다고 비난했다. 그들은 참가자들이 스피처뿐 아니라 스스로에게 거짓말을 했을 것이라고 주장했다.

무너지기 시작하는 운동

회복치료 지지자들이 새로 찾은 정당성에 기뻐 어쩔 줄 몰라 하는 동안 운동 그 자체는 잇따른 스캔들에 빠져들었다. 2000년 북미 엑소더스의 이사이며 포커스 온 더 패밀리의 직원인 존 폴크가 워싱턴 D.C.에 있는 유명한 게이 바에 간 사진이 찍힌 사건으로 엑소더스에 의해 보호관찰에 처해졌다.[21] 2003년에는 동성애가 치료되었다고 해서 "게이들을 물리쳐주소서!"라는 광고에 등장했던 배우가 인터넷을 통해 남자들과 연애를 하고 있는 사실이 발각되었다.[22]

이후 2006년에는 마이클 버시가 "나의 엑소더스 참여로 상처받았을지 모르는 사람들에게 진실로 미안한 마음을 전달하고 싶다"라고 말하면서 엑스게이운동에서 자기가 한 역할에 대해 사죄했다. 버시는 1970년대 초반 엑소더스 인터내셔널 설립을 도왔다. 사실 그는 회복치료에 헌신하겠다고 맹세했음에도 불구하고,

바로 그 임무를 위해 전국 순회를 하던 도중에 반동성애 카운슬러인 게리 쿠퍼를 만나 사랑에 빠지고 말았다. 이 두 남자는 1982년 엑소더스와 각자의 아내를 떠나 결혼했다. 공식 사과를 통해 그는 12세라는 어린 나이부터 자신의 게이 감정을 증오하면서 자랐고, 자기 치유책을 찾기 시작했다고 밝혔다. 이런 노력이 그를 교회로 이끌었고, 거기에서 "내게 믿음이 충만하다면, 나는 언젠가 '자유로워질 것이다'. 나는 다른 무엇보다 이것이 이루어지기를 바라며 진심을 다해 믿는다"라는 말을 접하게 되었다.[23]

그는 사람들이, 무엇보다 치료할 수 있다는 믿음을 원한다는 걸 알았기 때문에 같은 처지에 있는 다른 사람들을 돕기 위해서 친구 한 명과 최초의 엑스게이 사목(司牧)인 'EXIT'를 설립했다. 하지만 결국 그가 깨달은 것은 다음과 같았다. "우리가 상담했던 수백 명 가운데 단 한 명도 스트레이트가 되지 못했다. 대신 많은 내담자들이 허물어지기 시작해서 죄책감, 불안, 자기혐오 속으로 더 깊이 가라앉았다." 버시는 이제 자신을 '복음주의 기독교도이면서 자긍심 높은 게이 남자'라고 설명한다.[24]

다른 엑스게이들 역시 수년간의 회복치료에도 불구하고 자신들의 성적 지향은 바뀌지 않았다고 천명했다. '러브 인 액션(Love in Action)'의 전임 감독인 존 스미드는 MSNBC의 호스트인 크리스 매슈스에게 자신은 게이이며, 한 사람의 성적 지향을 바꾸는 것은 현실적으로 불가능하다고 말했다.[25] 계속해서 사람들이 휘말려들었다. 2010년 전국 방송이 보수적인 정치집단인 '가족연구회(Family Research Council)'의 공동 설립자이자 게이 반대, 특히 동성 커플의 입양 반대 '전문가'인 조지 레커스의 이야기를 집중 조명했다. 휴가 중인 레커스가 남성을 동반하고 있는 것이 발각되었는데, 그는 레커스가 렌트보이닷컴(RentBoy.com)에서 고용한 사람이었다. 레커스는 자신의 가방을 옮기기 위해 고용했다는 변명 아닌 변명을 했다. 이후 레커스는 다음과 같은 말로 이 변명을 보완하려 들었다. "나는 사랑의 목적으로 죄인들을 돕기 위해 의도적으로 그들과 시간을 보냈다."[26]

과학

하지만 엑스게이운동에 대한 가장 큰 충격은 과학의 모습으로 나타났다. 2009년 미국심리학회(American Psychological Associaation) 특별위원회는 치료를 통해 성적 지향이 바뀔 수 있다는 증거가 그 어디에도 없다는 내용의 보고서를 발표했다. 위원회는 1960년과 2007년 사이에 진행되었고, 또 전문가 평가가 있는 83개의 연구를 살펴보고 나서 다음과 같이 결론을 내렸다. "이들 대부분이 방법론적으로 심각한 문제가 있었다. 이런 연구들은 증거를 통해 바로 불신을 받거나 시대에 뒤처진 것이 되어버리기 때문에 현재 신뢰성 있는 과학적 이론에 근거하고 있는 연구가 단 한 편도 없다는 것을 결론 내린다."[27] 엑소더스 인터내셔널과 유사한 집단들에 의해 실천된 치료 유형에 대해서는 이것이 동성애를 죄악시하는 종교적 신념에 기초하고 있으며, 그러한 것들은 "과학적으로 평가 가능한 이론에 기초한 것이 아니다"라고 결론 내렸다.[28] 몇 가지 연구 주제들이 동성애 감정을 무시하는 방법이나 동성애 감정에 순응하는 행동을 자제하는 방법을 알려주는 것처럼 보이긴 하지만, 그러한 행동 변화가 얼마나 오래 지속되었는지가 불명확했다. 게다가 특별위원회는 이것이 성적 지향을 실제로 바꿀 만큼은 되지 못한다고 결론 내리면서 다음과 같이 말했다. "과학적으로 타당한 연구 결과들은 사람들이 성적 지향 변화 노력(sexual orientation change efforts: SOCE)을 통해 동성애에 대한 끌림을 줄이거나, 반대로 이성에 대한 끌림을 증가시킬 것 같지 않다고 알려준다."[29]

더 큰 문제는 보고서가 SOCE는 잠재적으로 해롭다는 결론을 내렸다는 사실이다. 위원회는 SOCE의 안전성과 일부 참가자들에 의해 드러난 '성적 감정의 상실, 우울, 자살 충동, 불안'을 포함하는 의도치 않은 피해에 대해 우려를 표명했다.[30]

잭 스타크가 참여를 강요받았던 것과 같은 청소년 입원 치료에 이르면, 특별위원회의 목소리는 한층 더 강해져서 다음과 같이 적고 있다. "우리는 비자발적이고 강제적인 개입이 많은 의문을 일으키고 있음을 알게 되었다. 특히 청소년을 위한 거주센터는 과학적 기초가 없는 치료법을 옹호하고 있으며, 강제, 낙인, 부적합한 치료 수준, 자유에 대한 제한 등으로 잠재적 피해 가능성을 키우고 있다."[31]

미국심리학회만이 회복치료를 비난하는 유일한 조직은 아니다. 범미보건기구(Pan American Health Organization)는 2012년 다음과 같이 발표했다. "이성애가 아닌 성적 지향을 가진 사람들을 치료하려는 취지의 서비스들은 의료적 정당성을 결여하고 있으며, 이에 영향 받은 사람들의 건강과 복지에 심각한 위협이 되고 있다." 이어서 '전환'치료 혹은 '회복'치료에 대해 말하기 시작하는데 "이런 치료를 제공하는 클리닉에는 비난과 적절한 제재가 취해져야 한다"[32]라고 했다.

미국의학협회(American Medical Association)는 "동성애가 본질적으로 정신질환이라거나, 환자가 반드시 자신의 성적 지향을 바꾸어야 한다는 선험적 가정에 기초하는 '회복' 혹은 '전환'치료에 반대한다"라고 발표했다.[33]

미국정신의학회는 다음과 같이 말한다. "동성애를 '전환' 혹은 '회복'시키려는 정신치료학적 양식은 과학적 타당성이 의심스러운 발달이론에 기초하고 있다. 게다가 '치료'에 대한 입증되지 않은 보고들이 심리적 피해에 대한 입증되지 않은 주장에 의해 보충되고 있다. 지난 40년간 '회복'치료사들은 치료에 대한 주장을 확증하는 어떤 엄밀한 과학적 연구도 내놓지 못했다. 확증 가능한 연구가 이용 가능할 때까지, 윤리를 준수하고자 하는 치료사들이 해를 끼치지 않는 것을 우선시하라는 의료적 격언을 마음 깊이 새기고, 개인의 성적 지향을 변화시키려는 노력을 삼가라."[34]

미국소아과학회도 다음과 같이 지적한다. "특별히 성적 지향을 변화시키려는 치료는 금지되어야 한다. 이것이 성적 지향 변화를 가져오는 일이 거의 없거나 그 잠재성도 없으면서 죄책감과 불안을 불러일으키기 때문이다."[35]

회복치료의 미래

2012년 5월 로버트 스피처는 엑스게이 운동과 회복치료를 지지했던 자신의 과거사를 두고 게이 공동체를 향해 사죄했다. 그는 회복치료가 성공적이었다는 자신의 연구에 결함이 있다는 비판을 수용한다고 말했다. ≪뉴욕타임스≫에서 그는 "사실은 단순하다. 자신이 변했다고 하는 대상자들의 말이 타당한지 측정할 방법이 없었다"라고 말하면서 사과를 이어갔다.

나는 내 연구가 증명되지 않은 주장을 불러일으킨 것에 대해 게이 공동체에 사과할 채무가 있다. 내 연구는 동기 부여가 잘된 사람들에게 회복치료가 효과적이라는 결론을 내렸고, 이것이 과학적으로 잘 증명된 것이라고 믿게 해서, 어떤 형태든 회복치료에 시간과 에너지를 낭비한 모든 게이들에게 사과한다.[36]

스피처의 '안 하는 것보다는 늦더라도 하는 것이 좋은' 사과보다 더 충격적인 것은 몇 개월 후 엑소더스 인터내셔널 의장 앨런 체임버스의 발표였다. 엑소더스 연례회의에서 체임버스는 동성애에 관한 한 성공적 치료란 없고, 회복치료는 잘못된 희망을 주며, 심지어 해를 끼칠 수도 있으므로 그는 엑소더스가 더 이상 회복치료를 하지 않으려 한다고 했다. 뒤따른 미디어 공세에 반응해 체임버스는 AP통신에 다음과 같이 말했다.

나는 치료란 말이 동성애가 포함되는 그 어떤 투쟁에도 적용될 수 없다고 믿는다. 누군가 '저는 동성애를 치료할 수 있습니다'라는 간판을 내건다면, 나에게는 이것이 지구라는 별에서 누구나 마주칠 수 있는 그 모든 평범한 유혹이나 고통을 치료할 수 있다고 말하는 것과 꼭 같은 기괴함을 불러일으킬 것이다.[37]

그는 ≪뉴욕타임스≫를 통해 자신이 만난 모든 '엑스게이'들은 그를 포함해 여전히 동성애 갈망을 품고 있다고 말했다. 이어서 자기처럼 게이 기독교인들은 죄를 사하려는 영적 싸움을 일생에 걸쳐 마주하게 되는데, 이를 인정하는 것을 두려워해서는 안 된다고 했다.[38]

일 년 후 체임버스는 또 한 번 충격적인 발언을 했다.

엑소더스는 보수적 기독교 세계에 속하는 기관이다. 하지만 우리는 살아 숨 쉬는 유기체이기를 그만두었다. 꽤 오랫동안 우리는 동료 인간을 향한 존경도 성서에 대한 존경도 없는 세계관 속에 갇혀 지내왔다. 위원회는 무기명 투표를 통해 기관을 폐쇄하기로 했다.[39]

한편 회복치료에 대한 사람들의 애정이 계속해서 식어갔고, 그동안 캘리포니아와 뉴저지는 성 소수자에 대한 회복치료를 금지하는 법안을 통과시켰다. 이 책을 쓰는 동안 뉴저지에서 이 법률에 대한 소송이 진행 중이긴 하지만 다른 주들은 비슷한 법안을 고려하는 중이다.

동성애가 죄이며 이를 변화시키기 위해 노력해야 한다고 믿는 사람들은 언제나 있기 마련이다. 또 NARTH 같은 강경 노선을 주장하는 조직들이 여전히 존재한다. 하지만 회복치료에 대한 보편적인 평가는 이것이 정당성을 결여한 인권 차별적 치료라는 것이다.

신화 11

동성 커플 관계는 이성 커플과 태생적으로 다르다

이 사회에는 게이/레즈비언 커플과 이성 커플이 태생적으로 다르다는 신념이 지배적이다. 한 남자와 한 여자가 연애하고 결혼해서 아이를 낳게 된다는 것이 이 사회의 초식이다. 한 남자와 한 남자가 이렇게 한다면? 혹은 한 여자와 한 여자가 이렇게 한다면? 이는 특이하고 남다르며 정상이 아닌 일로 생각된다. 또 게이/레즈비언 커플은 서로에게 덜 헌신적이고 관계가 그다지 심각한 게 아니어서 중요하지 않다는 식으로 생각된다. 사회가 게이/레즈비언들의 삶에 가하는 차별을 생각해보면 이런 식의 생각을 발견하게 되는 건 놀랍지도 않다. 이런 생각들은 또 동성 커플 결혼권을 부정하는 데 사용된다.

정치가들과 대중 사이에서 동성결혼이 이제 막 관심과 지지의 폭을 넓히기 시작했다. 이에 비해 연구 작업은 지난 수십 년에 걸쳐 진행되어왔다. 연구 결과들은 이성 커플과 동성 커플이 다르기보다는 비슷한 점이 더 많다고 전해준다. 물론 차이점들이 있긴 하지만 동성 커플이 이성 커플에 비해 덜 가치 있다는 생각을 지지해주지는 않는다.

비슷한 점이 더 많다

동성 커플과 이성 커플에 대한 최초의 대규모 비교 연구는 블룸스타인과 슈워츠(이 책의 저자 중 한 명)에 의해서 1970년대 말과 1980년대 초에 진행되었다. 이것은 미국국립과학재단(National Science Foundation)의 기금을 받아서 1만 2000명(6000쌍의 커플)을 대상으로 한 대형 연구였다. 연구의 목적은 결혼을 한 이성 커플을 동거 중인 이성 커플, 게이 커플, 레즈비언 커플과 비교하는 것이었다. 결과는 결혼한 이성 커플과 동성 커플(게이와 레즈비언 모두)이 동거 중인 이성 커플과 비교했을 때 서로 비슷한 점이 더 많다는 말로 요약될 수 있다(동거라는 것이 서로에 대한 헌신성에 대해 변화 가능성을 더 많이 가지고 있기 때문에). 젠더에서 나타나는 유사성 역시 놀라웠다. 게이 남성은 레즈비언이나 동거·결혼 중인 이성애자 여성보다는 동거·결혼 중인 이성애자 남성과 훨씬 더 비슷했다. 그리고 레즈비언들은 연구 대상자들 가운데 다른 누구보다도 동거·결혼 중인 여성과 훨씬 더 비슷했다. 젠더 사회화, 태도, 행동은 개인의 성적 지향과 상관없이 특히 비슷했다.[1]

이 연구는 또한 네 종류의 커플들이 성관계에서 관계적 특징을 보이는지 살펴보았다. 성적 만족은 관계 유형에 상관없으며, 성교 횟수가 많을수록 높은 만족감을 나타냈다. 또한 성관계를 시작하는 것과 거부하는 것과 관련된 평등성 역시 관계 유형이 아니라 높은 만족감과 상관되어 나타났다.

게이 남성 커플은 다른 세 가지 유형에 비해 비단혼제(nonmonogamy)를 터놓고 협상할 가능성이 높게 나타났고, 관계를 손상시키지 않으면서 이를 참아낼 가능성 역시 더 높게 나타나는 특징을 보였다.[2] 또 다른 연구는 특별히 게이 남성 커플들이 장기적인 관계나 노화 같은 육체적 변화로 문제를 겪을 수 있음을 보여주었다.[3]

동성 커플에 관해서라면 불후의 신화들이 몇 가지 있다. 이 가운데 하나가 그들은 단지 성관계만을 원할 뿐이라는 것이다. 명백히, 이것은 진실이 아니다. 다른 모든 커플과 마찬가지로 동성 파트너들도 직업, 집안일, 라이프스타일 그리고 종종 아이 문제를 협상해야만 한다. 동성과 이성 커플들이 삶의 일상적인 측면들을 다루어내는 방법에 어떤 유사점과 차이점이 있는지를 살펴보는 흥미로운 문헌들이 있다.

쿠르덱의 종단연구는 아이가 없는 동성 커플, 그리고 결혼해서 아이를 둔 이성 커플을 비교한 것이다. 그는 관계의 건강성을 다섯 가지 척도로 살펴보았는데, 그 절반에서 게이/레즈비언 파트너들이 이성애자 파트너와 비슷한 양상을 보임을 알게 되었다. 물론 몇 가지 차이점들이 있었다. 하지만 재미있게도 쿠르덱은 이러한 차이점 대부분이(78%) "이성애 관계보다 동성애 관계에서 적응이 더 잘 이루어지고 있음을 반영하는 것이었다"라고 결론 내렸다. 구체적으로, 이들은 친구와 가족 사이에 일어나는 상호작용 유형, 갈등을 다루는 법, 각각의 파트너가 관계에 대한 정보를 여과하는 방법을 분석하고 다음과 같이 결론 내렸다.

> 이성애자 파트너들과 비교하면, 게이/레즈비언 커플의 파트너들은 고통 때문에 관계를 위험에 빠트리는 식으로 처신하지 않는다. 또 게이/레즈비언 파트너가 심리적 적응 문제를 가졌다거나, 높은 수준의 인격적 특성을 지녀서 관계 문제를 다루기에 용이하다거나, 관계에 대해 역기능적 작동 모델을 가졌다거나, 갈등 해결을 위한 비효과적인 전략을 사용하고 있다는 증거는 없다.[4]

사실 게이/레즈비언 커플들이 갈등 관리나 소통에서 자주 더 나은 모습을 보여준다. 아이가 없는 게이 커플 75쌍, 레즈비언 커플 51쌍, 이성 커플 108쌍을 대상으로 모든 커플들이 경험하게 되는 여섯 개 영역의 갈등을 어떻게 다루는지, 그 방법을 비교한 연구가 있었다. ① 지나치게 비판적인 발언에 대한 반응, ② 정치사회적 이슈에 대한 차이, ③ 지나친 음주나 흡연 같은 개인적 결점에 대한 문제 제기, ④ 신뢰 부족 혹은 거짓말, ⑤ 친밀감과 성관계, ⑥ 직업, 학업, 여타의 활동 때문에 생기는 시간 부족을 두고 커플 유형에 따라 어떤 이슈가 우세한지에 대해 약간 차이가 있음이 드러났다. 예를 들어 이성 커플들은 사회적 이슈에 대해 게이/레즈비언 커플보다 더 자주 논쟁했다. 또 동성 커플들은 신뢰 문제에 대해 더 자주 논쟁했다.[5] 하지만 여러 면에서 차이보다 비슷한 점이 더 많다는 사실이 드러났고, 충돌 빈도 역시 비슷했다. 친밀감, 개인적 결점, 권력, 감정적 고통의 이슈들은 커플들 모두에게 가장 중요한 문제였다. 이러한 결과들은 오랜 시간에 걸쳐 보고된 다른 많은 연구 결과들과 유사하다.[6]

이 연구는 이슈의 동일성에 덧붙여, 논쟁 빈도에 대한 반응에서도 커플 유형에 상관없이 비슷한 결과를 보였다. 개인적 권력 배분과 관련된 논쟁이 계속되어 관계에 영향을 주게 되면 모든 커플들은 1년 안에 만족도 하강을 경험했다.[7]

몇몇 연구들은 이성 커플에 비해 동성 커플들이 더 잘 의사소통하고, 기능하는 방법에 유리한 점이 있다고 밝혔다. 레즈비언과 게이 남성 파트너들은 꾸준히 높은 수준의 애정표현을 보여주며, 이것이 의사소통과 의사소통 만족에서 중요한 역할을 하는 것으로 보인다.[8] 한편, 레즈비언들은 지나치게 표현을 많이 하고, 사소한 문제들까지 지나치게 관여해서 이것이 폐소공포증을 일으킬 것 같은 느낌을 만들 수 있다고 말하는 문헌도 있다.[9]

이러한 점들로 미루어본다면 동성과 이성 커플을 아이가 있는 집단과 없는 집단으로 구분해 10년 후 만족도를 비교한 연구에서, 아이가 있는 이성 커플이 가장 큰 폭의 만족도 하강을 경험한다는 결과가 나타났다는 사실은 별로 놀랍지 않다.[10] 다른 연구도 같은 결과를 보여준다.[11]

동성 커플들이 유리한 또 다른 영역은 바로 가사 노동이나 육아 같은 노동 분업이다. 의무를 나누어 갖는 것은 커플들에게 연대감을 가져다주며 관계에 대한 만족감을 향상시킨다. 한편 연구들은 동성 커플들이 노동 분업에 대해 좀 더 평등하다는 결과를 내놓았다.[12] 블룸스타인과 슈워츠[13]는 게이 남성과 레즈비언들이 가정사에 대해 좀 더 평등주의적이라고 밝혔다. 물론 그들 가운데는 가사 관리를 한쪽 파트너에게 일임해버리는 사람들이 있기도 하지만 이러한 유형은 상대적으로 드물다. 캐링턴[14]은 이들이 집안일을 협상하는 과정을 검토해, 전통적인 젠더 기준을 따르지 않으면서도 어떻게 이를 해결할 수 있는지를 보여주었다. 반면 이성 커플들은 덜 평등주의적인 모습을 보였고, 중요하게는 젠더에 기초한 노동 분업이 더 많아서 이것이 갈등을 일으켰다.[15]

관계 그 자체, 가사 노동, 재정 등 모든 의사 결정은 가계 관리의 일환이다. 블룸스타인과 슈워츠[16]는 돈 관리에 대한 논쟁이 관계에 대한 만족감을 낮춘다는 사실을 밝혔다. 이것은 불평등한 의사 결정과 마찬가지로 모든 유형의 커플에게서 동일하게 나타났다. 흥미롭게도 재정적 평등은 게이 커플에게 특히 중요했다. 쿠르덱과 슈미트[17]의 연구는 단지 동거가 더 평등주의적일 수 있다는 이유로 동거 중인 동성/이성 커플이 결혼한 커플에 비해 의사 결정을 더 많이 공유한다고 말할 수 있는지에 대해 의문을 제기했다. 하지만 그들이 발견한 것은 이것이 레즈비언들 사이에서만 사실이라는 것이었다. 이는 블룸스타인과 슈워츠의 연구에서도 똑같았다. 일련의 연구를 통해 사실임이 증명된 것은 의사 결정에 대한 공유를 많이 할수록, 커플들이 더 행복해 보였다는 것이고, 이것은 커플 유형과 상관없이 동일했다.

또 다른 연구는 커플 유형에 따른 의사 결정 기술의 차이를 살펴보았는데, 젠더와 관계 유형에 따라 다양한 의사 결정 형태가 존재함을 알 수 있게 되었다.[18] 이성애자 여성과 게이 남성 둘 다 자신의 뜻을 이루기 위해 직접적인 직면보다 조종과 애원을 사용할 확률이 높았다. 연구자들은 이러한 기술들이 남성 파트너들에게 더 잘 먹히기 때문에 이와 같은 유사성이 나타난다고 보았다.[19] 연구자들은 또한 게이 남성, 이성애자 남성, 이성애자 여성이 레즈비언에 비해 (듣기를 멈추고, 방을 떠나는 등의) 철수 전략을 사용할 확률 역시 높다고 밝혔다.[20] 그렇지만 여전히 "동성 커플들이 영향력 행사를 위해 사용하는 전술은 이성 커플의 그것과 별반 다를 것이 없다"라고 결론 내렸다.

부모로서의 게이와 레즈비언

게이/레즈비언의 양육권뿐만 아니라 입양, 위탁 부모로서의 권리를 두고 수많은 논쟁과 투쟁들이 있어왔다. 덕분에 게이 남성과 레즈비언의 부모 자격에 대해 그리고 이것이 아이들에게 미칠 영향에 대해 일련의 연구들이 진행되었다. 신화 12에서는 이를 집중적으로 살펴볼 것이다. 우선 개략적으로 말해본다면, 대부분(드물게 다른 입장의 연구들이 있기도 하다)의 연구에서 동성애자들의 양육이 (이성애자들의 양육에 비추어) 호의적으로 평가되고 있다고 할 수 있다.

사회적 지지

불행하게도 동성 커플들이 이성애자 동료들에 비해 실적이 좋지 못한 영역이 한 가지 있긴 하다. 하지만 궁극적으로 그들의 통제 능력을 벗어나 있는 것이어서 쿠르덱[21]은 다음과 같이 설명한다. "이성애자 파트너들보다 실적이 나쁜 유일한 영역은 바로 사회적 지지이다. 게이/레즈비언 파트너들은 이성애자 부모들에 비해 자신들의 가족 구성원으로부터 낮은 수준의 지지를 받는다."[22] 다른 연구는 동성 커플들이 결혼한 커플들에 비해 가족과 친구로부터 지지를 덜 받고 있음을 보여주었으며, 심지어 동거 중인 이성애자 파트너들이 더 많은 지지를 받고 있음

을 확인해주었다.[23]

이는 가족 또는 친구들이 동성 관계에서 불편함을 느끼고 있음을 반영해주는 결과이거나 가족이나 사회가 인정하지 않을 것이라는 불안 때문에 스스로 눈에 띄지 않으려고 애쓴 결과일 수 있다. 우리는 이러한 지지 부족이 일으키는 어려움 그리고 동성결혼 금지법이 이들 커플에게 주는 법적·재정적 장애를 과소평가해서는 안 된다. 그와 같은 사회적 장애물들이 파트너 관계에 피해를 주게 된다.

동성결혼이 이 사회에서 더 많이 받아들여지고, 더 많은 주 정부가 동성결혼을 합법화하는 법안을 통과시키고 있는 상황에서 우리는 단지 이러한 커플들이 가족, 친구, 지역사회로부터 필요한 지지를 받을 수 있기를 희망할 뿐이다.

신화 **12**

동성애자 부모를 둔 아이들은 심리적 문제가 있으며 보통 게이가 된다

2011년 한 대학생이 동성결혼 금지를 위한 헌법 수정을 구상 중인 아이오와주의 한 국회의원 앞에서 증언을 했고, 이 사건은 곧 미국 언론의 헤드라인을 장식했다. 이 주제를 둘러싼 많은 논쟁에서처럼, 한 가지 질문이 계속해서 떠오른다. '아이들은 어떻게 할 것인가?' 잭 왈은 당시 아이오와대학 학생이었는데, 헌법 수정을 주장하는 국회의원들을 향해 자신은 두 명의 어머니 밑에서 자랐지만 멀쩡하다고 증언했다.

입소문을 타고 재빨리 퍼져나가 그를 ≪레터맨 쇼(Letterman Show)≫와 ≪엘런 디제너러스 쇼(Ellen DeGeneres Show)≫ 모두에 등장시킨 3분짜리 증언에서, 왈은 자신의 가족이 다른 모든 가족과 다를 것이 하나도 없다고 말했다. 그들은 함께 식사하고, 교회에 가고, 싸운다. 그들은 행복한 시간을 보냈고, 그의 생물학적 어머니가 2000년에 다발성경화증 발병으로 지금은 휠체어 신세를 지고 있는 것 같은 어려움도 겪었다. 하지만 고난의 시간을 헤쳐 나와서 지금처럼 만족할만한 생활에 이르게 된 과정이 자신과 여동생 그리고 두 명의 어머니를 하나의 가족으로 만들어주었다고 말했다. 한 순간, 그는 위원회 의장을 향해 다음과 같이 말했다.

> 제 성적은 미국 대학입학시험(American College Testing)에서 상위 1% 안에 듭니다. 저는 이글스카우트입니다. 의장님, 제가 당신 아들이라면 저를 매우 자랑스러워할 것을 압니다. 저는 당신 아이들과 별반 다를 게 없습니다.[1]

왈은 힘찬 어조로 다음과 같이 말하면서 자신의 증언을 마쳤다.

> 앞으로 두 시간 내로, 게이 부모가 아이들에게 얼마나 많은 피해를 주는지에 대해

> 엄청난 양의 증언들이 쏟아지리란 것을 압니다. 하지만 제가 게이 커플 손에서 자랐다는 것을, 자기 스스로 깨달은 사람은 없었습니다. 제 고백 없이 그걸 알아본 사람은 단 한 사람도 없었습니다. 저는 그런 사람을 한 번도 만난 적이 없습니다.[2]

왈은 자신의 증언 이후에 어떤 일들이 일어날지에 대해 한 치의 오차도 없이 정확히 알고 있었다. 동성결혼 반대론자들은 흔히 어머니와 아버지로 이루어진 전형적인 가정 대신에 두 명의 어머니 혹은 두 명의 아버지가 있는 가정에서 자라는 것은 아이들에게 해로운 영향을 준다고 주장한다. 자연은 명백히, 남자와 여자 사이에서 아이가 성장하길 바라며 그래서 결국 이성애자 커플만이 자신의 아이들을 가질 수 있다고 말한다.

반대론자들은 게이와 레즈비언 커플의 아이들이 전통적인 이성애 관계 속에서 자란 아이들만큼 잘 살아갈 방법이 없다고 말한다. 대신 게이나 레즈비언 커플의 아이들이 심리적 손상, 빈약한 부모 관계, 또래로부터의 낙인, 성 학대 등을 경험하게 될 것이라고 주장한다. 이 아이들은 또한 젠더 정체성에서 혼란을 겪게 될 것이고, 자라서는 동성애자가 될 것이라는 불안을 비친다. 이러한 주장들은 지난 수십 년간 존재해오면서 왜 동성 커플들이 결혼이나 입양을 하도록 허락받아서는 안 되는지, 왜 게이 혹은 레즈비언이라고 커밍아웃하는 부모는 자신의 생물학적 자식에 대해 양육권을 가질 수 없는지에 대한 이유로 사용되었다.

실제로 게이 아버지와 레즈비언 어머니의 아이들을 조사한 연구들이 많고, 또 이 연구들 거의 대부분이 같은 결론에 이르고 있다. '이 아이들은 이성애자 부모와 함께 생활하는 또래들과 다를 것이 하나도 없다.'

그러나 이 연구를 좀 더 면밀히 들여다보기 전에, 우리는 몇 가지 조심해야 할 것들에 대해 이야기해야 한다. 부모의 젠더 지향과 성적 지향이 문제가 되는지에 대한 진정한 이해에 도달하기 위한 이상적인 연구라면, 동성애자 가정의 아이들을 이성애자 가정의 아이들과 비교할 때 비슷한 조건의 가정을 비교해야 한다. 또 이상적인 연구라면 동성애자 가정에 대한 대표성을 지니기에 충분한 크기의 샘플로 연구 결과를 일반화하는 데 무리가 없어야 한다.

그러나 여러 이유로 이런 조건을 만족시키는 연구는 존재하지 않는다. 최근까지 많은 동성애자 파트너들이 낙인과 차별을 피하기 위해 눈에 띄지 않으려 노력해왔다. 인구조사에서는 2000년까지 동성 동거 커플을 추적하지 않았으며, 이는 연구에 필요한 표본 가정을 대규모로 찾아내는 것을 어렵게 했다. 이 주제와 관련해 현존하는 연구의 대부분은 작고 편의적인 표본을 사용하고 있을 뿐이다. 그래서 여기서 나온 연구 결과들을 곧장 전체 동성애자 가정으로 일반화할 수 없는 한계가 있다. 하지만 여전히 연구자들은 이런 연구들이 유효하다고 믿는다. 펜실베이니아대학의 사회학자인 마크 아마토는 최근 한 논평에서 다음과 같이 말했다. "게이나 레즈비언 부모 밑에서 성장하는 것이 아이들에게 재앙이라면 소규모 편의표집에 기초한 연구라 할지라도 지금쯤은 그것을 보여줬어야 한다."[3]

아이들 입장에서 동성결혼이 좋은지 나쁜지를 증명하기 위해 기존 연구를 사용하고자 하는 사람들이 겪게 되는 또 다른 문제는 기존 연구 대부분이 동성결혼 속에서 성장하고 있는 아이들을 대상으로 하고 있지 않다는 것이다. 이는 동성결혼이 법률로 인정된 것이 매우 최근이라는 단순한 이유 때문이다. 최신 연구들은 헌신적인 동성 커플에 의해 양육되고 있는 아이들을 대상으로 하지만, 이용 가능한 연구 대부분이 그 이전엔 이성결혼 속에 있었던 이혼한 레즈비언 어머니 밑에서 자라는 아이들에 초점을 두고 있다. 또 게이 아버지들이 양육권을 가지게 될 확률이 거의 없었기 때문에 이들 밑에서 자라는 아이들에 대한 연구 역시 거의 없었다.

여러분들이 연구 결과를 해석할 때 반드시 기억할 점이 있다. 어떤 이론도 진공 상태로 존재하지 않는다는 것이다. 아동의 심리사회적 발전은 그 아동이 속한 가정에서 어떤 일이 일어나는가에, 나아가 그 아동이 속한 지역사회와 그 너머에서 어떤 일이 일어나는가에 영향을 받게 된다. 게이, 레즈비언 그리고 이들의 아이들이 마주하게 되는 낙인은 이 아이들이 살아가는 방법을 보여주는 중요한 구성 요인이다.

이런 한계점들에도 불구하고 수십 년간의 연구 결과 속에서 반복되는 결과를 확인할 수 있다. 즉, '이성애자 파트너에 의해 양육된 아이들과 동성애자 파트너에 의해 양육된 아이들 사이에는 식별 가능한 차이점이 없다'.

게이와 레즈비언은 좋은 부모일 수 있다

아이를 키우고 있는 동성 커플을 향한 사회적 불안은 레즈비언과 게이 남성에 대한 시대에 뒤처진, 그 진부한 견해와 더불어 그들이 아이를 키우기에 적합하지 않다는 차별적인 신념에서 비롯되었는지도 모른다. 동성애가 정신병으로 여겨졌던 시절이 그리 오래 전이 아니었음을 명심하자. 게다가 레즈비언에 대한 케케묵은 말들은 그들이 이성애자 여성들처럼 여성적이지도, 양육에 적합하지도 않다는 암시를 준다. 또 게이 남성들은 흔히 무책임하고, 단혼제에 안착할 수 없는 종족으로 그려진다. 일부에서는 이런 특징들 때문에 게이 남성과 레즈비언들이 부모 역할 수행에서 형편없는 후보가 되고 만다고 주장한다.

대개 특정 인구집단에 대한 포괄적 일반화는 바람직하지 않다. 2005년 미국심리학회가 실시한 동성애자 부모에 대한 연구는 "성인 레즈비언과 게이는 부모가 되기에 적합하지 않다는 신념에는 그 어떤 경험적 기초도 없다"라는 결론을 내렸다.[4] 예로, 기존 연구들은 레즈비언 여성과 이성애자 여성이 전체적인 심리적 건강이나 육아에 대한 접근에서 특별히 다르지 않다고 밝혔다. 또 다른 연구들은 레즈비언과 게이 부모를 대조군의 이성 커플과 비교했을 때 실제 더 나은 양육 기술을 지녔다고 본다. 예로, 게이와 레즈비언 커플들은 아이에게 육체적 처벌을 덜 할 것이고, 반면 '설득하기' 같은 긍정적인 양육 기술을 더 많이 사용할 것이라고 밝혔다.[5]

그들의 아이들은 똑똑하고, 행복하며, 부모와 좋은 관계를 맺고 있다

반대론자들은 사람들이 부모와의 관계로 이 아이들이 부당하게 고생한다고 믿길 바라지만 과학적 연구로 이를 뒷받침하지 못한다. 1970년대 이후 출간된 연구에 대해 2008년 연구자들이 메타분석을 시도했는데, 이들은 26가지 심리적 요소들을 측정한 후 동성 커플의 아이들이 이성 커플의 아이들과 비슷하다는 결론을 내렸다. 또 동성 커플의 아동의 인지발달을 또래들과 비교한 결과 역시 어떤 차이도 없는 것으로 확인되었다.[6] 더불어 미국심리학회의 분석에서는 분리, 개별화, 정신 감정, 문제 행동, 인성, 자아 개념, 학교 적응, 지능을 포함한 다수의 범주로 아이들을 비교해도 아무 차이점이 없다고 말했다.[7]

사실 연구를 통해 드러난, 통계적으로 의미 있는 유일한 차이는 레즈비언과 게이 부모가 이성애자 부모에 비해 자신들이 긍정적인 부모와 자식 관계를 맺고 있다고 보고할 확률이 더 높다는 것이다. 그러나 흥미로운 점은 부모들이 더 좋은 관계를 맺고 있다고 보고함에도 불구하고, 아이들은 그렇지가 않다는 것이다. 부모와 자식 관계에 대한 아이들의 인식은 이성애자 가정과 동성애자 가정에서 별반 차이가 없는 것으로 드러났다.[8] 동성 커플들은 자신의 아이들이 호모포비아의 대상이 될까 두려워하지 않을 수 없다. 따라서 아이들을 보호해야 한다는 느낌이 굉장히 강할 것이고, 이러한 생각 때문에 부모와 자식 관계를 더 편안하고 가깝게 하기 위해 노력할 것이라고 저자들은 추측한다.

실제로 레즈비언 부모가 이성애자 부모보다 더 낫다는 것을 암시하는 데이터들이 조금 있다. 비블라즈와 스테이시는 이렇게 말한다. "레즈비언 부모는, 결혼을 했고 이성애자이며 생물학적으로 부모인 사람들과 비교할 때 몇 가지 척도에서 그들을 능가하는 것으로 보인다. 결혼이 가져오는 상당한 특권을 사용할 수 없을 때에도 그러하다."[9]

이 아이들이 성 학대의 희생자가 될 것 같지는 않다

미국심리학회가 분석을 통해 살펴본 '불안' 중 한 가지는 성 학대에 관한 문제, 그리고 동성애자 부모 밑에서 자라는 아이들이 그 희생자가 될 가능성이 더 높다는 주장과 관련되어 있다. 이렇게 지나친 가정은 게이 남성과 레즈비언 여성이 아이들을 성적으로 학대할 가능성이 높다고 보는 완전히 틀린 신념에 기초할 가능성이 높다(이 잘못된 신념에 대해 더 알고 싶다면 신화 13을 보라). 게이 남성과 레즈비언의 아이들이 다른 성인 게이를 알게 될 확률이 일반 아동에 비해 더 높다. 따라서 당신이 이러한 사고의 흐름을 믿는다면, 이것이 학대 위험을 더 증가시키게 된다.

사실 성인 여성(레즈비언이건 이성애자이건 간에)에 의한 성 학대는 극히 드물다. 대부분의 학대는 남성에 의해 저질러진다. 하지만 게이 남성이 이성애자 남성에 비해서 아동을 학대할 확률은 더 높지 않다. 미국심리학회 분석에서는 "레즈비언과 게이 부모가 양육 중인 아이들이 높은 성 학대 위험에 처해 있을 것이라는 우려는 과학적 연구 문헌에 기초하고 있는 것이 아니다"라는 결론을 내렸다.[10]

이 아이들에게 젠더 이슈 같은 것은 없다

게이와 레즈비언 부모를 반대하는 주장은 아이들이 적절한 젠더 역할을 모른 채 자라게 되어 젠더 정체성 문제를 겪게 될 것이라고 말한다.

우리가 앞서 언급했던 것처럼 젠더 역할은 사회가 기대하는 남성과 여성의 행동 방식을 말하는 것이며, 남성과 여성은 이에 따라 다른 식으로 행동하도록 기대된다. 아버지가 없는 가정에서 성장하는 젊은 남성이나 반대로 어머니 없이 성장하는 젊은 여성에게 자신의 젠더에 맞는 행동모델을 보여줄 사람이 아무도 없을 것이라고 우려를 표명하는 사람들이 있을 수 있다. 우리는 아이들이 여러 가지 이유(이혼, 사망, 유기 등)로 아버지나 어머니가 없는 가정에서 성장하지만 이것이 성적 지향과 아무런 관련이 없다는 점에 주목해야 한다. 이 경우 아이들은 동성애자 가족의 아이들처럼 자신의 젠더에 맞는 역할 모델을 지금 현재의 가족의 바깥에서 찾을 수 있으며, 친척, 선생님 혹은 코치 등 누구라도 그 대상이 될 수 있다.

그럼에도 불구하고 더 중요하게, 아이들은 젠더 역할을 가족에서뿐 아니라 사회 모든 곳에서 학습하게 된다. 텔레비전 쇼와 영화는 우리에게 남자와 여자가 어떻게 행동해야 하는지, 어떻게 하면 안 되는지에 대해 끊임없이 이야기한다. 잡지는 여성이나 남성을 겨냥한다(하지만 양쪽 모두를 겨냥한 경우는 드물다). 그리고 장난감 가게는 상품을 소년과 소녀용으로 구분해 전시한다.

그래서 동성 커플 아이들이 또래에 비해 젠더 역할 이슈를 더 많이 가질 가능성이 없다는 사실이 놀라움으로 느껴져서는 안 된다. 미국심리학회 분석에서는 레즈비언 어머니의 아이들이 '전통적 성 역할에 있어 전형적인 범위 안에 들어간다'는 사실을 밝힌 연구들을 10개 넘게 지적했다(게이 남성의 아이들에 대한 연구가 부재한 분야 중 하나가 바로 이 분야이다).

우리는 이 아이들의 젠더에 대한 우려가 또 다른 기원을 두고 있다고 생각한다. 바로 레즈비언들은 진짜 여자가 아니고 게이 남성들은 진짜 남자가 아니라는 고정관념 말이다. 이 아이들이 아버지 없이 두 명의 어머니 밑에서 자라기 (혹은 그 반대이기) 때문이라는 단순한 사실에서가 아니라, 젠더 이슈를 가진 부모 밑에서 자란다는 바로 그 이유로 인해 적합한 젠더 역할 모델을 가질 수 없을 것이라는 생각이 또 다른 우려를 낳고 있다. 이것은 불공평한 범주화이다. 성적 지향은 남성다움 혹은 여성다움에 대한 고유의 내적 감각에 대한 것이 아니다(이것은 젠더 정체성이다). 또 성적 지향은 남성적 혹은 여성적 외양에 관한 것도 아니다(이것은 젠더 표현이다). 단지 남자 혹은 여자가 동성애 관계에 있다는 것 때문에 이것이 곧바로 그/그녀가 전통적인 젠더 역할 그리고 젠더 표현을 (다른 식으로라도) 따르지 않는 것을 의미하지는 않는다. 일부 게이 남성들이 여성스러워 보일 수도 있지만, 많은 경우 그렇지 않다. 비슷하게 이성애자 여성과 똑같이 일부 레즈비언들은 다른 사람들에 비해 좀 더 남성스럽지만, 많은 사람들이 꽤나 여성스럽다.

그래서 또 한 번 강조하는데, 2008년 메타분석이 동성애자 부모 밑에서 자란 아이들의 젠더 정체성을 이성 커플의 아이들과 비교했을 때 통계적으로 유의미한 차이를 찾지 못했다는 사실에 놀라서는 안 된다.[11] 미국심리학회 조사보고서는 레즈비언 커플의 아이들이 자신의 젠더에 행복해하고, 그 반대편 젠더의 일원이 되기를 바라지 않는다는 사실을 보여주었다. 또다시 말하지만, 게이 아버지를 둔 아이들에 대한 비슷한 유형의 연구는 아직 단 한 편도 없다.[12]

대부분의 아이들은 자라서 이성애자가 된다

두 어머니 혹은 두 아버지 밑에서 자라는 아이들에 관한 이와 같은 신화가 동성애는 나쁜 것이라는 믿음에 각인되어 있기 때문에 특히 혼란스럽다는 사실을 알게 되었다. 이러한 우려를 그 자체만 놓고 따져보면, 이 사회는 이 아이들이 자라서 대부분 자기 부모들처럼 동성애자가 되는 것을 목도한다면, 동성 커플들은 아이들을 키워서는 안 된다는 증거를 가지게 되었다라고 말하려는 것처럼 보인다. 우리는 아동의 성적 지향은 그/그녀가 지닌 전체적인 심리적 안녕에 비하면 훨씬 덜 중요하다고 생각한다.

그건 그렇다 치고, 말도 안 되는 논쟁은 앞질러 가버리는 것이 적절한 대처법이 된다. 바로 이 작업을 해준 연구가 우리를 위해 존재한다. 미국심리학회 분석에서는 10개가 넘는 연구를 살펴보고 게이 아버지와 레즈비언 어머니의 자식들 대부분이 자신을 이성애자로 설명하고 있음을 보여주었다.[13] 예로, 1995년 한 연구는 성인이 된 게이 아버지의 아들 90%가 이성애자임을 밝혔다.[14] 레즈비언 어머니를 두었고, 성년 초기에 있는 사람 25명과 이혼한 이성애자 어머니를 둔 21명을 비교한 1997년의 한 연구는 레즈비언의 자식들이 동성의 사람들에게 매력을 느낀다고 설명할 가능성이 이성애자 어머니를 둔 사람들에 비해 더 크지 않다고 밝혔다. 그러나 한 가지 차이점이 있었다. 동성에게 매력을 느낀다는 젊은이들 가운데, 레즈비언 어머니를 둔 아이들이 동성애 관계로 들어갈 것인지를 더 진지하게 고려하고, 또 실제 행동으로 옮길 확률이 이성애자 어머니를 둔 자식들에 비해 더 높았다.[15]

사회적 낙인

동성결혼을 두고 벌어지는 현재의 논쟁에서, 비록 그 바늘이 움직이고 있긴 하지만, 동성 커플은 여전히 낙인을 경험하고 있으며, 가족이나 지역사회로부터 배척당하는 느낌을 받을 수 있음을 명백히 알 수 있다. 따라서 이 커플들의 아이들에게 이것이 어떤 영향을 주는지에 대해 질문하는 것은 비합리적이다.

1988년의 한 연구는 레즈비언 어머니가 인공수정을 통해 낳은 아이와 이성애자 어머니가 인공수정을 통해 낳은 아이를 비교했다. 이를 통해 양쪽 모두의 아이들이 정상적인 방식으로 성장했고, 그들의 “적응은 부모의 성적 지향이나 가정 내 부모 숫자 같은 구조적 요인과 관련이 없다”는 것을 밝혔다.

다시, 초기 연구들은 대부분 레즈비언 어머니의 아이들에 초점을 두고 그들이 이혼한 이성애자 어머니의 또래보다 못하지 않음을 규명했다. 또래와 비슷하게 친구 관계를 맺고, 또래와 비슷하게 유년기의 연애 관계를 형성하고 있음을 보여주는 연구들이 무수하다. 한 연구는 그들이 게이를 폄하하는 발언을 들은 경험이 있을 가능성을 밝혔다. 하지만 다음과 같이 지적한다. "어린 시절, 이혼한 레즈비언 어머니의 아이는 이혼한 이성애자 어머니의 아이에 비해 자신들이 더 많이 놀림감이 되거나 희생물이 되었다고 기억하지 않았다."[16]

이 지점에서 우리는 이 아이들이 다른 아이들과 비교해 더 많이 놀림의 대상이 되고, 그 결과 더 많이 괴로워해야 한다면 그것은 그들의 잘못이 아닐 뿐만 아니라 그들 부모의 잘못도 아니라는 점을 기억하는 것이 중요하다고 생각한다.

논란이 되는 연구

2012년 여름, ≪소셜 사이언스 리서치(Social Science Research)≫에는 이전의 모든 연구와 모순된, 게이/레즈비언 부모 밑에서 자란 아이들이 성인이 되면 공적 부조 대상자, 치료, 실업 같은 것들을 포함하는 부정적인 결과를 나타낼 확률이 더 높다는 내용의 연구 하나가 게재되었다.[17] ≪슬레이트(Slate)≫에 기고한 글에서 마크 레그네러스는 그의 연구 결과가 동성애자 부모가 아이들에게 불안정한 환경임을 보여주는 것이라고 주장했다. 그는 레즈비언 부모들이 실제로 이성애자 커플들보다 나은 것으로 보인다는 이전 연구와 반대로, 동성애 관계에 있는 어머니들의 안정성이 가장 떨어지는 것으로 나타났으며, 아이들이 어느 시점에선가 위탁 양육될 가능성이 꽤 크다고 말했다. 레그네러스는 다음과 같이 쓰고 있다.

> 평가 결과 40개 가운데 25개의 다른 점을 보이면서, 동성애 관계에 있는 여성들의 아이들이 안정되고 생물학적으로 온전한 아빠와 엄마가 있는 가족에 비해 큰 차이를 보였다. 이는 이성애자 복합가족과 한부모가족의 그것과 수적으로 더 유사했다.[18]

그는 자신의 연구가 더 큰 표본집단과 더 나은 조사 방법을 사용했기 때문에 수십 년 동안 일관되게 나타났던 연구 결과들과 자신의 결과가 다른 것이라고 설명(혹은 방어)했다.

그러나 사회과학자들은 이 연구가 매우 결점이 많고, 안정된 동성 커플에 대해서는 실제 아무런 말도 하지 않고 있다는 사실을 재빨리 지적했다. 이 연구가 18세에서 39세까지 3000명에 달하는 사람들을 조사했지만, 대부분의 참가자들이 이성애자 부모들에게서 양육되었고, 오직 소수의 사람들만이 동성애자 부모 밑에서 성장했다. 사실 175명의 참가자만이 자신의 어머니가 한때 레즈비언 관계에 있었다고 대답했으며, 자신의 아버지가 다른 남자와 관계를 맺고 있다고 대답한 사람은 73명뿐이었다. 이들은 표본의 2% 미만을 차지할 뿐이다.[19]

게다가, 실제 이 응답자들이 동성애자 부모에 의해 양육된 것도 아니었다. 연구를 통틀어 단지 2명의 응답자만이 유년기 내내 한쪽 부모와 그/그녀의 동성애자 파트너와 같이 살았다고 보고했다. 따라서 이 연구는 동성결혼에서 아이들이 어떻게 양육되는지를 제대로 측정할 수 없다는 점이 지적되어야 하며, 나아가 모든 선행 연구들을 일축할 수 있는 것으로 해석될 수 없음을 알 수 있다. 동성애자 부모 범주에 포함되었던 나머지 응답자들은 사실 온전하지 못한 가족이었고, 이 연구는 그 이유들을 면밀히 조사하지 않았다. 이러한 아이들을 '생물학적 아빠/엄마가 있는 온전한 가족' 출신의 아이들과 비교하고, 그 결과의 원인을 한 부모는 인생의 어느 시점에서 동성애 관계를 가지기 때문이라는 이유를 대는 것은 공정하지 못하다.

동성애자 부모에 대한 논쟁

우리가 이 글을 쓰는 동안 미국에서 동성결혼에 대한 논쟁이 격렬해졌다. 연방 대법원은 최근 '결혼보호법(Defense of Marriage Act: DOMA)'으로 알려진 연방법의 일부를 폐지했다. DOMA는 1996년에 통과되었으며, 결혼이 이루어진 주 정부의 법이 어떠하든 간에, 연방 정부는 남자와 여자 사이의 결혼 외에는 그 어떤 결혼도 인정하지 않을 것이라고 분명하게 밝혔다. 이 법이 위헌임을 선언하면서, 다수파는 다른 이유들 가운데 특히 한 가지 점, DOMA가 "현재 동성 커플에 의해 양육되고 있는 수만 명의 아이들을 모욕했다" 그리고 "아이들로 하여금 자신의 가족이 지닌 진실성과 친밀성 그리고 지역사회와 일상생활에서 다른 가족들과 조화를 이룬다는 사실에 대한 이해를 한층 더 어렵게 만들었다"라는 점에 주목했다.[20]

이 결정은 연방 정부가 동성결혼을 합법화한 주에서 이루어진 동성결혼을 인정해야만 함을 의미한다. 그러나 이것이 모든 주들이 동성결혼을 합법화해야 함을 의미하지 않으며, 혹은 어떤 주도 영원히 동성결혼을 금지하는 쪽의 선택을 할 수 없다는 것을 의미하지도 않는다. 전국의 하급법원은 양쪽 모두에서, 다시 말해 어떤 주에서는 동성결혼을 합법화하려는 도전의 목소리를, 또 다른 주에서는 동성결혼을 금지하기 위한 시도의 목소리를 듣고 있는 현실에서 알 수 있는 것처럼 여전히 수많은 법적 논쟁이 진행 중이다. 미국 연방 대법원은 앞으로 수년 내에, 이 소송들 중 일부 사건을 심리하고 동성결혼에 대해 다른 판결을 내려야 할 확률이 높아졌다.

최근 들어 많은 발전이 이루어지긴 했지만, 미국에서 동성결혼에 대한 논쟁이 끝나려면 아직 멀었고, 동성 커플의 아이들이 어떻게 살아갈지를 둘러싼 문제들에 대해 열린 토론이 진행 중이다.

이성애자 가족에서 자라는 또래들과 비교해 그 결과에서 어떤 차이가 있는지를 알기 위해서, 동성애자 가족에서 성장하는 아이들에 대해 더 많은 연구가 필요하다. 결혼한 동성애자 부모를 가진 첫 번째 세대인 이 아이들이 성장하는 것을 지켜보는 것은 특히 흥미로울 것이다. 또 동성결혼권에 대한 지지 증가와 이들 가족을 합법화하고 인정하는 실정법으로 인해 이 아이들의 복리에, 만약 있다면 어떤 변화가 일어나는지를 가늠해보는 것 역시 우리를 설레게 하는 작업이다.

신화 13

아동 성추행범 대부분이 게이 남성이다

동성애자 남성에 대해 편견을 갖게 하려는 고질적인 위협 전술 중 하나가 게이들은 아이들에게 위험한 존재라는 메시지이다. 이러한 믿음은 매우 널리 퍼져 있어서 세계 곳곳에서, 또 미국의 일부 기관에서조차 게이 남성들(그리고 때로는 레즈비언)은 아이들과 함께 작업하는 직업인 유모, 교사, 스카우트 지도자로 근무하는 것이 허용되지 않는다. 분명히, 게이 남성에 의한 아동 성추행 사례가 있어왔다. 하지만 진실은 아동 성추행의 대부분이 이성애자 남성에 의해 자행되어왔다는 것이다.

그러나 우리 모두는 성인 남성에 의해 성추행당한 어린 소년들에 관해 너무나 많은 이야기를 들어온 탓에 대부분의 가해자가 이성애자라는 생각은 왠지 직관에 반대되는 것처럼 들린다. 결국 한 남자가 남자아이를 성추행한다면, 이것은 의미상 동성애 행위가 아닌가? 이에 대한 대답은 복잡하다. 하지만 이번 꼭지에서 우리가 보여주려는 바는 대부분의 아동 성추행에는 헤드라인을 장식하는 이야기들과 달리 이성애자 남성과 어린 소녀들이 개입된다는 사실이다. 게다가, 남색가들(아이들에게 성적 매력을 부여하는 성인)은 흔히 아동의 미성숙한 육체에 매혹당하며, 딱히 젠더에 까다롭지 않다. 게이 남성에게 성추행당한 어린 소년들의 사례가 분명히 있다. 그럼에도 불구하고 이것은 더 크고, 더 쓰리고, 더 위협적인 그림의 아주 작은 한 부분일 뿐이다.

누가 아동을 성추행하는가?

지금까지의 연구들을 종합해보면, 아동 성추행범에는 두 가지 유형이 있다고 추정된다. 가장 흔한 것은 성인과 성관계 맺기를 선호하지만, 그러한 기회가 없을 때 아동을 이용하는 상황적 아동 성추행범이다. 다소 드문 경우는 진짜로 성인보다 아동을 더 좋아하는 성인들이다. 이 사람들은 성적 흥분을 위해 아동을 대상화하는 아동 포르노그래피나 다른 보조물을 사용한다. 아주 어린 아이를 선호하는 추행범들은 일반적으로 소년과 소녀를 구별하지 않을 확률이 높다.[1] 그러나 성추행범이 더 나이가 들고, 사춘기가 지난 아동을 성적 대상으로 삼을 경우 어느 한쪽의 성을 선호할 가능성이 높다.

아동을 선호하는 남자들(기본적으로 남자들이다)은 일부 연구자들에 의해 '고착'이란 꼬리표를 받았다. 그리고 이 부류의 범죄자들은 청소년기부터 어린아이들에게 성적 매력을 느껴왔다는 것이 일반적 이해이다. 이들은 또래, 심지어 자신보다 나이가 많은 파트너와 성관계를 가질 수 있지만, 그들의 고착이 자신의 연령에 적합한 성적 파트너에 의해 대체되기 않기 때문에 그런 성행위는 우연한 일이다.[2] 그들은 미성숙한 육체에 매혹된다. 일부는 소녀들보다 소년들에게 조금 더 매혹되지만, 이와 관련한 연구들은 그들이 털 없는 매끈한 얼굴, 털 없는 몸, 근육 없는 몸매 같은 '여성스러운' 표상을 보이는 소년을 선호한다고 말한다.[3]

반대로, 다른 남자들은 성인과 잠자리를 하지만 중요한 성인 관계에서 스트레스를 받는 경우 어린아이를 꿈꾸고 있는 자신을 발견한다. 이 범죄자들은 거의 항상 이성애적인 끌림을 받는다.[4]

셀 수 없이 많은 연구들

아동 성 학대는 희생자들이 공개되는 걸 무서워하기 때문에, 상상 이상으로 적게 보고된다. 보고된 경우에도, 이를 입증하기 어려울 수 있다. 그 결과 아동 성 학대에 대한 통계 추정이 어렵고, 어떤 사건이든 그 상세한 정황을 확정 짓기 어렵다. 하지만 수년에 걸쳐 셀 수 없이 많은 연구들이, 대부분의 학대가 이성애자 남성들에 의해 자행되고 있음을 밝혀왔다. 이것은 새롭거나 놀랄 만한 발견이 아니다.[5]

사실, 한 연구에서 동성애자 가운데 소아성애자 비율이 너무나 낮다는 사실이 드러났다. 이로부터 연구자들은 "동성애와 동성애적 소아성애는 상호 배타적일 가능성이 있다"라고 가정했다.[6] 그들은 계속해서 "아동 성추행범 중에 성인과의 성관계에 끌리기도 하고, 실제 성행위를 하기도 하는 사람들은 양성애자이다. 그래서 성인 양성애자 남성은 성인 동성애자 남성에게보다 미성년 아동에게 더 큰 성적 위험을 야기하는 것처럼 보인다"라고 말한다.[7]

누가 아동학대를 저지를 확률이 더 높은지 확정 짓기 위해 혁신적인 연구 디자인을 사용한 연구가 하나 있다. 이 연구는 병원에서 성 학대로 진단받은 아이들의 의료 기록을 검토했다. 사례로 포함된 소녀는 276명, 소년은 76명이었다. 아이들의 평균 연령은 6세였지만, 작게는 젖먹이에서 많게는 17세까지 그 범위가 넓었다. 전혀 학대가 없었다고 판단된 것이 35건이었다. 74건은 또래나 18세 미만의 십 대들에 의한 학대였다. 나머지 269건 가운데, 단지 2건만이 게이나 레즈비언으로 판명되었다. 사건의 83%에서 범죄자로 추정되는 사람들은 그 아동이 속한 가족 누군가의 이성애자 파트너였다.

유죄 판결이 난 136명의 아동 성추행범들에 대한 또 다른 연구는 이들 가운데 80% 이상이 범행과 재판 당시에 성인 이성애 관계를 맺고 있었다고 보고했다.[8] 연구자는 이 표본이 전형적이라면, "아동이 그/그녀 친척의 이성애자 파트너로부터 성추행을 당할 위험성은 동성애자, 레즈비언, 양성애자로 알아볼 수 있는 사람들에 의한 것보다 100배가 넘는다"라고 결론 내렸다.[9]

연구자들은 또한 동성 커플과 함께 사는 아이들이 또래에 비해 학대를 덜 당한다는 점에 주목해왔다. 레즈비언 가정에서 성장해온 17세 어린이들에 대한 심층적 종단연구는 39명의 소녀와 39명의 소년들에게 집에서 신체적·성적·정신적 학대를 당한 경험이 있는지 질문했다. 이들 청소년 가운데 그 누구도 부모나 양육자로부터 어떤 형태로든 학대받은 적이 있다고 말한 경우는 없었다.[10] 사실 모든 연구들(이데올로기적으로 게이에 반대하는 집단의 후원을 받는 사람들을 제외하면)이 동성애자 부모를 둔 가정의 아이들이 학대를 당할 확률이 더 낮다고 밝혀왔다.[11]

마녀사냥

주어진 데이터를 놓고 볼 때, 동성애자들이 아동학대와 관련해 그처럼 소름끼치는 평판을 꼬리표로 달고 다녀야 하는 이유에 대해 우리 스스로와 사회에 질문하고 답을 구하는 것이 마땅해 보인다. 분명히, 동성애 혐오(호모포비아)와 차별은 같은 근원을 지니고 있다. 그러나 동성결혼이 더 많이 받아들여지고 게이와 레즈비언에 대한 차별이 약해지기 시작해도, 신화는 끈질기게 되풀이된다. 우리는 이에 대한 몇 가지 설명이 존재한다고 믿는다.

첫째, 남성들로 이루어진 분리파가 존재한다. 그들 가운데 일부는 게이이며, 아이들에 대한 성적 약탈(포식)을 합법화하고 싶어 한다. 이들 '소년을 사랑하는 남성(man-boy-love)' 집단은 성인과 아동의 성적 교섭이 청소년들에게 '좋은' 이유를 선전하는 내용을 인터넷에 게재한다. 이 남자들은 게이 남성과 여성들 대다수로부터 자신들과 이들은 관계가 없다고 의절당해왔다. 하지만 성추행이 게이적인 현상임을 증명하려는 게이 반대 집단에게 이용당했다.[12]

지난 10여 년간 혹은 그 이상, 큰 이슈가 되어왔던 것은 처벌도 받지 않은 채 어린 소년들을 학대해왔던 사실이 발각된 미국 가톨릭 사제들의 이야기였다.[13] 로마 교황청과 일반 대중을 심히 괴롭힌, 실로 천만뜻밖의 이 사건은 엄청나게 선전되었고, 가톨릭 사제들이 금욕을 지켜야만 하는가를 두고 많은 생각을 하도록 만들었다. 미디어 권위자들, 종교학자들, 성 과학자들은 사제들이 성 지향성으로 갈등을 겪고 있는 남성들에게 매력을 발산하는지에 대해(하지만 교회는 결국 동성애를 수용하지 않았다), 그리고 바로 이런 갈등이 어린 소년들에 대한 학대를 불러오는지에 대해 숙고하도록 요청받았다. 교회 안에 이러한 문제가 얼마나 널리 퍼져 있는지를 감안해, 더 큰 범위에서 사제를 선발함으로써 소년들에게 자신을 받아들이도록 강요하거나 교회, 가족, 아이들이 보내는 신뢰를 남용하는 남자가 사제가 될 경우의 수를 줄여야 한다고 주장할 수 있다. 하지만 우리는 여전히 그 이유를 이해하지 못한다.

햇빛 아래로 나온 이야기들이 어린 소년들의 삶에서 공포로 숨겨져 왔던 이야기를 드러내주지만, 이것들이 아동 성 학대에 있어 일상적인 동성애자/이성애자 비율을 실제적으로 보여주지 못한다. 불행하게도, 게이 남성들이 아이들에게 위험이 된다는 잘못된 개념을 강화할 뿐이다.

이러한 신념에 기초해, 게이 남성과 여성을 아이들을 돌보는 직업에서 법적으로 배제하려는 시도들이 있었다. 예로, 1990년대 초에 콜로라도주에서는 동성애와 소아성애의 연관성을 주장하는 주민 법안이 발의되었다. 그 당시 '콜로라도의 가족 가치(Colorado for Family Values)'라는 이름의 한 집단은 전체 아동 성추행 범죄의 50%가 게이들의 소행이라는 주장을 담은 허위 진술을 제출했다.[14]

이런 종류의 허위 통계들이 게이/레즈비언 커플이 위탁 부모나 입양 부모가 될 수 있을 것인가를 놓고 벌어지는 싸움에 연료를 공급한다. 반면 몇몇 주에서, 위탁 부모나 입양 부모가 되고 싶어 하는 동성 커플을 대변하는 변호사들이 성공적인 변론을 해냈다. 이때 왜 동성애자들이 이성애자들에 비해 실제적으로 학대를 저지를 확률이 적은지에 대한 방대한 양의 데이터를 제시한 것이 부분적으로 유효했다. 하지만 다른 주들은 여전히 게이/레즈비언 커플들을 입양과 위탁에 부적합한 부모로 간주하고 있다.[15]

게이 남성들이 소아성애자일 확률이 높다는 식의 마녀사냥은 학교에서도 마찬가지로 진행되고 있다. 아동을 위험에 빠트린 죄로 고소당하는 것을 극도로 조심하는 행정가들은 교사, 코치들의 소년 성추행에 대해 날을 세운다. 반면 이성애자 교사들이 소녀들에게 저지르는 수십 배 더 많은 사건과 날로 증가하는 여교사와 남자 고등학생의 성 문제에 대해서는 잊은 듯하다. 또 그들의 선택적 기억은 임용과 해고에 영향을 미친다. 2014년, 시애틀의 한 가톨릭계 고등학교 행정관인 워싱턴이 그의 동성애자 파트너와 결혼했다. 학교 행정관들이 이 사실을 알았을 때, 그 남성은 즉시 해고당했다. 학부모 집단이 강력히 항의하고 그의 복귀를 요청했지만, 그는 복귀하지 않았다. 이 경우, 종교적 가치가 아동 보호에 대한 가치와 상호작용을 일으켰다. 물론, 교회는 약탈적 신부들이 보여준 최근의 경험 외에 여러 이유로 동성애에 대해 극도로 예민했다.

보이스카우트 역시 게이/레즈비언 부모가 스카우트 대장이 되거나 게이 소년들이 회원으로 들어오는 것을 금지하는 오래된 정책으로 헤드라인을 장식했다. 조직 안팎에서 강한 압력이 가해지자, 이 규칙에 대한 투표가 있었고 긍정적인 변화가 이루어졌다. 2014년 1월이 되면 스카우트는 게이 회원을 받아들이게 된다. 하지만 이 투표가 성인에 대한 정책을 바꾸기에는 역부족이었고, 그래서 보이스

카우트의 게이와 레즈비언 부모는 여전히 스카우트 대장으로 봉사할 수 없다.[16]

변화의 기운이 감도는 듯하다. 하지만 동성애자들을 아동 성추행범인 양 취급하는 심각한 오해가 진행 중이고, 진보는 여전히 너무 느리다.

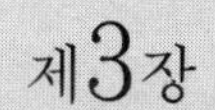

제3장

성에 관한 통계들

어떤 사람들이,
얼마나 자주,
얼마나 뜨겁게 섹스를 할까?

50
Great
Myths of
Human
Sexuality

신화 14

최고의 성생활은 독신자들이 하고 있다

'최고의 섹스는 독신자들이 하고 있다'는 속설에는 뭔가가 있다. 성생활 조사들은 하나같이 나이 든 사람에 비해 젊은 사람들이 섹스를 더 많이 하고 있으며, 독신자들의 나이는 젊은 경향이 있다고 전해준다. 그러나 자유롭다는 것이 자동으로 '파트너 있음'을 뜻할 수 없고, 또 파트너를 찾았다고 해서 반드시 만족할 만한 섹스가 보장되는 것이 아니기 때문에 딱 그만큼만 자유롭다. 즉, 파트너가 있고 그 파트너와 뜨거운 섹스가 가능할 때만 이 속설은 사실이다.

어떤 종류의 연애 관계가 최고의 섹스를 선사할지는 논쟁거리이다. 그러나 우리가 알고 있는 것은 양적으로 증가하고 있는 독신 남녀들이 '최고의' 섹스를 즐기고 있음을 제시해주는 데이터는 세상 그 어디에도 없다는 것이다.

섹스, 독신 그리고 미디어

잡지들 특히 스스로를 '남성잡지'나 '여성잡지'라고 표방하는 잡지들은 독신자들의 '뜨거운 섹스'로 표지를 장식한다. 그러나 사람들의 나이가 20대 초반을 지나 20대 중반에 이르게 되면, 대다수의 젊은 독신자들은 진지한 데이트 관계나 동거를 통해 파트너가 정해진 섹스를 하게 된다.

'뜨거운 섹스는 독신자들이 한다'는 속설은 아마도 유부남들이 가진 성적 판타지, 즉 강렬한 섹스는 이러이러해야 한다는 생각에서 비롯되었을 가능성이 높다. 또는 '결혼 전까지는 섹스하지 말 것!'이라는 금기에 독신자들이 격렬하게 대항하기 시작했던 1960년대 말에서 1970년대 초에 나타났을 가능성 역시 높다. 이 무렵부터 고등학교를 졸업하고 대학으로 진학하는 남녀의 수가 증가했고, 초혼 연령 또한 남녀 모두에서 20대로 높아지기 시작했으며, 젊은 사람 중 결혼하지 않은 사람들의 비율이 높아졌고, 결혼한 사람의 이혼율이 증가했다.[1]

무엇이 사람들에게 성적으로 가장 큰 만족을 주는지, 또 독신과 커플(결혼/비혼) 사이에 어떤 차이가 있는지를 연구한 논문들이 여러 나라에서 발표되었고, 이를 통해 '프리섹스를 즐기는 독신'들이 만족이라는 게임에서 승자가 아님을 의미하는 결과들이 보고되고 있다. 이것이 현실이다. 독신자들이 성적으로 덜 만족스럽다고 말할 수 있는 대표적인 이유로 독신과 이혼에서 우울감이 더 높게 나타난다는 점이 거론되고 있는데, 우울감은 높은 성적 만족과 양립할 수 없다.[2]

라우만과 그 동료들은 자신들의 자료가 일부일처제의 헌신적인 관계에서 더 많은 성적 만족이 발생하고 있음을 보여주고 있는데, 이는 상대방을 즐겁게 하는 것이 무엇인지 배우고자 하는 동기나 시간이 단기적 파트너 관계보다 장기적 파트너 관계에서 더 많고 강하기 때문이라고 설명했다.[3] 그러나 같은 자료를 사용해 다른 설명을 들려주는 연구들도 존재한다. 웨이트는 기혼 여성들의 성적 만족이 배타적으로 더 높게 나타날 뿐임을 밝히고 이를 통해 여성들은 안전한 관계에서 성적으로 더 잘 기능한다고 결론 내렸다.[4] 메도스[5] 역시 나이 든 여성들이 관계가 오래 유지될수록 성적으로 더 많이 만족한다는 사실을 밝힘으로써 웨이트의 결론을 지지했다.

스프레처[6]는 그녀가 연구한 비혼 남성들의 경우 그들이 맺고 있는 관계의 질이 높을 경우 비혼 여성들에 비해 실제적으로 만족할 확률이 더 높다고 밝혔다. 하지만 웨이트의 연구에서 높은 만족을 표시한 남성들은 연구자들의 판단에 따르면 단순 동거나 데이트 관계보다는 영구적 관계에 있을 가능성이 더 높았다. 이어서 웨이트는 (데이트하는 사람들은 말할 것도 없고) 동거하는 사람들은 결혼한 커플에 비해 성생활에 대해 낮은 평가를 내리고 있으며, 거의 모든 면에서 결혼생활이 더 좋게 나타난다고 말하는 제법 도발적인 책을 썼다.[7]

결혼, 하는 게 더 좋을까?

결혼 서약과 상호 신뢰가 주는 장점들을 다루는 이번 신화는 사실 너무나 많은 출판물에서 되풀이되어온 것들이다. 넘쳐나는 연구들이 독신이나 동거와 대조되는 결혼의 행복을 찬양해 마지않는다.[8] 트레즈와 기센[9]은 동거하는 사람들과 결혼한 사람들을 비교 연구했는데, 이를 통해 동거하는 사람들이 헌신과 성적 성

실성에서 낮은 점수를 나타낸다는 사실을 밝혔다. 결혼이 주는 만족 가운데 한 가지는 안전에 대한 보장과 불륜에 대해 덜 걱정하게 한다는 것이다.[10] 그래서 대부분의 사람들은 일부일처제를 원하고 또 요구한다.

그러나 일부 학자들은 웨이트를 포함한 일부 연구자들이 다른 형태의 성관계에 비해 결혼을 지나치게 대단한 것으로 만들고 찬양하고 있다고 느낀다. 웨어하임과 배스는 어떤 결혼이 더 만족스러운지를 알기 위해 그리고 '생애주기별 친밀성 신념과 관점이 성적 만족의 최고점이 언제인지를 명확히 할 수 있는지' 가늠하려면 결혼을 더 자세히 살펴보아야 한다고 생각했다. 그들은 또 결혼 경험이 있는 독신자들과 결혼 경험이 없는 독신자들 사이에 성적 만족이라는 점에서 차이가 있는지 연구할 필요가 있다고 보았다.[11]

다른 연구자들도 결혼에서 성적 만족이 더 높은 것이 사실이지만, 반면에 결혼을 포함한 장기적 관계가 성적 만족이라는 점에서 일정의 대가를 치르고 있음을 지적한다.[12] 대부분의 연구들이 생애주기를 통틀어 더 낮은 빈도의 연애 관계와 더 높은 빈도의 성행위가 더 높은 성적 만족과 연관된다고 보고한다.[13] 시간이 흐르면서 습관, 일상, 권태가 에로티시즘의 적이 된다.[14] 게다가 결혼 후 시간이 흐름에 따라 아이를 가질 확률이 높아지는데, 아이들은 커플의 성생활에 부정적인 영향을 미치는 것으로 알려져 있다.[15]

하지만 관계가 지속되는 기간과 이에 덧붙여지는 권태라는 이슈는 딱히 결혼에서만 나타나는 현상은 아니다. 종단적 인구집단을 표본으로 한 노르웨이의 한 연구는 일정 기간 데이트를 했던 남자와 여자들이 시간이 흐름에 따라 성적 만족도가 감소하는 경향을 보였다고 보고했다.[16]

그렇다면 누가 최고의 섹스를 하고 있는 걸까?

결국 독신인 채로 있다는 것은 성적 환희를 맛보는 데 전혀 도움이 되지 않는 것으로 보인다. 독신자들이 결혼한 커플에 비해 몇 가지 유리한 점이 있긴 하지만, 결혼한 커플들 역시 독신에 비해 유리한 점(언제나 파트너가 있다는 사실과 같은)이 있다. 그러나 우리는 이런저런 유형이나 범주들보다 개인들이 맺고 있는 관계의 질이 훨씬 더 중요하다고 생각하며, 이를 뒷받침해주는 연구들이 다수 존재한다. 이 연구들은 파트너와 섹스를 더 많이 하고 오르가슴을 더 많이 느끼는 사람들이 성적으로 더 만족하고 있으며, 성적 만족은 동반자 관계의 유형과는 상관없음을 확인해준다.[17]

신화 15

결혼한 사람들의 섹스는 따분하다, 따분한 섹스는 나쁘다

결혼 내 성관계를 둘러싼 농담들은 하나같이 그것이 얼마나 따분한지를 조롱하기 바쁘다. 하지만 뭔가 찜찜한 구석이 있다. 사람들은 (농담을 만든 사람이나 그걸 듣고 웃는 사람이나) 결혼을 하고 시간이 지나면 성관계는 결국 예전처럼 뜨겁지 않게 되고, 또 이것을 피할 방법도 없다고 생각하는 것처럼 보인다. 틀렸다. 결혼 후의 성관계가 (최고로 열중하는) 첫 일 년같이 거칠고 뒤엉키는 것이 아닐 수는 있다. 그러나 더 깊은 진실은 결혼한 남성과 여성 대다수가 상당한 정도의 성관계를 나누며 자신들의 성생활을 좋아한다는 것이다.

나이가 들수록 성관계를 가지는 횟수가 줄어든다고는 하지만, 그건 파트너에 대한 매력이 떨어져서라기보다 나이, 일, 일상적인 인간관계, 그 밖에 삶이 가져오는 짐의 무게 때문이라고 보는 것이 합당하다.[1] 하지만 결혼 내내 성생활에 흥미를 잃게 되는 사람들이 상당수 존재하기도 한다.

많은 유부남, 유부녀들이 자신의 성생활에 만족하고 있다

미국 성인을 대상으로 한 전국 단위 연구에서 23%의 남녀가 자신의 성관계가 자주 혹은 항상 '식상하게' 느껴진다고 대답했다. 반면 38%는 거의 혹은 절대로 식상하지 않다고 대답했다. 그 나머지 사람들은 때로는 식상하게, 때로는 약간 자극적인 성관계를 즐기고 있는 것으로 파악되었다.[2] 좀 더 최근의 연구(제법 큰 규모의 표본이지만 무작위추출은 아니었다)는 대부분의 커플들이 자신의 성생활을 만족스럽게 여기고 있다고 했다. 흥미로운 것은 자신들이 '지극히 행복하다'고 말한 커플들은 성생활에 대해서도 하나같이 만족을 표했다는 것이다.[3]

행복한 성생활을 하려면 커플들이 서로, 잘 이야기할 필요가 있기 때문에 원활한 의사소통 기술은 매우 중요해 보인다.[4] 또 다른 연구는 오래된 커플에게 성적 매력은 의사소통의 질, 성관계가 커플에게 가지는 중요도, 육체적 매력, 심리적 친밀성과 연관된다는 점을 보여주고 있다.[5] 결혼 내 성생활은 '밀물과 썰물'이 되어 두 사람의 관계를 통해 흘러간다. 커플이 서로를 긍정적으로 느끼는 날에는 성욕 역시 높아진다는 사실을 보여주는 연구도 있다.[6] 연구자 대부분은 커플 사이에 의사소통이 잘되는 경우 섹스는 여전히 흥미롭고 상대적으로 자주 이뤄지며, 만족스러울 것이라는 점에 동의한다.[7]

무엇보다 중요한 것은 섹스가 다소 심드렁해지는 시기에 행복이나 서로에 대한 헌신을 상처받는 일 없이 이겨내는 방안을 찾는 것이다. 행복한 커플은 '섹스가 항상 열정적이고 만족스러울 필요는 없다'는 사실을 잘 안다. 또 계속해서 의사소통하고 심리적 친밀감을 유지해나가면 그 어떤 성적 권태기도 종국에는 더 기억에 남는 성적 강렬함으로 종지부를 찍게 될 것임을 잘 안다.

하지만 결혼하면 섹스가 좀 무뎌지지 않나요?

물론 그렇다. 그렇지만 우리는 이것이 결혼이나 장기적인 관계에서만 나타나는 특별한 일이 아니라는 점을 강조하고 싶다. 섹스 하나하나가 천지가 요동할 만큼 중요한 것은 아닐 것이다. 어떤 것들은 엄청날 것이고, 또 어떤 것들은 적당할 것이며, 또 어떤 것들은 다소 단조롭기도 할 것이다. 하지만 할 일 없이 텔레비전을 보거나, 인터넷 서핑을 하거나, 집안 청소를 하면서 시간을 보내야 하는 숱한 사람들에게는 단조로운 섹스조차 더할 나위 없다.

우리는 결혼 후의 섹스에 대한 불안과 고정관념의 일부가 전문가들 때문에 비롯되는 건 아닌지 의문스럽다. 이 전문가들은 커플들이 문제를 갖기도 전에 문제를 극복하는 데 필요한 도움을 주고 싶어 한다. 전문가들이 커플의 성관계에 대해 조언하는 걸 듣다 보면, 열정적인 섹스를 꿈꾸는 것보다 차라리 집 벽을 칠하는 새로운 방법에 관심을 두도록 만드는 게 낫겠다는 생각이 들 정도이다. 어떤 자기개발서는 이렇게 말한다.

> '섹스'는 세상에서 가장 자연스러운 일이며, 낭만적 사랑의 논리적 귀결이며, 더 상징적인 결합의 육체적 표현이다. 하지만 당신이 사랑하는 누군가와의 섹스는 양

치질하는 것만큼이나 단조롭고 일상적일 수 있는데, 이것이 수치심과 비참함을 불러 일으킬 수 있다.[8]

와우! 결혼 후의 섹스는 우울할뿐더러 비참하기까지 한 것으로 들린다. 또 다른 전문가는 말한다.

성적으로 색다르고 미처 밝혀지지 않았던 에로티시즘의 또 다른 측면을 원나잇스탠드나 혼외정사를 통해 탐색해보는 게 훨씬 쉬울 것이다. 배우자와 함께 있게 될 때 그것은 자아관념에 더 큰 도전이 된다. 이것이 성적 권태와 정사가 그토록 흔하게 나타나는 이유이다. 우리는 결혼에서 안정을 요구한다. 하지만 마침내 안정이 찾아오면 우리는 매일이 똑같다고 불평한다. 안정의 결과물인 권태가 욕망을 낮추는 원인이 되어버리는 것이다.[9]

안정과 에로티시즘이 서로 충돌할 수도 있다는 이유만으로 서로에게 헌신을 약속한 커플들의 침대가 재미없을 것이라고 단정 지을 순 없다. 아마 소란스럽고 절대적 금기였던 그 운명적 관계에서 맛보았던 예전의 재미가 느껴지지 않는다는 정도일 것이다. 하지만 아이러니하게도 사람들 대부분은 예전의 그 운명적 관계를 다시 경험하고 싶어 하지 않는다. 대신 다시 결혼하게 되면 지금 파트너를 선택하겠다는 사람들이 압도적으로 많다.[10]

일부 치료사들은 이 문제에 대한 치료가 과도한 측면이 있다고 염려한다. 그들은 결혼 내 성생활은 불충분할지도 모른다는 '염려가 실제 불안과 불만을 초래'하게 되어서 처음에 두려워했던 바로 그 불충분함으로 이어지는 것이 어찌 보면 당연한 일이 되어버린다고 본다. 결국 모든 것은 상대적이고 그래서 우리가 자신을 비교하는 기준이 차이를 만들어내게 된다. 우리 사회가 결혼 후의 섹스가 얼마나 따분한지, 그리고 따분한 섹스가 얼마나 나쁜지에 대해 지나치게 열심히 이야기한 결과, 도박으로 치자면 판돈을 너무 올려버린 꼴이 된 것이다. 즉, 섹스의 빈도와 열정에 대한 기대치가 비현실적으로 높아져버려서 별 문제될 게 없는 것

들이 성적 권태가 되어버렸다는 가설이 가능해진다.[11]

하지만 남자들은 진짜 지루해하잖아요, 그렇죠?

남자들이 다양함과 새로움에 대해 더 높은 욕구를 가지고 있다는 사실을 지적하는 연구들은 차고 넘친다. 다양함과 새로움에 대한 추구는 비단 섹스에만 국한되지 않고 삶의 모든 측면에서 그러하다.[12] 연구자들은 도전, 흥분, 다양성에 대한 개인들의 욕구를 평가하는 권태성향척도에서 남자들의 점수가 더 높다고 말한다.[13] 동일 파트너와의 섹스가 주는 권태의 영향력 역시 여자보다 남자에게서 더 높게 나타났다.[14]

이런 현상을 심리학자들은 종종 '쿨리지 효과(coolidge effect)'라고 부른다. 출처가 의심스럽긴 하지만 쿨리지 대통령은 아내가 수탉의 열정적인 천성을 칭찬하는 것을 보고, 그 수탉은 선택할 암탉이 너무 많기 때문에 그렇게 떠들썩한 것이 틀림없다고 맞받아쳤다고 전해진다. 전문용어로 쿨리지 효과는 성적 권태에 빠진 남성이 성생활에 새로운 여성을 등장시킴으로써 새로운 활력을 얻는 메커니즘을 묘사하는 데 사용된다.[15] 사회생물학자들은 다양성에 대한 남성들의 이와 같은 기호를 가능한 한 많은 여성들(혹은 암탉, 혹은 곰, 혹은 말)을 수정시키려는 더 큰 재생산 전략의 일부로 이해하려 한다. 유명한 진화생물학자인 에드먼드 윌슨[16]은 남성들을 일부일처제에 제한시키면 분명히 '포만효과'(성적 관심의 하강)가 나타난다고 믿었다. 다른 연구자들은 성적으로 배타적인 관계가 주는 영향에 대해 이보다는 확신이 약해 보이긴 하지만, 상당수의 연구자들이 다양한 섹스파트너가 남자와 여자 모두에 의해 욕망되고 있다는 사실에 동의한다.[17] 게다가 일부 연구자들은 남자들이 평생의 반려자를 선택할 때 육체적 매력에 더 높은 가치를 부여함을 확인했고,[18] 혼외정사를 벌일 확률이 더 높고,[19] 또 성적 욕망을 감정적 애착의 결과로서가 아니라 잠재적 쾌락에 기초해 정당화하려 할 확률 또한 더 높음[20]을 밝혀왔다.

이와 같은 경향의 기원에 대해 다양한 논쟁이 진행 중이다. 이에 주목하는 연구자들 가운데 많은 사람들이 문화적 조건 역시 이런 차이를 만들어내는 데 관여하고 있음에 주목한다.[21] 그러나 많은 사람들이 이와 같은 욕망이 태생적이라는 윌슨의 의견에 동의하는 경향이 있다. 문화적 실천의 변화로 남성을 '훅업(hook up)'을 하는 여성에 대한 사회적 수용성이 커지고 있고, 이와 같은 남녀 차이가 생물학적 필연성에서 비롯된다는 설명이 틀렸음을 드러내는 과학적 사실에도 불구하고, 여전히 이 점에 대한 대중적 담론은 문화적 설명보다 생물학적 설명을 더 많이 지지하는 것처럼 보인다.

그래서 아직도 성적인 스파크가 일어난다고요?

연구들은 성욕은 색다른 경험, 미스터리, (육체적이고 심리적인 거리 그리고 심지어는 위험과 충돌까지 포함하는) 불확정성을 먹고 자란다고 말한다.[22] 친숙함은 성욕을 누그러뜨린다. 하지만 우리는 열정이 성적 만족과 똑같은 것이 아니라는 것을 기억해야 한다.[23]

문제의 일부는 오래된 커플의 성적 활기에 대해 질문하는 가장 흔한 방법이 섹스의 빈도라는 점에서 비롯된다. 양과 질이 같을 수는 없다. 커플들이 개별 성행위를 어떻게 느끼는지를 알아내는 것보다 얼마나 자주 성행위를 하는지 알아내는 것이 분명 더 쉽기는 하다. 하지만 만족의 질적인 측면에 대한 정보는 더했으면 더했지, 똑같이 중요하다.

측정에서 나타나는 다른 문제는 성생활에 대한 느낌이 같은 커플 안에서도 반드시 똑같지 않다는 점이다. 대체로 커플들은 서로 다른 성적 취향을 가지고 있고 또 서로 만족하는 지점이 다르다.[24] 이것이 어떤 종류의 스파크, 어떤 종류의 충족감, 어떤 종류의 관계를 가지고 있는지 측정하는 작업을 복잡하게 한다. 치료사들은 종종 커플들이 '성적 공통분모'를 찾아 자신들의 차이점을 인식하고 보조를 맞추며 강렬함을 창조해나가도록 돕는 작업을 한다. 그러나 독일의 존경받는 성 치료자 클레멘트는 욕망을 구성한다는 것이 커플들에게 더 지루한 성생활을 만들어낸다고 느낀다. 그는 파트너 각자가 자신에게 고유한 방법으로 에로틱한 잠재력을 발휘하는 패턴을 찾는 것이 관계를 섹시하게 유지하는 길이라고 생각한다.[25]

우리는 "커플들이 자신들의 성생활이 가끔씩은 특제 초콜릿이라기보다 버터 바른 빵에 가깝다는 것을 깨닫고 난 후에 자신들의 성생활을 가치 있는 것으로 경험하기 위해 무엇을 하는가?"라고 질문하는 것이 좀 더 까다롭긴 하지만 신중한 처사라고 생각한다.[26] 현실을 수용하고 또 섹스가 다소 단조로워질 때도 감정적인 친밀을 유지할 수 있는 커플들이 (전반적으로) 만족스러운 성생활을 즐기는 최고의 위치를 차지한다.

신화 16

"할머니는 섹스 안 해요. 음, 엄마도 안 할 것 같아요."

자기 부모가 섹스를 한다는 생각은 분명히 그 생각의 당사자가 아이이건 어른이건 간에 입에서 "헐!" 소리가 나올 만큼 곤혹스럽게 만드는 요소가 있다. 하물며 할머니, 할아버지의 섹스에 대해서라면? 사람들은 가급적 상상을 피하며 산다. 아무튼 우리는 부모님을 무성적인 존재로 생각하기 좋아하고, 고작해야 아이를 낳기 위한 섹스에 한정시켜 관심을 가지려 한다. 문제는 부모를 성적인 존재로 생각하는 것에서 느껴지는 이런 불편감이 노인 일반에게로 확장되어 '섹스는 오직 젊은 사람들만이 한다'라는 가정이 일반화된다는 것이다. 이것은 한마디로 터무니없다.

첫째, 섹스는 일생 동안 이어지는 선물이다. 그리고 성적으로 활동하기에 나이가 너무 많다는 이유 하나만으로 자신의 본능과 욕망에 폐쇄 명령을 내려야 한다면 이는 유감스러운 일일 것이다. 다음으로, 이 말은 현실과 대치된다. 사람들이 연애 관계에 있게 되면 건강이나 배우자 상실 같은 요인이 발생할 때까지는 성생활을 유지할 가능성이 높다. 이것은 연구를 통해 밝혀지고 있는 사실이다. 만족 역시 높게 나타나는데, 섹스를 하는 75세 이상 노인들 가운데 남성 80%, 여성 75%가 섹스로부터 큰 기쁨을 얻고 있다고 한다.[1] 최근 들어 노인들이 섹스를 바라보는 관점이 변화하고 있는 것처럼 보인다. 2004년의 한 연구에서 50세 이상 인구의 60%가 '섹스에 대해 과도하게 많은 관심이 집중되고 있다'라는 생각에 동의를 표했었는데, 2009년의 연구에서는 오직 20%만이 이 말에 동의했다.[2] 오늘날 노인이 된다는 것은 불과 몇 년 전에 그것이 지녔던 의미와 상당히 달라져 있으며, 이 가운데 섹스는 상당히 큰 이유를 차지한다.

좋은 소식

노인의 성에 대한 최근의 관심 덕분에, 우리는 현재 50세에 약간 못 미치는 사람들에게 앞으로 무엇이 다가올 것인지에 관해 알려줄 좋은 자료들을 가지게 되었다. 이런 자료들 중에는 임의추출에 기초한 전국 단위의 대규모 조사에서 얻은 것[3]과 더 큰 규모의 사이버 연구를 통한 것[4]들도 있다.

애정

50세 이상 남성의 3분의 2와 여성의 절반 가까이가 여전히 파트너와 포옹과 키스를 공개적으로 즐기고 있다고 대답했다. 또 78%는 최소한 어느 순간에는 여전히 손을 잡는다고 말했다(나이가 더 들어가고 연애 기간이 길어질수록 점차 줄어들기는 한다). 하지만 우리의 논의를 가장 행복한 커플들에게 국한해 보면, 73%가 여전히 서로 손을 놓을 수 없어 하고, 74%가 적어도 일주일에 한 번은 정열적인 키스를 나누며, 85%가 적어도 일주일에 한 번은 파트너에게 "사랑해"라고 말하는 것으로 나타난다. 놀랄 것도 없이, 극도로 행복하다고 주장하지 않은 사람들의 성적은 그다지 좋지 않았다. 자신들이 불행하다거나 그저 그렇다고 밝힌 50세 이상의 커플 중 38%는 자신들이 결코 정열적인 키스를 나누지 않는다고 말했다.[5]

성교

50세 이상 커플들의 섹스 빈도가 실제로 어떤지에 대한 연구들은 상당히 다양한 내용을 보고한다. 하지만 성생활은 세월의 흐름에 따라 변화하기 때문에 10년 단위로 나누어 살펴보는 것이 중요하다. 최고령자들의 삶에도 섹스가 있긴 하지만 연령 증가가 욕구나 성행위에 영향을 준다는 사실을 부정할 수 없다. 성교 횟수는 50세부터 약간 내려가기 시작하고, 60대에 조금 더 감소하다가 70대가 되면 남녀 모두에게서 크게 하락한다.[6] 하지만 80세부터 102세까지의 건강한 노인을 대상으로 한 연구에서는 남성 62%와 여성 30%가 여전히 섹스를 하고 있다고 말했다. 그리고 한층 더 안심이 되는 것은 10명 중 8명이 섹스 중 항상 또는 보통 오르가슴을 느낀다고 말했다는 점이다.[7] 종합해보면 나이가 들어도 파트너가 있고, 본인이 건강하고, 중요하게는 파트너가 건강하면 성적으로 행복할 확률이 높음을 알 수 있다.[8]

장난스러운 섹스

좀 더 좋은 소식은 현대의 노인들이 침대에서 상상력 부족으로 인한 지루함을 경험하고 있지 않다는 점이다. 한 연구에서 50세 이상 여성 60%와 남성 40%가 섹스토이를 사용한다고 대답했다. 이것은 두 가지 점에서 중요한 의미를 지닌다. 먼저 섹스토이가 문화적 주류가 된 덕분에 이제 온라인 및 오프라인을 통해 구입하기 쉬워졌다는 점이다. 다음으로 나이가 들어 80대, 90대가 되면 파트너 구하기가 더 힘들어져서 이런 도구들이 갈수록 유용해진다는 점이다.

신체 변화

여자들은 나이가 듦에 따라 실제로 윤활액이 줄어든다. 그렇지만 오르가슴을 위한 최적의 장소인 음핵이 온전히 남아 있어서 별로 방해받지 않는다. 남자들은 노령으로 인한 발기 문제가 더 많아진다. 하지만 70대가 될 때까지 대부분 그리 심각하지 않다. 더 안심이 되는 것은 대부분의 문제들이 약이나 다른 방법을 통해 해결 가능하다는 것이다. 남자들은 인생 후반부로 갈수록 오르가슴에 다다르는 데 걸리는 시간이 길어진다. 다행인 것은 대부분의 여성들이 이를 두고 불평하지 않는다는 것이다.[9]

각성을 촉구하는 소식들

성관계를 하는 노인 비율은 70세를 기점으로 급속히 감소한다. 또 연애 관계가 오래될수록 섹스가 다소 단조로워진다는 징후들이 있다. 21년 이상 파트너 관계를 유지 중인 사람들을 대상으로 "파트너가 종종 의무감으로 자신과 섹스를 한다는 느낌을 받는가?"라는 질문을 하자 거의 50%가 그렇다고 대답했다.[10] 아마 스파크가 사라졌기 때문일 것이다. 오래된 파트너 사이에서 한 사람은 섹스를 하고 싶고, 한 사람은 그렇지 않을 수 있는데 이 상황에서 서로를 위해 성관계를 가지는 것은 그냥 호의라고 보면 된다.

하지만 일부 노년층 여성과 남성의 경우 성적 욕구나 능력을 방해하는 것들이 몇 가지 있다.

폐경 그리고 이후

40대와 50대에 중요한 호르몬 변화가 남녀 모두에게 일어나는데, 갱년기는 이 기간을 지칭하는 일반적 용어이다. 여성 버전은 폐경전조기(생리가 멈추기 시작함)와 폐경기(생리가 완전히 멈춤)가 있다. 호르몬은 어느 순간 갑자기 변하는 것이 아니라 몇 해에 걸쳐서 점차적으로 변한다. 폐경기는 일부 여성들에게 극심한 스트레스를 주지만 어떤 사람들에게는 중간 정도의 사건이다. 호르몬 변화는 일부 여성들에게 수면 중 식은땀, 두드러진 기분 변화, 불면증, 심한 경우 짜증 같은 것들을 불러일으킨다. 이런 증상들은 젊은 여성의 경우 자궁내막증, 암, 기타 이유로 자궁이나 난소를 제거한 경우에 인공적으로 발생할 수 있다. 이런 수술들이 여성들에게 폐경을 가져온다. 하지만 서서히 진행되는 것이 아니기 때문에 일시적으로 극적인 변화들이 나타날 수 있다. 불행하게도 일부 여성들은 10년이나 그 이상의 시간을 폐경기 증상에 시달리게 된다.

그러나 여성의 폐경기가 반드시 성적 욕망에 적대적으로 작용하는 것은 아니어서, 대부분의 여성들이 성적 흥미를 잃지 않고 변화에 적응해간다. 연구에 따르면 성적 흥분에 직접 작용하는 호르몬들 가운데 일부가 진짜로 감소하긴 하지만(부신이 계속해서 안드로겐을 분비하기 때문에 필연적으로 사라지는 것은 아니지만), 여성들이 성적 접촉에 흥미를 느낄 수 있을지의 문제에는 관계의 바람직성, 정신건강, 신체건강 같은 요인들이 훨씬 큰 역할을 한다고 한다.[11]

노령의 여성들이 많이 힘들어하는 증상은 질 건조증이다. 폐경기와 그 이후에, 성적 흥분 중에 질 분비물을 관장하는 호르몬이 감소한다. 그 결과 쓸리는 느낌을 받아 섹스를 고통스럽게 느낄 수 있다. 좋은 소식은 여성들의 3분의 2가 그렇게 심각한 경험은 하지 않는다는 것이다.[12] 일부 여성들은 윤활액을 증가시키기 위해 에스트로겐 치료를 받는다. 하지만 가게에서도 얼마든지 윤활제를 구입해 사용할 수 있다. 만약 나이 든 여자들이 섹스에 관심이 없었다면 이런 제품들이 그토록 많이 팔리지 않았을 것이다. 세상은 이런 사실을 당연하게 받아들이는 쪽으로 변하고 있다.

남자들에게도 변화는 온다

남자들에게도 보충이 필요한 호르몬 변화가 있다. 테스토스테론 수치가 몇 년에 걸쳐 서서히 내려가기 때문이다.[13] 테스토스테론은 적어도 성욕의 일부를 관장하는 것으로 알려져 왔으며, 이러한 남성 호르몬 감소는 성욕 감소로 이어질 수 있다. 남자와 여자 모두 때때로 테스토스테론을 추가 처방받게 되는데, 사실 이것이 과잉인지 아닌지에 대한 논쟁도 있다.[14] 몇몇 중요한 연구들은 젊은 남성들의 경우 극히 드물게 나타나는 '낮은 수치의 테스토스테론'이 70대 남성의 경우 20명 중 1명꼴로 나타난다는 사실을 보여주었다(테스토스테론에 대한 깊이 있는 논의를 알고 싶다면 신화 5를 참고하시라).[15]

하지만 나이가 들면 의심의 여지없이 페니스로 흘러가는 혈액이 일정 정도 감소하게 되며(사람마다 그 정도는 다르게 나타난다), 발기가 예전처럼 꼿꼿하게 되지 않는다.[16] 70세가 되면 56%의 남성들이 발기 문제를 경험하게 된다.[17] 이 경우 발기부전 치료제가 대부분의 남성들을 구해준다. 또 이러한 약을 먹을 수 없는 남자들을 위해서는 임플란트나 무통주사를 포함한 무수히 많은 방법들이 존재한다(이런 치료가 아프지 않다고 말할 수는 없지만, 사용하는 사람들이 있다는 점이 우리의 확신을 보증해준다).

분명히 몇 가지 신체적 문제들이 발생한다. 하지만 연구 결과들을 보면 전체적인 만족은 신체와 심리 문제 간의 조화와 관련 있는 것 같다. 2007년 한 연구는 45세 이상 사람들을 무작위로 표집해서 약물 치료, 관절염, 뇌졸중, 심장질환, 우울, 일반적 성 태도, 파트너 부재 등의 원인으로 섹스를 중단하거나 제한된 섹스를 하는 이유를 살펴보았다.[18] 시어비와 그 동료들[19]은 45~74세 남성을 대상으로 실시했던 연구에서 파트너와 좋은 관계를 유지하는 사람들은 성생활에서도 높은 만족을 느끼고 있다는 결과를 얻었다. 그러나 발기부전 그리고 섹스에 관한 양질의 정보 결핍 같은 저해 요인들도 있었다. 분명 일부 사람들은 나이가 아주 많아질 때까지 멋진 성생활을 즐긴다. 하지만 나이가 들면 성적 즐거움이나 능력을 손상시키기 시작하는 신체적 문제들이 발생하게 되고, 설상가상으로 이 문제를 치료하기 위해 사용하는 약들이 성적 흥분에 영향을 줄 수도 있다. 70세 이상

남녀 4분의 1만이 자신의 성생활에 완전히 만족한다고 응답했다.[20]

문화적 이슈들

또한 성에 대한 개인적·문화적 태도가 젊은 사람들보다 노인들에게 더 많은 영향을 미치는 것으로 보인다. 우리 사회는 성적 매력의 표준으로 젊은 신체를 받아들이라고 강박적으로 강요한다. 이는 남녀 모두에게서, 성생활에 대한 느낌과 즐거움에 영향을 미친다. 어떤 연구는 중년 여성들의 성적 욕망, 오르가슴 빈도, 성행위 빈도가 폐경과는 아무 상관이 없었고, 오히려 자신을 얼마나 매력적으로 느끼는가에 달려 있다고 지적했다.[21] 일부 사회과학자들은 노인들이 대비효과의 희생자들이라고 믿는다. 항상 젊고 잘생긴 사람들의 이미지로 무차별 폭격을 받은 결과, 개개인의 노인들은 자신을 더 나쁘게 느낄 수 있다.[22] 반면 75세 이상에서 53%의 여성들과 63%의 남성들이 자기 파트너에게 강한 매력을 느낀다고 응답한 연구도 있다.[23]

우리는 노령의 남성과 여성의 섹시함을 나타내는 새로운 이미지가 등장하고 있고(비아그라와 시알리스의 광고를 떠올려보라), 또 의학 발전이 건강한 삶을 증가시키고 있기 때문에 노년층에서도 섹스의 빈도나 만족이 꾸준히 증가할 것이라고 생각한다.

더 풍요롭고 더 길어진 삶

당신이 할머니를 사랑한다면 그녀가 성관계를 하며 살아가기를 바라는 것이 좋다. 연구 결과들은 할머니가 오르가슴을 느낄 때 더 행복해지고, 더 건강해지고, 더 오래 살게 된다고 전해준다.[24] 사실 남성에 대한 종단연구 중 하나는 한 달에 적어도 한 번 오르가슴을 맛보는 것이 더 높은 생존과 연관됨을 보여주었다. 일주일에 두 번 오르가슴을 경험하는 남성들이 장수라는 내기에서 최고의 승자였다.[25] 또 어떤 연구는 일주일에 적어도 두 번 섹스를 하는 남성 노인들이 심장마비에 걸릴 확률이 가장 낮게 나타났다고 전해준다.[26] 성관계는 신체와 심리적 혜택 모두를 가져다준다. 사람들은 섹스 덕분에 스스로를 한층 더 필요하고 바람직한 사람으로 느끼게 되었다고 말하고 있으며, 나아가 성관계를 통해 피어나는 애정을 간절히 나누어 갖고 싶어 했다.

물론 이 모든 것들에 빼먹지 말아야 할 경고 사항이 있다. 성병에 대한 보호책은 나이가 든다고 해서 자연스럽게 생기는 것이 아니기 때문에, 노인들도 '안전한 섹스'를 실천할 필요가 있다. 나이 든 사람들은 '안전한 섹스'라는 문구가 등장하기 전에 성장했고, 오랜 기간의 관계 끝에 이혼이나 과부가 된 사람들은 성병이 이렇게 흔한 세계에 준비되어 있지 않다. 그래서 할아버지나 할머니가 데이트를 시작하기 전에 누군가는 반드시 그나 그녀를 한편으로 데려가 콘돔의 중요성에 대해 이야기해야 한다.

우리는 노년층 섹스의 빈도나 만족도가 계속 상승할 것이라고 믿는다. 또 개인적·문화적 요인들이 성생활과 노화에 많은 영향을 미친다는 사실을 안다. 중요한 것은 이 장을 시작할 때 언급한 바와 같이, 우리 사회와 문화가 이제 막 섹스에 대해 긍정적으로 변하기 시작했다는 것이다. 이뿐만 아니라 나이가 들어도 성적으로 더 좋아진다는 사실에 좀 더 편안해하기 시작했다.

신화 **17**

젊은 사람들은 성적으로 거칠고, 난잡하고, 무책임하다

미국질병관리본부는 비교적 최근에 이루어진 십 대들의 성 행동 실태 조사를 발표했다. 이 자료에는 15~24세 집단이 침대나 자동차 뒷좌석에서 무엇을 하는지에 대해 방대한 정보가 담겨 있다. 성 건강 분야에 종사하고 있는 우리들은 이 자료를 받아 들고 꽤나 흥분했다. 왜냐하면 이 사회는 십 대의 성 행동에 대해 병적으로 집착하고 있음에도 불구하고 그들에게 진짜 무엇을 하고 있는지 물어보기 두려워하는 경향이 있기 때문이다(일부 부모들은 십 대 대상의 설문 조사조차 반대하는데, 이는 질문 자체가 아이들이 이제 막 시도해보려고 했던 성에 대한 새로운 생각을 더 깊이 심어주는 계기가 될까 봐 두려워하기 때문이다). 이 특별한 조사는 구강성교, 질 성교, 항문 성교, 피임 사용, 동성애에 대해 질문했으며 섹스, 임신, 산아제한에 대한 태도도 조사했다. 하지만 미디어는 이 많은 것들 가운데 오직 한 가지 결과, 어떤 유형이건 간에 다른 사람과 성행위를 하지 않는 십 대들의 수가 증가했다는 통계 수치만을 떠들어댔다.

그 내용이 "섹스를 위해 더 오래 기다리는 십 대들이 늘어났다", "더 많은 십 대들이 미루고 있다", 그리고 우리가 좋아해 마지않는 "섹스는 안 돼요, 우리는 미국인이잖아요" 같은 헤드라인으로 발표되었다. 기사를 위해 인터뷰를 진행한 언론인과 전문가들은 이것이 좋은 소식이고 어른들, 특히 부모들이 기뻐해야 한다는 데 동의하는 듯 보인다. 일부일처제의 중요성을 논한 ≪뉴욕타임스≫ 사설에서 로스 다우댓[1]은 이 통계가 모든 보수주의자들에게 좋은 소식이라 말했다.

「성 행동, 성적 매력, 성 정체성 보고서(Sexual Behavior, Sexual Attraction, and Sexual Identity in the United States)」(이하 「2006~2008 성 행동」)는 2006년부터 2008년까지 이루어진 전국 단위의 미국 가족인구조사를 기초로 한 것이다. 이에 따르면 15~24세 여성 29%와 남성 27%가 타인과 성적 접촉을 한 경험이 없다고 한다. 이는 남녀 모두 22%로 나타났던 2002년과 비교해 작지만 중요한 변화가 있었음을 뜻한다. 그렇지만 주목해야 할 점이 있다. 이 작은 변화는 15~24세 집단 전체를 대상으로 했을 때만 통계적으로 유의미하다는 사실이다. 이 집단을 15~19세 집단과 20~24세 집단으로 나누게 되면, 중요했던 의미가 사라져버린다(우리가 지니고 있는 젊은이들의 섹스에 대한 느낌을 현실적으로 고려한다면, 16세와 23세 두 세계는 확연하게 다르다). 더 중요한 점은 이 통계가 타인과 성적 접촉이 없었던 젊은이들만 언급하고 있으며, 이때 성적 접촉은 구강성교, 질 성교, 항문 성교로 제한되어 있다는 것이다. 우선 질 성교를 한 아이들의 비율은 2002년과 동일하다. 또 이 통계자료로는 '질'에 키스를 했는지, 애무를 했는지에 대해 도무지 알 수가 없다. 이런 사실들을 분명히 해야 한다.[2]

이런 식으로 '성관계 경험 없음'이라는 범주를 설정하고, 여기 어디에도 속하지 않을 경우 아이들이 성병과 임신으로부터 안전하다고 말할 수 있는 것이 사실이기는 하다. 그러나 우리는 이것이 미디어가 이 수치에 집중포화를 던지고, 전문가라는 사람들이 "이것은 그간 많은 사람들이 다루기 힘들다고 생각했던 사회적 문제에 있어 엄청난 진보이다"라고 선언적으로 말하는 이유라고 생각하지 않는다. 십 대의 성적 행동에 이르게 되면 이 사회는 '십 대는 섹스하지 않는다'가 유일하게 수용 가능한 대답이라는 생각에 마비되고 마는 듯하다.

'십 대들의 성행위는 태생적으로 나쁘다'라는 생각을 지지하기 위해 사회는 십 대들을 호르몬에 흠뻑 젖은 채 위험을 무릅쓰는 말썽꾸러기로 채색하기 바빴다. 그래서 십 대들은 섹스에 대해 좋은 결정을 내릴 수 없는, 신뢰할 수 없는 사람들이 된다. 십 대들이 인격이 완전히 형성된 성인에 비해 인생사에서 위험을 감수할 확률이 높은 것이 사실이기는 하다. 하지만 십 대에 대한 이러한 시각, 즉 섹스 문제에 이들이 완전히 무책임하다는 시각은 단지 신화일 뿐이다.

이 연구와 그 밖의 연구들을 면밀히 살펴보면, 많은 십 대와 젊은이들이 책임 있는 결정을 하고 있음을 알 수 있다. 그들은 섹스할 시기를 미루고 있으며, 상대적으로 적은 숫자의 파트너와 성관계를 하고, 진짜 연애 관계로 들어가며, 피임을 하고 있다. 그런데도 우리 어른들은 그들이 우리보다 여러 방면에서 더 잘하고 있는 것에 대해 조금의 신뢰도 보내지 않는다.

그래서, 아이들은 대체 뭘 하고 있는 거지?

미국 가족인구조사 2006~2008에 기초한 또 다른 보고서인 「미국 십 대들의 성행위, 피임, 임신에 대한 보고서(Teenagers in the United States: Sexual Activity, Contraceptive Use, and Childbearing)」(이하 「미국의 십 대들」)에 따르면 결혼 경험이 없는 여성 42%와 결혼 경험이 없는 남성 43%가 질을 통한 섹스 경험을 가지고 있다. 이 수치는 2002년부터 변하지 않고 있다. 하지만 2002년에 가까워지면서 질 성교 경험이 있으면서 결혼 경험이 없는 15~19세 여성 비율이 서서히 내려가고 있는 중이다. 이 비율은 1988년에 51%, 1995년에 49%, 2002년에 46%까지 떨어졌다. 비슷하게 질 성교 경험이 있으면서 결혼 경험이 없는 남성 비율도 1988년 60%에서 1995년 55%, 2002년에 45%로 내려갔다. 하지만 더 이상의 하강은 보이지 않는다.[3]

이 기간에 섹스 경험이 있는 아이들의 숫자가 줄어든 것에 대해 다양한 견해와 이론들이 나타났다. 어떤 사람들은 이때가 바로 에이즈 위험성에 대한 자각이 높아지기 시작한 때이고, 생명을 위협하는 성병이 십 대들에게 판세를 뒤바꿀 수 있는 중요한 문제로 인식되기 시작했기 때문이라고 주장한다. 또 일부 사람들은 성교육이 미친 영향이 크다고 생각한다(하지만 '혼전순결' 교육의 효과를 강하게 불신하는 사람들이 있음을 분명히 할 필요가 있다). 또 우리가 농담처럼 하는 말이 있는데, 어떤 어머니 한 분의 말씀에 따르면 이게 모두 비디오 게임 덕분이라는 것이다. 이유인즉 십 대들이 일주일에 30시간을 텔레비전과 컴퓨터 앞에서 보내는데 섹스를 할 시간이 어디 있겠냐는 것이다.

또 다른 사람들은 십 대들이 질 성교 대신 다른 종류(구강, 항문)의 섹스를 선택하고 있다고 주장한다. 「2006~2008 성 행동」는 항문 성교가 상대적으로 드물다고 했다. 15~19세 여성 11%와 남성 10%가 이성과의 항문 성교 경험을, 남성 1%가 동성과의 항문 성교 경험을 보고했다. 같은 연구에서 구강성교는 꽤 흔하게 보고되었다. 15세 소년의 27%와 15세 소녀 23%가 이성 파트너와 구강성교 경험을 보고했고, 18, 19세에서는 이 수치가 남성 70%, 여성 63%로 급격히 상승했다. 나아가 15~19세 여성 7%와 남성 2%가 동성과 구강성교 경험이 있다고 보고했다.

언론인과 전문가들이 십 대들 사이에서 나타나고 있는 구강성교 증가 현상에 대해 많은 이론을 쏟아내고 있으며, 이들 대부분이 부정적이다. 어떤 사람들은 십 대들이 질 성교를 피하기 위해 구강성교를 하는데, 이는 임신을 피하게 해줄 뿐더러 처녀성을 유지하기 바라는 사회적 염원에 부응하기 때문이라고 말한다. 또 다른 사람들은 구강성교가 이를테면 품질보증서 같은 의미를 지니게 되었고, 십 대들이 이것을 인기와 특권을 얻는 데 사용하는 것 같다고 말한다. 그리고 여전히 어떤 사람들은 이것을 질 성교로 가는 '관문'이라고 (아마도 잔뜩 겁주는 목소리로) 말하고 있다.

하지만 이것은 추측의 난무일 뿐이다. 우리는 이러한 행위들이 진짜 늘어나고 있는지 확인조차 못 하고 있다. 우리는 이제 겨우 이것에 대해 질문하기 시작했다. 2002년은 구강성교가 미국 가족인구조사에 포함된 첫 번째 해이며, 그 이후로 이렇다 할 만한 변화가 없었다. 십 대들이 순결을 유지하기 위해 질 성교 대신 구강성교를 선택한다는 이론을 살펴보면 그 숫자가 이 이론을 지지할 만큼의 수준은 아닌 것 같다. 15~19세 소녀들의 7%만이 그리고 소년들의 9%만이 질 성교는 하지 않으면서 구강성교를 했다고 보고했다. 사실 15~24세 젊은이들 중 단지 50%만이 질 성교를 하기 전에 구강성교를 한다고 보고했다.

십 대에서 가장 흔한 성행위가 혼자 하는 자위행위라는 사실은 이제 그 누구도 놀라게 하지 못할 일이 된 것 같다. 이를 위해 '성 건강과 행동에 대한 전국 조사(National Survey of Sexual Health and Behavior)'에서 인디애나대학 연구자들은 14~94세의 대표성 있는 표본에 대해 다양한 성 행동에 관한 조사를 실시해서 14~17세 대상자 48%가 자위를 한 경험이 있음을 파악했다. 이에 비해 22%가 구강성교를 해주었고, 19%가 구강성교를 받았으며, 23%가 질 성교를 했으며, 5%는 항문 성교를 했다.[4]

십 대들은 언제 섹스를 시작하는가?

십 대들이 침대에서 하는 나쁜 짓에 관한 신화들은 아이들이 너무 어린 나이에 섹스를 시작한다는 생각에서 일부 비롯된다. 우리 모두는 학교에서 섹스를 하다 잡힌 열두 살짜리의 이야기를 들은 경험이 있을 테고, 이 이야기로 인해 지역의 모든 중학생 학부모들이 등골이 오싹했던 경험이 있을 것이다. 불행히도 이런 종류의 이야기에서 12세는 가장 어린 나이가 아니다. 「2006~2008 성 행동」은 질 성교를 하는 여성 비율이 나이가 듦에 따라 서서히 상승한다는 사실을 보여주었고, 그 숫자는 15세에 23%, 16세에 34%, 17세에 44%, 18~19세에 62%였다. 구강성교에 대해 살펴보면 그 수치가 비슷해서 15세 소녀 23%, 18~19세 여성 63%의 분포를 보인다. 남성 또한 나이가 들수록 경험치가 올라간다. 질 성교를 경험한 남성 비율이 15세 21%에서 18~19세 66%로 상승하며, 15세에 구강성교 경험이 27%였던 것이 18~19세가 되면 70%로 상승한다.

나이를 불문하고 혼외정사는 이루어져서는 안 된다고 믿는 사람들이 있음에도, 성 행동에 대한 사회적 수용성에 관한 문제가 불거지면 우리는 15세와 18세에 대해 명백히 다른 잣대를 사용한다. 「미국의 십 대들」은 십 대들 스스로 그러한 기준에 동의하고 있음을 보여준다. 십 대 남성의 68%와 여성 60%가 '결혼하지 않은 18세의 파트너가 서로 강하게 끌린다면 섹스해도 좋다'에 찬성했다. 반면 '16세 파트너들이 서로 끌린다면 섹스해도 좋은가?'라는 질문에는 남성 39%와 여성 27%만이 찬성했다(16세 청소년들의 질 성교 빈도가 이 숫자와 거의 비슷하게 나타나는데, 이를 보면 십 대들이 자신의 신념에 따라 진심으로 행동한다는 믿음을 가져도 좋을 것 같다).

십 대들의 파트너는 누구일까?

오늘날 십 대들은 종종 타인과 친밀한 관계를 맺을 수 있는 능력이 결여되어 있거나 아예 인간적인 관계를 맺고 싶어 하지 않는 것처럼 그려진다. 지독하게는, 인간관계가 아니라 섹스에만 관심이 있는 것처럼 그려지고 있다. 다시 한번 말하지만 과학적 조사는 다른 이야기를 전해준다. 사실 여성 14%와 남성 25%만이 자신의 첫 번째 파트너를 '그냥 친구'나 '그냥 만나는 사람'으로 묘사했다. 「미국의 십 대들」에 따르면, 질 성교의 첫 번째 상대자로 '정식으로 사귄 사람'이 가장 많았다. 수치는 남성 56%, 여성 72%에 이른다. '성 건강과 행위에 대한 전국 조사'에 의하면 14~17세 여성의 최소 3분의 2 이상이 가장 마지막으로 구강성교를 받은 파트너, 구강성교를 해준 파트너 혹은 음경-질 성교를 나눈 파트너로 자신들의 남자 친구/여자 친구를 들었다. 그러나 상당수의 남성들(49%)이 남자 친구나 여자 친구가 아닌 다른 파트너로부터 구강성교를 받았다고 대답했다.

이들은 매주 새로운 누군가를 찾아 헤매지 않는다. 「미국의 십 대들」은 비록 질 성교에 관한 데이터만 수집한 한계가 있긴 하지만, 많은 십 대들(여성 26%, 남성 29%)이 지금껏 2명의 파트너를 가졌으며, 오직 소수만(여성 14%, 남성 16%)이 4명 이상의 파트너를 가졌다고 보고했다. 파트너 숫자는 구강성교와 항문 성교를 포함시켜도 크게 증가하지 않는다. 「2006~2008 성 행동」은 15~19세의 23%가 한 명의 구강성교 파트너가 있었고, 16%가 3~6명, 4%가 7~14명, 1%가 15명 이상의 구강성교 파트너가 있었다고 보고했다.

얼마나 자주 섹스를 할까?

십 대들은 그렇게 자주 섹스하지 않는다. 「2006~2008 성 행동」은 결혼한 경험이 없는 십 대들의 42%가 질 성교 경험이 있고, 30%는 조사가 있기 3개월 전에, 25%는 바로 전달에 관계를 가졌다고 보고했다. 14~17세의 모든 십 대들 21%가 조사 전 90일 안에 질 성교를 한 경험이 있었다.

됐고, 아이들이 보호 장치를 사용하긴 할까?

십 대들이 집 바깥 어디에선가 성매매를 하고 다니는 건 아니지만, 이들이 성관계를 한다는 사실은 그때마다 자신을 위험에 노출시키고 있는 것이라는 주장을 가능하게 한다. 모든 섹스가 임신과 성병의 잠재적 위험을 가져다주는 건 사실이다. 하지만 좋은 소식은 많은 십 대들이 적당한 예방조치를 하고 있다는 것이다. 사실 임신과 질병으로부터 자신을 보호하는 문제에 관해서라면 십 대들이 상대방 성인보다 훨씬 잘 처신하는 경향이 있다.

「미국의 십 대들」은 성적으로 활발한 (결혼 경험이 없는) 십 대 여성 84%가 가장 최근 성교에서 피임 도구를 사용했음을 전해준다. 55%는 콘돔을 사용했고, 31%는 피임약을, 21%는 콘돔과 호르몬 요법(약, 주사, 패치, 피임 링은 모두 호르몬 요법이다)을 같이 사용했다. 성적으로 활발한 (결혼 경험이 없는) 남성들의 피임 도구 사용에 대한 보고는 그 수치가 더 높게 나타난다. 가장 최근의 성관계에서 93%가 피임 도구를 사용했고, 79%가 콘돔을, 39%가 약을, 35%는 콘돔과 호르몬 요법을 함께 사용했다.

최초 성관계 시 피임 사용에 대한 통계자료 역시 고무적이다. 성적으로 활발한 (결혼한 적 없는) 여성의 79%와 그들의 남자 파트너 87%가 최초의 질 성교 시에 일정 형태의 피임을 했다. 최초 성교 시에 피임을 하는 것이 다음 번 피임 사용을 예고해주는 바람직한 표지가 된다는 연구들이 있는 관계로, 이는 특히 중요한 통계이다. 사실 「미국의 십 대들」은 십 대 여성들이 최초 성교 시에 피임을 하지 않을 경우, 그들이 스무 살이 되기 전에 출산을 경험할 확률이 2배가 된다고 밝혔다.

콘돔 사용에 대한 소식 역시 희망적이다. 성적으로 활발한 (결혼한 적 없는) 십 대들의 95%가 어느 지점에서 콘돔을 사용하고 있다고 보고하고 있으며, 최초 성교와 가장 최근의 성교에서 가장 많이 사용한 피임 방법이 콘돔이었다. 성적으로 활발한 (결혼한 적 없는) 남성이 최초 성교 시에 콘돔을 사용한 경우가 2002년 71%에서 2006~2008년에는 82%로 증가했다. 하지만 콘돔에 대한 가장 인상적인 통계는 조사 전 한 달 이내에 섹스를 한 (결혼한 적 없는) 남성들에서이다. 71%의 십 대 남성들이 성교 시 100% 콘돔을 사용한다고 보고했다. 우리는 이 수치가 100%의 남성들이 100% 콘돔을 사용한다는 것으로 바뀌길 간절히 바란다(또한 이런 개선이 상대 여성들에게서도 확인되면 좋겠다). 2015년에는 성교 시 100% 콘돔을 사용한다고 말하는 십 대 여성은 51%에 불과했다.

첫 성교나 가장 최근의 성교에서 피임을 하는 십 대 남성과 여성 비율에는 별 변화가 없다고 한다. 사실 1995년에서 2002년 사이에 보였던 피임 사용의 증가세는 이어지지 않고 있다. 이제 우리는 십 대들로 하여금 성행위를 피하거나 늦추는 일에 과도하게 집착한 나머지 다른 한 가지 중요한 과제, 즉 성적으로 활발해졌을 때 책임감을 가지도록 장려하는 일이 방해받고 있는 것은 아닌지 의심해 보아야 한다.

이 신화에 잘못이 있음을 계속 증명해야 한다

십 대들이 거칠고, 섹스에 미쳐 있고, 무책임하다는 말은 그저 신화일 뿐이다. 나아가 우리는 아이들이 그런 모습으로 무너져 내리는 것을 보고 싶지 않다. 사회는(어른들은) 아이들에 대해 부정적이고 잘못된 정보로 가득한 그림을 그려 이를 다시 되돌려 보낸다. 우리는 이 책을 읽고 있는 15~24세의 젊은이들이 대부분 어른들이 믿거나 기대한 것보다 더 잘 처신한 것에 대해 축하와 감사를 전한다. 우리는 이 분야에서 일해온 까닭에 많은 어른들보다 여러분이 더 잘 처신하고 있음을 확신한다.

또한 우리는 짬을 내어 여러분에게 미국이 여전히 이상할 정도로 높은 비율의 원치 않는 임신(십 대와 성인 모두)과 성병 감염을 보이고 있음을 알려주려 한다. 우리는 여러분이 특히 지속성(항상)과 정확성(옳은 방향)을 가지고 콘돔을 비롯한 여타 피임을 훨씬 더 잘 사용할 것이라 믿는다. 그래서 어른들이 잘못하고 있음을 딱 잘라 증명할 것이라 믿는다. 십 대들은 거칠지 않고, 섹스광은 더더구나 아니다. 이들은 성숙하고 건강한 성관계 속으로 진입하려는 사려 깊고 책임감 있는 개인들이다.

신화 18

항문 성교는 정상이 아니다

항문은 배변기관의 일부로서 고유한 생물학적 목적을 가진다. 그럼에도 불구하고 이것이 가지는 생식기와의 근접성 때문에 에로틱한 신체 부위로 사용되는 보조적 목적도 아울러 가지게 된다. 사실 항문 벽은 조여주는 성격이 있으면서 손가락, 음경, 딜도 같은 것들이 삽입될 수 있고, 신경 섬유의 말단과 풍부한 연결망을 이루고 있다.

어떤 사람들은 다른 사람들이 항문 성교를 즐긴다는 생각 자체로 '혐오' 반응을 일으키게 된다. 어떤 사람들은 오직 게이 남성들만이 항문 성교를 한다고 생각하기 때문에 호모포비아가 그와 같은 부정적 반응을 증폭시킨다. 그들은 또한 모든 게이 남성들이 항문 성교를 한다고 생각한다. 사실 많은 수의 사람들이(게이와 이성애자들) 항문 성교를 최소한 경험 삼아 시도해보았으며 상당한 숫자가 일상적 성생활로 즐기고 있다.

이제, 실제 무슨 일이 일어나고 있는지 살펴보겠다.

이성애자들의 항문 성교

항문 성교는 흔히 임신 위험 없이 성교를 해야 한다거나 또는 결혼을 위해 처녀성을 유지하는 것이 필수적인 문화나 국가에서 '기술적으로' 사용된다. 항문 성교는 라틴아메리카, 남아메리카, 남부 유럽, 중앙아시아 그리고 멕시코에서 흔히 보고되고 있다.[1]

미국은 항문 성교에 대해 많은 조사를 해왔다. 우리가 이런 연구를 하는 것은 뭐랄까, 이런 종류의 에로티시즘에 특별한 매혹을 느껴서가 아니라 성행위와 관련되는 공중 건강이나 질병을 예방하고자 많은 생각을 하기 때문이다. 우리는 항문 성교가 에이즈를 포함하는 성병에 특히 취약한, 위험성 높은 방법이라고 생각한다. 항문관은 쉽게 음경을 받아들이지만, 항문이 자연적으로 윤활액을 분비하는 것이 아니어서 항문벽에 마모로 인한 찰과상을 입힐 수 있다. 이 경우 감염된 정액은 더 쉽게 혈관 속으로 침투한다. 그래서 공중보건을 연구하는 사람들과 임상가들은 누가 누구에게 무엇을 하고 있는지에 대한 정확하고 좋은 정보를 갖고 싶어 한다. 하지만 제공되는 자료들은 상충되기 일쑤이다. 많은 사람들, 심지어 항문 성교를 하고 있고, 한 적이 있는 사람들조차 일종의 (수치심이 따라붙는) 금기된 대화 주제로 여기는 바람에 이에 대해 이야기하고 싶지 않아 한다. 그 결과 항문 성교는 물어보기 난처한 질문이 되어버렸다.

라우만과 그 동료들[2]은 18~44세 여성 5%가 항문 성교를 '대단히 매력적' 혹은 '어느 정도 매력적'이라고 평가했다고 전해준다. 얼핏 보면 적게 느껴지지만 미국에서 성적으로 활동적인 여성의 5%는 대략 400만 명에 이른다는 사실을 감안하는 것이 좋다. 전통적으로 사용되는 조사방법론에 실망하고, 이것이 항문 성교 비율을 과소평가되게 하는 측면이 있다고 생각하는 다른 연구자들이 좀 더 저돌적인 조사를 했는데, 이들은 한층 더 높은 수치를 얻었다. 보일링과 그 동료들이 진행한 연구에 의하면 대상자 중 72%가 항문 성교를 실험적으로 시도해봤으며, 23%는 규칙적으로 항문 성교를 하고 있었다. 보일링의 방법론을 분석한 볼러[3]는 사람들이 항문 성교에 대해 질문을 받는 경우 처음에는 부정하는 경우가 흔한데, 보일링은 이에 아랑곳하지 않고 끈질기게 규명했다고 평가했다. 결국 보일링은 사람들이 최초 질문에서는 항문 성교에 대해 답하기를 꺼려하지만, 두 번째나 세 번째 인터뷰에서 이를 인정하고 논의한다는 사실을 밝혔다. 이러한 과묵함(또는 거짓말)에는 에이즈 노출 위험 같은 것은 없는 것처럼 보이고 싶은 마음이 일부 작용하고 있을지 모른다. 그리고 이와 같은 축소보고(혹은 부정)는 특히 이성애자의 항문 성교에 대한 연구에 대부분은 아니지만 많은 영향을 끼쳐왔다.[4]

무작위로 뽑은 3545명의 캘리포니아주 주민들을 대상으로 한 조사에서 새로운 통계치가 나타났다. 이 조사에서 남성 8%와 여성 6%가 지난 한 해 동안 적어도 한 달에 한 번 이성애자 간 항문 성교를 했음을 보고했다. 좀 더 젊은 응답자들과 미혼자들에게서 더 높은 경향성이 나타났다. 예를 들어 19~20세 남성의 13%가 적어도 한 달에 한 번 항문 성교를 했다고 응답했다. 항문 성교를 했다고 한 응답자들 대부분이 한 달에 1~5회 항문 성교를 했다고 답했고, 이들의 10%가 한 달에 6~30회 했다고 응답했다.[5] 캘리포니아주 주민들을 대상으로 한 또 다른 연구는 캘리포니아주에 거주하는 이성애자 14명 가운데 1명이 정기적으로 항문 성교를 한다고 결론 내렸다.[6]

가장 최근의 전국 수준 자료는 '성 건강과 행위에 대한 전국 조사'가 2010년에 펴낸 자료에서 나왔다. 이 자료에 따르면 지난 한 해 동안 16~19세 남성의 5%, 20~24세 남성의 11%, 25~49세 남성의 적어도 20% 이상, 50세 이상 남성의 11%가 항문 삽입 섹스를 했다. 여성의 숫자는 놀랍도록 비슷하다. 14~17세 여성의 4%, 18~19세 여성의 18%, 20~39세 여성의 20% 이상, 50세 이상 여성의 4%가 지난 한 해에 항문 성교를 했다.[7]

일생 동안 경험한 횟수 역시 비슷해서 25~49세 남성의 40%와 20~49세 여성의 40%가 일생의 어느 시점에선가는 항문 성교를 경험했다고 보고했다.[8] 다른 연구들 역시 일생 동안 경험한 항문 성교의 횟수를 알아보았는데, 25~44세 여성 35%와 남성 40%가 어느 시점에선가 항문 성교를 경험했음을 밝혔다.[9]

현실에서는 항문 성교에 대한 낙인이 여전해서 솔직한 대답을 구하기 어렵기 때문에 이들 수치는 과소평가되었을 가능성이 높다. 민감한 행동에 대한 축소보고 성향을 알아본 연구가 있는데, 대상자들은 항문 성교를 인정하기보다 낙태를 인정하기를 더 기꺼워했다.[10]

특정 인구 집단에서 이성애자의 항문 성교

이성애를 나누는 미국인 중 얼마나 많은 사람들이 항문 성교를 즐기고 있는지에 대한 전체적인 그림을 구하기 어렵기 때문에, 항문 성교 비율이 좀 더 높게 나타나는 특정 인구 집단을 살펴보는 것이 도움이 될 수 있다.

항문 성교에 대한 연구 대부분은 에이즈 전염에 초점을 두어왔으며, 이러한 연구 대부분이 그러하듯 유례없는 위기에 처한 인구 집단에 초점을 맞춰왔다. 파트너가 있으면서 정맥 마약 주사를 사용하는 남성 146명의 성 행동을 조사한 연구에서 38%가 항문 성교를 보고했다. 정맥 마약 주사를 사용하는 1368명의 여성을 대상으로 한 전국 조사에서는 37%가 지난 한 해 동안 항문 성교를 한 경험이 있다고 했다. 미국의 마약 사용자들에 대한 다른 연구들은 이들 가운데 30~74%가 항문 성교를 하고 있다고 전해준다.[11]

청소년과 대학생들은 너무 쉽게 성적으로 '위험'하다고 여겨지기 때문에 항문 성교에 대한 많은 연구에서 단골이 되어왔다. 하지만 다시 한번 말하지만, 연구 결과는 중구난방이다. 앞서 언급했던 바와 같이 성 건강과 행위에 대한 전국 조사는 14~19세 청소년의 5%만이 항문 성교를 했다고 밝혔다.[12] 뉴욕시의 한 병원에서 13~21세 청소년 793명을 조사한 연구는 여성 환자 26%가 항문 성교 경험이 있었다고 보고했다. 북부 캘리포니아 시골 지역에서 여자 청소년들을 대상으로 익명·자기보고적 조사를 실시한 결과 히스패닉 12%와 백인 10%가 항문 성교 경험이 있다고 응답했다. 히스패닉과 아프리칸 아메리칸 여자 청소년을 주요 대상으로 한 뉴욕시의 한 연구는 비슷한 방법을 사용해 13~15세의 9%, 16~18세의 25% 그리고 19~21세의 38%가 항문 성교 경험이 있음을 밝혔다. 나아가 항문 성교 경험이 있는 청소년들의 68%가 지난 3개월간 적어도 한 번 항문 성교를 했음을 알 수 있었다.[13]

대학생들 역시 항문 성교를 하고 있으며, 이러한 사실은 더 이상 놀랍지도 않다. 북미의 대학 캠퍼스에서 이루어진 한 조사는 꽤 높은 항문 성교 비율을 보여준다. 예를 들어 메릴랜드대학이 북미 대학 3400명의 학부 학생을 대상으로 한 조사에서 25%가 이성애자 간 항문 성교 경험이 있음을 알 수 있었다.[14] 1990년대 초 미드웨스턴대학에서 이루어진 조사에서는 남학생 17%와 여학생 18%가 항문 성교를 하고 있다고 나타났다.[15]

미국의 경우 히스패닉계가 더 높은 비율로 항문 성교를 하고 있음을 시사하는 연구들이 있다. 하지만 이 연구들이 보여주는 수치는 다소 혼란스러운데, 이성애자 간 성관계에서 항문 성교를 한다는 수치가 남녀 간에 다르게 나타나기 때문이다. 항문 성교를 한다고 말하는 남자들이 여자들에 비해 훨씬 많다. 시카고대학의 조사에서 히스패닉 남성의 34%가 일생 동안 이성애자 간 항문 성교 경험이 있다고 대답했는데, 이 수치는 히스패닉 여성들이 보고한 수치의 두 배에 달한다. 바로 지난해 경험에 국한시켜 질문했을 때, 히스패닉 남성 19%가 항문 성교 경험이 있다고 대답했으며, 히스패닉 여성의 경우 12%가 그렇다고 대답했다. 이와 같은 젠더 차이는 한편으로는 남성들이 제2, 제3의 섹스파트너와 항문 성교(그리고 다른 형태의 성교)를 할 확률이 높은 라틴계 문화 패턴 때문이며, 다른 한편으로는 히스패닉 여성들이 익명의 전화 인터뷰에서조차 이런 형태의 성행위를 보고하길 달가워하지 않기 때문일 것이다. 어떤 연구자들은 일부 히스패닉 남성들이 남성 파트너와 항문 성교를 하고서도 게이라는 딱지가 붙는 것을 기피해서 이성애자 파트너와 했다고 보고할 수도 있다고 본다.[16]

게이 남성들 간의 항문 성교

항문 성교가 자동적으로 게이 남성과 연관되긴 하지만 항문 성교를 하는 모든 남성들이 게이가 아니라는 사실을 기억하는 것이 중요하다(그들은 양성애자일 수도, 심지어 가끔 다른 남성과 섹스하는 이성애자일 수도 있다).

연구에 따르면 미국 남성의 2~10%가 동성의 성인과 성관계를 한 경험이 있지만, 극소수만이 항문 성교에서 수용자 역할을 규칙적으로 하고 있다고 한다.[17] 미국에서 남성과 섹스를 하는, 성적으로 활발한 남성들 가운데 약 절반 혹은 많아야 3분의 2가 규칙적으로 항문 성교에서 수용자 역할을 하고 있다고 평가된다.[18] 예를 들어 1996년에서 1998년 사이에 네 개의 대도시(뉴욕시, 샌프란시스코, 로스앤젤레스, 시카고)에서 이루어졌던 성행위에 대한 미간행 연구에서 남성과 성관계를 갖는 남성의 51%가 지난 12개월간 항문 성교에서 수용자 역할을 한 적이 있다고 밝혔다.[19]

대부분의 연구자들은 대략 1~1.5%의 성인 남성(약 100만 명)들이 규칙적으로 항문 성교에서 수용자 역할을 한다는 사실에 동의한다.[20] 이것은 여성들의 항문 성교 행위 추정치(여성 5%, 약 400만 명)에 비해 명백히 낮은 수치이다.[21]

처녀성을 지키기 위함인가?

앞서 언급했던 것처럼 처녀성 유지는 항문 성교를 하는 다수의 여성들에게,

특히 처녀성에 높은 가치가 매겨지거나 필수적인 곳에서 중요한 동기로 작용한다.[22] 미국에서 특히 많은 학생들이 결혼 후 첫날밤까지 처녀성을 지키는 것이 궁극의 목적이라고 가르침을 받았던 '혼전순결' 운동이 부흥하는 동안 이 질문은 여러 번 수면 위로 떠올랐다. 연구자들과 교육가들은 처녀성에 대한 이와 같은 강조가 젊은이들을 항문 성교 같은 대안적 행위로 몰고 가지 않을지 의아해했다.

샌더스와 라인니시는 자신들이 표본으로 삼았던 대학생 19%가 항문 성교를 '섹스'로 생각하지 않는다는 사실을 알아냈다. 즉, 항문 성교를 하지만 질 성교를 자제하는 사람들은 자신을 '처녀'라고 부르고 있다. 출판된 연구 가운데 처녀성을 항문 성교에 대한 동기 요인으로 파악한 경우는 거의 없다. 하지만 자신을 처녀라고 인식하는 9~12학년의 도시 고등학생들을 대상으로 했던 한 연구는 이들 가운데 1%가 바로 전해에 동성애자 간 항문 성교를 했음을 확인했다.[23] 몇 가지 연구에 대한 한 리뷰는 청소년들 사이의 항문 성교 경험에서 '처녀성'이 원인으로 작용할 수도 있다는 결론을 내렸다.[24]

그러나 일반적으로 청년들이 십 대들처럼 처녀성을 유지하기 위해 항문 성교를 한다는 (혹은 같은 이유로 구강성교를 할 것이라는) 생각을 뒷받침할 통계자료는 거의 없다.

사람들이 항문 성교를 좋아하는 걸까?

최근 들어 많은 사람들이 항문 성교에 대해 이야기하는 것 같다. 〈섹스 앤 더 시티(Sex and the City)〉 시리즈(1998)에서 〈앙투라지(Entourage)〉 시리즈(2004), 〈걸스(Girls)〉 시리즈(2012)에 이르는 텔레비전 쇼들은 주인공들이 이것에 대해 의논하고 걱정하며 나아가 시도해보는 모습을 묘사해왔다. 하지만 이 질문은 여전히 불안하게 떠오른다. 사람들은(특히 여성들은) 진짜 이것을 좋아하는 걸까?

남성들이 여성들보다 이것을 더 좋아한다는 사실은 연구 결과를 통해 알 수 있지만,[25] 몇 퍼센트의 여성들이 이를 즐겁게 생각하는지는 명확히 밝혀져 있지는 않다. 대학생을 대상으로 했던 한 연구는 45%의 여성들이 손가락이나 섹스토이(예를 들어 딜도, 바이브레이터 등)를 사용한 수용적 항문 삽입을 경험한 적이 있다고 전해준다.[26] 하지만 항문 성교 경험이 있는 여성을 대상으로 했던 다른 연구에서 47%가 이를 부정적으로 평가했다.[27] 이와 같은 부정적 반응은 부분적으로 강제, 폭력, 난폭함 속에서 항문 성교가 이루어졌다는 사실 때문일 수 있다.[28] 우리는 여성 파트너가 딜도를 사용해 남성에게 항문 삽입을 할 때의 맥락이나 쾌감에 관해서는 빈약한 정보만을 갖고 있다. 여성 파트너만 있는 이성애자 남성에게서 일어나는 구강과 항문, 손과 항문 접촉에 의한 수용적 항문 성교 모두에 대해 기록하고 있는 연구들이 있긴 하지만, 이 남성들이 이를 얼마나 즐기는지에 대해 측정된 바는 없다.[29]

우리가 항문 성교의 쾌감이나 그 가능성을 무시해서는 안 된다. 많은 사람들이 이러한 행위를 규칙적으로 하고 있다는 사실은 항문 성교가 극도의 만족감을 줄 가능성이 있음을 시사한다. 다른 모든 일과 마찬가지로, 흥미를 가진 사람들이라면 파트너와 이야기를 나누고 의논해서 자기들만의 성적 실험을 해나가시라 제안한다. 가능한 한 천천히 시작하는 것(딜도나 페니스를 삽입하기 전에 몇 차례 손가락을 삽입해보는 것에 대해 이야기하는 등)은 공포를 줄이고 쾌감을 높일 수 있다. 항문 주변의 피부는 매우 예민하고 아무런 윤활액이 없기 때문에 항문 성교 시 윤활제는 매우 중요하다. 그리고 물론, 우리가 우리의 독자들에게 항문 성교가 성병의 위험을 가지고 있음을 상기시키지 않는다면 이는 경솔한 일이 될 것이다. 그 어떤 상처라도 있으면 위험은 증가할 수 있다. 그래서 윤활제의 중요성이 더 커지며, 콘돔 사용 역시 매우 중요하다.

항문 성교를 시도하는 데 관심이 있는 사람들을 위해 잭 모린이 쓴 『항문 성교와 건강(Anal Pleasure and Health: A Guide for Men, Women and Couples)』(1981) 혹은 폴 조니즈의 『성교를 위한 안내(The Guide to Getting it On)』(1996) 같은 책들이 많이 있다. 이런 책들이 가장 좋은 그리고 가장 높은 수준의 쾌감을 느끼는 경험을 얻을 수 있는 아이디어를 떠올리도록 도와줄 것이다. 특별히 여성, 레즈비언 여성, 게이 남성을 위해 쓰인 책들도 있다. 당신과 당신의 파트너가 함께 항문 성교가 즐거울 것인지를 결정할 수 있는 안내서를 찾아보기를 권장한다.

제4장

연기

조명, 카메라, 오르가슴

신화 19

첫 섹스는 생애 최고의, 그리고 가장 뜻깊은 사건 중 하나이다

장미 꽃잎들이 바닥에 흩뿌려져 있고, 목욕탕 구석구석에 놓인 촛불은 노랗게 달아 깜빡이며 빛을 내며, 당신과 (당신이 무척 사랑하고 마음 편히 함께 있을 수 있는) 파트너가 우아하게 침대에 몸을 뉘일 때 부드러운 노래가 배경으로 흘러 힘들이지 않고 서로의 옷을 벗겨 열정적이고 만족스러운(그리고 물론 안전한) 사랑을 나눈다. 누구도 꼬여버린 팔을 풀려고 몸부림치지 않고, 상대방이 실수로 당신의 머리카락을 밟고 앉거나 사타구니를 찼다고 해서 "아얏!" 하고 비명을 지르지 않는다. 또 자신의 윗입술이 너무 축축할까 봐 염려하거나 노골적으로 배, 허벅지, 엉덩이를 드러내는 자세를 취하게 될까 봐 걱정하지 않는다. 섹스를 하는 동안 한순간도 자신들이 제대로 하고 있는지 의심하지 않으며, 혹은 "늘 이런 식이야?"라고 물어보지도 않는다. 누구도 방귀 같은 건 뀌지 않는다. 모든 신음소리는 우아하다(으르렁대기보다는 노랫소리에 가깝다). 그리고 마침내 섹스를 나누는 모든 사람들은 지구가 흔들릴 정도의 오르가슴을 경험한다.

당신의 첫 경험처럼 들린다고? 의심스럽기 그지없다.

사람들은 생애 첫 번째 섹스를 엄청나게 강조하는 경향이 있다. 이것은 하나의 통과의례이다. 또한 한 사람이 임신이나 성병의 위험을 경험하게 되는 첫 번째 순간이기도 하다. 결국 모든 사람들이 하게 되는 무언가인 것이다. 로라 카펜터가 설명하는 것처럼 "첫 경험은 성생활에서 중요한 전환점들 중의 하나로 인식되기 때문에, 그리고 공중보건과 정책 전문가들이 첫 번째 성교와 성생활의 시작을 무한히 강조하기 때문에 섹슈얼리티에 대한 사회적 관심은 종종 처녀성 상실을 둘러싸고 구체화된다".[1] 대부분의 사람들은 첫 경험을 언제 했는지 그 연도까지 외우고 있다. 수십 년이 지나도 말이다(모든 성 경험에 대해 그렇게 말할 수는 없지만). 하지만 이것이 삶에서 가장 의미 있는 순간들 가운데 하나일까? 그래야만 할까?

이번 신화에서는 우선 사람들이 첫 경험에 매료되는 이유에 대해 살펴보고, 다음으로 첫 경험이라는 사건이 아니라 처녀성 그 자체에 왜 그렇게 많은 강조점을 두는지 알아보고자 한다. 또 처녀성과 관련된 견해들이 역사적으로 어떻게 변화해왔는지를 검토한 후 오늘날의 젊은이들은 처녀성 상실을 어떻게 경험하고 느끼는지 알아볼 것이다.

처녀성에 대한 역사적 고찰

역사적으로 처녀성은 여러 문화권에서 (특히) 여성의 순결 그리고 도덕과 연관되어왔다. 예를 들어, 처녀성은 여성의 혼인 능력에서 결정적인 역할을 해왔다. 심지어 몇몇 전통은 결혼 첫날밤 사용한 이불의 혈흔과 같은 혼전 처녀성에 대한 증거물을 요구하기도 했다.[2] 일부 문화권에는 이런 것들이 여전히 남아 있다. 하지만 근대 미국에서 처녀성에 대한 태도는 상당히 변화했다. 카펜터는 처녀성에 대한 관념 변화를 역사적으로 살펴보고 있는데, 그녀의 설명에 따르면 이러한 견해들은 항상 기독교 전통에 뿌리를 두고 있다. 19세기 중반과 후반 사이 처녀성에 대한 시각은 여성들의 순결과 도덕의 원천 혹은 그 증거로서의 성격이 강했고, 처녀성 상실은 '돌이킬 수 없는 순결의 상실'로 생각되었다. 게다가, '미혼 여성은 처녀'라는 전제가 당연시되었다. 만약 어떤 여성이 결혼 전에 처녀성을 상실하면, 이것은 '도덕적 타락, 광기 그리고 심지어 죽음의 시작'을 의미할 수도 있었다.[3]

그러나 1900년대 초부터 이러한 시각은 변하기 시작했다. 처녀성이 여성들에게 여전히 값어치 있는 것으로 여겨졌음에도 불구하고 더 많은 젊은 여성들이 혼전 섹스를 (특히 결혼을 위한 연애 관계라는 맥락에서) 기꺼이 받아들였다. 그리하여 1920년대부터 1960년대 사이에 결혼을 염두에 둔 젊은 남녀가 결혼 전에 성관계를 맺는 전혀 새로운 패턴이 등장해 자리 잡기 시작했다.[4]

우리는 1960년대를 성 혁명의 시작이라고 생각한다. 사실 1960년대에 많은 것들이 변하기 시작했다. 젊은 사람들 대부분이 결혼할 의사가 없는 다수의 파트너들과 혼전 성관계를 갖기 시작했다. 처녀성에 대한 여성 스스로의 인식도 변했다. 역사적으로 여성 스스로 남성들이 해왔던 방식으로 생각하기 시작한 것이다. 처녀성이 값어치 있는 소중한 것이라기보다, 기껏해야 뭔가 중립적인 것이며 최악의 경우 뭔가 바람직하지 못한 것으로 여겼다. 생각이 변화함에 따라 행동 역시 변했다. 여성들은 남성들과 비슷한 나이에, 그리고 비슷한 빈도로 자신들의 처녀성을 상실하기 시작했다.[5]

1990년대 역시 처녀성과 관련된 흥미로운 점들이 나타난 시기여서 이제 처녀성을 제거되어야 할 낙인과도 같은 그 무엇인가로 여기는 경향이 현저해졌다. 1990년대 말에 개봉된 영화 〈아메리칸 파이(American Pie)〉(소년 몇 명이 동정을 잃기 위해 노력하는 것에 초점을 둔 영화)는 이러한 생각을 보여주는 전형이다. 바로 그 무렵 보수적 정치 분파인 '기독교 우파'는 우리가 정숙함과 고결함으로부터 너무 멀리 벗어나 있기 때문에 성 혁명은 이제 그만 잊어버리고 처녀성이 미덕이었던 시절로 돌아가야 한다고 주장했다. 그들은 많은 정치자금을 쏟아부어서 연방 정부가 '청소년 가족생활법(Adolescent Family Life Act)'을 통해 '순결' 교육으로 회귀하도록 만들었다. 그러고 나서 타이틀 브이(Title V)•와 지역사회 기반 금욕 교육(Community-Based Abstinence Education)의 자금을 통해 '혼전순결' 프로그램을 실시하도록 만들었다. 이 운동이 한창일 때는 연간 1억 7600만 달러를 수령했다.[6] 자금 지원을 받은 프로그램들은 '혼전순결' 교육에 대해 엄격한 개념을 고수하도록 요청받았으며, 그 내용은 다른 무엇보다도 (상호적) 일부일처제 결혼 안에서 이루어지는 성관계만이 적합하고, 결혼 바깥에서 이루어지는 성관계는 육체적으로나 정신적으로 나쁜 영향을 줄 확률이 높다고 젊은 사람들에게 말하는 것이었다.[7]

보조금을 지원받은 프로그램들은 처녀성이 지닌 중요성에 과도하게 집중하는 일이 잦았고, 처녀성이 단 한 번 주어질 수 있는 소중한 선물이라고 말함으로써 결국 처녀가 아닌 십 대들은 어쨌거나 성격상 결함이 있다는 암시를 주었다. 그

• 타이틀 브이는 가장 규모가 큰 연방 교부금 가운데 하나로 어머니, 아동(특수 욕구를 지닌 아동 포함) 및 그 가족의 건강과 복리를 증진하고 향상시키는 중요 지원 자원이다.

들은 또 자주 혼전 성교의 부정적 결과를 과장했다. 혼전 성교는 평판이 나빠지는 것에서 시작해 부모님과의 갈등, 학교 성적 저하 그리고 결국에는 옥살이로 끝나는, 즉 모든 나쁜 일을 불러일으킬 것이고, 동시에 결혼 내 성관계는 아무런 위험이 없다고 말했다.[8] 이런 프로그램들은 대부분 결혼하는 날까지 순결하겠다고 맹세하는 '처녀성 서약'에 서명하는 것으로 종결되었다. 일부 젊은이들은 '기다리는 사랑의 진실(True Love Waits)'이나 '순결반지(the Silver Ring Thing)'가 제공하는 처녀성 서약 이벤트에 참석했다. 이 이벤트들은 대부분 종교적이어서 성경 읽기로 시작해 신에 대한 서약으로 끝났다. 어떤 처녀성 서약식은 젊은 여성이 결혼할 때까지 순결을 지키겠다는 맹세를 상징하는 반지를 받음으로써 결혼식 분위기를 자아내기도 했는데, 대부분 아버지들이 이 반지를 선물했다.[9]

처녀성 서약에 대한 연구는 엇갈린 결과로 나타났다. 특정 조건에서 일부 젊은이들이 평균 18개월 섹스를 연장하는 데 진짜로 도움이 되었다. 결혼에는 훨씬 못 미치지만, 이 아이들이 1년하고도 반 동안 성병이나 임신의 위험 없이 지낸다는 것을 뜻하기 때문에 이는 공중보건의 성공으로 평가될 수 있다.[10]

미디어들은 이런 현상에 처녀성이라는 새로운 관심을 덧붙여서, 젊은이들이 태도를 바꾸어 '순결을 유지'한다는 식의 기사를 내보냈다. 예로 1994년 "자랑스러운 순결(Virgin Cool)"이라는 제목의 ≪뉴스위크(News Week)≫ 기사는 이렇게 전했다.

> 많은 아이들이 섹스를 미루고 있다. 이것은 그들이 데이트 상대를 구하지 못하기 때문이 아니다. 이들은 기다리기로 작정했고, 자신들의 순결을 거북해하지 않고 자랑스러워한다. 갑자기 처녀라는 이미지가 범생이(virgin geek)에서 세련된 것(virgin chic)으로 바뀌고 있다.[11]

실제로도 성행위에 관한 자료들은 십 대들의 성행위가 1990년대에 와서 약간 감소했음을 확인해주었다. 미국질병관리본부는 1991년에 '청소년 위험행동 조사(Youth Risk Behavior Survey)'를 시작했다. 이 조사는 술과 담배부터 안전벨트 착용과 자전거 헬멧 사용 그리고 섹스에 이르기까지 모든 종류의 위험행동에 대해 알아보도록 고안되었다. 연구 첫해인 1991년에 고등학생의 54.1%가 섹스 경험이 있다고 보고했다. 이 숫자는 십 년간 점차적으로 낮아졌고 2001년에는 45.6%까지 떨어졌다. 이후 그 숫자는 변하지 않고 있다.[12]

이 모든 것들로부터 근대 역사에서 처녀성에 대해 꽤나 상충되는 시각이 미국 사회에 존재해왔음을 알 수 있다. 바로 이러한 견해들이 개인들로 하여금 자신의 첫 번째 성 경험을 어떻게 느낄지에 영향을 주고 있다.

자신의 처녀성에 대한 견해

로라 카펜터는 사람들이 자신의 처녀성을 어떻게 생각하는지에 대해 강도 높은 조사를 수행해서 다수의 논문과 『잃어버린 처녀성(Virginity Lost: An Intimate Portrait of First Sexual Experiences)』(2005)이라는 책을 출판했다. 그녀는 대부분의 젊은이들이 자신들의 처녀성을 바라보는 세 가지 틀이 있음을 알아냈다. 첫 번째는 처녀성이 (특히 여성에게) 본질적인 가치를 지닌 것이라는 이해를 상기시키는데, 처녀성을 한쪽 파트너가 주고 다른 쪽 파트너가 받는 선물에 비유한다.

> 처녀성은 재생 불가능한 속성 때문에라도 매우 값진 선물로 인식되기 때문에, 여성과 남성들은 처녀성이라는 선물이 가지는 가치에 감사하고, 더 중요하게는 비슷한 가치를 지닌 선물로 이에 보답하려는 파트너를 찾는 데 기본적인 관심을 둔다.[13]

많은 사람들이 처녀성(더 구체적으로는 처녀성 상실)을 이해하는 두 번째 방법은 이를 '과정의 일부'로 보는 것이다. 카펜터에 의하면, "이런 사람들은 처녀성 상실 역시 사회 변천 일반에 대한 이해와 마찬가지로, (섹슈얼리티와 스스로에 대한) 자기 지식을 향상시켜서 스스로가 바뀌었다고 느끼게 되는 그런 종류의 일이라 믿는다".[14]

마지막으로 어떤 사람들은 처녀성을 '낙인' 혹은 '가능한 한 빨리 던져버리고 싶은 것'으로 생각한다. 이 젊은이들은 세상을 향해 "이제 자신의 처녀성이나 동정을 버리겠노라 홍보하는 경향이 있으며, 이 과정에서 성적으로 미숙하다는 평판 같은 것을 받지 않아야 한다고 생각하고 중요시한다".[15]

여기서 생각의 틀이 중요한 것은 사회가 처녀성에 대해 갖고 있는 다양한 개념들을 조명해주기 때문이 아니다. 그보다는 사람들이 첫 번째 성 경험과 이후의 성 경험을 어떻게 느끼는가에 직접적으로 영향을 주기 때문이다. 카펜터는 이를 다음과 같이 표현한다. "중요하게도 처녀성 상실에 대한 일부 은유들은 다른 것에 비해 처녀성을 상실하는 동안, 그리고 처녀성을 상실한 후의 정신적·육체적 안녕에 더 큰 도움이 된다."[16]

카펜터는 2001년 연구에서 처녀성을 선물로 파악하는 사람들은 자신의 처녀성을 자랑스러워할 가능성이 가장 높고, 진지한 연애 관계에서 처녀성을 상실할 가능성과 더불어 피임할 가능성 역시 가장 높다고 보고했다. 하지만 그 이면에는 파트너가 더 헌신적으로 변한다든지 하는 식으로 선물에 대해 보답하지 못할 경우 이를 부끄러워할 가능성 역시 가장 크게 존재했다. 이에 비해 처녀성 상실을 '과정'으로 보는 사람들은 "과거와 현재의 (육체적·정신적으로) 부정적인 경험들을 앞으로 있을 경험을 긍정적으로 만들어가는 데 도움이 되는 쪽으로 파트너와 이야기 나누고자 하며, 문제를 헤쳐나가려는 준비가 제일 잘되어 있는" 경향이 있다고 했다.[17] 마지막으로 처녀성을 낙인으로 보는 사람들은 파트너와 솔직하게 대화할 가능성이 가장 낮았다. 이런 젊은이들 중 일부는 파트너가 자신이 처녀성을 간직하고 있음을 알게 되면 엄청 힘들어한다. 이 유형은 일시적인 파트너에게 처녀성을 잃을 가능성이 가장 높고, 이때 피임할 가능성이 가장 낮다. 이들은 첫 경험의 내용이나 느낌에 상관하지 않고 만족하는 전형성을 보였다.

처녀성과 첫 경험에 대한 대부분의 연구들은 이성애 관계에 제한되어 있다. 이에 비해 카펜터의 연구들은 자신을 게이, 레즈비언 혹은 양성애자라고 밝힌 사람들을 일부 포함하고 있다. 그녀는 게이와 레즈비언 응답자들이 처녀성을 과정이라는 틀에서 인식할 가능성이 훨씬 높다고 전한다(이성애자의 경우 46%가 이에 해당한 반면, 이들은 73%가 이에 해당했다). 그녀는 이것이 게이와 양성애자 응답자들에게서 특히 두드러졌는데, 이는 과정이라는 틀이 처녀성과 커밍아웃 모두를 포함하기 때문이라고 보았다.[18] 그녀는 또 양성애 응답자의 54%가 적어도 자기 인생의 일정 시점에서 처녀성을 선물로 파악하는 것에 비해, 게이와 레즈비언의 경우는 31%에 머무른다는 사실을 지적했다.[19] 다른 연구들은 여성과 첫 경험을 가진 젊은 여성들이 첫 번째 파트너가 남자였던 여성들에 비해 첫 경험에 대해 더 큰 통제감을 즐긴 것처럼 보인다고 결론 내렸다.[20]

사람들은 첫 경험에 대해 어떻게 느낄까?

지난 몇 년간 많은 연구자들이 사람들에게 첫 번째 성 경험에 대해서 어떻게 느끼는지를 물어보았다. 결과는 꽤 많은 사람들이 일렁이는 촛불과 흩뿌려진 장미 꽃잎 같은 것 없이 첫 경험을 했으며, 설사 그런 것이 있었다 할지라도 결코 즐기지 못했음을 시사했다.

예를 들어 2010년의 한 연구는 미국 대학생들이 첫 번째 성교에서 육체적·정신적 만족을 경험하고 있는지를 알아보기 위해 2000여 명을 조사했다(이 연구 역시 다른 대부분의 연구와 마찬가지로 이성애자의 성교에 제한되었다). 이 연구는 당시에 느꼈던 다양한 감정뿐만 아니라 관계적 특성에 대해서도 질문했다.[21] 이 연구를 통해 첫 번째 성교를 경험하는 평균 나이는 16.6세이며, 응답자 대부분이 '헌신적인 애정 관계' 혹은 '안정적인 데이트 관계'를 맺고 있었음을 확인할 수 있었다. 육체적 만족에 대해 질문했을 때는 17.3%만이 극도로 만족했다고 대답했으며, 22.8%는 상당히 만족, 21.9%는 적당히 만족, 16.9%는 약간 만족했다고 대답했다. 하지만 전체 응답자의 21%는 첫 번째 성교에서 육체적으로 전혀 만족하지 못했다고 대답했다. 그렇지만 결과는 젠더에 따라 크게 달랐다. 흑인 남성의 42.7%와 백인(non-hispanic) 남성의 30.7%가 극도로 만족했다고 대답한 것에 비해 흑인 여성은 단지 9.2%가 그렇다고 대답했으며, 백인 여성의 경우 6.5%만이 극도로 만족했다고 대답했다. 스펙트럼 양 끝에 해당하는 결과 역시 비슷해서 흑인 남성의 8.0%와 백인 남성의 3.6%만이 전혀 만족하지 못했다고 대답한 것에 비해 흑인 여성의 34.4%와 백인 여성의 29.8%가 전혀 만족하지 못했다고 대답했다.[22] 결과를 인종으로 분류하긴 했지만 연구자들은 인종적 차이성은 전혀 없다고 지적했다.

심리적 만족에 관한 수치는 매우 비슷해서 전체 응답자의 18.5%가 매우 만족했고, 17.8%가 전혀 그렇지 못했다. 나머지 사람들은 그 중간의 어딘가에 해당했다.

신체적 만족과 비슷하게 여성들의 심리적 만족 역시 남성들에 비해 낮았다. 하지만 육체적 만족에 비교하면 그리 놀랄 만한 것은 아니었다. 남녀 모두에게서 죄책감은 어느 정도 공통된 감정이어서 20.6%가 극심한 혹은 상당한 죄책감을 경험했다고 대답했으며, 13.2%는 보통의 죄책감을 경험했다고 대답했다. 불안은 더 흔해서 전체 응답자의 41.3%가 극심한 혹은 상당한 불안을 보고했고, 나머지 22.4%는 보통의 불안을 경험했다고 보고했다.[23]

연구자들은 초기 성 경험에서 여성에 비해 남성들이 만족을 경험할 가능성이 더 큰 것은 여전한 사실이지만, 여성들도 그만큼의 만족을 구할 수 있는 기반이 마련되고 있는 것 같다고 결론 내렸다.

히긴스 외[24]는 남성 대상자의 경우, 추이와 니콜라디스[25]가 캐나다 대학생들을 대상으로 했던 초기 연구와 비슷한 양상을 보였지만, 여성들의 경우 달랐다고 보고했다. 첫 경험 후 육체적 만족감을 보고할 확률이 남성들에게서 훨씬 크게 나타났을 뿐(62% 대 35%) 감정적 만족에는 거의 차이가 없었고(남성 56%, 여성 54%), 경험 전체에 대한 평가는 남녀 모두 비슷했다. 남성 72%와 여성 61%가 첫 경험이 완벽함/매우 좋음 혹은 좋음으로 대답한 것에 비해 남성 11%와 여성 13%가 첫 경험이 나쁨 혹은 매우 나쁨으로 대답했다.[26] 하지만 악명 높은 젠더 차이가 나타났는데, 고통을 경험했다고 보고한 남성이 5%인 것에 비해 여성의 경우 52%가 고통을 호소했다.[27] 또 남성 76%가 오르가슴을 보고한 것에 비해 여성은 단지 12%만이 오르가슴을 경험했다고 말했다.[28]

청소년들의 섹스 경험을 뒤로 미루게 하려는 욕심에서 우리는 흔히 '첫 경험이 끝나면 그 남자가 다시는 너를 원하지 않을 거야', '그녀는 너를 버리고 떠날 거야', '넌 후회하게 될 거야', '임신하게 될 거야' 같은 말들로 겁을 준다. 하지만 이 연구를 통해 확인된 바는 참가자 대부분(남성 87%와 여성 89%)이 첫 경험을 나누었던 바로 그 사람과 다시 성관계를 가졌다. 그리고 남성 83%와 여성 86%가 첫 경험 이후에도 여전히 파트너 관계를 유지하거나 이후 파트너가 되었으며, 그중 누구도 임신하지 않았다. 게다가 남성 76%와 여성 72%가 전혀 후회하지 않는다고 답했고, 남성 63%와 여성 65%가 '적당한 나이'에 첫 경험을 했다고 말했다.[29]

이처럼 긍정적인 결과들은 다른 연구에서는 발견되지 않았다. 특히 미국의 젊은 남녀들을 대상으로 했던 연구에서 '후회'가 흔하게 발견되었는데, 많은 사람들이 '더 나이가 들어서 첫 관계를 가질걸' 하고 후회하는 모습으로 그려졌다. 예로, 2001년 봄에 12~17세의 십 대를 대상으로 설문조사가 수행되었고, 2002년과 2004년에 두 번 후속조사가 이뤄졌다. '첫 성관계를 좀 더 늦추었더라면 좋았을 거라고 생각하십니까?', '개인적으로 섹스를 할 준비가 되어 있었습니까?', '(당신들의 관계에서) 섹스를 하기에 적당한 때였습니까?' 그리고 '첫 경험을 나누기에 적합한 사람이었습니까?' 같은 질문들로 첫 경험과 그 감정들에 관해 질문을 했다.[30]

연구자들은 2001년의 첫 번째 조사 이후 첫 경험을 한 응답자의 46%(여성 61%와 남성 39%)가 첫 섹스를 좀 더 미루었더라면 좋았을 것이라고 생각하고 있음을 확인했다. 미루었으면 좋았을 것이라고 말한 십 대들 가운데 70%가 자신들은 준비되어 있지 않았고, 76%가 그들의 관계가 그렇게까지 진전되어 있지 않았으며, 65%가 적합한 사람과 관계를 가진 것이 아니라고 대답했다.[31]

이런 감정들은 '십 대 그리고 계획되지 않은 임신 방지를 위한 전국 캠페인(National Campaign to Prevent Teen and Unplanned Pregnancy)'이 시행하는 정기적인 설문조사에서도 비슷하게 되풀이되는데, 이 조사에서는 거의 60%에 이르는 젊은이들이 더 기다렸으면 좋았을 것이라고 대답했다.[32] 이 통계는 미디어의 관심을 많이 받았다. 또 '결혼할 때까지 처녀성을 유지하는 것이 중요하다고 강조할 필요성이 있음'의 증거로 이를 사용하고 싶어 하는 '혼전순결' 지지자들을 위한 총알받이로 자주 사용되고 있다. 하지만 우리는 '첫 경험을 하지 말고 더 기다렸더라면 좋았을 거라고 생각하니?'라는 식으로 질문받은 결과 '후회'가 첫 경험에 덧대어진 것은 아닐까 하는 의심이 든다. 어른이 하는 이런 식의 질문에 대해 실제로 후회하는 감정을 느끼는 것이 아니라, 그저 이런 식으로 대답하는 것이 사회적으로 수용될 거라 믿기 때문은 아닐까? 우리는 이에 대해 알지 못한다. 하지만 미국 사회가 십 대들, 특히 여성들에게 보내는 메시지가 어떤 것인지는 너무나 잘 알고 있다. 미국 사회는 십 대들에게 섹스에 관심을 가져야 하고 섹시해보이도록 행동해야 하지만 진짜로 섹스를 원하게 되는 바로 그 지점에서 멈추라고 이야기한다. 우리는 이런 혼합 메시지가 한편으로는 약간의 죄책감이 느껴지는 섹스를 해도 괜찮다는 의미를 전달하고 있다고 생각하며, 이를 염려한다.

사전 교육

청소년들에게 첫 경험의 느낌이 어땠는지를 회고적으로 질문하는 대신 아이들이 첫 경험을 하기 전에 미리 섹슈얼리티 일반과 첫 성 경험에 대한 교육 작업을 수행하는 것이 우리 어른들의 몫일 것이다. 우리는 첫 경험이 장미 꽃잎이나 촛불 같지 않을 수 있으며, 보통은 거북하고 혼란스럽지만 그래도 괜찮다고 말해줄 수 있다. 우리는 첫 경험은 좋은 느낌이어야 한다고 말해줄 수 있다. 그래서 좋은 느낌이 들면 하고, 그렇지 않다면 멈추는 것이 좋다고 말해줄 수 있다. 여성들이 첫 경험에서 통증을 느끼는 것이 이상하지 않으며, 약간의 윤활제가 통증을 없애는 데 큰 도움이 될 수 있다고 말해줄 수 있다. 우리는 섹스가 위험을 동반하기 때문에 안전하게 해야 한다고 말해줄 수 있다. 그리고 첫 경험이 그들 인생에서 가장 중요한 순간은 아닐지라도 다른 성 경험에 비해 더 잘 기억되는 순간들 가운데 하나라고 말해줄 수 있다. 나아가 자신은 준비되어 있고 적합한 상대와 좋은 관계를 맺고 있다는 확신이 있어야 한다는 점을 말해줄 수 있다. 그래서 첫 경험이 비록 완벽하지는 않다고 하더라도(첫 경험이 완벽하기는 좀처럼 힘들다. 우리의 말을 믿으시라), 모든 사람들이 애정 어린 시선으로 기억할 수 있는 경험이 되기를 희망한다.

신화 20

좋은 섹스는 언제나 두 사람을 동시에 오르가슴에 이르게 한다

좋은 섹스는 두 사람 모두를 정확히 같은 시간에 오르가슴에 이르게 하면서 끝난다는 생각은 성인용 영화나 여성잡지의 발명품만은 아니다. 실제로 이것의 역사는 그보다 길다. 1932년에 출판되어 국제적으로 베스트셀러가 되었던 결혼 매뉴얼인 『이상적인 결혼(Ideal Marriage)』이 이런 생각을 영구화했다. 책의 저자이자 산부인과 의사인 테오도르 헨드리크 판 더 펠더는 다음과 같은 의견을 피력했다. "보통의 그리고 완벽한 성적 결합에서 상호적 오르가슴은 거의 동시적으로 발생함에 틀림없다."[1] 그에 따르면 동시적이고 철저한 오르가슴은 애정과 행복한 파트너십에 기여한다.

이러한 의견은 성교 중에 얻는 오르가슴을 제외한 어떤 오르가슴도 '미성숙함'으로 여기고, 성교 중에 발생하는 동시적인 오르가슴을 '특별한 조화'로 여기는 프로이트의 정신분석에서 직접적으로 도출된 것처럼 보인다.[2] 이런 견해의 문제는 많은 여성들과 커플들의 현실을 반영하지 못한다는 것이다. 많은 여성들이 질 삽입보다 음핵 자극을 통해 더 좋은 오르가슴을 경험한다고 보고하며, 대부분 커플들은 완벽하게 맞아 떨어지는 오르가슴은 드물다는 것을 인정한다. 더욱이 성교 중 동시적 오르가슴을 얻으려는 노력이 커플들에게 너무 많은 압박감을 느끼게 해서 오히려 성관계를 즐기지 못할 수 있으며, 그로 인해 오르가슴에 이르지 못할 수도 있다.

동시적 오르가슴은 분명 행복한 일이다. 하지만 매번(혹은 때때로라도) 이것을 목표로 하게 되면 오히려 성적 쾌감을 갉아먹을 수 있다.

왜 우리는 동시적 오르가슴이 더 좋다고 생각하는가?

명백히 많은 남녀가 동시에 오르가슴에 이르는 것이 최고라고 진심으로 믿고 있다. 예를 들어 어떤 연구는 설문에 참여한 남성 41%, 여성 30%가 동시적 오르가슴을 중요하게 생각함을 확인했다.[3] 그렇다면 이제 질문은 무슨 이유로 이렇게 믿고 있는가로 모아진다.

동시적 오르가슴의 탁월한 즐거움에 관한 신화에는 몇 가지 기원이 있다. 먼저 기막힌 타이밍의 상호 오르가슴의 숭고함을 찬양하는 사이비 과학과 자조(自助)를 위한 웹사이트들에 비난을 표할 수 있다. 그리고 이런 입장이 확고하다면 이제 우리는 영화와 텔레비전의 섹스 묘사에도 일말의 비난을 표시해야 한다. 특히 만족한 표정의 커플이 시트 아래로 굴러 떨어지는 장면이 흔히 등장하는데, 이를 본 사람들은 두 사람이 때를 잘 맞추어 오르가슴에 이르렀을 것이라고 상상할 수밖에 없다(이상하게 들릴 수 있지만 오르가슴 이후의 즐거움이 아니라 그 실재를 보여준다는 점에 있어서는 아마 포르노가 더 정확할 것이다).

하지만 진실은 먼저 전문가들을 비난해야 한다는 것이다. 연구자들과 판 더 펠더 같은 사람들이 성교 중에 동시적으로 오르가슴에 이르는 것이 더 큰 육체적·신체적 만족을 준다고 오랫동안 말해왔기 때문이다. 이런 주장을 과학적으로 뒷받침하는 적합한 연구가 없음에도 불구하고 상황은 달라지지 않고 있다. 전문가들은 동시적 오르가슴이 목적이라고 되풀이해서 이야기해왔다. 사실 이를 따라다니는 신화 하나가 가끔씩 등장하는데, '동시적 오르가슴이 임신에 이를 확률이 더 높다'는 것이 그것이다. 이처럼 다소 어려운 비책이 1950년대의 결혼 매뉴얼과 교재에서 실제로 통용되었다(그런데 정말로 근거가 없다).

그리고 여전히, 동시적 오르가슴은 전문가층 팬을 확보하고 있다. 이들 전문가들은 여성의 질로 경험되는 오르가슴의 우월성에 대한 연구와 글쓰기뿐만 아니라, 다른 모든 경험들을 저평가하는 작업을 수행하고 있다. 그들은 여성들이 성교 중에 느끼는 오르가슴을(다른 종류의 성적 자극보다) 더 큰 관계 만족, 심지어는 정신적·육체적 건강과 연결시킨다.[4] 혹은, 일련의 저자들을 인용해, "남성의 질 안에서의 남성 오르가슴과 동시에 일어나는 질 오르가슴은 단순한 질 오르가슴 개념보다 훨씬 유익하다는 생각을 지지하는 사람들이 있다"라고 말한다.[5]

하지만 이것은 소수 의견일 뿐이다. 또 이 특수한 연구 분야에 대한 일반적 반응은, 결론을 뒷받침하는 데이터를 신뢰할 수 없으며 통계적으로 유의미하지 않다는 것이었다. 이를 비판하는 사람들은 신뢰성 있는 기초자료가 없고, 많은 오염된 변수들이 설명되지 않았다고 주장한다. 또 이의 보급을 장려하는 것이 "만족을 증가시키는 데 비효과적일뿐더러 정형화된 기대를 만들어내고 과도한 스트레스(성적 수행에 대한 불안)를 부과해 사실상 해를 끼칠 수 있다. 이처럼 사회적으로 구성되는 기능장애/질병이 역으로 만족을 감소시킨다"라고 염려한다.[6]

누가 먼저?

누가 먼저 오르가슴을 느끼는지, 커플이 함께 오르가슴에 도달하는지 아닌지에 대해 정말 극소수의 연구만이 존재한다. 달링 외[7]는 이성애자 커플의 다양한 성적 자극을 관찰했다. 이를 통해 여성들은 성교 전에 음핵과 질을 자극함으로써, 혹은 전희와 성교의 조합을 통해서 먼저 오르가슴을 경험할 때 이를 더 좋아한다는 사실을 알아냈다. 이 연구자들은 남성 파트너가 성교 중에 혼자 오르가슴에 이르고 여성이 스스로 알아서 절정에 오르도록 내버려두면 좌절감의 증대를 경험할 수도 있다고 말한다. 이러한 좌절감은 파트너가 오르가슴에 이르기 전에 더 다정했거나 더 활동적이었던 경우, 또는 성관계 이후에 피곤해하거나 어떠한 이유로 덜 적극적이었던 경우에 더 심하게 느낄 수 있다. 파트너가 이미 오르가슴을 느꼈기 때문에, 혹은 성교가 성적으로 감정적으로 만족스러울 만큼 충분히 길게 지속되지 않았기 때문에, 여성들은 그 대안으로 재빨리 오르가슴에 이르려는 압박감을 느낄 수도 있다. 마지막으로, 남성이 먼저 오르가슴에 이르면 여성은 자신을 위해 기다리지 않는다는 부분에서 그를 이기적이라고 느낄 수 있다.

하지만 일부 여성들이 말하는 불만의 대부분은 아마도 오르가슴의 타이밍이 아니라 여성들이 특정 타이밍에 오르가슴을 느끼는 데 어려움을 겪는다는 사실일 것이다. 이것이 사실이라면, 우리는 때맞추어 오르가슴에 이르러야만 한다는 믿음이 여성으로 하여금 더욱더 절정에 이르기 어렵게 만들 가능성이 있다고 생각한다. 이것은 그녀가 진짜 오르가슴을 포기하고 함께 환희를 맛보고자 하는 파트너의 희망에 실망을 주지 않으려는 생각에서 가짜 오르가슴을 연기하도록 만들 수도 있다(신화 21을 참고하라). 동시적 오르가슴이 목적이 되면, '당신은 오르가슴에 이르러야 합니다'라는 지문은 한층 더 높은 압력을 가하는 것처럼 보인다.

'오르가슴에 이르는 올바른 길'이 가지는 함정

동시적 오르가슴 신화와 같은 범주에 속하는 또 다른 신화들이 많다. 이들은 주로 오르가슴에 이르는 '올바른' 길에 초점을 두고 있다. 성에 대한 이런 정설의 현대적 버전은 매스터스와 존슨의 성 기능 연구에서 의도치 않게 시작되었을 수도 있다. 그들은 인간의 성적 반응 주기를 흥분기, 정체기, 오르가슴기, 불응기라는 4단계로 나누어 설명했다.[8] 일단 이것이 문헌을 통해 조목조목 설명되고 전문가들에 의해 차용되는 과정을 거치자, 이제 이것은 일종의 법칙이 되었다. 만약 어떤 내담자가 자신의 성 치료사에게 이에 부합하는 주기를 언급하지 못한다면, 내담자는 주기 자체가 아니라 성적 결함을 가진 것으로 생각된다.[9] 하지만 이제 우리는 개인과 커플들이 성적 반응 단계들을 경험하는 방법이 다양하다는 것을 알고 있다.

이러한 함정은 프로이트가 질 오르가슴이 절정에 이르는 성숙하고 적합한 방법이라고 선언했을 때 여성들이 빠졌던 함정과 비슷하다. 이런 신념이 최고의 통치력을 가졌던 시절에, 질을 자극하는 것만으로는 절정에 오를 수 없었던 여성들은 무언가가 손상된 사람들이라고 여겨졌다. 그러나 매스터스와 존슨이 실험실에서 만들어진 오르가슴조차도 똑같은 신경계에 기반한다는 사실을 보여주기까지는 오랜 시간이 걸렸다(하지만 어떤 사람들은 그것들이 어떻게 만들어졌는지에 따라 진짜 다르게 경험한다고 말한다). 성교 중에 음핵을 직접 자극하는 일 없이 오르가슴에 이른다는 것은 일반적으로 대부분 여성들에게 어려운 일이며, 일부 여성들에게는 불가능하기도 하다. 실제로 질 내부의 벽이 그리 예민하지 않아서 빨리 오르가슴에 이르는 경로를 제공할 확률이 더 적다는 사실을 지적하는 연구들이 있다.[10]

어떤 면에서 동시적 오르가슴에 이르러야 한다는 압력은, 여성들은 질 삽입을 통해서만 절정에 이른다고 생각되었던 과거의 그 시절로 우리를 몰아세울 수 있다. 결국, 남성의 오르가슴을 만들어내는 데 적합한 것은 바로 질 삽입이다. 여성에게는 질 삽입을 하면서 파트너의 손가락, 자신의 손가락 혹은 섹스토이로 직접 음핵을 자극하기에 적당한 위치가 몇 군데 있다. 그렇다 할지라도, 동시적 오르가슴에 대한 시도는 질 삽입의 쾌감을 지나치게 강조하는 것으로 생각된다.

여성들이 바이브레이터 오르가슴 중독에 빠져들까?

사실, 여성들이 오르가슴에 다다르는 가장 손쉬운 방법은 바이브레이터를 사용하는 것이다. 이러한 기구가 외음부와 클리토리스에 제공하는 강렬한 감각은 일부 여성들을(그리고 이를 좋아하는 남성도) 절정에 이르게 하는 데 지극히 효과적이다. 그러나 최근 들어 우리는 바이브레이터가 중독성이 있어서 이를 사용하는 여성들이 다른 방법으로는 오르가슴을 결코 느낄 수 없게 된다는 염려스러운 이야기를 듣고 있다(이는 '오르가슴에 이르는 올바른 길'이 가지는 함정의 다른 버전이다). 우리는 그런 걱정을 할 필요가 없다고 생각한다. 우리는 자신의 애인이나 배우자에게 "자기야 미안해, 난 바이브레이터와 사랑에 빠졌어. 그래서 바이브레이터와 나는 영원한 결합을 위해 이제 파리로 떠나"라는 메모를 남기고 떠나버린 여자에 대한 소문은 들은 적이 없기 때문이다.

재미있게도, 바이브레이터가 섹스용품이 아니라 의료용품으로 생각되던 시절이 있었다. 1880년대 후반과 20세기로의 전환기에, 감정적으로나 육체적으로 불편함을 겪는 중산계급과 상류계급 부인들은 의사를 찾아갔다. 의사들은 이들을 진동하는 판자 위에 눕히거나 진동하는 기구를 그녀들의 성기에 갖다 대어서 '떨림'이나 '히스테리 발작'을 유도함으로써 성적인 울혈을 사라지게 했다. 그런데 정말 이상하게도(그렇다. 이 지점에서 우리는 경멸하고 있는 중이다) 그것이 숙녀들에게 궁극적으로 마음을 안정시키고 기쁘게 해주는 치료가 된 것이다. 비슷한 시기에 전기 바이브레이터가 미국에서 특허를 받았고, 의사들(그리고 환자들)이 '긴장 상태' 그리고 '히스테리'를 불러일으킨다고 믿던 자궁 문제를 치료하는 장치로 판촉되었다.[11] 히스테리의 문자적 의미는 자궁 때문에 생기는 감정 문제이며, 여성의 자궁을 제거하는 수술인 자궁절제술(hysterectomy)의 어원이다. 이 기계를 사용하는 것은 자위로 생각되지 않고 치료로 생각되었으며, 신경을 안정시키기 위해 정기적으로 사용하는 것이 전혀 문제되지 않았다. 우리가 아는 한 여성들이 이러한 '치료'에 중독된 적은 없다. 하지만 그녀들은 이것을 꽤나 좋아했다!

오늘날, 바이브레이터를 치료용이 아니라 성적 용도로 사용하는 것은 흔한 일이 되었다. 어떤 대규모 연구는 모든 연령대의 여성 50% 가까이가 바이브레이터를 사용한 경험이 있음을 보여주었다.[12] '성 건강과 행위에 대한 전국 조사' 역시 미국 여성들이 바이브레이터를 매우 흔하게 사용하고 있음을 보여주었는데, 46.3%가 자위의 용도로, 41%는 파트너와 함께하는 성치료를 위해, 37.3%는 성교 중에 사용한 경험이 있다고 보고했다. 바이브레이터 사용은 여성에게 고통을 주는 것이 아니라, 좋은 섹스와 이에 대한 긍정적 태도가 상호 연관되어 있는 것처럼 보인다. 아주 소수의 여성만이 육체적 혹은 정신적 불편함을 호소했다. 3%의 여성이 약간의 마비 증상을 보고했고, 3%는 통증을 그리고 16%는 과민증을 겪었다고 보고했다. 그러나 이 모든 여성들 대부분이 이는 일시적 증상이었을 뿐이었다고 말했다.[13]

사실 사람들은 바이브레이터의 진동에 익숙해질 수 있다. 육체적 혹은 감정적으로 보상을 주는 행위(오르가슴에 이르는 데 대단히 효과적이라는 보상적 특징을 가진)는 어떤 것이든 반복될 확률이 높아서 확실히 습관으로 변할 수 있다. 만약 우리가 특정 방법을 통해 오르가슴에 이르는 빈도가 높아진다면, 그것이 성공적임을 알기 때문에 그 방법이 무엇이든 상관하지 않고 다시 그렇게 할 확률이 높다. 사실 우리는 그것이 지닌 문제점을 제대로 보려고 하지 않는다. 효용이 있고 모든 사람들이 괜찮다고 느끼면, 그것은 자위나 파트너와의 섹스에서 좋게 사용할 수 있다. 만약 당신이나 당신의 파트너 두 사람 중 한 사람이 바이브레이터에 너무 심취해 있다면, 다른 여러 것들(바이브레이터, 손가락, 혀, 페니스, 혹은 네 가지 전부)을 활용해보기를 권한다. 이들 각각이 만들어내는 감각은 모두 다르기 때문에 창의적으로 조합될 경우 다양한 경로로 오르가슴에 도달할 수 있다는 것을 확인하게 될 것이다.

무엇이 중요할까?

성적으로 만족스럽고 신뢰하고 개방된 관계를 발전시키는 것이 중요하다. 우리는 파트너들이 상대의 성적 욕구에 민감해야 하고, 성교에 대한 보완적 스타일(혹은 스타일들)을 발전시켜야 한다고 생각한다. 이상적으로, 파트너들은 함께 자신들만의 성생활을 탐색하고, 자신들이 진짜 좋아하는 것과 그렇지 않은 것을 발견하며, 새로이 해보고 싶은 것은 무엇인지, 쾌락을 위한 대단히 믿음직한 방법은 무엇인지를 알고자 한다. 그리고 아마도, 가끔씩 바이브레이터 사용을 시도해 볼 것이다.

우리가 이해하지 못하는 것은, 누군가를 잘 훈련된 물개처럼 행동하게 하거나, 이것저것을 해보게 하거나, 언제 어떻게 오르가슴에 다다르는지에 관한 모종의 추상적인 개념을 만족시키기 위해 그들 자신의 성적 반응을 왜곡하는 것이다. 동시적 오르가슴은 분명히 낭만적 개념이긴 하지만, 우리 생각에 이것은 너무 많은 노력을 요구한다. 생각이 아니라 감정에 열중해 있다고 느끼고 싶을 때도 자기 제어에 신경 써야 하거나, 스스로 열정에 휩싸여 있음에도 상대편의 욕구에 많은 주의를 기울여야 한다.

섹스와 성적 쾌락은 개인들에게 매우 특별한 것이라고 조언하고 싶다. 특정의 문화적 지시사항들에 기초한 방법으로 섹스하기 위해서 자신의 방법을 버리지 말라. 특히 신화에 기초한 것들에 말이다.

신화 21

내 파트너 중에 오르가슴을 가짜로 연기한 사람은 없다

잊히지 않는 장면이 하나 있다. 〈해리가 샐리를 만났을 때(When Harry Met Sally……)〉는 시간이 지나면서 오랜 우정이 연애로 바뀌는 이야기를 다룬 영화이다(이 영화는 1988년에 나왔는데, 우리를 믿고 넷플릭스 같은 곳에서 다운받아서 보기를 권한다. 여전히 좋은 영화이다). 두 사람은 남자와 여자 사이의 우정이 단순한 우정일 수 있는지 혹은 성적 매력이 포함되는 어떤 것인지를 놓고 다툰다. 하지만 좋은 친구인 두 사람은 그들 사이에는 어떤 매력이나 끌림도 없다고 단정하면서, 친구로서 상대방의 실패한 연애사를 듣는다. 사실, 이 영화에서 가장 기억에 남는 장면은 어느 레스토랑에서, 여자가 가짜로 오르가슴을 연기할 때 남자가 이를 알아챌 수 있는지를 놓고 두 사람이 다투는 장면이다. 해리는 자신과 함께했던 여자 중 그 누구도 가짜로 오르가슴을 연기한 적이 없다고 자신한다. 샐리는 믿지 않는다.

샐리: 왜? 여자들은 대부분 한두 번쯤은 오르가슴을 가짜로 연기해.
해리: 그래도 내가 만난 여자들은 그걸 거짓으로 연기하진 않았어.
샐리: 어떻게 아는데?
해리: 왜냐하면 내가 아니깐.
샐리: 오, 그래, 맞아, 내가 잊었군, 넌 남자야.
해리: 그게 도대체 무슨 말이야?
샐리: 아니. 모든 남자들은 자기한테 그런 일이 절대 일어나지 않는다고 확신하고 많은 여자들은 한두 번은 그렇게 해. 생각해봐, 뻔하지 않니?
해리: 내가 그 차이도 못 알아차릴 거라고 생각하는 거니?
샐리: 그래.
해리: 여기서 빨리 나가자.

조금 후, 샐리는 신음 소리, 헐떡이는 소리와 얼굴 표정을 제대로 내기 시작했으며, 이후 비명소리는 점점 커져 절정에 달했다가 오르가슴 이후에 오는 조용하고 만족스러운 미소로 끝을 맺는다. 완벽할 정도로 잘 만들어진 가짜 오르가슴은 식당에 있던 다른 모든 사람들을 충격에 빠지게 했으며 동시에 즐겁게 했다. 그들 건너편 테이블에 있던 할머니가 웨이터가 가까이 왔을 때 다음과 같이 말하는 것으로 이 장면은 끝을 맺는다. "저 여자가 먹는 걸로 주세요."

사람들은 오르가슴을 연기하는가? 그렇다. 예를 들어, 캔자스대학에서 행해진 연구를 보면 여성 67%와 남성 28%가 가짜 오르가슴을 연기한 적이 있다고 대답했다. 대부분 페니스-질 성교 시에 그렇게 했다고 대답했지만, 일부는 구강성교, 손으로 하는 자극, 전화 섹스를 하는 중에 그렇게 했다고 말했다.[1] 161명의 젊은 여성을 대상으로 한 좀 더 오래된 연구는 절반 이상이 오르가슴을 연기한 적이 있다고 전해준다. 가짜 오르가슴을 연기한 여성들은 나이가 더 많았고, 자신이 더 매력적이라고 생각했으며, 더 젊은 나이에 성교를 했고, 더 많은 인생의 반려자를 가졌으며(구강성교 파트너를 포함해서), 성적으로 자기를 평가하는 점수가 더 높게 나타났다.[2]

당신이 진짜 오르가슴에 대한 경험이 있다면 오르가슴을 가짜로 연기하는 것은 별로 어렵지 않다. 당신이 어떤 모습으로 보여야 하는지, 어떤 소리를 내야 하는지, 심지어 어떻게 진짜라고 느끼는지도 알고 있다. 우리가 해야 할 질문은 왜 사람들이 오르가슴을 연기하고 싶어 하는가이다. 그리고 훨씬 더 부차적이긴 하지만, 진짜 오르가슴의 신호는 무엇인가, 당신의 파트너가 연기를 한다면 알아차릴 수 있는가 등이다.

왜 가짜로 연기하는가?

오르가슴을 연기하는 대부분의 여성과 남성들은 파트너를 기쁘게 하고 싶어 한다. 그리고 상대가 날아갈 듯이 기뻐하는 모습을 파트너가 진정으로 보고 싶어 한다는 걸 안다. 어떤 여성이 오르가슴에 이르기 힘들어할 수도 있는데, 그 순간 그녀의 파트너가 그녀가 절정에 이르도록 애쓰고 있다는 생각을 하게 되면 일은 더 힘들어질 수 있다. 이유야 어쨌든, 자신이 당장 오르가슴에 이르지 못할 것을 알게 되고, 함께 그 모든 것을 극복하기 위해서(그녀가 사랑하는 사람의 감정이 상하지 않게 하면서) 그녀는 극적인 클라이맥스를 연주해 보인다. 남성들이 펼치는 가짜 오르가슴에 대한 연구는 더 적게 이루어졌지만, 아마도 같은 이유에서 그러한 행동을 하는 것으로 판단된다. 사람들은 누구나 나쁜 애인이라는 느낌을 받지 않으면서 섹스를 끝내고 싶어 한다.

481명의 이성애자 여대생을 대상으로 했던 2014년의 한 연구는 여성들이 가짜 오르가슴을 연기하는 네 가지 공통된 이유를 밝혔다. 파트너의 감정에 대한 배려로 가짜 오르가슴을 연기한다는 점을 고려해서, 연구자들은 첫 번째 이유를 '이타적 기만'이라고 이름 지었다. 그들이 발견한 두 번째 이유는 '공포와 불안'인데, 여성들이 성적 경험과 관련된 부정적 감정을 회피하기 위해 오르가슴을 연기하게 되는 것을 뜻한다. 또한 여성 자신의 '성적 흥분을 높이려는' 노력에서 가짜 오르가슴을 연기하기도 한다. 진짜 오르가슴에 이르기 위해 가짜 오르가슴을 약간 연기하는 것은 도움이 된다. 자신이 느끼는 흥분보다 좀 더 흥분된 듯한 소리를 내는 단순한 일이 진짜 흥분으로 이어질 수 있다. 그리고 마지막은 '성적 폐회'인데, 앞서 이야기했듯이 이것은 섹스를 끝내기 위해서 오르가슴을 연기하는 것이다.[3]

또 다른 연구는 여성들이 자신의 남자 친구와의 관계를 지속시키기 위해 오르가슴에 다다른 척한다고 가정했다. 연구자들은 최소 6개월 이상 관계를 유지하고 있는 50세 이하의 이성애자 여성 453명을 조사했다. 이 조사에서는 파트너가 바람 피울까 봐 걱정할수록 오르가슴을 연기할 확률이 높다는 사실이 드러났다. 그들은 또 가짜 오르가슴을 연기한 적이 있다고 대답한 여성들이 파트너 앞에서 다른 남자와 시시덕거리나 혹은 자기 파트너와 시시덕거린다고 생각되는 사람에게 소리 지르는 것과 같은 '배우자 유지' 행동을 할 확률이 높음을 밝혔다. 하지만 불륜에 대한 불안을 통제하게 되면, 가짜 오르가슴과 배우자 유지 행동 사이의 이러한 상관관계가 줄어든다는 점이 분석 결과 확인되었다. 저자들은 파트너가 부정을 저지를까 봐 불안해하는 여성들을 위해 오르가슴을 연기하는 것이 파트너를 곁에 두기 위한 더 큰 전략의 일부라고 믿는다.[4] 다른 연구들 역시 파트너의 흥미를 유지해서 그가 방황하지 않게 하려는 것이 가짜 오르가슴의 일반적인 이유임을 증명했다.[5]

당신은 구별할 수 있을까?

해리의 말이 옳다고 치면, 정말 그는 함께했던 여성들 중 그 누구도 오르가슴을 가짜로 연기한 적이 없다는 걸 알 수 있었던 것일까? 아마도 그렇지는 않을 것이다. 오르가슴이 단지 신음 소리에 국한되지 않는다는 것을 모든 사람들이 알고 있음에도 불구하고, 오스카상을 받을 만한 신음 소리로 속일 수 있는 사람이 있을지도 모르겠다. 흥분이 고조됨에 따라 숨결뿐만 아니라 심장박동이 극적으로 증가한다. 그리고 오르가슴에 가까워지게 되면 종종 발진 같은 홍조가 전신에서 나타난다. 여성이 오르가슴에 다다르면, 자기도 모르게 자궁 수축과 경련 그리고 항문 괄약근이 조여질 가능성이 높아진다. 자궁은 10~20초 동안 수축으로 인한 강한 후파동을 경험할 수도 있다.[6] 또한 여성의 질은 혈액과 골반 바닥 근육의 조임으로 인해 충혈되고, 구해면체 근육은 질의 전면부가 조이는 느낌을 주는 한편, 역설적이지만 그 뒤쪽은 더 느슨해지는 느낌을 준다. 클리토리스는 오르가슴이 가까워짐에 따라 평평해지고 색깔이 살짝 변한다(연인이 구강성교를 하지 않는다면 이걸 보기 힘들겠지만). 특히 그녀가 질 속에 페니스나 손가락을 삽입하고 있을 때 오르가슴에 도달할 경우, 이 가운데 많은 것들이 파트너에 의해 감지될 수 있다. 전반적인 신체 변화는 꽤나 드라마틱하다. 여성의 오르가슴을 나타내는 것이 단지 몸부림, 머리카락 뒤로 넘기기, 점점 높아지는 소리만은 아니다. 하지만 약간의 교성 그리고 한두 번의 의도적 지림만으로도 많은 파트너들이 충분히 속아 넘어가게 된다.

마찬가지로, 남성의 오르가슴을 나타내는 표현 역시 높아지는 신음 소리, 더 깊은 삽입과 사정만은 아니다. 신체 모든 부위에서 체계적 변화가 나타난다. 남자들 역시 가짜 오르가슴을 연출해낼 수 있다(여성은 약간의 경련을 느끼고 체액으로 젖을 거라고 예상하기 때문에 더 어렵긴 하지만). 하지만 남성이 콘돔을 사용한다면 여성은 그가 사정을 하지 않았거나 오르가슴에 이르지 못했음을 알아채지 못할 수도 있다.

그렇다면 왜 진짜를 경험하지 못하는가?

문제를 직시하자. 오르가슴에 이르기 어렵다는 사실은 우리가 텔레비전과 영화에서 본 섹스 장면이 믿게 만든 것보다 더 일반적이다. 그냥 일부 여성이 아니라 대부분의 여성이 오르가슴을 항상 느끼는 것은 아니다. 대규모 임의표본 연구에서, 71%의 여성과 25%의 남성이 성관계를 할 때 항상 오르가슴을 느끼는 것은 아니라고 대답했다.[7]

공평하게 말하자면, 때때로 오르가슴에 이르지 못한다는 사실 때문에 파트너를 화나게 할지 모른다는 불안이 정당화될 수 있다. 자신의 파트너가 오르가슴에 이르지 못하면, 일부 남성이나 여성들은 부적절감을 느낄 수 있다. 혹은 관계에 대한 매력이 떨어질 수도 있다. 파트너가 이런 식으로 반응할지 모른다는 불안 혹은 직감이 오르가슴을 연기하도록 북돋우고 있는 것이 틀림없다. 오르가슴을 연기하는 것으로는 테크닉이나 성교 스타일의 수정 혹은 관계의 맥락을 바꿀 수 없기 때문에, 가짜로 연기하는 것이 사실 나중에 진짜 오르가슴이 일어날 확률을 낮추어버리는 것 같다. 진짜처럼 연기하는 것은 마침내 생활 방식이 될지도 모른다. 그리해 때때로 수년에 걸쳐 큰 비밀이 만들어지게 된다.

만약 한쪽 파트너가 결코 혹은 거의 오르가슴에 이르지 못한다면, 더 많은 대화가 필요하다. 파트너들은 쾌감을 높이는 테크닉과 그렇지 못한 테크닉에 대해 이야기를 나누어야만 한다(아마 누군가는 너무 세게 문지르거나 삽입하고 있을지도 모른다). 혹은 어떤 삽입 각도가 다른 각도에 비해 더 쾌감을 주는지 알아보기 위해 이를 시험해봐야만 한다. 마찬가지로 관계적 이슈가 오르가슴을 방해한다면 절정을 맛보기에 적합한 감정적 분위기를 만들기 위해 이러한 문제를 다룰 필요가 있다. 의사소통은 성적 즐거움의 초석이다. 이야기 나누는 것이 당황스럽거나 정직한 것이 위험할 수 있다는 두려움은 두 사람의 관계가 안전한 발판을 가지고 있지 못함을 뜻한다. 만약 두 사람의 관계가 둘 사이에 어떤 일이 있는지,

어떤 것이 좋은 느낌을 주는지에 대한 진솔한 대화의 무게를 감당할 수 없다면 이 두 사람이 더 친밀해질 기회를 달리 어떻게 가질 수 있겠는가? 섹스에 대해 이야기 나누는 것은 섹스 그 자체보다 더 친밀한 것일 수 있으며 더 중요한 것일지도 모른다.

물론, 가짜 오르가슴은 특수한 환경에서 사용할 카드일 수 있다. 하지만 이 카드를 너무 자주 사용한다면 게임의 내용이 친밀함과 개방성에서 연극과 부정직함으로 변해버린다. 이것은 큰 변화이다. 비록 연기 솜씨가 너무나 훌륭해서 당신이 절대 알아채지 못하는 경우도 있겠지만, 당신이 진정으로 원하는 작업은 그 관계가 참으로 정직하고 개방적이어서 침대 시트 사이에서 어떤 일이 일어나는지, 그리고 어떤 일이 일어나고 있지 않은지에 대해서 똑같이 정직하고 개방적인 관계를 맺는 것이다.

신화 22

여자들은 침대에서 지배받고 싶어 한다, 거친 섹스가 가장 흥미진진하다

남자들은 도대체 어디서 여자들이 거친 섹스를 좋아한다는 소릴 듣고 믿게 되었을까? 또, 여자들은 도대체 왜 자신들이 거친 섹스를 좋아해야만 한다고 생각하게 된 걸까? 아마 그런 진앙지들 가운데 하나가 대중문화일 것이지만, 예상해보건대 이 관념의 뿌리는 더 깊을 것이다.

영화에서 시작해보자. 여기 영화 한 편을 예로 들어 살펴보겠다. 수년 전 알 파치노가 출연했던 영화 〈사랑의 파도(Sea of Love)〉(1989)는 개인 광고를 통해 만난 남자를 살해한 여성을 찾는 어느 경찰관의 이야기이다. 영화에서 알 파치노는 한 여성을 만나게 되고, 엘런 바킨이 연기한 이 여자를 의심하게 된다(하지만 결국 이 여성은 살인자가 아니라고 판명된다). 하지만 알 파치노는 그녀에게 엄청난 매력을 느끼게 되어서 그녀가 유죄인지를 놓고 고심하게 되었는데, 이는 뭐랄까, '고양이와 쥐' 게임 같았다. 마침내 그들이 섹스를 하게 되었을 때, 그것은 거칠었다. 그들은 서로를 할퀴고, 그는 있는 힘껏 그녀를 벽으로 밀쳤다. 이렇게 우리는 이런 것이 정열의 최고봉이라고 믿게 된다.

하지만 이것이 현실에서 실제 벌어지는 일일까? 여자들이 진짜 이런 걸 좋아할까? 섹시는커녕 무섭다고 느끼는 건 아닐까?

젠더 이미지와 거친 섹스

이 신화는 남자들은 성적으로 자신감이 넘쳐야만 하고, 그렇지 못한 남자는 결국 남자답지 못하다고 암시하는 젠더 역할에서 직접적으로 비롯된다. 남성 신화와 똑같이 만들어진 여성 신화 편은 여자들의 본성은 더욱 수동적이어서 성적으로 자극을 받아야 할 필요가 있다고 이야기한다.[1] 바로 이것이 여자들은 처음에 주저하지만 이내 성적으로 흥분하게 되고, 이후 정열의 불꽃을 태우게 된다고 말하는 '합의에 의한 거친 섹스'이다. 그리고 이 모든 현상은 남성 중심의 성적 주체성에서 비롯된다. 남자들이 노리는 것은 바로 여성의 성적 순종이며, 그가 어떤 강도의 순종을 요구하든 상관없게 된다(폭력이나 육체적 학대까지 포함한다). 불행하게도 '학대'와 '합의에 의한 거친 섹스', 상호 열정 사이에 명확한 경계를 설정하기란 쉽지 않다. 우리의 문화는 성적 이미지들을 통해 이처럼 아슬아슬한 경계에 자양분을 공급하고 있다. 포르노, 영화, 책을 통해 파생되는 성적 개념들을 떠올려보면 쉽게 공감할 수 있을 것이다.

• **빠르고 격렬한 행동**　　섹스 장면에서 남자들의 움직임은 자주 격렬하다. 그들은 여자를 거칠게 붙잡는다. 여자들의 팔, 목, 엉덩이를 하도 단단히 붙잡아서 그게 만약 현실이라면 멍이 들 것 같다. 물론 그 뒤에는 깊고 단단한 삽입이 있고, 이것은 종종 꽤 오랫동안 지속된다. 이게 현실이라면 대부분의 여자들은 단 몇 분 만에 통증을 느끼고 질려버릴 것이다.

• **성적 순종**　　우리의 상상 속에서 여성들은 그저 순종적이기만 한 것이 아니라 그러한 순종이 주는 흥분을 즐긴다. 이를 가장 극단적으로 보여준 것 가운데 대중적으로 성공한 것으로 『그레이의 50가지 그림자(Fifty Shades of grey)』 시리즈(2012)를 꼽을 수 있다. 여기서 스물 한 살의 처녀가 너무나 잘 생기고 똑똑하며 직업적으로 성공한 남성을 만나는데, 이 남자는 지배와 노예적 속박을 좋아하며, 그의 성적 취향은 작은 것에서 큰 것까지 사디스트적인 면모를 보인다. 젊은 여주인공의 성적 즐거움은 주로 그녀의 무력함 그리고 가혹할 정도의 엉덩이 때리기 같은 고통이 수반되는 것들, 한마디로 이런 종류의 '즐거움'을 그저 받아들이기만 할 뿐 아무것도 할 수 없는 무력함이 포함된 아주 거친 섹스에 의해 증폭된다. 남자 주인공이 지나치게 폭력적으로 변할 때 그녀가 이를 멈추게 하긴 하지만, 이들이 함께 즐기는 이런 종류의 섹스는 분명 지배적이고 남성 주도적이며 난폭한 것이라고 말해도 지나치지 않다. 분명 판타지 수준에서 많은 여성들이 이를 자극적으로 여겼으며(어느 순간 모두가 이 책을 읽고 있는 것처럼 보였으며, 우리가 이 책을 집필하는 동안 영화화되었다), 이 책의 성공은 분명 여성을 성적으로

거칠게 대할수록 더 좋아할 것이라는 생각에 거대한 자양분을 공급했다.

하지만 실제 생활에 대한 설명은 더 혼란스러워 보인다. 여성들은 더 거친 섹스에 관심이 있는 것이 아니라, 애인이나 파트너가 더 공격적으로 변할까 봐 염려하는 마음에서 고분고분하게 대응한다는 것이다.[2] 또 여성들이 관계를 계속 유지하고 싶어서 묵묵히 따를 수도 있다. 그래서 그녀들은 좋아하지도 않으면서 상대가 하자는 대로 따라간다.[3]

• 명목상의 저항 거친 섹스를 하고 싶다는 여성 욕구에 대한 과장은, 또한 이것이 남자들이 시작하지만 여자들의 수줍은 응대가 마침내는 성적으로 흥분된 항복으로 나타나게 되는 춤사위의 일부인 뿐이라는 생각에 의해 뒷받침된다. 여성들의 저항에 대한 이와 같은 대략 난감한 오해 그리고 섹스를 하고 싶지 않다거나 특정 종류의 섹스를 하고 싶지 않다고 명확하게 말하는 것들이 두 사람의 관계를 엉망으로 만들어놓을 수 있다. 심지어는 관계를 끝장나게 할 수도 있다. 게다가, '명목상의 저항'이라는 생각, 여자들은 궁극적으로 섹스에 빠져들고 싶기 때문에 남자들은 여자들이 하는 말을 무시하거나 혹은 그 이상으로 자신의 성적 접근을 강력하게 밀어붙여야 한다는 그 생각은 여성들을 성폭력이나 강간의 위험에 빠트리며, 남성들은 성폭력으로 투옥될 위험에 처하게 한다. 실제로, 여자들의 '안 돼요'는 '돼요'를 뜻한다는 신념의 소유 여부는 남성들이 자신이 데이트강간을 했다, 안 했다라고 평가하는 것과 상관이 있었다. 강제적 성관계에 대한 시나리오를 제시했을 때, '안 돼요'가 그저 밀당의 한 부분이라고 믿는 남성들은 여성들이 말로만 저항하고 있는 시나리오에 대해 강간으로 판단하는 비율이 더 낮게 나타났다.[4]

거친 섹스의 결과들

거친 섹스를 했던 일부 여성들은 불편함뿐만 아니라 심지어 고통을 경험하고 있는 것으로 파악된다. ≪뉴잉글랜드 의학 저널≫에 발표된 연구를 보면,[5] 성적 문제를 가진 여성들이 가장 흔하게 호소하는 것이 성교 시 발생하는 통증이었다.

이 여성들 모두가 거친 섹스를 경험한 것은 아니다. 통증의 일부는 폐경기 여성들 혹은 다른 이유로 여성들이 윤활제를 충분히 사용하기 않았기 때문에 나타난 것이다. 남성과 여성은 '후배위'나 남성의 어깨에 다리를 걸치는 것 같은 특정의 체위가 질 축소를 가져와서 매우 깊은 삽입을 가능하게 한다는 것을 알아야 한다. 이처럼 깊은 삽입은 자궁 경부를 세게 건드릴 수 있고, 이것이 강한 통증을 가져오거나 심할 경우 상처를 입히게 된다. 또한 민감성 피부나 골반저 통증같이 이미 문제가 있는 경우 더 심해질 수 있다.[6]

거친 항문 성교 역시 위험하며, 특히 윤활제 없이 이를 시도할 경우 문제는 더 심각해진다. 항문 주변의 섬세한 피부가 찢어질 수 있는데, 이것이 에이즈 감염과 여타의 성병 감염 위험성을 증가시킬 수 있다(그래서 콘돔 사용은 필수적이다). 남자의 등을 긁는 긴 손톱 혹은 손목을 잡고 파트너를 내리누르는 것과 같이 포르노 영화에서 종종 볼 수 있는 행위들 역시 불필요한 상처와 타박상을 입힐 수 있다.

서로를 만족시키기, 안전한 섹스 스타일

거친 섹스는 비록 그것이 시늉뿐이라고 하더라도 상대를 상처 입히고, 당황스럽게 하고, 기분 상하게 하고, 혹은 화나게 할지 모른다(남녀 모두에게 해당하는 말이다). 많은 사람들이 자신이 사랑받고 있는 건지 이용당하고 있는 건지 몰라 당황해하고 의아해한다. 특히 강간이나 다른 폭력의 희생자였던 경험이 있는 남성이나 여성들은 극심하고 부정적인 감정 반응을 보일 수도 있다. 많은 사람들이 거친 섹스에 대한 판타지를 즐긴다. 그리고 일부(우리는 이들의 숫자가 더 적다고 확신하지만)는 일상에서 이를 실제로 즐긴다. 하지만 신사적이고 사랑이 가득 담긴 것이 아니라면 그 어떤 것도 바라지 않는 사람들도 있다.

우리는 거친 섹스 그 자체를 반대하는 것이 아니다. 이것은 흥미진진할 수 있으며, 섹스라이프에 양념이 되어줄 수 있다. 하지만 당신의 파트너(남자든 여자든)가 이것을 좋아할 것이라고 함부로 단정하지 마시라. 물어보고 두 사람 모두가 좋아할 만한 계획을 세우시라.

신화 23

절대 자위는 안 할 사람들만

자신의 파트너가 자위하는 모습을 보게 되면 많은 사람들은 충격을 받는다. 우리는 자위가 성적으로 열등한 행위 내지 파트너가 없거나 있어도 만족을 하기 힘든 경우에 하는 것이라 믿도록 가르침을 받았다. 어쨌든 어젯밤 자기 혼자 보낸 그 멋진 시간에 대해 자랑할 사람은 아무도 없다.

단순하게 표현하자면 자위는 파트너와 함께하는 섹스와는 꽤 다르다. 그건 마치 가려운 곳이 생기면 긁는 것과 같다. 자위는 손쉬운 방법이다. 이것은 당신이 시리얼을 좋아하고, 준비하기도 쉽기 때문에 식사 대신으로 먹는 것과 같다. 말하자면 스테이크보다 시리얼을 더 좋아한다거나, 혹은 파트너가 준비해주는 요리를 좋아하지 않는다는 뜻이 아니다. 성 전문가인 버니 질버겔드는 다음과 같이 말했다.

> 자위를 하는 것에 대해서 그저 하고 싶다는 사실 이외의 다른 이유는 필요치 않다. 당신은 때때로 성적인 느낌이 들 수 있고, 또 혼자이고 싶을 수도 있다(그렇다. 혼자 있도록 만들어진 것이 아니라 그냥 혼자이고 싶은 것이다). 그 순간 타인을 대하고 싶지 않을 수 있고, 그리고 꼭 그렇게 해야 할 이유도 없다. 결국 파트너를 대하려면 에너지와 배려가 요구되는 것이어서 성적인 느낌이 들 때마다 그런 에너지를 소모하고 그런 배려를 하고 싶다고 가정하는 것은 조금 웃기는 짓이다. 우리는 가끔씩 타인의 욕구와 욕망에 대해 그냥, 관심 갖고 싶어 하지 않아도 된다. 꼭, 항상, 그렇게 관심과 배려를 달고 살아야 할 이유 같은 것은 없다.[1]

우리 모두 한다. 그리고 그렇게 하는 것이 좋다

자위는 무척 편리한 것이어서 국민 오락이라 불릴 만하다. 미국 대학생들을 대상으로 한 조사에서 여성의 3분의 2, 그리고 거의 모든 남성들이 지난 3개월간 자주 자위를 했다고 보고했다.[2] '성 건강과 행위에 대한 전국 조사'는 혼자서 하는 자위가 모든 연령층에서 고루 나타나는 가장 흔한 성 행동이라고 밝혔다. 예를 들어, 25~29세 남성 94%와 여성 83%가 삶의 어느 시점에서 자위를 한 경험이 있다고 보고하고 있다.[3] 도대체 자위는 무엇일까? 또 다른 연구들은 성적으로 가장 활발한 사람들이 더 자주 자위를 하고 있음을 보여주는데, 이로부터 우리는 자위가 다른 성행위에 대한 대체 수단이 아님을 알 수 있다.[4]

자위는 파트너의 기능장애 혹은 문제 있는 관계의 증거이기보다는 오히려 건강한 성적 발달과 충동의 한 부분이다.[5] 이것은 당신의 몸이 어떻게 돌아가고 있는지를 알게 되는 방법 가운데 하나이고, 당신에게 흥분을 가져다주는 것이며, 당신이 선호하는 성적 판타지이다. 그리고 당신이 최고의(혹은 가장 손쉽게) 오르가슴을 얻는 방법이다.[6] 자위에 대한 연구는 이것이 오르가슴에 이르는 능력, 건강한 성 기능 그리고 관계에서 오는 성적 만족과 연관된다고 말한다. 또한 자위를 통해 오르가슴을 경험하는 기혼 여성들이 그렇지 않은 여성들에 비해 성생활과 결혼 생활에 대한 만족이 더 크다고 한다.[7] 사실, 자위는 일반적으로 성에 대해 더 긍정적인 태도를 갖게 해주는 경향이 있으며, 오르가슴에 이를 확률을 높인다.[8]

권위 있는 성 전문가들이 수행한 거의 모든 연구와 논평들은 자위가 헌신적 파트너 관계 전이나 그동안에 일어나는 건강한 행위이며, 일생을 통해 지속되는 즐거움이라는 점에 초점을 둔다.[9] 다시 한번, 기존 문헌들은 자위의 교환(오르가슴에 이르도록 터치하기)이 파트너 관계에서 성적 만족을 증가시킴을 보여주고 있다. 사실, 관계에 문제가 있을 때 혹은 파트너 한 사람에게 문제가 있을 때, 성 치료사들은 성적 억제나 오르가슴에 이르지 못하는 문제 그리고 다른 여러 가지 문제들을 치료할 목적으로 종종 자위를 사용한다.[10]

자위에 대한 평판은 좋지 않다

자기 자신이나 파트너의 자위가 많은 사람들을 겁먹게 하는 이유가 있다. 아동학대나 강간 같은 반사회적인 학대 행위를 제외하고 본다면, 성행위 중에 가장 심한 낙인을 받고 있는 것이 아마 자위일 것이다.

자위를 불편하게 여기는 사람들은 특정 계급에서 많이 나타나는 것으로 보인다. 자위를 하면 장님이 되거나 털이 많이 나게 되고, 비위생적이라는 신화가 여전히 우리 주위를 맴돌고 있다. 어쩌면 콜먼[11]이 주장하는 것처럼, 우리의 불편함이 강화되는 것은 아마도 자위가 출산과 무관하게 오직 쾌락만을 추구한다는 이유에서 종교적으로나 문화적으로 이를 금지해온 것과 관련이 있을 것이다. 미네소타대학의 명망 있는 성 치료 프로그램의 수장인 콜먼은 다음과 같이 말한다. "이것이 대인관계와 개인의 기능장애, 성기능장애, 정신장애에서 향후 문제를 초래할 수 있다. 세상의 많은 종교들이 만들어낸 자위에 대한 낙인으로 인해 정신적 소외를 일으킬 가능성도 있다. 당연히 대인관계에서 자위와 관련된 오해들을 불러일으킬 소지도 있다."[12]

파트너가 본다고 해서 문제가 되나?

당신의 파트너가 자위를 즐기고 있는 당신의 모습을 보았다고 해서 걱정할 필요는 없다. 대부분 자위는 당사자와 그 사람이 맺고 있는 관계에 아무런 해도 끼치지 않는다. 데커와 슈미트[13]가 말한 것처럼 "자위는 파트너 간 섹스, 연인 관계와 평화롭게 공존한다". 대학생들은 이런 사실에 동의하는 것처럼 보인다. 자위에 대한 한 연구는 지난 4주간, 만족스러운 성관계를 가진 사람들과 그렇지 않은 사람들 간에 자위 횟수는 별 차이가 없다는 점을 보여주었다. 학생 4분의 3이 자위 그 자체를 섹스의 한 형태로 느낀다고 대답했으며, 이것이 파트너와의 섹스에 영향을 주거나 방해하지 않는다고 대답했다.[14] 하지만 만약 당신의 파트너가 당신을 피하거나 계속해서 자위를 한다면, 여분의 오르가슴을 즐기는 것 이상의 무언가가 일어나고 있을지도 모른다. 집착을 나타낼 수도 있으며, 파트너 간 심리적·정서적 권력을 둘러싼 문제가 있을 수도 있다. 일부 남성들의 경우 자신들의 권리라고 주장할 수도 있으며, 극단적인 상황에서는 파트너에게 너무 화가 난 남성이 성교보다 자위를 더 선호하는 것처럼 행동할 수도 있다. 특히 불만족이 장기화되는 경우 관계 갈등이 자위 횟수를 증가시킬 수도 있다. 그렇다고 해서 이

것이 커플 문제의 원인이라는 뜻은 아니며, 그 증상일 뿐이다.[15]

하지만 이런 문제들이 없다면 자위는 두 사람 사이의 관계나 성생활을 손상시키는 일 없이 파트너 양편에서 받아들여질 수 있다(그리고 받아들여져야 한다).

신화 24

성적으로 흥분되지 않을 때 최음제가 도움이 된다

최음제는 성적 욕구, 쾌감, 혹은 능력을 증가시키는 물질이다.[1] 하지만 그것은 다 주먹구구식이다. 최음제라고 이름 붙은 대부분의 물질이 사실은 최음제가 아니다. 이미 당신의 약장에 놓여 있거나, 자주 방문하는 웹사이트의 장바구니에 담겨 있는 물건들은 당신의 파트너를 격정적인 종마나 색녀로 바꾸어놓는 전설 속의 최음제가 아니다.[2] 어떤 것들은 전혀 효과가 없다. 어떤 것들은 그렇다고 믿기 때문에 효과가 있는 것이고(플라시보 효과), 또 어떤 것들은 환각에 빠지게 하거나 지남력(指南力)을 잃게 만들기 때문이다.[3] 어떤 것들은 한 트럭쯤 삼켜야 효과가 있다(이 경우 그 엄청난 양으로 인해 부작용이 나타날 수 있다). 어떤 것들은 양에 상관없이 위험하다. 어떤 것들은 동물들에게 위험하다. 코뿔소 뿔 분말을 찾는 것은 그 종을 멸종시킬 위험성만 높일 뿐이며, 아무 소용없는 노릇이다.

최음제를 뜻하는 아프로디시악(aphrodisiac)은 그리스어 아프로디시아(aphrodisia)에서 비롯되었는데, 이 말은 성적 쾌락을 의미할 뿐만 아니라 사랑의 여신 아프로디테를 뜻하기도 한다.[4] 최음제를 구하고자 했던 기록은 고대까지 거슬러 올라간다.[5] 고대 그리스인, 로마인, 중국인 그리고 인도아프리카인 모두 남녀의 성적 흥분과 즐거움 그리고 남성의 성적 능력 향상을 위해 일련의 물질들을 처방했다. 심지어 상형문자로 된 초기 문서들조차도 성욕을 높여주리라 예상되는 여러 종류의 묘약과 다양한 식물 뿌리 그리고 잡초에 대해 기록하고 있다. 오늘날 우리가 알아볼 수 있는 물질로는 요힘빈(yohimbine)과 인삼이 자주 거론된다. 자주 거론되는 향신료들로는 육두구, 생강, 사프란, 카카오 등이 있다. 이러한 향신료들은 혈액순환을 증진시킨다는 점에서 효과성에 타당성이 있는데, 혈액순환 향상이 발기와 성적 흥분을 돕기 때문이다. 하지만 성에 대한 무관심을 치료해줄 묘약은 다음번에 소개될 것들에는 들어 있지 않다.[6]

술과 기타 최음제들

어떤 홍분제든 그것이 성적 반응을 향상시켜주기만 한다면 최음제로 분류될 수 있다. 그래서 비타민, 음료와 같은 많은 음식들이 이 범주에 속해왔다. 가장 흔하게는 알코올음료들이 최음제로 여겨졌는데, 그 이유는 알코올이 가진 탈억제 효과가 섹스 발생률을 높이기 때문이다. 또한 알코올이 어색함(자신의 몸에 대해서 어떻게 느끼는지 같은)을 완화시켜서, 열정에 빠져 오르가슴에 이르는 것을 좀 더 쉽게 해줄지도 모른다.[7] 실제로, 알코올이 성욕을 향상시킨다고 믿으면 진짜 그런 일이 벌어진다는 사실을 보여준 연구도 있다. 다시 한번 말하지만 이것은 플라시보 효과이다. 어떤 연구는 사람들이 연구자가 제공한 무알코올 음료를 섭취했음에도 불구하고 자신은 알코올을 섭취했다고 생각해서 성욕을 더 많이 느꼈다고 보고했음을 전해준다.[8] 학생들은 상대방이 자신이 취할 거라고 예상할 때 혹은 파트너로부터 이미 취했다는 신호나 지금부터 술을 마시기 시작할 거라는 신호를 감지할 때 자신의 파트너가 더 매력적으로 느껴진다는 비율이 높아짐을 보여주었다.[9] (신화 40에서 알코올과 섹스에 관한 좀 더 많은 지식을 참고하라.)

물론 잦은 음주와 다량의 알코올은 정맥 혈관을 좁혀서 발기와 오르가슴을 더 어렵게 하기 때문에 우리는 알코올이 만족스러운 섹스에 방해물로 작용할 수 있다는 것을 기억해야만 한다.

흔하지 않은 다른 물질들 역시 최음제로서의 가능성을 두고 연구되어왔다.

• **칸타리스** 칸타리스(cantharides)는 가룃과의 각종 딱정벌레로부터 추출되는데, 혈액순환에 영향을 미치고 염증을 일으키는 성적 무기력에 대해 고대부터 쓰인 처방이다. 한동안 이것은 '스패니시 플라이(spanish fly)'로 홍보되었으며, 진짜 성적 홍분을 가져온다고 알려졌다. 하지만 이것을 사용한 사람들 대부분이 기분 나쁜 가려움과 작열감을 경험했고, 심지어 몇몇 사람들이 죽기까지 하자 이에 대한 열광은 한풀 꺾였다. 이 물질이 제공하는 약간의 쾌락에 비해 중독 효과가 심각할 정도로 우세하다는 점이 간과되었던 것이다. 결국 '스패니시 플라이'는 지하로 숨어버리거나 유통에서 완전히 사라져버렸다.[10]

• **요힘베** 요힘베(yohimbe)는 식물성 기반의 물질로 강력한 최음제로 일컬어져 왔지만, 이것이 성적 흥분을 높여준다는 충분한 근거는 없다. 몇몇 동물 실험에서 실험 대상이 요힘베를 섭취한 후 더 강하게 발기한다는 사실이 확인되었고, 사람의 경우 약 기운이 있는 동안 더 많은 쾌감을 느꼈다고 보고했다. 하지만 연구가 진행되는 동안 사용자들이 자신의 약물 복용 사실을 알고 있었다는 사실을 감안해야 한다.[11]

• **인삼** 인삼(Panax ginseng)은 동양의학에서 전통적인 약재로 쓰이는 식물이며, 해면체(페니스와 클리토리스에서 발견되는데, 성적으로 흥분되어 이들 해면체들이 혈액으로 가득 차면 발기한다)를 포함한 여러 장기의 혈관에서 산화질소의 합성을 유발한다. 산화질소 반응은 동물과 인간에 대한 실험연구 모두에서 확인된다. 하지만 나머지 물질들과 마찬가지로, 그 어떤 연구도 관측 결과의 테스트를 위한 이중맹검법을 사용하지 않았다.[12]

• **두꺼비 껍질과 분비샘** 두꺼비라는 말은 전혀 섹시하지 않다, 그렇지 않은가? 하지만 이 동물의 신체 일부가 환각을 유도하는 성분을 지니고 있다. 이것은 인도와 중국에서 흔히 사용되는데, 매우 강한 중독성을 나타낼 수 있다.[13]

인류 역사에서 모든 사람들은 분위기를 사로잡을 수 있고, 매번 황홀한 섹스를 경험하게 해줄 마법의 물질을 찾고자 노력해왔다. 하지만 진실은 아직 그만한 물건을 찾지 못하고 있다는 것이다. 이에 관해 적은 수의 연구가 있을 뿐이다(많은 연구들이 방법론적 문제를 가지고 있다). 이런 물질들이 작동하는 메커니즘이 불명확하게 밝혀진 상태이고, 또 우리는 이 물질들이 일으킬지 모르는 부작용에 대해 아는 바가 없다.[14]

최음제로 오해받는 물질들

암페타민, 코카인, 카페인, 칸나비스 그리고 마리화나는 중추신경계를 자극하는데, 일부 사람들의 경우 성적 흥분을 일으키는 자극이 강해진다고 느낀다. 이런 약물들 중 일부를 사용해 더 많은 쾌감을 느낄 수 있을 뿐만 아니라 더 자연스럽고 예민한 감각으로 성교에 임할 수 있다고 보고하는 사람들이 많다. 하지만 다시 한번 강조하지만, 이러한 효과의 많은 부분이 플라시보 효과인지 아닌지에 대해 명확한 연구 결과가 없는 상태이다. 이에 더해, 이런 물질 가운데 일부는 미국 대부분의 주에서 그 사용이 불법이며, 부작용을 가지고 있다. 암페타민은 일부의 사람들을 매우 신경질적으로 만들어 무언가에 집중하는 것을 불가능하게 만든다. 카페인 역시 같은 효과를 보일 수 있으며, 코카인은 중독을 일으킨다. 더 위험할 것으로 예상되는 물질들로는 콜라나무 열매, 빈랑나무 열매, 그리고 과라나 추출 물질이다. 이들 역시 감각을 고양시키고 심장박동을 빠르게 하는데, 아프리카, 아시아, 라틴아메리카 일부 지역에서 널리 사용되고 있다. 이와 같은 식물성 제품들은 타닌 성분이 들어 있어 소화기 문제를 일으킬 수 있으며, 나아가 암과 연관성을 보인다.[15]

최음제로 권유되어오긴 했지만, 이 물질들 가운데 그 어떤 것도 구체적인 성적 효과가 증명되지 않았다. 정확히 말하면 성적인 감각을 올려줄 것 같은 느낌이 신체 전반적으로 나타나는 정도이고, 이마저도 개인차가 크게 나타난다. 이들 물질들이 일부의 사람들이 흥분을 느끼도록 돕지만, 그 가운데 일부는 다른 유익한 잠재성을 감소시킨다.[16]

최음제가 아니라 펌프일 뿐

발기를 향상시킨다고 증명이 된 유일한 물질은 실데나필(sildenafil, 비아그라), 바데나필(vardenafil, 레비트라)과 같은 인산디에스테르 가수분해효소 5(phosphodiesterase 5: PDE5)이다.[17] 신화 42에서 자세히 이야기하겠지만, 이 약물들은 다른 방법으로는 발기가 되지 않는 남성만을 위한 것이다. 이 말은 이것이 즐기기 위한 것으로 사용되는 그런 약들이 아니며, 또 정상적인 발기를 더 강한 상태로 해주는 약들이 아니라는 것이다. 다시 한번, 이것은 최음제가 아님을 분명히 해야 한다.

한층 더 위험한 것들로는 리비드핏(Libidfit), 사티보(Satibo), 비아맥스(Viamax)처럼 식물성 대용 물질들인데, 종종 이 제품들이 인터넷에서 조제약에 대한 식물 기반의 대체물질로 판매되고 있다. 이런 약물들은 규제를 받고 있지 않으며, 몸에 해로울 수 있다.[18] 리비드핏은 실제로도 고소를 당했고, 불법적으로 거래되고 잠재적으로 해를 가져올 수 있다는 이유로 시장에서 축출되었다.[19] 미국식품의약국의 최근 조사에 따르면, 약초나 순수 식물성 추출물로 판매되고 있는 일부 보조식품들이 실데나필과 바데나필 성분과 비슷한 약성을 가지고 있음을 알 수 있다. 예를 들어서 보조식품인 위켄드워리어(Weekend Warrior)는 티오실데나필(thiosildenafil)을 함유하고 있는데, 이 성분은 비아그라의 유효 성분과 매우 유사함에도 불구하고 약병에 성분표시조차 되어 있지 않다.[20] 이 물질들은 다른 약물과 상호작용할 수 있는데, 자신의 병력에 따라 일부 남성들은 절대 이것을 섭취해서는 안 된다. 그래서 남성들이 제대로 알지 못하면서 이런 화학물질을 섭취하는 것은 매우 위험하다.

또한 개발 단계에 있는 여성용 약물들이 있다. 성욕이 너무 낮거나 아예 없는 여성들의 성욕을 높이기 위한 것으로, 흔히 여성용 비아그라로 불리는데, 문제는 이것이 여성의 생식기가 아니라 뇌에서 작용한다는 점이다. 이런 약물들은 섭취 후에 바로 흥분을 일으키지 않는다는 점에서 진정한 의미의 최음제가 아니다. 이 약물들은 장기간에 걸쳐 리비도를 상승시키겠다는 목적으로 지속적으로 복용해야 한다. 적어도 한 가지 제품이 임상 실험을 통과했지만, 아직 FDA 승인을 받은 제품은 없다.[21]

그렇다면 왜 최음제에 대한 해묵은 요구들은 계속되는 걸까?

자신이 성적으로 부적절하다고 느끼는 사람들이 많이 있음이 분명하다. 남자들은 자신의 페니스가 더 크고 더 단단해야만 한다고 느끼거나, 더 긴 시간 동안 성교를 해서 파트너를 더 만족시켜야 한다고 느낀다. 만약 파트너가 성적 흥분을 느끼지 못하거나 혹 오르가슴을 느끼는 데 문제가 생기면, 남자들은 여자를 한 마리의 여우로 만들어주는, 즉 수컷 파트너의 기량과 섹시함에 완전히 사로잡히

게 하는 그런 마법의 알약을 바라게 된다. 전혀 혹은 거의 오르가슴을 느끼지 못하거나 연인의 다정한 구애에도 불구하고 성적 흥분을 느낄 수 없는 여성의 경우, 이들은 (설사 늘 그런 식이었다고 하더라도) 파트너를 더 갈망하게 만들고 쾌감을 증폭시켜주는 '마법의 약'에 힘입어 그 당혹스러움을 끝내고 싶어 할 것이다. 우리는 이처럼 쉬운 대답을 좋아하는 족속이다. 하지만 지금까지 그런 쉬운 대답은 존재하지 않는다.

앞서 살펴본 바와 같이, 사람들이 사용하는 화합물들이 일부는 효용이 없을뿐더러, 일부는 위험하거나 치명적이다.[22] 성적 흥미나 성적 에너지 부족을 치료하고자 찾아오는 환자들을 대하는 대부분의 치료사들은 파트너 한쪽이 우울하지는 않은지, 또는 극심한 피로감을 경험하고 있는 건 아닌지 같은 관계적 속성을 검토하려 할 것이다. 또한 그들은 각 파트너들이 복용 중인 약물을 살펴본다. 프로작과 졸로프트를 포함하는 선택적 세로토닌 재흡수 억제제(selective serotonin reuptake inhibitors)가 우울과 불안을 치료하기 위해 널리 사용되는데, 이것은 성욕에 영향을 준다고 널리 알려져 있다. 다른 약물들 역시 이러한 효과를 가질 수 있다. 환자의 건강 일반을 세세히 살펴본 의사에 의해 안전하고 적합하다고 간주되고, 또 효과가 좋으면서도 생명을 위협하지 않는 그런 특수치료(외과적·화학적)들이 발기부전의 문제를 가진 남성들을 위해 수도 없이 많이 존재한다(다시, 신화 42를 참고하라).

그렇지만 그런 마술 같은 효과를 가지는 알약, 가루약, 비타민 같은 것은 없다. 성욕(자신과 상대방의)은 우리가 원하는 것처럼 그렇게 쉽게, 또 그렇게 빨리 일어나지 않으며, 우리가 할 수 있는 유일한 것은 그저 노력하는 것이다. 좋은 소식은 노력 그 자체에서 재미를 맛볼 수 있다는 것이다.

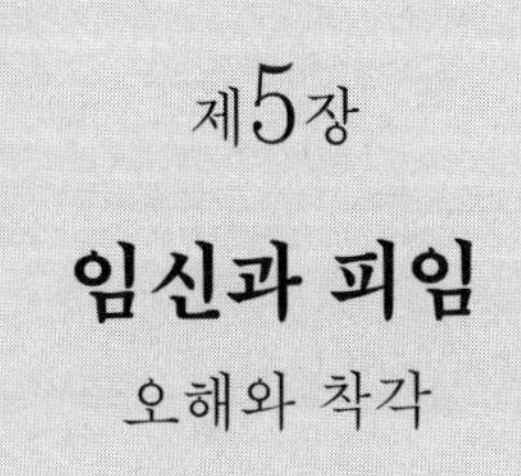

제5장

임신과 피임

오해와 착각

50 Great Myths of Human Sexuality

신화 25

황당한 피임법들: 그렇게만 했어도 임신 안 됐을 텐데

흔히 들어왔던 사이비 과학으로 포장된 충고와 어처구니없는 황당한 피임법들로 시작해보자. '처음 한 번의 성관계로 바로 임신되는 일은 없어', '뜨거운 탕 목욕을 하면 열이 정자를 죽인다', '탄산음료를 많이 마시면 정자를 죽인다', '관계 후 바로 뒷물하면', '관계 후 탄산음료로 뒷물하면', '한 발로 서서 뛰면' 피임이 된다는 황당한 말도 떠돈다.

그런데 정말로 그렇게 믿는 사람들이 많다는 사실이 놀라울 따름이다. 이는 사실을 회피하는 변명과 같다. 피임을 대비하지 못한 성관계를 합리화하기 위해 흔히 들어왔던 말을 반복한다.

그래서 우리는 당신이 적극적으로 피임을 위한 노력을 기울이지 않으면 임신이 될 수 있으며 나중에 구차한 변명도 소용이 없을 것이라고 말해주려 한다. 언제, 어디서, 어떻게 당신이 성생활을 하든 임신 가능성이 도사리고 있다는 것을 상기시켜주고 싶다.

첫째, 생물학 복습하기

피임 없는 성교의 임신 가능성을 알기 위해 먼저 어떻게 임신이 되는지 알아야 한다. 학교에서 이미 배웠겠지만, 잠깐 월경, 배란, 임신의 생물학에 대해 복습해보자.

여성은 출생 시 난자를 가지고 태어난다(이와 다르게 남성은 사춘기가 되어서야 정자를 생산하기 시작한다). 약 9세에서 16세 사이에 월경이 시작되며 여성 호르몬에 의해 매월 월경주기가 조절된다. 매달 두 가지 중요한 일이 일어난다. 각 주기마다 난소 안에 있는 한 개의 난자는 성숙한 뒤 배란이 되어서 난관(나팔관)을 따라 자궁에 도달한다. 동시에 자궁내막 조직은 수정된 난자가 잘 자랄 수 있도록 준비한다. 만약 난자가 수정이 되지 않으면 자궁내막의 조직과 혈액이 질을

통해 배출되며, 이것을 월경이라고 한다.[1]

월경의 첫날을 월경주기의 1일로 정한다. 대부분의 월경주기는 약 28일이며 보통 주기의 중간, 즉 13일째에 배란이 된다.[2] 나중에 나오겠지만 임신할 가능성은 월경주기의 배란일과는 다르다는 것을 명심하라.

난자가 수정되어 임신이 되려면 당연히 정자가 필요하다. 보통 사정한 정액에 대략 수억 개의 정자가 들어 있다. 질에 사정이 되면 정자는 자궁을 통해서 난관을 지나 정자를 기다리고 있는 난자로 향한다. 정자의 일부는 질의 산성 때문에 죽고, 일부는 백혈구의 공격을 받아 많이 소실된다. 마침내 약 1000~2000개의 정자들만이 난자에 도달한다.[3] 정자 무리가 난자 주위의 외벽('zona pellucida'라고 불린다)을 동시에 공격하며 구멍을 만드는데 정작 운 좋은 단 하나의 정자만이 난자의 세포 속으로 쏙 들어간다. 수정이 되면 그 구멍은 닫혀서 더 이상 다른 정자가 들어오지 못한다.[4]

둘째, 가임기 계산하기

임신 가능성을 계산하는 데 생물학 지식뿐만 아니라 간단한 계산이 필요하다. 한번 난자가 배란이 되면 약 12~24시간을 생존한다. 정자는 여성의 생식기 안에서 3~5일을 생존할 수 있으며, 그 시간을 난자를 향해 헤엄치는 일로 보낸다(현미경으로 보자면 길고 긴 여행이다).

이를 동시에 감안하면 가임기는 약 6일 정도가 된다. 보통 배란 전 5일(정자가 기다리는 기간)과 배란일(난자가 정자를 기다리는 기간)이다. 그리고 매달 이런 일이 반복된다.

26일에서 32일 주기로 규칙적인 월경주기를 가진 여성에게는 가임기가 8일에서 19일 사이가 된다. 그러나 주기가 길거나 짧을 경우에는 가임기가 달라진다.

피임법 중 배란주기법은 자신의 월경주기 중 가임기를 계산해서 그 기간에는 성생활을 하지 않거나 콘돔을 쓰는 방법이다. 6~12개월간의 월경주기를 추적해서 가장 짧은 주기와 가장 긴 주기를 감안해 가임기를 계산해야 한다. 배란주기를 아는 다른 방법으로는, 자궁경부 점액이 배란기에 유난히 많아지면서 잘 늘어나는 것을 관찰하거나, 기초체온이 배란기에 급격히 상승하는 것을 측정하는 방법이 있다. 배란주기법은 주의를 기울이는 세심한 노력을 해야 하고, 월경주기가 일정한 여성에 한해서만 적용된다는 한계가 있다.[5]

셋째, 임신 확률 통계 보기

언제 배란이 될지 정확히 알기 어렵기 때문에, 연구자들이 단 한 번의 성교로 임신될 수 있는 확률을 통계적으로 추산해보았다. 가장 최적의 추산으로 가임 커플이 한 번의 성교로 임신될 확률은 3.1%라는 추정치가 나왔다.[6]

실제로는 성교를 하는 시기에 따라서 다르다. "월경주기의 처음 3일간의 임신 확률은 무시해도 좋다. 7일째에는 임신 확률이 2%이다. 임신 확률은 9일에서 13일 사이에 정점을 나타내고, 그 이후로는 점점 감소해서 40일 이후에는 1% 정도이다."[7]

이 통계를 보면 아주 적은 확률로 임신이 되는 것처럼 보이지만, 이것은 여성 개개인에 따라 매우 다르므로 신중해야 한다고 연구자들은 경고한다. 첫째, 이 확률은 청소년, 폐경기로 진행되고 있는 여성, 월경주기가 불규칙한 여성, 난임 여성의 경우는 적용되지 않는다. 둘째, 흡연, 성병, 파트너의 가임력 등과 같이 임신에 영향을 미치는 요인들을 감안하지 않았다. 그래서 다음과 같이 결론을 내렸다.

> 제시한 임신 확률은 여성 개개인에게 적절한 추정치를 제공하지 못한다. 어떤 특정 주기에 있는 여성일지라도 월경주기마다 약 6일 정도의 가임기가 있다는 사실을 감안하는 것이 도움이 된다.[8]

또한 통계상 고려해야 할 점이 있다. 첫째, 미국에서 매년 모든 임신(성인과 청소년 포함)의 반은 계획하지 않은 임신이라는 사실이다. 이 사실은 커플들이 자신이 원하는 때에 임신을 하려고 노력하지 않는다는 것을 뜻한다. 커플의 반이 노력하지 않아도 임신이 된다는 것은 준비하지 않은 임신이 상당히 많이 발생한다는 뜻이다.

실제 피임을 하지 않은 100쌍의 커플 중에서 85쌍이 1년 내에 임신이 된다. 미국에서 100쌍의 커플 중 18쌍이 콘돔을 사용하고, 9쌍이 피임약을 먹고, 6쌍이 피임 주사를 맞고, 1쌍 미만이 자궁 내 장치(intrauterine devices: IUDs)* 또는 임플라논(Implanon)**을 사용한다.[9] 이를 보면 피임법을 적절하게 사용하지 못하거나 빠뜨리고 잊었다는 것을 알 수 있으며, 제대로 피임을 했다면 1년 이내 임신될 확률은 더 줄어들었을 것이다.

마지막으로, 상식으로 생각하기

학교에서 배운 것을 상기해보자. 생물학, 계산, 확률 통계는 옳은 답과 틀린 답이 있다. 만약에 학교에서 배우지 못했거나 잊어버렸다면, 그리고 잘못된 피임 상식으로 피임했다면, 아마 1년 내에 85%의 커플은 성관계를 침대에서 하든지, 마룻바닥에서 하든지, 아니면 얼음 위에서 하든지 피임에 실패했을 것이다. 임신될 확률은 그것이 첫 번째 관계이든 500번째 관계이든 변하지 않는다. 황당한 피임법을 다시 보자. 열은 장기간에 걸쳐 정자 수를 감소시키지만 뜨거운 탕 목욕을 했다고 임신이 안 되는 것은 아니다.[10] 탄산음료는 정자에 아무런 영향이 없다.[11] 성교 후 뒷물은 실제로는 정자가 자궁 쪽으로 헤엄쳐가는 것을 도와줄 뿐이며, 오히려 당도가 높은 음료로 뒷물을 하게 되면 곰팡이 염증 같은 감염의 우려가 있다.

그래서 피임했다고 변명하기를 멈추고 터무니없고 황당한 피임법은 잊어버리시라. 시중에서 콘돔을 쉽게 구입할 수 있고 약국이나 병원에 가면 적절한 피임법 상담을 받을 수 있으므로 자신에게 맞는 방법을 적용하는 것이 중요하다. 피임을 위해 제대로 주의하지 않으면 임신이 되는 것은 매우 당연한 일이다(반대로 보면, 임신을 원할 때는 월경주기 중 가장 최적의 시기를 찾는 정보를 알아낼 수 있을

* 여성의 자궁 안에 삽입하는 피임용 도구로, 한국에서는 '루프'라고 부르기도 한다.

** 피하 삽입형 피임호르몬으로, 한국에서는 '임플라논'이라는 상품명으로 산부인과에서 시술한다.

것이다).

성교를 하지 않거나 금욕 생활을 하는 경우가 아니라면, 피임을 위해서, 그리고 당신과 당신의 파트너가 성병이 없다고 알고 있더라도 성병 감염을 예방하기 위해서, 콘돔 피임법을 권장한다.

신화 26

피임약과 피임법은 여성의 건강에 실제로 해롭다

피임을 하기 위해 인류는 여러 도구, 약, 마술 등을 사용해왔으며, 그 역사는 매우 오래되었다. 6세기에는 여성이 왼쪽 발에 고양이 간을 넣어두었고, 13세기 이슬람 여성은 늑대가 싼 오줌에다 소변을 보면 피임이 된다고 했다. 또 버드나무 잎을 갈아서 먹거나 기타 위험한 약물을 마시곤 했다. 중세에는 여성들이 납, 비소, 수은, 스트리키닌(strychinine)과 같은 약이 피임이 된다고 믿었다. 또 정자의 진입을 막는다는 이유로 포도주를 적신 양모 솜, 스펀지, 코끼리 대변, 금구슬 등을 질 안에 삽입했는데 이는 카사노바가 살던 시대에 매우 유행했다.[1]

현대에 들어와서 우리는 피임을 위해 스트리키닌 약물을 마시거나 배설물을 질 안에 집어넣은 것보다는 더 나은 피임법을 알고 있으며, 1950년대까지도 유행했던 정자를 죽이는 방법으로 리졸(Lysol)을 포함한 뒷물을 할 때도 분명히 두 번이나 고민했을 것이다.[2] 최근 피임에 대한 지식과 주의사항이 많이 알려져 있는데도, 사람들은 현재 사용하는 피임법이 안전하지 않다고 걱정한다. 피임약은 암을 유발하고, 임플란트는 팔에 깊이 박는 수술을 해야 하며, 자궁 내 장치는 불임을 초래한다는 우려가 팽배하다. 이러한 우려는 과거에 합병증이 나타났던 일부 피임법의 역사 때문인데, 현재 대부분 피임법들은 안전하다.

우리는 이제 피임약, 호르몬 피임법, 자궁 내 장치의 역사를 검토하고 안전 이슈에 대해 설명하며 여성에게 대개 안전하다는 것을 재차 강조할 것이다. 다만 이 방법들이 전혀 부작용이 없거나 모든 여성에게 적절하다는 것은 아니라고 경고해둔다. 따라서 여성과 파트너는 의사와 상의해 자신에게 적합한 방법을 선택하는 것이 좋다.

피임약

1960년대에 미국에서 최초로 먹는 피임약이 승인을 받았으며, 개발된 후 10년이 지나서 시장에 출시되었다. 대조적으로 임플란트는 1960년에 개발되었으나 1990년까지 출시되지 못했다.[3] 피임약은 배란을 억제하는 새로운 피임법이어서 장기적·단기적으로 여성 건강에 미치는 부작용에 대해 우려가 많았다. 장기간 배란을 억제하게 되면 나중에 임신을 원할 때 불임 문제가 발생하리라는 점과 암의 위험을 높이는 점이 주된 걱정이었다.

처음에 나온 복합피임약(combination oral contraceptives: COCs)은 에스트로겐과 프로게스틴(프로게스테론의 합성체) 성분이 들어 있었다. 초기의 피임약은 현재 시장에 나와 있는 피임약에 비해 호르몬이 상당히 높은 농도로 들어 있었다. 그래서 제약회사들은 재빠르게 배란을 억제할 정도의 농도로 낮추어서 출시했다. 처음 출시된 복합피임약에는 150마이크로그램의 에스트로겐과 9.85밀리그램의 프로게스틴이 들어 있었다. 5년 후에는 100마이크로그램의 에스트로겐과 2.5밀리그램의 프로게스틴으로 낮아졌다.[4] 그 이후 농도가 점점 낮아져서[5] 현재는 에스트로겐이 20마이크로그램으로 최소화되었다.[6] 오늘날에는 프로게스틴만 들어 있는 약도 출시되고 있다 — 이것을 미니필(mini-pill)이라 부르기도 한다. 다음에 나오는 대부분의 연구들은 두 가지 호르몬이 들어 있는 복합피임약에 관한 것이다.

제1세대 피임약은 많은 부작용을 초래했다. 두통, 어지러움, 구토가 보고되었다. 출시되고 2년간 심각한 부작용, 즉 중풍, 정맥 혈전증과 심근경색 등이 보고되었다. 이러한 부작용 발생 원인이 고농도의 호르몬에 의한 것이기도 하지만, 의료인들의 경험과 지식 부족으로 적절하지 않은 여성에게 처방을 한 측면도 있다. 그 이후 조사연구를 통해 고혈압, 과거 심혈관 질환 경력이 있거나 흡연 여성들은 부작용 위험이 크다는 사실을 밝혀냈다. 이렇게 병력이 있거나 금기 조건이 있는 여성들에게는 의료인들이 피임약을 먹지 못하게 한다.[7]

이렇듯 안전한 피임약이 개발되어 시중에 판매되고 있지만, 여전히 잘못된 오해와 신화들이 지속되고 있다. 신뢰할 만한 의학 저널 ≪피임기술(Contraceptive

Technology)≫은 피임약과 관련해 잘못된 신화에 대해 제대로 설명해주고 있는데, 그 내용의 일부를 소개한다. 그저 훑어보는 독자들이 혼동하지 않기 위해서(모든 분들이 그렇지 않겠지만), 다음에 나오는 내용은 긍정적이고 믿을 만하다는 것을 밝혀둔다.

• **피임약은 불임을 초래하지 않는다** 피임약이 영구 불임을 가져온다는 우려가 계속 제기되었지만, 실제 조사 결과는 그렇지 않다. 1960년부터 2007년까지 발행된 모든 연구를 포괄적으로 검토한 결과 피임약 중단 이후에 가임력이 빠르게 회복된다고 한다. 대부분 피임약을 끊게 되면 2주 만에 월경이 시작된다. 그리고 피임약을 끊은 여성이 1년 안에 임신될 확률은 74%에서 94%라고 연구조사에서 밝히고 있다.[8]

• **피임약은 유방암 위험을 높이지 않는다** 고농도 호르몬이 함유된 과거 피임약은 유방암 발생 확률을 약간 높인다고 보고되었다. 그러나 1975년 이후, 최근 피임약일수록 그런 위험은 없다. 이 주제에 관해서 많은 연구가 있었고, 다양한 연구 설계와 결과가 발표되었다. 유방암이 있는 여성과 없는 여성을 비교하는 비교대조군 연구•에서도 차이가 없었다. 영국 왕립 의사협회(Royal College of General Practitioners)가 시행한 대규모 연구에서도 두 집단 사이에 유방암 발생 위험의 차이는 없었다. 심지어 BRCA1과 BRCA2•• 유전자를 가진 여성과 유방암 가족력이 있는 여성을 대상으로 한 조사에서도 피임약이 유방암 발생 위험을 증가시키지 않았다.[9]

흥미로운 것은 피임약이 난소암과 자궁내막암에 대해 예방 요인으로 작용한다는 것이다. 난소암은 보통 말기에 발견되는 매우 치명적인 부인암으로, 복합피임약을 복용한 여성이 난소암에 덜 걸린다고 한다. 적어도 10년 이상 피임약을

• 병이 있는 집단과 병이 없는 집단의 특성을 비교해 병인을 밝히는 연구방법론이다.

•• 유방암의 발병과 관련성이 높다고 알려진 유전자들이다.

복용한 여성이 난소암에 걸릴 확률이 80% 낮아진다는 연구 결과가 나왔다. 영국 왕립 의사협회는 39년간 피임약을 복용한 여성과 복용하지 않은 여성을 추적했는데 복용한 여성이 난소암으로 사망할 확률이 47% 감소했다고 보고했다.[10]

비슷한 결과가 미국에서 매년 4만 명 이상의 여성에게 발생하는 자궁내막암에서도 나타났다. 1년간 복합피임약을 복용한 여성이 자궁내막암에 걸릴 확률이 40% 감소한 반면, 10년간 복용한 여성은 그렇지 않은 여성에 비해 그 위험도가 80%나 감소했다. 게다가 피임약을 중단해도 방어적 효과는 추후 20년간 지속되었다.[11]

• **피임약은 여성의 성욕을 감소시키지 않는다** 누구나 약에 대한 부작용을 다르게 경험하는 것처럼 일부 여성들은 피임약을 먹을 때 성욕이 감소한다고 한다. 그런데 이런 불편함이 있다면 참아야 할 당연한 것처럼 여길 것이 아니라 의사와 상의하길 바란다. 이러한 부작용들(성욕 감퇴, 우울한 기분, 유방통 등)은 제조회사가 다른 약으로 바꾸어 복용하거나 용량을 조절하면 없어질 수도 있다.

그러나 대부분의 여성에게서는 이러한 일이 잘 일어나지 않는다. 사실 임상경험으로 보았을 때 성욕 감퇴가 나타나는 사례는 약 1~5% 정도이다. 드로스피레논(drospirenone)을 포함한 단일 피임약을 복용한 여성을 대상으로 한 연구에서는 성적 즐거움과 만족이 증가하고, 오르가슴의 횟수가 호전되었으며, 성욕 변화는 없었다고 보고되었다.[12]

• **피임약은 여성의 체중을 증가시키지 않는다** 어떤 여성은 피임약을 먹고 체중이 늘었다고 불평하기도 한다. 피임약을 먹는 여성들은 체중 증가 원인을 종종 피임약에 돌리기도 한다. 임상시험을 하게 되면 이를 입증하는 것처럼 결과가 나오는데, 그 이유는 피임약을 먹는 여성이 체중이 늘면 피임약 탓으로 여기기 때문이다[비록 처음 임상시험에 참여한 프레시맨피프틴(freshman fifteen)•이든

• 프레시맨피프틴은 미국 대학 입학 후 건강한 식습관을 유지하지 못해 체중이 15파운드(약 7kg)가량 늘어난

체육관 멤버십이 끝난 결과이든]. 이러한 논란을 규명하기 위해, 피임약 복용 여부를 모르게 한 위약(placebo)을 먹는 집단과 피임약을 먹는 집단을 비교했더니, 체중이 증가하는 여성 비율은 양쪽 집단에서 비슷하게 나왔다.[13]

그렇다고 피임약 복용의 부작용을 과소평가해서는 안 된다. 최근에 저용량 피임약도 고령, 비만, 과도한 흡연, 유전적 소인 등 위험인자가 있는 여성이 복용하면 정맥혈전증, 즉 혈액응고의 위험을 높이는 것으로 나타났다. 특히 피임약을 복용하기 시작한 첫 3~12개월에 정맥 혈액응고 위험이 높다. 그래서 의사들은 새로 복용을 시작한 사람에게(최근 피임약의 종류를 바꾼 경우도) 다음과 같은 증상이 나타나는지 주의를 준다. 복통, 가슴통증, 두통, 시야가 흐릿해지는 시력 변화, 심한 다리 통증 같은 것은 혈액응고 현상이 의심되는 증상들이다. 이러한 증상에 대해서는 피임약을 복용하는 중인 여성들도 주의해야 한다. 이러한 증상은 영어 ACHES(abdomen, chest, headache, eye, severe leg pain) 단어의 첫 글자를 떠올리면 기억하기 쉽다.

최근 호르몬 피임법에 대한 연구

미국에서는 상품명 야즈(Yaz)와 야스민(Yasmin)이라는 신세대 피임약과 누바링(NuvaRing)•이라는 피임법에 대한 논란과 법적 소송이 진행되어 미디어에서 크게 보도된 바 있다. 그리고 오소 이브라(Ortho Evra)라는 피임패치 등에 대한 논란과 법적 소송이 진행되어 미디어에서 크게 보도된 바 있다. 이들은 새로 개발되어 시판된 세 가지 최신 호르몬 피임법이다. 입증되지 않은 이야기들은 이 방법들이 여성에게 피임약보다 혈액응고 위험을 증가시킨다고 했다. 게다가 건강한 젊은 여성에게서 치명적인 혈액응고가 발생한 일련의 사례들이 발생해, 이 상품의 제조를 반대하는 법적 소송이 제기되었으며, 위험성 증가를 여성들에게 경고해야 한다고 주장하고 있다.

1학년 학생들을 말한다.

• 피임호르몬이 들어 있는 둥근 고리 모양의 링으로, 여성의 질에 삽입하는 피임 방법이다.

이 사건에 대한 기사는 센세이셔널했다. 2013년 12월에 ≪베너티페어(Vanity Fair)≫지는 온라인 헤드라인에 다음과 같이 "왜 잠재적으로 치명적인 누바링이 아직도 시판되고 있는가?"라는 질문을 제시하면서 마리 브레너가 쓴 "반지 속 위험"이라는 기사 전문도 링크했다. 같은 달에 ≪허핑턴포스트(Huffington Post)≫도 "부작용 중에는 사망도: 피임약 이래 산아제한에 있어서 가장 큰 진전"이라는 기사를 내놓았다. 이 두 기사 모두 원래 약물시험에서 피임약 사용자보다 링 사용자에게서 혈액응고 위험이 더 높게 나온 것을 감추었다는 음모설을 제기했다. 시디퀴(Siddiqui) 역시 젊고 건강한 여성을 대상으로 한 임상시험에서 혈액응고가 나타났는데도 FDA 담당자가 생산기업과 타협하면서 라벨에 경고문을 추가하지 않았다는 점을 지적했다.[14] 우리는 음모론에 대해 논평할 위치에 있지 않으며, 소송 과정이 진행되는 것도 두고 봐야 한다고 생각한다. 여기서 관련 연구에 대해 정리하고자 한다.

문제의 일부는 연구 결과와 뒤섞여 있다. 2013년 신세대 피임약 야즈와 야스민에 대한 여덟 개의 연구 중 다섯 개에서 기존의 저용량 복합피임약보다 정맥혈전증을 더 증가시킨다고 했고, 나머지 세 개에서는 증가시키지 않는다고 했다. 피임패치도 다섯 개의 연구 중 두 개의 연구에서 하지정맥혈전증 위험이 증가했고, 나머지 세 개는 그렇지 않았다. 누바링에 대해서도 정맥혈전증 위험이 약간 증가한다고 보고했다.[15]

이러한 혼란스러운 결과를 정리하기 위해서 시드니 외[16]는 2001년부터 2007년까지 기존의 저용량 복합피임약과 신세대 피임약을 처음 사용한 57만 3000명의 여성을 대상으로 조사했다. 특히 처음 사용한 여성들을 주목한 것은 피임약 사용 초기 3~12개월 안에 혈전증 빈도가 높기 때문이다. 그 결과로 누바링은 혈전증 위험을 증가시키지 않았다고 했으나, 야스민과 야즈는 혈전의 위험이 현저히 높았다고 보고했다. 결론적으로 "신세대 피임약을 처음 시작할 경우 저용량 복합피임약보다 약 77% 정도 정맥혈전증으로 입원할 확률을 높인다"라고 보고했다.[17]

2013년 누바링과 복합피임약을 비교하기 위해 미국과 유럽의 1661개 센터에서 3만 3295명을 대상으로 조사했다. 이들은 두 방법 중 하나를 2~4년간 사용한 여성을 추적했는데, 특히 정맥 및 동맥혈전증 같은 심혈관 질환에 중점을 두어 조사했다. 두 집단은 비슷한 발생 양상을 보여서 "일상적인 방법으로 누바링과 복합피임약을 사용할 때 정맥 및 동맥혈전증 위험은 비슷하다"라고 결론지었다.[18]

지금까지 나온 증거들로 미루어볼 때, 모든 호르몬 피임법이 여성의 혈액응고 경향을 증가시킴을 확인할 수 있다. 신세대 호르몬 피임약은 복합피임약보다 혈전증 위험을 약간 증가시키며, 누바링은 큰 차이가 없다고 볼 수 있다.

여성들이 이 연구 결과를 잘 인지하고 이해하는 동시에 자신에게 맞는 피임법을 의사와 상의하는 것이 바람직하다. 그리고 엉뚱하다고 할지 모르겠으나, 여성에게서 혈액응고 위험이 가장 높은 시기는 오히려 임신과 산후이다. 따라서 계획하지 않은 임신을 예방하기 위한 호르몬 피임약의 위험은 그에 비하면 미미하다는 것을 잊지 말아야 할 것이다.

삽입형 호르몬(임플란트)

임플란트는 가역적 호르몬 피임법으로 분류되는 호르몬 장기 피임법 중 하나이다. 가느다란 막대에 호르몬이 들어 있어 상박(팔) 피하에 삽입하는 것으로, 수년간 천천히 지속적으로 호르몬이 방출되면서 피임 효과를 나타낸다. 산부인과 의사가 팔의 피하에 삽입하는 시술을 한다.

미국에서 1990년 FDA 승인을 받아 시판된 최초의 임플란트는 노어플란트(Norplant)였는데, 한번 삽입하면 5년 동안 피임이 되므로 큰 호응을 받았다. 수년간 의료인들과 여성들은 이것이 새로운 위대한 선택이라는 데 동의했다. 노어플란트의 1992년 매출은 약 1억 2070만 달러에 달했다.[19]

노어플란트에 대한 부정적인 언론보도는 초기부터 지속적으로 흘러나왔는데, 특히 시민권, 가격, 부작용 관련 세 가지 이슈에 집중되었다. 일부 주에서 노어플란트는 대부분이 유색인종이면서 저소득층이거나 복지 지원을 받는 여성의 출산률을 조절하기 위한 방법으로 사용되었다. 1992년 미시시피 행정부는 아이가 네 명 이상인 여성들에게 노어플란트 시술을 받는 조건으로 공적부조를 받을 수 있게 해주었다. 실제 그해에 13개 주는 노어플란트와 관련한 배상을 고려했는데, 일부는 복지 혜택을 받는 조건으로, 또 다른 경우는 재정적 인센티브를 주는 조건으로, 또는 가석방 또는 보호관찰의 조건으로 노어플란트 시술을 받을 것을 조건부로 제시하기도 했다. 이러한 조치는 관철되지 않았지만, 노어플란트에 대한 논란에 부정적인 시각이 시작된 셈이다.[20]

의회는 이 새로운 방법의 비용에 대해 또 다른 이슈를 제기했다. 청문회는 왜 이것이 해외에서는 23달러인데 미국 여성들은 365달러를 지불해야 하는지 질문했다. 가족계획 클리닉은 여성들에게 노어플란트보다 피임약을 제공하는 것이 재정적으로 더 합리적이라고 지적했다.[21]

그러나 큰 주목을 받았던 것은 부작용에 대한 보고였다. 예상했던 대로 정상적인 월경주기가 없어져서 불규칙한 출혈과 무월경 등 부작용이 나타나 불평이 많아졌다. 어떤 여성들은 월경이 전혀 나오지 않는다고 불평했고, 반면 어떤 여성들은 수일 또는 수개월간 출혈이 자주 일어난다고 불평했다. 또 먹는 피임약과 마찬가지로 두통, 여드름, 기분의 변화 등도 나타났다. 또 추가된 문제는 제거 시술이었다. 5년이 지났거나 더 이상 원치 않아 제거하려 할 때는 의사들이 제거시술이 익숙하지 않아 애를 먹어, 15분짜리 시술이 고통스러운 2시간짜리 수술이 되기도 했다.[22] 제조사를 상대로 법적 소송이 쌓이는 것은 놀라운 일이 아니었다.

이후 우여곡절 끝에 노어플란트는 시장에서 퇴출되었다. 2000년에 제조업체가 5년보다는 지속기간이 짧은 임플란트를 수년 전에 개발했다고 발표했다. 그들은 새 제품을 시판하는 것을 중단했고, 1999년 임플란트를 삽입한 여성들에게 추가적인 피임을 하도록 권고했으며, 의사들에게 시술하지 말라고 했다. 2년 후 이 업체는 '부품 공급 제한'이라는 이유로 모든 임플란트 제조를 중단한다고 발표했다.[23]

이러한 복잡한 이야기는 매우 흥미로우며 왜 사람들이 시장에 나온 새로운 임플란트에 대해 걱정하는지 설명해준다. 즉, 오늘날 사용되는 임플란트는 노어플란트의 문제를 가지고 있지 않다.

2006년에 FDA가 임플라논®을 승인했는데, 삽입과 제거가 훨씬 쉽고 더 작고 간편한 제품으로 출시되었다. 미국과 유럽의 임상시험에서 평균 삽입 시간은 1분, 제거 시간은 3분이었다. 노어플란트가 삽입에 10분, 제거에 1시간 걸리는 것과 대조된다.[24]

이후 임플라논 제조회사가 넥스플라논(Nexplanon)을 개발했는데, 삽입과 제거가 더 간편하고 막대에 엑스레이에 감광되는 바륨이 들어 있어 깊이 삽입되었을 때 방사선 검사로 찾기 쉽게 만들었다. 임플라논은 안전했고, 미국에서 넥스플라논으로 대체되는 시기까지 다 소진되도록 사용되었다. 임플라논과 넥스플라논 모두 수명이 3년이다.[25]

임플란트에는 에스트로겐이 없고 프로게스틴만 들어 있어서 복합피임약의 위험요인인 혈액응고나 뇌졸중, 또는 심장질환의 부작용이 없어 안전한 편이다. 그래도 여성 월경주기가 자주 변해서 월경혈이 너무 적게 나오거나 아예 나오지 않기도 하고, 지속적으로 나오기도 한다. 월경불순이 여성들에게는 귀찮은 일이지만 건강상의 큰 문제는 없다.

임플란트 피임법에 대한 또 다른 논란은 체중 증가이다. 942명의 여성들을 대상으로 한 11개의 임상시험에서 체중 증가의 중간값은 3년 동안 2.5kg에 미치지 못했다. 그러나 이러한 체중 증가가 임플란트 자체에 의한 것인지 다른 요인에 의한 것인지 구별해낼 수 없었다.[26]

자궁 내 장치

최초의 자궁 내 장치는 1909년 누에 창자로 만들었다. 이후 1920년대와 1930년대에 여러 버전의 장치들이 개발되었지만, 1960년대에 플라스틱이 시장에 나오면서 사라졌다.[27] 자궁 내 장치는 피임 작용기전을 아직까지 과학적으로 정확히 밝혀내지 못한 흥미로운 피임법이다. 작용기전의 하나는 '이물질 효과'로, 인체는 자신의 조직이 아닌 이물질이 들어오면 백혈구를 방출하면서 밀어내는 반응을 한다. 자궁 내 이물질은 염증 반응을 일으켜서 정자와 난자에 독성을 가하

• 한국에서도 같은 이름으로 산부인과에서 시술하고 있다.

고, 착상을 방지한다고 본다. 최근 자궁 내 장치는 정자의 기능을 방해하는 구리나 자궁경부 점액을 두껍게 하는 호르몬이 포함되어 있어서 수정을 방해한다.[28] 그러나 그전에 수많은 시행착오와 실험을 거쳐서 오늘날 개발되었다는 것을 잊지 말아야 한다.

지금까지 수십 년간 15개의 회사에서 17종류의 자궁 내 장치 모델이 나왔다. 특히 미국에서 생산된 달콘쉴드(Dalkon Shild)는 부작용 문제가 많이 발생해 피해 여성이 소송을 하고 사회적으로 물의를 빚는 우여곡절도 있었다. 네 번째로 시판되었던 달콘쉴드는 A. H. 로빈스(A. H. Robins)사에서 제조되었다. 달콘쉴드는 바닷가에서 흔히 볼 수 있는 작은 투구게처럼 생겼는데, 양 옆에 다섯 개의 짧은 돌기가 있다. 이 돌기는 자궁 안에 잘 안착하도록 고안된 것이다. 그런데 이것이 자궁내막을 자극하고 불임을 초래할 수 있는 골반염을 일으키는 원인이 되었다. 달콘쉴드는 다른 자궁 내 장치에 비해 실패율이 높아서 일부 여성들은 임신이 되기도 했다. 감염에 의한 유산의 위험도 높아 심한 염증으로 유산이 되기도 했다. 달콘쉴드를 사용한 여성 18명의 사망 사례도 있었다.[29]

1974년 A. H. 로빈스사는 시판을 중단했으나 합병증과 부작용 관련 기사가 계속 언론에 나왔고, 40만 건 이상 소송이 제기되었다고 헤드라인을 장식하기도 했다. 1986년에는 공공의료기관이 텔레비전 방송에서 여성들에게 달콘쉴드를 제거하라고 호소하기까지 했다. 그 일 년 전인 1985년에 제조업자는 파산했다. 결국 30억 달러의 기금이 자궁 내 장치 문제를 제거한 여성들에게 보상하기 위해 마련되었다. 비록 달콘쉴드만이 이러한 의료적 이유에 관여되었지만, 다른 모든 자궁 내 장치에도 영향을 주었다. 그 여파로 다른 자궁 내 장치도 시장에서 사라져 1986년에는 오직 하나만이 시장에 남게 되었다.[30]

그러나 마침내 안전하고 효과적인 신세대 자궁 내 장치가 나왔다. 처음에는 구리가 감겨 있는 T자 모양 자궁 내 장치(ParaGard)*가 개발되었다. 그다음으로 합성 호르몬인 레보노르게스트렐(levonorgestrel)이 지속적으로 방출되는 자궁

* 한국에서는 구리가 감긴 T자 모양의 여러 가지 자궁 내 장치를 산부인과에서 시술하고 있다.

내 장치인 미레나(Mirena)•가 개발되었다. 처음에는 1970년대와 같은 부작용 우려로 출산 경험 여성들만 신중하게 사용하도록 승인이 났다. 그러나 이후 임신과 출산 경력이 없더라도 모든 여성에게 안전하다는 것이 조사로 밝혀졌다.

2011년 미국산부인과학회가 임플란트와 자궁 내 장치에 대한 공식 가이드라인을 발표했다. 여러 연구들을 검토한 후 가이드라인은 다음과 같이 결론을 내렸다. "임신을 하지 않은 여성이나 청소년도 자궁 내 장치를 포함한 피임법을 사용할 수 있다."[31] 이 가이드라인이 나오자 의사들은 이 방법을 주저하지 않고 추천하게 되었다.

바이엘사가 최근 임신 경험이 없는 자궁이 작은 여성과 젊은 여성에게 삽입할 수 있는 좀 더 작은 새로운 자궁 내 장치를 출시했다.•• 이 새로운 버전은 스카이라(Skyla)이며, 마찬가지로 레보노르게스트렐이 방출된다.

이렇듯 자궁 내 장치가 여성들에게 안전하게 사용되는 과정은 천천히 진행되었다. 그러나 아직도 많은 사람들이 과거에 발생했던 문제들 때문에 자궁 내 장치를 경계한다. 의학 저널 ≪피임기술≫은 오해와 편견을 바로 잡고 잘못된 신화들을 알리고자 다음과 같이 설명하고 있다.

• **자궁 내 장치는 골반염을 일으키지 않는다** 자궁 내 장치 그 자체로는 골반염을 일으키지 않는다. 생식기에 삽입하는 과정에서 세균이 자궁으로 들어갈 위험이 약간 있지만 미미한 것이어서 예방적 항생제를 처방할 필요가 없다.[32]

• **자궁 내 장치는 자궁 외 임신을 초래하지 않는다** 자궁 외 임신은 수정란이 자궁 밖에서, 주로 난관에서 착상을 한다. 자궁 외 임신은 임신이 지속되지 못하며, 일찍 수술하지 않으면 매우 위험하다. 자궁 내 장치는 피임법이므로 오히려 자궁 외 임신의 위험을 감소시킨다. 자궁 내 장치는 효과적인 피임법이라서

• 한국에서도 같은 이름으로 산부인과에서 시술하고 있다.

•• 한국에서 제이디스라는 상품명으로 산부인과에서 시술하고 있다.

사용 처음 일 년간 임신될 확률은 0.1~0.5%이다. 그러나 삽입되어 있는 상태에서 임신될 경우 자궁 외 임신의 위험이 더 높다.[33]

• 자궁 내 장치는 십 대 청소년에게도 시술할 수 있다 자궁 내 장치는 출산 경험 여부와 상관없이 모든 여성에게 안전하게 적용된다. 미국산부인과학회는 자궁 내 장치가 성생활을 하는 청소년에게도 처음으로 권할 수 있는 피임법이라고 권고했다. 이 연령집단에서 염려가 되는 것은 성병 발생 위험이 높다는 것이다. 자궁 내 장치가 임신을 예방해주긴 하지만, 성병 예방을 위해 청소년들이 콘돔을 쓰도록 하는 것이 중요하다. 생식건강전문가협회(Association for Reproductive Health Professionals)의 ≪피임저널≫에 기고하는 스파이델 외[34]는 다음과 같이 발표했다.

> 불행하게도 자궁 내 장치에 관련해 의사들은 시대에 뒤떨어진 부정적인 견해에서 아직도 벗어나지 못하고 있다. 최근 연구에서 자궁 내 장치의 금기증이 오류임이 증명되었다. 특히 출산 경험이 있거나 출산 직후 또는 유산이 되었어도 자궁 내 장치의 적응 대상이 된다. 자궁 내 장치는 복합호르몬 피임약의 금기증 등 내과적 조건들의 위험과 비교해 안전한 편이다.[35]

• 자궁 내 장치는 유산의 원인이 아니다 자궁 내 장치 작용기전을 추정하는 것 중 하나는, 착상된 수정란의 유산을 초래한다는 것이다. 그러나 이것은 사실이 아니다. 의학 저널 ≪피임기술≫에서 딘과 슈워츠는 다음과 같이 기술한다. "자궁 내 장치는 수정을 방지하므로 진정한 피임법이라 말할 수 있다." 자궁 내 장치는 골키퍼라고 생각하면 편리하다. 정자가 자궁 안에 들어와서 난관으로 들어가려고 하는 과정에서 자궁 내 장치는 그 경로를 차단한다.

신화를 넘어서

다시 강조하지만, 이번 장의 목적은 피임법의 안전성에 대한 우려를 없애려는 것은 아니다. 여성과 남성 모두 약이나 장치들을 사용할 때 뒤따르는 위험을 고려하는 현명한 소비자가 되어야 한다. 특히 일부 방법들은 사용된 역사를 볼 때 특히 주의가 필요하다는 것을 이해해야 한다. 결론적으로 현재 나온 피임법들은 대부분 여성들에게 안전하다고 보면 될 것이다.

신화 27

체외사정은 다른 피임법 못지않은 효과적인 피임법이다

커플이 성교 도중 문득 피임을 하지 않고 있다는 것을 깨닫는다고 상상해보자. 피임약도 콘돔도 없다. 어떻게 해야 할까? 갑자기 성교를 중단해야 할까? 재빠르게 약국으로 콘돔을 사러 가야 할까? 걱정일랑 접어두고 임신 위험을 감수해야 할까? 바로 이럴 때 남성은 사정 직전에 음경을 여성 질 밖으로 빼내면 된다는 해결책을 구사한다.

체외사정법은 삽입성교 시 가장 간단하게 피임을 할 수 있는 방법이다. 남성 파트너가 사정 전 질 속에서 음경을 빼내면 정자가 질, 자궁, 난관 그리고 난자에 도달하는 임신을 막을 수 있다는 것이다. 정자와 난자가 만나지 못하면 임신이 되지 않는다.

옛날에 공공의료 전문가들이 이것을 젊음의 어리석음이고 부실한 대책이라고 비웃었지만, 지금까지 수많은 임신을 예방했던 것은 사실이다. 최근 ≪뉴욕매거진(New York Magazine)≫ 기사는 젊은이들이 피임약이나 콘돔보다 이 방법을 선호한다고 전했다.

이제부터 잘 따져보자. 우선 단순한 대답은 이 방법보다 더 좋은 피임법이 많다는 것이다. 다른 피임법을 선택할 여지가 없는 순간에는 이 방법을 쓸 수밖에 없다는 것은 인정하지만 그래도 설명이 필요하다. 먼저 피임 성공률이 어떻게 산출되는지를 알아보자.

체외사정법은 얼마나 효과적인 피임법인가?

피임 성공률이 어떻게 계산되는지 아는 것은 중요하다. 사람들이 어떤 피임법을 쓸지 결정 내리는 데 도움이 되기 때문이다.

피임 성공률을 정확하게 산출하는 것은 매우 어렵다. 커플 개개인의 조건과 성교 횟수 등에 따라 개별 임신 확률이 다르기 때문이다. 연구자들은 임상적으로 피임 효과를 평가하기 위해서, 커플에게 성교 횟수, 사용 피임법 그리고 원치 않은 임신을 한 경험 등을 물어본다. 피임 성공률 산출에는 두 가지 방식, 즉 완전사용 피임률(perfect use rate)과 일상사용 피임률(typical use rate)이 있다. 완전사용 피임률은 임상실험 조건에서 일정하고 올바르게 피임법을 사용할 때, 일상사용 피임률은 일반적인 커플이 실제 생활조건에서 피임법을 사용할 때 산출한다.[1]

100쌍의 커플이 처음 12개월간 피임법을 사용했을 때 원치 않은 임신을 얼마나 했는지로 피임률을 알 수 있다. 콘돔의 완전사용 피임률은 98%로, 항상 일정하고 올바르게 사용했을 경우에는 100커플 중 오직 두 커플만이 원치 않은 임신이 된다는 것이다. 자궁 내 장치 피임법은 99% 이상의 높은 완전사용 피임률을 보인다.[2]

그러나 일상사용 피임률은 늘 그렇듯이 사람들이 저지르는 실수가 반영되므로 더 낮다. 콘돔의 일상사용 피임률은 82%로 100커플 중 18커플이 처음 일 년 동안 원치 않은 임신을 하게 된다는 것이다. 즉, 콘돔을 제대로 사용하지 않으면 피임이 안 된다. 여기에는 콘돔을 전혀 사용하지 않아 임신된 커플도 포함된다.[3] 그런데 자궁 내 장치와 같은 피임법은 의사가 적절하게 자궁강 안으로 삽입하므로 일상사용 피임률이 완전사용 피임률과 거의 같다 — 자궁 내 장치는 사용자가 피임 기능의 작동을 방해할 수도 없고, 촉진할 수도 없기 때문이다.

숫자로 볼 때 체외사정법은 피임률이 다른 방법에 비해 그리 나쁘지 않다. 아직 체외사정법의 정확한 피임률에 대해서는 논란이 많지만, 일반적으로 완전사용 피임률은 96%이다. 그러나 의학 저널 ≪피임기술≫ 제20차 개정판에서는 일상사용 피임률은 78%로 나왔고, 다른 연구자들은 82%에 가깝다고 보고했다.[4]

자세한 연구가 더 필요하다

"아무 대책 없을 때 영리하게 위험 줄이기 비법?: 체외사정법의 중요성"이라는 제목의 논평에서 존 외[5]는 체외사정법을 최우선의 피임법으로 쓰거나 보조 피임법으로 쓰는 커플들의 수가 항상 적게 산출되고 있다고 했다. 문제는 연구자들이 얼마나 정확하게 질문하며 대답을 어떻게 해석할 것인가이다.

미국 가족인구조사는 피임법 효과를 산출하는 기초자료이며, 응답자에게 20개가 넘는 피임법 목록 중 특정 기간에 자신이 사용한 피임법을 전부 체크하도록 한다. 그런데 대체로 사람들은 체외사정법이 피임법이라고 생각하지 않기 때문에 피임법 목록 박스에 체크를 하지 않는다. 게다가 데이터를 분석할 때 연구자들은 더 효과적인 피임법에 우선순위를 둔다. 피임약과 체외사정법을 동시에 쓴다고 하는 사람은 피임약 사용자로 분류되곤 한다. 따라서 체외사정법을 사용하는 사람들의 수가 저평가되고, 실제 사용하는 방법의 정보가 부정확해 원치 않은 임신이 나올 확률과 피임 효과를 잘 알 수 없게 된다.

> 우리는 체외사정법이 저평가되고 있다고 추정한다. 체외사정법 측정 오류가 콘돔과 같은 일상사용 피임률에 어떤 영향을 주는지 알지 못한다. 측정 오류의 횟수와 종류는 체외사정법을 기본으로 사용하는지, 보조 방법으로 사용하는지에 따라 달라질 수 있다.[6]

존 외는 실제 커플의 피임법은 조사와 다르며 실제 생활에서는 더 복잡하고 다양하다고 밝혔다. 어떤 커플들은 콘돔을 쓰다가 체외사정법을 쓰기도 하는데, 특히 여성 가임기 때는 보다 세심한 주의를 기울여 콘돔을 쓰다가 나머지 시기에는 체외사정법을 쓰기도 한다. 이것은 '응용 배란주기법'이라 할 수 있다. 또한 더 효과적인 피임약을 사용하고 있더라도 간혹 체외사정법을 쓰기도 한다. 그래서 존 등은 실제로 얼마나 체외사정법을 실천하는지 알아보는 연구가 필요하다고 제안한다. 연구자와 응답자 간에 체외사정법의 효과에 대한 소통의 기술이 필요하다고 주장한다. "간헐적으로 여러 피임법을 쓰는 커플에게서 체외사정법이 임신위험을 줄이는 효과적인 전략 중의 하나라는 것을 알아야 한다."[7]

고려해봐야 할 점들

체외사정법이 효과적인 피임법 중의 하나이지만, 다음과 같은 점을 고려해봐야 한다. 즉, 이 방법을 피임법의 하나로 신뢰하는 데 몇 가지 걱정거리가 있다.

• **성병** 체외사정법을 강력하게 반대하는 이유는 성병을 예방하지 못하기 때문이다. 물론 다른 피임법도 그렇다. 단지 콘돔만이 성병을 예방할 수 있는 유일한 피임법이다. 섹스파트너가 성병 위험이 없다는 확실한 경우를 제외하고 콘돔은 성병 감염을 막아주는 실질적인 피임법이다.

• **피임 효과 증강** 일상사용 피임률을 높이려면 피임법을 숙지하고 철저하게 지켜야 한다. 예를 들어 피임약을 사용할 때는 빠뜨리지 않고 하루 한 알씩 복용해야 하며, 약이 떨어지면 그다음 주기를 놓치지 않도록 미리 약국에 가서 약을 구입해야 한다. 마찬가지로 콘돔의 효능을 높이기 위한 몇 가지 기본적이고도 쉬운 단계들이 있다. 대부분 콘돔 피임 실패 원인은 제대로 사용하지 못하기 때문이다. 즉, 성교를 하기 전에 미리 콘돔을 쓰지 않고 중간에 쓰거나, 아니면 콘돔을 빼고 나서 사정을 하는 경우 등이다. 콘돔을 테이블 서랍에 넣어두거나 어딘가 버리고 나서 임신이 되었다고 콘돔을 비난하는 것은 공정하지 않다. 그러나 콘돔의 전형적인 실패는 콘돔이 그들의 주 피임법이라고 하면서도 콘돔을 쓰지 않아 임신된 커플에게서 나온다. 만약 콘돔을 매번 쓰고, 적절하게 잘 쓴다면 완전사용 피임률은 98%나 된다.

체외사정법의 효과를 높이는 방법은 아직 명확하지 않다. 남성이 자기 몸의 감각을 잘 알고 통제해서 사정 직전 적절하게 체외로 빼는 기술과 경험에 달려 있다. 능숙하게 잘하는 남성도 있지만, 능숙해지는 데 시간이 걸리거나 잘하지 못하는 남성도 있다.

• **사정 전 분비액 안의 정자** 사정 전 분비액(preejaculate) 속의 정자 존재 여부는 논란이 되어왔다. 약간의 분비액이 사정 전에 선행해서 나오며, 전희나 성교하는 동안에도 나올 수 있다. 만약 여기에 정자가 있다면 사정 전에도 이미 질 안에 들어가므로 체외사정을 해도 임신이 될 수 있을 것이다.

수년간 사정 전 분비액 안에 정자가 있다는 '사실'이 당연하다고 여겨왔다. 아마도 이러한 주장은 교육자의 신념이 약간 가미된 것처럼 보였다 — 이 정보는 반복되었지만 객관적으로 증명되지 않았다. 매스터스와 존슨도 1966년에 유명한 책『인간 성 반응(Human Sexual Response)』에 그렇게 기술했지만 과학적 증거를 제시하지는 못했다. 그러나 어떤 과학자나 교육자들도 1990년대와 2000년 초까지 수십 년간 이에 대해 과학적 연구를 하지 않았다는 것이 흥미롭다. 그런데 최근에는 정자가 없다는 결과와 있다고 하는 결과 두 가지 모두 있어 상충되고 있다.[8]

최근 킬릭 외[9]는 사정 전 분비액 41%에서 정자가 발견되었다는 증거를 제시했다. 일부 학자들이 이론적으로 사정 직후 요도에 남아 있던 정자가 나올 수 있다고 지적한 것을 이 실험에서 반박했다. 사정 전 분비액 검사 전에 요도를 깨끗이 하기 위해 수차례 소변을 보고 나서 채집해도 정자가 역시 발견되었다. 그래서 사정 전 분비액에 정자가 나오는 남성도 있고, 그렇지 않은 남성도 있다고 결론지었다. 그러나 남성 자신이 어떤 범주에 들어가는지 알기가 쉽지 않으니 체외사정법에 전적으로 의존할지 말지 결정하기 어렵다.

• **성취불안** 체외사정을 하려면 파트너 간의 신뢰가 중요하다. 남자들은 근거없이 여성들이 피임약을 먹고 있거나 자궁 내 장치를 하고 있다고 믿는 경향이 있어왔다. 체외사정법에는 상대방에 대한 신뢰가 특히 중요하다 — 여성은 남성 파트너가 삽입한 음경을 적시에 빼낼 것이라는 것을 믿어야 한다. 그런데 남성이 체외사정을 하려 해도 제시간에, 즉 사정 직전에 음경을 질 밖으로 빼지 못할 때가 있다. 그러므로 이 방법은 여성과 남성 모두에게 불안을 초래한다. 적시에 제대로 못 할지도 모른다는 성취불안(performance anxiety)은 성생활의 즐거움을 감소시킬 수 있다.

결론

우리가 생각하는 것보다 체외사정법이 훨씬 간편하고 좋다고 하는 일부 동료들도 있다. 우리는 커플들은 체외사정법에 대한 최신 지견을 알아야 한다고 생각한다. 그러나 체외사정법은 피임을 할 다른 대체 방법이 없는 순간에만 유용한 것으로 '안 하는 것보다 낫다'고 봐야 한다.

따라서 다양한 피임법을 알고 잘 이해하고 실천하는 것이 보다 나은 피임 성공과 도움을 받을 수 있다는 것을 강조하고 싶다.

신화 28

콘돔은 피임이 잘 안 되고 성생활의 즐거움을 감소시킨다

400년 동안 피임과 성병 예방에 도움을 주었던 콘돔에 대한 평판이 좋지 않아 참 안타깝다. 콘돔이 피임에 도움이 안 된다느니, 성병 예방 효과가 의문시된다느니, 제대로 사용하기 까다롭다느니, 더군다나 성생활의 즐거움과 자발성을 격감시킨다느니 하는 불평을 종종 접하곤 한다.

우리는 혼전 성교나 피임 사용에 대해 결말을 보고자 하는 세력들이 있다는 것을 알고 있다. 혼전순결을 강조하는 일부 프로그램이 특히 혼전 성생활을 하면 안 되고 콘돔은 피임도 안 될뿐더러 성병 예방도 안 된다는 부정적인 견해를 피력해왔다. 더구나 학교 성교육 교사나 공중보건 담당자들이 그렇게 말할 때는 화가 난다.

게이츠 재단•이 '좋은' 콘돔을 디자인하는 기업에 공익 자금을 제공하는 새로운 시도를 하고 있는 것에 주목할 필요가 있다.[1] 질이 좋은 콘돔을 제작하고 보급하는 것은 매우 훌륭한 도전이다. 문제는 콘돔은 유익하지 않다고 누명을 씌우는 주장이며, 우리가 여기서 설명을 시작하는 이유이다.

자궁 내 장치 또는 응급피임약 같은 피임법을 개발하고 보급하는 회사나 일부 보건 전문가들이 콘돔은 피임 효과가 없다고 하면서 자신들이 주장하는 피임법을 권장하는 것을 볼 수 있다. 특히 콘돔은 잘 찢어지기 때문에 응급피임약을 써야 한다고 권하기도 한다. 그러나 콘돔을 제대로 잘 쓰면 미끄러지거나 찢어질 확률이 매우 낮다는 것을 이런 경험을 한 커플들에게 믿게 하는 것은 어려운 일이다.

콘돔은 값이 싸고 믿을 만하며 쉽게 구할 수 있고 사용하기 편하다. 게다가 가장 중요한 점으로, 콘돔만이 성병을 예방할 수 있는 유일한 피임법이라는 것이

• 빌 게이츠와 멜린다 게이츠가 설립한 공익재단이다.

다. 사실 성생활을 금하는 금욕 생활 말고는 성병을 예방하려면 콘돔만 한 것이 없다.

그래서 이 겸손하고도 착한 콘돔을 사용하라고 강력히 추천한다. 콘돔이 왜 성생활에서 중요하며 비난하는 것을 중단해야 하는지 설명하고자 한다. 시작하기 전에 저자 중 한 사람이 '트로잔 성 보건 위원회(Trojan Sexual Health Advisory Council)'의 설립위원이며, 이 위원회는 '트로잔' 상표 콘돔의 제조를 돕고 성 건강을 폭넓게 정의하는 일을 하고 있다. 그 이유로 우리의 논의에서는 이 콘돔을 예로 들기로 하는데, 이 제품이 저자에게 익숙하기 때문이다. 그러나 우리는 어떤 특정 콘돔 또는 특정 모델의 상품을 사야 한다고 얘기하지 않는다. 미국에서 팔고 있는 모든 콘돔은 특정한 기준을 만족하며 믿을 만하다.

콘돔은 훌륭히 제조되고 있다

콘돔은 태고부터 지금까지 지속적으로 사용되어왔다. 가장 오래된 콘돔은 프랑스 콩바렐(Combarelles) 동굴에 있는 고대 벽화(약 1만 2000년 전 추정)에서 발견된다. 남자와 여성의 성교를 묘사한 그림에 남성의 음경에 덮개가 있다.[2] 고대 이집트의 기원전 1350년과 기원전 1200년 사이 기록에도 음경의 끝을 보호하기 위해 덮개를 쓴다고 되어 있다. 아마도 기름을 칠한 동물의 장이나 방광으로 추정된다(오늘날 여전히 일부 콘돔의 재료다). 또 다른 기록에 의하면 이집트 왕족들은 종이로 만든 콘돔을 썼다고 한다.[3]

현재 콘돔 재료와 제조 기술은 보다 발전했다. 미국 콘돔 제조 공장을 직접 찾아가서 어떻게 제조하고 제품을 최종 점검하는지 알아보았다.

콘돔 주재료인 라텍스는 매우 얇고 탄력 있는 고무로, 타이어에서 수술 장갑에 이르기까지 다양한 제품의 원료이다. 인구 중 약 3%가 라텍스 알레르기를 가지고 있기 때문에, 이들은 폴리우레탄이나 폴리이소프렌 재료의 콘돔을 써야 한다. 새끼 양의 가죽으로 만들어진 콘돔이 아직도 있는데, 피임은 되나 성병 예방은 되지 않는다. 라텍스는 고무 입자를 포함한 액체로 만들어진다. 유리 몰드에 라텍스가 잠기고, 물이 통과하게 된다. 콘돔의 열린 끝은 약간 말려 올라간 다음

건조된다.

다음 단계로 콘돔에 구멍이 나서 낭패를 보는 일을 막기 위해 제품을 점검해야 한다. (일부 금욕만 주장하는 커리큘럼에서는 현미경 차원에서 콘돔은 축구 골대 그물과 비슷하다고 주장한다.) 각각의 콘돔을 쇠로 된 막대기에 씌우고 여기에 전류를 흘려보내 전기가 차단되어야 콘돔에 구멍이 없는 것이 입증된다. 만약 구멍이 있으면 폐기된다. 이것만 보아도 모든 콘돔은 포장되고 배송되기 전에 구멍 유무 검사를 거침을 알 수 있다.

또한 무작위로 일정한 수의 콘돔을 선택해 추가로 검사한다. 콘돔을 물로 채우고 짜내어 구멍이 있나 확인하고, 공기를 주입하고 압력을 가해 어떤 기압에 터지는지를 본다. 이 검사는 라텍스가 얼마나 견고하고 찢어지지 않는지를 보는 것이다. 보통 터지기 직전에는 농구공만큼 커진다.

콘돔은 좋은 피임법이다

콘돔을 항상 제대로 잘 사용하면 피임률은 98%이다. 바로 전 신화 27에 나온 피임률 산출 방법을 떠올려보자. 콘돔을 포함한 모든 피임법의 피임 성공률이 어떻게 산출되는지 설명이 필요하다(일부 사람들은 이것을 다 읽을 필요가 없겠다).

커플마다 임신 경험이나 성교 횟수가 다르기 때문에 정확한 피임 효과를 계산하기란 어렵다. 연구자들은 임상시험을 통해 피임법이 잘 작동하는지 평가하기도 하고, 커플들에게 그들의 성생활에서 어떤 피임법을 사용하며 원치 않은 임신을 한 적이 있는지 물어본다. 피임률에는 두 가지가 있는데, 임상 조건하에서 항상 일정하고 올바르게 사용했을 때를 완전사용 피임률이라 하고, 실제 생활에서 보통 커플이 사용했을 때를 일상사용 피임률이라고 한다.[4]

피임률은 100쌍의 커플이 피임법을 사용해 일 년간 피임실천을 했을 때 원치 않은 임신을 하는 경험으로 산출한다. 콘돔의 완전사용 피임률은 98%로, 100쌍 커플 중 단 두 쌍만 일 년 중 원치 않은 임신을 하게 된다. 다른 말로 바꾸면, 피임 실패율은 2%이다.[5]

그러나 일상사용 피임률은 사람들이 흔히 하는 실수가 반영되므로 82%로 낮다. 처음 1년간 100쌍의 커플이 일상생활 중 콘돔으로 피임했을 경우 18쌍이 원치 않은 임신을 하게 된다. 이는 콘돔을 제대로 잘 사용하지 않은 커플과 콘돔을 아예 사용하지 않은 커플을 다 포함한다.[6]

의학 저널 ≪피임기술≫은 이러한 피임률의 차이는 설문에 대한 대답을 자기 기입 방식으로 하기 때문이라고 설명한다. "일반적으로 콘돔을 때에 따라서 쓰거나 콘돔이 떨어졌을 때 피임약을 먹는 여성도 콘돔 사용자에 들어간다."[7]

그래서 콘돔 피임 실패율은 자신은 콘돔 사용자라고 하면서 제때에 콘돔을 쓰지 않는 사람들에 의해 더 높아질 수 있다. 방구석에 처박혀 있거나 지갑 속 또는 약국의 선반 위에 쓰지 않고 고스란히 놓여 있는 콘돔을 비난할 수는 없다. 사용하지 않는 것이 문제이다.

콘돔은 성병을 예방한다

콘돔보다 피임 효과가 더 좋은 다른 피임법은 많다. 특히 자궁 내 장치의 일상사용 피임률과 완전사용 피임률이 거의 비슷한 이유는 의사가 자궁 내 장치를 잘 삽입하면 5년에서 10년 동안 특별한 일이 잘 생기지 않기 때문이다. 그래서 자궁 내 장치를 삽입한 여성에게는 의사가 "삽입이 잘되었으니 피임은 잊어버려도 돼요"라고 말할 수 있다. 그러나 꼭 말해두어야 할 것은, 콘돔(효과가 덜하기는 하지만 여성용 콘돔도)보다 더 좋은 성병 예방 피임법은 없다는 것이다. 당신과 당신의 파트너가 자궁 내 장치를 하거나 피임약을 복용한다 해도, 성병에 걸릴 위험이 전혀 없다고 (커플 양쪽이 검사에서 이상이 없고 100% 바람을 피우지 않았다는 전제로) 확신하지 않는 한, 성병에 걸릴 위험을 감소시키려면 콘돔을 써야 한다.

성병마다 전염되는 방식은 제각각이다. 클라미디아나 임질은 요도, 질, 자궁경부 등 생식기에서 나오는 분비물로 전파된다. 이 질환들은 쉽게 감염된다. 콘돔은 감염이 되지 않은 파트너 사이에 장벽을 만들어주어서 생식기 분비물이 접촉하는 것을 막아준다. 예를 들어, 니콜라이 외[8]는 공공 성병 클리닉에서 1455명 환자 기록을 분석했다. 그중 클라미디아에 노출된 사람 중 콘돔을 사용하는 사람은 훨씬 적게 감염되었다. 지속적인 콘돔 사용으로 클라미디아 감염을 90% 감소시킨다고 했다.

에이즈와 같은 성병은 특히 혈액, 정액, 질 분비물, 모유 등 체액으로 전파된다. 바이러스는 상처, 욕창 등 갈라진 틈이나 점막과의 접촉을 통해 전염된다. 에이즈는 상처가 없는 손과 같은 부위의 피부를 통해서 감염되지 않는다. 그러나 질, 항문, 요도는 점막으로 이루어져 있어 질 성교 및 항문 성교로 감염의 위험이 높다. 이 점막의 표피는 매우 약해서 쉽게 찢어진다. 그런데 그 위험은 파트너 양쪽에게 똑같지 않다. 수동적 위치에 있는 파트너가 더 위험한데, 점막에 상처나 균열이 있으면 정액을 통해 감염되기 쉽기 때문이다. 게다가 정액은 질이나 항문에 일정 기간 동안 머무르기 때문에 일부는 혈액으로 들어갈 수 있다. 다시 말하자면, 콘돔은 감염되지 않은 파트너에게 체액이 접촉되지 않게 막아주므로 위험이 적다.

라텍스 콘돔이 에이즈 바이러스를 통과시키지 않는 것을 확인하는 실험실 연구도 있다.[9] 실제 생활 속에서 에이즈 감염이 된 파트너와 감염이 안 된 파트너 사이의 성교에서 에이즈 예방 효과를 알아보고자 했다. 커플의 콘돔 사용 습관에 대한 연구는 콘돔의 예방 효과를 알아보는 데 효과적이다. (치료가 가능한 성병 감염자가 감염되지 않은 파트너에게 얼마나 감염되는지 알아보는 실험은 비윤리적이다. 마찬가지로, 에이즈 혈청 양성자와 음성자 커플을 대상으로 콘돔 사용에 의한 감염 결과를 보는 이중맹검연구도 비윤리적이다.) 파트너를 대상으로 하는 연구 결과, 콘돔 사용은 에이즈 감염의 위험을 80%에서 94% 줄인다고 발표했다.[10]

피부와 피부 접촉으로 감염되는 성병으로 헤르페스, 매독, 인유두종바이러스 등이 있다. 콘돔의 예방 효과는 콘돔이 덮인 부위, 즉 음경의 몸체나 질벽과 같은 부위에만 가능하다. 콘돔이 덮이지 않은 부위, 즉 남성의 음낭 부위에 사마귀 같은 것이 있다면 접촉이 되어 감염될 수 있을 것이다.

그래도 콘돔을 항상 지속적으로 사용하는 경우에는 이러한 질병도 예방된다고 보고된다. 예를 들어 항상 콘돔을 쓰는 여대생의 자궁경부에 음부 사마귀(인유두종바이러스가 원인)가 하나도 검출되지 않았지만, 콘돔을 쓰지 않거나 가끔 쓰는 여대생 14명에게서 자궁경부에 인유두종바이러스가 검출되었다.[11]

콘돔은 성생활의 즐거움을 떨어뜨리지 않는다

수년간 콘돔에 대한 부당한 비난은 논란거리가 되어왔다. 콘돔에 대한 가장 강한 불평은 성감을 떨어뜨린다는 것이다. 여기서 콘돔을 쓸 때 처음에는 어떠했고 최근에는 어떠했다고 하는 개인적인 느낌에 대해 토론을 할 수는 없다. 그러나 이러한 신화가 실제 경험에 기초를 둔 것인가에 대해서는 의문을 가질 필요가 있다. 아마도 과거 사용된 콘돔은 지금의 것보다 더 두껍고 라텍스 냄새가 심했는데, 그때의 경험만을 떠드는 것은 아닌지 의심된다.

오늘날 제조되는 콘돔은 피임 기능 말고도 성감도 좋게 디자인되어 출시된다. 우선 매우 얇다. 콘돔 사용 불만 중 하나가 장애물이 피부를 덮고 있는 것 같다는 것이지만, 실제 피부와 밀착되어 느낌이 좋아 섹스를 즐겁게 만들어준다. 콘돔이 얇을수록 느낌을 살려준다.

또 다른 좋은 점은 콘돔 안팎에 윤활제가 있다는 점이다. 특히 질 성교를 할 땐 윤활제가 여성이 느끼는 마찰 통증을 경감시켜준다. 또 콘돔 안의 윤활제가 자연적으로 축축한 느낌을 도와주므로 남성의 성감도 살려준다.

느낌에 대해서 말하자면, 어떤 윤활제는 피부에 따뜻한 느낌을 주거나 시원한 느낌을 주는 화학물질이 들어 있는 것도 있다. 어떤 커플은 취향상 이런 콘돔만 찾는다. 시도해보지 않고는 잘 모를 것이니 한번 시도해보는 즐거움을 느끼시길 권한다.

그래서 시도하기에 앞서 매장의 콘돔 판매 선반에 놓여 있는 다양한 모양과 질감의 콘돔을 살펴보길 바란다. 어떤 것은 끝이 확장되어 있어 콘돔 안에서 음경이 잘 움직일 수 있는 것도 있는데, 이것은 콘돔이 없는 것 같은 느낌을 준다. (아래 고무링은 타이트하게 조여주어 빠지지 않게 해주니 걱정 마시라). 어떤 것은 콘돔에 주름과 돌기가 있어 여성들의 성감을 높이는 효과도 있다. 일부 여성들은 이런 콘돔이 성교 중 음핵(클리토리스)을 자극해서 좋다고 한다. 다치거나 손해 볼 일은 없으니 우선 시도해보시라.

최근 발명된 콘돔 중 추천할 만한 것은 투명한 플라스틱 팔찌 같은 진동하는 링이 달린 것이다. 한쪽은 작은 계란형 장치가 진동한다. 이것도 다양한 스타일과 속도가 있는데, 어떤 것은 부드럽고 어떤 것은 강하다. 콘돔을 씌우면 이 링이 음경을 덮고 진동하는 부분은 성교할 때 클리토리스에 닿게 된다. 우리는 이것이 당신의 파트너를 몸으로 된 섹스토이로 흥분시켜준다고 농담하기도 한다(콘돔 사용을 권장하기 위해서, 우리는 이런 링을 콘돔 없이도 상용할 수 있다고 얘기하지 않으려고 한다. 당신에게 성병 예방이 필요하지 않다면 모를까).

콘돔이 처음에는 마음에 들지 않더라도 자꾸 시도해보시라

콘돔 만한 피임법은 없다. 콘돔은 싸고 쉽게 살 수 있고, 숙고할 필요도 없고, 피임 효과가 정말 좋은 데다가 성병까지 예방해준다. 원치 않는 임신에 대한 두려움과 성병에 대한 공포를 없애주므로 성생활의 즐거움은 배가 된다. 콘돔으로 긴장을 풀고 섹스를 즐기길 바라며, 콘돔을 즐겨 사용하면 도움이 될 것이다.

우선 콘돔을 사러 나서길 권한다. 당신은 매장 복도에서 뭔가 흥미로운 것을 쉽게 발견할 수 있을 것이다. 괜찮으면 사고, 그렇지 않으면 다양한 브랜드, 새로운 질감, 여러 종류의 윤활제를 시험해보시라. 그러지 않고 긴긴 밤을 같이 보낼 계획이 있다면 버라이어티 팩을 한꺼번에 사서 각각 어떤지 점수를 매겨보는 것도 좋을 것이다.

신화 29

임신중절은 유방암의 원인이며 정신건강상 후유증을 초래한다

임신중절(인공유산)은 특히 미국에서 가장 뜨거운 이슈이다. 원치 않은 임신을 한 여성에게 임신중절을 선택할 권리가 있다는 주장과 임신중절은 비도덕적이며 불법이라는 주장이 충돌하고 있다. 2012년에도 미국 19개 주에서 임신중절 접근권을 제한하는 43개의 법 조항이 제안되고 있다.[1] 물론 수없이 많은 문제 제기와 토론이 이어졌지만, 미국 국민 전부가 의견이 일치하는 것은 아니다. 임신중절은 선거권자를 의식하는 선거 후보들의 주요한 정치적 이슈가 되어왔다.

여기서 임신중절 이슈를 넓게 다루지는 않을 것이다. 왜냐하면 개개인의 신앙이나 신념에 기초한 다양한 의견이 존재하기 때문이다. 다만 임신중절을 둘러싼 잘못된 신화들에 대해 이해하는 것은 중요하다. 특히 유산권을 반대하는 사람들은 중절 수술이 신체적으로나 심리적으로 해를 끼친다고 주장한다. 수년간 임신중절은 불임을 초래하고, 유방암에 걸리기 쉽게 하며, 중절을 한 여성들은 정신건강 문제 또는 유산 후 스트레스 증후군(post-abortion stress syndrome)을 경험할 가능성이 높다고 알려져 왔다. 지금까지 이를 부정하는 증거들이 많이 나왔지만, 아직도 중절 접근을 제한해야 한다거나 금지해야 한다는 반대 주장이 팽배하다.

특히 원치 않는 임신을 한 여성들을 대상으로 상담활동을 하는 '위기임신센터(Crisis Pregnancy Centers: CPCs)'•는 중절 반대 관점에서 상담을 한다. 이 단체는 중절을 고려하는 여성들에게 상담을 제공한다고 하지만, 실제 목적은 중절을 못하게 하는 것이다. 미국 헨리 왁스먼 하원의원이 2006년 보고(이 조사는 연방 정부로부터 재정 지원를 받는 위기임신센터에 국한되었다)한 바에 의하면 '위기임신센터'에서 상담한 여성의 87%가 부정확한 정보를 제공받았다.[2] 여기서 제시된 잘

• 인공 임신중절을 하지 못하게 할 목적으로 상담을 주로 하는 미국의 비영리단체이다.

못된 세 가지 주요 정보는 가임력, 유방암, 정신건강이다.

합법적인 임신중절은 여성의 가임력에 악영향을 주지 않는다

인공 임신중절 시술은 매우 안전한 시술이다. 실제 만삭까지 임신을 지속해 아기를 출산하는 것보다 훨씬 안전하다. 합법적인 인공중절로 사망할 위험은 10만 분의 1이다. 반면, 임신 관련 사망 위험은 자연유산일 경우 인공유산보다 2배 높고, 임신을 지속해 출산하는 경우는 12배가 높다. 의학 저널 ≪피임기술≫에서 폴과 스타인은 "지금까지 나온 임신 제1분기 임신중절 관련 대규모 연구 결과를 보면, 경증 합병증은 사례 1000건당 8건, 입원을 요하는 중증 합병증은 사례 1000건당 0.7건 발생했다"라고 보고했다.[3]

인공 임신중절은 대개 임신 제1분기(최종월경일로부터 처음 12주)에 행해지며, 이 시기의 유산은 장래의 가임력에 영향을 미치지 않는다. 폴과 스타인은 여러 개의 잘 고안된 코호트연구•를 진행했는데, 흡입 중절 수술••(수술적 중절 방법 중 가장 많이 사용하는 방법이다)은 장래의 가임력에 상관관계가 없다고 보고했다. 마찬가지로 임신중절 복용약•••도 자궁 외 임신, 조산 또는 저체중아 출산의 위험을 증가시키지 않는다고 했다.[4] (자궁 외 임신은 자궁 밖에 배아가 착상이 되는 현상으로, 대부분 난관에서 발생한다.)

그런데 주의해야 할 것은, 이 연구는 합법적인 임신 제1분기, 즉 임신 12주 이내의 중절한 여성을 대상으로 한 것이며, 미국에서 1970년 초기 대법원이 유산을 금지하는 법률이 위헌이라는 판결을 내린 이후에 진행된 것이라는 점이다. 그 이전에는 많은 여성들이 불법적인 유산을 받았고, 그중 일부는 비위생적인 조건에서 안전하지 않게 시행되었다. 따라서 미국 전체에서 임신중절이 합법적으로 시행된 이후 유산 관련 사망률은 90% 이상 떨어졌다. 대부분 이러한 사망률의

• 특정 인자를 가진 집단을 선정하고 지속적으로 관찰해 원인과 결과, 또는 영향을 알아보는 역학조사 방법의 하나이다.

•• 음압을 이용해서 자궁강 내 배아와 태반조직을 배출해내는 시술이다.

••• 임신중절을 유도하는 약으로, 한국에서는 아직 시판되고 있지 않다.

감소는 대법원 판결이 내려진 후 3년 이내에 일어났다.[5]

임신중절은 유방암을 일으키지 않는다

반대되는 증거자료가 많이 나왔어도 임신중절이 유방암을 일으킨다는 생각이 팽배하다. 구글 검색을 해봐도, 헤드라인에 "임신중절은 로 대 웨이드 판결(Roe vs. Wade) 이후 유방암을 30만 건 발생시켰다"라고 뜨며, 게다가 '임신중절협회(Coalition on Abortion)'는 웹사이트에 최근 몇 년간 이 기사의 링크를 게재한 여덟 개의 병원을 고발하는 글을 올리기도 했다. 이러한 사례들은 인터넷상의 모든 것이 정확하지 않고 오류가 많다는 것을 보여주는 사례이다. (우리는 실제 인터넷상에서 정확하거나 왜곡되지 않은 것은 매우 적다고 감히 주장한다.)

임신중절이 유방암 위험을 증가시키지 않는다는 과학적 증거는 많이 나와 있다. 사실 임신 초기 호르몬과 유산이 장래의 여성 건강에 어떻게 영향을 미치는가는 수년간 연구된 주제이다. 큰 규모의 전향적 연구(prospective study)•에서는 임신중절과 나중에 발생하는 유방암 사이에 상관관계가 없다는 것이 밝혀졌다.[6] ≪뉴잉글랜드 의학 저널≫에 발표된 연구는 덴마크 여성 150만 명을 대상으로 1935년에서 1978년까지 시행했다. 이 중 28만 명의 여성이 인공중절을 했고, 1만 명의 여성이 유방암 진단을 받았다. 연구자들은 이 둘 사이에서 어떤 연관성도 발견하지 못했다. 그들은 다음과 같이 보고했다. "유산 연령, 산과력(여성이 낳은 아이의 수나 임신 횟수), 유산 이후 기간 그리고 유방암을 진단받은 연령 사이에 어떤 위험도 증가하지 않았다." 저자들은 다음과 같이 결론지었다. "인공유산은 유방암의 발생에 영향을 주지 않는다."[7]

2003년 2월 미국 국립 암 센터(National Cancer Institute)는 인공유산과 유방암의 관련성을 알아보기 위해 100명 이상의 전문가를 모이게 하고 회의를 주관했다. 전문가들은 인구집단 연구, 임상 연구, 동물실험 연구를 포함한 기존의 연구들을 조사해서 임신과 유방암 위험도 사이의 관계, 더 나아가 인공 임신중절이나

• 수년간 인구 집단을 대상으로 관련 건강 인자를 관찰하는 연구.

자연유산과의 관계를 검토했다. 그들은 임신중절이나 자연유산이 나중에 유방암 발생 위험을 높이지 않는다고 결론지었다.[8] 미국 국립 암 센터는 이 결과를 공표한 이후에도 계속 연구 중이며, 아직까지 그 결론을 변경하지 않았다.

임신중절과 정신건강 문제

임신중절 반대자들은 중절이라는 선택을 감행하는 여성들이 심리적인 문제, 즉 우울증, 불안, 죄책감, 무감각, 차후 임신과 육아에 대한 불안감으로 고통받는다고 주장한다. 1980년대 초에 '유산 후 스트레스 증후군' 또는 '유산 후 신드롬' 같은 명칭을 내세우면서 폭력적인 범죄 또는 전쟁 희생자들이 종종 경험하는 외상 후 스트레스 증후군과 비슷하다고 주장했다.

1987년 임신중절 비합법화를 주장하는 사람들의 요구로 로널드 레이건 전 대통령이 에버렛 쿠프 박사에게 유산이 건강에 미치는 영향에 대해 분석하고 보고할 것을 요청했다. 원래 유산 반대 의견을 가진 사람으로 알려진 쿠프 박사는 과학적인 증거들을 검토한 뒤 놀랍게도 보고를 포기하겠다고 선언했다. 왜냐하면 현존하는 증거들을 검토해본 결과, 임신중절이 신체적으로 정신적으로 해를 끼친다는 증거들을 발견할 수 없었기 때문이었다.[9]

최근 연구들도 같은 결론에 도달했다. 애들러 외[10]도 "합법적이고 합병증 없는 제1기 중절의 경우 심한 부정적 영향은 드물며, 일상생활 스트레스에 대응하는 틀에서 이해해야 한다"라고 말했다.[11] 이러한 결과는 1989년 미국심리학회 조사단의 의견을 기초로 했다. 2008년 미국심리학회에서 다시 새로운 조사단을 결성해 수십 년간 발표된 최신 연구를 다시 검토했다. 여기서도 같은 결론으로 "임신중절을 한 대부분의 여성들은 정신건강 문제를 경험하지 않는다"라고 했다. 부연하면, "미국 안에서 시행된 정밀한 연구에 의하면, 원치 않은 임신에 대해 중절수술을 한 번, 합법적으로 임신 제1기에 시행했을 때 성인 여성의 정신건강 문제는 의도치 않은 임신 후 출산한 여성의 위험보다 높지 않다".[12]

심리학 조사단은 엄마와 태아의 건강 문제를 알기 위해 원치 않는 임신을 중절할 때와 원한 임신인데 산모 또는 태아의 건강문제로 불가피하게 중절할 때의 차이를 보았다. 확실하게 두 상황에서 여성이 느끼는 감정은 달랐다. 실제로 많은 연구를 보면 중절 이후의 지배적인 감정은 안도감이다. 추적 조사를 보면 임신중절을 능동적으로 결정했던 여성들은 수년이 지나도 불행하게 느끼지 않는다는 것을 보여준다.[13]

조사단은 임신중절은 진공상태에서 일어나는 것이 아니며, 임신 자체가 낙인이 되는 경우(십 대의 임신처럼)나 중절을 원하는 여성을 낙인화하는 복합적인 사회적 맥락에서 일어난다고 했다. "사회학적 관점에서 보면 중절 수술을 한 여성을 사회적으로 낙인찍고 그 메시지를 전달할 때, 유산 이후 여성에게 정신적으로 직접 악영향을 미친다"라고 보고했다.[14] 그와 대조적으로 "여성이 자신이 원하거나 의도한 방식대로 중절을 선택할 수 있도록 격려하는 사회문화적 맥락은 여성의 자존감을 회복시켜준다"라고 했다.[15]

진실의 필요성

알아야 할 진실은, 여성이 자신의 고유한 삶의 조건 속에서 유산을 선택할 때는 매우 민감하고 신중한 감정 상태에 있다는 것이다. 여성에게 어떤 감정을 가져야 한다고 충고하는 것도 적절치 않으며, 어떻게 느낄 것이라고 예견하는 것도 정확하지 않다. 더 중요한 것은, 그들이 선택의 기로에 있을 때 임신중절 위험을 부풀려서 잘못된 선택을 하도록 하는 것은 적절치 않다는 것이다. 매우 면밀한 과학적 연구에서 보는 바와 같이 임신중절은 장래 가임력, 유방암, 그리고 정신건강에 영향을 미치지 않는다. 임신중절 반대론자들은 정치적 목적으로 이러한 신화를 고집하기를 멈추어야 한다.

우리는 위기임신센터가 취약한 사정에 놓여 있는 여성들(원치 않은 임신에 직면한)을 대상으로 그들이 제공하지도 않는 서비스를 광고하기 때문에 특히 음흉하다고 생각한다. 미국에는 2500~4000개의 위기임신센터가 있는데, 대부분은 전국 중절 반대 조직과 기독교 네트워크와 연결되어 있어 중절을 방해하는 선교 사명을 가지고 있다.[16] 그럼에도 그들은 마치 자신들이 무료 서비스를 제공하고 중립적인 의료 클리닉인 것처럼 광고한다. 위기임신센터를 방문하는 여성들은 대개 어리고, 가난하고, 교육 수준이 낮은데, 이들은 원치 않는 임신을 할 가능성이 높을 뿐 아니라 무료 서비스이기 때문에 방문한다.[17] 비록 위기임신센터가 미국 전체로 체계적으로 조사된 바 없지만, 헨리 왁스만 하원의원의 보고에 의하면 일부 주에서는 센터를 찾은 여성들에게 중절을 방해하는 관점을 제공한다고 한다. 우리는 위기임신센터가 지속적으로 여기서 논의한 세 가지 신화를 공고히 하려는 것을 알고 있다.

로젠이 위기임신센터에 관한 책에서 지적한 바에 의하면, 이러한 방법은 의료 시술을 행할 때 정보 제공 동의가 필요한 법적인, 윤리적인 기준에 위배된다고 했다. 그러나 위기임신센터는 이러한 높은 수준에 미치지 못하는데, 직원들의 대부분이 자원봉사자이며 의료전문가가 아니기 때문이다. 로젠은 그들의 방법은 공중보건의 목표에 위배된다고 했다.

> 이 센터는 의료 서비스를 찾는 여성들에게 부정확한 정보를 유포하며 프로라이프 전파 집단과 의료 전문가의 구분을 흐려놓고, 임신중절과 피임에 접근하는 여성의 접근권을 지연시키거나 방해하는가 하면, 여성의 결정에 부적절하게 영향을 주고 잠재적으로 원치 않는 출산을 증가시키고 있다. 총체적으로 이러한 방법은 여성과 그들의 아이의 건강을 위협하며, 공중보건 대책이 필요하다.[18]

개인적으로 유산에 대해 어떻게 생각하느냐하는 것과 상관없이, 미국에서 여성 세 명 중 한 명은 일생동안 한번은 유산을 한다는 것을 기억할 필요가 있다.[19] 따라서 여성이 신중하게 내린 선택과 결정을 방해하는 것은 옳지 않다는 의견에 동의한다.

제6장

성병과 예방

사랑의 리스크

50 Great Myths of Human Sexuality

신화 30

에이즈는 완치된다

최근 뉴스 헤드라인은 에이즈(AIDS)•에 감염된 사람들이 '완치' 되었다고 떠들어댔다. 희귀한 에이즈 저항성을 가진 공여자의 세포를 독일에서 골수이식으로 받은 미국 남자, 골수이식 수술을 받은 보스턴에 사는 남자 두 명, 태어나자마자 고용량의 약물치료를 받은 미시시피에 사는 2세 여아 보도 등이 그것이다. 또 무좀을 치료하는 약물이 바이러스를 죽인다는 실험실 결과와 같은 밝은 전망의 보도도 있다.

자신의 에이즈 바이러스 양성 상태를 알리고 에이즈에 대한 인식을 넓히는 데 기여했던 유명인 중 하나인 매직 존슨(미국 농구선수 어빈 존슨)도 수십 년 전 완치되었다는 뉴스가 나오기도 했다. 그러나 그의 주치의는 '완치'는 잘못된 단어라고 바로 지적했다. 이는 바이러스가 혈액 속에서 검출되지 않았다는 뜻이며 약이 효과적이라는 것일 뿐 바이러스가 사라진 것은 아니라고 했다.[1]

미국 에이즈 보균자들이 항바이러스약을 복용하고 있지만, 에이즈는 더 이상 불치병이 아니라는 인식이 퍼져 있고 완치가 되는 병이거나 최악의 경우라도 쉽게 관리되는 만성질환 정도로 치부하는 경향이 있다. 그러나 오해하지 마시길 바란다. 훌륭한 치료 의학의 발전으로 에이즈 보균자들이 더 오래 건강하게 살 수 있도록 할 수 있을 뿐이다. 공중보건 전문가들이 염려하는 것은, 완치되었다는 잘못된 생각으로 치료를 중단하는 것이다. 왜냐하면 치료를 중단하면 에이즈 병력의 진행과 감염을 막지 못하게 되어서 전 세계 수백만 명 사람들에게 집단감염을 일으켜서 사망하게 할 수도 있기 때문이다.

• AIDS는 Acquired Immune Deficiency Syndrome의 약자이다. 한글 명칭은 후천성 면역 결핍증이지만 편의상 여기서는 에이즈로 표기한다.

에이즈/후천성 면역 결핍증

에이즈의 치료와 해결되지 않은 걸림돌을 이해하려면 에이즈 바이러스•와 후천성 면역 결핍증에 대한 기본 정보를 알아야 한다. 우리가 잘 알다시피 에이즈 바이러스는 후천성 면역 결핍증을 일으키는 바이러스다. HIV는 체액(혈액, 정액, 질 분비물, 모유)을 통해 감염된다. HIV는 체내에 들어와서 체내 면역체계의 일부인 CD4세포나 T세포를 특이적으로 공격한다. 면역체계는 외부의 적들과 싸워서 질병을 방어하는 역할을 하는데, HIV는 CD4세포를 파괴해 방어기능을 마비시키고, 감염에 취약하게 만들어 소위 '기회감염(opportunistic infection)'••으로 염증에 걸리게 한다. 이런 상태가 되면 에이즈라는 질환에 걸렸다고 진단한다. 기회감염과 싸우기 위해 약물투여를 해도 에이즈는 여전히 치명적인 질환이다.[2]

에이즈 유행 초기에는 바이러스 면역체계 파괴를 멈추게 하거나 질병의 진행을 막는 방법이 없어 사망선고를 내려야만 했다. 그러나 에이즈와 HIV를 공식적으로 발견하고 수년이 지난 1987년에 과학자들이 바이러스의 진전을 늦추는 약을 처음으로 개발했다. 이는 아지도티미딘(azidothymidine: AZT)이라는 약물로 현재는 30가지가 된 에이즈 치료약 중 하나이다. 에이즈 치료약들은 바이러스가 CD4세포에 부착하지 못하게 하거나 자체증식을 못 하게 하는 다양한 방법으로 효과를 낸다. AZT는 뉴클레오시드 역전사효소 억제제(nucleoside/nucleotide reverse transcriptase inhibitors: NRTIs)라고 불리는 약물의 일종으로, HIV가 새로운 유전물질(DNA)을 만들고 자기복제 하는 데 필요한 역전사효소•••를 차단하는 효과가 있다. 다른 치료약은 다른 효소의 작용을 차단하는 프로테아제 저해효소(protease inhibitor)로 HIV가 유전물질의 긴 줄을 짧고 가용한 줄로 자르는 데 필요한 것이다. 또 진입/융합 저해 효소(entry/fusion inhibitors)로 CD4세포 수용체

• 에이즈 바이러스(Human Immunodeficiency virus)의 약자는 HIV로, 여기서는 편의상 HIV라 표기하도록 한다.

•• 기회감염은 직접적으로 병을 일으키지는 않으나 면역성을 약화시켜서 다른 병원균에 의한 감염을 초래하는 현상이다.

••• 역전사효소(reverse transcriptase)는 새로운 유전물질을 만들고 복사할 때 필요한 효소이다.

를 공격해서 HIV가 그 세포에 부착하지 못하게 하는 약물도 있다. 현재 이러한 약물들은 소위 '칵테일 요법'이라는 복합제로 사용되고, 항레트로바이러스 치료(antiretroviral therapy: ART) 또는 고활성 항레트로바이러스 치료(highly active antiretroviral therapy: HAART)라 부른다. HIV 양성자는 ART를 받으면서 평생 바이러스 검사와 면역기능 검사를 해야 한다.[3]

HIV의 진행 여부를 확인하려면 두 가지 지표, 즉 CD4세포와 바이러스 숫자를 측정해야 한다. CD4세포 측정은 병과 싸우는 건강한 CD4세포가 혈액 속에 얼마나 있는가 하는 것으로, 정상 CD4세포가 혈액에 세제곱밀리미터당 500~1000개여야 한다. 350개 이하면 미국질병관리본부가 치료를 시작하도록 한다. 200개 이하면 에이즈 이환 진단을 내리는 지표가 된다.[4]

다른 중요한 지표는 혈액 속에 얼마나 많은 HIV 또는 복제된 바이러스가 있느냐 하는 바이러스 숫자이다. 과학자들은 '정상'이라고 판정할 수 있는 바이러스 수를 제시하지는 못했지만, 혈액 속에 바이러스가 적을수록 좋다. 최종 목표는 '검출되지 않음'이지만 종종 혈액 샘플 속에 40~75개가 발견된다.[5]

간단히 말해서, HIV 양성자들은 건강하려면 CD4세포 수가 많고 바이러스 수가 적기를 바란다. ART 치료를 하는 양성자들은 수년 또는 수십 년간 정상 면역체계와 적은 바이러스 숫자를 가지고 살아간다. 현재 20세에 ART를 시작한 사람도 60대까지 잘 살고 있다.[6] 그러나 이들이 완전 치유되었다고 하는 것은 부적절한 지적이다. 비록 바이러스 수가 적더라도 HIV는 몸에 계속 남아 있다. 과학자들은 소위 'HIV 저장고'가 있어 약물치료와 면역체계에 드러나지 않으면서 바이러스 유전 코드를 보유하게 된다고 한다. 이 세포들은 뇌, 골수, 생식기 등 신체 여러 부위에 숨어 있다. 만약 칵테일 약물치료를 중단한다면, 이 저장고가 활성화되어 HIV가 스스로 다시 복제를 시작한다.[7]

HIV는 때로 돌연변이를 일으켜서 일부 치료약으로는 효과가 없는 약물 저항성을 나타내기도 한다.

완치 사례들

ART는 HIV를 '불치병'에서 장기간 성공적으로 치료할 수 있는 조건으로 만들어주기 때문에 상당히 신뢰를 받고 있다.[8] 그러나 이것은 완치가 아니다. 진정한 완치는 실제 체내에서 바이러스가 박멸되고 재발하지 않는 것인데, 아직까지 그런 사례는 없다. 수년간 의사나 과학자들이 완치가 되었다고 칭송했던 몇몇 사건들이 있었다. 그러나 진행 과정을 면밀히 살펴보면 완치라는 말은 너무 조급한 것 같다.

완치 보도의 첫째 사례는 HIV 양성자인 독일 거주 미국인 티머시 브라운인데, 백혈병 치료를 위해 골수이식을 한 사람이다. 의사는 HIV 저항성을 가진 매우 드문 유전 돌연변이를 가진 공여자를 찾았다. 이 돌연변이는 백인종의 1%에서 나타나는데, 브라운의 골수를 이 돌연변이 세포로 바꿀 경우 HIV가 나타나는 것을 막을 것이라는 근거로 골수이식을 시행했다. 골수이식은 2006년에 시행되었고, 2010년까지 약물치료 없이 바이러스가 없는 상태가 지속되고 있다고 사례보고가 되었다.[9] 그때 의사들은 그의 혈액과 조직에서 HIV의 일부 흔적이 보인다고 했으나, 과학자들은 거기에 동의하지 않았다. 검사 과정에서 오염될 수도 있고, 재감염될 수도 있고, 브라운이 실제 '완치'되지 않았을 수도 있다. 흥미로운 것은, 그의 신체에서 발견된 바이러스의 계통이 2006년도 바이러스와 달랐다는 것이다. 다시 과학자들은 브라운은 재감염이 될 가능성이 있으며, 바이러스가 "지난 5년간 진화하면서 지속되었을 수"도 있다고 추정했다.[10]

보스턴 환자로 알려진 두 명의 남자들 또한 임파선암의 일종인 호치킨림프종(Hodgkin's lymphoma) 치료를 위해 골수이식을 받았다. 수년간 이 환자들을 검사한 의사는 신체에서 HIV를 발견할 수 없다고 했다. 이러한 변화가 약물에 의한 것인지 골수이식에 의한 것인지 알아내기 위해 약물치료 중단 실험을 제안했고, 환자들이 동의했다. 2013년 7월 일정 기간(한 사람은 7주, 한 사람은 15주 동안) 약물을 끊었는데 HIV가 발견되지 않았다고 흥분하면서 보고했다.[11] 그러나 불행하게도 이런 흥분은 오래가지 않았다. 그해 8월, 한 사람에게서 HIV가 발견되어 다시 약물치료를 시작했다. 또 다른 한 사람에게 약물치료로 복귀할 것인지, 아니면 실험을 계속할 것인지 선택하도록 했다. 그 사람은 실험을 지속하겠다고 했으나 2013년 11월에 그의 혈액에서도 역시 HIV가 검출되었다.[12]

비록 성공이라고 단정한 기간이 좀 길었다 해도 완치라고 볼 수 없으며, 모든 보균자에게 적용할 수도 없다. 골수이식은 공여자 세포의 신체에 강력한 화학요법을 써야 하므로 매우 위험한 시술이다. 이러한 방법에 생존할 만큼 모든 환자들이 튼튼하지도 않다. 아직까지는 다른 치료 방법으로 반응하지 않는 암 환자이면서 HIV 양성자의 경우에만 골수이식을 고려할 뿐이다.

지금까지의 연구를 보면, HIV 저장고가 얼마나 깊이 신체에 존재하는지 가늠할 수 있다. 보스턴 연구의 주 연구자인 티머시 하인리히 박사는 ≪보스턴글로브(Boston Globe)≫지에서 HIV 유전 코드를 가지고 있는 잠재 세포가 우리가 아는 것보다 더 완강하게 존재한다고 말했다. "우리는 더 심도 있게 다른 장기들, 즉 간, 장, 뇌와 같은 조직도 살펴봐야 한다. 이런 장기가 잠재적인 발생원이지만 이 조직을 통상적으로 검사하기 어렵다."[13]

미시시피의 어린 소녀의 완치로 환호했던 또 다른 사례가 있다. 소녀의 엄마는 임신 중에 산전 진찰을 받지 못해 모태 감염을 막을 수 있는 약물치료를 받지 못했다. 의사는 태어난 아기에게 진단 즉시 바로 세 가지 항바이러스 약물치료를 시작했다. 여아는 18개월간 칵테일 약물치료를 받았는데 이후 엄마가 병원에 오지 않으면서 추적치료에서 사라졌다. 여아가 23개월째에 다시 병원에 왔을 때, 5개월간 치료를 하지 못했는데도 혈액 속에 바이러스가 발견되지 않았다.[14] 많은 사람들은 이 여아가 '완치'되었기를 희망했지만 그렇지 않음을 확인할 수밖에 없었다. 2014년, 치료하지 않은 지 27개월이 지난 후에 정기 혈액검사에서 바이러스가 검출되었다.[15]

과학의 발달은 여러 방법으로 HIV의 모태 감염 문제를 해결해왔다. 임신 중 HIV 양성인 산모가 약물치료를 받으면 태아에 감염될 확률이 30%에서 1%로 줄어들었다. HIV 양성인 산모들 대부분이 약물치료를 받지만, 매년 약 200명의 HIV 양성인 아이들이 태어난다. 이는 산전 진찰을 전혀 받지 않는 산모들이 있기 때문에 나타나는 현상이다.[16]

국제 데이터는 더 심각하다. 2010년 저소득국가와 중간소득국가 임신 여성의 반 이하(48%)만이 적절한 항바이러스 치료를 받으며, 매일 HIV 양성 어린이가 1000명 이상 태어난다.[17] 미시시피 소년의 사례처럼 HIV 양성 신생아를 치료하게 되면 다행이지만, 국제사회에서는 사정이 다르다. 임신 중 산모를 치료해 감염된 아기의 출산을 방지할 수 있는 의료자원의 부족 문제는 국제적으로 여전히 존재한다.

과학자들은 HIV를 신체 내에서 완전히 근절하는 방법을 알아내려고 노력하고 있다. 최근 실험실에서 발견된 것 중 하나는 통상 사용하는 항진균제가 HIV를 '죽인다'고 했고, 보다 정확하게는 세포가 그 자신을 죽인다고 했다. 시클로피록스(ciclopirox)라는 항진균제는 피부과나 산부인과에서 무좀 같은 곰팡이균을 치료하는 외용크림으로 흔히 처방된다. 대부분의 세포는 손상되었거나 감염되었을 때 건강한 세포를 보호하기 위해 자신을 파괴하는 자연적 현상이 있다고 연구자들은 설명한다. 그러나 HIV는 너무 강해서 이러한 이타적인 본성을 차단한다. 실험실 배양에서 시클로피록스는 건강한 세포에 영향을 주지 않으면서 감염된 세포의 자살 경로를 재활성화했다. 그리고 치료가 중단된 후에도 HIV 세포가 다시 증가하지 않았다. 그러나 아무도 모른다. 이러한 발견이 실제 치료로 이어지게 될지, 실험실에서의 긍정적인 뉴스가 이 분야의 성공을 가져올지는 긴 과정이 필요하다.[18]

백신 연구

HIV를 신체에서 완전히 제거하기가 어려우므로 연구자들은 예방 백신을 개발하는 데 주력했다. 1984년 미국보건복지부는 2년 안에 HIV 백신이 개발될 거라고 선언했다. 그러나 불행히도 그 후 30년간 수없이 개발되고 실험되었는데도 백신 연구는 아직 성공을 단언하지 못한다. 실제 일부 임상실험은 도중에 성공 가망이 없다는 것을 알고 중단하기도 했다. 2013년 4월, 예를 들어, HTVN-505라는 백신이 감염을 예방하지 못한다는 것을 알고 중도에 임상실험이 폐기되었다. 백신을 맞은 집단이 위약을 받은 집단보다 HIV가 더 많이 발생했기 때문이다.[19]

2007년에 STEPS 실험이라고 하는 연구도 백신이 감염 위험을 증가시킨다는 것을 알고 중단되었다.[20]

아직까지 단 하나의 임상실험만이 성공적이었다. 2009년 태국에서 RV144라는 백신이 감염률을 31% 감소시킨다는 것을 발견했다. 이 결과는 시장에 내놓기에는 너무 미미하지만 앞으로 과학자들이 백신을 개발하는 데 어디에서 더 노력해야 하는지에 대한 중요한 정보를 제공해주었다.[21]

지금 할 일: 예방

완치 약물과 백신 개발을 기다리는 동안에 우리가 할 수 있는 일은 예방에 주력하는 것이다. 에이즈가 유행한 이래로 콘돔이야말로 성생활에서 HIV 감염을 막아주는 최적의 방법이다. 실험실에서와 실제 생활에서 라텍스 콘돔이 HIV를 차단해서 감염 기회를 현저히 감소시키는 것이 확인되었다. HIV 양성자와 음성자 커플에 대한 연구에서도 항상 콘돔을 사용할 경우 HIV 감염을 80%에서 94% 감소시킨다고 밝혔다.[22]

다른 예방 노력 중 하나는 금욕 생활(성생활을 하지 않는 방법으로 감염 위험을 차단함)과 섹스파트너의 수를 줄이는 것(동시에 여러 명의 파트너가 있을 때 이 파트너들은 HIV 감염 위험이 높아진다)이다. 또 남성 포경수술이 전파의 위험을 줄인다고 해서 포경수술에 관심을 갖기도 한다(남성 포경수술을 다룬 신화 3 참조).

미국에서는 최근 '노출 전 예방(pre-exposure prophlaxis: PrEP)'에 관심이 모아지고 있다. 2011년 미국식품의약국이 트루바다(Truvada)라는 약을 승인했는데, 감염 예방 목적으로 매일 하루 한 번 복용하는 약이다. 노출 전 예방 목적으로 약을 복용한 사람에 대한 연구에서는 그렇지 않은 경우보다 HIV 감염을 44% 감소시켜 효과적이라고 했다. 게다가 이 약을 매일 또는 거의 매일 복용한 사람들의 감염 위험이 73% 정도(최대 92%) 감소한다고 했다. HIV 양성자와 음성자 커플에 대한 연구에서도, 이 약을 매일 또는 거의 매일 복용한 음성자 파트너의 감염 위험을 75%에서 90%까지 낮춘다고 보고했다.[23]

이러한 성공에도 불구하고 노출 전 예방은 미국에서 논란의 여지가 있다. 이

약(가격이 한 달에 1000달러)은 고작 1달러도 안 되는 콘돔에 비하면 너무 비싸다. 게다가 아무 증상도 없는데 매일 약을 먹는다는 것은 사람들이 받아들이기 어려운 점이라고 지적된다. 또 우려되는 것은, 노출 전 예방약을 매일 먹는다는 이유로 콘돔 사용을 중단하면 역시 HIV뿐 아니라 다른 성병의 감염 위험도 증가시킬 수 있는 점이다. 그러나 최근의 연구에서는 이러한 추정이 근거가 없다고 밝혔는데, 노출 전 예방약을 매일 먹는 사람들은 감염 위험이 높은 성행위를 할 위험이 적다고 한다.[24]

2013년 12월 ≪뉴욕타임스≫가 새로운 예방법이 공중보건 전문가들이 예상했던 것만큼 잘 알려져 있지 않다고 보도했다. 그리고 에이즈와 HIV의 위험은 이미 지나갔다고 믿는 사람들이 많아지는 것이 문제라고 지적했다. 사람들이 HIV 감염을 우려하지 않고 더 이상 예방조치를 하지 않는 것이 두려운 일이라고 했다. 이러한 경향이 일부 통계를 통해, 특히 남성과 성관계를 하는 남성들 사이에서 이미 나타나고 있다고 한다. 예를 들어 항문 성교를 하는 남성들 사이에서 콘돔을 쓰지 않는 경우가 2005년에 48%에서 2011년에 57%로 증가했다.[25]

자원이 풍부한 미국 같은 국가에서 나타나는 에이즈 유행과 치료의 양상이 다른 국가의 상황을 대표한다고 볼 수 없다. 미국 HIV 양성자가 약 110만 명이며, 매년 5만 명의 신환이 발생하고, 2010년에는 1만 5500명이 사망했다.[26] 그러나 다른 지역과 국가의 사정은 매우 심각하다. 세계보건기구가 2012년에 추정한 바에 의하면 전 세계에 3500만 명의 HIV 양성자가 있으며, 그 중 160만 명이 이 병으로 사망한다. 개발도상국가에 약물치료를 보급하는 데 진전이 있었음에도 아직 치료가 필요한 사람의 61%만이 치료를 받고 있다고 추정한다.[27]

의학 역사를 볼 때 에이즈는 상대적으로 역사가 짧은 질병이다. 불과 수십 년 사이에 수많은 장벽을 넘어서 에이즈의 예방과 치료에 관한 과학이 발전한 것은 사실이다. 2001년 이래 새로운 감염은 33% 감소했고, 어린이의 새로운 감염은 52% 감소했으며, 2005년 정점을 찍은 후에 에이즈 관련 사망은 30% 감소했다.[28] 그러나 마냥 만족할 때는 아니다. 아직도 이 질병은 완치되지 않으며, 여전히 치명적이다.

신화 31

성병은 약만 잘 먹으면 문제될 게 없다

요즘 사람들이 성병(sexually transmitted infections: STIs)•에 그다지 관심이 없는 것은 놀라운 일이 아니다. 매독에 걸려 장님이 되거나 미치는 사람도 없고, 임질균 멸균을 한다고 화씨 111도(섭씨 43.9도)의 쇠막대기를 항문에 넣는 사람도 없다.[1] 사실 1943년 임질을 페니실린으로 96% 성공률로 완치한 이래로 우리 사회는 성병을 심각한 것으로 여기지 않게 되었다.[2]

현대 의학이 많은 질병을 진단하고 완치시키는 발전을 이루었다고 해서 이제 성병이 중요하지 않다는 것은 잘못이다. 개인의 차원에서 심한 통증과 장기적인 건강 문제, 즉 불임이나 암을 일으키며, 사회적 차원에서는 심각한 공중보건 문제와 경제적 부담을 초래한다.

이 글을 쓰는 목적은 독자들에게 인생을 망가뜨리는 불치병을 소개해 겁을 주려는 것이 아니다. 우리는 혼전순결에 관한 강의도 들었고, 진물이 흐르는 상처와 보기 흉한 사마귀 등의 불쾌한 슬라이드를 본 적이 있지만, 이런 방식이 최고의 교육 방법이라고 생각하지 않는다.

우리의 목적은 성병은 아직도 심각한 유행병이며, 개인과 사회에 문제를 일으키므로 간과해서는 안 된다는 것을 일깨우는 데 있다. 모든 사람은 자신의 성생활에 책임을 지고, 필요할 때 성병 검진과 치료를 해야 한다. 성병을 줄이려면 섹스파트너의 수를 줄이고 항상 콘돔을 써야 한다는 것을 강조하고 싶다. 결과적으로 성병의 유행을 멈추게 하는 유일한 방법은 우선 예방이다.

인터넷 또는 성교육 교과서나 강의에 훌륭한 정보가 넘쳐나므로 성병을 자세히 다루지는 않으려고 한다. 다만 성병의 이름과 전파되는 경로, 인지하는 방법

• sexually transmitted infections(STIs)는 '성 매개 감염병'이라고 번역할 수 있지만, 흔히 쓰는 성병으로 표기하기로 한다.

과 치료 방법에 대해 간단히 소개한다. 그리고 만약 적절하게 치료가 되지 않을 경우 어떤 문제가 생기는지를 알게 되면 더 이상 성병이 '문제될 게 없다'고 하지 못할 것이다. 다음에서 가장 흔한 성병들에 대해 다루고자 한다.

완치될 수 있는 성병

성병은 보통 원인균으로 분류되며, 그에 따르는 치료가 중요하다. 대개 성병은 세균 또는 기생충이 원인균이며, 항생제로 치료된다. 그렇다고 흔적을 남기지 않고 완전히 치료되는 것은 아니다.

클라미디아

클라미디아(chlamydia)는 미국에서 가장 흔히 신고되는 성병이다. 의사들은 클라미디아 진단을 내리게 되면 미국질병관리본부에 신고를 한다.* 그러면 질병관리본부는 성병을 추적하고 어떤 특정 지역이나 특정 집단에 유행이 발생하는지 조사한다. (임질, 매독과 HIV도 신고해야 하는 성병이다.) 2011년 질병관리본부에 신고된 클라미디아는 140만 건이지만 대부분의 감염 진단을 놓치는 경향이 있어, 질병관리본부는 매년 286만 건이 실제 발생하고 있다고 추정한다.[3]

클라미디아는 클라미디아 트라코마티스(chlamydia trachomatis)라는 세균이 원인인데, 정액, 질 분비물, 자궁경부 분비물에서 발견된다. 성행위(구강성교, 질성교, 항문 성교 등)시 분비물 접촉을 통해 전파되어 남성과 여성의 생식기, 항문과 구강에 감염될 수 있다.

검사를 통해 조기에 발견되면 항생제로 쉽게 치료가 되며, 성 접촉을 한 파트너도 치료를 해야 더 이상 감염되지 않는다. 클라미디아가 골칫거리인 이유는 종종 증상이 없다는 것이다. 여성에게서 비정상적인 분비물 또는 배뇨통이 나타날 수 있고, 남성에게는 분비물이 나오거나 고환이 커지기도 한다. 그러나 대개 클라미디아에 감염된 것을 알 수 있는 유일한 방법은 검사를 해보는 것이다. 검사

* 한국도 '법정감염병 진단 신고 기준'에 의해 의사가 진단 시 신고하도록 한다.

는 컵에 소변을 받거나 요도 또는 자궁경부에서 분비물을 채취해 균을 배양하므로 아주 간단하다.[4]

만약 치료를 하지 않으면 자궁을 통해 난관을 통과해 감염이 진행되어 여성 골반염(pelvic inflammatory disease: PID)을 일으킨다. 여성 골반염은 항생제로 치료가 되지만, 얼마나 오랫동안 감염 상태에 있었는가에 따라 자궁이나 난관에 상흔이 남을 수 있다. 난관의 안쪽 지름은 머리카락 두 개 정도의 두께로 매우 좁아서, 아주 작은 상흔이라도 난관을 막아 난자가 이동을 방해해 불임을 초래할 수 있다.[5] 남성에게도 정자 돌연변이를 일으켜서 불임을 초래할 수 있다.[6]

젊은 사람들은 장래 임신 가능성에 대한 걱정보다 당장 피임을 우선순위에 두는 경향이 있다. 누구나 자신들은 충분히 임신할 수 있으므로 피임을 해야 한다고 생각한다. 나중에 아이를 가지려고 할 때가 되어야 자신의 건강에 관심을 가지게 되는데, 사실은 애초에 성생활을 시작할 때부터 관심을 가져야 용이하게 아이를 가질 수 있다. 그래서 미래를 위해서도 클라미디아 감염 예방을 위해 콘돔을 항상 쓰고, 감염 여부를 규칙적으로 검사하는 것이 매우 중요하다(치료는 파트너가 같이 해야 한다).

임질

임질은 세균성 성병의 일종으로, 성교 시 자궁경부액, 질 분비액, 음경 분비물에 의해 쉽게 감염된다. 클라미디아보다 빈도는 적으나 미국질병관리본부는 미국에서 매년 82만 명이 감염되고 있다고 추산하며, 무시하지 못할 숫자이다.[7] 임질은 클라미디아처럼 증상이 없는 경우가 많고(남성과 여성에게서 분비물이 많이 나오고 소변 볼 때 아픈 증상이 발생하기도 한다), 장기적으로 영향을 줄 수 있다. 여성에게 골반염과 불임을 초래하고 남성에게 불임을 초래할 수 있다.[8]

임질은 원인균 나이세리아 고노레아(neisseria gonorrhoeae)가 돌연변이를 일으켜서 항생제 내성을 만들어내는 것이 문제이다. 과거 반세기 동안 여러 종류의 항생제들이 치료제로 시도되었지만 계속 항생제 내성이 생겨서, 1940년대에는 설파제, 1980년대에는 페니실린과 테트라사이클린, 2007년에는 미국질병관리본부가 퀴놀론제 치료 추천을 중단했다. 오늘날 여전히 효과적인 유일한 항생제는 세팔로스포린인데, 최근 약제감수성이 떨어지고, 미국과 다른 국가에서 세팔로스포린 내성 사례가 발견되고 있다.[9]

임질은 치료하기 쉬운 병이라고 하지만 내성 때문에 쉽지 않은 병이라고 할 수 있다. 미국질병관리본부가 최근 항생제에 내성을 가진 임질이 긴급한 위협이라고 보고했다.[10] 만약 세팔로스포린이 내성 때문에 효과가 없어진다면 이를 대체할 항생제가 없다는 것이 우려된다. 보건전문가들이 기존 약제를 다양하게 복합해 내성균주를 퇴치하는 약을 개발하고 있지만 새로운 약제 개발이 필요하며, 일부는 아직 실험 단계라고 한다.

예방이 치료보다 훨씬 낫다. 질병 감염 횟수를 줄이면 세균의 항생제 노출을 줄이고, 아울러 내성 발생을 줄이게 된다. 질병관리본부는 임질뿐 아니라 모든 항생제 내성 발생을 예방하는 것은 항생제에 덜 의존하는 것이며, 또한 만약 항생제 처방을 받았을 때는 주어진 기간만큼 처방대로 잘 복용해 완치해야 한다고 강조한다.[11]

매독

매독은 역사가 매우 오래된 성병으로 15세기 말 유럽에서 발생했고, 역사적으로 최초로 완치가 되었던 성병이다.[12] 원인균은 세균의 일종이며, 매독 상처를 통해 감염된다. 매독 상처는 단단하고, 둥글고, 통증이 없으며, 보통 매독이 침입한 신체부위에 처음 생긴다. 이 상처는 치료와 상관없이 3~6주간 지속된다. 만약 치료를 하지 않으면 제2기로 진행되어 손바닥이나 몸 전체에 발진으로 나타난다[이 발진으로 매독은 16세기에는 '큰 마마(great pox)'라고 했다].[13] 제2기 매독으로 진행되면 열, 임파선 부종, 목의 통증, 두통 등의 증상을 느끼게 된다.[14]

치료를 제때에 하지 않으면 증상은 사라지지만 신체 세포나 장기에 숨어 잠복하게 된다. 이 잠복기가 지나 증상이 다시 나타날 때까지 10~30년이 걸린다. 후기 매독 환자는 근육운동 곤란, 무감각, 실명, 치매, 뇌 손상과 더불어 신경, 눈, 심장, 혈관 및 관절과 같은 내부 장기의 손상을 겪는다. 말기 매독은 사망에 이르

게 할 수도 있다.[15]

미국에서 최근 매독으로 사망한 사람은 매우 적다. 2011년에는 단지 45명이 매독으로 사망한 것으로 추산된다.[16] 대부분 제1기와 제2기 단계에서 진단되고 치료된다. 매독 사망자가 매우 적어 한때 미국에서 매독이 거의 완전히 퇴치되었다고 믿은 적도 있었다. 그러나 불행하게도 그 반대로 제1기 및 제2기 매독이 남성 간 섹스를 하는 남성에게서 특히 증가하는 추세를 보이고 있다. 질병관리본부는 매년 매독 감염 사례를 5만 5400건으로 추산하고 있다. 이 중 72%는 남성 간 섹스로 인한 감염으로, 에이즈를 포함한 성병 감염의 위험을 높인다.[17]

트리코모나스증

트리코모나스증(trichomoniasis)은 매우 흔한 성병이지만 사람들이 의외로 잘 모르는 질병이다. 미국에서는 '트릭(trich)'이라고 부르는데, 가장 흔한 완치 가능 성병이며 매년 700~800만 명이 감염된다. 이 숫자는 클라미디아, 임질, 매독 세 개를 합친 것보다 더 많다(미국에서 이 병은 신고 의무가 없어 다른 감염에 비해 주목을 덜 받는다).

트리코모나스증은 성행위를 통해 전파되는 기생충의 일종인 원충에 의해 생긴다. 감염된 남성들은 대부분 증상이 없다. 여성의 경우 외음부의 가려움증, 불쾌감, 발적 및 따가움 등을 느낀다. 또 배뇨 시 통증과 불편감도 있고, 질 분비물 색깔도 맑거나 하얗거나 노랗거나 연녹색 등으로 다양하게 나올 수 있으며, 비정상적인 냄새가 나기도 한다. 또 성교 시 통증이나 불편감을 느끼기도 한다. 그러나 이러한 증상들은 다른 질염, 즉 진균(곰팡이) 감염과 비슷해서 여성들이 검사를 하지 않는 경우가 많다.[18]

만약 치료하지 않고 방치하면 부분적으로 질벽에 자극을 주어서 에이즈 바이러스 감염에 취약한 환경을 만들 수 있어 위험하다. 게다가 임신한 산모들에게 조산 또는 조기 진통 및 저체중아 출산의 위험을 높인다.

다행히도 트리코모나스증은 자궁경부나 질 분비물 검사와 소변 검사로도 쉽게 진단이 된다. 최근 한 번의 검체로 트리코모나스, 클라미디아, 임질을 동시에 알아낼 수 있는 검사가 나와서 시행되고 있다. 진단이 되면 한 가지 항생제로도 쉽게 치료가 된다. 따라서 가장 중요한 조치는 스스로 의사에게 검사를 요청하는 것이다.[19]

완치는 되지 않고 몸에 남아 있는 성병

그 밖에 흔한 성병은 바이러스에 의해 생긴다. 독감 또는 감기에 걸려본 사람들은 알겠지만 바이러스 완치약은 없다. 만약 당신이 감기에 걸려 의사를 찾는다면 그는 집으로 돌아가서 쉬면서 기다리라고 할 것이다. 마찬가지로 성병으로 전파되는 바이러스도 완치되지 않는다. 대부분은 몸속에 남아 있게 된다. 그렇다고 반드시 증상이 나타나는 것은 아니다.

헤르페스

음부 헤르페스(herpes, 단순포진)는 매우 흔한 바이러스 감염으로 미국질병관리본부 통계에 의하면 모든 성인의 16%, 또는 14세에서 49세까지의 성인 여섯 명 중 한 명이 감염되어 있고, 매년 77만 6000명이 새로 감염된다고 한다.[20] 한번 감염되면 빈번하게 재발되어 골치 아픈 병이다.

음부 헤르페스는 단순포진 바이러스 1(herpes simplex virus-1: HSV-1)과 단순포진 바이러스 2(herpes simplex virus-2: HSV-2) 두 가지 바이러스에 의해 발생한다. 지금까지 HSV-1은 대개 입술이나 구강 점막에 물집이나 궤양으로 나타나고, HSV-2는 음부에 나타나는 것이라고 생각했지만, 최근 의학 전문가들은 이 두 개가 서로 교차하면서 구강과 음부 모두 감염을 일으킨다고 한다.

음부 감염은 외음부, 음경, 정소 또는 항문에 통증 동반 궤양을 일으킨다. 이 궤양은 소변이 나오는 요도구 근처에 있을 때 특히 더 아프다. 감염 경로는 구강성교, 질 성교, 항문 성교 모두에서 가능하다. 한 전문가는 구강성교를 하는 젊은 이들에게서 HSV-1 바이러스의 음부 감염이 증가한다고 했다. 감염이 되어도 증상이 없는 사람도 있고, 궤양만 한 번 나타나고 다른 증상이 없는 사람도 있다. 반대로 규칙적으로 자꾸 재발하는 사람도 있다. 헤르페스는 완치는 못 하지만 증

상의 정도를 완화시키고, 재발 횟수와 심한 증상을 감소시키는 항바이러스제로 치료한다.[21]

최근 조사에 의하면, 과거 10년 전 청년보다 최근 청소년들에게 헤르페스의 위험이 더 높다고 한다. 2005년과 2010년 사이의 14~19세 청소년과 1999년과 2004년 사이의 같은 연령 청소년들의 의무기록을 비교해보았다. 최근 청소년 집단은 HSV-1에 대한 항체 형성이 30%가 되어 있는 것에 비해 이전 청소년 집단은 39%라고 했다. 항체는 바이러스에 노출되면 신체 내에서 형성되는 면역체계의 일부로, 한번 형성되면 재노출이 될 때 바이러스에 저항할 수 있게 한다. 그래서 연구자들은 과거 청소년들이 어린이일 때 HSV-1에 노출되어 항체가 형성되었을 경우, 이후 성생활을 하는 성인이 되었을 때 저항력이 생긴다고 본다. 그런데 최근에는 위생 상태가 좋아져서 바이러스에 노출이 덜 되고, 항체도 덜 형성되는 경향이 있다. 그래서 앞으로 항체가 충분치 형성되지 않고, 구강성교는 늘어나서 앞으로 음부 헤르페스는 더 증가할 것이라 보고 있다.[22]

그렇다고 우리가 개인위생 관리를 통한 예방을 포기하라고 주장하는 것은 아니다. 다른 성병처럼 헤르페스를 예방하는 가장 좋은 방법은 성교 시 콘돔을 사용해 직접적인 성적 접촉을 막는 것이다. 콘돔으로 정소 부위 외음부 궤양까지 콘돔이 접촉을 넓게 차단하지는 못하지만, 확산을 막는 좋은 방지책이 된다. 예를 들어 한 연구에 의하면, 콘돔을 쓰면 헤르페스 감염 위험을 92% 줄일 수 있다고 한다.[23] 우리는 항상 콘돔을 사용해야 한다고 강조한다. 이는 남성에게 구강성교를 할 때도 역시 유용하다. 덴탈댐(dental dam)이라고 하는 직사각형의 라텍스가 시판되고 있는데, 이것은 구강성교 시 여성의 회음부 위를 덮어서 헤르페스 같은 성병의 감염을 막아준다. 구강성교를 할 때도 콘돔이 접촉을 막는 데 유용하게 쓰일 것이다.

인유두종바이러스

인유두종바이러스(HPV)는 많은 사람들이 가지고 있는 매우 흔한 바이러스이다. 사실 당신과 당신의 친구도 이 바이러스를 가지고 있다고 추정해도 과언이 아닐 것이다. 미국질병관리본부는 약 7900만 명이 감염되어 있고, 매년 1400만 명이 새로 감염된다고 한다.

HPV는 신체 여러 부위에 감염을 일으키는 150종의 바이러스의 집단이다. 이 중 40종이 생식기 감염을 일으킨다. 대개 1~2년 이내에 눈에 띄는 증상이 없어지기도 한다. 그래서 사람들은 감염 여부를 모르고 지낼 수 있다. 특히 6번과 11번 바이러스는 음부 사마귀를 일으키는 대표적인 것이며 외음부, 항문, 자궁경부 등에 사마귀 형태로 나타난다. 사마귀는 저절로 없어지기도 하지만, 대개는 의사가 수술 또는 전기치료로 제거해야 한다.

다른 타입의 바이러스는 더 큰 건강 문제를 일으킨다. 과학자들은 약 13종의 바이러스가 암을 일으킨다고 한다. 이 중 16번과 18번 바이러스는 자궁경부암 원인 바이러스의 약 70%를 차지한다.[24] 매년 여성 약 1만 2000명이 자궁경부암에 걸리며, 남성과 여성 1만 5000명 이상이 머리, 목, 후두, 외음부, 항문 부위에 HPV에 의한 암에 걸린다.[25]

다행히 자궁경부암은 매우 천천히 진행되는 암이라, 의사가 자궁경부 세포진검사를 주기적으로 하면 암 진행 이전 단계에서 발견할 수 있다. 만약 비정상 세포가 발견되면 의사는 암으로 진행되기 전에 치료를 할 수 있다. 미국에서는 1960년대부터 전국적으로 자궁경부 세포진검사를 시행했다. 1975년과 2001년 사이 이 검사로 자궁경부암 발생이 반으로 줄었으며, 암으로 인한 사망도 극적으로 줄어들었다.[26] 성생활을 하는 여성은 얼마나 자주 자궁경부암 세포진검사와 HPV 검사를 해야 하는지 의사와 상의해야 한다. 불행히도 남성을 위한 주기적인 HPV 선별검사는 없지만, 남성도 자신의 성생활과 관련해 의사와 상의하는 것이 필요하다.

더 반가운 소식은 여성과 남성 모두가 HPV의 감염을 예방할 수 있는 백신을 접종받을 수 있다는 것이다. 현재 두 개의 백신, 즉 가다실(Gardasil)과 서바릭스(Cervarix)가 예방백신으로 출시되었으며, 모두 16번과 18번 암 발생 바이러스를 예방한다. 특히 가다실은 음부 사마귀를 추가로 더 예방한다. 아홉 가지 바이러스를 예방할 수 있는 새로운 버전의 백신이 개발 중이다.* 9세에서 26세 사이 여성이라면 6개월간 세 번의 예방주사를 맞아야 한다. 미국질병관리본부는 11세와 12세의 소녀와 소년들이 성생활을 하기 전에 예방주사를 접종할 것을 추천한다.[27] 26세 이하라면 예방접종을 권한다.

이 책의 32번째 신화에 대해 얘기하자면, HPV 백신은 논란이 되어왔다. 하나는 백신의 안전성에 대한 전반적인 오해(이에 대한 잘못된 정보가 많다)와 다른 하나는 청소년의 성생활에 대한 우려이다. 성생활을 하기 전 11세 소녀에게 HPV 예방접종을 하면 안심이 되는 바람에 오히려 성생활을 일찍 시작하게 된다고 걱정하는 사람이 있다. 그러나 실제 조사에 의하면 그렇지 않다.[28] HPV 백신은 칭송받을 만한 의학의 성과이며, 암을 예방하는 최초의 백신이다.

물론 백신을 맞지 않은 성인들은 성생활에 콘돔을 사용해야 HPV 감염을 예방할 수 있다. 헤르페스와 마찬가지로 콘돔은 HPV 감염을 예방한다. 동시에 이와 관련된 자궁경부 세포이형증, 음부 사마귀, 자궁경부암과 같은 질병으로 진전되는 것을 줄여준다. 한 연구에 의하면 항상 100% 콘돔을 쓰는 여성에게는 자궁경부 병변이 없다고 한다.[29]

결론

앞에서 말한 바와 같이 성병의 진부한 도표와 증상들을 나열하기보다는 다만 잘못된 정보를 바로잡고 싶다. 또 성생활로 매년 1만 9000명을 감염시키는 B형간염에 대해서는 언급하지 않았다. B형간염 예방주사는 학생 대상 접종이 꼭 필요하다. 마찬가지로 성생활을 할 때 콘돔을 꼭 사용하는 것이 매우 중요하다.

독자들이 모든 성병의 이름과 중요도, 증상을 배우는 것보다 성병이 개인과 사회에 영향을 미치는 중요한 질병이라는 사실을 인식했으면 한다. 실제 성병의 진단과 치료에 미국 정부 예산으로 매년 160억 달러가 지출되고 있다.[30] 성병은 치료가 되는 병이긴 하지만 시간과 경비의 대가를 치르게 하고, 건강상의 문제와 장래 합병증을 초래한다.

• 2016년에는 '가다실9'라는 백신이 한국에서도 출시되었다.

개개인은 예방에 힘쓰면서 유행을 막는 데 일조할 수 있다. 성병에 안 걸리는 가장 최선의 방법은 금욕을 실천해 어떤 성적 접촉도 하지 않는 것이다. 그러나 성생활을 활발히 하는 사람이라면 성교 시 콘돔을 항상 제대로 잘 사용해야 한다. 대부분 콘돔 사용 실수는 음부 접촉 이후에 콘돔을 씌우거나 섹스가 끝나기도 전에 콘돔을 벗기는 것이다(신화 28을 보시오).

또 다른 예방법은 섹스파트너의 수를 줄이는 것이다. 특히 동시에 같은 기간에 여러 섹스파트너와 성교를 하는 것을 줄여야 한다. 이러한 동시 파트너는 질병 감염의 위험을 심각하게 높인다. 성생활을 하는 개인은 주기적으로 성병 검사를 받아야 한다. 대부분 검사는 옷소매를 올려 팔에서 혈액을 채취하거나 소변을 받는 등 간단하다. 성병 검사는 매년 해야 하는 정기검진에는 들어가지 않는다. 당신이 검사하기를 원할 때면 언제나 의사에게 요청하면 된다(부끄러워하지 마시라. 의사는 그런 요청을 하는 당신을 믿음직하게 여길 것이다). 마지막으로 외음부가 가렵거나 음경에서 진물이 나오는 등 이상 증상을 느끼면 가능한 한 빨리 검사를 받아야 한다. 스스로 진단을 내리기보다 의사가 무엇이 잘못되었고, 어떻게 해야 하는가를 잘 안내해줄 것이다.

신화 32

인유두종바이러스 예방백신은 소녀를 성적으로 문란하게 만든다

인유두종바이러스(HPV) 감염은 미국에서 가장 흔한 성병이다. 미국인 중에서 약 7900만 명이 감염되었으며, 매년 1400만 명이 새로 감염된다.[1] HPV는 감염된 피부에서 미감염된 피부로 매우 쉽게 전파된다. 감염은 콘돔으로 예방할 수 있으나, 감염된 피부가 콘돔에 덮여 있을 때에 한한다. 음낭 같은 부위는 콘돔이 덮이지 않으므로 전파를 막을 수 없다.

실제 사람들은 HPV를 대수롭지 않게 여긴다. HPV 보균자들도 증상이나 건강상 문제가 없어 자신이 감염되어 있는지도 모르기 때문이다. 음부 사마귀가 생겨도 저절로 없어지거나 의사에게 가면 쉽게 제거가 된다. 그러나 어떤 종류의 바이러스는 치료하지 않으면 자궁경부암으로 발전되어 생명을 위협할 수 있다.

그래서 이러한 암을 예방하는 새로운 백신이 개발된 것은 매우 놀라운 일이다. 그런데 그다지 반기는 분위기가 아니다. 이렇게 일찍 소녀들에게 자궁경부암 예방주사를 접종하면 마치 성생활을 시작해도 된다는 면허증을 주는 것이라 위험하다고 지적하는 사람들이 있기 때문이다. 그래서 이 백신을 미리 접종하지 말아야 소녀들이 문란해지는 것을 막을 수 있다고 하는 사람도 있다. 여러 번 이런 말을 들어왔기에 이에 대한 반론을 제시하고자 한다.

역사

2006년 미국식품의약국은 HPV의 네 가지 타입, 다시 말해 자궁경부암 발생 원인의 70%를 차지하는 두 타입과 음부 사마귀 발생 원인의 90%를 차지하는 나머지 두 타입을 성공적으로 예방하는 백신인 가다실을 승인했다. 그 다음 나온 예방백신으로 2009년 자궁경부암을 일으키는 HPV 중 두 가지 타입을 예방하는 서바릭스를 승인했다.* 이 백신은 6개월간 세 번 접종하며, 9세에서 26세 연령의 남녀들을 대상으로 승인되었다. 성생활을 시작하기 전에 접종하는 것이 효과

적이어서 미국질병관리본부는 11세에서 12세 소녀에게 접종할 것을 추천했다.[2]

자궁경부암은 세포진검사로 쉽게 미리 예방할 수 있는 암이지만, 미국에서 매년 약 1만 2000명의 여성이 걸리고, 약 4000명이 사망한다.[3] 세계 통계를 보면 더 심각하다 — 세계적으로 매년 50만 명의 여성이 자궁경부암에 걸리고, 그중 25만 명이 사망한다.[4]

따라서 공중보건 전문가들은 HPV 예방백신을 수백만 명의 생명을 구할 수 있는 의학적 성과로 생각한다. HPV는 성교를 통해 쉽게 전파되기 때문에 HPV를 퇴치하는 유일한 방법은 모든 사람들에게 예방백신을 접종하는 것이다.

그러나 누구나 여기에 동의하지는 않는다. 매우 보수적인 사람과 '혼전순결' 지지자들은 어린 소녀에게 성병 예방접종을 하는 것에 의문을 품고, 위험하다고 주장한다. 그들은 백신이 어린 소녀에게 잘못된 안전의식을 심어주는 동시에 성생활을 문란하게 한다고 한다. 또 어린 소녀들이 나이에 맞지 않는 부적절한 대화를 부모와 하게 되어 불편하게 한다는 것이 문제라고도 지적한다. 예를 들어, 가족연구회의 브리짓 마허는 2005년에 영국 저널 ≪뉴 사이언티스트(New Scientists)≫에서 다음과 같이 발언했다. "어린 소녀에게 HPV 백신을 접종하는 것은 잠재적으로 해롭다. 왜냐하면 혼전 섹스가 가능하다는 면허로 오해하기 때문이다."[5]

사실 이 문제는 계속 반복해서 제기되어왔다. 청소년에게 피임법에 접근하게 하는 것, 학교에 콘돔을 비치하는 것, 성교육을 제공하는 것, 약국에서 응급피임약을 바로 구입하게 하는 것 등에 대한 논란과 연결되어 있다. 우리 문화에는 청소년 여성이 피임법에 접근이 쉬워지면 그만큼 성적으로 문란해진다는 생각이 뿌리 깊게 박혀 있다. 심지어 최근에도 라디오 토크에서 러쉬 림보가 어떤 법학도를 '창녀'라고 비난했는데, 그 여성이 의회에서 출산 조절을 위한 피임 접근성을 높여야 한다고 증언했다는 이유에서였다.

• 한국에서도 가다실과 서바릭스가 승인되어 병원에서 접종할 수 있다.

여성의 성적 방종에 대한 두려움

여성의 성적 방종에 대한 논의는 오래전부터(아마 미니스커트나 수영복이 도입되면서부터) 시작되었지만, 1960년대 피임약이 의학적 현상이자 문화적 현상으로 대두되자 아주 맹렬해졌다. 1966년 ≪유에스 뉴스 앤 월드 리포트(US News and World Report)≫ 잡지의 피임과 도덕에 대한 기사는 다음과 같은 질문을 던졌다. "피임약은 성적 방종의 면허증인가? 가임기 여성의 피임능력은 성적 무정부상태를 초래하는가?" 2년 후에 소설가 펄벅은 ≪리더스 다이제스트(Reader's Digest)≫에서 경고했다. "누구나 피임약을 알고 있다. 그러나 이 작은 알약이 우리 사회에 미치는 영향은 핵폭탄보다 더 심각하다."[6]

피임약의 도입은 섹슈얼리티와 여성 성욕에 대한 사회적 가치 및 규범의 변화와 동시적으로 진행되었다. 생식과 섹스가 분리되고 여성이 자신의 생식능력을 조절할 수 있게 되었다고 말하는 사람도 있다(따라서 출산으로부터 자유로워진 여성들에게 교육과 고용의 기회가 제공되었다). 피임약은 사실상 성 혁명을 일으켰다. 어떤 이들은 이미 사회가 변했는데 사회 변화의 손쉬운 속죄양으로 피임약을 지목했다고 하기도 한다.[7] 50년이 지난 지금도 여성 섹슈얼리티에 대한 피임의 영향에 대해 논란을 벌이는 중이다.

2012년 공화당 지명 후보 릭 샌토럼은 피임은 문제가 있다고 발언했다."성적 영역에서 당연히 지켜야 할 것을 지키지 않게 하는 면허증 같은 것이 피임이다. 결혼 제도 안에서 부부 사이 성행위는 출산을 위한 것이어야 한다."[8] 이와 같은 생각은 1998년 미국식품의약국이 응급피임약을 처음 승인할 때와 그 이후 의사처방전 없이 구입이 가능하도록 결정할 때도 거론되었다. 미국의 보수적인 비영리단체인 가족연구회는 응급피임약에 대해 다음과 같이 발언했다. "의학전문가들은 질병과 질병이 가져올 폐해를 예방해야 한다. 그런데 전문가들이 (공익에 반해) 섹스 면허를 허용하고 심지어 광고까지 하고 있다. 응급피임약에 대한 캠페인이 바로 그 예이다."[9]

수십 년간 성교육에 대해서도 다음과 같은 우려를 들어왔다. 어린이에게 섹스에 대해 가르치는 것은 성 모험을 유도하고 절제를 하지 않을 위험을 증가시킨다는 게 그것이다(신화 46을 보시오). 1986년 한 신문에서 보수 논객인 필리스 슐래플리는 성교육 교과서가 너무 자유방임적이라고 말했다. "미국에서 청소년 성 문란의 빈도가 높고, 그로 인한 혼외임신, 인공유산, 성병이 많은 것은 놀라운 일이 아니다. 학생들에게 '보건'과 '성교육'을 필수 과목으로 가르쳐서 성 해방을 초래했기 때문이다."[10]

사회학자들은 적어도 40년 이상 성 해방과 피임약의 역할에 대해 논의해왔지만, 우리는 여성의 성 건강에 대해 최근 세대를 거쳐 진행되어온 연구들을 제시하고자 한다.

연구 결과들

응급피임약이나 성교육이 젊은 여성들을 문란하게 한다는 지적을 반박하는 연구 결과들이 많이 축적되어 있다.

• **콘돔 이용 프로그램** 1997년 콘돔 이용 프로그램 연구가 최초로 시행되었는데, 콘돔을 제공받은 뉴욕시 공립고등학생과 제공받지 않은 시카고주의 공립고등학생을 비교했다. 이 연구에서 콘돔 이용이 성생활 빈도를 높이지 않았지만 성생활 시에 콘돔 사용 빈도를 높였다.[11] 수년 후 같은 연구를 매사추세츠주에서 시행했는데, 콘돔 이용 프로그램을 시행한 학교의 학생들이 그렇지 않은 학교의 학생들보다 성생활 시 콘돔 사용을 더 많이 한다는 결과가 나왔다.[12]

• **성교육** 성교육에 대한 많은 연구들도 같은 결과를 보였다. 즉, 성교육 때문에 십 대들의 성행위가 증가하지 않았으며, 어린 연령에 성생활을 시작하지 않았고, 섹스파트너의 수도 증가하지 않았다. 오히려 그 반대의 효과를 가져왔다. 젊은이들은 효과적인 성교육과 에이즈 예방 프로그램을 받고 나서 성생활을 시작하는 연령이 늦어졌으며, 파트너의 수도 줄었다. 게다가 성생활을 시작하게 되면 콘돔과 다른 피임법을 더 적극적으로 사용했다.[13]

• **응급피임약** 2008년 캘리포니아대학의 국제 생식 건강을 위한 빅스비센터(Bixby Center for Global Reproductive Health)는 응급피임약의 영향을 알아보는 16개 연구를 검토했다. 응급피임약 사용이 건강에 미치는 위험은 없었다. 특히 여성들이 응급피임약을 쉽게 구할 수 있어도 자신의 규칙적인 피임법을 버리지 않았으며, 성생활이 더 증가하지 않았고, 성병 빈도도 증가하지 않았다. 게다가 응급피임약이 있다고 해서 청소년 여성들이 성년 여성들보다 성생활을 더 많이 하지 않았다.[14]

HPV 백신

애틀랜타에서 HPV 백신 접종을 한 1400명의 소녀들을 대상으로 3년간 연구가 진행되었다. 성생활에 대해 이들에게 직접 질문하지 않고 의무기록 중 성생활 관련 임신 검사, 성병 진단 및 피임 상담 등을 살펴보았다. 그 결과 접종을 한 소녀와 하지 않은 소녀의 차이점을 발견할 수 없었다. 단지 여덟 건의 임신 또는 성병 감염 사례가 있었는데, 이 발생 빈도는 접종을 한 소녀와 하지 않은 소녀와 차이가 없었다.[15]

HPV 백신 접종을 하는 것이 젊은 여성들의 성생활에 영향을 주지 않는다는 연구도 있다. 연구자들은 미국 가족인구조사 자료를 통해 15~24세 여성의 성생활을 살펴보았다. HPV 백신 접종을 한 여성들이 하지 않은 여성들에 비해 성생활을 더 하지 않았으며, 섹스파트너가 더 많지도 않았다.[16]

더 고무적인 것은 백신 접종을 한 여성들이 하지 않은 여성들보다 콘돔을 더 자주 사용한다는 것이다. 특히 백신 접종 여성들은 최근 4주간 성생활에서 항상 콘돔을 사용한다고 했다. 연구자들은 백신 접종 여성들이 성병과 안전한 섹스에 더 관심이 많다는 것을 보여주고, 백신과 성교육을 같이 할 때 더욱 안전한 섹스를 한다고 한다. 결론적으로 그들은 "HPV 백신 접종이 성적으로 위험한 행위나 건강상 위험을 초래하지 않는다"라고 했다.[17]

기존 논의에 대한 반론으로

지금까지 조사한 내용을 보면, 성 정보와 피임 정보에 접근하는 것이 여성의 성행위를 위험하게 하지도 않으며, 문란하게 하지도 않는다는 것을 보여준다.

여성들의 성적 태도를 통제해야 하고 항상 부정적으로 경계해야 한다는 생각 자체가 문제이며, 여성의 자기결정권을 신뢰하지 못하는 것이 진짜 문제이다.

여성의 자기결정권을 무시하는 생각이야말로 여성과 남성에게 심각하고도 위협적이며 잘못된 신화이다.

제7장

관계

데이트와 욕망

신화 33

후킹업은 결코 연인 관계로 발전되지 않는다

최근 들어 훅업 문화(hook up culture)•에 대한 관심이 높았는데, 그럴 만한 일이다. 캐주얼섹스(casual sex)••는 이미 지난 수십 년 동안(또는 수백 년 동안) 젊은 남성층에서 비일비재했을 수 있지만, 여성들이 훅업에 동참하면서 뜨거운 뉴스거리로 보였던 것이다. 갑자기 여기저기서 연구자들이 후킹업(hooking up)의 영향, 특히 여성에게 미치는 해로운 영향에 대해 우려를 내비치기 시작했다. 그리고 미디어는 요즘 젊은 세대가 진지한 관계를 형성할 시간도 의향도 없으며, 훅업으로 대신하고 있다는 이야기를 써대기 시작했다.

과연 사실인가? 후킹업은 만연해 있는가? 대학생들은 장기적인(또는 단기적인) 관계를 맺는 대신에 훅업을 하고 있는가? 정말 문화가 바뀐 건가? 그리고 독자들에게 가장 중요할 수 있는 질문이 있다. 훅업 후엔 어떻게 되는가? 진지한 관계가 이렇게 시작될 수 있는가?

섹스는 자발적이고, 캐주얼하며, 깊은 관계를 기대하지 않을 수 있다는 생각이 후킹업 뒤에 자리하고 있다. 그러나 사실상 어떤 사람들에겐 후킹업이 진지한 관계로 들어가는 관문 역할을 하는 것으로 보인다.

후킹업이란 무엇이며, 누가 하는가?

후킹업이란 전통적인 연인 관계가 아닌 사이의 성 행동을 일컫는 포괄적인 용어이다. 따라서 무척 광범위하고 다양한 정의들이 있으며, 관련 용어로는 원나잇스탠드(one night stand), 섹스친구(friends with benefits),••• 성적 밀회(booty call),

• 원나잇스탠드와 같이 캐주얼한 성 접촉을 받아들이고 고무하는 등 육체적 쾌락에 중점을 두는 문화이다.

•• 연인 관계가 아닌, 어쩌다 만난 사람과의 성행위를 말한다. 원나잇스탠드, 외도, 성매매, 파트너 교환 섹스 등이 포함된다.

••• 캐주얼 성관계를 가지는 친구를 뜻한다.

또는 성교 상대(fuck buddie) 등이 있다. 그런데 이들 용어에는 나름대로 고유한 의미가 있기 때문에 캐주얼섹스 경험(casual sexual experiences)이라는 용어를 선호하는 연구자들도 있다.[1]

훅업에 대해 대규모 조사를 한 초기 연구들 가운데서 온라인 대학 사회 생활 설문조사(Online College Social Life Survey)는 20여 개 대학의 수천 명 학생을 대상으로 지속적인 연구를 수행했다. 이 연구에서 후킹업은 매우 흔한 경험으로 밝혀졌는데, 졸업 학년 이성애자 학생 72%가 최소한 한 번 이상 훅업을 했으며 평균 5명의 캐주얼 파트너가 있었다.[2] 그러나 이들이 모두 성교를 했다는 뜻은 아니다. '후킹업'은 성적인 여지를 두면서 함께 어울리는 것부터 키스, 애무, 또는 본격적인 성교까지 성적인 모든 걸 아우르기 때문이다. 훅업 경험자 가운데 마지막 훅업에서 성교를 했던 학생은 3분의 1뿐이었으며, 다른 3분의 1은 구강성교나 성기 애무를 했고, 나머지 3분의 1은 키스만 했거나 허리 위만 애무한 것으로 나타났다.

미디어에선 대학생들이 전혀 모르는 사람과 하룻밤을 지내는 훅업을 한다고 소란스럽지만, 훅업 경험자 가운데 20%만이 자주(10번 이상으로 정의) 했으며, 40%는 4~9번, 나머지 40%는 세 번 이하였다. 게다가 대부분 훅업 파트너가 꼭 낯선 사람만은 아니어서, 실제로 이전에 전혀 알지 못했던 사람과 훅업을 한 경우는 남성 12%와 여성 10%뿐이었다. 그런데 '안다는' 건 상대적인 말이다. 남성 29%와 여성 20%가 '조금' 아는 사람과 훅업을 한 데 비해서 남성 17%와 여성 23%는 '아주 잘' 아는 사람과 훅업을 한 것으로 나타났다.[3]

한편 대부분의 훅업은 음주 시 이루어졌다. 훅업 전에 남성은 평균 여섯 잔의 술을 마셨으며, 여성은 네 잔을 마셨다.

훅업 문화는 새로운 것인가?

후킹업은 새로운 현상처럼 보이고, 많은 사람들이 사랑과 관계를 정의하는 데 있어서 후킹업이 가지는 의미에 대해 우려를 표명한다. 그러나 훅업 문화가 그동안 이야기되어온 것보다는 작은 문화적 변화임을 시사하는 새로운 연구가 있다.

포틀랜드대학 연구자들은 성 관행에 대해 1988~1996년과 2004~2012년에 수행된 설문조사를 비교했는데, 18세 이후 섹스파트너의 수, 섹스 빈도, 지난 한 해 동안 파트너 수 등에 차이가 없다고 밝혔다. 또한 신세대 대학생이 이전보다 캐주얼섹스를 더 많이 하는 것 같지도 않다. 이전 연구에서는 배우자나 중요 타인이 섹스파트너라고 보고한 대학생이 84.5%인 데 비해서 최근 연구에서는 78.2%로 나타났다. 연구자들은 1980년대와 1990년대에는 결혼 연령이 상대적으로 낮았기 때문에 이전 연구의 일부 대학생들은 기혼자였을 거라는 사실로 그 차이를 설명했다.[4]

결국, 연구자들은 "이런 정도로 변화가 크지 않은 것은 섹슈얼리티를 둘러싸고 있는 '행동 도식'과 용어의 문화적 변화에서도 마찬가지이다. 우리는 오늘날 대학생들에게 연인 관계가 아닌 사이의 섹스라는 성 행동 패턴이 새롭게 나타났거나 또는 만연해 있다는 것을 보여주는 상당한 변화의 증거를 발견하지 못했다"라고 결론 내린다.[5] 또한 "전반적으로, 대학생의 성 행동에 커다란 변화가 있다거나 섹슈얼리티에 대한 태도가 일반적으로 자유로워졌다는 증거도 없다"라고 언급하고 있다.[6]

훅업 문화는 (특히 여성에게) 해로운가?

많은 학자들이 훅업 문화가 남녀 모두에게 정서적·사회적 문제를 초래하는지 밝히고자 했다. 캐주얼섹스 후 수치심, 이용당한 느낌, 죄책감 그리고 분노를 느낀다고 제시한 연구들이 있다. 훅업 파트너에 대해서도 이전과 다르게 느낄 수 있어서, 잉글랜드 외[7]의 연구에서는 남성의 3분의 1과 여성의 23%가 훅업 파트너를 이전보다 덜 존중한다고 말했다. 역사적으로 여성의 성 행동은 남성과는 다르게 여겨져 왔기에, 이와 같은 젠더 차이는 어느 정도 예상된 것이다(이중 잣대에 대한 신화 47 참조). 그러므로 남성이 여성에 비해서 캐주얼 성관계 후에 즐거움은 더 많이, 죄책감과 후회는 더 적게 경험하는 경향이 있다는 건 놀라운 일이 아니다.[8] 흥미롭게도 대학 신입생 대상의 한 연구에서는 훅업 경험이 없는 남학생의 심적 고통 수준이 훅업 경험이 있는 남학생보다 높게 나타났다.[9]

불행하게도 여성들은 흔히 훅업 후에 심적 고통을 경험한다. 앞의 연구에서는 연인 관계가 아닌 사람과의 성교가 2.5개월 후 여학생의 심적 고통을 증가시킨 것으로 나타났다.[10]

이런 염려스러운 결과는 훅업에 대해서 여성이 남성보다 더 가혹한 심판을 받고 있는 사실과 관련이 있다. 남성에게는 훅업을 몇 번이나 하면 '문란하다는' 꼬리표가 붙을지 정해진 바 없지만, 여성에게는 그런 낙인을 가져다줄 횟수가 정해져 있는 것처럼 보인다. 예로, 남성은 첫 훅업에서 성교를 했다고 비난받지 않겠지만, 여성은 일반적으로 '평판'을 얻게 된다.[11] 해밀턴과 암스트롱의 연구에서는 남학생과 마찬가지로 많은 여학생도 '파티'를 하고 캐주얼섹스도 가지기 원하지만, 사회에 만연한 이중적인 잣대가 같은 행동을 한 남성에 비해 여성을 더 벌하는 것으로 나타났다.

좋은 소식은 남녀 모두에게 후킹업에 대한 긍정적인 정서 반응이 있을 수 있다는 연구 결과이다. 긍정적 정서에는 행복, 열망, 즐거움, 흥분이 있으며, 성적 만족감도 있다. 자신의 훅업에 대해 다른 사람이 알게 되었을 때 일종의 대인 자존감이 고양되는 느낌을 받았다는 사람도 있다. 게다가 많은 사람들은 캐주얼섹스 경험을 후회하지 않는다고 한다. 대학생들은 연인 관계를 맺기보다 캐주얼섹스를 하는 편이 수월하다고 주장한 연구자들이 있는데, 시간을 덜 소모하고 진지한 관계보다 잃을 게 적기 때문이다. 예로, 비슨과 러빈[12]은 섹스친구는 헌신의 스트레스 없이 우정과 같은 전통적인 연인 관계의 장점을 가질 수 있다고 했다.

훅업 후엔 어떻게 되는가?

학자들은 훅업이 사회의 성 행동 도식에서 어떤 의미를 지니는지 알려고 하지만, 많은 젊은이들은 훅업이 그들에게 실제로 어떠한 의미가 있는지를 알고 싶어 한다. 캐주얼섹스가 결국 관계로 이어질 수 있는가? 연구는 그럴 수 있음을 시사한다. 예를 들어, 잉글랜드 외[13]의 연구에서 는 남녀 약 70%가 훅업 파트너와 이메일로 연락을 주고받았고, 80%는 통화를 하거나 직접 만난 적이 있는 것으로 나타났다.

훅업이 데이트로 이어지는지에 대한 연구 결과들은 일관되지 않는다. 대부분 훅업은 데이트로 발전하지 않는다는 결과가 있는 반면에, (적어도 앞의 연구에서) 데이트를 시작한 사람 대부분은 훅업 이후에 관계가 시작되었다. 연인 관계로 들어가기 위해 훅업을 한 남녀의 비율이 동일하게 나타난 연구도 있다. 섹스친구 관계에서는 여성이 남성에 비해 연인 관계로 바뀌기를 바랄 가능성이 더 높아 보인다.[14]

여기서 중요한 점은 남녀 모두 어느 시점에는 연인 관계를 바라는 것으로 보인다는 점이다. 오늘날의 젊은이들이 캐주얼섹스만을 추구하거나 한 사람과의 연인 관계 대신에 닥치는 대로 많은 훅업을 한다는 것은 부정확한 이미지일 뿐이다. 잉글랜드 외[15]의 연구에서 이성애자 표본인 대학 졸업 학년 69%는 최소한 6개월 동안 누군가와 데이트 중이며, 그 가운데 67%는 훅업 후에 관계가 시작된 것으로 나타났다.

신화 34

누군가 다른 사람에게 매력을 느낀다면 관계에 문제가 있는 게 틀림없다

사랑하는 사람이 있다면 '마음과 몸의 순결'을 지켜야 한다고 어디선가 언젠가 누군가 이야기했고, 모두 이 말을 그저 곧이곧대로 받아들였다. 전부 믿어버린 거다. 그런데 생각해보자. 마음이란 종잡을 수도 길들일 수도 없다. 조절할 수 있는 것은 보통 행동이다. 하지만 생각은 어떤가? 잠들어 있을 때, 마음은 놀랍고 기묘한 꿈속 이야기를 지어내느라 분주하다. 깨어 있을 때도 섹시한 사람을 보면 자동적으로 즐거운, 심지어 에로틱한 모습이라고 생각한다. 이것이 문제인가? 죄인가? 관계에 뭔가 심각한 문제가 있다는 신호인가?

아니다. 이것이야말로 인간의 마음이 움직이는 방식이다.

사랑에 빠져 있든, 약혼을 했든, 결혼을 했든 상관없이 마음의 성적 환상과 성욕의 성향은 자동 조정 장치처럼 움직일 것이다. 물론 사람에 따라 정도가 다르고, 젠더 차이도 어느 정도 있지만, 파트너가 아닌 다른 사람에 대한 환상과 끌림은 자연스러운 일이다.

관계 밖의 사람에게 끌리는 건 자연스러운 일이다

성적 끌림엔 다양한 형태가 있으며, 흔히 행동으로는 나타나지 않고 환상 세계 깊은 곳에 자리하고 있다. (연령 제한 없이) 이성애자 대학생 349명을 대상으로 수행된 무기명 설문조사에서 남성 98%와 여성 80%가 현재 파트너가 아닌 다른 사람에 대한 환상을 가져본 적이 있었다. 그리고 남녀 모두 현재의 친밀한 관계를 맺고 있는 기간이 길어질수록 환상 빈도가 증가했다. 한편 여성만이 과거 파트너 수가 많을수록 환상 빈도가 높았는데, 여성이 남성에 비해 과거 파트너에 대한 환상을 경험할 가능성이 높기 때문이다.[1]

관계의 질보다는 지속 기간이 파트너가 아닌 다른 사람에게 느끼는 욕망의 증가와 관계가 있는 이유는 알기 쉽다. 서로 사랑하고 일부일처 서약을 깰 의사가 전혀 없을지라도, 습관화 효과에 의해서 사람들은 새로운 유형의 파트너와 새로운 유형의 섹스를 하는 상상을 하기 시작한다. 또한 파트너가 더 많은 사람들은 더 성적으로 집중했을 것이고, 새로운 파트너들이 수년간 주었던 추가적인 자극을 그리워할 수도 있다. 좋은 소식은 힉스와 라이텐버그[2]의 연구에서 파트너가 아닌 사람에 대한 성적 환상과 끌림이 현재 관계를 방해한다는 증거는 발견하지 못했다는 것이다.

노스럽 외[3]의 대규모 유의표집 연구는 아주 행복한 커플이라도 다른 파트너에 대한 온갖 성적 끌림과 환상을 가진다고 밝혔다. 실제로 연구 대상 여성 61%와 남성 90%가 전에 만났던 사람에 대해 성적인 상상을 한 적이 있었으며, 이런 성적 환상은 커플의 행복이나 불행과는 상관이 없었다.

대부분 연구들은 관계 밖의 성적 환상이나 끌림이 자위행위 중에 일어나든 낮에 불현듯 떠오르든 여성보다 남성에게 더 많다는 것을 보여준다.[4] 대학생들에게 성적인 생각을 일지에 쓰게 한 연구가 있는데, 남성은 하루 7.2개의 환상을 기록했고, 여성은 4.5개를 떠올렸다. 매우 다양한 이미지가 있었는데, 파트너, 구체적 행위 또는 만난 적이 있거나 사진에서 본 적이 있는 불특정 인물에 대한 환상이었다. 이 환상들 가운데 파트너에 대한 환상이 있을 수 있었음에 주목하시라.[5]

누구에 대한 환상인가?

앞서 언급했듯이, 여성은 과거 파트너에 대한 환상을 떠올리기 쉽다고 한다. 그러나 만일 현재나 과거 파트너에 대한 환상이 아니라면 누가 그들을 몸 달게 하는가? 사실 누구나일 수 있다. 지하철에서 본 멋진 남자, 수업을 같이 듣는 매력적인 소녀, 남자 배우나 여자 배우, 포르노 스타, 또는 뇌가 기억해내거나 만들어낼 수 있는 그 누구라도 가능하다. 하지만 많은 경우엔 친구나 지인에 대한 환상이다.

로맨틱 코미디에 자주 등장하는 이성 친구도 많은 경우 환상의 대상임이 분명하다. 한 연구에서는 넷 중 세 사람이 이성과의 우정이 가능하다고 믿었고, 열 중 여덟 사람에겐 실제로 이성 친구가 있었다. 그러나 열 중 여섯 사람은 이성 친구에게 성적 매력을 느꼈다고 했으며, 절반 이상이 그 사실을 친구에게 이야기한 것으로 나타났다.[6] 대부분의 우정은 이 사실을 인정하면서 지속되었지만, 몇몇 경우엔 두 사람 관계의 본질이 변화되거나 우정이 깨졌다. 하지만 일반적으로 친구 사이의 이런 성적 끌림이 '재앙'은 아니었다고 연구자들은 결론 내렸다.

또한 노스럽 외는 친구가, 더욱 흥미롭게는 파트너의 친구가 환상의 흔한 대상이라고 밝혔다. 실제로 남성 45%와 여성 26%가 파트너의 친구에게 끌린 적이 있었다. 파트너는 이 사실을 놀랍게 여길 수도 있다. 파트너에게 물었을 때, 남성 86%와 여성 85%는 자기 친구가 환상을 부추겼다고 생각하지는 않는다고 했다. 환상과 행동은 같지 않다는 또 다른 증거도 있는데, 성적으로 만족스러운 사람 가운데 17%만이 실제 생활에서도 그 친구들이 유혹적이었다고 했다.

경계 세우기

파트너가 아닌 사람에 대한 성적 환상은 자연스러운 일이며, 관계 문제를 보여주는 것이 아니라고 우리가 말한다고 해서 당신 파트너도 이에 동의하리란 법은 없다. 파트너 사이에는 성적 끌림이 표현되는 방식에 대한 '규칙'이 있으며, 환상이 반드시 허용되는 건 아니다. 무작위로 사람의 심리에 대해 알아본 ≪뉴욕타임스≫ 여론조사[7]에선 응답자 48%가 설령 실제 행동으로 옮기지 않는다 해도 파트너가 아닌 사람과의 섹스를 상상하는 건 괜찮지 않다고 했다.

환상을 행동으로 옮기는 것은 분명히 전혀 다른 일이며(외도에 대해서는 신화 36 참조), 환상은 사실 지극히 사적인 것이다. 다른 사람에 대한 당신의 환상이 파트너의 감정을 상하게 할 것 같다면 비밀로 간직하시라. 파트너가 성적인 상상을 하고 있는 사람에 대해 이야기하기 시작하자 당신 마음이 상했다면, 파트너에게 알리고 앞으로 이런 이야기는 나누지 말자고 청하시라. 그리고 아주 행복한 커플들도 흔히 환상을 가진다는 사실을 명심하고, 환상에 너무 지나친 의미를 부여하지는 마시라.

신화 35

여성의 환상은 대부분 러브스토리와 함께 전개된다

소설이나 영화에 대한 여성 취향, 특히 러브스토리로 인한 여성에 대한 가설 때문에, 여성의 내적 심상 대부분은 외적 삶으로부터 미루어 짐작된다. 여성을 위해 여성이 집필해서 한때 최고 인기를 끌었던 '할리퀸 로맨스 문고(Harlequin Romances)'[•]는 사랑과 낭만적 열정이 전부인, 순수한 환상이 낳은 산물이며 (흔히 여성 취향 영화로 분류되는) 현대의 로맨틱 코미디도 마찬가지임을 부인할 수 없다. 그러나 여성의 환상 세계를 이해하는 것이 그리 간단치만은 않다. 에로틱하고 변태적인 세 권의 소설책 『그레이의 50가지 그림자(50 Shades of Grey)』가 출간되자마자 전 세계적으로 판매되었고, 여성의 환상에 대한 신화가 도전받기 시작했다.

여성의 환상에 대한 초기 이론

내면의 삶에 대한 초기 저술 대부분은 19세기 중반 남성 성 연구자들에 의해 쓰였으며, 여성의 성적 환상에 대한 임상적 관찰이 의학서적에 실렸다. 이들은 여성 환자의 환상을 그녀가 이끌도록 사회화된 삶을 단순히 반영하는 것이 아니라, 본질적인 여성 심리에 반하는 것으로 잘못 이해했다. 빅토리아 시대 여성은 섹스에 관심을 두지 않고, '품행이 바르며', 남자에게 복종하라는 교육을 어머니로부터 받았으나, 당시 집필 의사들은 여성에게는 강한 성욕이 생래적으로 없다고 생각했다. 복종(심지어는 고통)을 통한 성적 즐거움인 '마조히즘(masochism)'을 여성의 자연스러운 상태라고 믿었는데, 이 용어는 마조흐(Masoch)의 이름에서 유래된 것이다.[••] 정신분석의 창시자로서, 여러 세대에 걸쳐 정신분석을 이끌

• 청소년 취향 연애 소설 시리즈이다.

•• 독일의 정신의학자 크라프트에빙은 정신적·육체적 학대를 받는 데서 성적 쾌감을 느끼는 인물을 소설 속에 묘사한 오스트리아 소설가 자허마조흐(Leopold Ritter von Sacher-Masoch)의 이름을 이용해 마조히즘이라는

어오며 저술들을 남긴 동시대 남성 지그문트 프로이트의 여성의 환상 세계에 대한 견해 역시 19세기 중반 빅토리아 시대의 여성 개념에 깊은 영향을 받았다. 프로이트는 여성이 섹스에 관심이 없다는 데는 의문을 가졌으나, 여성은 수동적이라고 믿었기 때문에 성적 환상을 성적 에너지를 사용하는 것이라기보다는 방해하는 방식(억압)으로 이해했다.[1] 생애 후반기에 프로이트는 자신이 정말로 여성에 대한 이해가 전혀 없었다는 글을 실제로 남겼다. 그러나 그의 저술들이 '성적으로 수동적이고 신경증적인 여성 이미지'를 만들어낸 지 이미 오랜 세월이 흐른 후였다.

프로이트의 제자들은 여성의 환상에 대한 연구를 이어갔다. 도이치[2]는 연구 대상자들의 성적 억압의 일환인 강간과 매춘 환상을 녹음했는데, 이는 실제 삶에서 성적으로 활성화되도록 돕는 일종의 예행연습이었다. 같은 시기에 유명한 심리학자인 매슬로[3]는 순종적인 역할에 대해 여성들이 사회적으로 동조하는 데 주목했고, (여성의 본성과 확연히 조화를 이루지 못하는) 좀 더 '지배적인' 여성들은 스스로를 '복종시키도록' 돕기 위해서 성적 환상을 사용하고, 그렇게 함으로써 성교를 즐길 수 있게 된다고 주장했다.

이 같은 사고는 페미니즘 운동이 이 오래된 고정관념에 이의를 제기한 1970년대까지 수십 년간 상대적 표준으로 존재해왔다. 해리튼과 싱어[4]는 당시 문헌을 요약정리하면서, 대부분의 논평들이 여성의 성적 환상이 성적 억제일 뿐 아니라 본질적으로 피학적인 본성을 반영한다고 결론짓고 있음을 확인했다.

여성의 환상에 대한 후기 저술

사회적 가치와 관습이 자유로워지고, 여성이 성적으로 더 개방되면서, 언론인과 과학자들은 기존의 성적인 처방과 제약에 대해 연구하고 의문을 제기하기 시작했다. 일부 페미니스트와 성적 모험가들은 여성의 평판이 나빠지는 것을 막기 위해 여성의 성욕을 오직 결혼이나 헌신적인 관계 안에서만 규정해놓은 당시의

용어를 만들었다.

가치관에 저항했고, 이에 따라 여성 섹슈얼리티의 다양한 측면에 관한 저술들이 급격하게 증가했다. 연구자들은 여성의 환상을 자연스러운 것으로 받아들이기 시작했다. 연구에 따라 차이는 있지만, 1970년대 후반의 연구 결과는 기혼과 미혼 여성 88~99%가 지난 한 해 동안 성적 환상을 경험한 적이 있다고 추정했다.[5]

학자들도 현대 여성의 성생활이 달라졌기 때문에 성적 환상도 다를 것이라는 가설을 세우기 시작했다. 아닌 게 아니라 더 자주 그리고 더 다양한 경험을 한 여성일수록 더 다양한 성적 환상이 있었고,[6] 성적 죄의식은 덜했다.[7] 해리스 외[8]도 일관된 결과를 얻었는데, 상세한 성적 환상을 보고한 여성들은 흥분 수준이 더 높았고 훨씬 쉽게 흥분되었다.

후기 페미니스트 운동의 저술이 이어지면서, 여성의 환상에 대한 연구는 이제 환상의 존재(깨어 있을 때와 꿈꿀 때 모두)뿐만 아니라 영향에 대해서도 살폈다. 해리튼[9]은 결혼 생활에서 성교 중 성적 환상을 떠올리는 게 결혼 부적응을 나타내는 건 아니라고 했다. 실제로 켈리[10]는 환상이 결혼 생활에서 성적 흥분을 증가시킨다고 밝혔다. 또한 성적 환상 빈도는 흥분과 정(正)적 관계가 있었다. 데이비슨과 호프먼[11]은 성적으로 가장 만족하는 연구 대상자들은 현재 섹스파트너에 대한 성적 환상을 가짐을 확인했다.

여성은 어떤 환상을 가지는가?

1970년대는 여성 섹슈얼리티에 대한 관심이 급격히 고조된 시기였으며, 자격 있는 성 연구자가 아닌 일반 연구자에 의해 쓰인 책들이 대중의 마음을 사로잡았다. 언론인 낸시 프라이데이의 『나의 비밀 정원(My Secret Garden)』[12]은 엄청난 인기를 끌었는데, 소년, 흑인 남성, 여성, 동물, 그리고 남편 아닌 사람과의 섹스를 위시해서 낯선 사람과의 성교, 관객 앞에서의 섹스, 도미네이트릭스(dominatrix)* 되기, 강간당하기, 창녀로서의 섹스 등을 포함하는 여성의 환상이 인용문 그대로 책갈피마다 실려 있었다. 이후 다른 언론인에 의한 한 대중잡지 연구에서

* (흔히 성적 쾌감을 위해 폭력을 휘두르며) 성행위를 주도하는 여자를 말한다.

는 나이 든 여성의 경우 친지, 낯선 사람 또는 동물과 성교하는 환상을 더 많이 가지는 반면, 젊은 여성은 현재 섹스파트너나 유명인에 대한 환상을 더 자주 가지는 것으로 나타났다.[13]

보다 과학적인 연구들도 같은 시기에 시작되었다. 여성 오르가슴에 대한 광범위한 연구는 "성적 환상을 가졌던 여성의 40%는 전형적으로 남편이 아닌 섹스파트너가 등장하는 환상을 경험했다"라고 밝혔다.[14] 피셔에 따르면 가장 빈번한 그리고 보통 가장 선호하는 환상은 (첫 성 경험 이외의) 과거 성 경험을 회상하거나, 다른 섹스 체위들을 상상하거나, 현재 섹스파트너에 대해 생각하거나, 침실 아닌 자기 집 다른 방에서 섹스를 하거나, 새로운 섹스파트너와 섹스를 하거나, 혼외정사를 가지거나, 현재 파트너보다 더 낭만적이거나 정서적인 누군가와 섹스를 하거나, 카펫이 깔린 바닥에서 섹스하는 것이다(이런 환상이 어떻게 생겨나는지 누가 알겠는가?!). 지인에 의해 제압당하고 섹스를 강요당하는 환상은 흔치는 않지만 어쨌든 이를 상상하는 여성들이 좋아하는 레퍼토리이다. 만일 '새로운 섹스파트너'와 '혼외정사'의 두 범주가 합쳐진다면 파트너가 아닌 사람과의 섹스가 가장 흔한 환상이었을 것이다. 사랑에 대한 여성의 환상은 이 정도로 마무리하겠다.

성적 환상에 대한 이후 연구에서 흥미로운 점은 '금기시되는' 파트너를 욕망하는 일이 흔하게 나타난다는 점이다. 데이비슨과 호프먼[15]의 연구는 남성과 여성 모두가 '금단의 열매'에 대한 환상을 똑같이 가질 것이며, 여성이 남성보다 이런 환상에 대한 죄의식을 더 많이 느낄 것 같지도 않다고 밝힌다.

여성과 남성의 환상은 어떻게 다른가?

지금까지 한 이야기들이 '여성은 자신의 환상에 대한 애착이 없다'거나 '남성과 여성의 환상은 완전히 유사하다'는 뜻은 아니다. 많은 학자들이 여성의 성적 환상은 남성의 환상에 비해 정서적이고, 친숙한 파트너가 등장하며, 장면이 보다 오밀조밀하고 상세한 경향이 있다고 한다.[16] 최근 들어 이성애자 남성 대부분이 아내나 파트너가 다양한 행위들을 해주는 환상을 좋아한다고 밝힌 연구가 있기는 하지만,[17] 일반적으로 여성의 성적 환상에는 파트너 사이의 애정과 헌신이 더 많이 녹아 있고,[18] 다정함과 깊은 감정이 좀 더 많이 표현되고 있다고 보고된다.[19] 또 남성의 성적 환상은 배경보다는 성적 장면 자체를 더 분명하고 상세하게 부각시키는 경향이 있는 데 비해, 여성의 성적 환상은 섹스를 다소 추상적으로 암시하는 경향이 있는 것으로 나타났다.[20] 실생활의 성 패턴에서 추측할 수 있듯이, 남성은 성적으로 매력적인 상대를 리드하는 성적 공격자인 자신을 상상하는 경향이 있는 반면에, 여성은 성적 관심을 끌고 욕망을 불러일으키는 자신을 상상하는 경향이 있다.[21] 더욱 뚜렷한 차이점이 데이비슨과 호프먼[22]에 의해 보고되었는데, 성적 환상이 펼쳐지는 동안 파트너를 바꾼 적이 없다고 말한 남성은 12%뿐인 데 비해 여성은 43%가 바꾼 적이 없다고 말했다. 성행위를 강요받거나 성적으로 압도당하는 상상은 남녀 모두에게 일반적이었으나 여성에게 더 흔했다.[23]

엘리스와 시먼스의 연구는 또 다른 흥미로운 결과들을 보여준다. 우선 여성은 환상 속에서 자신의 신체나 감정 반응에 초점을 둘 가능성이 남성에 비해 2배 이상 높았다. 다음으로, 애무가 심상화에 중요한 역할을 한다고 보고할 가능성 역시 훨씬 높았다. 그뿐만 아니라 환상 속에서 파트너의 개인적이거나 정서적 특성에 초점을 맞출 가능성이 남성의 2배 이상이며, 상상 속 파트너가 독특하게 그들을 흥분시켰다고 보고할 가능성 역시 높고, 과거 연인에 대해 환상을 가질 가능성은 남성보다 2배나 많았다. 전반적으로 남성은 거의 즉각적으로 성행위를 상상하는 반면에, 여성의 환상에선 기분과 분위기가 더 중요하고, 생식기 외의 신체 애무를 더 많이 거치면서 천천히 성행위로 이어지는 경우가 더 일반적이다.[24]

여성은 언제 환상에 빠지는가?

파트너가 없거나 멀리 있어서 외로운 여성이 성적 환상에 빠질 것이라고 생각하지만, 실제로 여성은 파트너와 섹스를 하는 동안 더 흔하게 환상을 경험한다. 여성이 혼자일 때 떠올리는 환상과 파트너와 섹스를 하고 있을 때 떠올리는 환상에는 분명히 차이가 있다. 피셔[25]는 조사 대상 여성 대부분(75%)이 성교 도중에 성적 환상을 경험한다고 보고했다. 마찬가지로 크리폴트의 연구에서도 여성 28%가 오르가슴을 촉진시키기 위해 성적 환상을 사용하며, 53%는 '성교 도입부'

에 성적 환상을 사용하는 것으로 나타났다.[26] 이와 같은 결과는 여성은 성교 중 때때로 몸은 그곳에 있으나, 정신은 먼 곳에 가 있다는 걸 의미한다.

좋아, 그럼 여성의 순종에 대한 이야기는 대체 뭐지?

우리는 이번 신화에 대한 이야기를 여성의 성적 순종에 대한 빅토리아 시대의 논의로부터 시작했다. 그들은 아주 틀렸던 걸까? 실제로 지금도 순종 환상에 대한 증거들이 여러 곳에서 확인된다. 펠티에와 헤롤드[27]는 여성 표본 51%가 성적 순종을 강요받는 환상을 보고했다고 밝혔으며, 나포와 제페[28]는 여성이 가장 흔히 보고하는 성교 중 환상은 '순종하도록 제압당하거나 강요받는 상상'이라고 했다. 탤벗 외[29]도 '성적으로 순종하도록 제압당하고 강요받는' 성적 환상이 성교를 포함한 다양한 성적 활동 중에 두 번째로 자주 사용됨을 확인했다.

여성의 강간 환상에 대한 최근 연구는 더 많은 것을 알려준다. 여대생 표본(355명) 62%가 남성이나 여성 한 사람에 의해 강요된 섹스를 하거나 다수와 강요된 성행위를 하는 환상을 경험했고, 약 20%는 일주일에 적어도 한 번 이상 이런 환상에 빠졌다.[30]

이 연구 결과는 마조흐나 프로이트로 하여금 자부심을 느끼게 할 만하다(그들은 자신의 여성 섹슈얼리티 모델이 검증되었다고 느낄지 모른다). 그러나 자료에 의하면 이러한 순종적인 감정은 성적 안전감을 느끼고 '섹스에 긍정적인', 그래서 죄책감을 느낄 가능성은 더 적고 다양한 성적 경험들을 시도할 가능성은 더 많은 여성들의 상상에 해당한다.[31] 확실히 어떤 강간 환상들은 더 괴로운 성적 경험을 한 여성들에게 나타나지만, 대부분의 경우는 실제 경험과 아무 관계가 없다. 많은 경우 강간 환상은 병리적이거나 강간을 진짜 바라는 것과 관계가 없으며, 주로 환상에 대한 개방성과 상관관계가 있다. 게다가 보고된 환상은 실제 강간에서 일어날 수 있는 실질적인 폭력을 수반하지 않았다. 강간 환상에는 실제 강간에서와 같은 불쾌함이 없으며, 모든 행동이 여성 자신에 의해 통제된다는 점이 중요하다. 어차피 그녀의 상상인 것이다.[32]

반대로 지배 환상을 가지는 여성도 있다. 남성의 지배 환상과 달리, 여성의 환상에는 파트너의 즐거움과 정서뿐 아니라 로맨스가 있으며, 파트너가 한 명 이상인 경향이 있다. 남성의 지배 환상은 자기 자신에게 더 많이 집중하고, 표적 인물을 한층 더 대상화한다. 바이어스[33]는 여성이 파트너의 즐거움을 중시하는 것은 현실 세계에서 여성이 남성을 돌보도록 격려받기(심지어 강요받기) 때문일 수 있다고 했다. 일부 연구자들은 여성이 성적으로 '자유로운' 것은 최근까지도 불가능했기 때문에(단지 특정 국가, 특정 계층, 또는 특정 종교에서만 가능했으므로), "환상 세계는 여성이 위험 없이 욕망과 즐거움을 경험할 수 있는 사적이고 안전한 영역일 수 있다"는 가설을 세운다.[34]

잠깐, 그렇다면 여성은 무엇에 대해 환상을 가지는 걸까?

요약하면, 여성의 환상은 복잡하고 탐험적이며, 결코 사랑에 대한 것만은 아닌 것 같다. 성적 환상이란 에로틱한 영역을 탐험해 현실 검증 없이 순간의 욕구를 충족시키고자 하는 정신적 방랑임을 기억하는 것이 중요하다. 아라비아 족장에게 잡혀가는 환상이 에로틱할 수 있는 건 사막에서 낙타를 타고 다니며 살고 있는 남자의 체취나 언어 문제로 난감해할 일도, 그런 남자들이 성적으로 자유로운 여성이나 자신의 아내가 아닌 여성을 탐하는 것에 대해 경멸감을 느낄 일도, 그런 만남이 주는 신체적 위험을 당할 일도 절대 없을 것이기 때문이다. 왜냐하면 이런 상상을 즐기고 있는 당사자가 직접 사막에 가서 그런 족장을 만나거나 할 일은 절대 없을 테니까. 성적 환상은 에로틱한 즐거움일 뿐, 깊이 숨어 있는 욕망을 드러내는 것은 아니다.

신화 36

남성은 바람을 피우지만 여성에겐 드문 일이다

이런 생각은 어디에서 나온 걸까? 아마도 역사상 여자가 바람을 피우면 그 순간 죽은 목숨이었던 사실에서 비롯되었을 법하다. 바람을 피운 여자는 정도에 따라 벌을 받는 것이 아니라 돌에 맞거나, 산 채로 땅에 묻히거나, 총을 맞을 수 있었다. 그러니까 생존 본능 면에서만 보자면, 평소 성욕을 억제하고 결혼 관계 외에서는 특히 억제했던 여성이 더 오래 살았을지 모른다.

그리고 당연히 일부일처제를 지키도록 여성을 위협하는 데 동조해온 신화가 있다. 여성의 성적 관심을 비정상적인 병리로 간주하는 종교도 있다. 수치심과 죄의식의 사과를 따먹으라는 사악한 뱀의 유혹을 부추겨, 마침내 아담의 순수성(그리고 에덴동산의 삶)을 파멸로 이끈 악한 요부가 되어버린 이브에 대해 생각해 보시라. 그럼에도 구약성서에는 남성과 여성이 서로를 원하고 사랑하는 아름답고 로맨틱한 장면들이 있다. 반면에 신약성서는 동정녀였으며, 아기를 낳고도 여전히 동정일 수 있었던 여성인 마리아를 경배한다.

신학은 수세기에 걸쳐 변해왔으나, 욕정 때문이 아니라 자녀를 가지기 원해서 섹스를 하는 조신하고 성적으로 순결한 여성 이미지가 여전히, 적어도 어느 정도, 남아 있는 것으로 보인다. 그에 비해 남성은 예나 지금이나 성적으로나 정서적으로 훨씬 믿기 어려운 존재로 여겨져 왔다.

그러나 역사적 기록과 현대의 연구들은 서로 다른 그림을 보여준다. 오늘날 남성들이 (적어도 서구의 결혼식에서 거의 보편적인 부분인) 일부일처제 서약을 아주 흔하게 어기고 있다는 것은 분명 사실이다. 하지만 그렇다고 해서 여성들이 언제나 피해를 입는 배우자인 것만도 아니다. 우리가 알고 있는 것보다 훨씬 더 여성들은 성적 모험가이다.

우리는 불륜을 용납하지 않는다

비록 간음한 여자에게 돌을 던지던 시절에 비해 대부분의 문화가 상당한 진전을 이루었지만, 그렇다고 해서 대부분 문화가 불륜을 용납하는 것은 아니다. 기혼자가 배우자 아닌 사람과 섹스를 하는 건 '언제나' 또는 '거의 언제나' 잘못된 일이라고 믿는 사람이 80% 이상으로 나타난 많은 연구들이 있다.[1]

문화에 따라 차이가 있다고 할지라도 사실상 불륜을 전적으로 용납할 사람은 아무도 없어 보인다. 세계가치관조사연합(World Values Survey Association)[2]은 반일부일처제에 대한 느낌을 '1점(용인될 수 없음)'부터 '5점(용인될 수 있음)'까지의 5점 척도를 사용해 47개국의 등급을 매겼는데, 5점을 받은 나라는 하나도 없었다. 네덜란드 같은 진보적인 나라조차도 5점이 아니라 2점에 가까운 점수를 받았으며, 벨기에, 캐나다, 독일, 일본, 러시아의 점수도 비슷했다.[3]

그런데도 우리는 바람을 피운다

일반적으로 바람피우는 걸 용납하지 않는데도 불구하고, 대부분 연구들에는 비교적 흔히 바람을 피우는 걸로 나타난다. 일부일처 관계에 있다고 말한 남성 506명과 여성 412명을 대상으로 수행된 한 연구는 상당수가 일부일처제를 이상하게 정의하고 있음을 보여주었다. 즉, 남성 23%와 여성 19%가 바람피운 걸 시인하면서도 자신은 일부일처제 관계에 있다고 대답한 것이다.[4] 지난 몇 년간의 자료 역시 이런 결과를 지지하는 것으로 보인다. 무작위표본을 사용해 이성애 관계의 불륜에 대해 연구한 전국 조사에서 남성 20~33%와 여성 10~25%가 평생 적어도 한 번 이상의 '관계 밖' 성관계를 가진 적이 있는 것으로 나타났다.[5] 어떤 학자들은 사람들이 외도 사실에 대해 솔직하게 이야기하는 것을 불편해하기 때문에 이 수치가 실제보다 낮을 것이라고 믿는다. 절대 다수의 남녀가 바람피우는 걸 용납하지 않음을 기억하시라. 이는 분명 사실보다 낮게 보고되는 원인으로 작용할 것이다.

우리가 인용했던 1990년대 초기와 중기 연구들에 의하면 남성이 여성보다 훨씬 더 많이 바람을 피울 것 같지만,[6] 최근 연구에서는 불륜의 젠더 차이가 좁혀진 것으로 나타난다.[7] 사실 성교 이외의 성 행동(키스, 애무, 그리고 정서적 불륜)에 대해 물으면, 관계 밖 성생활의 남녀 차이는 완전히 사라진다.[8] 이전 연구들이 부정확했는지, 여성의 행동이 실제로 변했는지, 또는 불륜에 대해 솔직하고자 하는 의향이 생겼는지는 알기 어렵다. 그러나 15년이나 20년 전의 연구가 최근 연구에 비해 관습적인 성 행동을 더 많이 보여주는 건 분명하다.

무엇 때문에 불륜을 저지르는가?

거짓 오르가슴 신화에서(신화 21 참조), 우리는 1988년도 로맨틱 코미디 〈해리가 샐리를 만났을 때(When Harry Met Sally)〉를 인용했다. 25년도 더 지난 지금까지도 여전히 대중이 좋아하는 영화이기에 다시 인용하려 한다. 해리와 절친인 제스는 풋볼 경기를 관람하면서 해리의 아내가 직장에서 다른 남자를 만나면서 갑자기 별거를 선언한 것에 대해 이야기를 나눈다. 제스는 동정적이지만, 논리적이고자 노력한다.

> 제스: 결혼 생활을 깨는 건 불륜이 아냐. 그건 이상 신호를 보내는 것뿐이야.
>
> 해리: 그래? 그 '신호'가 지금 내 마누라랑 섹스를 하고 있다고.

해리에겐 불행한 일이지만, 친구의 말엔 일리가 있다. 불륜은 흔히 관계 또는 한쪽 파트너에게 뭔가 다른 일이 일어나고 있다는 신호이다.

관계 문제

불행한 관계나 성 태도와 가치에 대한 갈등은 특히 여성에게 강력한 동기가 된다. 관계의 질은 남성보다 여성의 성적 만족에 더 많은 영향을 미치며, 여성은 남성에 비해 관계 부조화에서 비롯한 문제나 성적 부조화 문제로 관계 밖 섹스를 할 가능성이 더 높다.[9]

무슨 관계인가도 여성의 행동에 영향을 미친다. 남성에겐 동거나 결혼 여부가 문제되지 않는 것으로 보인다. 그러나 기혼 여성은 동거나 연애 중인 여성에 비해 바람피운 적이 있다고 이야기할 가능성이 낮다.[10] 아마도 여성의 불륜 수준은 헌신이나 관계의 질과 더 관계가 있고, 모험과는 관계가 덜한 것 같다.[11] 이런 생각을 입증할 연구들이 있는 것 같지만,[12] 공정하게 말하자면 (비록 헷갈리긴 해도), 혼외정사가 결혼의 행복이나 부부 간 섹스의 질과 필연적인 관련이 있음을 확인하지 못한 연구들도 있다.[13]

성격과 기분

반일부일처제의 예측 요인으로 성별 대신 성격 유형에 중점을 둔 연구가 있다. 연구자들은 충동성 또는 거리낌 없는 행동의 정도가 남녀 모두의 불륜을 예측함을 확인했다. 충동성 또는 거리낌 없는 행동의 정도는 캐주얼섹스를 하거나[14] 성적 위험을 감수하는[15] 경향과 상관관계가 있었다. 기분에 영향을 미치는 상황이 불륜을 예측할 수도 있다. 극소수 남성과 여성은 '우울한' 기분이거나 반대로 '안전하고 기운찬' 기분일 때 성적 관심이나 반응이 증가한다고 밝힌 연구들이 있다.[16]

지배와 권력

권력이 많다고 느끼는 사람일수록 혼외 성생활을 감당할 수 있다고 믿기 쉬우며, 심지어 이런 가외의 즐거움을 누릴 자격이 있다고 믿는다고 한다. 이는 남성뿐 아니라 여성도 마찬가지인 것 같다. 예를 들어, 전문직 남녀 1500여 명을 대상으로 한 연구 결과는 문화적으로 남녀 간 권력 불균형이 있을 때 남성이 여성에 비해 더 쉽게 반일부일처주의가 될 것임을 시사한다. 그러나 관계에 있어 여성이 동등한 권력을 가진 상황에서나 여성이 남성보다 더 가혹한 결과를 부여받지 않고 행동할 수 있는 문화에선, 여성도 남성과 마찬가지로 반일부일처주의가 될 것이다.[17]

권력 있는 지위나 개인적 권능감은 매력적인 표적에 접근할 가능성을 증가시키고,[18] 다가간 사람과 성적이나 낭만적인 관계를 가질 기회에 대해 좀 더 낙관하게 한다.[19] 여성이든 남성이든 그런 사람은 관심 있는 사람의 눈을 마주보고 가까이 다가가는 등 자신감 있는 자세를 취하기 때문에 자신의 매력을 실제로 높일 수 있다.[20] 또 다르게 설명하면, 원하는 것을 얻을 것 같다고 믿는 사람은 그것을 구하고 얻을 용기가 더 나고 성공할 수 있다. 그리고 성공은 더 많은 성적인 시도를 고무할 것이다. 자신감과 개인적 권력이 불륜을 예측한다고 믿는 연구자들은 여성도 머지않아 남성과 마찬가지로 반일부일처주의 선택을 실행에 옮길 것임을 충분히 예상한다.[21]

기회

여성의 불륜에 대한 우스갯소리 중 하나는 어느 주부의 아이가 '우유 배달원'을 빼닮았을지도 모른다는 것으로 끝난다. 우유가 현관문 앞에 배달되던 시절의 이야기로, 가정주부가 만날 수 있는 유일한 외간 남자가 바로 우유 배달원이었던 것이다. 또 이 시절에는 출장 여행처럼 남성이 바람피울 기회는 훨씬 많아서, 여행 중인 사업가에게 스튜어디스가 "커피를 원하세요, 차를 원하세요, 아니면 저를 원하세요?"라고 물었다는 오래된 우스갯소리도 있다. 기회가 혼외정사에 영향을 미치는 건 확실하지만, 얼마나 영향을 미치는지 측정하기란 매우 어려우며, 연구 결과도 다양하다.

기회를 취업과 수입을 기준으로 측정한 결과, 불륜과 기회 사이의 정적 관계를 밝힌 연구가 있고,[22] 남성의 경우에만 그렇게 나타난 연구도 있다.[23] 바람피울 기회를 가장 많이 제공하는 곳은 직장 같다. 위긴스와 레더러[24]는 바람피운 사람 절반은 상대가 직장 동료였다고 했고, 트레스와 가이슨[25]의 연구는 직장에서의 기회가 불륜 가능성을 증가시킨다고 밝혔다.[26]

정서적 불륜

문제되는 관계가 우정으로 시작되었고, 처음엔 성적 욕망이 없었다고 하더라도 정서가 불륜을 자극할 수 있다. 대부분 남성에겐 처음 느낀 성적 매력이 중요하지만, 여성은 처음엔 성적 끌림이 없었어도 정서적 친밀감이 생기면서 성욕을 느끼게 되기 쉽다는 점에서 남녀 차이가 있다는 데는 의심의 여지가 없다.[27]

어떤 경우엔 이런 관계가 정서적 불륜으로 알려진 관계로 변한다. 정서적 불륜은 실제로 섹스는 하지 않더라도 서서히 시작된 우정이 성적 관계만큼 강렬해지는 관계이다. 앨런과 로즈[28]는 정서적 불륜은 흔히 주요 관계에 문제가 있다는 걸 나타내며, 한쪽 파트너가 상대방이 주지 않는 무엇인가를 찾고 있는 것이라고 설명한다. 예를 들어, 현재 주요 관계 이외에 강렬한 정서적 관계를 가졌던 적이 있는 학부생 345명과 일반인 115명을 대상으로 한 연구에서, 대부분은 주요 관계의 친밀성 정도에 대해 실망을 나타냈다.[29]

인터넷이 특히 여성에게 정서적 불륜을 저지르는 경로가 되고 있다고 밝힌 연구들이 있다. 인터넷에서의 반일부일처 행동에 대해 탐색한 연구들은 젠더 차이를 확인했는데, 여성이 더 추파를 던지고, 감정 주입도 더 많은 경향이 있다.[30]

직접 만나지는 않지만 인터넷이나 전화를 통해서 정서적 교감을 나누거나, 시시덕거리거나, 그리고 어쩌면 성 행동에 연루되는 이런 유의 일을 바람피우는 것으로 간주할 것인지에 대해서는 많은 논란이 있다. 대부분 여성은, 심지어는 이런 행동을 했던 여성조차도 바람피우는 것이라고 생각한다. 그리고 대부분은 정서적 불륜이 오프라인 관계에 영향을 미쳤다고 말했다.[31] 여성이 이런 유의 행동을 실제 바람피우는 것으로 생각한다는 증거는 더 있다. 한 연구에서는 약 40%의 여성이 자신의 행동에 대해 걱정했으며, 50% 이상이 컴퓨터에서 자신의 행동 증거를 지웠다고 했다.[32]

동성 불륜

우리가 이 책에서 다루는 많은 주제에서 동성 커플에 관한 정보를 더 많이 제공할 수 있으면 좋겠다. 사실 우리는 이에 대해 잘 알지 못한다. 블로와 하트넷[33]은 불륜에 대한 문헌 검토에서 "동성 커플에 대해서는 블룸스타인과 슈워츠의 대규모 연구[34] 외에는 제한된 조사연구가 있을 뿐이다"라고 보고했다. 이 책의 공저자 페퍼 슈워츠에 의해 수행되었다고 앞서 언급한 연구에 의하면, 반일부일처주의 레즈비언은 주요 관계에 대한 만족도가 상대적으로 낮으며, 일부일처 레즈비언 커플의 소망인 '함께하는 미래'를 위한 헌신도 상대적으로 낮은 걸로 나타났다. 이와 함께 최근의 질적연구[35]는 비록 관계 밖 섹스가 이성 커플보다 일부 게이 커플에게 더 잘 용인되는 듯 보여도, 불륜은 이들 커플에게도 고통과 질투를 일으킨다고 밝혔다.[36]

우리는 더 많은 학자들이 동성 커플에 관한 연구를 하고, 이성 커플에겐 물었지만 동성 커플에겐 이제까지 묻지 않은 질문들을 하기를 희망해왔다. 아마도 동성 결혼이 전국적으로 합법화되고, 그럼으로써 더 일반화되면 더 많은 학자들이 동성 관계에 대한 연구를 하게 될 것이다.

불륜의 결과

160개의 문화에 대한 연구에서, 이혼의 가장 흔한 사유는 불륜이었다.[37] 서구의 대규모 연구에서는 전체 이혼의 4분의 1 내지 2분의 1에서 결혼 생활을 끝내는 주요 사유가 배우자의 불륜인 것으로 나타났다.[38] 물론 그렇다고 해서 대부분 불륜이 이혼으로 이어진다는 의미는 아니다. 우리는 대중에게 상세하게 공개된 불륜 행위들을 통해서(빌 클린턴 대통령을 생각해보시라) 어떤 커플은 계속 함께 살면서 두 사람의 차이점을 풀어나가기를 선택하기도 한다는 사실을 알고 있다.

결혼이 불륜을 견뎌내고 유지될지는 애초에 무엇이 그 상황을 야기했는가와 관계가 깊다고 말하는 연구자들이 있다. 부부가 다른 이유 때문에 불행하고, 그래서 결국 한쪽 배우자가 바람을 피우게 되었다면, 결혼 생활을 계속 유지하기는 어려울 것이다. 관계에 대한 만족감이 큰 부부일수록 어려움을 더 잘 헤쳐나간다고 한다.[39] 관계가 끝날지 여부는 불륜 관계 그 자체와 바람피운 파트너가 불륜 상대에게 얼마나 깊이 빠져 있는지와도 관련이 있다.[40]

확실히, 불륜이 일어났다고 해서 모든 관계가 끝나지는 않는다. 슈나이더 외[41]의 연구 참여자 60%는 불륜 사실을 알게 되었을 때 헤어지겠다고 위협했지만, 실제로 파트너와 헤어진 사람은 25%가 채 안 되었다. 물론, 관계가 끝나는 건 바람을 피운 결과의 하나일 뿐이다. 많은 다른 결과들이 있다는 것이 연구에서 밝혀졌다. 커플 가운데 한 사람이나 두 사람 모두가 분노, 배신감, 자신감 저하, 성적 자신감 저하, 자존감 손상, 버림받음에 대한 두려움을 자주 느낀다고 보고된다. 다른 정서적 문제, 특히 우울 같은 것들이 불륜으로 인해 발생할 수 있다.[42] 남편이 바람을 피운 여성은 주요우울삽화를 경험할 가능성이 더 높다고 밝힌 연구가 있다.[43]

우리는 단순히 "그러니까 바람피우지 마세요"라는 말을 하려고 이 모든 이야기를 하는 게 아니다. 모든 개인과 커플은 불륜, 그리고 불륜이 관계에 얼마나 해로울지에 대해 고유한 가치관을 가지고 있다. 우리는 결혼이든 다른 파트너십이든 서로에게 장기적 헌신을 할 것인지 결정하면서, 두 사람이 이야기 나눌 필요가 있는 많은 것 중 하나가 바로 이것이라고 생각한다. 관계 속에서 정한 어떤 규칙과 지침이라도 위반하게 되면, 고통을 초래하고 심지어 관계 자체를 끝낼 수 있음을 명심하시라.

또한 공중보건 측면에서, 커플은 흔히 일부일처 관계에 들어가면 성병 위험이 없다고 믿기 때문에 콘돔 사용을 중단한다. 그러나 주요 관계 밖 섹스를 하게 되면 성병 위험이 되살아난다. 위험이 없다는 것이 더 이상 사실이 아닌데도 그렇게 생각하도록 내버려두는 것은 부당하고, 위험하며, 파트너를 속이는 일이다.

신화 37

대부분 커플은 성욕이 서로 잘 맞는다

사랑(또는 욕정)에 처음 빠지면 호르몬 활동이 대단히 왕성해져서 많은 커플은 서로에게서 손을 떼지 못할 정도가 된다. 그래서 성적인 궁합이 맞는 것처럼 보일 수도 있다. 대부분의 20대 커플은 처음엔 일주일에 세 번 정도 섹스를 하며,[1] 동거이든 결혼이든 함께 지내는 처음 1년간은 행복이 지속된다.[2] 그러나 '허니문' 기간이 지나면, 상대를 볼 때마다 자동적으로 일어나던 성욕이 보통은 시들해진다. 시간이 흐르면서 자연스러운 상황으로 되돌아오면, 개인의 성 충동은 많든 적든 변하게 된다.

성욕 감소

관계가 계속되면서 나타나는 성욕 약화는 습관화, 피로, 우울, 일, 자녀, 개인 건강, 체중 증가, 관계 문제 등 다양한 문제에 기인한다. 또한 관계가 더 이상 새로울 것이 없어서 각자의, 좀 더 자연스러운 성욕 수준으로 돌아가는 것일 수도 있다.[3]

실제로, 전문가들이 어떤 커플에게는 아무 이상이 없다고 결론 내린다. 사실 성적 테크닉이 더 만족스러워져서 섹스를 덜 하게 되거나, 또는 관계가 정서적으로 더 편안하고 안전해져서 리비도가 굶주림을 덜었을 수도 있다. 후자의 이론은 관계가 더 편안하고 덜 불안할수록, 더 행복할지는 몰라도 더 섹시하지는 않을 수 있다고 가정한다.[4] 사람들을 성적으로 다시 연결시키는 중요한 동력이 불안전감이라는 생각인데, 불안전감이 사라지면 성적 강렬함 역시 어느 정도 사라질 것이다.[5]

그럼에도 불구하고 섹스는 관계의 질을 나타내는 지표라고 할 수 있다. 많은 파트너들은 관계가 실망스러워서 섹스에 대한 관심을 잃는다. 지루하거나 갈등이 심하거나 소원해진 관계가 두 사람에게 성적 관심을 불러일으키긴 어렵다. 그러나 여성의 성적 관심은 남성 파트너에 비해 두 사람의 관계에 대해 느끼는 감정의 영향을 더 많이 받는 것 같다.[6]

젠더 차이

성욕과 섹스의 양에 관한 많은 이슈들이 남녀의 차이에 초점을 맞추고 있다. 즉, 남성은 많은 섹스를 원하고 여성은 별로 그렇지 않다는 가정이다. 비록 성욕의 정도는 개인과 커플에 따라 다르겠지만, 젠더에 따른 일반화는 어느 정도 사실이다.

일부 연구자들은 성욕 차이가 생물학적인 이유에서 비롯된다고 믿는다. 한 이론에 의하면, 여성은 섹스에 대해 더 까다로운 진화적 성향이 있기 때문에 성욕이 덜 강하다고 한다. 열등한 장기간 파트너이자 아버지가 될 누군가에 의해 임신되는 걸 피하기 위해서이다.[7] 다른 발상으로는 성적 관심을 유발하는 힘인 호르몬에 초점을 맞추어서 테스토스테론과 에스트로겐의 차이가 성적 흥분의 차이를 가져온다는 주장[8]이 있다(테스토스테론에 대해서는 신화 5 참조). 한편, 페미니스트와 다른 저술가들은 많은 여성들의 성적 관심이 상대적으로 낮은 것은 생물학적 이유나 관계 '이슈' 때문이 아니라, 표현될 수도 있었을 성욕을 부식시키는 젠더 불평등 때문이라고 믿는다.[9]

성욕 차이가 유전자 구성이나 관계보다 우리가 받아들인 젠더 역할을 더 따르는 것일 수 있다는 데 동의하는 사람들도 있다. 『지친 여성을 위한 열정적인 섹스 가이드(A Tired Woman's Guide to Passionate Sex)』의 저자인 로리 민츠[10]에 의하면 여성의 3분의 1은 시간이 지나면서 성적 관심이 줄어든다. 불타오르던 초기에 비해 불꽃이 약해지는 데는 많은 이유들이 있다. 어떤 이유는 생리적 변화의 결과일 수 있다. 예를 들어, 성욕은 출산을 하고 갓난아기와 어린아이를 돌보는 '신체적 소모'에 의해 영향을 받는 데다가, 출산이나 모유 수유로 인한 호르몬 변화가 성욕을 느끼는 걸 더욱 어렵게 만든다는 사실은 잘 알려져 있다. 일차적인 육아 책임을 맡는 남성은 드물지만, 남성이든 여성이든 집에서 어린 자녀들을 돌보는 쪽은 보통 기진맥진하고, 비록 일반적으로 섹스를 원한다 해도 지쳐서 뒷전으로 밀릴 수 있다.

가뇽과 사이먼[11]은 남성과 여성이 성적으로 서로 어떻게 대해야 하는지 안내하는, 문화적으로 용인되는 행동 방식인 성적 '행동 도식'에 대해 저술했다. 이 책에 의하면, 미국 대부분 지역에서 성적 상호작용을 위한 문화적 행동 도식은 남성이 섹스를 시작하고, 여성은 좋고 싫음을 말함으로써 섹스를 할 것인지 여부를 결정하는 것이다.

이런 차이가 무슨 때문이든 간에, 섹스를 시작하는 패턴에 젠더 차이가 있다는 것을 보여주는 연구가 있다. 대부분은 남성이 섹스를 시작하고, 여성은 그 제안을 받아들이거나 거절한다. 한 연구에서는 16%의 여성만이 성적 활동에 대한 욕망을 먼저 표현했다. 많은 가정에서 섹스의 시작이 여성의 일차적인 역할이나 행동이 아니라면, 섹스를 먼저 시도하지 않는 것이 자연스러워 보이고, 성욕이 상대적으로 낮은 증거로 보일 수 있다. 사실은 그 순간 두 사람 관계가 어떤지 말해주는 것일지라도 말이다. 오직 3분의 1의 커플만이 동등하게 서로 섹스를 시작하며, 이런 커플은 일반적으로 섹스에 대한 관심이 더 많고, 섹스를 더 많이 한다.[12] 남성은 조루 같은 창피한 성적 문제나 발기부전 문제가 있으면 섹스를 덜 원하기 쉽다.[13] 그러나 이성애자 커플의 남성이 섹스가 전보다 줄어든 데 대해 불평하고, 여성은 신경을 덜 쓰는 것이 보다 일반적인 패턴이다.[14]

블룸스타인과 슈워츠의 연구는 기혼, 동거, 게이 남성, 레즈비언 등 네 종류 커플을 비교했기 때문에 특별히 흥미로운데, 레즈비언은 전반적으로 다른 커플들에 비해 섹스 시도가 더 적었다. 적어도 이 연구가 실행되었던 1980년대 초기에는 이성애자이든 동성애자이든 섹스의 시작은 여성이 남성만큼 받아들일 수 있는 역할이 아니었을지 모른다. 하지만 연구자들은 여성의 섹스 시작이 드문 이유는 성적 관심이 더 낮아서라기보다는 섹스를 하도록 이끄는 데 필요한 정서적 맥락의 기준이 남성보다 높기 때문일 거라고 생각했다.[15]

성욕 차이

성욕이 감소하는 건 그 자체로는 문제가 되지 않는다. 섹스는 예전보다 덜 자주 하지만 두 사람 모두 섹스의 질과 양에 만족하면서 변화에 안주하는 커플도 있다. 문제는 파트너 한쪽이 다른 쪽에 비해 섹스에 대한 관심이 줄어들 때 시작된다.

특히 이에 대한 대화가 이루어지지 않는다면 진짜 관계 문제로 발전할 수 있다. 예를 들어, 보통 특정한 시간(일요일 아침이나 토요일 밤이라고 하자)에 섹스를 하는 패턴을 유지해온 커플의 경우에 파트너 한쪽이 섹스를 더 이상 시작하지 않거나, 또는 시도하지만 다른 쪽이 거절한다고 하자. 두 사람에게 이는 단순히 놓쳐버린 한 번의 섹스가 가지는 의미보다 훨씬 더 많은 상징적인 의미를 가질 수 있다. 그리고 파트너 한쪽이 섹스를 덜 원하게 되면 다른 쪽은 파트너가 원치 않는 성적인 접근을 시도하게 되고, 성욕은 더 영향을 받을 수 있다.[16] 『성욕 되살리기(Rekindling Desire)』의 저자인 매카시와 매카시에 따르면, "모든 애무가 성교를 청하는 거라면, 압박감은 커지고 즐거움은 줄어든다".[17] 그러므로 성욕 차이가 관계 이슈가 되어버리고, 이는 다시 (파트너 한쪽이나 모두의) 성욕을 감소시켜서 섹스를 자주 할 가능성을 낮춘다.

섹스를 거절하거나 시도하지 않는 게 일상화되면, 회피 기제에 의해서 섹스 빈도가 줄어들고, 한 사람이나 두 사람 모두의 상황에 대한 불행감과 아마도 관계에 대한 불행감은 커질 수 있다. 오래된 우스갯소리인 '오늘밤은 안 돼 자기야, 나 두통이 있어'는 섹스를 하지 못하게 막는 (사실일 뿐만 아니라) 실제 변명이기도 하다.[18]

성 치료자들은 커플이 제시하는 가장 흔한 문제가 성욕의 큰 차이라는 글을 자주 쓴다.[19] 존경받는 성 치료자인 데이비드 슈나치는 사람은 유전, 개인력, 그리고 관계력에 의해서 상이한 '자극 역치'를 가진다고 했다.[20] 이 '역치'는 기본적으로 개인을 흥분하게 만드는 최소치로서, 살아가면서 노화, 심리적 차이, 그리고 다른 상황들에 의해서 변할 수 있다. 남성과 여성의 기대 행동에서의 젠더 역할 차이 역시 역치에 영향을 줄 수 있다. 그러나 슈나치는 치료를 통해 욕망의 패턴을 변화시키고, 성적 관심이 더 높은 사람을 굶주리게 하지 않고, 성적 관심이 더 낮은 사람을 대상화하거나 괴롭히지 않는 데 성적 에너지를 사용할 수 있다고

믿는다.[21]

섹스가 너무 뜸해지면서 관계가 파국에 이른 커플에겐 더 심각한 문제가 있을지도 모른다. 성 연구자와 임상가들은 섹스를 전혀 원하지 않거나 횟수를 세기 어려울 정도로 아주 드물게 원하는 사람을 설명하기 위해 성욕 감퇴라는 용어를 만들었다.[22] 그리고 섹스를 좋아한 적이 전혀 없는 사람을 학대, 나쁜 관계, 또는 다른 정서적 상황과 어쩌면 행동적 상황으로 인해 생겼을 수 있는 '후천적 성욕 감퇴 장애'를 가진 사람과 구분했다.[23] 물론 이런 문제는 단순한 성욕 차이와는 아주 다르지만, 연인이나 배우자 간의 큰 성욕 차이는 때때로 성욕 감퇴 진단을 받을 수 있다.[24]

원인이 무엇이든, 오래된 관계에서의 성욕은 예측하기 어렵다. 그러나 사랑의 열병을 앓는 단계에선 아직도 '몸이 달아 있고', 서로의 헌신 기간이 길지 않다면 성욕에 대해 예상하기가 아마 더 쉬울 것이다. 시간이 더 지나야 커플은 자연스러운 상태에서 성욕이 잘 맞는지 알 수 있을지 모른다. 그리고 일단 헌신하기로 한 다음엔, 세월이 흐르면서 파트너 한 사람이나 두 사람 모두의 성욕이 아마도 줄어들 것임을 이해하는 게 중요하다. 만일 성욕이 더 이상 서로 맞지 않는다면, 섹스를 더 많이 원하는 사람과 덜 원하는 사람인 두 파트너가 함께 얼마나 자주 섹스를 할 것인지에 대한 공정하고 애정 어린 타협 방안을 찾아야 할 것이다.

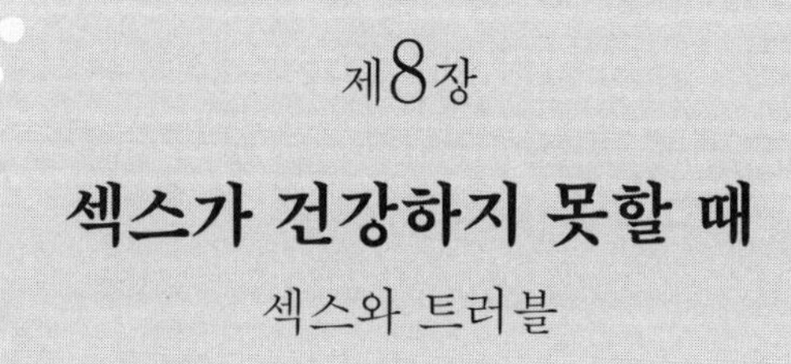

제8장

섹스가 건강하지 못할 때

섹스와 트러블

50 Great Myths of Human Sexuality

신화 38

질투는 로맨틱하다

사회생물학자들이 '짝 보호(mate guarding)'라고 부르는 성적 질투는 자신이 사랑하는 사람이 다른 잠재적인 짝이나 구혼자에게 관심을 보일 때 일어난다. 이는 '내 여자 곁에 얼씬거리지 마' 또는 '그 녀석에게 관심이 있다면 나는 경쟁이 안 돼'와 같은 반응과 함께 분노와 불안감을 일으킬 수 있다.[1] 특정 상황이나 사람[여자 친구의 매력적인 동료나 남자 친구의 (전) 애인]에 대해서만 질투를 느끼는 사람도 있다. 어떤 연구자들은 다른 구혼자들에게 어느 정도 질투를 느끼는 건 합리적이며, 관계를 당연시하지 않는 데에 유용할지 모른다고 한다.[2] 그러나 불행하게도 거의 항상 비합리적인 질투를 하는 사람들이 있다. 이들은 확실한 실제 위협이 없을 때조차도, 상대를 막아야 한다는 생각과 불안감에 사로잡혀 있다.[3]

질투에 빠진 사람들이 경쟁자나 '침입자'로부터 사랑하거나 욕정을 느끼는 사람을 보호하기 위해 사용하는 많은 방법들 중에는 관계를 파괴하거나 파트너의 존엄성, 사생활 그리고 안전에 해를 입힐 수 있는 방법도 있다. 파트너의 시간을 독점하거나 상처받은 것처럼 행동해서 동정심을 유발하는 방법 등으로 짝이나 구혼자 또는 두 사람 모두를 위협할 수 있는 것이다. 어떤 여성과 남성은 이런 반응에 우쭐해진다. 적어도 처음엔 말이다. 그러나 그래선 안 된다. 이런 파괴적인 행동은 불안감과 분노에서 비롯되며, 폭력을 불러올 수 있다.

성적 질투의 근원

사회생물학자들은 질투란 인간이 느낄 수 있는 가장 강한 감정 중 하나이며, 남성과 여성은 '생식 전략'이 다르므로 불륜이나 버림받을 위협에 대해 서로 다른 반응을 보인다고 주장한다.[4] 남성 진화론적 관점에서 보면 여성의 성적인 불륜은 자녀가 정말 자신의 아이인지 의심을 불러일으키기 때문에 위험하다. 그러므로 남성은 여성이 다른 사람과 섹스를 하는 생각만 해도 굉장한 위협감과 질투를 느낀다. 반면 여성은 생물학적 자녀가 자신의 아이라는 사실을 의심할 필요가 없다. 그 대신에 아이 아버지가 자신과 아이를 곁에서 돌보아줄 것인지에 대해선 의심할 수 있다. 이런 의미에서 여성에겐 배우자와 다른 여성의 원나잇스탠드가 섹스 없는 깊은 우정보다 차라리 덜 위협적일 수 있다.[5]

유명한 사회생물학 연구 중 하나는 다수의 대학생들로 하여금 파트너가 다른 사람과 성관계를 맺는 시나리오와 정서적 관계를 맺는 시나리오를 비교하도록 했다. 이론과 같이, 여성의 83%는 정서적 불륜에 더 많이 마음이 상한다고 했다. 이와 반대로 남성은 60%가 성적 불륜에 더 많은 위협감을 느꼈다.[6] 후속 연구에서도 남성과 여성은 다양한 종류의 배신에 다르게 반응하는 것으로 나타났다.

그렇다고 해서 모든 연구자들이 질투의 근원이 진화론적이거나 생물학적이라고 믿는 건 아니다. 우리가 양육되고, 관계에서 기대를 가지게 만드는 문화의 영향이라고 믿는 연구자들도 있다. 비록 앞의 연구에선 이러한 반응의 생물학적 근원을 입증하고자 했지만, 여성이 정서적 친밀감을 소중히 여기도록 배워왔기 때문일 수도 있다.

본성과 양육의 영향을 밝히기 위해서 인류학자와 그 밖의 연구자들이 브라질,[7] 영국,[8] 노르웨이,[9] 독일, 네덜란드, 한국 그리고 일본[10] 등 여러 사회를 대상으로 연구를 수행했다. 그 결과, 적어도 서구 국가에선 대부분 유사한 젠더 차이를 확인했다. 하지만 흥미롭게도, 인터넷 불륜과 실제 불륜에 대한 시나리오에 남성과 여성이 어떻게 반응하는지 살펴본 네덜란드 연구에서 여성은 온라인상의 불륜에만 남성보다 더 많은 질투를 느꼈고, 게이와 레즈비언 관계를 맺고 있는 남성과 여성은 이성애자에 비해 질투심이 덜 강했다.[11]

질투의 개인적 근원

종(種)에 있어서의 질투의 근원과는 상관없이, 개인적 수준에서의 강렬한 질투는 낮은 자존감과 불안전감에서 비롯되는 것이 분명해 보인다.[12] 예를 들어, 자신의 외모를 다른 여성과 항상 비교하는 여성은 질투심이 더 많을 뿐 아니라 파트너에게 더 공격적이었다.[13] 또한 파트너의 외모가 자신보다 낫다고 느끼는 여성은 걱정과 질투가 더 많은 경향이 있으며, 불륜을 의심할 가능성이 높았다.[14]

직업이 없거나, 친구가 적거나, 대안이 없다고 지각하는 사람이 질투심을 더 느낀다는 것도 놀라운 일이 아니다.[15] 실제로 의존적인 사람일수록 질투심을 강하게 느낀다고 한다.[16] 그와는 반대로 안정적인 자아상을 가진 사람은 파트너를 취약성의 원천보다는 강점의 원천으로 활용하며, 따라서 질투심을 덜 보인다고 한다.[17]

결론: 질투는 위험할 수 있다

질투는 타인에게 정서적으로 투자한 것을 지키고자 하는 방식이다. 그러나 질투심이 걷잡을 수 없게 되면 극단적인 결과를 가져올 수 있다. 예를 들어 구타에서 살인까지 수많은 부부 폭력에 관한 연구들은 이런 모든 폭력이 강렬한 질투에서 비롯되었음을 밝히고 있다.[18] 불행하게도 어떤 여성은 실제로 바람을 피우거나, 바람을 피웠다고 오해받거나, 또는 관계를 끝내려 하다가 파트너의 질투심을 불러일으켜 심각한 위험에 처한다. 이미 약한 자아에 상처를 입는 건 어떤 남성에겐 견디기 어려운 일이다.[19] 일반적으로 여성의 폭력 성향이 더 낮다고는 하지만, 여성도 강한 질투심을 느낀다면 폭력을 행사할 수 있다.

편집증적인 사람은 파트너를 친구, 가족, 그리고 '자기 편'이 아니라고 생각되는 사람으로부터 고립시키려 할 수 있다. 남녀 모두 자기 파트너가 바람을 피우지 않는다는 (혹은 바람을 피운다는) 것을 입증하기 위해서 파트너의 주머니, 핸드폰, 컴퓨터를 뒤지거나 심지어 미행하는 강박적인 수사관이 될 수도 있다. 불안한 파트너가 마음을 놓으면서 상대에 대한 염탐을 중단할 수 있지 않는 한, 이런 감시로 인해 관계가 파국을 맞을 가능성이 높다.[20]

우리는 극단적이 될지 모르는 질투의 경고 신호를 누구나 세심하게 지켜봐야 한다고 믿는다. 관계 초기에 여자 친구가 모든 시간을 당신과 함께 보내고 싶어 하는 건 매력적일지 모른다. 그러나 다른 우정 관계를 서서히 사라지게 만든다면 매력은 감소된다. 남자 친구가 당신의 일거수일투족을 모두 알고 싶어 하는 것이 처음에는 배려로 보일 수 있으나, 무언가 다른 일이 일어나고 있는지 모른다. 이런 식의 질투는 극단으로 흘러 행동을 통제하려 들고, 궁극적으로는 폭력으로 이어질 수 있다. 이런 행동을 상대에게 잘 보이려 하는 모습이나 사랑의 표시로 받아들여서는 안 된다. 이런 행동을 하면 가능한 한 빨리 그것에 대해 이야기하고, 정말 무슨 일인지를 가늠해보아야 하며, 질투에 대한 자신의 경계를 세워야 한다. 그런 경계를 존중할 수 없고 항상 질투할 수밖에 없는 파트너는 바람직한 파트너가 아닐지 모른다.

신화 39

알코올은 섹스를 더 좋게 만든다

알코올은 섹스를 촉진하는 최음제나 적어도 사회적 윤활제로 생각되는 게 분명하다. 영화나 텔레비전에서 와인 잔이나 맥주병이 안 보이는 성인의 데이트 장면을 본 적이 있는가? 그런데 알코올은 정말 섹스를 더 좋게 만들까? 알코올은 중추신경계에 작용해 성적 기능에 (반드시 긍정적은 아니더라도) 영향을 미치는 약물이다. 하지만 동시에 알코올은 오래전부터 우리의 상호작용에서 사교적 역할을 맡아왔으며, 알코올에 대해 어떻게 생각하는가에 따라 행동 방식과 심지어 성적 기능 방식이 달라질 수도 있다. 술에 취하면 심리적인 것으로부터 육체적인 것을, 그리고 문화적인 것으로부터 성욕적인 것을 분리하기가 불가능하지는 않더라도 어려운 것이 사실이다.

이번 신화에선 알코올이 성적 반응과 행동에 어떻게 영향을 미치는지에 관해 약리학적 관점과 심리학적 관점에서 과학적으로 살펴보고, 알코올과 성폭행이라는 정말 심각한 문제에 대해 탐색한다.

알코올은 약물이다

알코올은 무척 쉽게 구할 수 있기 때문에 약물로 생각하지 않는 경향이 있다. 그러나 우리 몸에 작용하는 방식을 생각해보면 틀림없는 약물임을 알 수 있다. 알코올은 중추신경계를 억제해서 뇌 기능, 순환 그리고 호흡을 느리게 한다. 특히 알코올은 근육의 긴장을 규제하는 감마 아미노부티르산(gamma-aminobutyric acid: GABA)이라는 신경전달물질(메시지를 전하는 뇌 안의 화학물질)을 증가시킨다. GABA 수준이 올라가면 뇌에서 척수로 보내지는 정보 흐름이 줄어들고, 충동 전달이 억제되며, 우리의 행동은 느려진다.[1] 이론상 이러한 둔화는 흥분하고 오르가슴을 느끼는 능력인 성 기능에 영향을 미친다. 그러나 이에 대한 연구 결과는 일관되지 않고 성별에 따라 다르다.

대부분 연구는 소량의 알코올은 남성에게 거의 영향을 주지 않는다고 한다. 포와 벨렌코는 일부 남성에겐 소량의 알코올을 마시게 하고, 일부에겐 알코올을 주지 않은 실험실 연구들을 검토했다. 모두에게 에로틱한 영화를 보여주고 나서 어떻게 흥분되었는지 질문하고, 발기 상태를 측정하는 두 방법으로 흥분 상태가 조사되었다. 이 연구에서 흥분 감소는 보이지 않았고, 술을 마신 남성들에게서 약간의 증가가 확인되었다.[2] 그러나 술을 많이 마신 경우는 '상당한 흥분 감소와 사정 능력 손상을 경험했다.[3] 조지와 스토너[4]는 알코올과 성 기능에 대한 선행 연구를 검토했는데, '다섯 개의 주요 실험' 결과를 다음과 같이 설명했다. "아주 적게 마시는 경우를 제외하고는, 알코올은 발기를 억제하고, 오르가슴에 이르는 시간을 증가시키는 것으로 나타났다." 일상적인 말로 설명하자면, 남성은 술을 마시면 발기가 잘 안 되고, 절정까지 오르는 데 시간이 걸린다는 뜻이다.

여성에 대한 연구 결과는 다소 다르다. 술을 마신 여성들은 마시지 않은 대조군에 비해서 더 많이 흥분이 된다고 말했다. 그러나 탐폰 모양의 검사 도구를 질에 삽입하고 혈류를 재어서 흥분도를 측정하자, 술을 마신 여성들이 마시지 않은 여성들보다 실제로는 신체적 흥분이 덜한 것으로 나타났다.[5] 이런 결과는 알코올이나 성적 흥분 그리고 분명하게는 둘이 함께 작용할 때 심리적인 것과 신체적인 것의 구분이 얼마나 어려운지를 입증해준다. 포와 벨렌코는 여성들의 말과 검사 결과가 일치하지 않는 현상에 대해서 다음과 같은 가능성들을 제시했다. 첫째, 여성의 흥분을 측정하는 것이 남성에 비해 더 어려운데, 측정 도구가 부정확했을 수 있다. 다른 가능성들로는 여성들이 '알코올로 인한 일반적인 신체 변화를 성적 흥분'으로 해석하거나, 그들의 응답이 '학습된 행동반응의 결과'이거나 '알코올 효과에 대한 기대의 영향'을 보여주는 것일 수 있다고 했다.[6]

한편 조지와 스토너[7]는 1970년대 말과 1980년대에는 알코올이 생식기의 흥분을 억제한다고 일반적으로 인정되었고, 대부분 연구자들은 이 주제에 대한 탐색 대신에 알코올이 성적 행동 방식에 미치는 심리적·사회적 영향을 밝히기 위해서 남성과 여성의 주관적인 보고와 과학자의 객관적인 관찰 사이의 불일치에 주목하게 되었다고 설명한다. 또한 1980년대에 출현한 에이즈는 위험한 성 행동에 대한 우려와 관심을 증가시켰다.

사회적 윤활제로서의 알코올: 이론

신체적인 것과 사회적인 것이 행동을 변화시키는 데 어떤 역할을 하는지, 그리고 어떻게 같은 약물이 개인들에게 그처럼 제각기 다른 방식으로 작용하는지에 대한 많은 이론들이 있다. 우리 모두는 아마도 술에 취하면 친구에게 내가 너를 얼마나 사랑하는지 아느냐며 야단법석을 떨거나, 울면서 넋두리를 하거나, 공격적이 되어서 여차하면 싸우려드는 사람을 알고 있을 것이다.

알코올 근시 이론(alcohol myopia theory: AMT)은 이런 행동들의 공통점은 취하면 생기는 근시안적인 감각이라고 한다. 알코올은 정보를 처리하고 사회적 단서를 읽는 인지능력에 영향을 미친다. 스틸과 조지프스[8]는 이 주제에 대한 획기적인 논문에서 알코올 근시를 "피상적으로 이해된 즉각적인 경험이 행동과 감정에 대한 균형을 잃게 하는 근시안적인 상태, 나무는 볼 수 있지만 비록 희미하게라도 숲을 함께 보지는 못하는 상태"[9]라고 설명한다. 연구자들은 맥주 고글(beer goggle)•을 논리적인 학문적 이론으로 바꾸어놓았다고 할 수 있겠다.

매력적인 소녀에게 말을 거는 사회적 위험이나 콘돔 없이 성교를 하는 성적 위험 같은 위험을 감수할 것인지 결정해야 할 때, 개인은 두 종류의 신호를 처리해야 한다. 추진 신호는 '그 소녀는 매력적이고, 섹스를 하면 정말 기분 좋을 거야'와 같이 가장 즉각적인 욕망의 관심을 끄는 신호이다. 억제 신호는 '그녀는 사회학 강의를 함께 듣고 있기 때문에 만일 거절당하더라도 일주일에 두 번씩은 봐야 해' 또는 '성병에 걸리거나 임신을 할 수 있어'처럼 다음 단계에 대해 생각하게 만드는, 기본적으로 머릿속에서 들려오는 목소리이다. 이 신호는 충동이 어느 정도인지 알도록 돕고 우리가 속한 공동체의 사회적 관습과 가치를 따르게 하지만, 취하면 알기 힘들어지는 신호이기도 하다.

알코올 근시 이론은 억제 신호가 좋지 않은 생각이라고 알려주는 것을 추진

• 음주로 인해 사람이나 사물이 실제보다 더 매력적으로 보이게 되는 현상을 말한다.

신호는 하라고 부추기는, 두 신호군 사이의 갈등이 종종 일어난다고 가정한다. 만일 아무 갈등도 없다면, 취해도 취하지 않은 때와 똑같이 행동할 것이다. 그러나 갈등이 있다면, 알코올에 의한 근시안 효과가 억제 신호를 차단해버리고, 보통 때는 하지 않을 행동을 하게 만들지 모른다. 그들의 행동이 평상시와는 다르기 때문에 취하지 않았을 때의 당사자나 친구들에게 더 과격해 보일 수도 있다.[10]

스틸과 조지프스는 근시안의 다른 측면인 고조된 또는 고양된 자기 자신에 대한 시각에 주목한다. "알코올은 믿을 만한 자기 부풀리기 수단이다. 술에 취하면 꿈꾸어오던 자기에게 더 가까워진다." 이는 자기 자신과 자기 가치가 갈등을 일으키는 사람에게 가장 쓸모가 있다. 이런 사람은 "취해도 자기규제 욕구를 경험할 능력은 확실히 남아 있으나, 겸손할 이유를 떠올리기 어렵다".[11]

알코올 근시 이론을 검증한 많은 연구들은 술에 취했을 때의 개인행동을 예측할 수 있다고 밝혔다. 예를 들어, 모나한과 라누티[12]는 여대생 50명을 모집해 자존감을 평가했다. 그리고 술을 마시게 한 후에 남자가 와서 치근거리게 했다. 연구자는 자존감 낮은 여성이 보통 상황에선 더 억제적이고, 알코올과 알코올 근시 이론의 영향은 더 많이 받을 것으로 예측했다. 연구 결과는 이러한 추측을 확인해주었다. 자존감 낮은 여성은 취하지 않았을 때보다 취했을 때 덜 불안하고 개인적인 정보를 더 쉽게 개방했다(이성과 시시덕거리는 주요 부분). 대조적으로, 자존감 높은 여성은 알코올의 영향을 특별히 받지 않았다. 유사한 다른 연구에선 여성들에게 이성과의 우연한 만남에 대한 이야기를 들려주었다. 술을 마신(또는 알코올이 들어 있다고 말한 플라시보 음주를 해서 술을 마셨다고 생각하는) 여성은 마시지 않은 여성보다 이야기 속 남성을 긍정적으로 평가하고, 이야기의 결과를 긍정적으로 지각하며, 적극적인 성적 제안에 따를 거라고 말할 가능성이 높았다.[13]

음주가 어떻게 성 행동을 포함해서 행동에 변화를 가져오는지에 대한 또 다른 주요 이론은 알코올이 실제로 신체와 뇌에 어떤 작용을 하는지보다는 알코올에 대한 기대가 신체와 뇌에 어떤 영향을 미치는지에 초점을 맞춘다. 알코올 기대 이론(alcohol expectancy theory)은 취한 사람은 특정한 방식으로 행동한다고 믿도록 사회화되고, 그 결과 취하면 그런 방식으로 행동한다고 제안한다. 취중 행동은 그 무엇보다도 자기충족적인 예언이다. 섹스에 관한 한 사람(특히 여성)은 취하면 억제를 덜하고, 시시덕거리기 더 쉽고, 끝까지 가기 더 쉽다는 걸 텔레비전과 영화가 분명하게 보여준다.

실험연구들은 이 이론을 지지했다. 예를 들어, 한 연구에선 알코올이 섹스를 자극한다고 강하게 믿는 남성은 그렇지 않은 남성에 비해서 플라시보 음주를 한 후에 성적 흥분을 더 많이 느꼈다고 보고했다.[14] 여성에 대한 정보는 상대적으로 적으며, 조지와 스토너[15]에 의하면 소수 연구들이 혼란스러운 결과들을 내놓고 있다고 한다. 이 문제는 부분적으로는 앞서 언급된 바와 같이 여성은 취하면 더 많이 흥분되었다고 말하는 경향이 있지만, 질의 반응은 다르게 나타나는 것과 관련이 있다.

또한 알코올 기대 이론에 따르면, 사회규범에 반하는 행동에 대한 변명으로 나중에 알코올 핑계를 댈 수도 있다.[16] 용납할 수 없는 행동에 대해 알코올이 변명이 될 수 있다고 믿는 사람은 취하면 그런 행동을 할 수 있다는 '일탈 부정'의 아이디어도 남성 대상 실험연구에서 지지되었다.[17] 실제로 누군가가 "내가 그랬다는 게 믿기지 않아. 너무 취하긴 했었어"라고 말하는 걸 들을 때마다 이 아이디어는 지지된다. 그리고 우리는 기억하는 것 이상으로 그런 말을 많이 들어봤다.

실생활에서의 알코올과 섹스

이 두 이론이 실생활에 어떻게 적용되는지 살펴본 많은 연구들이 있다. 술을 마시고 섹스를 하는 것으로 알려진 집단인 대학생들에게 연구자들이 초점을 맞추는 건 놀라운 일이 아니다. 주말 밤에 대학 캠퍼스를 걸어보면, 발생 빈도에 대한 통계치는 알기 어렵다 하더라도 알코올과 섹스가 함께한다는 건 거의 확실하다. '청소년 위험행동 조사'에선 성관계를 가지는 고등학생 22%가 최근의 섹스 전에 알코올이나 약물을 사용한 것으로 나타났다.[18] 이들 십 대가 알코올을 흔히, 더 쉽게 구할 수 있는 대학생이 되면 그 수치가 높지는 않더라도 비슷할 것 같다.

교육자와 연구자들의 중요한 연구 문제 가운데 하나는 취한 상태에서 섹스를 하는 젊은이들의 성병과 임신 위험이 더 높은가 하는 것이다. 결과들은 엇갈린다. 알코올 근시 이론을 적용한 연구들을 검토한 그리핀 외[19]는 "전반적으로, 연구들은 알코올 사용과 방어적 성 행동 감소 사이에 인과관계가 약한 것을 확인했다. 많은 경우에는 관계가 없었다"라고 했다. 평소 콘돔을 사용하는 사람은 술을 마셨을 때에도 사용하는 것으로 나타난 연구들이 있다. 다른 연구들에선 파트너 유형에 따라 차이가 있음을 확인했다. 예를 들어, 여성은 술을 많이 마실수록 장기간 파트너나 캐주얼 파트너와의 섹스 가능성이 모두 증가하지만, 무방비 섹스는 캐주얼 파트너인 경우에만 더 높았다고 밝힌 연구가 있다. 실제로 한 명의 지속적인 파트너를 가진 경우에는 음주와 무방비 섹스 사이에 부(負)적 관계가 있는 것으로 나타났다.[20]

좀 더 최근에 음주 자체는 콘돔 사용에 영향을 미치지 않는다고 밝힌 연구가 있다. 연구자들이 알코올과 콘돔 간의 관계만을 살펴보았을 때는 음주 섹스에서 콘돔 사용 가능성이 높게 나타났다. 술을 마시지 않고 가진 섹스의 59%에서 콘돔이 사용된 데 비해서 음주 상태에선 70%에서 콘돔이 사용되었다. 연구자들은 "안전한 성 행동을 감소시키는 탈억제를 기대할 수 있는 과음(4잔 이상) 상황에서조차도 여성 표본의 콘돔 사용이 감소했다는 증거는 없었다"라고 보고했다.[21] 그렇다고 해서 여성은 취할수록 더 콘돔을 사용한다는 의미는 아니다. 연구자들은 콘돔은 캐주얼한 관계에서 더 사용되기 쉬우며(헌신적인 관계에선 종종 피임약과 같은 다른 방법으로 바뀌므로 이해가 된다), 알코올 역시 캐주얼한 관계에서 사용되기 쉽다고 설명한다. 전반적으로 연구자들은 알코올보다는 파트너 유형이 콘돔 사용에 더 영향을 미친다고 결론 내렸다.

콘돔 사용에 영향을 주는 다른 이슈는 '기대'인 것 같다. 알코올이 성적 위험 감수를 증가시킬 거라고 믿는 여성은 취하면 그런 방식으로 행동했다. 비록 월시 외[22]의 연구에서 알코올이 성적 위험 감수를 증가시킨다고 강하게 믿는 여성이 표본의 13%뿐이긴 했지만, 그들은 음주 섹스에서 콘돔을 덜 사용했다.

술 취한 사람은 위험을 감수할 거라는 가정은 분명 다시 짚어볼 필요가 있다. 이러한 가정 자체가 문제의 상당 부분을 차지하기 때문이다. 우리는 때때로 학생들에게 다음과 같은 시나리오를 제시하면서 관습에 도전하는 활동을 한다. "지난 주말에 나는 파티에 참석했고, 정말 매력적인 남자/여자를 만났다. 우리는 이야기를 나누기 시작했고, 이야기는 꼬리를 물고 계속되었다……." 학생 절반에겐 그때 술에 취한 상태였다고 이야기하고, 나머지 절반에겐 술에 취하지 않았다고 들려준 후에, 남은 이야기를 마무리 짓게 한다. 놀라울 것 없이, 술에 취해 있었다고 들은 학생들은 그날 밤 섹스를 하는 것으로 이야기를 끝낼 가능성이 높다. 물론 우리는 술 취하지 않은 상태에서 감동적인 섹스로 끝나는 이야기를 적어도 하나쯤은 포함시키는 걸 좋아한다.

기대의 어떤 측면이 가장 영향이 큰지는 분명치 않다. 즉, 취중 행동이 자기충족적인 예언인지, 아니면 알코올이 내키는 대로 하거나 실험삼아 한 데 대한 가장 좋은 변명거리인지 알지 못한다. 우리는 대학생이 술을 마셔선 안 된다는 이야기를 하는 게 아니다. 음주와 섹스를 동시에(혹은 시트에 실수로 술을 흘려서 나중에 고약한 냄새가 나는 걸 피하기 위해 아마도 차례로) 해선 안 된다는 이야기를 하는 것도 아니다. 오히려 섹스를 촉진하기 위해서 알코올에 의지할 필요가 없도록 자신의 섹슈얼리티에 대해 충분히 편안하게 느끼기를 바라는 것이다.

또한 우리는 사회로부터 섹스에 대한 상충된 메시지를 그토록 많이 받고 있는 젊은 여성들에게는 훨씬 더 큰 이슈가 된다는 점이 염려스럽다. 이들은 섹시하지만 섹스를 원해선 안 된다. 섹스에 대한 의향은 있어 보이면서도 실제로 적극적이어선 안 된다. 만일 섹스를 하지 않는다면 (나쁜 의미에서) 내숭을 떠는 거지만, (임의적이고, 정체불명이며, 시시각각 변하는 잣대로 재보았을 때) 섹스를 과하게 한다면 문란한 여자이며, 심지어 더 나쁜 것이다. 그러므로 여성이 사회적 윤활제로나 사후 변명으로 알코올에 의지하는 건 놀라운 일이 아니다. 우리는 이에 대해 젊은 여성을 비난하는 게 절대로 아니다. 오히려 젊은 여성도 남성만큼 섹스를 원하고, 남성만큼 즐기도록 사회가 허락하는 날이 오기를 바란다. 그런 날이 온다면, 알코올이 필요하거나 알코올 탓이라고 호소하는 일이 줄어들지 모른다는 생각을 떨칠 수 없다.

신화 40

알코올과 섹스는 해롭지 않은 조합이다

무방비 섹스 같은 성적 위험과 알코올에 대한 연구 결과는 일관되지 않은 반면에, 성폭행을 조장하는 알코올의 역할에 대해선 의문의 여지가 거의 없다. 보고된 데이트강간이나 아는 사람에 의한 성폭행 사례 가운데 50%가 희생자 또는 가해자의 음주 상태에서 일어났다. 2001년도에만 전체 대학생의 약 2% 또는 젊은이 9만 7000명이 알코올 관련 성폭행 피해자였다.[1] 또한 매년 18~24세 젊은이 10만 명이 "너무 취해서 섹스를 하는 데 합의했는지 알 수 없다고 보고한" 것으로 추정된다.[2]

조지 외[3]는 알코올과 섹스에 관한 문헌 검토 결과, 알코올이 성폭행 관련 행동에 여러 방식으로 영향을 미친다고 밝혀졌음에 주목한다. 알코올 근시 이론과 마찬가지로, 알코올은 섹스를 하고 싶은 욕망 같은 추진 신호에 주의를 집중시키고, 파트너의 합의 부재 같은 억제 신호로부터는 주의를 돌려버린다. 술을 마셨거나 마셨다고 생각하는 남성들은 이야기 진행 속에서 강간을 인식하고 가해자가 멈추어야 한다고 제안하는 데 걸린 시간이 정신이 맑은 남성들에 비해 느리다는 것을 확인한 연구들이 있다. 알코올은 폭행 피해자에게도 주목할 만한 영향을 미쳤다. 술을 마신 여성은 위험한 상황에 처할 가능성이 높았으며, 위험을 감지할 가능성은 낮았다. 게다가 취한 여성은 취하지 않은 여성보다 폭행을 막기 위해서 직접 저항할 가능성도 낮았다.

또한 술이 등장하면 제3자의 강간과 성폭행 인지에 동요를 일으킨다. 강간범이 취했었다는 이야기를 들은 응답자들은 그가 덜 비난받을 만하다고 보지만, 피해자에겐 그 반대이다. 응답자들은 성폭행을 당했을 때 취해 있었던 피해자에겐 동정심을 덜 느낀다.[4] 이 같은 결과는 취한 여자는 섹스를 원하고 있다는, 또 다른 통상적인 인식의 결과일 수도 있다. 여러 해에 걸쳐 수행된 실험연구에서 응답자들은 삽화 속의 취한 인물이, 취하지 않았지만 유사하게 행동하는 인물에 비

해 성적인 여지가 더 많고 섹스에 더 기꺼이 임하며 섹스를 더 시도할 것이라고 믿는 것으로 나타났다.[5]

우리는 이런 일이 실제로 일어나는 것을 미디어를 통해 여러 번 보아왔다. 오하이오주의 스튜벤빌에선 미식축구선수 두 명이 취한 젊은 여성을 강간했는데, 친구들은 사건이 일어나는 동안 환성을 지르며 부추기고 비디오 녹화를 했다. 피해자는 소셜미디어에 올라온 비디오를 보기 전에는 어떤 일이 일어났는지 전혀 기억이 없었다. 실망스럽게도 그 작은 도시에선 성인과 청소년 모두가 미식축구선수들을 위해 하나로 뭉쳐서 피해자를 비난했다(최근에 지역사회 성인 네 명이 증거를 감추고 소년들을 보호하고자 한 혐의로 실제로 기소되었다).[6] 그 사례에 대한 일반적인 정서는 유죄 판결이 있던 날 가해자들에게 큰 동정심을 보였던 CNN 리포터 포피 할로에 의해 압축적으로 드러났다. 그녀는 "스타 미식축구선수이자 매우 우수한 학생으로서 장래가 촉망되던 두 청소년은 그야말로 자신의 삶이 무너져 내리는 걸 지켜보았습니다"라고 말했지만, 그 사건의 강간 생존자에 대해선 유사한 동정심을 보이지 않았다.[7]

좀 더 최근에는 미주리주 매리빌의 14세 소녀인 데이지 콜먼 사례가 있었다. 그녀는 2013년 1월의 어느 날, 교외에 사는 친구와 상급생인 유명한 고교 미식축구선수와 함께 파티에 가기 위해 집을 몰래 빠져나왔다. 두 소녀는 그 소년과 친구들이 권한 술을 마셨고, 성폭행을 당했다. 데이지의 강간 장면은 휴대전화 비디오에 녹화되었다. 미식축구선수는 데이지와 그녀의 친구를 집까지 차로 태워다주었는데, 영하 2도 추위에 의식을 잃은 데이지를 현관 앞에 내려놓고 가버렸다. 사건 후 며칠간은 경찰관과 지역 주민들이 소녀들의 이야기를 믿고 지지하는 것으로 보였고, 소년들은 기소되었다. 그러나 여론이 급속히 바뀌면서, 데이지와 가족이 표적이 되기 시작했다. 인터넷과 사람들 사이에는 악의적인 비난이 떠돌았다. 데이지의 어머니는 그 작은 도시의 직장에서 갑자기 해고되었다. 이런 모든 일을 감당하기 어려워지자 가족은 이사를 했다. 그러나 매리빌의 집은 팔리기도 전에 원인 모를 화재로 전소되었다. 그리고 무엇보다도 소년들에 대한 모든 혐의는 기각되었다.[8]

이 청소년들이 몹시 취해서 합의를 할 수 없는 소녀들과 섹스를 해도 괜찮다고 생각했다는 것이 매우 충격적이다. 친구들이 사건 장면을 보고 있기만 한 게 아니라 마치 자랑스럽다는 듯이 비디오를 찍은 것도, 더하지는 않더라도 똑같이 마음 상하는 일이다. 그리고 이 청소년들 주변의 성인들이 "사내아이들이 그렇지 뭐"라고 하면서 이들의 행동을 대수롭지 않게 여기고, 음주의 피해자인 소녀들에겐 손가락질을 했다는 사실이 혐오스럽다.

우리는 모든 사람들이 합의 이슈에 대해 이해하도록 문제를 확실히 할 필요가 있다. 합의 없이 다른 사람과 섹스를 하는 건 절대로 받아들여질 수 없다. 한 사람이나 두 사람 모두가 술에 취했다는 사실이 성 행동의 이와 같은 기본 전제를 바꿀 수 없으며, (법적이거나 도덕적으로) 사후 변명에 사용될 수도 없다. 섹스와 알코올에 대한 또 다른 협상 불가 사항이 있다. 어떤 소녀가 술을 마시고 취하는 파티에 왔다고 해서 '섹스를 청하고 있는' 것은 아니다. 소녀가 자진해서 당신 침대로 왔다고 해도 의식을 잃었다면 합의할 수 없다. 만일 그녀가 너무 취해서 판단력 있는 대화를 할 수 없다면, 너무 취해서 섹스를 할 수 없는 것이다.

그렇게 단순해야겠지만, 실제 삶에선 더 애매해 보일 수 있다. 그래서 이 시나리오를 전한다. 한 매력적인 소녀가 맥주와 양주를 마시면서 밤새 당신과 어울렸다. 그녀는 지금 술에 잔뜩 취한 상태이지만 신이 나 있고, 당신에게 반해서 당신의 방으로 가자고 청한다. 여기서 우리의 제안은 그녀의 핸드폰 번호를 얻고, 그녀가 집에 돌아갈 수 있도록 도와주고, 어쩌면 그녀에게 이불을 덮어준 후 (토할 양동이를 옆에 놓아주고), 다음 날 전화를 하라는 것이다. 당신은 더 좋은 사람이 될 뿐 아니라 언젠가 가지게 될 두 사람의 섹스도 더 좋을 것이다. 완전히 취해버린 파트너와의 섹스는 보통, 절대로 즐겁지 않다(대학 시절, 누군지 밝히지는 않겠지만, 우리 중 한 사람은 술에 취한 남학생이 성교 중에 몸 위에서 잠들어버린 상황을 겪은 적이 있다. 전혀 즐겁지 않았다).

이제는 방관자에 대해서 이야기할 차례이다. 대중에게 잘 알려진 앞의 성폭행 사례들에서 폭행은 모두 목격자들 앞에서 행해졌지만, 그들은 피해자를 보호하는 어떤 일도 하지 않았다. 오히려 가해자들을 부추기고, 사진을 찍고, 사건을 대중에게 알림으로써 피해 여성들에게 추가적인 피해를 입혔다. 취한 여성은 '섹스를 청하고 있다는' 가정에 우리는 도전할 필요가 있으며, 대처 방법은 (독자들과 같은) 개인들이 그런 일이 일어나는 것을 보면 나서서 돕기 시작하는 것이다. 부추기지 말고 못 하게 하시라.

얼마 전, 젊은 여성들에게 할 말에 대한 진짜 논란이 있었다. 에밀리 요피는 온라인 뉴스 사이트인 ≪슬레이트≫에 기고한 글에서 알코올이 부채질하는 성폭행의 악순환을 깨기 위한 방법 중 하나는 대학을 다닐 나이의 소녀들에게 술 취하지 말라고 이야기하는 것이라고 제안했다. 그녀는 다음과 같이 썼다.

> 의심의 여지를 보이지 말자. 가해자는 범죄를 저지른 책임을 져야 할 사람이고, 법의 심판을 받아야 한다. 그러나 여성 스스로 무방비 상태가 되면 끔찍한 일이 자신에게 일어날 수 있음을 여성들은 알지 못하고 있다. 젊은 여성들은 남성의 음주에 음주로 필적할 권리가 페미니스트 이슈라는 왜곡된 메시지를 받고 있다. 진정한 페미니스트 메시지는 자기 자신을 책임질 수 있는 능력을 잃게 되면, 마음이 끌리지 않는 사람을 유혹할 기회가 크게 증가한다는 것이어야 한다. 이 메시지는 피해자를 비난하는 게 아니라 더 많은 피해자가 생기는 것을 막고자 하는 것이다.[9]

요피도 예상했겠지만, 그녀의 글에 대해 즉각적으로 부정적인 반응이 일어났다. 그런 말이 아니라는 그녀의 외침에도 불구하고 사람들은 그녀가 피해자를 비난하고 강간이 술을 마신 여성들에게만 일어나는 것처럼 피력하면서 가해자의 책임을 덜어주고 있다고 비난했다.

피해자 비난하기는 이 나라에서 오랫동안 이루어져왔으며, 우리는 그것을 영속시킬 어떤 일도 하고 싶지 않다. 그러나 성폭행을 예방할 균형 잡힌 접근 방법이 필요하고, 젊은 여성들에게 과음의 잠재적 위험에 대해 경고하는 것이 도움이 되리라고 믿는다. 대부분의 남성들은 강간범이 아니며, 술에 취해도 여성을 폭행하지 않을 것이다. 그러나 유감스럽게도, 통계자료는 이런 사실이 모든 남성들에게 해당될 수 없음을 입증해준다. 게다가 많은 젊은 남성들은 여자가 자신에게 멈추기를 원한다는 걸 알아차리는 법을 배워본 적이 없다. 우리 사회는 처음에는 안 된다고 하다가 남자의 검푸른 눈동자나 열정적인 키스로 인해 응하게 되는 여성 이미지들로 가득 차 있다. 스튜벤빌과 매리빌 같은 소도시가 강간범을 위해 힘을 모으고 피해자를 외면할 때 청소년들에게 전해지는 왜곡된 시각이 어떤 내용을 담게 될지에 대해서는 말할 것도 없다. 젊은 남성들이 합의에 대해 인식하도록 돕고, 젊은 여성들이 스스로를 어떻게 보호할지 배우도록 돕는 건 동시에 수행될 수 있고, 그래야만 한다. 그리고 좋든 싫든 여성이 스스로를 보호할 수 있는 방법 하나는 어느 정도 취하지 않는 것이다.

알코올과 성폭행

이전 신화에서도 이야기했듯이, 우리는 대학생 모두가 단주해야 한다고 제안하는 게 아니며, 음주와 섹스는 절대로 긍정적인 경험으로 함께할 수 없다고 제안하는 것도 아니다. 우리는 신체적·심리적 이유로 인해 알코올이 행동과 성 경험을 변화시킬 수도 있다는 것을 모든 독자들이 잊지 말기를 바랄 뿐이다. 더 좋을 수도 있겠지만, 그렇지 않을 가능성이 더 많다. 이를 마음에 담아둔다면 취한 상태의 섹스에서 일어날 수 있는 위험을 피하는 데 도움이 될 것이다.

신화 41

여성에게 섹스는 때론 아프기만 할 뿐이다

섹스는 무척이나 환상적일 때도 있고, 그저 그런 때도 있지만, 기분이 나쁠 거라는 생각은 들지 않는다. 불행하게도 모두가, 특히 여성 모두가 그런 것은 아니다. 사실 여성의 4분의 3이 섹스 중에 통증을 경험한 적이 있는 것으로 추정된다. 이 가운데 많은 여성들에겐 가끔 또는 단 한 번의 통증이지만, 섹스를 할 때마다 통증이 있고 심지어 일상생활 중에도 통증이 지속되는 여성도 있다.[1] 섹스 중의 통증은 신체적으로나 심리적으로나 어려움을 주며, 여성의 관계와 자존감에 영향을 미친다. 게다가 많은 여성들은 통증을 섹스의 지극히 당연한 일부분으로 여긴다.

우리는 그렇지 않다는 것을 독자들이 알기 바란다. 섹스가 아픔을 주어선 안 된다. 아픔이 있다면 무언가 잘못된 것이며(성격적 결점이나 도덕적 결함을 이야기하는 게 아니라 무언가 신체적으로, 좀 더 드물게는 심리적으로 잘못된 것을 이야기한다), 그리고 도움을 청해야 한다.

이번 신화에서는 무언가 제대로 되지 않고, 우리 생각과는 정반대의 느낌을 주는 섹스를 초래하는 것에 대해 다룬다. 또한 여성의 성생활을 수개월간 혹은 심지어 수년간 방해할 수 있는 만성 통증 상태, 특히 외음부통증과 전정부통증에 대해 살펴본다.

한 가지 주의할 점이 있다. 우리는 문제가 될 수 있는 것을 빨리 알게 하기 위해 이 정보를 제공하고 있다. 우리는 당신에게 있을 수 있는 문제를 진단하려는 것이 아니며(우리는 둘 다 의사가 아니다), 누구나 자신의 문제에 진단을 내려야 한다고 제안하는 것도 아니다. 그건 보건 전문가의 역할이다. 기본적인 경험법칙은 만일 (섹스 전이나, 도중에나, 후에) 외음부가 아프다면 의료 전문가의 진찰을 받아야 한다는 것이다. 그 누구도 통증을 견디기만 해선 안 된다.

쉬운 해결책

만일 뭔가 이상하다고 느껴져도 당황하지 마시라. 대부분의 경우에는 이유를 쉽게 알 수 있고, 해결책도 찾기 쉽다.

당신이 잘못하고 있다는 건 아니지만……

당신이나 파트너가 섹스를 제대로 하지 못하는 게 첫 번째 문제일지 모른다. 농담으로 한 말인데, 섹스를 '제대로 하는' 방법이란 없기 때문이다. 그렇지만 우리의 농담 속엔 진실의 일면도 있다. 개개인의 외음부와 음핵은 모두 다르며, 한 여성을 오르가슴에 이르게 하는 애무가 다른 여성에겐 그저 문지르는 느낌일 수도 있다. 여성은 자신이 어디를 어느 강도로 어떻게(아마도 큰 원을 그리듯, 앞뒤로 문지르듯, 약간 누르듯) 애무받고 싶어 하는지 알아야 한다. 자위행위를 통해서 이를 알게 되면, 이 정보를 재미있는(물론 도표와 그래프가 있는) 교습서나 섹스 중의 부드러운 제안(조금 더 왼쪽으로, 아 좋아요, 조금 더 가볍게, 그래요, 그렇게요)을 통해서 파트너와 나누는 게 가장 쉬우리라 생각한다. 만일 자위행위가 도움이 되지 않는다면, 같은 종류의 탐색을 파트너와 함께 시도해봄으로써 함께 배울 수 있을 것이다.

더 젖어 있는 아래쪽이 더 좋아요

〈인어공주〉의 가재가 노래를 부르는 장면에서 월트디즈니사의 괜찮은 사람들이 의도했던 건 아니겠지만, 세바스찬의 노래를 들을 때마다 떠오르는 말이다.* 성교와 전희를 즐기려면 여성에겐 윤활액이 필요하다. 윤활액은 질의 혈관 충혈로 인한 자연적인 부산물이다. 여성이 성적으로 흥분하면 질로 혈액이 다량 유입되고, 질은 더 축축해진다. 윤활액은 애무나 삽입 시에 피부가 까지거나 따갑지

* 월트 디즈니의 만화영화 〈인어공주〉는 신나는 노래와 유쾌한 가사로 유명하다. 이 중 가재 세바스찬이 부른 노래 「바다 속에서(Under the Sea)」에는 "Under the sea, under the sea, darling it's better down where it's wetter"라는 부분이 있다. 한국말로 "바다 속에서, 바다 속에서, 그대여 촉촉이 젖어 있는 아래쪽이 더 좋아요" 정도로 번역되는데, 의도치 않게 윤활액으로 젖어 있는 여성의 질을 연상시킨다.

않도록 도와준다. 때때로 여성은 충분한 자연 윤활액을 만들어내지 못한다. 아마도 충분히 흥분되지 않았거나(애무 시간이 더 길어야 하는 사람?) 혹은 다양한 다른 이유 때문에서일 것이다.[2]

좋은 소식은 수분이 좀 더 필요한 사람들을 위한 많은 선택의 여지가 있다는 것이다. 대부분 약국은 기름, 물, 또는 실리콘으로 만들어진 다양한 인체용 윤활제를 팔고 있다. 인근 지역이나 온라인 섹스숍을 찾으면 수백 가지 제품 가운데 선택할 수 있다. 여차하면 베이비오일이나 올리브 오일처럼 집에 있는 것을 사용할 수도 있다. 만일 콘돔이나 피임 도구와 같은 차단 피임법을 사용하고 있다면, 유성 윤활제는 라텍스를 망가트릴 수 있기 때문에 피해야 한다는 것만 기억하시라. 섹스토이와 함께 윤활제를 사용하고 있다면 수성 윤활제만 사용한다. 그리고 주방 캐비닛에서 윤활제를 찾으려 한다면 꿀과 잼처럼 너무 단 것은 피하시라. 진균 감염 가능성을 높일 수 있기 때문이다. 상점에서 파는 인공 향을 첨가한 윤활제 역시 질에 별로 좋지 않다.[3]

헤르페스, 클라미디아, 트리코모나스, 오!

우리는 성병에 대해 이야기할 때 증상이 없는 여성도 많다는 걸 자주 강조한다. 무언가 잘못되고 있어도 아무런 신체적 징후를 느끼지 못한다는 뜻이다. 하지만 증상이 있을 때는 흔히 가려움, 따끔거림, 쓰라림 등이 있다. 그리고 특히 섹스 중에 피부가 맞닿으면서 아플 수 있다. 그러므로 아프거나 전반적으로 가렵게 느껴지거나 반점이 있다면 모든 성병에 대한 검사를 받아보는 것이 좋다.

클라미디아, 트리코모나스증, 임질 같은 세균성 성병은 치료를 받지 않으면 골반염이나 자궁 내벽, 난관, 난소 등의 감염을 일으킬 수 있다. 골반염은 섹스 중 통증도 유발할 수 있으며, 특히 깊은 삽입이 이루어질 때 그러하다.[4] 좋은 소식은 이러한 성병과 골반염은 항생제로 치료가 가능하다는 것이다. 그러나 성교통을 유발할 수 있는 것 가운데 하나인 헤르페스는 바이러스이며, 치료될 수 없다. 하지만 헤르페스의 발생 빈도와 강도를 감소시키는 치료는 있으며, 쓰린 증상이 없다면 헤르페스는 성교 중 통증을 유발하지 않는다.

효모, 더 이상 빵을 위한 것만은 아니다

가임기 동안 한두 번(또는 여러 번)의 효모 감염(이하 진균 감염)•이나 가려움증, 염증 없이 지낸 여성은 거의 없을 것이다. 진균 감염은 성행위를 확실히 덜 즐겁게 만들 수 있다. 진균 감염은 질 내의 진균인 칸디다 알비칸스의 증식에 의해 가장 자주 발생한다. 진균은 거의 문제를 일으키지 않고 질 안에 항상 있지만, 진균이 지나치게 많아지면 피부가 붉어지고, 붓고, 무엇보다도 가려울 수 있다. 또한 진균에 감염되면 많은 경우 백색의 탁한 질 분비물이 나온다.[5]

진균 감염은 여러 가지 이유로 발생할 수 있다. 예컨대, 항생물질이 원인이 된다고 알려져 있으며, 구강성교에 의해서 발생할 수도 있다. 꽉 끼는 옷, 특히 공기가 통하지 않는 합성섬유로 만들어진 옷을 입으면 발생한다고 믿는 사람도 있으나 입증된 바는 없다. 비록 이런 감염이 성적 접촉으로 전염되지는 않지만, 성교 시 진균 세포가 질로 들어갈 수 있고 정액이 진균 증식을 촉진할 수 있어서 감염은 섹스와 관련이 있을 수 있다. 그리고 종종 잦은 성교가 시작되면서 진균 감염이 증가하기도 한다.[6]

진균 감염은 항진균 크림이나 먹는 약으로 치료될 수 있다. 크림은 약국에서 구입 가능하지만, 스튜어트와 스펜서는 가렵기 시작할 때마다 달려 나가서 자가치료를 하는 것은 좋지 않다고 경고한다. 가려움과 분비물은 여러 질병의 징후일 수 있기 때문에 자신이 내린 진단에 대해 의료인의 확인을 받는 게 더 현명하다.

질염(세균성 질염 제외)

사실 질염이란 질의 염증 및 그와 함께 생길 수 있는 짜증나는 가려움, 따가움, 분비물(그리고 성교통)의 원인이 되는 모든 것을 가리키는 두루뭉술한 표현이다. 진균 감염은 질염의 원인이 된다. 트리코모나스증도 마찬가지이다. 질염의 다른 원인은 (폐경기에 일어나는 것 같은) 에스트로겐 감소, 질의 연쇄상구균 감염, 또는

• 진균류(효모는 진균류에 해당된다)는 숙주의 상태에 따라 병을 일으키는 미생물이 될 수 있다. 특히 항생물질 남용을 수반하면 항생물질에 반응하는 세균이 감소하고, 진균류는 늘어나면서 칸디다증 등을 일으키는데, 이것을 균교대현상이라고 한다.

모빌룬커스(mobiluncus, 자연스럽게 생기는 질 박테리아의 일종) 과다일 수도 있다.[7] 이 모두가 외음부통증을 유발할 수 있다.

스튜어트와 스펜서는 질염의 가장 일반적인 원인은 세균성 질증이고, 질의 산성이 낮아질 때 생긴다고 강조한다. 세균을 억제하는 산성이 없으면, 질 안에서는 평균 수준으로 존재하던 세균이 통제할 수 없을 만큼 과다 증식할 수 있다. 이것이 가려움과 따가움을 일으킬 수 있는데, 증상이 없는 경우도 있다. 하지만 세균성 질증이 성교통을 유발하는 일은 드물다.[8]

만성적인 문제의 장본인

섹스 중이나 평상시에 느껴지는 대부분의 질 불편감은 쉽게 치료될 수 있지만, 통증이 만성화되는 여성도 있다. 특히 여성에게 가려움, 작열감, 껄끄러움 그리고 따가움을 느끼게 할 수 있는 두 가지 상태가 있다. 어떤 여성은 파트너의 음경, 섹스토이, 손가락, 심지어 탐폰이 질에 삽입될 때 통증을 느낀다. 그러나 외음부 전체나 또는 일부분에 가볍게 닿기만 해도 민감한 여성이 있다. 그리고 청바지를 입는 것과 같은 일상 활동이 불편할 정도로 항상 통증을 느끼는 여성도 있다.

1983년, 연구자들은 이와 같이 설명되지 않는 증상에 외음부통증이라는 이름을 붙였다. 기본적으로 이 단어는 아픈 질이라는 뜻이기 때문에 진단이라기보다는 묘사이다. 일부 전문가들은 닿지 않았을 때도 느껴지는 일반적이고 지속적인 외음부의 통증인 외음부통증과 접촉에 의해 생기는 좀 더 국부적인 통증인 전정부통증을 구분한다. 후자의 경우, 통증은 종종 외음부와 질이 만나는 대음순 사이에 있는 질전정(膣前庭)에 국한된다. 이곳은 (질 윤활액을 만들어내는) 바르톨린선(Bartholin's glands), 바르톨린선보다 작은 다른 질전정 점액선, 소변이 나오는 요도가 있는 매우 민감한 부분이다.[9]

이런 증상을 가진 많은 여성들이 외음부통증이란 말을 들어본 적도 없기 때문에 얼마나 많은 여성들이 고통을 겪고 있을지는 분명하지 않다. 외음부통 증상을 가진 여성이 얼마나 될지 예측하고자 설계된 한 연구에선 연간 대략 20명 가운데

1명의 여성에게 생식기 통증이 발생할 것으로 결론 내렸다.[10] 미국 여성 인구 약 9~16%가 살면서 언젠가는 이 증상군을 경험할 것이라고 제시한 연구도 있다.[11]

어느 누구도 이런 증상이 왜 생기며, 그렇게 오래 지속되는지 확실히 알지 못한다. 대부분의 이론은 통증에 대한 신체 반응에 초점을 맞추는 것 같다. 스튜어트와 스펜서는 전정부통증을 신체가 혼동하는 염증성 질환이라고 생각한다.

> 따가움은 신경섬유(C섬유)에 영향을 미치는 프로스타글란딘, 히스타민 등의 다양한 화학물질을 방출한다. 만일 따가움이 계속되면, 신경섬유에서의 지속적인 방출이 척수신경을 변화시킨다. 그렇게 되면, 이 섬유들은 질 안의 가벼운 접촉에 관여하는 신경섬유(A섬유)로부터의 신호를 혼동해서, 보통은 기분 좋은 가벼운 접촉을 고통스러운 것으로 중추신경계에 전한다.[12]

외음부통증이론 또한 척추에서 골반까지 이어지는 음부신경의 손상에 의해 유발될 수 있는 신호 혼동을 가정한다. 이 이론의 발상은 (아마도 미끄러지거나 넘어지는 것같이 재고의 여지가 없는) 어떤 사건이 음부신경에 손상을 입히고, 음부신경은 질에 고통 신호를 보내는 반응을 한다. 그런데 신경 손상이 치유되어도 신경은 계속해서 통증 신호를 보내는 것이다.[13]

두 증후군 모두와 연관이 있는 또 다른 연결 고리가 있다. 접촉으로 인한 통증을 경험한 적이 있거나 고통스러운 성교를 했던 여성은 통증에 대해 과민한 경향이 있다. 즉, 불편감이 느껴지는 데 더욱 주의를 기울이고, 고통스럽게 만들 수 있는 접촉(특히 삽입)에 대해 긴장하게 된다는 뜻이다. 전정부통증이 있는 여성을 인터뷰한 연구자는 그들이 "통증 인식은 고조되고 성적 자극에는 집중하기 어려워서 그 결과 성적 흥분이 안 되는데, 그 자체가 잠재적으로 통증 경험을 가중시킬" 것 같다고 했다.[14] 통증에 대한 반응이 더 많은 통증을 야기하는 것이다.

이 두 가지 상태의 통증은 여성의 자존감과 관계에도 피해를 초래할 수 있으며, 불안과 우울을 야기할 수 있다. 스웨덴 연구자들은 만성 외음부통증이 있는 젊은 여성들과의 인터뷰를 통해서 "성교통은 개인으로서의 자아상과 연관되어지고, 이상적인 여성에게는 성적 문제가 없을 것이라고 믿기에 죄책감이 확연해진다"라고 밝혔다. 성교통이 없고, 파트너의 기분을 맞출 수 있는 이상적인 여성이 되고 싶은 소망이 많은 연구 대상 여성들로 하여금 아플지라도 섹스를 계속하게 했다.[15]

외음부통증이 있는 여성의 또 다른 큰 문제는 도움을 줄 수 있을 만큼 이 이슈에 대해 잘 알고 있는 의사를 찾는 일이다. 이런 상태에 있는 대부분의 여성들은 적어도 처음에는 오진을 받으며, 많은 여성들이 도움이 되지 않는 전문가들 사이에서 여기저기로 보내진다. 이 문제는 부분적으로는 여성이 증상을 느낀다고 할지라도 의료인에게 보여줄 수 있는 가시적인 문제가 없다는 점이다. 20대에 외음부통증으로 어려움을 겪었던 우리 동료 한 사람에게 산부인과 의사는 비뇨기과 문제라고 했고, 비뇨기과 의사는 그녀를 다른 산부인과 의사에게 보냈으며, 그곳에선 또 다른 비뇨기과 의사에게로 보냈다. 그 의사는 신체적으로는 이상이 없고, 그렇게 생각할 뿐인 것이 분명하니 심리상담사를 만나는 게 최선이라고 했다. 그녀는 외음부통증이라는 단어를 듣기 전에 최소한 6명의 의사를 만났으며, 치료법을 아는 의사를 찾기 위해 또 다른 3명의 의사를 만났다.

외음부통증과 전정부통증은 치료가 가능하다. 어떤 여성에겐 항우울제가 듣는데, 머릿속 증상뿐 아니라 이런 약물이 신체의 통증 연결 고리를 차단할 수 있기 때문이다. 항발작제도 통증 연결 고리를 깰 수 있다. 흥미롭게도 외음부통증 치료 가운데에는 물리치료와 바이오피드백이 있다. 여기에 적용되는 이론은 끊임없는 통증이 골반저근에 긴장을 초래하고 통증을 지속시킨다는 것이다. 물리치료는 여성이 이러한 긴장을 완화시키도록 도움으로써 근육이 정상화될 수 있게 한다. 바이오피드백은 질에 삽입할 수 있는 탐폰 크기의 탐지자(探知子)가 딸려 있는 기계를 사용한다. 이 기계는 질 안의 근육이 얼마나 꽉 조이는지 측정하며, 여성 스스로 자신의 질이 언제 단단히 조여지고 언제 실제로 느슨해지는지 알 수 있도록 도와준다.[16]

섹스는 아프지 않아야 한다

섹스는 아프지 않아야 한다. 만일 아프다면 무언가 잘못된 것이며, 그것을 알아내고 바로잡도록 도울 수 있는 누군가(의료인)를 찾을 필요가 있다. 치료는 진균 감염의 항진균 약물치료처럼 쉬울 수도 있고, 외음부통증의 약물치료와 물리치료같이 복잡할 수도 있다. 우리는 모든 독자들이 도움을 구하고, 대수롭지 않은 통증이나 불편은 괜찮다고 생각하면서 체념하지 말기를 권한다. 첫 번째 만난 의료인이 당신에게 지나치게 민감할 뿐이라고 한다면, 다른 의료인을 찾아보시라. 미국외음부통증연합(www.nva.org) 같은 단체는 외음부통증 전문의 명단을 제공하고 있다. 오랫동안 통증을 경험해온 여성은 불안, 분노, 우울 문제를 다루어나가도록 도울 수 있는 상담자나 치료자를 만나고 싶어 할 수도 있다.

신화 42

마흔이 안 된 남성에겐 발기 문제가 거의 없다

오늘날 텔레비전 시청자들은 "발기가 4시간 이상 지속되면 즉시 치료를 받아야 합니다"라는 광고 문구에 문화적으로 익숙해진 지 얼마 되지 않았다는 걸 알면 놀랄 것이다. 시트콤은 4시간 발기로 어떻게 웃길 수 있는지 몰랐었고, 코미디언은 "3시간 59분 발기는요? 그건 괜찮은가요?"라고 묻지 못했었다. 사실, ED라는 영어 약자가 발기부전(erectile dysfunction)을 의미한다는 것을 아는 사람이 아무도 없었고, 나이 지긋한 커플이 야생화 핀 들판이나 바닷가 절벽 위에서 각자의 욕조에 앉아 있는 영상을 본 적도 없었다. 믿기 어렵지만 사실이다. 남성이 발기가 되지 않아도 그에 대해 아무도 이야기하지 않던 때가 있었다.

1998년 비아그라의 출현은 그 모든 것을 바꾸어놓았다. 아직까지도 비아그라와 그 밖에 널리 알려진 발기부전 치료약이 우리가 이해하고 있는 남성의 성 건강에 도움이 되는지, 아니면 성 기능에 영향을 미치는 심리적·관계적·사회적·행동적 요인을 고려하지 않은 채 생물학적·의학적 요인에만 치우치는 섹슈얼리티 모델을 출현시킨 것은 아닌지 논란이 끊이지 않고 있다.[1] 결론이 어떻게 날 지와는 상관없이 이러한 약물의 개발과, 아마도 더 중요하게는 그것에 대한 광고가 전에는 없었던 성기능장애에 대한 무수한 논의를 시작하게 했다는 점은 부인하기 어렵다.

하지만 이런 광고에 나오는 남성들은 모두 은발이거나 연륜이 있어 보인다(물론 소수의 예외는 있다). 심지어 많은 남성들이 섹스가 어떻게 '예전과 다른지' 이야기한다. 남성이 나이가 들면 발기를 하거나 유지하는 게 더 어려울 수 있고, 음경은 결코 예전처럼 단단해지지 않을 수도 있다. 나이 든 남성의 이런 경험을 정상화하기 위해서 많은 발기부전 치료약 광고는 이것이 노인층의 문제라는 고정관념을 취했다. 불행하게도 그렇지만은 않다. 많은 젊은이들도 가끔이나 항상 발기 문제를 경험한다.

발기부전이란 정확히 무엇인가?

발기부전이란 만족스러운 성생활을 누리기에 충분한 발기를 하고 유지하는 것이 불가능한 상태로 정의된다. 발기부전으로 진단받으려면 반드시 문제가 남성의 신체적·심리사회적 건강에 영향을 미쳐야 하고, 고통받는 본인과 파트너와 가족의 삶의 질에 심각한 영향을 주어야 한다.[2] 남성의 20~30%가 살면서 언젠가는 발기부전으로 어려움을 겪는다고 추정되며, 5~20%는 중등도에서 고도의 발기부전이라고 보고된다.[3]

나이가 들수록 유병률이 높아지긴 하지만, 나이 든 남성에게만 해당하는 문제는 아니다. 예를 들어, 대규모의 25~50세 남성 표본을 대상으로 발기부전 유병률을 조사한 연구가 있다. 사용된 남성 성 지표(Sexual Human Inventory for Males)의 점수는 남성의 적어도 3분의 1(26.9%)이 발기부전으로 어려움을 겪고 있으며, 19%는 경도 발기부전, 7%는 중등도 발기부전, 1%는 고도 발기부전임을 시사했다. 연구자들은 40대 이하에도 발기부전이 흔하다고 언급했다.[4]

발기부전은 신체적 문제 그리고 심리적 문제가 원인이 될 수 있으며, 해결책은 종종 두 영역 모두에 존재한다. 음경으로 유입되는 혈류가 증가해야 발기가 되므로 심혈관 문제가 종종 발기부전을 일으킨다는 것은 놀랍지 않다. 심장질환, 혈관경화, 고혈압, 높은 콜레스테롤, 당뇨, 비만이 있는 남성은 발기부전 위험이 더 높으며, 과도한 흡연자도 마찬가지이다. 파킨슨병이나 다발성경화증과 같은 건강 문제도 발기부전 가능성을 증가시킬 수 있다. 어떤 처방약은 성욕과 성 기능을 제한시킨다고 알려져 있으며, 일부 불법 약물과 알코올을 과다 사용할 때도 마찬가지이다. 페이로니병(음경이 구부러져서 때때로 반흔조직을 만드는 상태), 전립선암과 전립선암 치료, 낮은 테스토스테론 수치, 그리고 골반이나 척수의 손상이나 수술과 같이 성 기능과 좀 더 밀접한 관련이 있는 문제도 발기부전 위험을 증가시킨다.[5]

이런 신체 질환이 발기부전을 일으키고 근본 문제를 치료해야 발기부전이 '치료'된다는 것을 아는 남성도 있지만, 치료를 받으려 하지 않는 남성들이 많다. 발기 문제가 심인성인 경우도 있고, 관계상의 좀 더 큰 문제를 반영하는 경우도 있다. 우울, 스트레스, 불안은 성 기능을 방해할 수 있으며, 관계 내의 많은 문제 역시 그럴 수 있다.

성 치료사 버니 질버겔드는 자신의 저서 『새로운 남성 섹슈얼리티(The New Male Sexuality)』에서 남성은 섹스를 하려면 필히 음경의 강직도가 높아야 한다고 들어왔기 때문에 이로 인한 부담감이 크다고 지적했다. 그는 "여성은 흥분되지 않거나 심지어 관심이 없어도 성교나 다른 성행위를 할 수 있다. …… 남성은 좀 더 어려운 상황에 처해 있다. 섹스를 하려면 음경이 단단해져야 한다는 잘못된 신념 때문에 남성은 스스로 구제불능이라고 느낀다. 바로 눈앞에서 힘없이 매달려 있으니 '실패'가 자명한 것이다"라고 말했다.[6] 이 스트레스만으로도 한번 일어난 문제를 반복적인 이슈로 자리 잡게 할 수 있다(이 기회에 동성 커플이든 이성 커플이든 상관없이 발기된 음경은 말할 필요도 없고, 아예 음경 없이 입, 손가락 그리고 음부로 할 수 있는 수많은 방법이 있음을 독자들에게 알리지 않는다면 그건 우리의 부주의한 처사가 될 것이다. 어쩌면 그런 지식만으로도 어느 정도의 스트레스는 줄일 수 있다).

질버겔드는 발기 문제의 원인을 알기 위해서 남성이 스스로에게 던질 수 있는 질문 몇 가지를 제시했다. 첫 질문은 자신이 몸에 집어넣은 화학물질인 처방약, 다른 약물 또는 과도한 알코올에 대한 질문이다. 우울에서 간질, 속쓰림까지 모든 질병 치료에 사용되는 처방약이 발기에 영향을 줄 수 있다. 만일 처방약을 복용하고 있다면, 처방한 의사에게 이야기하는 것이 제일 먼저 할 일이다. 알코올, 대마초, 헤로인, 메스암페타민, 엑스터시 등 다른 약물도 발기를 방해할 수 있다. 이러한 약물 사용을 줄일 것을 고려하시라.

화학물질 이슈가 아니라면, 문제가 언제 일어나는지 파악함으로써 문제를 정확히 아는 게 중요할 수 있다. 즉, 문제가 매번, 누구하고나 할 때 일어나는가? 또는 어떤 때, 어떤 사람하고만 할 때 일어나는가? 혼자 자위행위를 하고 싶을 때 발기 문제가 있는가? 잠이 깼을 때 발기되어 있던 적이 있는가? 경직도와 지속도의 문제인가? 이러한 질문에 대한 답은 의료인의 도움을 받아 문제를 파악하고 해결책을 아는 데 도움이 될 수 있다.

작은 파란 알약과 그 밖의 치료

지난 이십여 년 동안에 혜성처럼 나타난 비아그라와 다른 약들에 대한 이야기를 하기에 앞서, 발기 문제를 가진 남성을 위한 비의료적 선택인 심리치료와 성 치료에 대해 잠시 이야기하고자 한다. 약을 먹는 게 더 쉬울 것 같지만, 약에는 부작용이 있다. 그리고 약물치료가 할 수 없는 방식으로 성적으로 더 건강해지도록 도울 수 있기 때문에 비의료적 치료의 가능성을 고려하는 게 중요하다. 질버겔드가 말한 바와 같이, "이들 알약은 파트너에게 이야기를 하거나 파트너의 이야기를 듣거나 좀 더 민감해지는 데는 도움이 되지 않을 것이다. 더 좋은 연인으로 만들거나 감각을 향상시키거나 더 좋은 오르가슴을 경험하게 하지도 않을 것이다. 관계의 긴장을 해결하지도 않을 것이며, 무엇보다 분명하게는 멀어져 가는 관계를 되돌리지도 않을 것이다".[7] 하지만 노련한 치료자는 발기 문제만이 아니라 그 이상을 해결하도록 도울 수 있다. 많은 경우 훨씬 더 많은 문제들이 일어나고 있기 때문이다.

어떤 남성의 발기부전은 처방약으로 치료될 수 있는 낮은 테스토스테론 수준이 원인이 된다. 테스토스테론 대체제로는 패치, 젤, 주사약, 임플란트 형태가 있다. 이것들이 발기부전이 있는 일부 남성을 도울 수 있다고 하더라도 고려해야 할 부작용이 있다. 테스토스테론 치료는 전립선 비대를 일으키거나 전립선암의 진행을 빠르게 할 수 있다. 또한 이는 수면무호흡이나 심장 문제와 관련성이 있기도 했다. 사실 최근 두 연구에서 테스토스테론 치료가 심장마비 위험을 높이는 것으로 밝혀진 후, 미국식품의약국은 안전성에 대해 재확인 중이라고 발표했다.[8] 그리고 의사들에게 그 같은 치료들을 처방하는 데 주의를 요할 것을 당부했다(섹스에서의 테스토스테론의 역할에 대해 더 알기 위해선 신화 5를 참조).

이제 그렇게나 많은 주목을 받아온 작은 파란 알약에 대해 살펴보겠다. 비아그라라는 약품명으로 팔리고 있는 실데나필은 1998년에 개발되었고, 최초의 PDE5 억제제•라고 불리는 의약품류이다. 이 약물치료는 발기를 억제하는 PDE5 효소

• 생리적인 발기 과정에는 성적 자극에 의해 음경해면체의 혈관에서 일산화질소를 방출하는 과정이 있다. 일

를 차단함으로써 음경의 부드러운 근육을 이완시키고, 음경 내로 유입되는 혈류를 증가시킨다. 약품명 시알리스인 타다라필, 약품명 레비트라인 바데나필 등의 인산디에스테르 가수분해효소 5(PDE5) 억제제도 개발되었다. 이 약물들의 차이점은 작용하는 데 걸리는 시간과 작용 지속 시간이 다르다는 것이다. 이 알약들은 저절로 발기하게 하는 것이 아니라, 성적으로 흥분했을 때 발기가 잘되도록 만들어졌다는 것을 잊지 마시라.[9] 현재 이 약들은 대부분 발기부전의 제일선 처치로 여겨진다.

여느 약물치료와 마찬가지로 PDE5 억제제에는 부작용이 있다. 일반적인 부작용에는 두통(10~16%), 안면홍조(5~12%), 소화불량(4~12%), 코막힘(1~10%), 현기증(4~12%)이 있다. 비아그라가 처음 시판되었을 때, 푸른빛이 눈에 보였다는 남성들의 보고가 많은 주목을 받았다. 그리고 실제로 환자의 2%는 푸른 아지랑이가 보이고, 일시적으로 시야가 더 밝아지며, 갑작스러운 시력 상실이나 부분적인 시력 상실이 발생하는 시력 문제를 경험한다.[10] 대부분의 연구들은 이러한 약들을 사용하는 데 따르는 장기적인 건강 위험은 없다고 밝혔으며, 장기간 사용하더라도 약물 효과는 계속되는 것으로 보인다.[11] 하지만 ≪미국의학협회 저널(Journal of the American Medical Association)≫에 실린 최근 연구는 PDE5 억제제와 가장 심각한 유형의 피부암인 흑색종 간에 관련이 있음을 밝혔다. 이 연구는 PDE5 억제제가 피부암을 일으키는지는 입증하지 못했으나, 약물이 위험을 증가시킬 수 있는 메커니즘을 보여주었다.[12]

하지만 아마도 이 약들의 가장 유명한 장단기 부작용 문제는 서두에 언급된 네 시간의 발기일 것이다. 이 상태는 실제로 지속발기증을 유발하며, 누군가가 좋은 시간일 거라는 농담을 시작하기도 전에 아픔을 느낀다. 그러나 더욱 고통스러운 건 약물을 주사하거나 또는 묵은 피를 뽑아내기 위해서, 그리고 때로는 두 가지 목적 모두를 위해 거의 언제나 큰 바늘을 음경에 찔러 넣는 지속발기증 치

산화질소는 구아닐레이트사이클레이즈 효소를 활성화해 환상구아노신일인산(cGMP) 수치를 높인다. cGMP가 음경해면체 혈관을 이완시켜서 혈류를 증가시키면 발기가 일어난다. PDE5 억제제는 PDE5에 의한 cGMP의 분해를 억제해서 성적 자극이 일어나는 동안 음경의 혈류를 증가시킨다.

료법이다.[13] 비록 이런 상황이 드물게 일어나고 PDE5 억제제를 사용하는 남성들에겐 더욱 드문 부작용이긴 해도, 발기 기능은 정상인데 즐기기 위해서 비아그라나 다른 발기부전 약을 사용하는 젊은이들은 지속발기 고위험군에 속한다.[14]

즐기기 위한 발기부전약 사용

즐기기 위해 이 약을 사용하는 것에 대해 살펴보고자 한다. 비아그라가 시판되고 나서 몇 년 후, 좋은 시간을 가지기 위해 이 약물들을 사용하는 젊은이들의 이야기가 뉴스에 흘러넘쳤다. 많은 보도들이 알코올, 코카인, 아밀니트레이트, 대마초, 엑스터시 같은 다른 약물과 함께 비아그라를 사용하는 젊은 남성들, 흔히 남성과 섹스를 하는 젊은 남성들에 대한 것이었다.[15] 즐기기 위한 약물 사용이 실제로 얼마나 만연하고 있는지 미디어 보도만 두고 말하기는 어렵다. 이 문제에 대해 살펴본 학문적 연구는 소수에 불과할 뿐이다. 한 연구는 미국 497개 대학에 재학 중인 2000여 명의 대학생 표본을 모집해서 발기를 하고 유지하는 능력과 비아그라, 시알리스, 레비트라의 사용 경험에 대한 질문을 했다. 연구 결과는 응답자 4%가 즐기기 위해서 이 약을 사용한 적이 있으며, 약 2%(1.95%)는 현재 즐기기 위해 사용하고 있었다. 가장 일반적인 사용 동기는 호기심(사용자의 75%)이었지만, 사용자의 약 4분의 1(24%)은 현재의 사용 동기가 발기 강직도를 높이기 위해서라고 했다.[16] 우리는 바위처럼 단단한 음경이 섹스의 전제조건이 아니며, 어떤 도움도 받지 않은 자연적인 발기로도 분명히 만족스러울 것임을 독자들에게 다시 한번 알린다.

또한 사용자 상당수(30%)는 발기 기능을 저하시키는 물질의 영향을 상쇄시키기 위해서 발기부전 약물치료를 받았다고 했다. 이 가운데 44%가 불법 약물 그리고/또는 알코올을 함께 사용한 것으로 나타나서 문제가 심각하다. 구체적으로, 61%는 대마초, 46%는 알코올, 42%는 엑스터시, 36%는 메스암페타민, 30%는 코카인과 함께 사용했다.[17] 이러한 약물의 병용은 위험할 수 있다. ≪임상심장학 저널(Journal of Clinical Cardiology)≫에 실린 한 사례보고서는 건강하고 심장질환 위험인자가 없는 41세 남성에 대한 논의를 실었다. 이 남성은 대마초를 피우면서 즐기기 위해 비아그라를 동시에 복용했고, 12시간 후에 보통 심장마비로도 알려진 심근경색이 일어났다. 사례연구자들은 비아그라와 대마초의 상호작용 때문이라고 보았다.[18]

즐기기 위한 발기부전약 사용은 지난 한 달 동안의 파트너 수, 평생 파트너 수, 평생 원나잇스탠드 수를 포함하는 다른 위험행동의 증가와도 상관관계가 있었다. 또한 혈청 불일치나 에이즈 바이러스 보유 여부를 모르는 파트너와의 무방비 항문 성교나 질 성교와도 상관관계가 있었다. 마지막으로 연구 결과는 게이이든 양성애자이든 남성과 섹스를 하는 남성이 이성애자 남성보다 즐기기 위해서 발기부전약을 사용할 가능성이 더 높다는 것을 보여준다.[19]

즐기기 위해서 이 약물들을 복용했던 남성 대부분은 약이 어디서 만들어졌는지, 약의 용량이 얼마인지 모른다고 했다. 이 문제가 정확히 어느 정도로 만연하고 있는지에 대해선 합의가 이루어진 바 없지만, 온라인에서 판매되는 비아그라의 77%가 가짜라는 보고가 있다.[20] 이들 가짜는 진짜가 보유하고 있는 유효성분 분량의 30~50%만을 함유하고 있었다. 하지만 함량 부족보다 더 큰 문제는 가짜 알약에서 푸른색 프린터 잉크, 암페타민, (알코올과 섞이면 구토를 유발하는) 항생제 메트로니다졸, 석고판이나 석고 반죽이 발견되었다는 점이다.[21]

의료 전문가가 특별히 환자 자신에게 처방하지 않은 전문의약품을 사용하는 것이 얼마나 위험한지, 근원을 모르는 약물을 사용하는 것이 얼마나 위험한지, 그리고 전문의약품을 불법 약물과 함께 사용하는 것이 얼마나 위험한지는 아무리 강조해도 지나치지 않다. 이런 일들은 모두 삶을 바꾸어놓을 정도의 건강 문제를 야기할 수 있다.

호기심은 이해하지만 발기를 하거나 유지하는 데 문제가 없는 남성은 발기부전약에 의존할 이유가 없으며, 정말로 사용해서는 안 된다.

젊은 남성의 발기부전은 혼자만 그런 게 아니다

바로 앞에서 이야기되었던 대학생 연구에서 흥미로운 결과 하나는 약물 사용자 일부는 정말로 약물이 필요했다는 점이다. 응답자 5%가 발기부전약을 사용한

적이 있었고, 이들 대부분이 즐기기 위해서 사용했지만, 1%는 실제로 의사의 처방을 받았다. 좀 더 흥미로운 사실은 대학생 표본 13%가 실제로 발기부전의 정의에 부합되었고, 즐기기 위해서 발기부전약을 사용한 것을 인정한 응답자의 27%가 진단을 받은 적은 없지만 실제 발기부전 문제를 겪고 있었다는 것이다.[22]

이 같은 연구 결과는 첫째로는 젊은 남성도 발기 문제를 가지고 있고, 둘째로는 상당수가 처방 없이 약을 먹고 있다는 걸 알려주는 의미 있는 발견이다. 우리는 나이가 적든 많든 발기를 하거나 유지하는 데 문제가 있는 남성은 의사(보통 비뇨기과)나 치료자 또는 양쪽에 의료적 도움을 청하기를 권한다. 어떤 젊은 남성에겐 발기부전약이 문제의 해결책일 수 있다. 그러나 의료인의 주의 깊은 관리하에 사용되어야 하며, 처방전 없이 혹은 처방전을 가진 친구에게 '빌려서' 온라인으로 구입해선 절대로 안 된다. 다른 젊은 남성은 발기를 방해하는 심리적 이슈나 관계 이슈를 이해하고 해결하도록 도울 수 있는 치료자나 성 치료자와 함께 더 나은 결과를 얻을 수 있을 것이다. 어느 쪽이든지 발기부전은 누구에게나 살면서 언젠가는 실제로 일어나며, 발기부전이 너무 자주 일어나는 사람에게는 해결책들이 있다는 것을 젊은 남성들이 알기 바란다.

신화 43

알코올이나 약물에 중독되듯이 섹스에 중독될 수 있다

성(性) 중독은 대단히 흥미로운 개념이다. 성적인 조절이 안 되거나 도움받기 전에는 안 되었던 사람들에 관한 이야기가 미디어와 대중문화에 자주 등장하는 것은 놀라운 일이 아니다. 2013년 상영된 마크 러팔로와 귀네스 팰트로 주연의 영화 〈땡스 포 쉐어링(Thanks for Sharing)〉은 성 중독으로부터 회복중인 남성과 전 남자 친구도 성 중독이었던 그의 새 연인에 대한 이야기이다. 이 영화에는 러팔로의 12단계 회복 프로그램에 참여하는 남자들도 등장한다. 미국의 케이블 텔레비전 채널인 FX가 제작한 〈리짓(Legit)〉 시리즈(2013)에도 성 중독 집단치료 프로그램에서 벌어지는 장면이 있다. 그리고 최근에는 텔레비전 스타인 토리 스펠링과 그녀의 남편이 새로 시작한 리얼리티 쇼에서 남편의 자칭 성 중독에 대한 토론이 벌어졌다. 우리는 또한 타이거 우즈 스캔들을 잊을 수 없다. 이 골프 슈퍼스타는 아름다운 아내를 속이면서 수많은 여성들과 관계를 맺은 것이 드러나 무척이나 깨끗했던 평판이 엉망이 되었고, 의심할 여지없이 분명한 성 중독 사례로 도움을 청함으로써 자신의 이미지를 회복하고자 했다.

그런데 분명한 성 중독 사례라는 것은 존재할까? 섹스도 알코올이나 코카인, 헤로인과 같은 것인가? 중독자가 같은 정도로 취하기 위해서는 사용량을 점점 더 늘려나가야 하는 그런 방식으로 섹스도 뇌에 영향을 미치는가? 성적 행동화를 드러내는 개인은 정말 자신의 행동을 할 수 없는 걸까? 만일 중단한다면 금단 증상으로 고통을 받게 될까?

우리는 확신하지 못한다. 알코올과 약물이 몸과 뇌에 어떻게 작용하는지를 의문의 여지없이 보여주는 방대한 과학이 존재하지만, 유사한 연구들이 섹스에 대해선 이루어지지 않고 있다. 게다가 성 중독의 많은 정의들은 어느 정도의 섹스가 과도한 섹스인지에 대한 비교적 임의적인 사정에 근거하고 있으며, 치료는 완전한 금욕은 아니더라도 사람들에게 성적 활동을 상당히 제한하도록 청한다. 섹스가 자연스럽고, 건강하며, 삶을 지지한다고 믿는 성 건강 전문가로서 우리는 성 중독 개념이 자칭 중독자, 그들의 파트너 그리고 다른 모든 사람들에게 전하는 메시지에 대해 우려를 표명한다.

성 행동이 어떤 사람에겐 절대 문제가 되지 않는다거나, 자신의 성적 패턴을 이해하고 변화시키도록 도울 필요가 있는 사람이 없다는 말은 아니다. 이번 신화에선 성 중독 개념의 출현, 이런 발상의 문제점, 그리고 충동적이거나 강박적이거나 아니면 반대로 골칫거리인 성 행동을 살펴보기 위해 제시된 다른 준거틀에 대해 논의한다.

성 중독 모델의 출현

섹스를 과도하게 하거나, 적어도 섹스에 대한 생각이라도 과도하게 하는 사람이 있다는 발상은 수세기 전부터 존재해왔다. 물론, 과도한 것과 얼마 안 되어도 용납할 수 없는 것에 대한 정의는 시간이 흐르면서 크게 변해왔다. 1780년에 스위스 의사 자무엘 티소는 자위행위가 정도와 관계없이 주요 체액을 격감시키고 기억력 감퇴, 두통, 통풍, 또는 류머티즘을 일으킬 수 있는 문제라고 했다.[1] (독립선언문에 서명한) 미국 의사 벤저민 러시도 자위행위가 실명과 간질을 야기할 수 있다면서 과도한 자위행위의 치료법으로 거머리와 사혈을 제안했다(아, 그가 거머리를 어디에 붙이려고 했는지 우린 모른다). 데이비드 레이는 러시의 치료법이 아직까지도 성 중독 옹호자들의 지적을 받고 있다고 한다. 그러나 과도한 섹스 문제에 이름을 붙인 사람은 리하르트 폰 크라프트에빙 박사였다. 여성에게는 색정증(nymphomania), 남성에게는 음란증(satyriasis)이라고 했고, 이런 상태의 남성은 언제라도 강간이나 소아애(小兒愛)를 저지를 위험이 있다고 했다.[2]

성 중독의 현대적 이미지는 심리학자 패트릭 칸스[3]의 공으로 돌릴 수 있다. 그는 내담자들이 과도한 성적인 생각과 행동 때문에 겪어온 일들을 모아서 『그림자 밖으로(Out of the Shadows)』(1983)라는 책을 저술했다. 내담자의 경험에 대한 칸스의 이론은 알코올 의존증 이론을 토대로 했으며, 익명의 알코올 중독자 모임(Alcoholics Anonymous: AA)에 의해 유명해진 12단계 프로그램을 치료 모델로 삼았다. 성 중독에 대한 칸스의 초기 진단은 섹스가 비밀스럽고, 학대적이며, 감정을 억누르는 데 사용되고, 공허할 때(칸스는 배려나 헌신 관계가 아닐 때로 정의했다), 중독 가능성과 위험이 있음을 알려주는 SAFE 공식•이 중심이 되었다.[4] 칸스는 도박이나 약물 사용과 같은 다른 중독장애와 마찬가지로, 성 중독도 강박성의 조절 능력 상실, 부정적 결과에도 불구하고 계속됨, 그리고 대상에 대한 강박관념이나 집착을 포함한다고 주장한다. 그는 중독 가능성이 있는 여덟 가지 구체적인 행위를 제시했는데, 관음증, 노출증, 성매수, 성매매, 강요적 성행위, 모르는 사람과의 성행위, 고통 교환 성행위, 성 착취가 그것이다.[5]

이 가운데 어떤(누군가를 착취하는 섹스 같은) 행동은 항상 문제가 되지만, 특정한 상황에서만 우려를 일으키는 행동도 있다. 칸스는 행동 패턴이 나타나고, 특히 감정을 숨기기 위해 사용될 때 문제가 된다고 말한다. 레이에 따르면[6] 중독자가 아니라 파트너에게 초점을 맞추어서 중독자가 항상 타인을 사람이 아니라 대상으로 보는 게 진짜 문제라고 주장하는 사람도 있다. 또한 행동이 강박적이 되고, 중단할 수 없을 때 문제가 된다는 설명도 있다.

이는 알코올 남용이나 물질 남용과의 유사점이 종종 확대되는 방식이다. 예를 들어, 익명의 성 중독자 모임(Sexaholics Anonymous: SA)은 회원들에게 욕정이 문제이고, 성적인 절제가 목표라고 하면서, 다음과 같이 설명한다.

> 성 중독자는 옳고 그름을 생각하지 않게 되며, 자기를 조절하지 못하고, 더 이상 선택할 힘이 없으며, 중단할 수 없다. 욕정에 중독된 것이다. 알코올을 더 이상 견뎌낼 수 없어서 완전히 술을 끊어야만 하는 알코올 중독자처럼 우리는 섹스라는 갈고리에 낚여서 멈출 수 없는 상황이다. 욕정을 더 이상 견뎌낼 수 없고, 중단할 수 없는 성 중독자(sexaholic)이거나 섹스에 취해 있는(sex drunk) 것이다.[7]

• '섹스가 비밀스럽고(secretive), 학대적이며(abusive), 감정을 억누르는 데 사용되고(used to tamp down feelings), 공허할 때(empty)'에서 특성을 나타내는 영어 단어 네 개의 첫 글자들을 모아 SAFE 공식이라고 이름 붙였다.

익명의 성 중독자 모임에 따르면, 치료는 AA에서 빌려온 12단계 프로그램에 들어가는 것으로, 첫 단계는 자신이 욕정에 무력함을 인정하는 것이다. 익명의 성 중독자 모임은 또한 성 중독자는 배우자 아닌 사람과의 섹스나 자위행위를 삼가야 한다고 했는데, 그런 섹스는 욕정에 의한 것이기 때문이다.

왜 '성 중독은 물질 남용과 비슷하다'라는 주장은 없을까?

물질 남용 모델을 사용해 성 중독을 정의할 때 많은 전문가들이 가지는 일차적 문제는 지나치게 주관적이고 수많은 개인적 견해차를 불러올 수 있다는 점이다. 성 연구자 마티 클라인은 『미국의 섹스와의 전쟁: 법, 욕정, 그리고 자유에 대한 끊임없는 공격(America's War on Sex: The Continuing Attack on Law, Lust, and Liberty)』의 저자인데, 성 중독 모델은 논란의 여지가 있는 여러 가정들에 근거하고 있다고 주장한다. 그런 가정으로는 '섹슈얼리티를 표현할 최선의 방법이 있다', '친밀감을 증진시키는 섹스가 최고의 섹스이다', '어떤 종류의 섹스가 잘못되고 나쁜 건지 사람들에게 들려줄 필요가 있다', ' 조절이 안 된다고 당신이 느낀다면, 조절이 안 되는 것이다' 등이 있다.[8] 성 중독 모델이 중독의 징후라고 꼬리표를 붙일 행동들이 사실은 전혀 그렇지 않은 것일 수 있다. 반일부일처주의 섹스를 원하는 것이 그저 모험을 즐기는 것일 수 있으며, 결혼했는데도 동성 파트너와 어울리고 다니는 것이 자신의 진정한 성적 지향에 대한 고민의 몸짓일 수 있다. 그리고 특정 물품에 성적 쾌감을 느끼는 페티시 행동이 실제로는 자신이 소망하는 것에 대한 자기 인식이 높음을 보여주는 것일 수 있다. 또한 자위행위를 매일 하거나 순종적인 섹스를 즐기는 것처럼, 위험하다는 꼬리표가 붙었지만 전혀 위험하지 않을 수 있는 행동도 있다.[9] 더군다나 공허한 섹스인지에 초점을 맞추었던 칸스의 원래 정의는 헌신 관계나 애정 관계 이외의 섹스는 본질적으로 공허하다고 주장하는 것 같다. 우리를 포함해서 많은 성 건강 전문가들은 반대하지 않을 수가 없다. 캐주얼섹스는 원나잇스탠드일지라도 즐겁고 건강한 경험이 될 수 있다.

또 다른 문제는 성 중독과 물질 남용이 비슷하다는 주장을 지지하는 과학적 근거의 결여이다. 예를 들어, 섹스와 헤로인이 뇌, 신체 또는 삶에 유사한 영향을 끼친다는 주장을 입증할 과학적 근거가 없다는 것이다. 성 행동은 단연코 뇌의 화학작용에 영향을 미치지만, 외부 화학물질을 뇌 안으로 들여오지 않는다는 점에서 약물 사용과는 다르다. 레이[10]는 섹스가 삶의 자연스러운 부분이기 때문에, 성행위 동안에 "예정된 방식으로 신경화학적·생물학적 과정이 이루어진다"라고 주장한다. 헤로인 사용은 그렇지 않다. 그는 또한 중독으로서의 섹스를 지지할 과학적 근거가 없다는 데 주목한다. 예를 들어, 중독 진단의 한 측면인 '내성'은 신체가 알코올이나 처방약 등 남용 물질에 너무 익숙해져서 더 이상 예전과 같은 좋은 기분을 느끼지 못하게 되고, 중독자는 계속해서 사용량을 늘려나가야 한다는 걸 의미한다. 예전에는 여자 나체 사진만 봐도 흥분되었지만 이제는 비디오를 봐야 흥분된다고 이야기한 어떤 남성의 고조되고 있는 성 행동에 대한 일화적인 증거가 있기는 하지만, 이 문제를 확인해줄 실증 자료는 없다. 사실상 이것은 삶의 자연스러운 과정일 수 있다. 사춘기 소년은 이전에 만난 적이 있는 매력적인 소녀(또는 소년) 생각만 해도 3분 안에 오르가슴에 이를 수 있지만, 성인 남성은 아마도 더 많은 자극과 시간을 필요로 할 것이다. 그런데도 그동안 오르가슴을 더 많이 느꼈다거나 오르가슴에 이르는 시간이 더 길어졌다고 해서 서른 살 때의 오르가슴이 열다섯 살 때보다 덜 좋다고 말하는 사람은 아무도 없다.

또한 중독 진단은 약물을 끊으면 금단증상에 시달릴 것임을 시사한다. 우리 모두 헤로인중독으로 손을 떠는 등장인물이 마약을 구걸하는 영화를 본 적이 있다. 이건 뇌의 화학물질 때문이며, 실질적인 위험을 초래하는 심각한 건강 문제이다. 섹스를 하지 않으면 짜증이 나거나 불안해질 수는 있지만 신체적으로 해롭지는 않다.[11] 콜먼은 섹스를 강박적 도박과 유사하다면서 행위 중독(behavioral addiction)으로 분류하는 건 옳지 않다고 덧붙인다. "행위 중독은 임상적 표현, 병인, 공존장애, 생물학적 원리, 치료에서 물질 사용 장애와 공통성이 있다고 가정하기 때문이다."[12]

성 중독 모델을 지지하기 위해 수행된 과학적 연구는 주로 자칭 성 중독자나, 적어도 성 중독자일지 모른다는 두려움을 느껴서 도움을 청한 사람들을 대상으로 이루어졌다. 이 경우의 자가진단에는 문제가 많은데, 미국인의 성에 대한 관점 때문이다. 클라인은 "우리 문화가 성에 대해 부정적이라는 점을 감안할 때 성 중독의 진단 기준은 사람들의 근본적인 성적 가정 및 경험과 맥을 함께한다"라고 주장한다.[13] 사회는 기껏해야 헷갈리는 메시지들을 보내고, 많은 사람들은 자신이 '정상'인지 아닌지 의구심을 품게 된다. 치료를 청할 정도로 성 행동에 어려움을 겪고 있는 사람에 대한 연구는 유사한 상황에 처해 있는 사람에게만 해당하는 작은 통찰만을 연구자에게 줄 것이다. 이런 곤란에 처한 사람을 치료할 임상가에겐 도움이 될 수 있겠지만, 일반인에게도 성 중독이 정말 문제가 되고 있는지 확인하는 데는 도움이 되지 않는다. 클라인은 "성 중독 운동은 섹슈얼리티에 대한 사람들의 두려움을 이용한다. 이 두려움은 오늘날 미국이 직면하고 있는 중요한 공중보건 문제 가운데 하나다"라고 덧붙인다.[14]

마지막으로 성 중독 치료는 몇 가지 이유로 인해 걱정스럽다. 회복의 12단계 가운데 첫 단계는 스스로 섹스에 무력함을 선언하는 것이다. 이는 성연구자와 성교육자들이 섹슈얼리티에 대해서 사람들이 배우기를 바라는 것과 정반대의 관점을 취한다. 우리는 성 행동이 건강하지 않을 수 있다고 생각하지만, 조절할 수 없는 힘으로 섹스를 보는 관점에서 출발하는 것은 이런 행동들을 다룰 수 있도록 돕는 방법이 아니기에 걱정이 된다. 칸스[15]를 포함해 몇몇 전문가는 섭식 역시 조절할 수 없게 될 수 있는 자연적 과정이기 때문에 성 중독 치료가 물질 남용보다는 섭식장애 치료와 유사하다고 주장했다. 그러나 일부 섭식장애 전문가들은 고통받는 사람들이 조절이 불가능하다고 느끼는 중독과 달리 섭식장애는 세상을 통제하는 방법으로 사용되는 데 주목하면서 이에 동의하지 않는다. 섭식장애를 가진 사람은 신체 밖에서 일어나는 일은 통제할 수 없지만, 신체에 들어가는 음식이나 얼마 동안 운동을 할 것인지는 엄격하게 조절할 수 있다. 치료의 전제조건으로 그와 같은 조절을 포기하라고 요구하는 것은 위험할 수 있다. 특히나 음식을 먹지 않는 것은 건강하지 않은 일이기 때문이다.[16]

또한 성 중독 치료는 환자가 거주치료 프로그램에 들어가려면 하루 500달러 이상을 지불해야 할 정도로 수익성이 매우 높은 분야라는 것도 주목할 만하다.

수익성이 높다는 이유만으로 성 중독 진단을 배제할 수는 없지만, 분명하고 합의된 성 중독 진단 없이 이런 프로그램들이 그렇게 많은 돈을 계속 벌어들이고 있다는 사실은 문제가 된다. 레이는 일부 전문가들이 인정받고 표준화된 성 중독 진단의 필요성을 입증하기 위해서 이런 치료 수요에 대해 이야기하는 것은 말 앞에 수레를 놓는 것과 같다고 주장한다.

그 밖의 모델들

성 중독 모델의 결함이 드러나고 성 중독 진단에 대한 합의가 이루어지지 않자, 연구자와 임상가들은 성 행동이 강박적이 되거나 고통과 폐해를 초래할 때 무슨 일이 일어나고 있는지 확인할 다른 방법을 찾게 되었다. 최근에는 미국정신의학회의 잠재적 진단에 대한 편저인 『정신질환의 진단 및 통계 편람(DSM)』에 '과잉 성적 장애(hypersexual disorder)'라고 명명된 진단명을 싣고자 하는 압력이 계속되었다. 마틴 카프카는 다음과 같은 진단 기준을 제안했다. 아래의 다섯 기준 가운데 세 기준에 부합하는 반복적이고 강렬한 성적 환상, 성적 충동, 성적 행동이 최소한 6개월간 지속되어야 과잉 성적 장애로 진단된다.

A1: 성적 환상, 성적 충동, 성적 행동에 소비하는 시간이 다른 중요한 (비성적인) 목표, 활동, 의무에 반복적으로 지장을 줌.

A2: 불쾌한 기분을 느낄 때(예를 들어, 불안, 우울, 권태, 초조), 성적 환상, 성적 충동, 성적 행동을 반복적으로 가짐.

A3: 스트레스가 발생했을 때, 성적 환상, 성적 충동, 성적 행동을 반복적으로 가짐.

A4: 성적 환상, 성적 충동, 성적 행동을 조절하거나 현저하게 줄이려는 노력이 반복적으로 실패함.

A5: 자신이나 타인에게 신체적이거나 정서적인 폐해의 위험이 있음에도 불구하고 성적 행동을 반복적으로 함.

이 중 세 기준에 부합하며 "사회적·직업적 또는 다른 중요한 기능 영역에서의 임상적으로 현저한 개인적 고통이나 손상이 성적 환상, 성적 충동, 성적 행동의 빈도 및 심각도와 관계가 있어야" 한다.[17] 그는 "현저한 개인적 고통, 잠재적 의지 손상 또는 현저한 부정적 결과가 없는 과도하고 반복적인 과잉성 행동은 임상적으로 병리적인 염려가 없기" 때문에 이 마지막 부분이 중요하다고 강조했다.[18]

이런 명료화는 진단 과정에서 행동 자체에 대한 판단을 배제하는 데 도움이 된다. 즉, 어떤 사람이 파트너가 아닌 사람과의 섹스를 탐닉하거나 자주 원나잇 스탠드를 한다는 사실을 임상가가 못마땅하게 여겨서가 아니라 이런 행동이 당사자에게 현저한 괴로움을 야기하기에 진단을 내리는 것이다.

카프카의 제안에 대한 논평에서 성 중독 모델에 대한 솔직한 비평가인 찰스 모서는 이 경고만으로는 충분치 않다고 했다. 그는 다음과 같이 적고 있다.

> 사람들의 성적 관심이 천차만별이라는 것에는 의문의 여지가 없으며, 개인은 자신의 고통이나 손상을 성적 관심의 정도 탓으로 돌릴 수 있다. 그렇긴 해도, 단지 개인이(또는 정신과 의사가) 성적 관심의 정도가 문제라고 믿는다 해서 그렇게 진단이 내려지는 건 아니다.[19]

그는 모든 고통이 정신장애를 가리키는 것도 아니라고 언급한다. 포르노그래피 보기를 중단하지 않으면 이혼하겠다고 하는 아내의 남편은 의심할 여지없이 고통스럽지만, 반드시 심리적 이슈가 있음을 보여주는 건 아니다.

모서는 또한 기준 A1~A5가 너무 주관적이고 광범위하다고 주장한다. 예를 들어, 기준 A2와 A3는 기분을 좋게 만들려고 섹스를 하는 것이 정신장애의 표시라고 한다. 그러나 많은 사람들이 권태감에서 벗어나기 위해서나, 스트레스를 해소하기 위해, 자신이나 파트너의 기분 전환을 위해서 섹스를 한다. 기준 A5는 폐해의 위험에도 불구하고 반복되는 행동에 대해서 말하고 있는데, 우리는 고속도로에서 운전을 하거나 바다에서 수영을 하는 것처럼 매일 유사하게 위험한 일을 한다.[20] 레이는 이 기준이 여전히 과도한 섹스를 정의하는 섹스의 양에 전적으로 달려 있다고 덧붙인다. 예를 들어 카프카는 일주일 동안 자위행위로 7번 이상의 오르가슴을 경험한다면 문제가 있는 것이라고 제안했다. 그는 '전형적인' 성 행동에 대한 아주 적은 자료로부터 이 수치를 얻었다. 한편 레이는 남성 10~23%가 매일 자위행위를 하고 있는 것으로 나타난 연구 결과에 주목했다. 이 연구는 또한 카프카의 기준을 적용하면, 남성 40%와 여성 21%에게 성욕 과잉 꼬리표가 붙을 것이라고 결론지었다.[21]

많은 남성들과 여성들이 매일 취침 전에 흔히 긴장을 풀기 위해서 오르가슴에 이르는 자위행위를 한다. 그리고 어쩌면 정말 따분한 일요일 오후나 진짜 섹시한 영화를 보았기 때문에 자위행위를 하고 오르가슴에 이르기도 한다. 일주일 동안 이렇게 한 번 더 경험한 오르가슴으로 누군가가 임상적 진단을 받게 된다는 것이 걱정스럽다. 또한 너무나 많은 사람들이 자위행위는 나쁘거나 수치스럽다고 믿도록 양육되었기 때문에, '과도함이 고통을 야기하는 수준'이어야 한다는 경고만으로 자신의 자위행위는 과도하지 않다고 안심할 수 있을지 염려된다. 우리는 청소년(그리고 성인)에게 말할 때 일상생활 기능을 방해하지 않는 한은 과도하지 않다고 기본적으로 이야기한다. 진단 기준에 과도하다는 말이 들어 있지만, 얼마나 많으면 과도한지에 대한 다른 사람의 의견에 묻혀버릴 수 있다고 생각한다.

모서는 또한 성 행동 자체에 초점을 맞추는 위험에 대해 강조했다. 그는 수없이 계속 손을 씻을 수밖에 없는 강박장애를 가진 사람을 비유로 들었다. 우리는 이 사람에게 손 씻기 장애가 있다고 이야기하지 않을 것이다. "마찬가지로, 성적 활동과 관련된 고통이나 손상을 경험하고 있는 개인이 정신장애를 가지고 있을 수도 있지만, 반드시 성적장애가 있다고는 할 수 없다."[22]

우리 동료인 엘리 콜먼은 세계 성 건강 협회(World Association of Health)의 전임 회장이며, 수십 년간 이 분야에 종사해왔다. 그는 충동적·강박적 성 행동(impulsive/compulsive sexual behavior: ICSB)이라는 용어를 선호하는데, 이것이 어떠한 행위인지를 서술해주며 "다양한 병리적 경로와 치료 가능성에 개방적이기" 때문이다. 그의 정의에 따르면, 충동적·강박적 성 행동은 "반복적이며, 강렬하고, 고통스럽게 일상생활을 방해하는 성적 충동, 성적 환상, 성적 행동의 경험으로 특징지어지는" 임상적 증후군이다.[23] 그와 동료들은 좀 더 충동적이거나 강박적이 될 수 있는 구체적 행동으로서 파트너 낚으러 다니기나 다수의 파트너, 이루어질 수 없는 파트너에 대한 집착, 자기색정, 성애물 사용, 인터넷 사용, 다수의 연인 관계 그리고 관계에서의 섹슈얼리티 표현 등을 들었다.

이러한 각각의 범주를 정의하면서, 콜먼과 동료들은 그 행동이 잠재적으로 문제가 있는지 확인하는 방법을 덧붙였다. 예를 들어서, 강박적인 자기색정(자위행위를 가리키는 복잡한 용어)은 단지 어떤 사람이 느끼는 오르가슴 횟수에 의해서가 아니라 "① 극심한 외로움 후에 오르가슴을 경험할 때, ② 자위행위를 자기만족과 반대되는 탈진, 부상, 또는 극도의 사회적 압력에 의해서만 멈출 수 있을 때"와 같은 기준에 의해서 확인될 수 있다. 마찬가지로, 관계에서의 강박적인 섹슈얼리티는 조종, 강제 또는 폭력에 의해 요구될 때나 강한 소유욕, 질투, 분노로 특징지어지는 관계일 때 어느 정도 확인될 수 있다.[24]

콜먼은 정상적인 인간의 표현이 다양성과 빈도 면에서 광범위하다는 것을 인식하지 못해 성 행동을 과도하게 병리적으로 진단할 수 있는 아주 현실적인 가능성이 있다고 경고한다. 많은 임상가들이 섹슈얼리티에 대한 훈련을 전혀 받지 못하고 있기 때문에 그 위험은 훨씬 더 크다. 훈련이 이루어지지 않을 때, 무엇이 '정상'인가에 대한 개인적 의견이 끼어들 수 있다. "누군가의 행동이 단순히 개인, 집단, 사회의 가치에 부합하지 않기 때문에 충동적·강박적 성 행동이라고 진단될 위험이 내재되어 있는 것이다."[25]

공통 기반 찾기

성 중독 전문가와 대중 미디어에 의해 성 중독이 치료되는 방식을 살펴보자면 두려움을 다시금 느낀다. 이는 두려워해야 할 위험이면서 동시에 웃어넘길 우스갯소리로 존재한다. 섹스를 수량화하고 (너무 많지도 너무 적지도 않은) 일정 한도 내에 있을 필요가 있다고 제안하는 것은 우리 모두의 욕구와 리비도가 얼마나 다른지 인식하지 못하는 것이다. 성 행동이 '정상' 범주에 들어가는지 아닌지 평가하는 것은 우리 모두의 취향이 얼마나 다른지 인식하지 못하는 것이다. 사람들이 선택한 성 행동 빈도나 유형에 꼬리표를 다는 것은 내재적 판단을 하는 것이며,

차별에 사용될 수 있다(동성애가 정신병으로 여겨지던 때가 그리 오래전이 아님을 기억하시라). 그리고 문제 그 자체로서 성 행동에 초점을 맞추는 임상가는 강박장애, 불안 또는 우울과 같은 다른 내재된 심리장애의 잠재적 증상으로서 성 행동을 보지 못할지 모른다.

자기 자신과 어쩌면 타인에게 심각한 폐해를 초래하는 파괴적인 성 행동을 하는 사람들이 있다. 우리는 이들이 필요한 도움을 받기 바라며, 다른 치료 이유를 대지 않고도 임상가가 이들을 치료할 수 있기를 바란다. 성 중독이라는 용어가 인기를 끌고 있고, 그래서 자가진단한 고통에 대처하는 방법을 알려주는 자조 웹사이트와 책들이 도처에 있지만, 실제적인 도움은 거의 주지 못하고 사실상 해를 끼칠까 봐 염려된다.

신화 44

성폭행에 관한 흔한 신화들: 그녀가 원한 것이다

2012년 8월 상원의원 선거에 출마했던 미주리주 공화당 하원의원 토드 에이킨은 강간 사례의 경우에도 인공유산을 반대하는 이유를 다음과 같이 설명했다.

> "의사들로부터 알게 된 바에 의하면, 그런 경우는 정말 드문 것 같다"라고 에이킨 의원은 강간으로 인한 임신에 대해 말했다. "인정받을 수 있는 강간이라면, 여성의 몸은 일시적으로 임신과 관련한 모든 일이 일어나지 않게 할 방법을 가지고 있다. 그러나 그 방법이 듣지 않았다고 가정해보자. 처벌은 있어야 한다고 생각한다. 그러나 강간범을 처벌해야지, 아이를 공격해선 안 된다."[1]

비록 그의 의견이 인간의 재생산에 대한 심각한 이해 부족을 보여준다고 해도, 어떤 강간은 사실상 강간이라고 할 수 없음을 시사하는 '인정받을 수 있는 강간'이라는 구절이 가장 분노를 불러일으켰다. 불행하게도 낯선 사람이 무기를 휘두르면서 덤불 속에서 불쑥 나타나는 것과 같은 특정 상황의 강간만이 '진짜 강간'이라는 이러한 견해는 드물지 않다. 많은 사람들은 (항상은 아니지만 가장 흔하게는 여성인) 강간 피해자가 입고 있던 옷, 있었던 장소, 또는 보냈던 성적 메시지 등을 근거로 그들이 범죄를 함께 일으킨 것이라 믿는다. 또한 이미 서로 합의한 섹스를 한 적이 있는 커플, 특히 부부 사이에는 강간이 일어날 수 없다고 생각하는 사람들도 있다.

이러한 관점은 사회에 깊이 뿌리내리고 있으며, 지난 수백 년간 계속되어온 섹스, 젠더 역할, 결혼에 대한 신념에서 비롯된다(성서시대부터라고 말할 사람도 있을 것이다). 그리고 이런 관점이야말로 그렇게 많은 강간이 신고되지 않고, 그처럼 많은 가해자가 처벌받지 않는 이유이기도 하다. 1970년대 이후 연구자들은 이와 같은 강간 신화가 얼마나 퍼져 있는지, 특히 대학생들 사이에는 어떤지에 대해 조사했다. 예를 들어 2001년 연구는 열린 질문을 통해 대학생 66%가 이러한 신화들을 믿고 있다는 것을 발견했다.[2] 더욱 걱정스러운 점은 검사와 성직자들 사이에도 이러한 신화들이 존재한다고 밝힌 연구들이 있다는 것이다.[3]

여기서는 합의되지 않은 섹스는 절대 도덕적으로 용납되지 않는다는 기본 전제를 강조하기 위해 강간에 관한 몇몇 신화를 탐색한다.

"그녀가 자초한 일이야"

이 신화는 성폭행에 관한 모든 신화들 가운데 아마도 가장 흥미롭지 않은 신화일 것이다. 본질적으로 비난의 화살을 가해자로부터 피해자에게로 돌리기 위해서 공격을 이끌어낸 여성 행동의 모든 측면을 세밀하게 살피기 때문이다. 피해자가 어떤 차림이었는지, 어디를 걸어가고 있었는지, 그리고 어떻게 행동했는지를 분석한다. 한 가지 흥미로운 점은 이 신화가 종종 본질상 간접적이라는 것이다. 예를 들어 어떤 대학생에게 특정 여성이 폭행에 대한 비난을 받아야 할지 묻는다면 아마도 "물론 아니다"라고 할 것이다. 그러나 그 여성의 행동을 자세히 이야기해주고 나서 음주나 섹시한 옷차림과 같은 특정 행위가 폭행에 영향을 미쳤을지에 대해 물으면 학생들은 그렇다고 대답하기 쉽다. 비록 피해자를 직접 비난하지는 않겠지만, 대학생 53%가 피해자의 행위가 그녀의 폭행을 초래했음에 동의했다고 밝힌 연구가 있다.[4]

그런 태도는 문화와 종교에 뿌리를 두고 있다. 에드워드 외는 친구를 만나러 가다가 왕자에게 납치 강간당한 디나에 대한 성경 이야기를 상기시켜준다. 일부 신학자들은 디나가 혼자 있었기 때문만이 아니라 혼자 있음으로써 동네 남자들 눈에 띄기를 분명히 원하고 있었기 때문에, 강간이 일어난 책임이 그녀에게 있음을 시사하는 해석을 했다. 영국의 강간 사건을 역사적으로 검토한 스티븐슨[5]은 여성이 어떻게 행동해야 하는지에 대한 빅토리아 시대의 고정관념과 기대는 아직도 '현대 여성이 재판 과정에서 평가되는 방식에 지대한 영향'을 미치고 있다고 주장한다. 그 시대에는 이랬다.

> 강간당했다는 주장이 신빙성을 가지려면 누가 보아도 애매하지 않은 완벽한 피해자로 보일 행동을 했어야 했다. '독립심'을 보여주는 태도로 처신했던 여성은 의심을 받을 위험이 있었다. 그런 여성은 믿음을 얻기가 어려웠으며, 그녀의 태도는 피고에 대한 동정심을 유발할 수 있었다.[6]

그러므로 어디까지가 여성의 잘못인지를 판단할 때, 폭행이 있었던 낮이나 밤에 여성이 한 행동만 거론된 것이 아니었다. 여성의 평소 성격과 과거 성 행동까지도 논란이 되었다. 1970년대와 1980년대의 페미니스트와 옹호자들은 이런 종류의 성격 평가가 공정하지 못하다는 데 주목했고, 피해자의 과거 성 행동이 법정에서 다루어지지 않도록 법 제정을 촉구했다. '강간 피해자 보호법'의 목적은 재판에서의 비난과 굴욕감으로부터 피해자를 보호하는 것뿐 아니라, 재판 과정에서 경험하는 트라우마를 줄임으로써 강간 사건 신고 수를 증가시키는 것이었다. 그러나 많은 주의 '강간 피해자 보호법'에는 과거 성행위가 증거로 채택될 수 있는 상당히 광범위한 예외 조항이 있으며, 실제로 판사 재량에 맡기는 법도 있다.[7] 더군다나 '강간 피해자 보호법'은 피해자의 과거 행동에만 적용될 뿐이며, 술을 마시고 있었는지 또는 남자들과 어울리고 있었는지 같은 폭행 시 피해자의 행동은 재판 과정에 사용될 수 있고 자주 사용된다.

알코올과 성폭행 신화에서(신화 40 참조) 우리는 취한 상태로 파티에서 강간당하고 영하의 날씨에 현관 앞에 방치된 데이지 콜먼 사례에 대해 언급했다. 데이지가 분명히 너무 취해서 섹스에 합의하기 어려웠다는 사실에도 불구하고, 그 소도시는 가해 혐의자를 돕기 위해 힘을 모았고, 데이지가 집을 몰래 빠져나가는 문제 소녀라는 주장을 펼쳤다. 데이지는 폭행자와 그의 친구들이 술을 계속 먹였다고 주장했지만, 그녀가 집을 나서기 전에 이미 술을 마셨다는 사실이 그녀에게 불리하게 작용했다. 그녀와 가족은 표적이 되었으며, 어머니는 직업을 잃었고, 의문의 상황에서 집은 화재로 전소되었다.[8] 이런 강간 경험과 그 뒤를 잇는 피해자 배척은 여전히 너무나 흔하다.

"그녀는 거짓말을 하고 있어"

많은 강간 사례의 문제점 가운데 하나는 목격자가 거의 없다는 것이다. 그런데 데이지 콜먼 또는 오하이오주 스튜벤빌 사례에서는 목격자들이 있었는데도 피해자가 대중의 지지를 얻지 못한 것 같아 눈길이 간다. 그래서 보통은 그가 이야기한 상황과 그녀가 이야기한 상황이 관건이 된다. 여성은 강간이었다고 주장하는 반면에, 가해 혐의자는 흔히 섹스를 한 건 인정하지만 합의에 의한 것이라고 말한다. 이러한 사례에서 강간을 당했다고 신고한 여성은 (술을 마셨거나 그의 방에 들어가는 데 응했기 때문에) 사건에 일조한 것으로 생각될 뿐 아니라, 흔히 명백한 거짓말이라는 비난을 받는다.

좀 더 세간의 이목을 끄는 이와 같은 사례가 2003년에 발생했는데, NBA 스타 코비 브리이언트는 콜로라도주에 있는 호텔의 19세 여직원을 성폭행한 혐의로 기소되었다. 이 사건이 재판정으로 가기까지 그녀는 강도 높은 조사를 받고 심각한 사생활 침해를 입었다. 여성의 이름이 공식적으로 공개되지 않았고, 판사가 개인정보를 보호하라는 명령을 내렸는데도, 며칠 지나지 않아 이름, 졸업 앨범 사진, 전화번호, 집 주소, 이메일 주소가 인터넷에 올랐다. 라디오 토크 프로그램 진행자는 그녀가 겪은 끔찍한 일에 대해 전화 통화를 나누었고, '친구들'은 모닝쇼에 출연해 약물 과용 혐의를 받았던 그녀의 전 남자 친구 이야기와 심지어 〈아메리칸 아이돌(American Idol)〉 오디션에 떨어진 이야기까지 했다.[9] 사람들은 그녀가 반짝 명성을 얻기 위해서나 브리이언트의 돈을 갈취하기 위해 혐의를 제기했다고 주장했다. 그녀는 살해 위협도 받았다. 놀라울 것 없이 그녀는 검찰 협조를 거부했으며, 진행을 원치 않았기 때문에 사건은 무혐의 처리되었다.

결과적으로 우리는 호텔 방에서 무슨 일이 있었는지 진실을 알 수 없을 것이다. 그러나 우리 모두는 '강간당했다고 호소한' 여성에게 무슨 일이 일어났는지는 너무나도 잘 알고 있다. 에드워드 외는 지각과 현실 사이의 불일치에 대해 검토했는데, 강간 혐의 가운데 극소수만이 거짓이었음을 확인했다. 예를 들어, 국제적인 연구 검토와 경찰 추정에 따르면 신고된 성폭행 가운데 2~8%만이 거짓이었다. 하지만 여론은 그보다 훨씬 많을 것으로 생각한다. 2007년 연구의 대학생 표본은 전체 강간 고발 건의 19%가 거짓이라고 믿었다. 2010년 연구에서 남자 대학생 22%는 "여성은 남성에게 복수하기 위해 강간당했다는 거짓말을 한다"에 동의했고, 13%는 "많은 여성이 남성을 유혹하고 나서 강간당했다고 한다"에 동의했다. 이는 남녀 50%가 강간 사실을 믿는다고 말한 1980년 연구 결과보다는 진전을 보이지만, 같은 태도가 아직도 분명히 존재하고 있다.[10]

흥미롭게도, 이런 신념은 1700년대로(그리고 아마도 그 이전으로) 돌아가 추적해볼 수 있다. 1736년 판사 매슈 헤일 경은 '헤일 경고'로 알려지게 된 글을 공표했는데, 강간은 "쉽게 제기되는 혐의이며, 입증되기 어렵고, 아무리 결백하다 할지라도 피의자 쪽이 방어하기는 더욱 어렵다"라고 적고 있다. 믿기 어렵지만 이 진술은 20세기 말까지만 해도 여성이 하는 말에 의구심을 제기하기 위해 법정에서 읽혔다.[11]

이러한 신념은 '그가 이야기한, 그리고 그녀가 이야기한' 시나리오가 수없이 계속해서 일어나고 있는 대학 캠퍼스에서 특히 문제가 된다. 소년과 소녀는 술을 마시는 파티에서 만나고, 그 또는 그녀의 방으로 가서, 아마도 노닥거리다가, 섹스를 한다. 이건 합의된 섹스인가, 아니면 강간인가? 그 방 밖에 있던 사람은 아무도 정확히 무슨 일이 일어났는지 모르겠지만, 누구에게나 의견은 있기 마련이다. 만일 이 사례가 세상에 알려지면(수많은 사례들이 신고되지 않기 때문에, 만약 그런 일이 일어난다면 그건 굉장한 사건일 것이다) 남성에게 복수하기 위해서 혹은 후회되는 성 행동에 대해 발뺌을 하려고 여성이 강간이라고 꾸며대고 있다는 그 흔한 신념에 의해 사람들의 의견은 쉽게 채색되고 만다.

"그녀는 그와 결혼한 사이야"

또 다른 오래된 오해는 헌신 관계와 결혼 관계에선 강간과 성폭행이 일어나지 않으며, 일어날 수도 없다는 것이다. 2002년의 전화조사에선 표본의 15%만이 남자 친구나 남편이 파트너를 강간할 수 있다고 믿는 것으로 나타났다. 대학생들도 어느 정도 유사한 반응을 보여서, 한 연구에선 남자 대학생 31%와 여자 대학생 19%가 아내의 동의 없이 하는 섹스를 강간으로 여기지 않는다고 했다. 사실, 동일 표본에서 남성 9%와 여성 5%는 남편이 아내와 섹스를 하기 위해서 신체적 힘을 사용해도 강간이 되지 않는다고 생각했다. 2008년 연구에선 응답자들이 정확하게 부부강간임을 확인한 사건일지라도 다른 폭행과는 다르게 본다는 것을 밝혔다. "응답자들은 가해자가 과거에 아내와 합의된 섹스를 했던 사람이기 때문에 그 행위가 아내의 권리를 침해하거나 또는 그 경험으로 아내가 심리적 손상을 입을 것이라고 믿는 데 주저했다."[12]

이 신화는 우리의 역사 그리고 결혼과 여성 권리에 대한 관점에 너무나 깊이 자리 잡고 있어서 최근까지도 거의 문제되지 않았다. 다시 한번 우리는 이런 사고에 대해 매슈 헤일 경에게 감사를 표할 수 있겠다. 그는 1736년 "법적 아내에 대한 남편의 강간죄는 성립될 수 없다. 왜냐하면 부부 간의 상호 합의와 계약에 의해서 아내는 자신을 남편에게 바친 것이며, 아내는 이를 취소할 수 없기 때문이다"라는 글을 썼다. 본질적으로 죽음이 두 사람을 갈라놓을 때까지 아내는 남편이 원하는 어떠한 그리고 모든 섹스를 하기로 결혼식 날 합의했다는 것이다. 오랫동안 아내가 남편을 강간으로 고발하는 건 법적으로 불가능했다. 아내는 사실상 남편의 소유물이었으며, 아내가 피해를 입었다고 남편이 동의해야 피해를 입은 걸로 여겨질 수 있었기 때문이다. 그러므로 아내가 합의되지 않은 섹스로 남편을 고발하려면 남편의 동의가 필요했다. 영국의 판사인 윌리엄 블랙스톤은 1765년 다음과 같이 표현했다. "남편과 아내는 법적으로 한 사람이다. 아내의 법적 존재는 결혼을 하면 중지되며, 남편의 법적 존재에 통합된다. …… 아내는 만일 피해를 입게 되어도 남편의 동의 없이 그에 대한 조치를 취할 수 없다."[13]

이는 여권이 거의 부재했던 1760년대의 태도이므로 걱정스럽지 않을 수도 있다. 그러나 부부강간에 대한 유사한 견해가 200년 이상 존재해왔다는 점은 실망스럽다. 1975년 사우스다코다주가 처음으로 부부강간을 범죄로 규정했고, 1978년 존 라이드아웃은 최초로 부부강간 범죄로 입건되었다. (1993년 이래) 지금은 모든 주가 부부강간을 금하는 법을 제정하고 있지만, 31개 주법에는 신체적 힘이 사용된 경우에만 부부강간이 범죄로 성립된다는 규정과 같은 광범위한 면제 조항이 들어 있다.[14]

상대적으로 정도가 낮기는 하지만, 결혼 생활에서의 강간이 범죄가 아니라는 태도는 데이트나 다른 관계의 강간에까지 이어진다. 피해자와 가해자 사이의 관계가 깊어질수록 지각된 범죄 심각성이 낮아진다고 밝힌 연구들이 있다. 여기서 실제 지표는 커플이 과거에 성교를 한 적이 있는지 여부인 것으로 보인다. 예를 들어서 한 연구에서는 대학생들에게 다양한 강간 삽화에 대해 응답하게 했는데, 커플이 이미 섹스를 한 적이 있다면 강간 이야기에 대한 동정심과 믿음이 감소하는 것을 확인했다. 게다가 성적 관계를 가져온 커플의 삽화에 대한 참가자들의 반응은 결혼한 커플의 삽화에 대한 반응과 비교했을 때 차이가 없었다. 연구자들은 "이 결과들은 여성이 성교에 합의했고, 이것이 세상에 알려지게 된 경우 피해자 책임은 증가하는 반면 제3자의 강간 심각성 지각은 감소됨을 보여준다"라고 했다.[15]

아주 복잡하긴 하지만, 사실은 아주 단순하다

강간 신화는 문화에 스며들어 있고, 이러한 범죄는 우리가 많은 수준에서 사고를 바꿀 때까지는 조금도 수그러들지 않을 것이다. 백악관 여성 및 소녀 위원회(White House Council on Women and Girls)의 최근 보고서에 다음과 같이 잘 요약되어 있다.

> 우리 문화가 아직도 성폭행이 지속되는 것을 허용하기 때문에 성폭행은 도처에서 일어나고 있다. 전문가에 따르면, 폭력 예방은 가해자와 생존자에게만 초점을 맞추어서는 안 되며, 모든 사람을 대상으로 해야 한다. 그리고 이 폭력을 중단시키기 위해선 국가 차원에서 성폭행을 범죄 그 자체로 보아야만 한다. 오해도 아니고, 사적인 문제도 아니며, 누군가의 권리이거나 어떤 여성의 잘못도 아니다. 그리고 방관자들도 반드시 교육을 받아야 하며, 폭력을 멈추도록 돕기 위해 나서야 한다. 우리 모두가 자신의 역할을 해낼 때만이 폭력의 물결을 저지할 수 있다.[16]

그러나 이런 복잡한 사회적 이슈가 개인 수준에선 결국 아주 단순한 행동 규칙이 된다. 타인과의 합의 없이 섹스를 할 권리를 가진 사람은 아무도 없다. 상대방의 옷차림, 말, 행동 어느 것도 이 사실을 바꿀 수는 없으며, 두 사람 사이에 이미 성관계가 있었다 해도 마찬가지이다. 섹스는 두 사람이 합의한 경우에만 용납된다.

그러나 유감스럽게도 이를 실행에 옮기는 것은 생각보다 훨씬 복잡하다.

신화 45

포르노그래피는 위험하다

어떤 사람들의 이야기를 들어보면, 컴퓨터 안에 보기맨(bogeyman)*이 숨어 있어서 딸의 순진함을 앗아가고, 아들을 감정 없는 자위 기계로 만들어버리며, 남편은 실제로는 만날 리 없는 여자들과 매일 바람을 피우게 만든다는 말을 듣곤 한다. 그러나 잠깐, 그게 전부가 아니다. 이를 그냥 내버려둔다면, 이 디지털 야수는 성폭력을 증가시키고, 연인 관계를 망치며, 전통적인 두 부모 결혼 가족을 붕괴시켜서 사회구조 자체를 완전히 폐허로 만들어놓을 것이다. 말해 무엇 하겠는가? 포르노그래피도 물론 예외가 아니다.

포르노에 대한 두려움은 새로운 것이 아니다. 앤서니 컴스톡이 1873년 미국에서 우편 서비스를 통해 '음란'물을 보내는 것을 금지하는 법률 통과를 도왔을 때, 그는 분명히 두려움을 느끼고 있었다. 당시에는 우편 서비스 외에는 포르노에 접근할 다른 방법이 없었다. 받는 사람이나 보내는 사람이나 투옥과 중노동 처벌의 위험을 감수하면서 우편함에서 받아 볼 수 있었던 건 기껏해야 외설스러운 포즈를 취하고 있는 소녀들의 누드 사진이었을 것이다.

그러나 지난 140년 동안 많은 게 달라졌다. 오늘날 포르노그래피는 보통 이미지와 사운드가 있는 동영상으로 만들어지고, 어느 정도 그럴듯한 줄거리마저 있다. 우리는 원하는 건 뭐든지 다 얻을 수 있다 보니, 개인 취향이나 기분에 맞추어 기본 셋업(첫 경험), 연기자(빨강 머리 두 명과 흑갈색 머리 한 명), 장르(아마추어가 집에서 제작한 포르노 또는 최소한 지방색이 있어 보이는 국내 제작처럼 보이는 것)를 선택할 수 있다. 더 중요하게는, 집에 설치하거나 주머니에 넣고 다니는 인터넷 지원 장치를 이제 얼마든지 구할 수 있다.

* 보기맨(또는 부기맨)은 유령과 유사한 괴물로, 어떠한 인물이나 사건에 대해 은유적으로 사용되기도 한다. 보기맨은 아이들의 마음속에서 형태도 없이 단순히 공포 그 자체가 구체화된 것이기도 하다.

컴스톡은 분명 무덤 안에서 탄식할 것이며, 그의 이데올로기를 따르는 사람들은 완곡하게 말한다 해도 경악을 금치 못하고 있다. 2004년 11월 미 상원 통상위원회 내 과학기술 및 우주분과위원회는 포르노그래피의 위험에 대한 청문회를 개최했다. 여기 참석했던 많은 이른바 전문가들은 포르노가 청소년들을 영구적으로 파멸할 사회적 재앙이며, 통제되어야 한다고 주장했다. 일부 연사들은 과학 용어처럼 들리는 단어들을 사용하면서, '에로토톡신(erototoxins)'(에로틱한 이미지를 보았을 때 방출되는 화학물질을 의미하는 것으로 보이는 신조어)으로 인해 야기되는 중독과 청소년 뇌의 영구적인 변화에 대해 경고했다. 정신과 의사 제프리 사티노버는 "포르노그래피는 다른 중독과는 달리, 가장 완벽한 중독성 물질을 실제로 생물학적으로 직접 방출한다. 즉, 포르노는 자위를 하게 만들고, 자위는 자연적으로 생산되는 아편을 방출한다. 이는 사실상 헤로인은 할 수 없는 작용이다"라고 말했다. 또한 주디스 라이스먼은 '에로토톡신'의 효과가 너무 유해해서 포르노그래피는 미국 '수정헌법' 제1조인 언론의 자유에 의해 보호받아선 안 된다고 주장했다. 그 주제에 대한 어떠한 입법화도 논의된 바 없기에 이 청문회가 정확히 왜 개최되었는지 불분명하지만, 분과위원회 회장인 당시 상원의원 샘 브라운백(캔사스주 공화당원)은 상원에서 보았던 가장 충격적인 청문회였다고 했다.[1]

만일 이러한 진술들이(이 청문회가 한 미국 상원의원이 의원 생활 중 들은 최악의 일이라고 한 말을 업무 수행 중 들어본 중 가장 최악이었다는 진술을 포함해서) 다소 기우처럼 당신에게 다소 위험하게 들린다면, 우리도 그렇게 생각한다는 것을 알아주시라. 우리는 연사들이 지나치게 보수적이고 종교적인 것도 염려스럽다. 그 예로, 사티노버는 동성애가 치료될 수 있다고 믿는 집단인 동성애 연구 및 치료를 위한 전미협회(NARTH)의 자문위원이었다(이른바 회복치료에 대한 논의는 신화 10 참조). 라이스먼은 선구적인 성 연구자였던 앨프리드 킨제이의 연구에 이의를 제기하는 데 경력 대부분을 바쳐왔으며, 동성애자들이 사회에 위험한 존재이고 인공유산의 이용 가능성 뒤에 유대인이 있다는 주장을 했다.[2] 브라운백은 보수적인 기독교인으로서 현재 캔자스 주지사이며, 청소년은 결혼할 때까지 순결을 지키도록 교육받아야 한다고 믿는다.[3]

우리가 연사들의 배경에 대해 언급하는 것은 반포르노 운동이 인공유산, 피임, 그리고 많은 경우에 동성애자의 권리도 폐지하려 하는 훨씬 더 큰 보수적인 사회적 어젠다의 일환임을 인식할 필요가 있기 때문이다. 게다가 포르노그래피가 위험하다는 대부분의 주장은 과학적으로 입증된 바 없기 때문에, 이 어젠다에 대한 이해는 특히 중요하다고 생각한다. 그들의 주장을 뒷받침해줄 편견 없는 연구 없이, 그들의 내재적 편향이 결정적인 역할을 하고 있기 때문이다.

포르노는 '극우'와 '극좌'로 불리는 사람들이 동의하는 영역 가운데 하나일지 모른다는 점을 덧붙여야겠다. 많은 페미니스트들은 포르노그래피에 대해 아무 문제도 제기하지 않고, 심지어는 섹슈얼리티 이해에 긍정적인 도움이 될 수 있다고 믿는다. 반면에, 포르노가 여성을 섹스 대상으로 비하하고 여성 섹슈얼리디에 대한 뒤틀린 시각을 제시하며 폭력을 촉진하거나 야기할 정도로 여성에 대한 폭력을 미화한다고 느끼기 때문에 포르노에 대해 반대 주장을 펼치는 페미니스트들도 있다.[4]

그와 함께, 우리의 고유한 성향에 대해서도 언급해야 할 것이다. 성 건강 전문가로서 저자들은 포르노그래피를 혼자 보거나 파트너와 함께 보는 것이 대부분 건강한 성 행동이라고 믿는다. 사티노버와 달리 우리는 부분적으로 포르노그래피를 좋아한다. 포르노가 자위행위를 하도록 이끌고, 자위행위는 그 자체만으로도 기분 좋은 성 행위일 뿐 아니라 사람들이 파트너(들)와 공유할 수 있도록 무엇이 자신을 기분 좋게 만드는지 배울 수 있는 방법이기 때문이다. 또한 우리는 포르노그래피가 어떤 사람의 성 관점을 확장시키고, 새로운 것을 더 편하게 실험하거나 시도하도록 도울 수 있다고 믿는다. 실제로 포르노그래피의 효과가 일반적으로 긍정적임을 보여준 연구가 있다(뒤에서 더 다룰 것이다).

물론 우리에겐 지켜야 할 선이 있다. 배우들이 엄밀히 따지면 미성년자는 아니라고 하더라도, 아동을 성적인 참여자나 대상으로 묘사하는 포르노그래피는 편하지 않다. 또한 일부 포르노의 여성혐오적 특성도 불편하다. 더군다나 배후에서 어떤 일이 일어나는지 보통은 알기 어렵다고 할지라도, 모든 연기자들의 명백하게 고지받은 동의(모두가 어떤 장면을 찍을지 알고, 카메라가 돌아가기 전에 촬

영에 대해 동의하는 것을 의미하는) 없이 제작된 포르노그래피는 용납하지 않는다. 마지막으로, 최근 성인영화 산업에서 에이즈를 포함한 성병이 발생했기에 종사자들의 건강과 복지가 염려되고, 연기자들에게 무방비 섹스를 하라는 지나친 압력이 가해지고 있는 것이 걱정스럽다는 것은 덧붙여야겠다.

그러한 편향과 경고들을 마음에 새기면서, 포르노그래피에 대한 몇몇 고질적인 신화들을 떨쳐버려 보자.

포르노는 새로운 현상도 전염병도 아니다

인터넷상의 대부분 페이지가 포르노그래피에 바쳐지고 있다는 신화를 떨쳐버리는 것으로부터 시작하자. 우리는 당신이 생각해 낼 수 있는 어떤 검색어도 당신을 포르노 사이트로 보낼 가능성이 있다고 진심으로 믿었지만, 실제로는 월드와이드웹(WWW)의 매우 작은 부분만이 성인 등급 콘텐츠에 사용되고 있다고 한다. 2011년에 발매된 『10억 개의 야한 생각(A Billion Wicked Thoughts)』•에 따르면, 웹페이지의 4%에만 포르노그래피 콘텐츠가 있고, 웹 검색의 14%만이 이에 대한 검색[5]이다(우리는 그 나머지가 귀여운 고양이 그림들에 전념하고 있으리라 확신한다).

무척 흥미로운 일이 또 있다. 인터넷 때문에 포르노를 더 쉽게 접하게 되었지만 포르노 사용률은 지난 40년간 실제로는 변화가 없었다. 포르노 사용률은 1970년대 초반에 급증했는데, VCR 덕분에 사람들이 자신의 집에서 사생활을 보호받으며 포르노그래피를 볼 수 있게 된 때이다. 마을의 우범지역에 있는 포르노 영화관에 가야 했던 것에 비하면 엄청난 변화였다(이보다 더 재미있는 일도 있다. 1970년대 초에는 두 종류의 가정용 비디오 플레이어가 사용되고 있었는데, 소니는 베

• 인지신경과학자 오기 오가스와 사이 가담의 성 연구서로, 국내에선 『포르노 보는 남자, 로맨스 읽는 여자』(왕수민 옮김, 서울: 웅진지식하우스, 2011)라는 제목으로 출간되었다. 저자들은 전 세계 50만 명의 남녀가 인터넷에서 검색한 10억 건의 웹 검색 내용과 수십 만 권의 에로 소설, 500만 건의 성인용 구인 광고, 수천 편의 디지털 로맨스 소설, 4만 개 이상의 성인 웹 사이트를 분석해 얻은 결과물에 최신 뇌과학 연구 성과를 결합했다. 이들은 성적 욕망이 사회적 입력에 따라 결정되는 게 아니라 특정 신호를 감지하는 두뇌 속 기제의 (이슈)라는 확신을 토대로, 엄청난 양의 데이터 속에서 사람들의 성욕이 다른 이유를 밝혀내고자 한다.

타맥스를 내놓았고, JVC는 VHS를 출시했다. 그런데 소니는 포르노그래피 제작자의 베타맥스 기술 사용을 거절했고, JVC는 VHC 테이프로 포르노를 제작하는 것을 허용했다. 이것이 결국 VHS 방식이 시장을 점유하게 되고, 베타는 인기를 얻지 못한 이유라고로 여겨져 왔다).[6]

따라서 가정 시청 시대를 열어 포르노를 영원히 바꿔놓은 건 웹이 아니라 VCR인 셈이다. 그러므로 웹의 가장 중요한 기여는 납품 즉시성과 포르노 시청자가 선택할 수 있는 엄청난 양의 콘텐츠라고 하겠다. 1978년의 십 대 청소년은 포르노 비디오인 〈데비 더즈 댈러스(Debbie Does Dallas)〉를 몇 번이고 계속해서 꼼짝도 안 하고 보고 또 보고 했었겠지만, 2014년의 십 대는 원할 때면 언제든지 새로운 것을 볼 수 있고, 훨씬 더 다양한 선택지를 가지고 있다. 이 새로운 다양성으로 인해서 예전보다 포르노가 더 흥미롭고 강렬해 보일 수 있다.

포르노는 강간과 성폭력을 증가시키지 않는다

보수 단체 '포커스 온 더 패밀리(Focus on the Family)'의 설립자인 제임스 돕슨이 연쇄살인범 테드 번디와 1989년에 가진 인터뷰를 두고 말들이 많았다. 번디는 그의 문제가 이웃집 쓰레기통에서 발견한 포르노그래피에서 시작되었다고 했다. 그는 포르노에 중독되었고, 만족하기 위해선 더욱더 노골적이고 생생한 포르노가 필요했다고 설명했다. 번디는 포르노에서 폭력적 행동을 보다 보면 실제로 폭력을 저지르게 된다고 했으며, 그가 아는 폭력적인 남성 모두 포르노 문제를 가지고 있다고 말했다.[7]

이 주장을 들은 많은 사람들이 두려움을 느끼는 것은 당연하다. 그러나 이 말은 연쇄살인범의 자가진단일 뿐, 인과관계의 증거가 될 수 없다는 사실을 기억해야 한다. 그가 아는 모든 폭력적인 남성들이 포르노 문제를 가지고 있는 것이 맞다고 하더라도, 그렇기에 포르노를 보는 모든 남성들이(또는 포르노 문제가 있는 모든 남성들이) 폭력적이라는 건 논리적으로 맞지 않다. 폭력 성향을 가진 남성들은 직면하고 있는 다른 심리적·성격적 문제 때문에 폭력적인 포르노에 끌릴 가능성이 다분하다. 이 점에 대해서 가장 환원주의적인 논리를 적용해보면, 대부분 남성들이 포르노를 보고, 대부분 남성들은 강간이나 살인을 저지르지 않는다.

포르노가 강간을 일으킨다는 발상에 반대하는 사람들은 인터넷으로 인해 포르노를 접하는 것이 한층 더 쉬워진 지난 수년 동안 강간 발생률이 낮아진 데 주목한다. 미국 전역의 인터넷 접속에 대해 살펴본 한 연구는 인터넷에 접속하기가 상대적으로 더 빠른 주가 있다는 데 주목했다. 이 연구에선 한 주의 인터넷 접속이 10% 증가하면 강간 보고가 7.3% 감소하는 것으로 나타났다. 그리고 인터넷을 빠르게 받아들였던 주들이 가장 큰 감소를 보였다. 연구자들은 알코올 소비, 경찰력, 빈곤과 실직률, 인구밀도 같은 주 특성과 주민 특성을 통제하고도 그 효과가 여전했다고 보고했다.[8] 이 연구만으로 인터넷상의 포르노가 강간을 감소시킨다는 결론을 내리기에는 충분치 않을 것이다(상관관계에 대한 다른 설명이 가능할 수도 있다). 그러나 포르노가 성폭력을 증가시킬 가능성이 있다고 말하는 사람들에게는 확실하게 의문을 제기한다.

인터넷이 대중화되기 전에 수행된 한 문헌 연구에선 더 많은 포르노그래피, 특히 더 폭력적인 포르노그래피 접속이 강간을 일으킬 것이라고 한 이론에 대해 살펴보았다. 이 연구는 포르노가 훨씬 더 널리 이용 가능해지던 1964년에서 1984년 사이의 미국, 덴마크, 스웨덴, 서독 등 4개국 자료를 조사했다(기억하지 못하는 분을 위해 설명하면, 독일은 제2차 세계대전이 끝난 후부터 1990년 통일 전까지 소비에트 연방과 동맹을 맺었던 공산주의 동독과, 유럽 정부들과 동맹을 맺고 있던 자본주의 서독 두 나라로 분단되어 있었다). 연구자는 모든 형태의 포르노그래피에 대한 접근이 '그 기간에 극단적인 부족함에서 상대적인 풍족함으로' 변해갔다는 '명백하고 반박의 여지가 없는 증거'를 발견했다. 그리고 그 기간에 강간과 비폭력범죄가 모두 증가했음에 주목했다. 연구자에 따르면 "강간이 비성폭력범죄보다 증가했던 나라는 하나도 없었다. 이러한 연구 결과 자체로 포르노그래피가 강간을 일으킬 것이라는 가설을 기각하기에 충분해 보인다".[9]

강간과 포르노 사이의 더욱 혼란스러운 관련성이 2004년 상원에서 진술했던 사람들 중 한 사람인 정신과 의사 메리 앤 레이든에 의해 제시되었는데, 포르노그래피를 보는 여성은 강간을 당할 가능성이 더 높다는 것이다. ≪워싱턴타임스

(Washington Times)≫는 "포르노그래피를 더 많이 보는 여성일수록 합의되지 않은 섹스의 피해자가 될 가능성이 높아진다"라고 한 레이든의 말을 인용해 보도했다.[10] 그러나 그녀는 이를 입증할 통계자료를 제시하지 않았고, 왜 이것이 사실일 것인지 설명해줄 이론에 대해 충분히 자세하게 설명하지도 않았다. 데이비드 레이는 ≪사이콜로지 투데이(Psychology Today)≫에 실린 연구 논문에 다음과 같이 기술했다. "이 주장에서 찾아볼 수 있는 유일한 진실의 일면은 성적으로 활발한 여성이 포르노그래피 사용을 보고할 가능성이 더 높다는 것이다. 이들은 또한 파트너 수가 더 많고, 데이트강간으로 성 학대나 강간 사건 위험에 처할 가능성이 다소 더 높다."[11] 이 논리를 확대해보아도, 여성이 포르노그래피를 보았다는 사실 때문에 누군가 그녀에게 저지른 범죄에 대해 어떤 식으로든 책임을 져야 한다고 할 수는 없다. "헤픈 여자 차림새였다. 술을 마시고 있었다. 우범지역을 걷고 있었다. 포르노를 본다"와 같은 말들은 성폭행 피해자에게 너 스스로 자초한 운명이라고 고함을 쳐대며 비난하는 방식들이다.

포르노는 중독성이 없다(그리고 사람과의 실제 유대 관계를 막지 않을 것이다)

신화 43에서 우리는 성 중독 모델에 대해 어떤 측면에서 회의적인지 이야기했다. 성 중독 모델은 알코올, 헤로인, 코카인에 반응하는 방식과 동일하게 성적 행동에 반응하는 사람이 있음을 시사한다. 근본적으로, 직업이나 관계에 해가 될 걸 알면서도 멈추지 못한다는 설명이다. 우리는 성 행동을 조절할 수 없어서, 충동적이거나 강박적이 될 수 있는 사람이 있다는 걸 안다. 하지만 중독이 그들의 경험을 묘사해주는 적절한 용어라고는 믿지 않으며, AA와 흡사한 12단계 프로그램이 치료를 위한 올바른 방법이라고도 생각하지 않는다.

알코올 중독이나 약물 남용과 유사한 중독 개념은 포르노그래피, 특히 인터넷 포르노 사용에 관해서 더욱 널리 퍼져 있다. 기본적인 이야기는 이렇다. 소년이 포르노를 보고 좋아한다. 더 많은 포르노를 보고 좋아한다. 계속 더 많은 포르노를 본다. 더 생생하며 노골적인 포르노(처음에 보았다면 불쾌감을 느꼈을 포르노)를 찾기 시작하면서, 포르노 습관이 고조된다. 그는 포르노에 둔감해지며, 이전에 느끼던 것과 같은 스릴을 느끼기를 간절히 원한다. 그는 더 많은 변태적인 포르노를 찾는다. 그는 포르노 중독자이다. 이야기에는 두 개의 결말이 있다. 그 하나는 실제 생활에서 성적으로(그리고 폭력적으로) 행동하기 시작하는 것이고, 다른 결말은 실제로 경험하는 따분한 섹스가 인터넷에서 보았던 흥미진진한 것들과는 비교가 안 되기 때문에 성적인 행위를 할 수 없게 되는 것이다.[12]

포르노그래피에 중독성이 있다고 믿는 사람들은 사용자의 뇌에서 일어나는 일에 대해 다양한 의견들을 주고받는다. (포르노에 대해 뇌가) '새로움을 추구하는' 뇌 화학물질인 도파민 탓으로 돌리는 사람도 있고, (흔히 ΔFosB로 쓰이는) 뇌 화학물질 델타포스비의 작용이라고 믿는 사람도 있으며, 오르가슴이나 수유 시 방출되며 유대감을 일으키는 호르몬인 옥시토신 때문이라는 사람도 있다(이런 주장들의 예시를 보기 위해선 yourbrainondrugs.com 참조). 우리는 각각의 주장을 하나씩 논박하는 데 필요한 지면과 신경생물학 학위를 가지고 있지 않다. 그 대신에 우리는 이런 주장들이 입증된 바 없다는 사실을 근거로 든다. 포르노 중독 연구에 대한 최근 비평에서, 리드 외는 다음과 같이 적고 있다.[13]

> (연구자들은) 포르노그래피 문제를 중독장애로 개념화하면서 다소 흥미로운 신경과학 관점을 제시한다. 그들은 조절이 안 되는 포르노그래피 시청과, 일부는 중독으로 여겨지는 다른 부적응 행동들 사이의 몇몇 유사점을 강조한다. 이런 유사점이 과학적 탐구 가치가 있다고 하더라도, (연구자들은) 그들의 관점을 지지할 수 있는 믿을 만한 증거를 제시하지 못했다. 그 대신에 과도한 포르노그래피 시청이 뇌 손상을 초래한다는 주장을 펼치기 위해서 신경과학 연구의 지나치게 자의적이고 오해의 소지가 있는 해석들을 사용했다.

성 중독 모델과 마찬가지로, 포르노 중독이라는 개념은 입증된(또는 틀렸다고 입증된) 과학적 연구보다는 개인적 이야기들, 이론들 그리고 추측에 근거를 두고 있다. 우리는 또한 반포르노 편견에도 기반하고 있다고 생각한다. 포르노에 대한 둔감화가 성적 호기심의 진화가 아니라 처방전의 진통제 용량 증가를 필요로 하는 것 같은 생물학적 과정임을 입증하는 질 높은 연구들을 볼 때까지, 우리는 회의적으로 남아 있을 것이다.

게다가 약물이나 알코올과 마찬가지로 포르노를 치료하게 되면, 우리는 또 다시 얼마나 많아야 과도한 것인지, 그리고 얼마나 특이해야 변태적인 것인지에 대해 임의적인 사정을 하게 된다. 세계 성 건강 협회의 전임 회장인 엘리 콜먼은 "우리가 알코올 중독과 약물 중독에 대해 알고 있다는 것이 단순히 다른 과도한 행동들로 옮겨갈 수 없다"라고 설명한다. 그는 이를 중독이라고 부르는 것은 "알코올 중독이나 약물 중독 중 한 가지 혹은 둘 다와 유사한 근본 메커니즘이 있다는 것을 시사하며, 금욕을 하고 행동조절에 대한 12단계 접근법을 따르도록 권하는 치료 접근법을 제안하는 것이다. 우리는 섭식장애를 중독으로 치료하지 않는다. 그런데 왜 과도한 포르노그래피 사용을 이런 방식으로 치료해야 하는가? 이치에 맞지 않는다"라고 말한다.[14]

『미국의 섹스 전쟁(America's Sex Wars)』의 저자인 마티 클라인은 치료를 청하는 '포르노 중독자'와 만나는 경우는 흔히 환자가 포르노를 과하게 본다고 배우자가 단언했기 때문이라고 덧붙인다.[15] 포르노 중독은 파트너가 있는 남성(그리고 여성)이 섹스 동영상 보기를 정말로 좋아한다고 인정하는 대신에, 그 뒤로 숨게 만드는 영리한 용어가 되었다. 이는 심리적인 문제는 아니지만, 관계의 문제를 나타내는 것일 수 있다.

물론 콜먼과 클라인은(그리고 포르노 중독에 의문을 제기한 다른 저자들도) 개인적인 고통과 관계 문제 모두를 초래할 수 있는 포르노 시청을 조절하기 어려운 사람들이 있다는 걸 안다. 콜먼은 어떤 사람들에게는 섹스가, 이 경우에는 포르노 시청이 "다양한 이유들로 인해서 조절이 안 되거나 균형을 잃게 될 수 있다. 사람에 따라 충동 조절 문제이기도 하고, 집착에 더 가깝기도 하고, 강박과 같기도 하다. 그리고 충동 조절, 집착 또는 강박과는 아무 관계가 없는 성격 구조의 한 부분인 경우도 있다"라고 말한다.[16]

성 중독에 대한 논의에서 말했던 바와 같이, 우리는 이 사람들이 도움을 받기를 원한다. 하지만 포르노그래피 중독을 검색하면 제일 먼저 뜨는 '유어 브레인

온 드럭스(yourbrainondrugs.com)'와 같은 사이트가 모든 포르노는 나쁘다는 전제에서 출발하는 자조(self-help)의 길로 사람들을 안내할 것이 염려된다.

포르노는 (좋은 것이든 나쁜 것이든) 진짜가 아니다

인터넷상에서 포르노 이용이 가능해지면서 성인들에겐 청소년에게 현명한 소비자가 되는 방법을 교육할 책임이 주어졌다는 이야기로 이 신화를 마무리하고자 한다. 청소년의 포르노 시청을 아예 막는 건 요즘 같은 시대에는 불가능한(그리고 현명하지 못한) 일이다. 청소년이 포르노를 너무 일찍(또는 너무 일찍 과도하게) 보지 않도록 하기 위해 노력하는 것은 부모의 중요한 역할이다. 모든 인터넷 안전 규칙들과 조언을 적용하시라. 컴퓨터를 가족 공용 장소에 설치하고, 청소년 유해 사이트 차단 소프트웨어를 사용하거나 이용 내역을 확인함으로써 온라인 활동을 모니터링하시라.

하지만 더 중요한 것은 포르노에 대해 자녀들과 이야기해야 한다는 것이다. 많은 청소년들이 첫 번째 성교육으로 포르노를 보게 될 것이고, 이는 분명히 인상적일 것이다. 그러나 불행하게도, 그 인상의 대부분은 틀릴 것이다. 실제 섹스는 수많은 이유들 때문에 포르노의 섹스와는 달라 보인다. 포르노는 실제 섹스보다 더 쉽거나 원활한 것처럼 보이게 할 수 있다. 포르노는 파트너를 흥분시킬 수 있는 방법에 대해 잘못된 생각을 하게 만들거나, 성관계가 얼마나 오래 지속되고 얼마나 많은 오르가슴이 가능한지에 대한 비현실적인 기대를 조장할 수 있다. 그리고 합의의 중요성에 대해 가르치고자 하는 우리의 노력을 약화시킬 수도 있다. 포르노에 나오는 여성들은 흔히 마음은 '돼요'이면서 '안 돼요'라고 말하거나, 합의에 대한 잘못된 생각을 쉽사리 갖게 할 수 있는 강압적인 섹스를 즐기는 것처럼 보인다.

포르노에 대한 토론도 청소년들이 개인적으로 지켜야 하는 선이 왜 필요한지 이해하고 결정하는 데 도움이 될 것이다. 앞서 이야기한 것처럼 우리는 용납할 수 없는 것에는 확실하게 선을 긋는다. 또한 즐기는 데에도 우리 각자의 한계가 있다. 청소년들이 방대한 포르노그래피를 접하기 전에 개인적인 경계를 세울 필요가 있다는 걸 이해하도록 도우면, 그들이 보는 것을 이해하도록 도울 수 있다.

마지막으로, 모든 포르노 시청자는 스크린에서 뭔가를 즐긴다고 해서 실제로도 그걸 즐기리라는 법은 없다는 걸 알아야 한다. 많은 이성애자 여성들은 실제로는 여성과 섹스를 하고 싶은 의향이 없어도 레즈비언 포르노를 보는 것을 선호한다. 포르노는 다른 종류의 섹스를 탐색하는 안전한 장소가 될 수 있다.

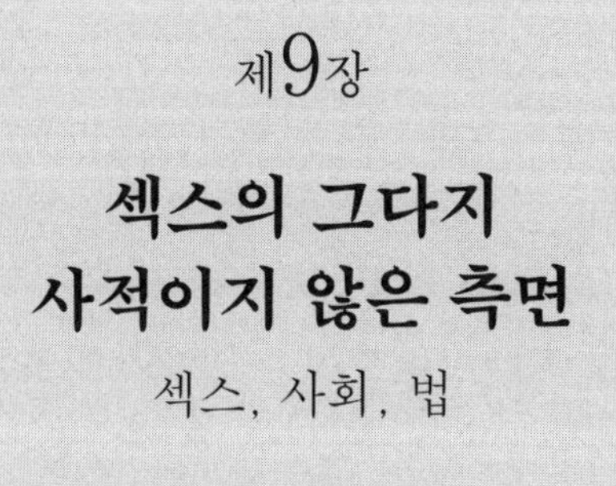

제9장

섹스의 그다지 사적이지 않은 측면

섹스, 사회, 법

50 Great Myths of Human Sexuality

신화 46

성교육이 아이들을 성적으로 더 활발하게 만든다

학교에서 성교육을 할 것인지, 또 한다면 어떻게 할 것인지를 놓고 지루하고 까다로운 논쟁들이 족히 100년을 이어오고 있다. 사실 미국 교과 과정에서 성교육을 어떤 식으로 다룰 것인지에 대한 문제제기는 1892년 전미교육협회(National Education Association)의 신년모임에서 시작되었다. 그 후 20여 년이 흐르고 전미교육협회는 1914년 "교직 준비 기관들은 일반적으로는 도덕과, 특수하게는 성 위생에 대한 교육 자격을 부여하는 문제에 주의를 기울이자는 결의안을 통과시켰다".[1] 이어 1920년 연방 정부가 『고등학교 성교육』 매뉴얼을 제안하며 성교육에 개입하기 시작했으며, 이름에서 알 수 있듯이 이 매뉴얼은 좀 더 성숙한 학생들에게 어떻게 성교육을 할 것인지 조언을 주고자 했다.[2]

처음에는 공공교육에서 성교육이 설 자리 같은 것은 없다고 생각하는 사람들이 많았다. 이 반대론자들은 부모들에게 '성교육은 나쁜 생각'이라고 설득했다. 또한 성은 도덕적이고 종교적인 문제이지 건강 문제가 아니라고 주장했다. 또 이 주제가 지나치게 음란해서 성교육을 하는 것이 오히려 청소년들의 순수성을 훼손하고, 성적 테크닉에 관한 흥미진진한 설명을 제공하게 되어 '당연히 해보아야 한다'는 생각을 갖게 만든다고 주장했다. 세월이 흐르면서(특히 에이즈가 유행하기 시작한 후에) 이들 역시 학교 성교육의 필요성과 가능성을 인정하게 되었지만, 성교육의 핵심 메시지는 금욕이어야 한다고 제안했다. 청소년들은 지침을 필요로 하지만 청소년들에게 안전한 성에 관한 정보를 주는 것, 더 나쁘게는 그들에게 콘돔을 주는 것은 마치 섹스를 해도 된다는 면허를 주는 것과 같다고 말했다. 이들은 청소년들에게 결혼 밖에서 이루어지는 섹스가 필연적으로 해롭다는 사실을 이해할 필요가 있으며, 또 그렇게 하지 말라고 똑 부러지게 이야기해야 한다고 주장했다. 이렇게 하는 것이 청소년들을 성병과 임신으로부터 보호할 것이라고 생각했다.

이처럼 학교 성교육을 둘러싼 논쟁이 한 세기 이상 진행되어온 점을 고려해보면, 그 숱한 오해와 거짓 정보들이 여전히 우리 주위를 맴돌고 있는 게 그리 놀랍지 않다. 사실 성교육에 대해서만 50가지 신화를 찾아서 쓰라고 해도 우리는 책 한 권은 거뜬히 쓸 수 있었을 것이라 확신한다. 성교육에 할애할 공간이 충분치 않지만, 이제 우리는 100년도 더 된 기록을 바로 세우겠다는 희망에서 가장 널리 퍼져 있는, 그리고 가장 흔한 몇 가지 신화에 초점을 두고 이야기를 풀어나가고자 한다.

아이들에게 성에 대해 가르치는 것 자체가 성행위를 장려하는 것이다

어른들은 언제나 성교육이 청소년들에게 성행위를 부추기는 자극제 역할을 하는 것은 아닐까 하고 조바심 내왔다. 이를 뒷받침하는 몇 가지 근거가 있다. 어떤 사람들은 성교육이 성적으로 자극적이며, 호기심을 자극할 뿐이라고 말한다. 또 다른 사람들은 그러한 주제에 대해 가르치는 것이 섹스를 해도 좋다는 암시적 메시지를 준다고 말한다.

진실은 청소년기에 성행위에 대해 호기심을 갖는 것이 너무나 자연스럽다는 것이다(그 이유는 한마디로 사춘기 무렵 아이들의 몸을 타고 흐르기 시작하는 '호르몬의 강' 때문일 것이다). 논쟁이 시작되었던 1890년대엔 어떠했을지 이에 대해 정확히 말할 수 없지만, 오늘날에는 성에 대한 정보와 성에 대한 이미지들이 도처에 널려 있다. 아이들이 텔레비전의 기본 채널만 이리저리 돌려도 커플들이 키스하거나 침대에서 뒹구는 모습을 보게 되어 있고, 잘나가는 잡지 표지에서 노출이 심한 속옷이나 비키니를 입고 있는 모델들을 보게 되어 있다. 거기다 마우스를 한 번 클릭하는 것만으로도 막대한 양의 강도 높은 포르노그래피에 접속하게 되어 있다. 이런 현실을 놓고 본다면 성교육은 청소년들의 하루 일상 중 가장 적은 양의 성적 흥분을 일으키는 것이 아닐까 싶다. 하지만 놓치면 안 되는 중요한 점이 바로 여기에 있다. 청소년들이 부득이하게 보고, 읽고, 느끼게 되는 성적인 것들에 대해 비판적으로 생각하도록 도와주는 유일한 것이 바로 성교육일 수 있다는 점이다.

또 관련 연구들은 청소년에게 금욕과 피임에 대한 정직한 정보를 주는 것이 섹스 시기를 앞당기지 않으며, 더 자주 하게 하지도 않을뿐더러, 더 많은 파트너와 섹스하게 만들지도 않는다는 사실을 확인해준다. 사실은 그 반대다. 오히려 이런 성교육을 경험한 청소년들이 섹스 시기를 뒤로 미루는 경향이 많고, 성적으로 활발해지더라도 섹스파트너 수가 더 적으며, 콘돔과 기타 피임 도구를 사용할 확률이 더 높다.[3]

좋아, 하지만 성교육은 청소년에게 어떻게 하는지를 가르치잖아

성교육이 더 빠른 나이에 섹스하도록 만들 것이라는 불안은 아마도 교실에서 실제로 어떤 일이 벌어지는지 잘 모르기 때문일 것이다. 많은 논쟁을 살펴보면 부모들은 성교육을 '실기 교육'이라 불렀고, 학교에 적합하지 않다고 주장했다. 사실, ≪타임≫의 한 기사[4]는 당시 격렬했던 논쟁들을 살펴보고 나서 "성교육에 대한 가장 낮은 수준의 공격은 교사들이 청소년들에게 음란한 생활을 부추기는 퇴폐적인 사람들이라는 빈정거림 정도였으며, 그 이상도 그 이하도 아니었다"라고 결론 내렸다.

이처럼 학교 성교육을 섹스를 가르치는 개인 교습 정도로 생각하는 사람들의 말을 듣다 보면, 이 사람들이 몬티 파이선 쇼•에나 나올 법한 장면들을 연상하고 있는 것은 아닌가 하는 의문이 들기도 한다.

> '질 주스(vaginal juices)'라는 용어까지 사용하면서 전희에 대해 정말 상세하고 지루한 설명을 한 후에, 존 클리스 선생님은 침대가 보일 때까지 칠판을 뒤로 젖히더니 침대로 다가가 자신의 부인과 정말 지루한 섹스를 나누었다.

단언컨대, 우리가 아는 그 어떤 성교육 교사도 이런 식의 개인 교습을 하지 않

• 몬티 파이선(Monty Python)은 영국의 희극 그룹이다. 몬티 파이선은 1969년 10월 5일에 BBC를 통해 방영된 〈몬티 파이선의 날아다니는 서커스〉로 영국 희극계에서 두각을 나타냈다. 이후 이들은 텔레비전을 넘어서 쇼, 영화, 음반, 책 등으로까지 영향력을 뻗어나갔다.

는다. 설사 그것이 허락된다고 하더라도 말이다. 사실 교복을 입은 채 별 흥미를 느끼지 못하는 소년들로 가득 찬 교실에서 그 선생님이 했던 말 가운데 음핵이나 윤활액 같은 단어들을 우리 성교육 교사들이 사용하기도 한다. 하지만 이런 발상은 완전히 부적절하다. 그 발상이 재미있긴 하지만 완전히 부적절하다. 그리고 어디까지나 허구적인 이야기이다. 실제 교육 현장이 어떤지 예로 들면, 생식에 관한 고등학교 2학년 수업에서 한 교사가 '질'이라는 용어를 사용했다는 이유로 곤혹을 겪었을 정도이다.[5] 생식에 관한 고등학교 2학년 수업에서 질이란 말을 사용하지 않고 어떻게 수업을 할 수 있는지 이해할 수가 없지만, 어쨌든 주제를 벗어나는 이야기라 이 정도에서 멈출 뿐이다.

성교육은 청소년들에게 섹스하는 법을 가르치지 않는다. 수업의 목표는 학생들에게 책임 있는 결정을 내릴 때 필요한 정보를 주는 것이다. 그런 포괄적인 성교육은 인간 발달, 생식, 피임, 성 건강, 관계, 의사 결정에 대해 학생들이 비판적으로 사고할 수 있는 정보와 기회를 제공한다.

흥미롭게도 교사가 질을 통한 섹스 이외의 성행위를 언급할 때마다, 성교육이 침실과학(bedroom sciences)에 대한 고도의 훈련으로 전락하고 말 것이라는 논쟁이 더욱 뜨거워지는 것처럼 보인다.[6] 여전히 많은 교사들이 구강성교와 항문성교에 대해 이야기하는 것을 (암시적으로 말할 때조차도) 곤혹스러워하는데, 이런 태도 역시 아직 경험해보지 못한 성행위를 자꾸 생각하도록 만들어서 결과적으로 성행위를 조장하게 된다는 성교육 신화로 되돌아가게 하는 측면이 있다. 청소년들이 그렇게까지 많이(구강성교나 항문 성교까지) 알지는 못할 것이라고 믿고 싶은 어른들이 일부 있겠지만, 단언컨대 청소년들은 이미 알고 있다. 사실, 하고 있기도 하다. 어떤 연구는 조사를 통해 15~19세 여성 11%와 남성 10%가 한 명의 이성 파트너와 항문 성교를 한 경험이 있고, 같은 연령의 남성 1%가 한 명의 동성 파트너와 항문 성교를 한 경험이 있다고 보고했다. 같은 연구에서 구강성교는 꽤나 흔하게 나타났는데, 15세 소년의 27%와 소녀 23%가 한 명의 이성 파트너와 구강성교 경험이 있다고 보고했다. 18~19세에 이르면 이러한 숫자는 소년의 70%, 소녀 63%로 급증했다. 이에 덧붙여 15~19세 여성 7%와 남성 2%가 동

성 파트너와 구강성교를 했다고 보고했다.[7]

성교육 수업 중에 이러한 행위들에 대해 이야기함으로써 교사들은 위험 요인(예를 들어, 구강성교나 항문 성교 모두 성병을 옮길 수 있다는 사실)에 대해 설명할 수 있는 기회가 있을 수 있다. 이뿐만 아니라 학생들 스스로가 파트너와 편하게 할 수 있는 행위와 그렇지 못한 행위에 대해 생각해볼 수 있는 기회를 가질 수 있게 된다.

여전히, 명령하는 게 더 낫다: 아이들에게 안 된다고 말하라

성교육을 둘러싼 많은 논쟁은 위에서 살펴본 것처럼 어떤 종류의 교육이 학교 수업에 알맞은 것인지에 초점을 두어왔다. 이에 비해 1980년대 초 일단의 보수 기독교인들은 특정 종류의 성교육을 촉구하기 시작했다.

'결혼할 때까지 오직 금욕만을!'으로 알려진 접근법에 대한 찬성론자들은 로널드 레이건 대통령 집권기에 연방 정부로부터 상당한 지원을 받았다. 이 시기는 '순결' 프로그램을 통해서 청소년의 임신을 방지하기 위한 '청소년·가족 생활법(Adolescent and Family Life Act)'이 고안된 때이기도 하다. 이후 10년간, '오직 금욕!' 운동은 지역학교위원회가 이를 채택하도록 납득할 만큼 서서히 성장해서, 자체 제작한 커리큘럼을 팔기 위한 조직이 만들어졌고, 종교 조직들은 순결 집회를 열 정도였다. 이러한 움직임은 공적 제도에 보수적인 사회적 가치를 불어넣고자 했던 더욱 큰 운동의 일부였다.

이 프로그램들은 연방 정부가 '타이틀 브이(Title V) 혼전순결 프로그램'을 시작한 1996년에 엄청난 성장세를 보였으며, 지역사회 기반 금욕교육 프로그램(Community-Based Abstinence Education)이 통과된 2001년에 또 한 번의 부흥을 맞았다. '결혼할 때까지 금욕하라!'라는 관념을 촉진하기 위해 이들 조직에 매해 수억 달러가 뿌려졌으며, 이는 전국 차원에서 진행되었다.[8]

이 프로그램들은 청소년 임신을 예방하기 위한 것이라고 주장되었지만, 실제로는 결혼 밖에서 이루어지는 모든 성관계를 금지하려는 목적을 가지고 있었다. 연방 프로그램에 지침이 되는 개념들을 주창한 사람들은 재정지원의 의도를 "섹스는 결혼한 커플에 한정되어야만 한다는 사회적 전통에 의회가 동조하기 위한 것"이라고 설명했다.[9] 물론 일부 종교와 개인들이 이 생각에 동의하고 있다는 것을 잘 안다. 하지만 이것은 보편적으로 공유되고 있는 가치와 너무나 동떨어져 있다. 사회조사 연구들은 대부분의 고등학생들이 졸업할 무렵이 되면 이미 섹스를 경험했고, 또 결혼할 때 처녀인 사람들은 거의 없다는 사실을 끊임없이 확인시켜준다. 미국의 초기 정착민들인 필그림 성도들의 기록을 살펴보면, 이 시기 신부의 3분의 1이 결혼식 날 임신 상태였다고 한다. 따라서 이것(결혼할 때까지 처녀)이 기준이었던 적은 아예 없었을지도 모른다.[10]

여전히 이 프로그램의 찬성론자들은 자신들을 청소년 임신을 예방하는 사람들로 선전했으며, 청소년의 성행위를 막기 위해 일할 것이라고 약속했다. 그렇지만 이들의 활동을 면밀히 살펴본 연구들은 다른 이야기를 들려준다. 예로, 2007년 미국보건복지부(US Department of Health and Human Services)가 위탁해서 진행된 한 연구 논문은 연방 기금을 받은 700개가 넘는 '혼전순결' 프로그램들 중 네 개를 대상으로 조사 연구를 했다. 이 네 개의 프로그램은 임의로 선택된 것이 아니며, 가장 잘 된 사례로 엄선된 것들이다. 이 연구는 프로그램에 참가한 학생들로 이루어진 통제집단을 같은 지역에 거주하지만 프로그램에 참가한 경험이 없는 또래들로 이루어진 대조집단과 비교했다. 연구자들은 프로그램 시작 전에 두 집단의 성 지식, 성 태도, 성행위를 조사했고, 프로그램 직후에 한 번, 그리고 프로그램 종료 후 4~6년 뒤에 다시 한 번 조사했다. 하지만 '혼전순결'이라는 메시지에 노출된 집단과 그렇지 않은 집단 사이에 차이가 거의 없음이 확인되었다. 특히 '혼전순결' 프로그램이 성에 대한 금욕을 증가시켰다는 그 어떤 증거도 찾지 못했다. '혼전순결' 프로그램을 교육받은 학생들은 그렇지 않은 학생들과 비슷한 연령에 첫 성 경험을 했으며, 비슷한 숫자의 성적 파트너를 가졌다.[11]

같은 해에 ≪영국 의학 저널(British Journal of Medicine)≫은 '혼전순결' 프로그램에 대해 13개의 메타리뷰를 발표했다. 이 연구들은 모두 합해서 거의 1만 6000명의 학생을 포함했다. '혼전순결' 프로그램들은 질 성교, 성적 파트너의 숫자, 콘돔 사용 비율을 포함하는 행동 변화를 유도하는 데 비효과적이었다는 분석

이 나왔다. 또 프로그램 참가자들의 임신 비율, 성병 비율에도 전혀 영향을 미치지 못했다.[12]

적어도 그들은 적절한 공포심을 갖게 될 것이다

연방 기금을 받은 '혼전순결' 프로그램들의 대다수는 그 기초를 공포에 두었다. 그들은 섹스가, 더 정확히는 혼외정사가 필연적으로 해롭고 위험한 것이라고 끊임없이 말했으며, 성병과 임신의 위험을 자주 과장했다. '금욕만을!'의 초기 커리큘럼 중 하나인 '소중한 성(Sex Respect)'은 학생들을 향해 다음과 같이 말했다.

> 이것은 정말 당연한 결과들이다. 예를 들어, 상한 음식을 먹으면 병이 난다. 또 높은 빌딩에서 뛰어내리면 다치거나 죽는다. 번 돈보다 쓰는 돈이 많아지면 빚의 노예가 되고, 이것이 당신과 당신이 사랑하는 사람에게 영향을 주게 된다. 마찬가지로 결혼 바깥의 섹스는 당신과 당신의 파트너 그리고 이 사회에 (나쁜) 결과를 가져오게 된다.[13]

'오직 금욕만'의 유명한 연설가 팸 스텐젤은 '섹스의 가격표(The Price Tag of Sex)'라는 제목의 연설에서 다음과 같이 말했다. "저는, 여러분이 일부일처제 관계 밖에서 섹스를 하게 되면 그 대가를 치르게 될 것이라는 말을 하기 위해 여기에 왔습니다. 여기에서 일부일처제란 …… 한 번에 한 사람(one at a time)이라는 의미가 아닙니다."[14] 고급 단계의 프로그램들은 실제보다 다소 과장된 성병 슬라이드를 보여주었다. 하지만 청소년들이 성병을 확인하려면 무엇을 찾아보아야 하는지에 대해 가르친 경우는 거의 없었다. 예를 들어 자궁경부암과 상관관계가 있다고 여겨지는 인유두종바이러스에 의한 음부 사마귀는 처음부터 활짝 핀 콜리플라워 모양으로 시작되지 않으며, 처음에는 그저 작은 돌기로 시작한다.[15]

좋은 성교육 선생님이라면 이렇게 말할 것이다. "여러분이 임신이나 성병이 잠재되어 있는 성행위를 해서 일어나게 될지도 모르는 실재적 위험들에 대해 건강하게 이해했으면 좋겠습니다." 이에 비해 혼외정사에는 언제나 위험이 도사리고 있지만 결혼 내에서는 그렇지 않다는 식으로 묘사하는 것은 우선 부정확하다. 더 중요하게는, 청소년들은 자신이 무소불위의 힘을 가졌다고 믿는 경향이 있기 때문에, 위험에 대한 인식과 대처 행동 간의 간격이 커서 (위험한) 성행위를 기피하지 않는다는 것이다. 따라서 위험에 대한 인지가 청소년들의 섹스를 방지해줄 것이라는 생각은 어리석기까지 하다.

청소년들은 성행위에 따르는 위험을 알 필요가 있다. 물론이다. 하지만 다른 피임 도구와 함께 콘돔을 사용하고, 성관계를 갖는 파트너 숫자를 줄이고, 정기적인 성병 검사 같은 것을 통해 이러한 위험을 줄이는 방법 또한 알 필요가 있고, 그럴 권리가 있다.

더군다나 청소년들에게 부정확하거나 과장된 정보를 주는 것은 결코 적합한 행위가 아니다. 그것은 마치 건강한 식습관을 가르치기 위해 '초콜릿 속에 벌레가 있다'라고 말해서는 안 되는 것과 같다. 섹스는 항상 나쁘고 위험하다고 말해주는 것만으로는 책임 있는 행동을 가르칠 수 없다. 어쨌거나 아이들은 시도해보게 되어 있고, 제대로 준비되지 않은 채 성행위를 하게 될 것이며, 그래서 우리가 거짓말했다는 것을 알게 될 것이다.

그렇기 때문에, 기다리겠다는 약속을 하도록 만들어라

'혼전순결' 프로그램을 지지하는 사람들이 자주 채택하는 전략 중 하나가 처녀성 서약이다. 많은 커리큘럼들이 결혼할 때까지 처녀로 남겠다는 서약을 하도록 요청하는 것으로 끝나곤 한다. 덧붙여서, '기다리는 사랑의 진실(True Love Waits)' 같은 조직(이것은 남침례회과 연계되어 있다)들과 '순결반지(Silver Ring Thing)'는 대규모 이벤트를 전국적으로 진행했으며, 이때 청소년들은 결혼하는 첫날밤까지 섹스를 하지 않겠다는 서약을 하도록 요청받았다. 이런 행사들은 항상은 아니었지만 사실상 자주, 행사가 가지는 종교적 색채로 인해 마치 결혼식처럼 보였으며, 아버지와 딸 사이에 반지 교환이 이루어졌다. 몇몇 의식에서는 처녀성을 유지했다는 증거로 딸이 진짜 결혼식을 할 때 아버지가 그 반지를 없애기도 했다.[16]

이 의식은 처녀성 서약이 별 효과가 없다는 연구 결과가 발표된 이후에도 여전히 인기를 끌었다. 서로 다른 두 연구에서, 비어맨과 브루크너는 처녀성 서약의 효과가 없다고 밝혔다. 특정한 조건에서 서약을 했던 아이들 일부가 18개월이나 섹스를 미루기도 했지만, 그러한 서약을 했던 청소년의 명백한 대다수(88%)가 결혼 전에 성적으로 활발해졌다. 하지만 더 골치 아픈 것은 서약을 했던 청소년들이 성적으로 활발해지게 될 경우, 서약을 하지 않은 또래들에 비해 피임을 하지 않을 확률이 더 높았다는 것이다. 또 성병 감염률은 서약을 하지 않은 또래들과 거의 비슷하게 나타났다.[17]

이 연구는 청소년들이 무슨 이유로 서약을 지키지 않았는지, 그리고 왜 피임을 하지 않았는지에 대해 직접 물어보지는 않았다. 하지만 우리는 이것을 여러 수준에서 이해해볼 수 있다. 첫째, 25세 이후까지 계속될지 모르는 구속 결정(binding decision)을 15세에 하라고 요청한다는 것이 너무나 비현실적이기 때문일 것이다(초혼 평균연령은 남성은 28세 이상, 여성은 26세 이상이다). 10년이라는 세월 동안 사람들은 많이 성장하고 변한다. 이 시기의 10년이 특별한 것은 청소년들이 부모와 함께 사는 아동에서 독립된 성인으로 이행하기 때문이다.[18] 다음으로 콘돔을 사용하지 않겠다는 결정에 대해 말해보면, 이것은 아마도 인간 본성의 허술한 한 측면의 반영이 아닐까 싶다. 만약 서약을 한 청소년이 콘돔을 가지고 다니고 심지어 그것을 사용한다면, 그것은 애초부터 약속을 깨려고 계획하고 있었다는 증거로 보일 수밖에 없다. 이런 딜레마적 상황에서 청소년들은 "어쩌다 보니 이렇게 돼버렸네"라고 말하는 것이 더 낫다고 선택하는 것 같고, 그런 경향성이 있는 것 같다.

다시 말하지만, 위에서 말한 이유들은 왜 처녀성 서약이 먹히지 않는지에 대한 우리의 직감일 뿐이다. 하지만 서약이 소용없다는 것은 연구들이 증명해주고 있다.

무슨 일을 하든지 간에, 아이들에게 콘돔은 주지 마라

포괄적 성교육 프로그램 지지자들은 사람들로부터 "당신들이 콘돔을 나누어 주는 행위는 청소년들에게 섹스를 해도 좋다는 면허를 주는 것과 같다"는 비판을 자주 받는다. 즉, 어른들이 콘돔 사용을 허락하게 되면 청소년들은 '혼전순결'에 대해 무슨 이야기를 듣든지 상관하지 않게 되고, 고려할 가치가 없는 것으로 여기게 되어서 마치 토끼들처럼 성관계를 갖기 시작할 것이라고 말한다. 다행히 좋은 소식이 있다. 우선 이러한 이론은 검증하기가 쉽다는 것이고, 더 좋은 것은 이런 주장들이 진실과 다르다는 것이 이미 증명되었다는 것이다.

1990년대 후반, 뉴욕시와 시카고의 고등학생을 비교한 연구가 있었다. 뉴욕시의 프로그램은 학생들에게 콘돔을 제공한 반면, 시카고는 제공하지 않았다. 두 도시에서 학생들의 성행위는 비슷하게 나타났다(시카고는 60.1%였고, 뉴욕시는 59.7%였다). 한편 콘돔 사용이 가능한 뉴욕시 프로그램에 속한 학생이 자신의 마지막 성관계에서 콘돔을 사용할 확률(60.8%)은 콘돔 사용이 가능하지 않았던 시카고(55.5%)보다 높게 나타났다.[19]

이와 비슷한 연구가 매사추세츠에서 고등학생 4000명 이상을 대상으로 진행된 적이 있다. 이 역시 콘돔 사용의 가능성을 기준으로 학교를 구분해 비교했다. 연구 결과, 콘돔 사용이 가능한 학생들이 콘돔의 원리와 사용에 대해 배울 확률이 더 높은 반면, 성 경험의 전체 횟수나 최근 성 경험은 더 낮게 나타났다. 또 성적으로 활발한 학생들을 놓고 볼 때, 비록 콘돔 이외의 피임 방법을 사용할 확률이 더 낮긴 했지만, 콘돔 사용이 가능한 프로그램이 있는 학교의 학생들이 그렇지 않은 학생들보다 가장 최근 성교에서 콘돔을 사용할 확률이 두 배 높은 것으로 나타났다.[20] 이는 세계보건기구의 문헌 조사에서도 확인되는데, 이 보고서는 피임 서비스에 대한 접근성이 성행위를 증가시키지 않음을 명확히 했다.[21]

성 건강 서비스에 대한 접근성이 청소년들의 성행위를 증가시킬 것이라는 논쟁은 청소년들로 하여금 콘돔과 피임약에서부터 비상피임약이나 HPV 백신(인유두종바이러스 백신)에 이르는 그 모든 것들에 접근하지 못하게 하려는 시도로 사용되어왔다(이는 여성에게도 꼭 같이 적용된다). 세부적인 주제를 떠나서, "청소년과 여성들에게 스스로를 보호하도록 허락해주면 이들의 성생활은 문란해질 것이다"라는 식의 주장과 논쟁들은 한마디로 터무니없다. 그리고 이것이 틀렸다는 사실은 여러 차례에 걸쳐 밝혀져 왔다. 이를 반박하기 위한 표현들 가운데 우리가 좋아하는 것이 하나 있다. 우리가 만났던 청소년들 중 한 명이 말한 것인데, 콘돔을 주지 않겠다는 것은 '불을 내지 않을 것이 확실하기 때문에 소화기를 주지 않겠다'는 것과 꼭 같다는 것이다(이 논쟁에 대해 더 많은 것을 알고 싶다면 신화 32를 참고하시라).

성교육은 100년 이상의 논쟁거리였으며, 이내 끝날 것 같지도 않다. 우리의 안타까움이 더 큰 것은 학교 성교육(포괄적 성교육)을 반대하는 데 사용된 논거들이 기껏해야 허울뿐인 연구 결과들의 반복이기 때문이다.

신화 47

섹스를 많이 하는 남자는 종마, 섹스를 많이 하는 여자는 헤픈 여자

사회적으로 섹스에 대해 이중 잣대가 있으며, 사람들은 이를 부정하려 들지도 않는다. 남자들이 섹스를 더 많이 원하고 실제로 더 많이 섹스를 하고 있고, 나아가 이로 인해 박수갈채를 받는다는 사실이, 뭐랄까, 사회의 무의식적 차원에서 '이해'되고 있다. 이에 비해 여자들은 성적으로 새침떨기와 헤픈 여자 사이에서 줄타기를 하도록 강요받는다. 사회에는 "여성의 성생활이 어느 정도를 지나면 지나치다"라고 말해주는 규칙이 있다. 하지만 이것은 거의 언제나 불문율의 형태를 띠고 있어서 최소한 그 일이 발생할 때까지는 표현되지 않는다. 오직 여성이 그 선을 넘어설 때 모습을 드러내고, 처벌을 내릴 뿐이다. 반면에 남성들은 만나는 모든(혹은 거의 모든) 여성과 매 순간 섹스를 나누고 싶어 한다는 가설(?) 같은 것이 있어서, 만약 그렇지 않다면 그 남성에게 무언가 문제가 있다고 본다.

이러한 이중 잣대가 존재한다는 것을 부인하는 사람은 거의 없으며, 또 많은 사람들이 불공평하다고 인정한다. 사실, 이중 잣대의 문제는 너무 뻔한 것이어서 이 책을 구상하던 초기 단계에서는 다루려고 하지 않았었다. 우리와 마찬가지로 독자들 역시 "뭐야? 우리도 안다고, 그럼 나쁘지, 알고말고"라고 말할 것임에 틀림이 없다. 이 책을 읽고 있는 독자들을 포함해 많은 사람들이 이 신화에 이미 익숙해 있고, 또 문제시하고 있다고 믿는다. 하지만 이 신화가 가지는 힘은 그 집요함에 있다. 우리의 세계관 속에, 우리 자신이 속한 젠더와 그 반대편의 젠더를 가진 사람들과 벌이는 일상의 교섭 속에 너무나 뿌리 깊게 각인되어 있어서 지난 수십 년간 그 존재와 문제점이 꾸준히 인식되어왔지만 여전히 그 영향력을 발휘하고 있는 것이 문제인 것이다. 대학생들과의 대화를 통해 우리는 특히 젊은 여성들이, 헤픈 여자라는 개념을 떨쳐버리고 그 말이 주는 속박에서 벗어나는 데 어려움을 겪고 있다는 사실을 알고 놀라움을 금치 못했다. 이 개념은 성적 과잉에 대한 자신의 주관적 기준에 기초해 다른 여성들을 폄하하게 만들어 결과적으로 모든 여성들에게 상처를 주게 되는데, 그럼에도 젊은 여성들이 자기 또래를 자주 이런 식으로 부르고 있다. 이러한 이유로 우리는 이중 잣대의 문제가 그리 신선한 주제가 아님에도, 아니면 바로 그렇기 때문에 이 책에 포함시켜야 한다고 결정했다.

47번째 신화로 성적 이중 잣대를 살펴볼 것이다. 성적 이중 잣대가 어디에서 시작되어 어떻게 구성되었는지 질문할 것이며, 남녀 모두의 이미지와 행동에 얼마나 위험하게 작용할 수 있는지에 대해 이야기하려 한다. 이에 대한 논의가 적어도 반세기 이상 지속되어오고 있음에도(우리가 인용한 논문 중 하나는 1959년에 쓰였는데, 중요한 것은 이것이 이 주제에 대한 최초의 논문이 아니라는 것이다), 우리가 이해하기에 이 신화를 완전히 궤멸하는 유일한 방법은 이를 계속해서, 끊임없이 이야기하는 것뿐이다.

처음에는

사회가 고집스럽게 지켜내고 있는 성적 이중 잣대는 영국에서 수세기에 걸쳐 깊게 뿌리내렸고, 전반적인 젠더 불평등에서 뻗어 나와 다방면으로 발전해나갔다. 1923년, 어떤 정치가는 다음과 같이 말했다. "여성의 순결은 세상이 시작된 이래로 인간 본성을 안내해온 별과 같다. …… 우리는 그 지고한 순결의 별에게 경건하게 머리를 숙이며 노래와 시로 이를 찬양한다. 하지만 그 어떤 평범한 남자도 자기를 그러한 후광 속에 안치한 것에 대해 감사할 것 같지 않다."[1]

우리는 최근까지 여성에게 권리란 것이 거의 없었다는 사실을 또렷이 기억해야 한다. 여성들은 투표할 수 없었고, 재산을 가질 수 없었으며 실제로는 아버지나 남편의 재산으로 간주되었다. 여성의 덕성은 상품으로 간주되었고 그래서 결혼 바깥의 섹스를 통해 미덕을 파괴하는 일은 본질적으로 다른 남성의 재산을 파괴하는 것이었다.

사실 일부 학자들은 여성들의 혼외정사를 방지하기 위한 일련의 처방들이 재산권에 대한 염려로부터 탄생한 것이라고 믿는다. 여성들은 혼전 혹은 혼외정사를 통해 임신할 가능성이 있고, 이렇게 될 경우 상속의 계보를 확정하기 어렵게 된다. 1930년대에 한 전문가는 여성들이 간통해서는 안 되는 이유와 남성들이 간통해도 용서받을 수 있는 이유에 대해 다음과 같이 적고 있다.

> 자손에 대한 혼동은 범죄의 본질을 구성한다. 그래서 결혼 서약을 깨는 여성은 그렇게 하는 남성보다 훨씬 더 죄가 크다. 확실히 하느님의 눈으로 볼 때 남자는 죄인이다. 하지만 부인을 모욕하지 않는다면, 그다지 물질적인 손해를 입히는 것은 아니다. 예를 들어, 만약에 그저 음탕한 성욕 때문에 남편이 아내의 하녀와 몰래 놀아났다면 …… 현명한 부인은 남편의 외도로 스스로를 괴롭히지 않는다. …… 그 남자는 부인의 품에 사생아를 안기지는 않는다.[2]

그 시절엔 이런 생각이 통했고, 규칙 속에 배어 있었다. 남자는 배우자의 간통을 이유로 이혼을 허락받을 수 있었지만, 여성은 그렇지 않았다. 토머스는 1832년에 있었던 어떤 부인에 대한 판례 하나를 예로 들었다. 그 부인은 남편이 신혼 첫날밤부터 다른 여자들과 잠자리를 하기 시작해서 마침내 하녀 모두와 성관계를 맺었고, 그 가운데 한 명은 임신을 했기 때문에 이혼하고 싶다고 요청했다. 법정은 그녀의 탄원을 기각하면서 남편을 용서해야 한다고 말했다. 만약 반대의 상황이었다면? 그 남편에게도 부인에게 명령했던 것과 똑같은 행동, 다시 말해 그녀를 용서하라고 했을까? 절대, 결코 그렇지 않았을 것이다.

토머스는 성적 이중 잣대에서 작동하는 역할 속성을 지적하면서, 상류 계급이 더 많은 재산과 직위를 가져서 잃을 것이 더 많았던 관계로 이런 행동 규칙을 훨씬 더 단단히 지켰다고 설명했다. 이에 비해 중산계급은 외도가 남자나 여자 모두에게 해롭다는 좀 더 평등한 시각을 지니고 있었다.[3]

나쁜 여자들만 그런 짓을 한다

1800년대와 1900년대 초에 여성의 순결에 쏟아졌던 관심 가운데 더 재미있는 사실들 가운데 하나는 이 시기에 매춘부의 역할이 공적으로 인정되었다는 것이다. 1841년 런던 경찰청장은 런던에만 3325개소의 사창가가 있다고 추산했다. 남자들은 순결을 지킬 수도, 또 충직할 수도 없기 때문에 매춘부들은 이를 위한 공적 서비스를 제공하고 있는 것으로 여겨졌다. 하지만 매춘부들은 갖은 멸시를 받았다. 매춘부들을 '그 이름을 부르기가 수치스러운 불행한 사람들'로 언급한 후에, 렉키[4]는 다음과 같이 적고 있다. "그녀들 스스로는 악덕의 최고 형태이지만, 궁극적으로는 가장 효과적인 미덕의 수호자이다. 그녀들이 없다면, 수없이 많은 행복한 가정의 넘볼 수 없는 순수성이 오염되고 말 것이다." 똑같은 생각이 성 아우구스티누스에 의해 옹호되었는데, 그는 다음과 같이 적고 있다. "세상살이에서 매춘부를 없앤다면, 세상은 욕정으로 가득 차서 이내 타락하게 될 것이다."[5]

이 말이 매혹적으로 와 닿을 만큼 우리를 놀라게 하는 것은 이것이 '그렇게 하지 않는 착한 여자'와 '그렇게 하는 나쁜 여자'로 여성을 이분화하는 오늘날의 이분법과 너무나 유사하기 때문이다. 이런저런 이유로 매춘부라는 말이 '헤픈 여자(slut)'로 바뀌어온 것 같다. 에밀리 화이트[6]는 그녀의 책 『방탕한 소녀들: 십 대라는 집단 그리고 헤픈 여자 신화(Fast Girls: Teenage Tribes and the Myth of the Slut)』에서 고등학생들이 어떻게 헤픈 여자의 전형을 만들어냈고, 보편화했는지에 대해 이야기한다. "소설에 등장하는 소녀들의 이름과 별명이 때에 따라 달라지기는 하지만, 또 종종 그녀들이 처한 상황에 따라 소문의 내용이 달라지기는 하지만, 성적으로 문란한 여성에 대한 신화는 일정한 틀을 가지고 유지된다. …… 이 이야기는 특유의 어조, 한눈에 알아볼 수 있는 특징들 그리고 분명한 도덕을 가지고 있다."[7] 더 나아가 화이트는 일단 헤픈 여자라는 딱지가 붙게 되면 이것이 십 대들의 인기와 성생활이라는 연속체에서 일부를 차지하게 된다고 설명한다.

> 그녀를 서로가 잘 알고 있는 사람들 사이로 데려가라. 그러면 모든 사람들이 단번에 자신들이 공통점을 가지고 있음을 알게 될 것이다. 이 단어가 갖는 도발적인 힘과 그 뒤에 숨겨진 신화의 지속적인 생명력은 헤픈 여자가 괴물이 아니라 하나의 상징임을 드러낸다. 그녀는 무의식으로 가는 창이며, 또 그 시대 문화가 여성에 대해 어

떤 꿈을 꾸고 있는지를 판독하는 수단이다. 우리 문명화된 사람들은 그런 꿈을 꾸어서는 안 된다고 배웠지만 말이다.[8]

헤픈 여자는 오늘날의 고등학교에서 1830년대의 런던 매춘부들과 비슷한 목적을 수행한다. 그녀들은 사람들로 하여금 사회적으로 수용되지 않는 행동선을 넘지 못하게 한다. 물론 화이트는 고등학교 때 헤픈 여자라고 불렸던 소녀들과의 인터뷰를 통해, 그런 별명이 잘못된 정보, 빈정거림, 유언비어에 바탕을 두고 지어진 것임을 알게 되었다. 헤픈 여자라는 딱지가 붙은 여자들 가운데 많은 사람들이 전혀 다른 이유로 따돌림을 받았다. 즉, 평판이 나쁜 지역 출신이거나, 그 학교에서 유일한 특정 인종 혹은 민족 출신이라는 이유로 말이다. 또 어떤 소녀들은 단지 또래들 가운데 처음으로 사춘기를 경험했다는 이유로, 또 어떤 소녀들은 나머지 소녀들에 비해 좀 더 빨리 여성스러운 몸매를 가졌다는 이유로 그런 별명을 달아야만 했다.

그렇지만 더 혼란스러운 것은 일단 이런 별명을 갖게 되면 어느새 이것이 진실로 변해버리는 일이 자주 일어난다는 것이다. 자기충족적인 예언처럼, 이 여성들은 "네가 그렇게 행동했어"라는 또래들의 말을 그대로 수용하고 또 그렇게 행동하기 시작한다. 그래서 이들의 자존감은 너무 쉽게 곤욕을 치른다. 자신이 자기네 학교의 헤픈 여자라고 말하는 수많은 아이들을 인터뷰한 후, 화이트는 다음과 같이 지적했다. "성욕 과잉의 여성을 궤멸시키는 우리의 문화는 고등학교에서 헤픈 여자로 지목받은 소녀들을 자주 자멸하고 싶게 만들어버린다."[9] 그녀와 이야기를 나누었던 여성들 가운데 많은 아이들이 자살 시도나 정신병동 수감 경험을 이야기했다. 그리고 고등학교에서 얻었던 헤픈 여자라는 낙인의 영향은 대부분 성인이 되어서까지 지속되었다.

이중 잣대는 모든 사람들에게 영향을 미친다

헤픈 여자 신화는 그러한 낙인을 껴안게 된 사람들에게만 영향력을 행사하지 않는다. 또 여성들에게만 영향을 끼치지도 않는다. 우리는 이중 잣대가 생물학적 거짓말에 크게 의존하고 있음을 우선적으로 알아차려야 한다. 이중 잣대의 이면에는 '남자들은 격심한 호르몬 흐름 때문에 섹스를 자제할 수 없다'는 생각이 숨어 있다. 반대로 여성들은 섹스에 대해 그 어떤 자연발생적인 욕구도 없다고 생각된다. 여자들은 그저 자기 남자를 기쁘게 하고, 아이를 임신하고, 사랑하고 싶어서 섹스를 할 뿐이지, 자연발생적인 육체적 욕구 같은 건 없다. 이와 같은 설명을 1871년 왕립위원회가 "매춘부는 처벌받아 마땅하지만 그녀들을 방문했던 남성들에게는 그럴 필요가 없다"라고 한 것에 견주어보자. "한쪽은 이익을 얻고자 했기 때문에 성범죄가 성립된다. 나머지 한쪽은 자연스러운 충동으로 인한 일시적 방종일 뿐이다."[10] 이에 대한 좀 더 현대적인 설명은 '혼전순결' 프로그램에서 들을 수 있다. "젊은 남성의 자연스러운 섹스 충동은 남성 호르몬인 테스토스테론 때문이며 이것은 너무나 강력하다. 반면 여성들이 가지는 성적 환상은 문화적으로 조건화된 것일 뿐이다."[11]

이것은 그야말로 사실이 아니다. 여성들 역시 성욕을 타고난다. 그럼에도 이 신화는 너무나 오랫동안 그 논리를 영속시켜온 덕분에 오늘날에도 여성들을 '성의 문지기 역할'을 하도록 만드는 데 일조하고 있다. 소년들은 어디까지나 소년일 것이기 때문에 그들을 멈추게 할 수는 없으며, 그러므로 이 임무를 수행할 수 있는 것은 소녀들이라는 논리이다. '혼전순결' 교과서는 이렇게 말한다. "하지만 여자는 일반적으로 신체적 흥분이 상대적으로 느리게 진행되기 때문에, 남자의 속도를 줄임으로써 관계의 균형을 깨닫도록 돕기에 적당한 위치에 있다."[12]

이것의 함축적 의미가 끼치는 영향은 광범위하다. 이것은 다른 신화에서 이야기했던 강간 문화의 일부를 이룬다(강간 문화에 대해 이해를 넓히고 싶다면 신화 40과 44를 참고하시라). 야한 옷차림을 하고, 술을 많이 마시고, 지나치게 시시덕거리는 여자는 문지기로서의 자기 역할을 거부하는 것으로 비치고, 그 결과 '그걸 요구하는 것'이 된다.

여성의 성욕을 부정하는 것은 또한 여성들을 무성적 존재와 성적 과잉 사이에서 아슬아슬하게 줄타기해야 하는 어색한 입장에 놓이게 한다. 근본적으로 우리는 여성들에게 이렇게 말해왔다. "여자들 스스로는 섹스를 원하지는 않아. 하지만 남성을 위해 섹시할 필요는 있어"라고 말이다. 톨먼[13]은 그녀의 책 『욕망의 딜레마: 성에 대한 십 대 소녀들의 이야기(Dilemmas of Desire: Teenage Girls Talk About Sexuality)』에서 이것을 다음과 같이 설명했다. "우리는 청소년기의 예정된 한 부분인 성적 열망을 사실상 존재하지 않는 것으로 만들고, 신체에서 일어나는 성적 느낌을 관계와 정서적 교감에 대한 욕구로 대체시킴으로써 소녀들을 기본적으로 무성적인 존재로 만들어왔다."

물론 여자 청소년들은 진정으로 섹스를 갈망하고 또 실제로 섹스를 한다. 톨먼[14]은 "그냥 그런 일이 벌어졌어요"라는 대사는 젊은 여성들이 자신의 욕정을 감추기 위해 고안된 것일 뿐이라고 말한다. 그녀는 다음과 같이 적고 있다. "섹스를 하고 나서 '그냥 그렇게 됐다'고 말하는 것은 사춘기 소녀들이 자신의 성 경험을 이해하고 묘사하는 데 사용 가능하고 동시에 사회로부터 수용 가능한 몇 안 되는 대사들 중 하나이다. …… 착하고, 단정하고, 정상적인 여자들은 스스로 성적 감정을 느끼지 않는다는 세상에서 이것은 소녀로서 말할 수 있는 몇 안 되는 품격 있는 대사 중 하나인 것이다."

그렇지만, 그저 그렇게 일어나버린 섹스는 대부분 보호되지 않은 섹스이다. 왜냐하면 만약 당신이 미리 준비를 했다면, 다시 말해 핸드백 속에 콘돔을 챙기고 있다면 이런 소리가 진실로 들릴 리 없기 때문이다. 신화 46에서, 처녀성 서약(결혼할 때까지 처녀성을 지키겠다는 약속)을 한 청소년 대상 연구는 이들이 서약을 하지 않은 또래들과 똑같은 빈도의 혼전성교 경험을 가지고 있음을 보여주었다(이들의 88%가 혼전 성관계를 갖는다). 하지만 이들이 성적으로 활발해졌을 때, 그렇지 않은 또래들에 비해 콘돔이나 다른 피임 기구를 사용할 확률은 더 낮았다.[15] 이 연구가 그 이유까지 밝히지는 못했지만, 우리는 그 이유를 쉽게 추측해볼 수 있다. 당신이 만약 섹스하지 않겠다는 서약을 했고, 거기에 푹 빠져 있다가 '그냥 그렇게 됐다'면 적어도 스스로를 납득시킬 정도는 되어야 하고, 또 주변 사람들에게 처음부터 약속을 지키지 않을 작정은 아니었다는 것을 보여줄 정도는 되어야 한다. 만약 콘돔 사용으로 이것이 사전 계획된 것으로 드러나게 되면 책략은 산산이 부서지고 만다. '착한 여자들은 하지 않는다'라는 메시지를 주입받아온 젊은 여성들에게도 이 논리는 똑같이 진실이 되고 만다.

이 메시지는 남자들에게도 그리 득이 될 것이 없다. '모든 여자들한테서 섹스를 갈구한다'는 남성 이미지는 남자 청소년들의 행동을 더 나쁘게 바꿀 수 있어서 상대적으로 덜 달가운 종류의 것이다. 연구를 통해 우리는 젊은 여성이 많은 파트너를 가지게 되면 헤픈 여자라는 꼬리표를 달게 되고, 젊은 남성은 성적 파트너 숫자가 증가하는 만큼 인기가 높아진다는 사실을 확인했다. 이러한 까닭에 충분한 성적 파트너를 갖지 못한 소년들이 곤경을 겪는다는 사실은 놀랍지도 않다. 한 사람을 친구로 여기는 동료의 숫자를 기준으로 개인의 인기를 측정한 연구가 있었다. 이 연구에서 8명 이상의 성적 파트너를 가진 여자들은 친구가 거의 없었다. 하지만 남자는 달랐다. "성 경험이 부족한 소년들은 한 명 혹은 그 이상의 성 파트너를 가진 소년들에 비해 훨씬 인기가 적었으며, 더 많은 숫자의 파트너가 더 많은 인기와 연관되어 나타났다."[16]

얼핏 젊은 남자들은 이런 사실을 좋아할 것처럼 보이지만, 사실 압박으로 느끼고 있다. 톨먼[17]은 "만약 어떤 소년이 여자에게 아무런 흥미도 보이지 않은 채 사춘기 중반에 이르게 되면 주변 사람들은 그의 남성성과 성적 지향성을 놓고 걱정하기 시작할 수 있다"는 점을 지적했다. 소녀가 섹스를 너무 많이 하게 되면 헤픈 여자라고 불리지만, 소년이 충분히 섹스를 즐기지 않으면 종종 '호모'라는 딱지가 붙게 된다. 화이트[18]는 다음과 같이 말했다. "사람을 배척하는 가장 집요한 형태 가운데 하나가, 헤픈 여자 이야기를 제외한다면, 누군가를 호모라고 부르는 것이다. 호모 혹은 계집 같은 사내로 여겨지는 소년들은 헤픈 여자들이 참아내야 하는 것과 비슷한 조롱을 끈질기게 받게 된다. 내가 인터뷰했던 소녀들처럼 호모라고 여겨지는 소년들은 자신이 예측할 수 없는 폭력의 끝판을 경험하고 있으며, 자신이 성적 무지로 똘똘 뭉친 기묘하기 짝이 없는 내용들로 날조된, 놀랍도록 상세한 유언비어의 주인공이 되어 있음을 발견하게 된다."[19]

이러한 딱지는 더 폭넓게 영향을 미친다. 이런 구조 속에서 게이가 되는 것은 명백히 불리하기 때문에 남자들은 자신의 남성성을 증명하기 위해 필사적이 된다. 성적 이중 잣대는 모든 사람을 이성애자로 가정한다. 그뿐만 아니라 사람은 모두 이성애자이어야 한다는 생각을 영속화하는 기능이 있다. 이런 이유로, 그렇지 못한 사람들에게 부정적인 영향을 미친다.

이제 변해야 한다

시대가 변했고, 경쟁의 장은 공평해졌고, 섹스를 너무 많이 한다는 것 때문에 여자들이 벌 받지 않게 되었으며, 또 섹스를 너무 적게 한다는 이유로 남자들이 배척당하지도 않는다고 말할 수 있으면 좋겠다. 하지만 이것은 사실이 아니다. 2012년 건강보험이 피임 도구를 무료로 제공하는 것을 두고 사회적으로 논쟁이 벌어졌는데, 라디오 진행자이자 유명한 보수주의자인 러시 림보 덕분에 이 문제는 전국 수준에서 관심을 끌며 언론의 헤드라인을 장식하게 되었다. 또 공화당 주도의 하원이 여성을 단 한 명도 포함하지 않은 채 청문회를 소집했을 때, 민주당은 민주당 식의 청문회를 열기로 결정했다. 초대된 게스트 가운데 한 명이었던 법대생 샌드라 플루크가 자신이 다니는 학교가 종교적인 이유로 피임약 제공을 거부하고 있고(그녀는 예수회의 조지타운대학 로스쿨에 다니고 있었다), 이것이 자신과 동료들에게 어떤 문제를 주는지를 설명하고 있었다. 이때 림보가 느닷없이 그녀를 헤픈 여자라고 불렀다. "보세요, 이런 것들이 그녀를 어떻게 만들고 있죠? 헤픈 여자로 만들고 있어요, 그렇죠? 이런 것들이 저 여자를 매춘부로 만듭니다. 저 여자는 섹스를 하고 대가를 바랍니다." 림보는 계속해서 "저 여자는 섹스를 너무 많이 해서 피임약을 살 형편이 안 되는 겁니다"라고 말했다.[20]

그의 말은 피임에 대한 완벽한 무지를 보여주었을 뿐만 아니라(약이나 자궁 내 피임장치 같은 처방에 의한 피임 기구들은 섹스를 더 많이 한다고 해서 비용이 증가하는 것이 아니다), 플루크를 비롯한 모든 여성에게 이루 말할 수 없는 무례함을 보여준 사건이었다. 게다가 이것은 임신과 연관된 남성 역할과 책임에 대해 완전한 면죄부를 던져주는 것이기도 했다. 설마 남녀가 성관계를 가질 때 여자만 피임할 필요가 있다고 생각한 건 아니겠지? 그리고 이 남자들은? 이들은 공짜 피임기구로 인해 이득을 보고 있는데도 왜 헤프다고 욕먹지 않는 걸까?

적어도 젊은이들, 특히 대학생들의 성관계에서 젠더 역할이 느슨해지고 있다는 의견들이 있다. 일부에서는 새로운 '훅업' 문화가 섹스를 낭만적 연인 관계를 대체하거나 이에 우선하는 것으로 상정함으로써, 여성의 성적 욕망과 주체성에 대한 주장을 가능하게 함으로써, 여성들에게 캐주얼섹스를 원하거나 즐길 권리를 줌으로써, 남자와 여자 사이의 성관계를 평등화하고 있다고 말한다. 아직 연구자들은 훅업 문화에 이중 잣대의 흔적이 있다고 말하고 있긴 하다.

라이드 외[21]는 273명의 대학생을 모집해 이성애자 훅업에 관한 이야기 하나를 읽어주었다. 이야기는 어떤 남자와 여자가 파티에서 만나 하룻밤의 격정적인 섹스를 가졌다는 내용인데, 며칠 후 한 사람이 전화를 걸어 데이트를 했지만, 그들은 굿바이 키스만 하고 섹스는 하지 않았다. 이때 연구자들은 서로 다른 방법으로 이야기를 읽어주는 실험을 했다. 한 가지는 여자를 공격적으로, 나머지는 남성을 공격적으로 그려서 읽어준 것이다. 연구자들은 "학생들 대부분이 훅업에서 나타나는 여성들의 성적 주체성과 욕망을 인정하고 있으며, 또 남자들이 훅업 이후 관계 지속에 대해 관심이 있다고 인정했다"라고 전해준다. 반면 학생들이 섹스 없는 데이트를 선택한 이유를 추측함에 있어서는 역시 '헤픈 여자' 개념이 활발하게 작동하고 있음을 알 수 있었다. 남학생 그리고 여학생 모두 그 여자가 훅업으로 인해 부끄럽거나 당황스러웠을 것이고, 또 '창녀'나 쉬운 여자로 보이고 싶지 않았기 때문에 정작 데이트가 시작되자 섹스를 하려 들지 않을 것이라고 말했다.[22] 훅업은 딱 한 번 그리고 익명성이 제대로 보장될 때에만, 안전하고 평판을 해칠 위험이 없기 때문이다.

훅업 파트너와 '실제 생활'에서 교제가 시작되면 낡은 법칙이 여자들을 향해 발길질하기 시작한다. 반대로 남자가 훅업했던 여자와 섹스를 하지 않는 것은 그냥 그 여자와 연애 관계로 발전하고 싶지 않다는 증거이다. 응답자들은 남자가 동정심으로 데이트를 수락했을 뿐이고, 그 여자가 잘못된 생각을 하지 않길 원했기 때문이라고 추측했다.[23]

우리의 희망에도 불구하고 우리 사회는 매음굴로 가득했던 19세기 런던으로부터 그리 멀리 떠나오지 못한 것 같다. 하지만 이처럼 고통스러운 생각으로 이 글을 끝맺지 않기 위해 우리는 시작할 때 했던 것과 꼭 같은 생각을 여러분에게 전한다. 이 신화는 결코 새로운 것이 아니며, 지난 수십 년 동안 많은 주목을 받아왔다. 최소한 이 문제는 널리 인식되어왔고, 또 문제라고 여겨지고 있다. 희망컨대 더 많은 관심과 더 많은 논의를 바탕으로 젊고 새로운 세대가 이런 생각들을 코웃음 한 방으로 날려버리도록 자라서, 결국에는 이 모든 헛소리들이 여성은 투표할 수 없다거나 재산을 가질 수 없다고 말하는 것만큼 바보 같은 소리가 되면 좋겠다.

섹스팅은 십 대들의 유행성 질병이다

동서고금을 막론하고 성인들은 십 대들의 최신 유행 성행위를 접하게 되면, 이것이 얼마나 널리 퍼져 있는지, 또 얼마나 위험할 수 있는지를 놓고 기겁하고 과장하는 경향이 있다. 오늘날 우리 아이들이 하고 있는 행동, 예를 들어 구강성교 같은 행동들은 그리 새로울 것이 없어서 청소년 성 문제를 오래 접해온 사람들이라면 이런 호들갑에 그저 웃고 말 수밖에 없다. 구강성교에 대한 염려의 원인을 예로 들어보자면, 우선 30년 전에 그랬던 것보다 더 많은 청소년들이 구강성교를 하고 있기 때문일 것이다. 혹은 우리 사회가 과거에 비해 이에 대해 이야기할 의향이 더 커졌기 때문일지도 모른다(대부분의 경우 후자에 해당한다). 이에 비해 섹스팅(sexting)은 이를 가능하게 한 테크놀로지가 최근까지는 불가능했기 때문에 완전히 새로운 현상이다. 20년 전의 음란 메시지 교환은 고작 수업 시간에 건네는 쪽지 수준이었고, 최악의 경우 자동응답기에 기록된 음성 메시지 정도였다. 누드 사진에 대해 말하자면, 그 당시 당신이 할 수 있었던 최고의 것은 폴라로이드 정도였다. 이처럼 섹스팅은 완전히 새로운 것이어서 오늘날 어른들은 이것을 유행 정도로 이해할 것인지, 아니면 문제시해야 할 것인지를 두고 고심하고 있다.

섹스팅에는 미 하원의원 한 명의 정치생명을 박살내버린 것에서 확인할 수 있듯이, 신경 써서 살펴보아야 할 점들이 분명히 있다. 앤서니 와이너는 뉴욕 제9지역구 하원의원으로서 다소 평이하게 7년을 지냈다. 그러던 2011년 와이너가 자신의 발기된 성기 사진을 시애틀에 있는 한 여대생에게 보내는 사건이 벌어졌다. 그는 물론 이런 사실을 부인했다. 하지만 자신들도 결혼한 하원의원으로부터 음란 메시지를 받았음을 증언하는 여성들이 연이어 나타나 스캔들이 확대되자, 같은 달 후반 와이너는 사임했다.[1] 이후 2013년에 와이너는 뉴욕시장 선거에 출마하려 했다. 처음 여론조사에서는 뉴욕 시민들이 그를 용서하고 투표할 의향이 있는 것으로 나타났다. 이런 상황은 대중이 카를로스 데인저에 대해 알게 될 때까지 계속되었다. 카를로스 데인저는 와이너가 22세의 여대생과 섹스팅을 할 때 사용한 가명이었고, 그는 미디어를 통해 자신이 섹스팅 습관을 완전히 버렸다고 맹세한 이후에도 같은 행각을 벌이고 있었던 것이다.[2] 와이너 스스로는 선거를 포기하지 않았지만, 민주당 경선에서 5% 미만의 득표율로 5위에 머물렀다.[3]

물론 대부분의 청소년들이 정치인이나 고위 공무원들과 같이 높은 수준의 조사를 받지는 않는다. 또 그런 일이 일어날 것 같지도 않다. 하지만 섹스팅이 정치 생명을 끝장낼 정도의 힘을 가진 것이라면, 우리 역시 섹스팅을 막연히 젊은이들의 치기 어린 놀이로 제쳐두어서는 안 되며, 꼼꼼히 살펴볼 필요가 있다. 이것이 바로 우리가 하려는 작업이다. 누가 섹스팅을 하고 있는지, 또 청소년들에게 심리적이든 법적으로든 해로운 일이 발생하지는 않는지 살펴볼 것이다. 주의할 점은 섹스팅이 그저 무해한 놀이인지 아니면, 접근을 금지시켜야 하는 위험 수역인지 그 수수께끼를 다 풀 수 있을 거라고 생각하지 않는다는 것이다. 이는 개인이 처한 상황과 관계에 따라 섹스팅이 미치는 영향과 결과가 달라지기 때문이다. 우리의 목적은 독자들로 하여금 '전송 버튼을 누르기 전에 다시 한번 생각해보시라'는 메시지를 전하는 데 있다.

섹스팅에 대한 통계

다른 성행위들과 마찬가지로 개인이나 특정 집단을 기준으로 섹스팅이 위험한지 아닌지를 결정하기 전에, 연구자들은 얼마나 많은 사람들이 이런 행동을 하고 있는지를 먼저 알아야 한다. 미디어는 우리로 하여금 섹스팅이 전국을 휩쓸고 있다고 믿게 만들지만, 연구 결과들은 섹스팅이 생각보다 훨씬 제한적으로 사용되고 있음을 보여준다.

퓨 리서치 센터(Pew Research Center)는 2009년에 12~17세의 청소년을 전국 단위에서 표집해 설문조사를 했다. 이에 따르면 핸드폰을 소유한 십 대의 4%가 누드나 누드에 가까운 사진을 타인에게 전송한 경험이 있다고 했다. 또 핸드폰을 소유한 십 대의 15%가 그러한 사진을 받은 적이 있다고 했다. 이 연구는 또한

15~17세의 좀 더 나이 든 아이들이 그러한 사진을 주고받은 경험이 더 많다는 사실을 확인시켜주었다. 이들의 8%가 사진을 전송한 경험이 있었고, 30%는 사진을 받은 경험이 있었다.[4] 더 최근의 조사는 10~17세의 전국 단위 대표표본을 대상으로 비교적 비슷한 결과를 얻었다. 이 조사에서 응답자의 2.5%가 (자신을 포함한) 누드 혹은 누드에 가까운 사진이나 비디오를 보낸 경험이 있다고 대답했으며, 받은 경험은 7%에 달했다.[5]

이처럼 전국 단위의 조사들은 고등학생들 사이의 섹스팅이 그렇게 널리 퍼진 것이 아니어서 십 대를 둔 부모들이 안도의 한숨을 내쉬고 긴장을 조금 내려놓아도 됨을 암시한다. 다시 말해 소규모 조사에서 섹스팅 비율이 더 높게 나타난다는 것이다. 예를 들어 2012년에 공립학교에 재학 중인 948명을 대상(주로 15~16세 여성)으로 했던 조사에서는 28%가 문자나 이메일로 자신의 나체 사진을 전송한 경험이 있다고 자기 보고를 했다. 또 31%가 타인에게 음란 메시지를 보내라고 요청한 경험이 있고, 57%는 요청받은 경험이 있었다. 음란 메시지를 발송한 경험에 젠더 차이는 없었지만(소년 27.8%, 소녀 27.5%), 음란 메시지를 보내라고 요청받은 경험은 단연코 소녀들에게서 높게 나타났고(소년 42%, 소녀 68%), 소년들은 요청한 경험이 특히 높았다(소년 46%, 소녀 21%).[6]

이 연구에서 나타난 수치는 대학생을 대상으로 했던 연구에서도 비슷하게 나타났다. 미시간대학 연구자들은 18~24세의 남녀 3447명을 대상으로 한 조사에서 절반 이상인 57%가 섹스팅 사용자가 아님을 확인했다. 하지만 음란 메시지를 받거나 보내본 경험이 있는 사람은 여전히 43%에 달하며, 이 숫자는 고등학교에서 확인된 것보다 높다. 특히 이 연구는 섹스팅 사용자 가운데 28.2%가 쌍방향 사용자임을 보여주었으며, 12.6%는 수신자였고, 2%는 발신자였다.[7]

섹스팅 사용자들은 섹스를 더 많이 할까?

신문 헤드라인은 섹스팅을 하는 십 대들의 섹스 빈도가 얼마나 더 높은지를 두고 몇 달에 한 번씩 비명을 토해낸다. 언론이 전하고자 하는 메시지는 '섹스팅이 이들을 차츰 방탕의 길로 들어서게 해서 십 대들의 섹스를 부추긴다'인 것 같다. 하지만 연구 결과들이 전해주는 이야기는 사뭇 다르다. 청소년기의 섹스팅은 그들이 성적으로 활발하다는 표시일 수는 있다. 하지만 섹스팅 때문에 성적으로 활발해졌다고 말할 수는 없다.

한 조사에서 연구자들은 '청소년 위험행동 조사(Youth Risk Behavior Survey)'에 2차 설문지를 첨부해 로스앤젤레스 통합 교육구의 고등학생들에게 배포했다. 이 조사는 미국질병관리본부의 프로젝트로서 2년에 한 번 전국적으로 실시된다. 그 대상은 고등학생이며, 보호되지 않은 섹스에서부터 자전거 헬멧 사용, 총기 사용에 이르기까지 모든 위험행동에 대한 실태를 파악하기 위해 이루어진다. 2차 설문지는 성행위와 섹스팅에 관한 것이었다. 그 결과 응답자의 75%가 핸드폰을 소유하고 있으며, 매일 사용한다고 보고했다. 핸드폰을 소유한 응답자의 15% 이상이 "성적으로 노골적인 메시지나 사진"을 보낸 경험이 있다고 보고했다. 게다가, 핸드폰을 소유한 응답자의 41%가 구강, 질, 항문을 통한 성교 경험이 있으며, 이 가운데 64%가 마지막 섹스에서 콘돔을 사용했다고 응답했다.[8] 연구자들은 섹스팅을 전송한 경험이 있는 응답자들이 더 높은 빈도의 성교 경험을 가질 확률이 통계적으로 유의미하게 나타났다고 지적했다. 그들은 다음과 같이 결론 내렸다. "우리가 가진 자료는 섹스팅이 성적 위험을 감수하는 것과 관련이 있다고 말한다. 섹스팅은 실제 성행위에 비해 위험 부담이 낮다거나 혹은 성적 위험 부담에 대한 건강한 대안이 될 수 있다고 말하는 연구들과 달리, 섹스팅을 포함하는 성적으로 위험한 행동의 군집현상을 확인했다."[9]

중학생을 대상으로 했던 새로운 연구 역시 같은 결론을 내렸다. 이 연구는 학교 당국에 의해 이미 '위험에 처해 있다'고 판명 난 아이들을 대상으로 했기 때문에, 그 결과를 중학생 전체로 일반화하기에는 어려움이 있을 수 있다. 하지만 다음과 같은 결과들은 눈여겨봄직하다. 먼저 음란 메시지(이 연구는 사진과 성적으로 노골적인 문자 메시지 모두를 포함했다)를 전송한 경험이 있는 학생들이 구강/질 성교, 성기 애무, 섹스친구 등 다양한 종류의 성행위 경험을 보고할 확률이 4~7배 높게 나타났다. 특히 섹스팅 경험이 있는 학생들이 그렇지 않은 또래에 비해 질 성교를 경험할 확률이 5배 이상으로 나타났다. 게다가 자신의 성적인 모습이

담긴 사진을 전송한 경험이 있는 학생들은 메시지만 보낸 학생에 비해 모든 종류의 성 행동(성기 애무만 제외하고)에 참여할 확률이 더 높게 나타났다.[10]

명백히 이러한 결과들은 연구 대상 학생들이 성행위를 하기에 너무 어리기 때문에 걱정을 불러일으키기에 충분하다(청소년들이 섹스를 시작하는 평균연령은 대략 17세이다). 게다가 이들은 임신이나 성행위에 의한 감염 같은 성적인 위험에 노출되어 있다. 예를 들어, 14세 전에 섹스를 하게 되면 처음에 콘돔 같은 보호장치를 사용하지 않을 가능성이 더 높다는 것을 우리는 잘 알고 있다.[11] 그래서 우리는 이런 연구들이 전해주는 결과들을 결코 놓쳐서는 안 되는 것이다.

한편, 우리는 고등학생을 대상으로 했던 연구에서 본 바와 같이 섹스팅이 아이들을 성적으로 활성화했다거나, 혹은 더 위험한 행동으로 옮겨가는 관문의 역할을 한다고 말해서는 안 된다는 점을 명확히 해야 한다. 그 연구를 수행했던 사람들은 "섹스팅이 성행위와 동시적으로 나타나는 것으로 보이며, 그래서 성적 위험에 대한 지표가 된다"라고 결론 내렸다. 그들은 섹스팅이 청소년들이 감수할지도 모르는 다른 위험들을 감지하는 수단으로 사용될 수 있다는 점을 근거로 부모, 교육자, 의사들이 아이들에게 섹스팅에 대해 물어보길 권장했다(부모라면 직접 이를 모니터링할 수 있다).[12]

따지고 보면, 섹스팅과 섹스의 결합은 이해하기 그리 어렵지 않다. 새롭다는 점을 제외하면, 섹스팅은 결국 성행위이다. 이것은 상대를 유혹하기 위한 시시덕거림이며, 상대를 달아오르게 하거나 섹스할 기분이 나게 하려는 데 관심이 있고, 또 그럴 의사가 있음을 나타내는 신호이다. 그래서 성적 파트너가 있고, 이미 다른 성행위를 하고 있는 사람들이 더 많이 섹스팅을 사용하고 있다는 사실은 그리 놀라운 일이 아니다.

섹스팅 사용자들이 '위험한' 성 행동을 더 많이 하는지에 대한 결과들은 아직 일치하지 않는다. 로스앤젤레스 고등학생을 대상으로 했던 연구에서 섹스팅 사용자들이 "마지막 성교에서 보호되지 않은 성관계를 가지는 경향이 있음을 보여주었다".[13] 반대로, 미시간주의 대학생 대상의 연구는 조금은 안심되는 결과를 보여주었다. 지난 30일 동안 성적 활동이 있었던 사람들을 대상으로 했던 이 연구는 "지난 30일간 성적 파트너의 숫자나 보호되지 않은 성적 파트너 숫자에서 섹스팅 집단이 어떤 차이점도 보이지 않았다"라고 밝혔다.[14]

섹스팅의 위험

우리는 지금까지 섹스팅을 성 건강을 해치는 새로운 '위협'이라고 다소 과장되게 분석했지만, 여전히 남는 질문은 '이것이 진짜로 위험한가?'라는 질문이다. 우리가 성행위에 대해 이야기할 때, 그 위험들은 대개 임신하거나 성병에 걸리는 것처럼 알아보기 쉽다. 핸드폰을 통해서는 임신이나 성병에 걸릴 일이 없으므로 (그리고 우리가 이미 확인했듯이 섹스팅이 아이들을 침대 위로 뛰어 올라가게 하지는 않는다)섹스팅 때문에 발생하는 위험들은 그다지 복잡하지 않다. 다른 모든 성행위와 마찬가지로 섹스팅에 관여되는 심리적 요인이 없는지를 찾아보는 것이 해법을 줄 것이다.

미시간대학 연구는 심리적 안정을 측정한 결과, 섹스팅 이용자와 비이용자 간에 차이가 없다고 말한다. 특히 섹스팅 이용자들은 미디어가 만들어낸 이야기가 암시하는 불안, 우울감 증가, 낮은 자존감 등을 보고하지 않았다. 텍사스주의 고등학생들을 대상으로 했던 또 다른 연구는 섹스팅을 하는 십 대들이 그렇지 않은 아이들에 비해 더 충동적이고 술과 약물을 더 많이 사용하거나 우울과 불안 증상을 보이는지 알아보고자 했다. 결과는 복합적이었다. 섹스팅은 충동과 약물, 알코올 사용과 상관성을 보였지만, 정신건강과 상관성을 보이지는 않았다. 연구자들은 다음과 같이 결론지었다. "당분간, 십 대에 초점을 두는 건강 서비스 제공자들은 섹스팅이 다른 위험한 성 행동들을 알려주는 지표로 이해해도 좋다. 하지만 이것이 필연적으로 심리적으로 건강하지 못함을 나타내지는 않는다."[15]

600명이 넘는 18세 청소년을 대상으로 했던 연구에서 잉글랜더[16]는 섹스팅과 정신건강에 대해 중요한 다른 측면의 질문을 제기했다. 먼저 '메시지를 보내도록 강요받은 횟수가 얼마나 되는가?'라는 질문을 제기한 후, 그녀는 응답자들을 세 개의 집단으로 나누었다. 첫째, 음란 메시지를 보낸 경험이 없는 사람들(여성 74%, 남성 67%) 둘째, 강요에 의한 사람들(여성 17%, 남성 8%) 셋째, 아무런 중압

감도 느끼지 않고 섹스팅을 한 사람들(여성 16%, 남성 17%)로 나눈 다음, '그런 경험 때문에 얼마나 기분이 나빴는가?'를 리커트 척도 1~10으로 질문하고 선택하게 했다. 이를 통해 그녀는 강요에 의한 집단과 자발적인 집단 사이에 명백한 차이가 있음을 알았다. 자발적 집단에서는, 79%가 '그다지 기분 나쁘지 않았다'라고 대답했다(1이나 2에 표시). 이에 비해 강요받은 집단에서는 그렇게 대답한 사람들은 17%에 불과했다. 종합해보면, 강요된 섹스팅은 부정적 영향을 미치는 경향이 있음을 알 수 있다.[17]

말할 필요도 없지만, 파트너에게 자신의 나체 사진을 보내도록 강요하는 것은 다른 성행위를 강요하는 것과 마찬가지로 잘못된 것이다. 그렇게 하기가 어렵다는 것을 알지만, 우리는 청소년들에게 어떤 종류의 강압에든 저항할 것을 촉구한다. 당신의 진심은 발송 버튼을 누르지 말라고 말을 하는데 여자 친구가 '제발!'이라고 말하거나 친구가 부추긴다면(잉글랜더의 연구에 따르면 압력의 일부는 친구로부터 온다), 당신의 진심을 믿으라고 말하는 우리의 목소리가 진실이 되게 하자, 제발!

항상 인터넷으로 끝난다

아마 우리 모두가 가장 염려하는 바는 섹스팅 사용자의 정신건강이 아니라 그 사람의 평판일 것이다. 우리 가운데 앤서니 와이너가 받았던 스포트라이트를 경험할 사람은 거의 없겠지만, 우리 모두는 이런 상황을 상상해볼 수 있다. 한 소녀가 누드 사진을 남자 친구에게 보냈었는데, 관계가 불안해지자 갑자기 그 사진을 그가 아는 모든 사람뿐만 아니라 소셜미디어, 인터넷, 문자 메시지를 통해 유포한다.

지금 우리가 알고 있는 가장 잘된 연구들은 이런 상황이 드물다고 말한다. 잉글랜더[18]는 자신의 섹스팅 연구에서 대부분의 영상물(74%)들이 의도했던 수령자 이외의 다른 사람과 공유된 적이 없다고 밝혔다. 10~17세의 전국 대표표본을 조사한 미첼 등[19]의 연구 또한 아주 극소량의 영상물들이 유포되거나 포스팅되었다고 보고했다. 그럼에도 불구하고, 널리 알려진 사이버폭력 사례들을 통해 우리는 최악의 시나리오가 발생할 수 있음을 안다. 사실, 요즈음은 리벤지포르노 전용 사이트가 있어서 헤어진 여자 친구의 나체 사진을 포스팅하도록 장려하고 있을 정도이다. 어떤 사이트들은 개인정보와 심지어 주소까지 수록되어 있다.

이 세계에서 가장 기본이 되는 규칙은 일단 사진이 당신의 핸드폰을 떠나 사이버 공간으로 들어가게 되면, 다시는 그것을 통제할 수 없게 된다는 것이다. 현재의 통계 수치들은 남자 친구나 여자 친구의 핸드폰 속에 들어 있는 사진이나 문자들이 쉽게 사이버 공간으로 유포될 것 같지 않다고 말해준다. 하지만 미래의 어느 날 당신이(혹은 미래의 남편이, 혹은 정말 원하던 직업을 구하기 위해 지금 막 면접을 본 그 남자가, 혹은 당신의 아이가) 어떤 일을 진행하다가 혹은 일련의 사건이나 다른 어떤 것들을 통해 온라인에서 바로 그 사진과 미주치지 않는다는 보장은 없다.

법적 이슈들

만약 사진 속의 인물이 미성년일 경우, 당신이 전송 버튼을 누름으로써 떠안게 되는 잠재적으로 심각한 또 다른 위험이 있다. 사실 섹스팅은 아동 포르노그래피를 억제하기 위해 고안된 미국 연방 법률과 주 법률을 다수 위반하게 된다. '18세 이하 아동의 성기나 음부를 음란하게 보여주는' 영상물을 유포하거나 소지하는 것(기타 여러 가지)은 연방 법률과 주 법률 모두에서 중죄에 해당한다. 단 한 장의 사진을 수령하는 것만으로도 최소 5년의 법정 징역형을 구형받을 수 있다. 게다가 연방법은 '성기나 음부를 음란하게 보여주는' 것을 포함해 성적으로 노골적인 영상물을 생산하는 사람에 대해 특정의 상세 기록을 유지하고, 또 자신의 집을 FBI가 조사할 수 있도록 협조해야 한다고 명령하고 있다. 이를 따르지 않을 경우 중죄가 성립된다. 이 법을 검토하면서, 험바흐는 "십 대들이 필수 기록을 보관할 리 만무하기 때문에, 이 법 하나로 십 대 수백만 명이 중대한 성범죄자가 될 수 있다"라고 지적했다.[20]

원래 이 법률은 약탈적인 성인으로부터 청소년을 보호하기 위해 고안되었다. 그래서 이것이 '아동'에 의해 생산되고 유포되는 '아동 포르노그래피' 사례에도 적용될지는 의문이다. 십 대가 동일 범죄의 약탈자와 희생자가 될 경우, 이것은 이치에 맞지 않는다. 그럼에도 불구하고, 많은 십 대들이 이 법을 어겨 곤욕을 치르고 있다. 험바흐는 플로리다에서 발생했던 사건을 예로 들었는데, 이 사건에서 십 대들은 서로에게 100장의 나체 사진을 보냈다. 그들은 아동 포르노그래피의 생산과 유통을 처벌하는 주법에 따라 2급 성범죄자로 체포되었다. 이 사건에 연루된 소녀는 중죄에 해당하는 비행에 대해 어떤 항변도 하지 않았다. 험바흐는 항소법원이 소녀에게 내린 판결을 옹호한 것은 아이러니라고 지적했다. 법원은 만약 이 사진들이 유출된다면, "미래에 이 미성년자들의 개인적 삶이나 경력에 피해가 일어날 수도 있기" 때문에 문제가 심각하다고 말했다. 그러나 아동 포르노그래피에 대한 중죄 처벌이 이들 인생이나 경력에 가져다줄 피해에 대해서는 아랑곳하지 않았다.[21]

이런 일을 겪는 것은 이 사람들만은 아니다. 이 법률이 과학기술을 따라잡으려고 시도하는 바람에, 다른 주에 살고 있는 십 대들도 아동 포르노그래피 생산과 유통을 처벌하는 법에 따라 기소되거나 혹은 기소될 거라는 위협을 받았다. 사실 2000개가 넘는 법 집행기관을 대상으로 했던 전국 조사는 2008~2009년 사이에 청소년이 만든 성적 영상물에 대한 사건이 3477건이라고 추산했다. 청소년만 개입된 사건의 36%에서, 성인이 개입된 사건의 62%에서 체포가 단행되었다. 흥미로운 것은, 대부분의 영상물(63%)이 핸드폰으로만 유포되었으며, 인터넷에는 연결되지 않았다는 것이다.[22] 이로부터 섹스팅이 항상 인터넷으로 끝나지는 않는다는 사실을 알 수 있지만, 그렇다고 해서 어떤 손상도 일어나지 않는다고 말할 수 없음을 알 수 있다.

몇몇 주에서는 법률을 개정하고 있다. 예를 들어 버몬트와 유타주는 2009년에 미성년과 초범이 개입된 경우 죄질을 낮추는 법안을 통과시켰다.[23] 다른 주에서 같은 작업들이 진행되고 있지만, 일부에서는 전혀 다른 접근이 일어나고 있다. 2013년에 웨스트버지니아주는 십 대의 섹스팅을 금지하는 법안을 통과시켰다. 특히 이 법안은 청소년들이 '미성년자가 부적절한 성적 태도를 취하는 것을 보여주는 사진, 비디오, 혹은 그 밖의 미디어를 만들고, 소지하고, 유지하는 것'을 금지한다. 그러한 것을 소지한 미성년자들은 '청소년비행법'에 따라 유죄 판결을 받게 된다. 또한 이 법은 대법원이 범죄자들에게 '섹스팅이 인간관계, 학업, 미래 직업 기회 등에 장기적으로 어떤 결과를 미치는지'를 보여주는 교육 프로그램을 개발하도록 명령하고 있다. 섹스팅으로 검거된 미성년자들은 청소년 비행으로 기소되는 것에 대한 대안으로 이 과정을 선택할 수 있다.[24]

우선 우리는 십 대들을 교육하는 것(그래서 아이들이 그런 행동으로 법을 어길 때까지 기다리지 않는 것)이 더 의미가 있다고 주장하려 한다. 또한 우리는 주 정부들이 버몬트주와 유타주의 선례를 따라 법을 정비함으로써 처벌 조항들이 '범죄' 성격에 적합하게 수정되기를 희망한다. 우리는 누드 사진이 상호 동의하에 만들어지고 유포되었다고 하더라도 형사 고발이 이루어지지 않는 것은 아니라는 사실을 반복적으로 되새겨줄 책임이 있다.

전송하기 전에 생각하라

좋은 소식은 우리 성인들이 섹스팅에 대해 공포에 떨 필요는 없다고 말해주는 좋은 연구 작업들이 있다는 것이다. 섹스팅은 순수하지 못한 십 대들이 즐기는 통제 불능의 유행이 아니라 일부(아니면 중간쯤의) 십 대와 청년들이 하고자 했던 새로운 종류의(또 주로 동의하에 이루어지는) 성행위라는 것이다. 그리고 연구 결과들은 섹스팅이 근본적으로 위험한 행동이라기보다, 진실은 대부분 무해하다는 소식을 전해주고 있다. 그럼에도 불구하고 일부 십 대들에게는 굴욕감이라는 상처를 남기고, 또 어떤 십 대들은 중죄로 기소되게 하는 어두운 측면이 있는 것이 사실이다. 좀 더 세월이 지나고, 또 좀 더 많은 연구가 진행되고 나면 섹스팅이 실제로 얼마나 위험한지에 대해 더 또렷한 그림을 그릴 수 있을 것이다. 그러는 동안 우리는 "여러분 모두 전송 버튼을 누르기 전에 좀 더 조심스럽게 생각해보세요"라고 거듭 충고할 것이다.

신화 49

합의된 섹스라면 절대 불법일 리가 없다

2013년 12월 유타 대법원은 미국의 '성관계 합의 연령법(age of consent laws)'이 현실과 보조를 맞추지 못하고 이런 식으로 계속된다면 우리 모두를 아연케 할 사건 하나를 심리했다. 이 사건은 2003년 성명 미상의 13세 소녀가 당시 12세였던 남자 친구와 '합의된' 성관계를 가진 일로 거슬러 올라간다. 이 소녀가 임신을 하게 되면서 주 정부가 사건을 알게 되었고, 당국은 두 사람 모두를 아동 성 학대 혐의로 기소했다. 당시 23세가 된 이 여성은 법정 판결을 번복해 달라고 요청했다. 그녀와 변호사는 동일 범죄에 대해 피해자이면서 동시에 가해자일 수는 없다고 주장했다. 또 더 나이 든 십 대들도 비슷한 연령의 상대와 성관계를 가졌다는 이유로 기소되지 않음을 이유로 들면서, 그녀는 자신이 법적으로 공평한 대우를 받지 못했다고 주장했다. 하지만 유타 대법원은 비록 그 상대가 다른 아동이었다고 하더라도, 이 법의 일차적 관심이 아동 보호에 있기 때문에 평결을 번복할 수 없다는 결론을 내렸다.[1]

미국의 성관계 합의 연령에 대한 법은 주마다 서로 달라서 이에 대한 논의는 꽤 복잡한 성격을 띤다. 주 법률의 세부 사항들이 서로 다르기 때문에 십 대들(예를 들어 15세의 고등학교 1학년 여학생과 18세의 3학년 남자 친구) 사이의 합의된 성관계가 범죄로 둔갑하는 상황이 발생할 수 있다. 국가가 십 대들을 성적 착취로부터 보호하고자 하는 목적에 충분히 동의하지만, 이와 같은 사건들은 십 대 간의 성관계를 범죄로 만드는 것이 과연 바람직한지 고개를 갸우뚱하게 만든다. 종종 화가 머리끝까지 난 부모들의 변덕이나 지나치게 열성적인 검사들 덕분에 이 법이 공평하게 시행되지 않기 때문에 특히 더 그러하다.

과연 우리는 다른 십 대와 성관계를 가진 십 대를 범죄자로 다루어야만 하는 걸까? 우리 법체계는 '합의된' 십 대 간 성행위를 규제하는 것과 관련해 어떻게 처신하는 것이 합당할까? 왜 이런 법률들은 이다지도 산발적으로 집행되는가?

십 대들을 불필요하게 기소하지 않으면서 동시에 착취로부터 보호할 방법은 없는 걸까? 사회가 십 대 간 성행위를 어떻게 보고 평가하고 있는지에 대한 이 모든 이야기들이 도대체 무슨 소용이란 말인가?

법정강간법의 역사와 목적

다른 많은 이름으로 불리고 있는 법정강간법은 "성행위 참가자 가운데 한 사람 혹은 그 이상이 미성년자여서, 그렇지 않았다면 합법적이었을 성행위를 처벌"하는 법을 지칭한다. 한마디로 미성년자가 관련된 자발적 성행위를 처벌하는 법이라고 할 수 있다.[2] 이러한 법들은 "일정한 나이가 될 때까지 청소년들은 자신의 성행위를 결정할 수 있는 능력이 없다"라고 전제하고 있다. 하지만 법적 의도는 이 법이 처음 성문화된 이후 700여 년 동안 꾸준히 변형되어왔다. 최초라고 알려진 법은 1275년 영국 의회에서 통과되었는데, 당시 여성의 법적 혼인 가능 연령인 12세 이하의 '처녀'를 동의 없이 '능욕'하는 것을 불법으로 규정했다. 이후 이 연령은 10세 혹은 11세로 낮추어졌다.[3] 그 결과 이 연령에 해당하는 소녀들은 더 이상 "강간당했음을 증명하기 위해 자신이 저항했다"는 증거를 보여줄 필요가 없게 되었다. 즉, 성관계 합의 연령에 관한 법은 일정 연령에 미달하는 소녀를 성폭행한 남자를 기소하기 쉽게 만들었다. 이 법률들의 목적은 적어도 초기에는 어린 소녀들의 '처녀성'을 보호해서 미래의 결혼 기회를 최대한 파괴하지 않으려는 데 있었다.[4]

몇 세기 동안 이 법률들은 변함이 없었다. 하지만 1800년대 후반과 1900년대 초 사회의 다른 분야에서 변화가 일어났고, 그와 더불어 여성 역할이 바뀌면서 이 분야에서도 서서히 변화의 움직임이 일어났다. 이 당시 '사회 순결 개혁가'들은 '남자들은 성적 욕망을 통제하는 데 무능력하다'라는 명제를 사실로 받아들여 많이 염려했고, 한편 여자들에 대해서는 평생 파멸로 몰아갈지도 모르는 도덕적 흠결을 가지게 될까 봐 또 그만큼 걱정했다. 그들은 성관계 합의 연령이 10세라는 것을 알고 질겁했다. "남자들이 여자들의 신체에 접근하는 것에 대해 이런 식으로 처벌을 하게 되면 자유로운 남자들의 성생활이 여성의 미덕에 제기하는 위험을 구체화하게 된다."[5] 그들은 또한 십 대 매춘부의 증가를 걱정했다. 이 사회개혁가들은 여성을 보호하기 위해 승낙 연령을 높여야 한다는 캠페인을 벌였다. 세기가 바뀔 무렵, 미국의 거의 모든 주에서 승낙 연령은 16세나 18세로 상향 조정되었다. 에를리히는 다음과 같이 말한다.

> 국가가 젊은 여성의 미덕을 보호하는 데 역할을 다해야 한다고 주장해, 합의 연령 캠페인은 그간 사적 영역으로 간주되었던 여성의 성행위를 공공 정책의 문제로 변화시켰다. 이후 이러한 법률은 여성을 위한 보호 기능을 수행하는 데 중요하게 작용했다. 하지만 이는 동시에 여성의 몸에 대한 국가의 광범위한 통제를 수용하는 방향으로 가는 길을 여는 것이기도 했다.[6]

그렇지만 연령의 상향 조정에 대해 모든 사람들이 동의한 것은 아니었다. 일부는 십 대 여성들이 "법적 보호가 필요 없을 만큼 충분히 성장했고", 또 "여자들이 사춘기 후반에 이르게 되면 부주의한 남자들을 협박하는 데 이 조항을 이용하는 방법에 능숙해진다"라고 반박했다.[7] 로버트슨은 사람들이 "성적 매력을 지닌 십 대 소녀들은 아무리 매력적이어도 손에 넣는 것이 불법이다"란 사실을 인식했기 때문에, 1930년대에는 성관계 합의 연령 이하의 아동을 뜻하는 '제일베이트(jailbait, 감옥에 가게 하는 미끼)'라는 용어가 유행했음을 상기시켰다.

설령 어린 여자아이들이 성적으로 성숙하다고 인정한다 하더라도, 대중은 이들을 착취로부터 보호하기 위해 법이 필요하다는 점에 전반적으로 합의했다. "소녀들이 결혼 밖에서 성관계를 갖는 것을 범죄로 만드는 것과 동시에, 이 법은 그녀 자신들로부터 그리고 사회개혁가들이 부도덕하다고 생각한 그런 행동으로 자신을 몰아가는 그녀들의 미성숙한 사고로부터 그녀들을 보호했다."[8]

1970년대 페미니스트들은 청소년들을 착취로부터 보호하는 것이 중요하다는 점에 동의했다. 하지만 이와 동시에, 이 법률들이 '어린 여성들의 성적 자율성을 지나치게 제한'하지 못하도록 그 보장책을 마련하기 위한 활동을 게을리하지 않았다. 그들은 법이 젠더에 대해 중립적이게 만들고 그 근거에 대한 이해를 보증하기 위해 주도적인 노력을 기울였다. "여성의 수동성에 대한 고정관념과 남성의 희생에 대한 염려가 증대하는 상황에 도전하기 위해 먼저 이 법이 남녀 청소년 모두를 염려하고 있음을 밝히고, 나아가 이 법의 초점이 처녀성을 보증하는 데 있는 것이 아니라 성적 착취로부터 이들을 보호하는 데 있음을 명확히 했다."[9] 페미니스트들의 젠더 중립적인 법 촉구 운동은 법률에 의한 평등을 성문화하기 위한 더 큰 운동의 일부로 진행되었다. 그들은 법정강간법의 문구들이 여성의 주체성을 위협하는 것이라고 느꼈고, 세월이 흐르면서 사람들이 "법정강간법을 '취약한 여성'이라는 관점이 아니라 '취약한 십 대'라는 관점에서" 이해하기를 바랐다.[10]

1990년대 중반, 복지 개혁을 둘러싼 논쟁에서(이 논쟁은 '혼전순결 프로그램' 촉진을 위해 연방정부기금을 인상하는 것을 둘러싼 또 다른 논쟁으로 우리를 몰아넣었다) 이 법률들에 대한 새로운 논거가 불거졌다. 사춘기 여성에게서 태어난 아동의 절반이 성인 아버지를 두고 있지만, 이들 가운데 많은 아이들이 복지에 의존하게 된다는 통계로 무장한 채, 일부 입법자들이 법정강간법의 보다 엄격한 집행이 나이 든 남자들이 십 대 소녀들과 섹스하는 것을 단념시킬 수 있고, 그리하여 십 대의 임신 문제를 해결할 수 있다고 주장하기 시작한 것이다. 사실 '1996년 개인책임과 근로기회 조정법(Personal Responsibility and Work Opportunity Reconciliation Act of 1996)'의 일부로서, 상원은 주 정부와 지방 사법부가 법정강간법을 보다 강력하게 집행하도록 촉구했다.[11] 캘리포니아주는 이와 같은 기소를 증가시키기 위해 수백만 달러를 쏟아부었다. 델라웨어주는 1996년에 '성 착취 처벌법(Sexual Predator Act)'을 통과시켰고, 이어서 "성인 남성과 관계한 학생을 가려내기 위해 고등학교에 경찰을 배치하기 시작했다". 그리고 플로리다주는 "21세 이상의 남성이 16세 이하의 미성년자를 임신시키는 행위는 아동학대로 고발할 수 있다"는 법을 통과시켰다.[12] 이를 적절한 접근이라고 생각하는 집행관들이 일부 있긴 했지만, 청소년의 건강을 옹호하는 많은 사람들은 회의적이었고, 대부분 이 법이 성행위를 억제하는 데 별 소용이 없을 거라는 의사를 표명했다.

성관계 합의 연령을 십 대의 임신 방지를 위해 사용하는 데 찬성하는 사람들은 최근 들어 그 추진력을 잃고 있는 것으로 보인다. 이제는 이 법률들이 청소년

(기본적으로 여자 청소년)을 착취로부터 보호하기 위해 중요하다는 생각이 대중적 공감을 얻고 있다. 하지만 청소년들 사이에서 발생하는 '착취적 관계'와 '합의된 관계'를 어떻게 구별할 것인가의 문제는 여전히 숙제로 남아 있다.

오늘날의 법률들

진실은 그와 같은 법적 구별이 불가능하다는 것이다. 하지만 법률가들은 성관계에서 나타나는 다양한 변형들을 설명하고자 하는 시도를 지속해왔다. 모든 주는 고유한 법률들을 가지고 있으며, 또 기소를 위해 합의 연령, 피해자 최저 연령, 연령 차이, 기소를 위한 피고인 최저 연령 등과 같은 다양한 요소들을 개념화해왔다.

* 합의 연령: 어떤 상황에서든 성관계에 대해 법적으로 동의할 수 있는 나이를 말한다.
* 피해자 최저 연령: 이 연령 미만의 개인은 그 어떤 경우에도 성관계에 대해 법적으로 동의할 수 없다.
* 연령 차이: 개인이 성관계에 대해 법적으로 동의할 수 있는 곳에서, 피해자가 최저 연령 이상이지만 합의 연령 미만인 경우, 연령 차이는 피해자와 가해자의 연령 차이의 최대치를 의미한다.
* 기소를 위한 피고인 최저 연령: 이 연령 미만의 개인은 미성년자와 성행위를 한 것으로 인해 기소될 수 없다.

미국보건복지부가 2003년 준비한 보고서에 따르면 12개 주만이 단일의 성관계 합의 연령을 가지고 있으며, 이 연령 미만의 개인은 성관계에 합의할 수 없다. 예를 들어, 매사추세츠주에서 합의 연령은 16세이다. 나머지 39개 주의 경우보다 복잡한 법률 구조를 가지고 있다. 대부분의 경우 피해자 연령뿐만 아니라 가해자와 피해자 간 연령 차이를 고려하고 있다. 예를 들어, 뉴저지에서는 합의 연령이 16세이지만, "최소 13세 이상의 개인은 피고와 피해자의 연령 차이가 4세

이하인 경우 법적으로 성행위를 할 수 있다".[13]

몇몇 주들은 두 사람 사이의 연령 차이에 초점을 둔다. 예를 들어, 컬럼비아특별구(D.C.)는 가해자 연령이 피해자보다 4세 혹은 그 이상으로 많으면 16세 미만의 개인과 성관계를 맺는 것은 불법이라고 규정하고 있다. 하지만 다른 주들은 양측 모두의 나이를 고려함으로써 문제를 한층 더 복잡하게 만들기 좋아한다. 워싱턴주의 법률은 최소 14세에서 16세 이하의 자와 성교 시 피고가 4세 혹은 그 이상으로 나이가 많으면 이는 불법 행위라고 규정하고 있다. 하지만 피해자가 14세 미만 때 연령 차이는 변해서, 피해자가 14세 미만이면 3년으로, 그리고 피해자가 12세 미만이면 2년으로 변한다. 즉, 컬럼비아특별구와 워싱턴주에서는 15세 소녀가 18세 남자 친구와 성관계를 해도 불법이 아니라는 의미이다. 서로 비슷한 연령의 십 대들에 대한 이와 같은 면책규정은 종종 '로미오와 줄리엣 법'이라고 불린다.[14]

다른 주에서는 가해자 연령에 초점을 두는데, 가해자 본인의 연령이나 피해자와의 연령 차이를 고려한다. 네바다주와 오하이오주는 모두 가해자 연령이 18세 미만이면 기소될 수 없다고 규정한다. 그래서 두 사람 모두 16세라면 기소되지 않지만, 15세 소녀의 남자 친구가 18세일 경우 이 소년은 기소된다.

상황이 이러한 데다 많은 주에서 성적 접촉과 성교를 구분 짓고 있기 때문에 문제는 점점 더 복잡해진다. 우리가 보통 전희, 애무, 만지작거리기, 간접성교라고 부르는 것들은 행위자의 나이와 그 행위가 발생한 상황에 따라 불법이 될 수 있다. 예를 들어, 코네티컷에서는 16세 미만인 자와 성교를 한 경우 상황에 따라 합법으로 인정된다. 하지만 15세 미만인 자와 성적 접촉을 하게 되면 가해자 연령에 상관없이 불법이 된다.

상황이 이러할진대, 주말 데이트를 나가는 십 대들에게 법률 책이나 해독기를 주는 것이 합당하지 않을까? 십 대들도 파트너와의 관계가 깊어지면서 어떤 성행위를 언제 할지를 놓고 충분히 고민했을 거라고 생각하는 우리가 이상한 걸까?

피해자가 있나요?

십 대들 사이에 법정강간죄로 기소되는 경우, 대부분 당사자가 아니라 부모나 혹은 이런저런 이유로 이들의 삶에 개입하게 된 법률 집행관에 의한 기소이다. 이 말은 우리의 법이 이미 곤란에 처해 있는 청소년들에게 가장 흔하게 집행 및 적용되고 있음을 뜻한다.

≪데일리비스트(Daily Beast)≫의 한 기사는 켄 톤스베리와 에밀리 토튼의 사건을 다루었다. 2004년 이들이 처음 만났을 때 켄은 18세의 상급생이었고, 에밀리는 14세의 신입생이었다. 두 사람은 다른 고등학교로 진학했다. 하지만 어느 레코드 가게에서 우연히 만나게 되었고, 이후 급속하게 가까워졌으며, 마침내 성적으로 친밀해졌다. 에밀리의 아버지는 이 관계를 허락하지 않았다. 어느 날 아침, 켄이 에밀리의 집으로 왔고, 에밀리의 아버지와 격한 논쟁을 나눈 끝에 아버지를 때리고 만다. 이 아버지는 경찰에 신고했고, 켄은 경찰에서 자신과 에밀리가 성관계를 가졌지만 어디까지나 합의된 성관계였다고 진술했다. 에밀리도 이 진술에 동의했지만 소용이 없었다. 미시간주에서 성관계 합의 연령은 16세이고, 그 결과 이들의 관계는 불법이었다. 켄은 1년의 징역형과 3년의 보호관찰을 선고받았고, 에밀리와의 만남은 금지되었다. 하지만 석방된 지 몇 달 후, 에밀리가 켄에게 연락을 취했고, 이들은 보호관찰 규정을 어기면서 만남을 이어갔다. 사실을 알게 된 에밀리의 아버지가 당국에 신고했고, 켄은 다시 투옥되었다. 그는 20대 초반을 쇠창살 속에서 지냈고, 26세에 풀려났지만 전자발찌 착용을 명령받았다. 이제 그의 이름은 성범죄자 중에서도 연쇄강간범과 아동학대범 명단에 올라 있다.[15]

에밀리의 아버지를 폭행하고, 판사의 명령을 어기는 등, 켄이 많은 실수를 저질렀음을 인정한다. 하지만 분명한 것은 강간을 하지 않았다는 것이다. 성범죄자 명부에서 그의 이름을 삭제하기 위한 심리가 열린다는 소식을 듣고, 에밀리는 그를 위해 증언했다. 그녀는 ≪데일리비스트≫에서 희생자라는 말이 자신을 미치게 만든다고 말했다. "전 희생자가 아니에요. 미성년자도 아니고요. 그는 나를 강간한 적이 없다고요."[16]

법정강간법 '피해자' 대부분은 같은 생각이다. 서덜랜드[17]는 15세의 약혼녀가 임신한 사건으로 위스콘신에서 기소된 18세의 케빈 글리슨 사건을 검토했다. 구형의 일부로 그는 2년간 약혼녀와의 만남을 금지당했다. 그녀는 법정에서 이렇게 말했다. "법정에 감사드려요, 이제 저는 사랑하는 사람을 잃었고, 아직 태어나지 않은 아기는 아빠를 잃었네요."[18]

더 심란한 것은 '범죄를 방조'했다는 명목으로 이 '피해자들'을 기소할 수 있다는 점이고, 심지어 과거의 파트너에 대해 불리한 증언을 하도록 강요받을지도 모른다는 것이다. 이러한 일이 16세의 아만다 윙클러에게 일어났는데, 그녀는 21세의 남편 제이미에 대해 불리한 증언을 하도록 강요당했으나 이를 거부했다. 제이미는 아만다의 16번째 생일을 나흘 앞둔 날, 그녀와 섹스를 했다는 명목으로 체포되었다(그녀가 법적 합의 연령이 되기 4일 전에 말이다). 이후 그녀의 조부모가 두 사람의 결혼을 허락한 사실도, 그녀가 법적 합의 연령에 근접했다는 사실도, 곧 결혼할 것이라는 사실도 이 기소를 멈추지 못했다. 게다가 증언을 거부했다는 이유로 아만다는 일곱 시간 동안 투옥당했다.[19]

더 큰 고통과 아이러니는 진짜 강간의 경우 기소에 이르는 숫자가 그리 많지 않다는 사실에서 비롯된다. 서덜랜드는 브라이언과 제니퍼의 사건을 예로 들었다. 브라이언이 제니퍼의 집에서 열린 파티에 참석했을 때 그는 19세였고 그녀는 15세였다. 그녀는 취했고 그가 그녀를 침대로 가는 걸 도와준 건 기억하지만, 이후의 일은 기억하지 못한다. 그녀는 임신을 했고, 이 사실은 그녀가 너무 취해 합의할 수 없는 상황에서 한 차례 성관계를 가졌음을 증명해주는 것처럼 보인다. 하지만 브라이언은 강간으로도, 법정강간으로도, 그 어떤 것으로도 기소되지 않았다. "엄격한 법적 기준에 따라 제니퍼의 나이를 고려하고, 또 아기라는 명백한 증거로 미루어볼 때, 이 사건은 명백한 강간 사례가 되었어야 마땅하다. 하지만 검찰은 제니퍼가 취해 있었다는 사실을 들어 이기기 어렵다고 결정했다."[20]

차별적인 법 집행

진실은 이러한 법률들이 산발적으로 집행된다는 것이며, 이조차 운이 좋은 경우에 해당한다는 사실이다. 대부분의 십 대들이 고등학교를 졸업할 무렵이 되면 성적으로 활발해지게 된다. 예를 들어 미국질병관리본부의 '청소년 위험행동 조사' 자료에 따르면 고등학교 상급생 63%가 성교 경험이 있다고 한다.[21] 그렇다면 이들 대부분이 법을 어기고 있는 셈인데, 처벌받지 않는 이유는 무엇일까? 분명, 일부 주에서는 비슷한 연령의 십 대 사이에서 합의된 성교를 허용하는 법을 집행하고 있다는 점이 원인의 일부를 제공한다. 하지만 기소된 사례들을 검토한 결과를 보면 다른 이유가 있음을 알 수 있다. 우선 이와 같은 법들은 당국이 그 관계를 인지하게 될 때만 작동되고 있다. 또 격분한 부모, 의심을 가진 복지 관계자들, 이미 개입되어 있던 법 집행 관료들, 혹은 임신한 소녀들이 있을 때만 기소되는 것이 보통이었다. 서덜랜드는 다음과 같이 적고 있다.

> 성관계 합의 연령법의 선택적 집행은 십 대들의 성행위가 연령, 성, 계급, 인종에 기초한 경계를 넘지 않는 한 상당한 여지를 남겨둔다. 백인, 중산계급 또래 간의 이성애 성관계에 대해서는 국가 개입이 이루어지지 않을 확률이 높다. 이 경우 비슷한 연령의 십 대 간의 합의된 성교는 '정상적인' 십 대들의 성생활로 받아들여진다. 백인 중산층 소녀와 노동계급 소년 혹은 흑인 소년 혹은 나이 든 남자와의 섹스는 부모의 화를 돋워서 국가 개입을 발생시킬 확률이 높아진다. 유색의 가난한 혹은 노동계급 소녀와 십 대 소년 혹은 심지어 더 나이 든 남자와의 섹스는 임신에 의해 복지 수혜자가 늘어날 위협이 없다면 국가 개입이 일어나지 않을 확률이 높다.[22]

미국 변호사협회지의 기고문에서, 리차드 델가도는 법정강간 사건들은 그 차별적 성격 때문에 대부분 기소되어서는 안 된다고 주장했다.

> 나라 전체를 기소할 수 없는 관계로, 법 집행 관료들은 이 법을 기본적으로 두 집단에 적용한다. '양갓집' 출신의 소녀들과 섹스를 한 나이 든 남자들, 그리고 소수집단 남자들이 백인 여성과 성교하는 죄를 저지르거나 유색인 여성을 임신시켜서 복지 수혜자를 늘릴 가능성이 엿보일 때 처벌받게 된다.[23]

인종적 편견

이 법률들이 인종적 편견을 반영한다는 사실은 누가 기소되는지를 보는 것만으로 쉽게 확인된다. 서덜랜드[24]는 '법정강간 집행 촉구 캘리포니아 연맹(California Alliance of Statutory Rape Enforcement)'을 위한 '지명수배자 명단'을 예로 들어 설명한다. 2003년 당시 이 명단에는 35개의 이름이 있었다. 32명이 남자였고, 모두 흑인이나 라틴계였다. 기소를 할지 말지를 결정함에 있어서 복지가 하는 역할을 분명히 보여주기 위해, 그녀는 캘리포니아의 오렌지 카운티를 예로 들었다. 1990년대 전반부 가운데 2년이 넘는 기간 동안 사회복지사들은 15명의 십 대 임산부들에게 그녀 자신이나 파트너가 미성년자 성행위로 법적 문제를 겪지 않으려면, 임신시킨 남자와 결혼해야 한다고 설득했다. 이 여성 가운데 최소 연령은 13세였으며, 남성 가운데 최고령은 30세였다. 결혼은 판사의 승인을 받았다. "이 소녀들은 섹스를 선택하기엔 너무 어리다는 판단을 받았음에도 불구하고, 동시에 결혼을 선택할 만큼 충분히 성숙하다는 판단을 받았다."[25] 이 소녀들 가운데 단 한 명을 빼고는 모두가 라틴계였다는 사실은 주목할 가치가 있다.

이와 같은 법들은 그 뿌리에서 인종차별이 발견되는데, 이 사실이 우리를 흥미롭게 만든다. 식민지 시절 미국은 법정강간법을 영국에서 배워왔다. 하지만 노예제도 덕분에 흑인 여성들의 신체는 보호의 대상이기보다 상품화의 대상이었고, 그런 연유로 흑인 여성들은 이 법의 대상에서 제외되었다. 1800년대에 이 법이 추구한 가장 큰 목적은 백인 여성의 결혼 가능 지위를 파괴하는 것, 즉 처녀성 상실로부터 백인 여성들을 보호한다는 것이었기 때문에, 아메리카 원주민과 흑인 여성들은 여전히 관심의 대상이 되지 못했다. 1900년대의 사회개혁가들은 일자리를 찾아 산업화가 된 도시로 새롭게 유입된 이민 여성들을 염려했으며, 이들은 스스로를 통제할 수 없을 것이라고 여겨졌다. 이들, 즉 성적으로 조숙한 젊은 여성들이 기존의 사회적 규범과 가족 구조를 위협할 것이라는 우려가 사회적으로 팽배했다. 따라서 이러한 여성들을 겨냥한 법정강간법이 그녀들이 아니라 기존 규범을 보호하려 든 것은 어찌 보면 필연이라 하겠다.[26] 결국 불균형적인 출산을 하고, 또 국가로부터 원조를 필요로 하는 사람들이 바로 흑인과 라틴계의 십 대들이기 때문에, 1990년대 십 대의 임신에 대한 초점은 인종과 계급이라는 버팀목을 가지게 되었다. 코카는 이를 두고 다음과 같이 주장했다. "사회적 병폐를 구조적 문제, 제도적 실패, 이데올로기적 모순으로 생각하지 않고, 이 경우 십 대와 그들의 파트너들, 특히 저소득 계층인 그들의 섹스파트너들에게 책임을 묻는 비난이 쏟아졌다."[27]

젠더 편견

선택적 기소는 또한 어린 여자와 섹스를 하는 나이 든 남자를 겨냥하기 좋아한다. 이것은 앞서 살펴본 것처럼 여성의 미덕을 보호하기 위해 고안된 이 법의 뿌리를 반영하는 것이다. 하지만 이는 또한 원하는 만큼의, 거의 모든 성행위를 갈구하는 남성의 견해를 반영한다. 어린 남자와 관계를 가져서 체포된 나이 든 여자들에 관한 사건들이 제법 널리 알려져 왔다. 우리 중 많은 사람들이 35세의 여교사가 13세의 옛 제자와 성관계를 가져 임신했던 메리 케이 르투어노 사건과 이를 두고 광란했던 미디어의 태도를 기억한다. 7년 6개월의 형을 받고 6개월 동안의 수감 생활을 마친 후, 그녀는 다시 그와 성관계를 가졌고 임신했다. 그녀는 감옥으로 돌아와 남은 형기를 마쳤으며, 마침내 자유의 몸이 되었을 때 이 둘은 결혼했다.

그 이후로 몇몇 여성들, 대부분 20대의 고등학교 교사인 이들은 16, 17세의 청소년들과 성관계를 가졌다. 이에 대한 미디어와 대중의 반응은 복합적이다. 이 여성들은 거의 대부분 성적으로 과잉된 화냥년으로 경멸받지만, 남자들이 피해자로 불리는 일은 좀체 없는 것 같다. 오히려 그 소년들이 '땡 잡았다'고 믿는 사람들이 많다. 서덜랜드가 말했듯이, "이러한 태도는 우리 사회가 소년들의 성적 자율성과 합리적 결정에 대해 소녀들의 그것에 비해 더 존중하고 있는 것으로 해석 가능하다. 하지만 사회의 이러한 태도는 합의에 의하지 않은 이성애적인 성 접촉에서 소년들을 보호할 필요가 없다고 보는 (남성의 욕구에 대한) 고정관념에 고착되어 있음을 뜻하는 것이어서 아이들을 위험에 노출시킬 수 있다".[28]

게이 남성에 대한 편견

마침내 동성 간 성행위 사건에, 특히 문제의 커플이 남성일 경우에 이러한 법률들이 집행될 가능성이 더 높다는 점에 대해 이야기할 차례이다. 기소 사건 가운데 일부는 자식의 성적 지향을 알게 되어 혼란스러워진 부모들이 과잉 반응하는 것으로 설명 가능하다. 하지만, 법 그 자체가 이성애 커플을 선호하고 있다. 매슈 리몬의 사건은 성관계 합의 연령법이 어떤 식으로 게이 커플을 부당하게 대우하는지 잘 보여준다.

리몬이 이제 막 15세가 된 소년과 구강성교를 나누었을 때는 그 역시 막 18세가 된 즈음이었다. 이 두 사람은 발달장애아를 위한 학교에서 생활하고 있었다. 리몬은 중죄로 기소되어 17년을 선고받았고, 석방된 후 5년의 보호관찰을 구형받았으며, 성범죄자로 등록되었다. 그 학교의 소재지는 캔자스였는데, 캔자스는 로미오와 줄리엣 법이 있어서 두 사람의 나이 차가 얼마 안 되는 경우 관용이 베풀어졌다. 하지만 이 조항은 오직 이성 커플에게만 적용되었다. 리몬이 열네 번째 생일에서 며칠 모자라는 소녀를 만났더라면 그저 최대 15개월 선고에 그쳤을 테고, 성범죄자로 기록되지도 않았을 것이다.[29] 히그돈[30]은 로미오와 줄리엣 조항이 특히 십 대의 레즈비언과 게이를 배제하기 위한 것이어서 너무나 차별적일 뿐만 아니라 헌법에 위배될 정도라고 주장했다.

십 대들의 성행위에 대한 사회의 시각

우리는 아이들이 성인에 의한 착취로부터 보호받을 필요가 있다는 데 온 마음을 다해 동의한다. 또한 자연스러운 권력 불균형이 있는 곳(선생님과 학생 같은, 나이를 불문하고)에서 우리 아이들이 이러한 권력 관계로부터 보호받을 필요가 있다는 데 동의한다. 그런데 우리 생각에, 현재 이 법은 그러한 보호 기능을 제공하지 못하고 있으며, 나아가 위해의 소지마저 있다. 특히 법 집행에서 차별이 계속된다면 말이다.

십 대들의 합의된 성관계를 처벌하는 법에 공을 들이기보다는, 아이들 스스로 비판적으로 사고할 수 있는 힘을 기르도록 가르쳐야 한다. 그래서 주어진 상황에서 그러한 성행위에 참가하는 것이 제대로 된 생각인지를 판단할 수 있는 힘을 갖도록 해주어야 한다. 또한 강간과 성폭행이 큰 이슈인 만큼 우리는 십 대들에게 합의의 중요성에 대해 가르쳐야만 한다(이에 대해 더 많은 것을 알고 싶다면 신화 40과 44를 보라). 성관계의 모든 측면에 대해 비판적으로 사고하는 기술을 갖게 된다면, 많은 청소년들은 15세 소녀가 19세 남자 친구와 섹스를 했다고 인정하는 것이 그녀 스스로 남자와 함께할 만큼 충분히 성숙했음을 증명해야 하는 하나의 도전인지 아닌지, 혹은 20세 청년이 고등학생과 데이트하는 것이 지혜로운지 아닌지 스스로 우리 어른들이 우려해 마지않는 그런 관계들을 솎아내려 할 것이다.

우리는 교육과 비판적 사고에 집중하는 것이 청소년들을 보호하는 데 진정한 도움이 된다고 믿는다.

신화 50

게이 인권운동은 더 이상 필요 없다

2013년 여름, 미합중국 대법원은 17년 전에 만들어진 '결혼보호법(DOMA)'을 폐지했다. 이 법은 결혼을 남자와 여자 사이의 일로 규정하고 있으며, 특히 동성 커플에게도 (이성 커플에게만 주었던) 복지 수당을 주고 있는 주에서 동성결혼이 발생하는 것을 방지하기 위해 고안되었다.

법안이 통과될 때, 동성결혼은 정치적으로 뜨거운 쟁점이어서 사람들을 공화당을 지지하는 '적색 주'와 민주당을 지지하는 '청색 주'로 분리하는 데 이용될 정도였다. 공화당은 다음과 같이 말하면서 전통 결혼 양식의 수호를 정강의 일부로 포함시켰다. "우리는 성적 취향을 포함시키기 위해 '차별금지법'이 왜곡되는 것에 반대한다. 또한 '결혼보호법'이 주 정부가 동성 결합을 인정하도록 강요받는 것에 방패가 되어주는 것에 대해 지지를 표명한다."[1] 보수 정치집단들은 동성결혼을 우리 사회의 기초를 무너뜨리려는 위협이라고 천명했다. 이에 대해 상대적으로 자유주의적인 민주당원 대통령 빌 클린턴은 이 법이 불필요하며, 또 분열적이라고 했다. 하지만 한편으로는 다음과 같은 의견을 밝히기도 했다. "나는 여전히 동성결혼에 반대한다. 나는 결혼이 남성과 여성의 결합을 위한 제도라고 믿는다. 이것이 나의 오래된 입장이며, 이것이 다시 검토되거나 재고되지는 않을 것이다."[2] 그러고 나서 클린턴은 '결혼보호법' 제정에 서명했다.

1990년대 후반과 2000년대 초반 결혼은 이성애자 커플들의 특권임을 보장하기 위해 주 정부들은 한편으로는 국민투표를 통과시킴으로써, 또 다른 한편으로는 헌법을 수정함으로써 동성결혼을 금지하려는 노력을 기울였다. '시민결합(civil unions)'은 결혼 제도에 그 어떤 위협도 주지 않으면서 다른 유형의 커플들에게 비슷한 수당을 주는 데 사용 가능하다는 주장에도 불구하고, 공화당 정치인들은 계속해서 이를 정치적 이슈로 이용했으며, 자유주의자들은 동성 커플 결혼에 대한 지지를 회피했다. 예를 들어 2004년, 당시 대통령이었던 조지 W. 부시는 동성결혼을 금지하는 헌법 수정을 지지한다고 말했다. 하지만 '결혼보호법'으로 충분하다고 생각했기 때문에 2005년 이를 철회했다.[3]

10년이 채 되기도 전에, '결혼보호법'은 위헌임이 천명되었다. 인권운동은 대개 그 움직임이 느리고, 게이 인권운동과 동성결혼운동 역시 예외는 아니었다(미네소타 법정은 이미 1970년대 초에 두 남성이 결혼하는 것을 허락하지 않은 것이 헌법에 위배되지 않는다는 판결을 내렸다). 하지만 최근 들어 시계의 추는 그 반대 방향으로 빠르게 움직이는 것처럼 보인다.[4] 더 많은 주에서 동성 커플의 결혼을 허락하는 법률들이 통과되고 있다. 여론은 이에 대한 지지자들이 늘고 있다고 전해주며, 이를 반대하는 사람들의 열정은 사그라들고 있는 듯하다. 자유주의적 정치가들도 그 어조를 바꾸기 시작했다.

대법원으로 올라왔던 '미합중국 대 윈저(United States vs. Windsor)' 사건에는 부인이 사망하자 상속세를 내야 하는 미망인이 개입되어 있다. 그녀는 만약 자신들이 이성애자의 결혼한 부부였다면, 이 돈이 세금 없이 살아 있는 배우자에게 상속되었을 것이라고 주장했다. 판사 앤서니 케네디는 자신이 작성한 법정 의견에서 다음과 같이 말했다. "그 어떤 법리적 목적도 국가가 결혼법을 통해 보호하고자 하는 사람들의 인간성과 존엄성을 짓밟고 상처 입히려는 그러한 목적과 영향력을 이겨내지 못한다. 이와 같은 보호 의무를 내팽개치려 하고, 이런 사람들이 다른 사람들보다 덜 존경받는 결혼 생활을 하도록 대우함으로써 연방법은 헌법 수정 제5조를 위반하고 있다."[5]

모든 주에서 이런 일이 벌어진 건 아니어서, 법정 의견은 동성결혼을 인정하는 주에서 이루어진 결혼에만 적용되었다. 한편 앤터닌 스캘리아 판사는 다음과 같은 반대 의견을 피력했다. "동성결혼에 반대하는 사람 모두를 인간의 품위를 손상시키는 나쁜 사람 혹은 적으로 몰아세우게 되면 오히려 대다수 일반 대중들을 전통적 결혼법에 대한 완고한 수호자로 만드는 결과를 초래하게 된다."[6]

사실 이 판결이 내려지고 난 후 몇 달 동안 의회에 대해서는 동성결혼을 허용하는 법을 통과시키라는 공격이, 하급 법원의 판사들에게는 금지 조치들을 번복할 것을 촉구하는 맹공격이 있었던 것 같다. 이 글을 쓰는 동안 17개 주가 동성결혼을 허가했고, 모두가 이 글을 읽고 있을 때쯤에는 더 많은 주에서 그러한 일들이 벌어지고 있을 것 같다.[7]

이처럼 동성결혼을 위한 싸움에서 몇몇 승리가 빠르게 진행되는 것 같아 보이지만, 이로써 게이 인권운동은 끝났다는 자족감에 빠져서는 안 될 것 같다. 불행하게도, 지금은 그럴 상황이 아니다. 엄청난 진보가 이루어지긴 했지만, 최근 이 나라의(그리고 세계 곳곳의) 입법자들이 시도하고 있는 일들을 살펴보면 아직도 가야 할 길이 멀다는 사실을 알 수 있다.

경각심을 키우기 위해 우리는 여기 미국에서 게이와 레즈비언을 차별하는 법을 통과시키고 강화시키기 위해 쏟았던 노력들을 살펴보려 한다. 또한 우리의 초점을 잠깐 국제적 수준으로 돌려 여전히 게이와 레즈비언을 차별하고 심지어는 처벌하는 나라들에 대해 살펴보려 한다.

반남색법

1988년 어느 날 경찰은 (결국 거짓으로 판명 났지만) 총기 사용이 있는 것 같다는 고발을 받고 존 로런스의 집을 탐문했다. 경찰은 로런스와 그의 파트너인 타이런 가너가 성관계를 가진 것을 확인했고, 텍사스주의 법에 따라 이들을 체포했다. 텍사스주의 법은 동성인 두 사람이 구강 혹은 항문 성교를 할 경우 범죄로 본다(이 법은 남녀가 같은 행위를 할 경우 합법으로 인정한다). 로런스, 가너 그리고 이들의 변호사는 이 처벌이 '법 앞에서의 평등 보호'와 '정당한 법 절차에 관한 권리' 모두에 위배된다고 이의를 제기했다. 결국 대법원은 '정당한 법 절차'에 위배된다는 이유로 이 법을 폐지했다. 이후 많은 법학자들은 '법 앞에서의 평등 보호' 논쟁에 정면 도전하지 않았기 때문에, 로런스 사건은 그저 결과가 좋았던 것이지 그 결정이 훌륭했던 것은 아니라고 평가했다. 만약 동성 커플과 이성 커플을 법적으로 똑같이 대우하자는 논쟁을 정면 돌파해 승리했다면 보다 많은 판례를 제공해줄 수도 있었기 때문에 많은 아쉬움을 남긴 것이 사실이지만, 이 결정은 남색법(sodomy law)을 전국적 차원에서 무효화했다.[8]

그러나 남색법은 13개 주에서 여전히 살아남아 있으며, 최근의 사건들은 남색법 부활을 꾀하는 일련의 움직임을 잘 보여주고 있다. 예를 들어 버지니아주의 법무장관 켄 쿠치넬리는 2013년 주지사에 출마하면서, '인간성을 거스르는 범죄'를 회복시키려는 자신의 노력을 지지하기 위한 웹사이트를 만들었다. (비록 위헌으로 결정 나긴 했지만) 남색법이 성인들 간의 합의된 구강/항문 성교까지 금지함에도 불구하고, 쿠치넬리는 아동을 성범죄로부터 보호하기 위해 이 법이 필요하다고 주장했다.

다른 많은 주들과 마찬가지로 버지니아주는 로런스 판례에도 불구하고 이 법을 유지하고 있었으며, 사실 주 정부는 2013년 3월까지 '인간성을 거스르는 범죄'에 관한 일부 조항들을 들먹이며 성인에 대한 기소를 계속해왔다. 하지만 마침내 2013년 3월 연방항소법원의 3인 합의부는 헌법에 위배된다는 이유로 이 법을 폐지했다.

쿠치넬리는 남색법을 부활시키고자 하는 자신의 목적이 아동을 보호하는 데 있다고 계속해서 주장했지만, 동성애에 대한 공개적인 반대는 그의 진짜 동기가 무엇인지 의심하게 했다. 2009년 쿠치넬리는 어느 신문사와의 인터뷰에서 "내 견해는 동성애가 아니라 동성애 행위들이 잘못이라는 것이다. 그것은 본질적으로 잘못이다. 그리고 우리나라가 기초하는 자연법이 이를 반영하는 것은 적절하다고 생각한다. 동성애 행위는 자연법과 어울리지 않는다"라고 말했다.[9] 여기서 우리는 버지니아 법률이 생물학적 성에 상관없이 구강·항문 성교를 불법화했다는 것에 초점을 두어야 한다. 그가 돌아온다면, 버지니아주에서 펠라치오와 커닐링구스는 불법이 되고 만다! (다행스럽게도 쿠치넬리는 남색법을 회복시키려는 싸움에서 패배했을뿐더러 주지사 선거에도 출마하지 못했다.)

남색법을 부활시키려는 노력이 버지니아에서 유일한 것만은 아니다. 루이지애나의주의 수도 배턴루지에서는 2011년 이후 12명의 남성이 지역 보안관 사무실의 함정수사로 체포되었다. 2013년 7월 65세 노인이 맨채크 공원에서 잠복근무 중이던 비밀경찰과 그의 신원을 모른 채 대화를 시작했다. 법정 기록에 따르면, 경찰관(자신이 경찰이라는 사실을 부인했던)이 노인에게 콘돔이 있냐고 물었고, 또 자기 집에 들러서 '한잔하고 즐길' 것이냐고 물었다. 그 노인은 경찰을 따라 가까운 아파트로 들어갔고, 그 어떤 법률을 위반한 사실이 없음에도 불구하고 즉시 체포되었다. 돈이 오간다는 제안도 없었고, 공공장소에서 섹스를 할 계획도 없었다.

이 노인을 체포하는 데는 루이지애나에서 1805년 이래 유지되고 있는 '인간성을 거스르는 범죄' 법이 기초가 되었는데, 이 법은 '동성이든 이성이든, 인간에 의한 비정상적이고 육욕적인 성교'를 금지하는 것을 내용으로 한다. 하지만 로런스 판례에 기초할 경우 법의 이러한 측면은 위헌이다. 게다가 로런스 판결이 발표되자, 루이지애나 법무장관 리처드 아이유브는 동물과의 성교 및 대가성 남색을 금지하는 조항 이외에 다른 어떤 반남색법도 강요되어서는 안 된다는 성명서를 발표했다.

하지만 이유야 어찌 되었든 이러한 작업들은 배턴루지 보안관 사무소가 (함정수사로) 사람들의 삶을 혼란에 빠뜨리는 것을 멈추지 못했다. 이에 관한 이야기가 공론화된 결과, 보안관 사무소는 "우리의 수사로 인해 의도적이지 않았다 하더라도 이로 인해 피해를 입은 모든 사람들에게 사죄한다"라고 성명을 발표했다.[10] 람다 리걸의 선임 변호사인 케네스 업튼은 루이지애나의 함정수사가 공공의 관심을 얻었다는 점을 긍정적으로 평가하면서 ≪타임≫지에 다음과 같이 말했다. "이 나라는 지금 법조문에 무언가를 남겨두는 일이 누군가에게 해가 될 수 있음을 배우고 있다. 법이 집행되지 않는다고 해서, 그리고 그 법을 기초로 기소하지 않는다고 해서 사람들이 괴롭힘을 당하지 않는다고 말할 수 없다." 불행하게도 비슷한 법률들이 여전히 앨라배마주, 플로리다주, 아이다호주, 캔자스주, 미시간주, 미시시피주, 노스캐롤라이나주, 오클라호마주, 사우스캐롤라이나주, 버지니아주, 텍사스주, 유타주에 남아 있다. 무엇보다 이에 대한 폐지 논의가 그리 많은 지지를 받고 있는 것처럼 보이지도 않는다.[11]

'호모 홍보 금지'

게이와 레즈비언을 차별하는 것으로 보이는 또 다른 법적 장치로 '호모 홍보 금지(no homo promo)' 법이라고 불리는 것들이 있다. 많은 주에서 법률 책 속에 존재하는 이 법은 교사들이 학생들과 성적 지향에 대해 토론하는 것을 금지한다. 이런 수업을 한다는 것 자체가 아이들에게 대안적인 생활 방식을 권장하는 것이나 마찬가지라는 이유에서 말이다. 이 법률들은 현재 여덟 개 주, 즉 앨라배마주, 애리조나주, 루이지애나주, 미시시피주, 오클라호마주, 사우스캐롤라이나주, 텍사스주 그리고 유타주에 존재하고 있다.[12]

테네시주는 해마다 이와 비슷한 법률을 통과시키기 위한 시도를 하고 있는 것으로 유명하다. '게이라는 말은 입에 올리지도 마!(Don't say gay)'라는 별명을 가진 이 법이 최소 7년간 매해 의회에 제출되고 있다. 제출될 때마다 매번 이름이 바뀌고 있긴 하지만, 그 기본적인 전제는 언제나 동일하다. 교사들은 '이성애 이외의 그 어떤 성생활에 대해서 이야기해서는 안 된다'.

2013년 버전은 특히 심란한데, 학교 관계자들로 하여금 동성애자로 의심되는 학생들을 부모에게 '알리도록' 강요하는 것 같기 때문이다. 만약 이 법이 통과되었다면, 학생이 '자신이나 타인의 육체적 혹은 정신적 건강과 복리에 위험이 되는 행동에 관여하고 있거나 관여할 위험이 있다'고 우려될 때 학교 교직원이 이에 개입하는 것이 허용되었을 것이다. 이 법안은 일단 학교가 개입되면, "해당 학생들의 부모나 법적 후견인들은 개입이 요구되는 상황이 발생하자마자 즉시 고지 받을 수 있을 것이다"라고 말한다.[13]

다시, 이 법에 관해 가장 우려스러운 점은 아마도 주요 후원자인 공화당 출신 상원의원 스테이시 캠프필드의 동기가 아닐까 싶다. 그는 법안이 상정된 동안 수많은 동성애 혐오 발언을 했다. ≪유에스에이 투데이(USA Today)≫에서는 "게이가 되는 건 위험한 행동은 아니지만, 동성애 행동은 타인의 건강과 안전에 위험이 된다"라고 말했다. 티엠지(TMZ) 라디오 쇼 진행자가 이유 불문하고 청소년들이 동성애를 하게 되었을 때를 가정해 자신을 보호하는 방법에 대해 가르치면 안 되냐고 질문했다. 그는 동성애를 헤로인 남용에 빗대어 "아시겠지만, 헤로인 남용에 빠진 아이들에게도 똑같은 말을 할 수 있는 거죠. 우리는 아이들에게 마약을 사용하는 최고의 방법을 보여줘야 하나요? 아니죠, 그럴 필요가 없죠. 그렇다면 우리가 왜 어린아이들을 성적으로 과잉되게 만들어야 하는 거죠? 그냥 아이들 보고 당분간 아이답게 지내라고 말할 수 없다는 건가요?"라고 질문에 답했다. 같은 인터뷰에서 그는 "아프리카 사람들이 동성 간 성행위에 너무 열중하고 있어서" 그곳의 에이즈 감염율이 너무 높다고 했다(그나저나 이건 부정확한 설명이다). 맙소사! 이성 간 성행위를 통해서 에이즈에 감염될 가능성은 전혀 없다는 망언을 서슴지 않았다.[14]

이런 사람들이 법 제정을 위해 계속해서 선출되는 한, '이제 게이 인권운동은 승리했다'고 선언하는 것은 시기상조라 하겠다.

고의적 차별

불행하게도 캠프필드의 '게이 언급 금지' 법안은 2014년 애리조나주 의회를 통과한 법에 비하면 그렇게까지 파괴적이지 않다. 이 법은 민간사업자들에게 게이와 레즈비언에 대한 차별을 허용하는 노골적인 시도였다. 다른 몇몇 주에서, 법정은 자신들에게 봉사하기를 거부한 민간사업자들에 의해 차별받았다고 말하는 게이와 레즈비언의 손을 들어주었다. 예를 들어, 뉴멕시코 대법원은 동성결혼식 사진 촬영을 거부한 사진사가 반차별법을 위반했다고 말했다. 콜로라도주의 한 제빵사가 자신이 믿는 종교가 동성애를 반대하기 때문에, 게이 고객을 접대하는 행위가 종교적 자유에 위배된다고 주장했지만 콜로라도 법정은 이를 인정하지 않았다.[15]

이러한 상황을 미연에 방지해보겠다는 취지로 애리조나주 의회는 뿌리 깊은 종교적 신념과 충돌할 경우 서비스 제공을 거절할 수 있게 하는 법안을 통과시켰다. 이들은 해당 기업이나 직원들이 고객을 돌려보내기 위해 '자신들이 가진 종교적 신념에 따른 실제적인 부담'을 보여주어야 하기 때문에 차별이 아니라고 말했다. 심지어 일부 지지자들은 차별을 당한 것은 오히려 이들 기업이라고 주장했다. 보수적인 성향의 애리조나 정치센터(Center for Arizona Politics)가 이 법안의 통과를 도왔는데, 이 센터의 대표는 CNN 뉴스에서 "애리조나주 법안의 전제는 아주 간단하다. 미국 국민은 자신의 종교적 신념에 따라 일과 삶에서 자유로워야만 한다. 이것은 그저 종교적 자유를 보호하기 위한 것일 뿐이다"라고 말했다.[16]

이 법안과 주 정부를 상대로 신속하고 거센 반발이 이어졌고, 여기저기서 공화당 출신의 주지사 잰 브루어에게 거부권을 행사하라는 촉구가 빗발쳤다. 상황은 '시민평등권은 종교적 편견보다 우선한다(Civil rights trump religious wrongs)' 같은 피켓을 든 시위자들이 국회의사당 앞에 모일 정도로 악화되었고, 미국 히스패닉 법률가협회(National Hispanic Bar Association)는 2000명이 참가할 예정이었던 애리조나 컨퍼런스를 취소했다. 심지어 2015년 애리조나에서 슈퍼볼을 열 계획이었던 프로 미식축구 협회(NFL)는 대회 장소를 다른 곳으로 물색 중이라고 한다. 결국 브루어는 압력에 굴복해 법안을 기각시켰으며, 입안자들이 더 다급한 문제를 해결하지 않고 이런 일을 벌인 것에 대해 문책했다.[17]

그러나 이것이 차별에 대한 이슈까지 매장시킨 것은 아니었다. 애리조나만큼 심하진 않지만 비슷한 법안들이 아이다호주, 캔자스주, 사우스다코타주, 테네시주, 유타주 등 다른 여러 주에서 제출되고 있다.[18] 더 심란한 것은 종교적 자유에 대한 논쟁을 불러오고 있는 상당수의 법정 사건들이다. 소송 대부분은 종교적 이유로 피임을 반대하는 기업들이 '적정 부담 보험법(Affordable Care Act)'(보통 오바마 케어로 불린다)이 피임을 보험 대상으로 포함한다는 이유로 가입 면제를 요구하는 것과 관련되어 있는 듯하다. 만약 종교적 자유를 이유로 이에 유리한 판결을 내리게 되면, 이는 기업에 자신들의 종교적 신념을 근거로 게이와 레즈비언에게 서비스를 제공하지 않아도 된다는 근거를 제공하게 된다.

세계적 수준의 운동

미국에서 게이 인권운동은 끝나지 않았다. 하지만 이 문제에서 미국은 다른 나라에 비해 상당히 앞서 있다. 2013년 러시아 대통령 블라디미르 푸틴은 게이 인권운동에 오금을 박는 법 조항에 서명했다. 이 법은 청소년들을 대상으로 동성애에 관해 가르치는 것을 기본적으로 불법화했다. 법 집행을 위해 게이 행진, 시위, 행사 등을 불법화했고, 동성애 찬성 선전을 하는 사람 모두에게 벌금을 부과했다. 사실 아동에게 동성애에 대한 정보를 제공하다 걸린 사람은 누구나 무거운 벌금형에 처해질 수 있고, 또 이를 위반하다 적발된 외국인은 15일간의 구류나

이에 상당하는 3000달러의 벌금형에 처해질 수 있으며, 이후에는 추방된다.[19]

생뚱맞게도 푸틴은 이 법의 목적이 게이와 레즈비언에 대한 차별이 아니라 출생률 감소를 막는 데 있다고 주장하면서, "성소수자들의 권리를 보호하는 것이 긴요하긴 하지만, 동성결혼이 아이를 낳진 못한다는 의견을 따르기로 합시다"[20]라고 말했다. 물론, 동성애에 대한 언론의 자유를 제한함으로써 미래의 동성애자 숫자를 줄일 수 있다는 생각은 사람들이 다음과 같은 생각을 믿을 때 실현 가능하다. 게이와 레즈비언의 선전에 노출되는 일이 없다면 우리 청소년들은 동성애자가 될 일이 없어서 오롯이 이성애자가 될 것이라는 생각 말이다.

이렇게 허울만 그럴듯함에도 불구하고 이 법이 통과되던 시점인 2014년 동계 올림픽 경기가 러시아 소치에서 개최되지 않았더라면 아마도 국제사회가 이처럼 많은 관심을 가지진 않았을 것이다. 국제사회는 참가 선수들이 성적 지향과 정치적 신념을 밝힐 경우 러시아 정부로부터 기소하겠다는 위협을 받게 될까 봐 염려했다. 국제올림픽연맹(IOC)은 올림픽 경기를 유치한 러시아 관료들로부터 다짐을 받기 위해 동분서주했다. 물론, 일부 지지자들은 이런 식의 문제 해결은 러시아의 레즈비언, 게이, 양성애자, 트랜스젠더(이하 LGBT)들이 일상적으로 경험하는 차별적 이슈들을 흐려놓는다고 지적했다.[21]

경기에 드리운 스포트라이트는 법 그 자체뿐 아니라 러시아 게이 인권의 심연을 보여주었다. 퓨 리서치 센터의 조사에 따르면, 러시아 사람들의 4분의 3, 즉 74%는 사회가 동성애를 받아들여서는 안 된다고 했다. 어쨌든, 러시아인의 16%는 동성애를 수용할 수 있다고 말했고, 50세 이상은 약간 낮게(12%), 그리고 19~29세는 약간 높게(21%) 나타났다.[22] 레바다센터(Levada Center)가 수행한 다른 조사에서 러시아인의 85%는 동성결혼을 반대하며, 34%는 동성애를 질병이라 생각하고, 5%는 '근절'되어야 한다고 믿고 있는 것으로 나타났다. 이러한 태도로 미루어볼 때, 러시아의 LGBT들이 자주 폭력과 차별의 대상이 되고 있는 사실은 그리 놀랍지 않다.[23]

최근 들어 이 이슈에 대해 국제적 관심이 늘고 있다. 우간다가 동성애를 불법화하고, 나이지리아 대통령 굿럭 조나단이 게이 인권운동단체를 불법화하고 게이로 의심되는 사람들을 체포하기 시작했을 때, 그리고 인도 최고법원이 동성애에 대해 범죄구성을 선언했을 때, 이에 대한 비판의 목소리가 대단했었다. 사실 유엔은 세계 78개국이 동성애를 불법화하고 있다고 추산했고, 그리고 7개국에서는 사형 선고까지 가능하다. 바로 최근까지도 이에 대해 국제사회가 문제를 제기하는 일은 거의 없었다. 2011년 유엔 인권위원회는 남아프리카공화국 주도하에 세계 모든 나라에서 게이와 레즈비언에게 인권 원칙을 확장시켜야 한다는 결의안을 통과시켰다. 결의안이 세계적 수준에서 게이 인권을 지지하고 있지만 이를 집행하기는 극도로 어렵고, 차별법들은 별로 누그러지지 않고 있다.[24]

이 지점에서 결론은 꽤나 명확하다. 이전부터 있어왔고, 또 앞으로도 있을 모든 시민권운동이나 인권운동과 마찬가지로 미국과 세계 곳곳에서 진행되고 있는 게이 인권투쟁은 오래되었고, 느리게 진행되면서도 강한 성격을 지니고 있다. 많은 진보가 이루어지긴 했지만(어떤 곳에서는 다른 곳보다 더 많이) 지금은 때가 아니다. 승리를 선언하거나 경계를 늦출 그런 때가 아니다. 투쟁은 지속될 것이고, 역사의 시계추는 몹시도 흔들릴 것이다. 그리고 부디 종국에는 모든 이가 자신이 누구와 사랑을 나누고 싶은지, 누구와 섹스하고 싶은지, 누구와 결혼하고 싶은지를 차별과 편견이 없는 상태에서 선택하는 권리를 가지게 될 것이며, 이는 생물학적 성에 대한 편견까지 뛰어넘게 할 것이다.

옮긴이 후기

이 책은 페퍼 슈워츠와 마사 켐프너의 *50 Great Myths of Human Sexuality*(2015)를 완역한 것이다. 저자들은 오랜 학문적·실천적 경험을 토대로 안전하고 즐겁고 건강한 성생활을 위해 현대인이라면 반드시 이해해야 하는 50가지 주제를 선택해 대중적으로 수용되고 있는 섹슈얼리티 신화들을 해체한다. 이 책은 신화의 뿌리를 조사하고, 이를 반박하는 연구들을 살펴보며, 신화를 유지하는 문화적 사고방식을 검토한다. 특히 최신 동향을 학문적으로 세심하게 검토하면서도 일반인들이 이해할 수 있는 매력 넘치는 언어로 전달함으로써 대중적 접근성과 학문적 연구의 경계를 멋지게 넘나든다. 이 책의 장점은 바로 여기, 꽤 까다로운 쟁점들을 재미와 깊이를 살리면서 전달하는 데 있다. 그뿐만 아니라 혼전 성행위, 자위, 성병, 성적 판타지, 포르노그래피, 대인관계, 피임, 질투와 같은 감정들, 신체 이미지 불안, 열정적인 사랑과 성폭력 등 폭넓은 영역을 아우른다. 그리고 이것이 성 건강과 행복에 어떤 영향을 미치는지 살펴본다. 저자들이 안내하는 대로 책을 읽다 보면 내면화된 신화가 깨지는 것을 넘어 대안적 사고가 열리는 경험을 하게 된다. 섹슈얼리티 관련 책들이 수없이 출판되고 있지만, 이 책의 고유성이 발휘되는 지점이다.

이 책은 오늘날 미국의 섹슈얼리티 신화를 다룬다. 하지만 예상했던 것보다 훨씬 더 접근성 있는 책이어서 지금 한국에서 글을 읽는 우리에게도 유효하다. 저자들은 섹슈얼리티에 대한 오해는 광범위한데, 그중 다수는 자칭 '전문가'에 의해 증명되어 절대적 진실로 전수되고 있다며 우려를 표한다. 오해들은 걱정과 염려를 불러일으키는 것부터 사람들을 위험에 처하게 하는 것까지 다양한데, 심지어는 학교에서 가르쳐지는 것도 있다. '어라? 한국도 똑같은데!' 번역자들의 고심도 여기에서 시작되었다.

고경심은 산부인과 의사로서 섹슈얼리티 편견과 고정관념이 낳는 폐해들을 오랫동안 고민해왔으며, 의학과 보건학의 섹슈얼리티 연구와 실제 사례들을 제시할 필요성에서 이 책의 번역을 서둘렀다. 그는 2018년 5월 낙태죄 위헌 소원의 참고인 의견을 내면서 이 책이 열어주었던 대안적 사고로부터 많은 도움을 받았다. 유채영은 중독과 정신건강 분야에서 성과 관련된 어려움을 겪는 클라이언트들과 함께 한 경험이 있기에 흔쾌히 번역에 동의했다. 그는 섹슈얼리티 교육 과정 개발의 필요성을 목소리 높여 주장하고 있으며 이에 적합한 교재의 빈곤을 아쉬워하고 있다. 이수연은 여성 폭력 상담사들과 성교육 담당자들이 하루빨리 이 책을 접하기를 바라는 마음에 번역에 목말라했다.

섹슈얼리티는 학문의 어느 한 분야로만 감당하기 어려운 측면이 있고 경험을 나누기도 어려워서 사람들은 조각난 단편적 지식을 갖고서 다 알고 있다는 생각에 빠지기 쉽다. 그래서 더욱 섹슈얼리티라는 미지의 세계로 들어가는 젊은이들에게 이 책이 길잡이가 되길 바란다. 성인들에게는 자신의 심리적 갈등과 고통의 원인을 이해하여 건강한 성생활을 찾고, 보다 즐거운 삶을 기획하는 데 소용이 닿을 것이라 기대한다. 부모와 자식 세대 간 격차는 커지고 있다. 섹슈얼리티도 예외는 아니어서 미래 세대의 남자와 여자들이 성적으로 무엇을 하고 있는지, 어떻게 느끼는지 부모들은 잘 알지 못하고, 그렇기에 대화는 더 어렵다. 더군다나 부모 세대는 성교육을 받아본 적이 없다. 섹슈얼리티에 드리워진 장막을 어떻게 걷어낼지 몰라 자식들과 대화에 어려움을 겪는 부모들에게 필독을 권한다. 연구자들에게는 한국 사회의 섹슈얼리티 신화를 기록하고 분석하고 싶은 욕구를 불러일으키는 지적 자극이 되길 바라마지않는다.

다른 사람들의 연구에 대한 저자들의 날카로운 시각과 논의의 방향성을 잃지 않으면서 기존 이론에 도전하는 균형감은 눈여겨봄 직하다. 머지않아 한국판 섹슈얼리티 신화를 다룬 책으로 청소년들을 교육하는 날이 오리라 믿는다. 무엇보다 이 책이 독자들 손에 전달될 수 있도록 애써주신 한울엠플러스에 깊은 존경과 감사를 드린다.

2018년 12월

역자들을 대표하여 이수연

각 장의 주

신화 1

1 Vardi, Y., Harshai, Y., Gil, T., and Gruenwald, I. (2008). "A critical analysis of penile enhancement procedures for patients with normal penile size: Surgical techniques, success, and complications." *European Urology*, 54(5), pp. 1042~1050.

2 Li, C.Y., Kayes, O., Kell, P.D., Christopher, N., Minhas, S., and Ralph, D. J. (2006). "Penile suspensory ligament division for penile augmentation: indications and results." *European Urology*, 49(4), pp. 729~733.

3 Wessells, H., Lue, T.F., and McAninch, J.W., "Penile length in the flaccid and erect states: Guidelines for penile augmentation," *Journal of Urology*, 156, no. 3(1996), pp. 995~997.

4 Templer, D.I. (2002). *Is Size Important*. CeShore, Pittsburgh, PA.

5 Lever, J., Frederick, D.A., and Peplau, L. (2006). "Does size matter? Men's and women's views on penis size across the lifespan." *Psychology of Men and Masculinity*, 7, pp. 129~143.

6 Mehraban, D., Salehi, M., and Zayeri, F. (2007). "Penile size and somatometric parameters among Iranian normal adult men." *International Journal of Impotence Research*, 19(3), pp. 303~309.

7 Spyropoulos, E., Borousas, D., Mavrikos, S., Dellis, A., Bourounis, M., and Athanasiadis, S. (2002). "Size of external genital organs and somatometric parameters among physically normal men younger than 40 years old." *Urology*, 60(3), pp. 485~489.

8 Lever, J., Frederick, D.A., and Peplau, L. "Does size matter? Men's and women's views on penis size across the lifespan." p. 135.

9 Shah, J. and Christopher, N. (2002). "Can shoe size predict penile length?" *BJU International*, 90(6), p. 586.

10 Mehraban, D., Salehi, M., and Zayeri, F. "Penile size and somatometric parameters among Iranian normal adult men." pp. 129~143.

11 Spyropoulos, E., Borousas, D., Mavrikos, S., Dellis, A., Bourounis, M., and Athanasiadis, S. "Size of external genital organs and somatometric parameters among physically normal men younger than 40 years old." pp. 485~489.

12 Voracek, M. and Manning, J.T. (2003). "Length of fingers and penis are related through fetal Hox gene expression." *Urology*, 62(1), p. 201

13 Masters, W.H. and Johnson, V.E. (1966). *Human Sexual Response*, vol. 1. Little, Brown & Co. Boston, pp. 223~276; Zilbergeld, B. (1999). *The New Male Sexuality: the truth about men, sex, and pleasure*. Bantam Books; Fisher, W.A., Branscombe, N.R., and Lemery, C.R. (1983). "The bigger the better? Arousal and attributional responses to erotic stimuli that depict different size penises." *Journal of Sex Research*, 19(4), pp. 377~396. http://www.jstor.org/stable/3812063 (accessed July 17, 2014).

14 Lever, J., Frederick, D.A., and Peplau, L. "Does size matter? Men's and women's views on penis size across the lifespan." pp. 129~143.

15 Fisher, W.A., Branscombe, N.R., and Lemery, C.R. "The bigger the better? Arousal and attributional responses to erotic stimuli that depict different size penises."

16 Eisenman, R. (2001). Penis size: Survey of female perceptions of sexual satisfaction. *BMC Women' Health*, 1(1), 1. http://www.biomedcentral.com/1472-6874/1/1 (accessed July 17, 2014).

17 Francken, A.B., van de Wiel, H.B.M., van Driel, M.F., and Weijmar Schultz, W.C.M. (2002). "What importance do women attribute to the size of the penis?" *European Urology*, 42(5), pp. 426~431.

18 Šulhofer, A. (2006). "How (un) important is penis size for women with heterosexual experience?" *Archives of Sexual Behavior*, 35(1), pp. 5~6.

신화 2

1 Kelly, G.F. (2010). *Sexuality Today*. 10th edn. McGraw-Hill, p. 31.

2 같은 책, p. 34.
3 Herbenick, D., and Schick, V. (2011). *Read My Lips: A Complete Guide to the Vagina and Vulva*. Rowman & Littlefield Publishers. p. 48.
4 Kelly, G.F. *Sexuality Today*. p. 35.
5 Martino, J.L., Youngpairoj, S., and Vermund, S.H. (2004). "Vaginal douching: Personal practices and public policies." *Journal of Women's Health*, 13(9), p. 1053.
6 같은 글, p. 1053.
7 Ness, R.B., Hillier, S.L., Richter, H.E., Soper, D.E., Stamm, C., Bass, D.C., et al. (2003). "Why women douche and why they may or may not stop." *Sexually Transmitted Diseases*, 30(1), p. 72.
8 Grimley, D.M., Annang, L., Foushee, H.R., Bruce, F.C., and Kendrick, J.S. (2006). "Vaginal douches and other feminine hygiene products: Women's practices and perceptions of product safety." *Maternal and Child Health Journal*, 10(3), pp. 303~310.
9 Martino, J.L., Youngpairoj, S., and Vermund, S.H. "Vaginal douching: Personal practices and public policies." p. 1054.
10 Grimley, D.M., Annang, L., Foushee, H.R., Bruce, F.C., and Kendrick, J.S. "Vaginal douches and other feminine hygiene products: Women's practices and perceptions of product safety." p. 303.
11 같은 글, p. 307.
12 Morrison, T.G., Bearden, A., Ellis, S.R., and Harriman, R. (2005). "Correlates of genital perceptions among Canadian post-secondary students." *Electronic Journal of Human Sexuality*, 8, pp. 1~22.
13 Reinholtz, R.K., and Muehlenhard, C.L. (1995). "Genital perceptions and sexual activity in a college population." *Journal of Sex Research*, 32(2), pp. 155~165.
14 Schick, V.R., Calabrese, S.K., Rima, B.N., and Zucker, A.N. (2010). "Genital appearance dissatisfaction: Implications for women's genital image self-consciousness, sexual consciousness, sexual esteem, sexual satisfaction, and sexual risk." *Psychology of Women Quarterly*, 34(3), p. 401에도 같은 내용이 있다
15 같은 글, p. 400
16 Berman, L.A., Berman, J., Miles, M., Pollets, D., and Powell, J.A. (2003). "Genital self-image as a component of sexual health: Relationship between genital self-image, female sexual function, and quality of life measures." *Journal of Sex and Marital Therapy*, 29(Suppl. 1), p. 16
17 Schick, V.R., Calabrese, S.K., Rima, B.N., and Zucker, A.N. "Genital appearance dissatisfaction: Implications for women's genital image self-consciousness, sexual consciousness, sexual esteem, sexual satisfaction, and sexual risk." p. 400.
18 Braun, V. and Tiefer, L. (2009). "The 'Designer Vagina' and the pathologisation of female genital diversity: Interventions for change." *Radical Psychology: A Journal of Psychology, Politics, and Radicalism*, 8(1). p. 1.
19 Miklos, J.R., and Moore, R.D. (2008). "Labiaplasty of the labia minora: Patients' indications for pursuing surgery." *Journal of Sexual Medicine*, 5, pp. 1492~1495.
20 American College of Obstetrics and Gynecology (ACOG) Committee on Gynecologic Practice. (2007). "Vaginal 'rejuvenation' and cosmetic vaginal procedures, Committee Opinion, Number 378." http://www.acog.org/Resources_And_Publications/Committee_Opinions/Committee_on_Gynecologic_Practice/Vaginal_Rejuvenation_and_Cosmetic_Vaginal_Procedures (accessed July 17, 2014).
21 Miklos, J.R., and Moore, R.D. "Labiaplasty of the labia minora: Patients' indications for pursuing surgery." p. 1493.
22 Peixoto Labre, M. (2002). "The Brazilian wax: New hairlessness norm for women?" *Journal of Communication Inquiry*, 26(2), p. 127.
23 Tiefer, L. (2008). "Female genital cosmetic surgery: Freakish or inevitable? Analysis from medical marketing, bioethics, and feminist theory." *Feminism and Psychology*, 18(4), p. 474.
24 Bercaw-Pratt, J.L., Santos, X.M., Sanchez, J., Ayensu-Coker, L., Nebgen, D.R., and Dietrich, J.E. (2012). "The incidence, attitudes and practices of the removal of pubic hair as a body modification." *Journal of Pediatric and Adolescent Gynecology*, 25(1), pp. 12~14.
25 Herbenick, D., Schick, V., Reece, M., Sanders, S., and Fortenberry, J.D. (2010). "Pubic hair removal among women in the United States: Prevalence, methods, and characteristics." *Journal of Sexual Medicine*, 7(10), pp. 3322~3330.
26 Peixoto Labre, M. "The Brazilian wax: New hairlessness norm for women?" p. 116.
27 같은 글, p. 124.
28 같은 글, p. 124.
29 Herbenick, D., Schick, V., Reece, M., Sanders, S., and Fortenberry, J.D. "Pubic hair removal among women in the United States: Prevalence, methods, and characteristics." p. 3325.
30 Glass, A.S., Bagga, H.S., Tasian, G.E., Fisher, P.B., McCulloch, C.E., Blaschko, S.D, et al. (2012). "Pubic hair

grooming injuries presenting to U.S. emergency departments." *Urology*, 80(6), pp. 1187~1191.

신화 3

1 DeLaet, D.L. (2009). "Framing male circumcision as a human rights issue? Contributions to the debate over the universality of human rights." *Journal of Human Rights*, 8(4), p. 418.
2 American Academy of Pediatrics (AAP) Task Force on Circumcision. (2012). "Male Circumcision." *Pediatrics*, 130(3), p. e761. http://pediatrics.aappublications.org/content/130/3/e756.full.pdf+html (accessed July 17, 2014).
3 같은 글, p. e771.
4 같은 글, p. e773.
5 같은 글, p. e770.
6 같은 글, p. e767.
7 같은 글, p. e767.
8 같은 글, p. e764.
9 Sansom, S.L., Prabhu, V.S., Hutchinson, A.B., An, Q., Hall, H.I., Shrestha, R.K., et al. (2010). "Cost-effectiveness of newborn circumcision in reducing lifetime HIV risk among US males." *PLoS One*, 5(1), e8723.
10 American Academy of Pediatrics (AAP) Task Force on Circumcision. "Male Circumcision." p. e765.
11 같은 글, p. e764.
12 Ladurner Rennau, M., Buttazoni, A., Pichler, R., Schlenk, B., Klinglmair, G., Richter, E., et al. (2011). "Prevalence of human papillomavirus infection of the inner foreskin in men without clinical symptoms." *Journal of Urology*, 185(4), p. e570.
13 American Academy of Pediatrics (AAP) Task Force on Circumcision. "Male Circumcision." p. e768.
14 같은 글, p. e769
15 같은 글, p. e769
16 Guest, C.L. (2012). "Revised male infant circumcision policy: A disservice to Americans." *American Academy of Pediatrics Online* (September 22). http://pediatrics.aappublications.org/content/130/3/585/reply#pediatrics_el_55044 (accessed July 17, 2014).
17 Bristol, N. (2011). "Male circumcision debate flares in the USA." *Lancet*, 378, p. 1837.
18 Chapin, G. (2012). "First do no harm." *The Huffington Post* (October 4). http://www.huffingtonpost.com/georganne-chapin/circumcision-task-force-report_b_1919711.html (accessed July 17, 2014).
19 같은 글.
20 Benatar, M. and Benatar, D. (2003). "Between prophylaxis and child abuse: The ethics of neonatal male circumcision." *American Journal of Bioethics*, 3(2), pp. 35~48.
21 Wamai, R.G., Morris, B.J., Bailis, S.A., Sokal, D., Klausner, J.D., Appleton, R., et al. (2011). "Male circumcision for HIV prevention: Current evidence and implementation in sub-Saharan Africa." *Journal of the International AIDS Society*, 14(1), 49.
22 Benatar, M. and Benatar, D. "Between prophylaxis and child abuse: The ethics of neonatal male circumcision." p. 43.
23 DeLaet, D.L. "Framing male circumcision as a human rights issue? Contributions to the debate over the universality of human rights." pp. 405~426.
24 같은 글, p. 414.
25 같은 글, p. 415.
26 같은 글, p. 414.

신화 4

1 Jannini, E.A., Whipple, B., Kingsberg, S.A., Buisson, O., Foldes, P., and Vardi, Y. (2010). "Who's afraid of the G-spot?" *Journal of Sexual Medicine*, 7(1), p. 27.
2 Ostrzenski, A. (2012). "G-spot anatomy: A new discovery." *Journal of Sexual Medicine*, 9(5), p. 1335
3 Jannini, E.A., Rubio-Casillas, A., Whipple, B., Buisson, O., Komisaruk, B.R., and Brody, S. (2012). "Female orgasm(s): One, two, several." *Journal of Sexual Medicine*, 9(4), p. 958.
4 Jannini, E.A., Whipple, B., Kingsberg, S.A., Buisson, O., Foldes, P., and Vardi, Y. "Who's afraid of the G-spot?" p. 27.
5 Jannini, E.A., Rubio-Casillas, A., Whipple, B., Buisson, O., Komisaruk, B.R., and Brody, S. "Female orgasm(s):

One, two, several." pp. 960~961.
6 Jannini, E.A., Whipple, B., Kingsberg, S.A., Buisson, O., Foldes, P., and Vardi, Y. "Who's afraid of the G-spot?" p. 27.
7 Masters, W. H. and Johnson, V.E. (1966). *Human Sexual Response*, Vol. 1. Little, Brown & Co., Boston, pp. 223~276.
8 Archer, J. and Lloyd, B. (2002). *Sex and Gender*. Cambridge University Press. pp. 85~88
9 O'Connell, H.E., Sanjeevan, K.V., and Hutson, J.M. (2005). "Anatomy of the clitoris." *Journal of Urology*, 174(4), pp. 1185~1195.
10 Buisson, O. and Foldes, P. (2009). "The clitoral complex: a dynamic sonographic study." *Journal of Sexual Medicine*, 6(5), pp. 1223~1231.
11 Kilchevsky, A., Vardi, Y., Lowenstein, L., and Gruenwald, I. (2012). Is the female G-spot truly a distinct anatomic entity? *Journal of Sexual Medicine*, 9(3), pp. 719~726.
12 같은 글, pp. 719~726.
13 Komisaruk, B.R., Wise, N., Frangos, E., Liu, W.-C., Allen, K., and Brody, S. (2011). "Women's clitoris, vagina, and cervix mapped on the sensory cortex: fMRI evidence." *Journal of Sexual Medicine*, 8(10), pp. 2822~2830.

신화 5

1 Kelly, G.F. (2011). *Sexuality Today: The Human Perspective*, 10th edn. McGraw Hill.
2 Aversa, A., Isidori, A.M., De Martino, M.U., Caprio, M., Fabbrini, E., Rocchietti-March, M., et al. (2000). "Androgens and penile erection: Evidence for a direct relationship between free testosterone and cavernous vasodilation in men with erectile dysfunction." *Clinical Endocrinology*, 53(4), p. 517.
3 같은 글, p. 517.
4 Anderson, R.A., Bancroft, J., and Wu, F.C. (1992) "The effects of exogenous testosterone on sexuality and mood of normal men." *Journal of Clinical Endocrinology and Metabolism*, 75, pp. 1503~1507; Bagatell, C.J., Heiman, J.R., Rivier, J.E., and Bremner, W.J. (1994) "Effects of endogenous testosterone and oestradiol on sexual behavior in normal young men." *Journal of Clinical Endocrinology and Metabolism*, 78, pp. 711~716.
5 Aversa, A., Isidori, A.M., De Martino, M.U., Caprio, M., Fabbrini, E., Rocchietti-March, M., et al. "Androgens and penile erection: Evidence for a direct relationship between free testosterone and cavernous vasodilation in men with erectile dysfunction." p. 519; Buvat, J. and Lemaire, A. (1997) "Endocrine screening in 1022 men with erectile dysfunction: Clinical significance and cost-effective strategy." *Journal of Urology*, 158, pp. 1764~1768.
6 Gades, N.M., Jacobson, D.J., McGree, M.E., St Sauver, J.L., Lieber, M.M., Nehra, A., et al. (2008). "The associations between serum sex hormones, erectile function, and sex drive: The Olmsted County Study of Urinary Symptoms and Health Status among Men." *Journal of Sexual Medicine*, 5(9), p. 2209
7 Ahn, H.S., Park, C.M., and Lee, S.W. (2002). "The clinical relevance of sex hormone levels and sexual activity in the ageing male." *BJU International*, 89(6), pp. 526~530.
8 Gades, N.M., Jacobson, D.J., McGree, M.E., St Sauver, J.L., Lieber, M.M., Nehra, A., et al. "The associations between serum sex hormones, erectile function, and sex drive: The Olmsted County Study of Urinary Symptoms and Health Status among Men." pp. 2209~2220.
9 Boloña E.R., Uraga, M.V., Haddad, R.M., Tracz, M.J., Siderao, K., Kennedy, C.C., et al. (2007). "Testosterone use in men with sexual dysfunction: A systematic review and meta-analysis of randomized placebo-controlled trials." *Mayo Clinic Proceedings*, 82, pp. 20~28.
10 Koo, K.C., Shim, G.S., Park, H.H., Rha, K.H., Choi, Y.D., Chung, B.H., et al. (2013). "Treatment outcomes of chemical castration on Korean sex offenders." *Journal of Forensic and Legal Medicine*, 20(6), p. 565.
11 Bancroft, J. and Wu, C.W. (1983) "Changes in erectile responsiveness during androgen replacement therapy." *Archives of Sexual Behavior*, 12, pp. 59~66; Kwan, M., Greenleaf, W.J., Mann, J., Crapo, L., and Davidson, J.M. (1983) "The nature of androgen action on male sexuality: A combined laboratory-elf-report study on hypogonadal men." *Journal of Clinical Endocrinology and Metabolism*, 57, pp. 557~562; Cunningham, G.R., Hirshkowitz, M., Korenman, S.G., & Karacan, I. (1990) "Testosterone replacement therapy and sleep-related erections in hypogonadal men." *Journal of Clinical Endocrinology and Metabolism*, 70, pp. 792~797; Rakic, Z., Starcevic, V., Starcevic, V.P., and Marinkovic, J. (1997) "Testosterone treatment in men with erectile disorder and low levels of total testosterone in serum." *Archives of Sexual Behavior*, 26, pp. 495~504; Aversa, A., Isidori, A.M., De Martino, M.U., Caprio, M., Fabbrini, E., Rocchietti-March, M., et al. "Androgens and penile erection: Evidence for a direct relationship between free testosterone and cavernous vasodilation in men with erectile dysfunction." pp. 517~522.

12 Nutrition in Action Health Letter. (2014a). "Who really needs testosterone?" *Nutrition in Action Health Letter*, Center Science Public Interest, Washington, D.C., p. 10.
13 같은 글, p. 10.
14 Corona, G., Mannucci, E., Lotti, F., Boddi, V., Jannini, E.A., Fisher, A.D., et al. (2009). "Impairment of couple relationship in male patients with sexual dysfunction is associated with overt hypogonadism." *Journal of Sexual Medicine*, 6(9), p. 2597.
15 Aversa, A., Isidori, A.M., De Martino, M.U., Caprio, M., Fabbrini, E., Rocchietti-March, M., et al. "Androgens and penile erection: Evidence for a direct relationship between free testosterone and cavernous vasodilation in men with erectile dysfunction." pp. 517~522; Corona, G., Mannucci, E., Lotti, F., Boddi, V., Jannini, E.A., Fisher, A.D., et al. "Impairment of couple relationship in male patients with sexual dysfunction is associated with overt hypogonadism." pp. 2591~2600.
16 Gades, N.M., Jacobson, D.J., McGree, M.E., St Sauver, J.L., Lieber, M.M., Nehra, A., et al. "The associations between serum sex hormones, erectile function, and sex drive: The Olmsted County Study of Urinary Symptoms and Health Status among Men." pp. 2210~2213; McKinlay, J.B. (2006). "Should we begin a large clinical trial of testosterone in men? 'Not yet.'" *Journal of Men' Health and Gender*, 3, pp. 33~35.
17 Hubayter, Z. and Simon, J.A. (2008). "Testosterone therapy for sexual dysfunction in postmenopausal women." *Climacteric: the Journal of the International Menopause Society*, 11(3), pp. 187~188.
18 Snoeren, E.M., Bovens, A., Refsgaard, L.K., Westphal, K.G., Waldinger, M.D., Olivier, B., et al. (2011). "Combination of testosterone and vardenafil increases female sexual functioning in sub-primed rats." *Journal of Sexual Medicine*, 8(4), p. 989.
19 van der Made, F., Bloemers, J., Yassem, W.E., Kleiverda, G., Everaerd, W., van Ham, D., et al. (2009). "The influence of testosterone combined with a PDE5-inhibitor on cognitive, affective, and physiological sexual functioning in women suffering from sexual dysfunction." *Journal of Sexual Medicine*, 6(3), pp. 777~790.
20 Mulhall, J.P., Valenzuela, R., Aviv, N., and Parker, M. (2004). "Effect of testosterone supplementation on sexual function in hypogonadal men with erectile dysfunction." *Urology*, 63, pp. 348~352; Bain, J., Brock, G., Kuzmarov, I; International Consulting Group (2007). "Canadian Society for the Study of the Aging Male: Response to health Canada's position paper on testosterone treatment." *Journal of Sexual Medicine*, 4, pp. 558~566.
21 Snoeren, E.M., Bovens, A., Refsgaard, L.K., Westphal, K.G., Waldinger, M.D., Olivier, B., et al. "Combination of testosterone and vardenafil increases female sexual functioning in sub-primed rats." p. 991.
22 Page, S.T., Amory, J.K., Bowman, F.D., Anawalt, B.D., Matsumoto, A.M., Bremner, W.J., et al. (2005). "Exogenous testosterone (T) alone or with finasteride increases physical performance, grip strength, and lean body mass in older men with low serum T." *Journal of Clinical Endocrinology and Metabolism*, 90(3), pp. 1502~1510.
23 Persky, H., Lief, H.I., Strauss, D., Miller, W.R., and O'Brien, C.P. (1978). "Plasma testosterone level and sexual behavior of couples." *Archives of Sexual Behavior*, 7(3), p. 157.
24 Lobo, R.A., Rosen, R.C., Yang, H.M., Block, B., and Van Der Hoop, R.G. (2003). "Comparative effects of oral esterified estrogens with and without methyltestosterone on endocrine profiles and dimensions of sexual function in postmenopausal women with hypoactive sexual desire." *Fertility and Sterility*, 79(6), pp. 1341~1352; Hubayter, Z. and Simon, J.A. p. 183.
25 Hoeger, K.M. and Guzick, D.S. (1999). "The use of androgens in menopause." *Clinical Obstetrics and Gynecology*, 42, pp. 883~894; Redmond, G.P. (1999). "Hormones and sexual function." *International Journal of Fertility and Women' Medicine*, 44, pp. 193~197; Snoeren, E.M., Bovens, A., Refsgaard, L.K., Westphal, K.G., Waldinger, M.D., Olivier, B., et al. "Combination of testosterone and vardenafil increases female sexual functioning in sub-primed rats." pp. 989~1001.
26 Nutrition in Action Health Letter (2014b) Summary of article in the *New England Journal of Medicine* 363, 109, 2010.
27 Tiefer, L. (2001). "A new view of womens sexual problems: Why new? Why now?" *Journal of Sex Research*, 38(2), pp. 89~96.

신화 6

1 Mader, S. (1992). *Human Reproductive Biology*, 2nd edn. William C. Brown, New York. p. 17.
2 같은 책, p. 19.
3 Kelly, G.F. (2010). *Sexuality Today*, 10th edn. McGraw Hill, New York. p. 101.
4 Kelly, G.F. *Sexuality Today*. p. 101.

5 Mader, S. *Human Reproductive Biology*. p. 19.
6 같은 책, p. 19.
7 Kelly, G.F. *Sexuality Today*. p. 101.
8 Blonna, R. and Levitan, J. (2005). *Healthy Sexuality*. Thomson Wadsworth, New York. p. 119.
9 Kelly, G.F. *Sexuality Today*. p. 105.
10 같은 책, p. 105.
11 같은 책, p. 105.
12 Fausto-Sterling, A. (2000). "The five sexes, revisited." *The Sciences (New York)*, 40(4), p. 19.
13 Herdt, G. (1990). "Mistaken gender: 5-alpha reductase hermaphroditism and biological reductionism in sexual identity reconsidered." *American Anthropologist*, 92(2), pp. 433~446.
14 Kelly, G.F. *Sexuality Today*. p. 97.
15 Lee, P.A., Houk, C.P., Ahmed, S.F., and Hughes, I.A. (2006). "Consensus statement on management of intersex disorders." *Pediatrics*, 118(2), p. e488.
16 같은 글, p. e488.
17 Colapinto, J. (1997). "The true story of John/Joan." *Rolling Stone* (December 11), pp. 54~97.
18 같은 글. pp. 54~97.
19 같은 글. pp. 54~97.
20 Colapinto, J. (2004). "What were the real reasons behind David Reimer's suicide?" *Slate* (June 3). http://www.slate.com/articles/health_and_science/medical_examiner/2004/06/gender_gap.html (accessed July 18 2014).
21 Lee, P.A., Houk, C.P., Ahmed, S.F., and Hughes, I.A. "Consensus statement on management of intersex disorders." p. e493.

신화 7

1 Rieger, G., Linsenmeier, J.A.W., Gygax, L., Garcia, S., and Bailey, J.M. (2010). "Dissecting 'aydar' Accuracy and the role of masculinity-emininity." *Archives of Sexual Behavior*, 39, p. 124.
2 Ambady, N., Hallahan, M., and Conner, B. (1999). "Accuracy of judgments of sexual orientation from thin slices of behavior." *Journal of Personality and Social Psychology*, 77, pp. 538~547.
3 Freeman, J.B., Johnson, K.L., Ambady, N., and Rule, N.O. (2010). "Sexual orientation perception involves gendered facial cues." *Personality and Social Psychology Bulletin*, 36, pp. 1318~1331.
4 같은 글, pp. 1327~1328.
5 Berger, G., Hank, L., Rauzi, T., and Simkins, L. (1987). "Detection of sexual orientation by heterosexuals and homosexuals." *Journal of Homosexuality*, 13, pp. 83~100; Ambady, N., Hallahan, M., and Conner, B. "Accuracy of judgments of sexual orientation from thin slices of behavior." pp. 538~547.
6 Sylva, Sell and Bailey, 2007: unpublished data
7 Rieger, G., Linsenmeier, J.A.W., Gygax, L., Garcia, S., and Bailey, J.M. "Dissecting 'aydar' Accuracy and the role of masculinity-emininity." pp. 125~126.
8 같은 글, p. 136.
9 Ross, M.W. (1983). "Femininity, masculinity, and sexual orientation: Some cross-cultural comparisons." *Journal of Homosexuality*, 9, pp. 27~36.
10 Rule, N.O., Ishii, K., Ambady, N., Rosen, K., and Hallett, K. (2011). "Found in translation: Cross-cultural consensus in the accurate categorization of male sexual orientation." *Personality and Social Psychology Bulletin*, 37(11), p. 1500.
11 Ross, M.W. "Femininity, masculinity, and sexual orientation: Some cross-cultural comparisons." pp. 27~36.
12 Rule, N.O., Ishii, K., Ambady, N., Rosen, K., and Hallett, K. "Found in translation: Cross-cultural consensus in the accurate categorization of male sexual orientation." pp. 1499~1507.
13 예를 들어, Dweck, C.S. and Leggett, E.L. (1988). "A social-cognitive approach to motivation and personality." *Psychological Review*, 95, pp. 256~273; Choi, I., Nisbett, R.E., and Norenzayan, A. (1999). "Causal attribution across cultures: Variation and universality." *Psychological Bulletin*, 125, pp. 47~63.
14 Ambady, N., Bernieri, F.J., and Richeson, J.A. (2000). "Toward a histology of social behavior: Judgmental accuracy from thin slices of the behavioral stream." *Advances in Experimental Social Psychology*, 32, pp. 201~271.
15 Stern, C., West, T.V., Jost, J.T., and Rule, N.O., Annual meeting of the International Society of Political Psychology (2013). "The politics of gaydar: Ideological differences in the use of gendered cues in categorizing sexual orientation." *Journal of Personality and Social Psychology*, 104(3), p. 521.

신화 8

1 Mayfield, W.A. and Carrubba, M.D. (1966). "Validation of the attitudes toward bisexuality inventory." *Poster presented at the 104th Annual Convention of the American Psychological Association*, Toronto, Canada; Eliason, M.J. (1997). "The prevalence and nature of biphobia in heterosexual undergraduate students." *Archives of Sexual Behavior*, 26, pp. 317~326.

2 Blumstein, P. and Schwartz, P. (1977). "Bisexuality: Some social psychological issues." *Journal of Social Issues*, 33(2), p. 30; Rust, P. (1995). *Bisexuality and the Challenge to Lesbian Politics: Sex, Loyalty and Revolution*. New York University Press, New York; UUdis-Kessler, A. (1996). "Challenging the stereotypes. In Off Pink Collective" (eds) *Bisexual Horizons: Politics. Histories. Lives*, Lawrence and Whishart, London, pp. 45~57.

3 Mohr, J.J. and Rochlen, A.B. (1999). "Measuring attitudes regarding bisexuality in lesbian, gay male and heterosexual populations." *Journal of Counseling Psychology*, 46(3), p. 353.

4 Hutchins, L. (1996). "Bisexuality: Politics and community." In Firestein B.S. (ed.) *Bisexuality: The Psychology and Politics of an Invisible Minority*. Sage, Thousand Oaks, CA, pp. 420~462; Ochs, R. (1996). "Biphobia: It goes more than two ways." In Firestein B.A. (ed.) *Bisexuality: The Psychology and Politics of an Invisible Minority*. Sage, Thousand Oaks, CA, pp. 217~239.

5 Kinsey, A.C., Pomeroy, W.B., and Martin, C.E. (1948). *Sexual Behavior in the Human Male*. W.B. Saunders, Philadelphia, PA.

6 Kinsey, A.C., Pomeroy, W.B., Martin, C.E., and Gebhard, P.H. (eds) (1953). *Sexual Behavior in the Human Female*. Indiana University Press, Bloomington, IN.

7 Blumstein, P. and Schwartz, P. "Bisexuality: Some social psychological issues." pp. 31~32.

8 Pew Research Center (2013). "A survey of LGBT Americans attitudes, experiences and values in changing times." http://www.pewsocialtrends.org/files/2013/06/SDT_LGBTAmericans_06-2013.pdf (accessed July 19, 2014).

9 Chivers, M.L., Rieger, G., Latty, E., and Bailey, J.M. (2004). "A sex difference in the specificity of sexual arousal." *Psychological Science*, 15(11), pp. 736~744.

10 Rieger, G., Chivers M.L., and Bailey J.M. (2005). "Sexual arousal patterns of bisexual men." *Psychological Science*, 16(8), pp. 579~584.

11 Carey, B. (2005). "Straight, gay or lying: Bisexuality revisited." *New York Times* (July 5).

12 Rosenthal, A.M., Sylva, D., Safron, A., and Bailey, J.M. (2011). "Sexual arousal patterns of bisexual men revisited." *Biological Psychology*, 88(1), pp. 112~115.

13 Blumstein, P. and Schwartz, P. "Bisexuality: Some social psychological issues." p. 37.

14 같은 글, pp. 40~43.

15 Blumstein, P. and Schwartz, P. (1976). "Bisexuality in women." *Archives of Sexual Behavior*, 5(2), p. 171.

16 Blumstein, P. and Schwartz, P. "Bisexuality: Some social psychological issues." p. 43.

17 Diamond, L.M. (2008). "Female bisexuality from adolescence to adulthood: Results from a 10 year longitudinal study." *Developmental Psychology*, 44(1), p. 5.

18 같은 글, p. 5.

19 Lever, J. (1994). "Sexual revelations: The 1994 Advocate survey of sexuality and relationships: The men." *The Advocate*, pp. 18~24.

20 Stokes, J.P, Damon, W., and McKirnan, D.J. (1997). "Predictors of movement toward homosexuality: A longitudinal study of bisexual men." *Journal of Sex Research*, 34, pp. 304~312.

21 Denizet-Lewis, B. (2014). "The scientific quest to prove bisexuality exists." *New York Times* (March 20).

22 Dodge, B. and Sandfort, T.G (2007). "A review of mental health research on bisexual individuals when compared to homosexual and heterosexual individuals." In Firestein, B.A. (ed.) *Becoming Visible: Counseling Bisexuals Across the Lifespan*. Columbia University Press, New York, pp. 28~51.

23 Diamond, L.M. (2005). "A new view of lesbian subtypes: Stable versus fluid identity trajectories over an 8-year period." *Psychology of Women Quarterly*, 29, pp. 119~128; Savin-Williams, R.C. (2001). "A critique of research on sexual-minority youths." *Journal of Adolescence*, 24(1), pp. 5~13; Weinrich, J.D. and Klein, F. (2002). "Bi-gay, bi-straight, and bi-bi: Three bisexual subgroups identified using cluster analysis of the Klein Sexual Orientation Grid." *Journal of Bisexuality*, 2(4), pp. 109~139; Rust, P. (1992). "The politics of sexual identity: sexual attraction and behavior among lesbian and bisexual women." *Social Problems*, 39(4), 366; Golden, C. (1996). "What's in a name? Sexual self-identification among women." In Savin-Williams, R.C. and Cohen, K.M. (eds) *The Lives of Lesbians, Gays and Bisexuals: Children to adults*. Harcourt Brace, Fort Worth, TX, pp. 229~249.

24 Diamond, L.M. "A new view of lesbian subtypes: Stable versus fluid identity trajectories over an 8-year period."

pp. 119~128; Golden, C. pp. 229~249; Thompson, E.M. and Morgan, E.M. (2008). "'Mostly straight' young women: variations in sexual behavior and identity development." *Developmental Psychology*, 44(1), p. 15; Gammon, M. and Isgor, K. (2006). "Troubling the canon bisexuality and queer theory." *Journal of Homosexuality*, 52, pp. 159~184.

신화 9

1 Teich, N.M. (2013). *Transgender 101: A Simple Guide to a Complex Issue*. Columbia University Press, New York, p. 10.
2 National Center for Transgender Equality (2009). "Understanding transgender: Frequently asked questions about transgender people." http://transequality.org/Resources/NCTE_UnderstandingTrans.pdf (accessed July 19, 2014).
3 Teich, N.M. *Transgender 101: A Simple Guide to a Complex Issue*. p. 10.
4 Coleman, E., Bockting, W.O., and Gooren, L. (1993). "Homosexual and bisexual identity in sex-reassigned female-to-male transsexuals." *Archives of Sexual Behavior*, 22(1), pp. 37~50.
5 National Center for Transgender Equality. "Understanding transgender: Frequently asked questions about transgender people."
6 Teich, N.M. *Transgender 101: A Simple Guide to a Complex Issue*. p. 10.
7 National Center for Transgender Equality. "Understanding transgender: Frequently asked questions about transgender people."
8 Cooper, T. (2014). "What not to say to a transgender person." *CNN*. http://www.cnn.com/2014/01/15/living/transgender-identity/ (accessed July 19, 2014).
9 Teich, N.M. *Transgender 101: A Simple Guide to a Complex Issue*.
10 같은 책.
11 Monstrey, S.J., Ceulemans, P., and Hoebeke, P. (2011). "Sex reassignment surgery in the female-to-male transsexual." In: *Seminars in Plastic Surgery*, vol. 25, no. 3. Thieme Medical Publishers, p. 229.
12 Teich, N.M. *Transgender 101: A Simple Guide to a Complex Issue*.
13 Monstrey, S.J., Ceulemans, P., and Hoebeke, P. "Sex reassignment surgery in the female-to-male transsexual." p. 229.
14 Grant, J.M., Mottet, L.A., and Tanis, J.T. (2011). *Injustice at Every Turn: Report of the National Transgender Discrimination Survey*. National Center for Transgender Equality and National Gay and Lesbian Task Force, Washington DC. http://www.endtransdiscrimination.org/PDFs/NTDS_Report.pdf (accessed July 19, 2014).

신화 10

1 SIECUS. (2005). "Community Advocacy Update: Tennessee moves to investigate ex-gay camp." http://www.siecus.org/index.cfm?fuseaction=Feature.showFeature&featureid=1262&pageid=483&parentid=478 (accessed July 19, 2014).
2 Drescher, J. (1998). "I'm your handyman." *Journal of Homosexuality*, 36(1), p. 9.
3 Drescher, J. "I'm your handyman." p. 10에서 재인용.
4 Drescher, J. "I'm your handyman." p. 14에서 재인용.
5 Drescher, J. "I'm your handyman." p. 14.
6 같은 글, p. 15.
7 American Psychological Association (APA) Task Force on Appropriate Therapeutic Responses to Sexual Orientation. (2009). *Report of the Task Force on Appropriate Therapeutic Responses to Sexual Orientation*. American Psychological Association, Washington, DC, p. 22. http://www.apa.org/pi/lgbt/resources/therapeutic-response.pdf (accessed July 22, 2014).
8 American Psychological Association (APA) Task Force on Appropriate Therapeutic Responses to Sexual Orientation. *Report of the Task Force on Appropriate Therapeutic Responses to Sexual Orientation*. pp. 30~31.
9 Carey, B. (2012). "Psychiatry giant sorry for backing gay cure." *New York Times* (May 18). http://www.nytimes.com/2012/05/19/health/dr-robert-l-spitzer-noted-psychiatrist-apologizes-for-study-on-gay-cure.html?pagewanted=1&_r=2& (accessed July 19, 2014).
10 Drescher, J. "I'm your handyman." p. 20.
11 Exodus International. (undated). "About Us." http://exodusinternational.org/about-us/ (accessed March 23, 2013).

12 Bessen, W. (2010). "Ex-gay group should repent not revel." *Huffington Post* (June 17). http://www.huffingtonpost.com/wayne-besen/ex-gay-group-should-repen_b_616197.html (accessed July 19, 2014).

13 Truth Wins Out. (undated). "Love Won Out." http://www.truthwinsout.org/love-won-out/ (accessed July 19, 2014).

14 같은 글.

15 Ford, J.G. (2002). "Healing homosexuals: A psychologist's journey through the ex-gay movement and the pseudo-science of reparative therapy." *Journal of Gay and Lesbian Psychotherapy*, 5(3~4), p. 72.

16 같은 글, p. 71.

17 같은 글, p. 78.

18 같은 글, p. 82.

19 Carey, B. "Psychiatry giant sorry for backing gay cure."

20 같은 글.

21 Evangelical Press. (2002). "Ex-gay leader disciplined for bar visit." *Christianity Today* (October 1). http://www.christianitytoday.com/ct/2000/octoberweb-only/53.0.html (accessed July 19, 2014).

22 Bessen, W. "Ex-gay group should repent not revel."

23 Bussee, M. (undated). "Statement of apology by former exodus leaders." Retrieved March 23, 2013 from Beyond Ex-Gay website. http://www.beyondexgay.com/article/busseeapology.html (accessed August 11, 2014).

24 같은 글.

25 Huffington Post. (2011). "John Smid, former 'ex-gay' leader says he is gay and changing sexual orientation is impossible." *Huffington Post* (October 21) [Video file]. http://www.huffingtonpost.com/2011/10/20/john-smid-former-ex-gay-minister-sexual-orientation-_n_1022417.html (acccessed July 19, 2014).

26 Huffington Post. (2010). "George Rekers, anti-gay activist, caught with male escort 'rentboy.'" *Huffington Post* (July 5). http://www.huffingtonpost.com/2010/05/05/george-rekers-antigay-ac_n_565142.html (accessed July 19, 2014).

27 American Psychological Association (APA) Task Force on Appropriate Therapeutic Responses to Sexual Orientation. *Report of the Task Force on Appropriate Therapeutic Responses to Sexual Orientation*. p. 82.

28 같은 글, p. 92.

29 같은 글, p. 92.

30 같은 글, p. 83.

31 같은 글, p. 86.

32 Pan-American Health Organization. (2012). "'Therapies' to change sexual orientation lack medical justification and threaten health." http://new.paho.org/hq/index.php?option=com_content&view=article&id=6803&Itemid=1926 (accessed July 19, 2014).

33 American Medical Association(AMA). (undated). "AMA polices on GLBT issues: H160.991 Health care needs of the homosexual population." http://www.ama-assn.org/ama/pub/about-ama/our-people/member-groups-sections/glbt-advisory-committee/ama-policyregarding-sexual-orientation.page (accessed July 19, 2014).

34 American Psychiatric Association. (May 2000). "Position statement on therapies focused on attempts to change sexual orientation(reparative or conversion therapies)." http://web.archive.org/web/20110110120228/http://www.psych.org/Departments/EDU/Library/APAOfficialDocumentsandRelated/PositionStatements/200001.aspx (accessed July 19, 2014).

35 Frankowski, B.L. and Committee on Adolescence. (2004). "American Academy of Pediatrics: Sexual orientation and adolescents." *Pediatrics*, 113(16), pp. 1827~1832. http://pediatrics.aappublications.org/content/113/6/1827.short (accessed July 19, 2014).

36 Carey, B. "Psychiatry giant sorry for backing gay cure."

37 Condon, P. (2012). "Exodus International, 'ex-gay' Christian group, backs away from reparative therapy." *Associated Press*. http://www.huffingtonpost.com/2012/06/27/exodus-international-ex-gay-christian-group-reparative-therapy_n_1630425.html (accessed July 19, 2014).

38 Eckhols, E. (2012). "Rift forms in movement as believe in gay 'cure' is renounced." *New York Times* (July 6). http://www.nytimes.com/2012/07/07/us/a-leaders-renunciation-of-ex-gaytenets-causes-a-schism.html?pagewanted=all&_r=0 (accessed July 19, 2014).

39 Kempner, M. (2013). "'Pray Away the Gay' No More: 'Ex-Gay' Ministry Closes, Leader Apologizes to Gay Community." *RH Reality Check* (June 20). http://rhrealitycheck.org/article/2013/06/20/pray-away-the-gay-no-more-ex-gay-ministry-closes-leader-apologizesto-gay-community/ (accessed July 19, 2014).

신화 11

1 Blumstein, P. and Schwartz, P. (1983). *American Couples: Money, Work, Sex*. Morrow, New York.
2 같은 책.
3 Peplau, L.A. and Fingerhut, A.W. (2007). "The close relationships of lesbians and gay men." *Annual Review of Psychology*, 58, pp. 10.1~10.20.
4 Kurdek, L.A. (2004). "Are gay and lesbian cohabiting couples really different from heterosexual married couples?" *Journal of Marriage and Family*, 66(4), p. 896.
5 Kurdek, L.A. (1994). "Areas of conflict for gay, lesbian, and heterosexual couples: What couples argue about influences relationship satisfaction." *Journal of Marriage and the Family*, 56(4), pp. 931~932.
6 예를 들면, Bryant, A.S. and Demian. (1994). "Relationship characteristics of American gay and lesbian couples: Findings from a national survey." *Journal of Gay and Lesbian Social Services*, 1, pp. 101~117; Storaasli, R.D. and Markman, H.J. (1990). "Relationship problems in the early stages of marriage: A longitudinal investigation." *Journal of Family Psychology*, 4, pp. 80~98; Blumstein, P. and Schwartz, P. *American Couples: Money, Work, Sex*.
7 Kurdek, L.A. "Areas of conflict for gay, lesbian, and heterosexual couples: What couples argue about influences relationship satisfaction." p. 923.
8 Kurdek, L.A. (1987). "Sex role self schema and psychological adjustment in coupled homosexual and heterosexual men and women." *Sex Roles*, 17, pp. 549~562; Miller, P.J.E., Caughlin, J.P., and Huston, T.L. (2003). "Trait expressiveness and marital satisfaction: The role of idealization processes." *Journal of Marriage and Family*, 65, pp. 978~995; Gottman, J.M., Levenson, R.W., Swanson, C., Swanson, K., Tyson, R., and Yoshimoto, D. (2003). "Observing gay, lesbian, and heterosexual couples' relationships: Mathematical modeling of conflict interaction." *Journal of Homosexuality*, 45, pp. 65~91; Kurdek, L.A. (2008). "Change in relationship quality for partners from lesbian, gay male, and heterosexual couples." *Journal of Family Psychology*, 22(5), pp. 708~709.
9 Clunis, D.M. and Green, G.D. (1988). *Lesbian Couples*. Seal Press, Seattle, WA.
10 Kurdek, L.A. "Change in relationship quality for partners from lesbian, gay male, and heterosexual couples." p. 701.
11 Twenge, J.M., Campbell, W.K., and Foster, C.A. (2003). "Parenthood and marital satisfaction: A meta-analytic review." *Journal of Marriage and Family*, 65, pp. 574~583.
12 Goldberg, A.E. (2010). *Lesbian and Gay Parents and Their Children: Research on the Family Life Cycle*. American Psychological Association, Washington, DC; Johnson, S.M., and O'Connor, E. (2002). *The Gay Baby Boom: The Psychology of Gay Parenthood*. New York University Press, New York.
13 Blumstein, P. and Schwartz, P. *American Couples: Money, Work, Sex*.
14 Carrington, C. (1999). *No Place Like Home: Relationships and Family Life Among Lesbians and Gay Men*. University of Chicago Press, Chicago.
15 Coltrane, S. (2000). "Research on household labor: Modeling and measuring the social embeddedness of routine family work." *Journal of Marriage and Family*, 62, pp. 1208~1233; Farr, R.H. and Patterson, C.J. (2013). "Coparenting among lesbian, gay, and heterosexual couples: Associations with adopted children's outcomes." *Child Development*, 84(4), pp. 1226~1240.
16 Blumstein, P. and Schwartz, P. *American Couples: Money, Work, Sex*.
17 Kurdek, L.A. and Schmitt, J.P. (1986). "Relationship quality of partners in heterosexual married, heterosexual cohabiting, and gay and lesbian relationships." *Journal of Personality and Social Psychology*, 51(4), pp. 711~720.
18 Howard, J.A., Blumstein, P., and Schwartz, P. (1986). "Sex, power, and influence tactics in intimate relationships." *Journal of Personality and Social Psychology*, 51(1), p. 102.
19 같은 글, p. 107.
20 Howard, J.A., Blumstein, P., and Schwartz, P. "Sex, power, and influence tactics in intimate relationships." p. 108.
21 Kurdek, L.A. "Are gay and lesbian cohabiting couples really different from heterosexual married couples?" pp. 880~900.
22 같은 글, p. 896.
23 Kurdek, L.A. and Schmitt, J.P. "Relationship quality of partners in heterosexual married, heterosexual cohabiting, and gay and lesbian relationships." p. 718.

신화 12

1 Wahl, Z. (2011). *Testimony: What Makes A Family?* http://www.zachwahls.com/?page_id=273 (accessed July 21, 2014).
2 같은 글.
3 Pappas, S. (2012). "Gay parents study suggesting downside for kids draws fire from social scientists." *Huffington Post* (June 12). http://www.huffingtonpost.com/2012/06/12/gayparents-study-kids-social-scientists_n_1589177.html (accessed July 21, 2014).
4 Patterson, C.J. (1995). *Lesbian and Gay Parenting*. American Psychological Association Public Interest Directorate, p. 8.
5 같은 글.
6 Crowl, A., Ahn, S., and Baker, J. (2008). "A meta-analysis of developmental outcomes for children of same-sex and heterosexual parents." *Journal of GLBT Family Studies*, 4(3), pp. 385~407.
7 Patterson, C.J. *Lesbian and Gay Parenting*.
8 Crowl, A., Ahn, S., and Baker, J. "A meta-analysis of developmental outcomes for children of same-sex and heterosexual parents." pp. 385~407.
9 Biblarz, T.J. and Stacey, J. (2010). "How does the gender of parents matter?" *Journal of Marriage and Family*, 72(1), pp. 3~22.
10 Patterson, C.J. *Lesbian and Gay Parenting*.
11 Crowl, A., Ahn, S., and Baker, J. "A meta-analysis of developmental outcomes for children of same-sex and heterosexual parents." pp. 385~407.
12 Patterson, C.J. *Lesbian and Gay Parenting*.
13 같은 글.
14 Patterson, C.J. *Lesbian and Gay Parenting* 에서 재인용.
15 Patterson, C.J. *Lesbian and Gay Parenting* 에서 재인용.
16 Patterson, C.J. (2005). *Lesbian and Gay Parents and Their Children: Summary of Research Findings. In Lesbian and Gay Parenting: A Resource for Psychologists* (2 Edition). Washington, D.C.: American Psychological Association에서 재인용.
17 Regnerus, M. (2012a). "How different are the adult children of parents who have same-sex relationships? Findings from the New Family Structures Study." *Social Science Research*, 41(4), pp. 752~770.
18 Regnerus, M. (2012b). "Queers as folk: Does it really make no difference if your parents are straight or gay." *Huffington Post* (June 11). http://www.slate.com/articles/double_x/doublex/2012/06/gay_parents_are_they_really_no_different_.single.html (accessed July 21, 2014).
19 Pappas, S. "Gay parents study suggesting downside for kids draws fire from social scientists."
20 *United States v. Windsor*, 570 U.S. 12 (June 26, 2013), (Docket No. 12-307).

신화 13

1 Roesler, T.A. and Poyer, K.L. (1994). "Are children at risk for sexual abuse by homosexuals?" *Pediatrics*, 94(1), pp. 41~44.
2 Groth, A.N. and Birnbaum, H.J. (1978). "Adult sexual orientation and attraction to underage persons." *Archives of Sexual Behavior*, 7(3), p. 176.
3 Groth, A.N. and Birnbaum, H.J. "Adult sexual orientation and attraction to underage persons." pp. 175~181.
4 같은 글. pp. 175~181.
5 Balsam, K.F., Rothblum, E.D., and Beauchaine, T.P. (2005). "Victimization over the lifespan: A comparison of lesbian, gay, bisexual, and heterosexual siblings." *Journal of Consulting and Clinical Psychology*, 73, pp. 477~487; Turner, H.A., Finkelhor, D., and Ormrod, R. (2007). "Family structure variations in patterns and predictors of child victimization." *American Journal of Orthopsychiatry*, 77, pp. 282~295; Peter, T. (2009). "Exploring taboos: Comparing male- and female-perpetrated child sexual abuse." *Journal of Interpersonal Violence*, 24, pp. 1111~1128; Putnam, F.W. (2003). "Ten-year research update review: Child sexual abuse." *Journal of the American Academy of Child and Adolescent Psychiatry*, 42, pp. 269~278; Shusterman, G., Fluke, J., McDonald, W.R., and Associates. (2005). "Male perpetrators of child maltreatment: Findings from NCANDS." United States Department of Health and Human Services. http://aspe.hhs.gov/hsp/05/child-maltreat/ (accessed July 21, 2014); Zink, T., Klesges, L., Stevens, S., and Decker, P. (2009). "Trauma symptomatology, somatization, and alcohol abuse: Characteristics of childhood sexual abuse associated with the development of a sexual abuse severity score." *Journal of Interpersonal Violence*, 24, pp. 537~546.

6 Groth, A.N. and Birnbaum, H.J. "Adult sexual orientation and attraction to underage persons." p. 175.
7 같은 글, pp. 180~181.
8 Roesler, T.A. and Poyer, K.L. "Are children at risk for sexual abuse by homosexuals?" p. 43.
9 같은 글, p. 44.
10 Gartrell, N.K., Bos, H.M.W., and Goldberg, N.G. (2011). "Adolescents of the U.S. National Longitudinal Lesbian Family Study: Sexual orientation, sexual behavior, and sexual risk exposure." *Archives of Sexual Behavior*, 40(6), p. 1199.
11 Bos, H.M.W., van Balen, F., and Van den Boom, D.C. (2007). "Child adjustment and parenting in planned lesbian-parent families." *American Journal of Orthopsychiatry*, 77, pp. 38~48; Bos, H.M.W. and Sandfort, T.G.M. (2010). "Children's gender identity in lesbian and heterosexual two-parent families." *Sex Roles*, 62, pp. 114~126; Gartrell, N. and Bos, H.M.W. (2010). "The US National Longitudinal Lesbian Family Study: Psychological adjustment of 17-year-old adolescents." *Pediatrics*, 126, pp. 1~9; Gartrell, N., Deck, A., Rodas, C., Peyser, H., and Banks, A. (2005). "The National Lesbian Family Study: 4. Interviews with the 10-year-old children." *American Journal of Orthopsychiatry*, 75, pp. 518~524; Golombok, S. (2007). "Research on gay and lesbian parenting: An historical perspective across 30 years." *Journal of GLBT Family Studies*, 3, pp. xxi~xxvii; Perrin, E. C., and American Academy of Pediatrics, Committee on Psychosocial Aspects of Child, Family Health (2002). "Technical report: Coparent or second-parent adoption by same-sex parents." *Pediatrics*, 109, pp. 341~344; Tasker, F. (2005). "Lesbian mothers, gay fathers and their children: A review." *Journal of Developmental and Behavioral Pediatrics*, 26, pp. 224~240; Vanfraussen, K., Ponjaert-Kristoffersen, I., and Brewaeys, A. (2002). "What does it mean for youngsters to grow up in a lesbian family created by means of donor insemination?" *Journal of Reproductive and Infant Psychology*, 20, pp. 237~252.
12 Brongersma, E. (1991). "Boy-lovers and their influence on boys: Distorted research and anecdotal observations." *Journal of Homosexuality*, 20, pp. 145~173.
13 Clark, S. (2006). "Gay priests and other bogeymen." *Journal of Homosexuality*, 51(4), p. 1.
14 Brongersma, E. "Boy-lovers and their influence on boys: Distorted research and anecdotal observations." pp. 145~173; Roesler, T.A. and Poyer, K.L. "Are children at risk for sexual abuse by homosexuals?" p. 41.
15 Arkansas Department of Human Services. (2010). *Cole v. Arkansas*. https://www.acslaw.org/acsblog/all/arkansas-dept.-of-human-services-v.-cole (accessed August 11, 2014); Falk, P.J. (1989). "Lesbian mothers: Psychosocial assumptions in family law." *American Psychologist*, 44, pp. 941~947; Ford, C. (2010). "Family First worth fighting." Australian Broadcasting Corporation. http://www.abc.net.au/unleashed/stories/s2979646.htm (accessed July 21, 2014); Golombok, S. and Tasker, F. (1994). "Children in lesbian and gay families: Theories and evidence." *Annual Review of Sex Research*, 4, pp. 73~100; Patterson, C.J. (1992). "Children of lesbian and gay parents." *Child Development*, 63, pp. 1025~1042.
16 Boy Scouts of America (2013). "The Boy Scouts of America Statement." http://www.scouting.org/MembershipStandards/Resolution/results.aspx (accessed August 11, 2014).

신화 14

1 Laumann, E.O. and Michael, R.T. (2001). *Sex, Love and Health in America: Private Choices and Public Policies*. University of Chicago Press, Chicago.
2 Michael, A. and O'Keane, V. (2000). "Sexual dysfunction in depression." *Human Psychopharmacology*, 15, pp. 337~345; Bruce, M.L. and Kim, K.M. (1992). "Differences in the effects of divorce on major depression in men and women." *American Journal of Psychiatry*, 149, pp. 914~917; Pedersen, W. and Blekesaune, M. (2003). "Sexual satisfaction in young adulthood: Cohabitation, committed dating or unattached life?" *Acta Sociologica*, 46, pp. 179~193.
3 Laumann, E.O., Gagnon, J.H., Michael, R.T., and Michaels, S. (1994). *The Social Organization of Sexuality: Sexual Practices in the United States*. University of Chicago Press, Chicago.
4 Waite, L.J. and Joyner, K. (2001a). "Emotional satisfaction and physical pleasure in sexual unions: time horizon, sexual behavior, and sexual exclusivity." *Journal of Marriage and the Family*, 63, pp. 247~264; Waite, L.J. and Joyner, K. (2001b). "Emotional and physical satisfaction with sex in married, cohabiting, and dating sexual unions: Do men and women differ?" In Laumann, E.O. and Michael, R.T. (eds) *Sex, Love, and Health in America: Private Choices and Public Policies*. University of Chicago Press, Chicago, pp. 239~269.
5 Meadows, M. (1997). "Exploring the invisible: Listening to mid-life women about heterosexual sex." *Women's Studies International Forum*, 20, pp. 145~152.
6 Sprecher, S. (2002). "Sexual satisfaction in premarital relationships: Associations with satisfaction, love, commitment, and stability." *Journal of Sex Research*, 39(3), pp. 190~196.

7 Waite, L.J. and Gallagher, M. (2000). *The Case for Marriage: Why Married People are Happier, Healthier, and Better Off Financially.* Doubleday, New York.
8 Brown, S. L. (2000). "The effect of union type on psychological well-being: Depression among cohabitors versus marrieds." *Journal of Health and Social Behavior*, 41, pp. 241~2555; Brown, S.L. and Booth, A. (1996). "Cohabitation versus marriage: A comparison of relationship quality." *Journal of Marriage and the Family*, 58, pp. 668~678; Lee, G.R., Seccombe, K., and Shehan, C.L. (1991). "Marital status and personal happiness: An analysis of trend data." *Journal of Marriage and the Family*, 53, pp. 839~844.
9 Treas, J. and Giesen, D. (2000). "Sexual infidelity among married and cohabiting Americans." *Journal of Marriage and the Family*, 62, pp. 48~60.
10 Forste, R. and Tanfer, K. (1996). "Sexual exclusivity among dating, cohabiting, and married women." *Journal of Marriage and the Family*, 58(3), pp. 3~47; Laumann, E.O., Gagnon, J.H., Michael, R.T., and Michaels, S; Pedersen, W. and Blekesaune, M. "Sexual satisfaction in young adulthood: Cohabitation, committed dating or unattached life?" pp. 179~193; Glass, S. and Wright, T. (1992). "Justifications for extramarital relationships: The association between attitudes, behaviors, and gender." *Journal of Sex Research*, 29, pp. 361~387.
11 Warehime, M.N.P. and Bass, L.E.P. (2008). "Breaking singles up: Sexual satisfaction among men and women." *International Journal of Sexual Health*, 20(4), pp. 247~248.
12 Liu, C. (2000). "A theory of marital sexual life." *Journal of Marriage and the Family*, 62, pp. 363~374; Gatzeva, M. and Paik, A. (2011). "Emotional and physical satisfaction in noncohabiting, cohabiting, and marital relationships: The importance of jealous conflict." *Journal of Sex Research*, 48(1), pp. 29~42.
13 Northrup, C., Schwartz, P., and Witte, J. (2013). *The Normal Bar: The Secrets of Extremely Happy Couples.* Crown/Random House, New York City, NY.
14 Sprecher, S. and Regan, P.C. (1998). "Passionate and compassionate love in courting and young married couples." *Sociological Inquiry*, 68, pp. 163~185; Haavio-Mannila, E. and Kontula, O. (1997). "Correlates of increased sexual satisfaction." *Archives of Sexual Behaviour*, 26, pp. 399~419; Pedersen, W. and Blekesaune, M. "Sexual satisfaction in young adulthood: Cohabitation, committed dating or unattached life?" pp. 179~193.
15 Brown, S. L. (2004). "Family structure and child well-being: The significance of parental cohabitation." *Journaal of Marriage and Family*; Doss, B.D., Rhoades, G.K., Stanley, S.M., and Markman, H.J. (2009). "The effect of the transition to parenthood on relationship quality: An 8-year prospective study." *Journal of Personality and Social Psychology*, 96, pp. 601~619.
16 Pedersen, W. and Blekesaune, M. "Sexual satisfaction in young adulthood: Cohabitation, committed dating or unattached life?" p. 179.
17 Carpenter, L.M., Nathanson, C.A., and Kim, Y.J. (2009). "Physical women, emotional men: Gender and sexual satisfaction in midlife." *Archives of Sexual Behavior*, 38, pp. 87~107; Parish, W.L., Luo, Y., Stolzenberg, R., Laumann, E.O., Farrer, G., and Pan, S. (2007). "Sexual practices and sexual satisfaction: A population based study of Chinese urban adults." *Archives of Sexual Behavior*, 36(1), pp. 5~20. Haavio-Mannila, E. and Kontula, O. (1997). "Correlates of increased sexual satisfaction." *Archives of Sexual Behaviour*, 26, pp. 399~419; Edwards, J.N. and Booth, A. (1994). "Sexuality, marriage, and well-being: The middle years." In Rossi, A.S. (ed.) *Sexuality Across the Life Course.* University of Chicago Press, Chicago, pp. 233~259; DeLamater, J. (1991). "Emotions and sexuality." In McKinney, K. and Sprecher, S. (eds) *Sexuality in Close Relationships.* Lawrence Erlbaum Associates, Inc., Hillsdale, NJ, pp. 49~92.

신화 15

1 Northrup, C., Schwartz, P., and Witte, J. (2013). *The Normal Bar: The Secrets of Extremely Happy Couples.* Crown/Random House, New York City, NY.
2 Kaiser Family Foundation (1998). *Sex in the Nineties: 1998 National Survey of Americans on Sex and Sexual Health.* Menlo Park, California, publication number 1430.
3 Northrup, C., Schwartz, P., and Witte, J. *The Normal Bar: The Secrets of Extremely Happy Couples.* p. 13.
4 Bograd, R. and Spilka, B. (1996). "Self-disclosure and marital satisfaction in mid-life and late-life remarriages." *International Journal of Aging and Human Development*, 42 (3), pp. 161~172; Kaslow, F. and Robinson, J. (1996). "Long-term satisfying marriages: Perceptions of contributing factors." *American Journal of Family Therapy*, 24 (2), pp. 153~170; Robinson, L. and Blanton, W. (1993). "Marital strengths in enduring marriages." *Family Relations*, 42, pp. 38~45; Mackey, R.A., Diemer, M.A., and O'Brien, B.A. (2004). "Relational factors in understanding satisfaction in the lasting relationships of same sex and heterosexual couples." *Journal of Homosexuality*, 47(1), p. 129.
5 Mackey, R.A., Diemer, M.A., and O'Brien, B.A. "Relational factors in understanding satisfaction in the lasting

relationships of same sex and heterosexual couples." p. 124.
6 Ridley, C.A. (2006). "The ebb and flow of marital lust: A relational approach." *Journal of Sex Research*, 43, pp. 144~153.
7 Hyde, J. and DeLamater, J. (2011). *Understanding Human Sexuality*, 11th edn. McGrawHill, New York, NY.
8 Litvinoff, S. (1999). *The Relate Guide to Sex in Loving Relationships*. Vermilion, London, p. 67.
9 Schnarch, D.M. (1997). *Passionate Marriage: Sex, Love, and Intimacy in Emotionally Committed Relationships*. Norton, New York, p. 151.
10 Northrup, C., Schwartz, P., and Witte, J. *The Normal Bar: The Secrets of Extremely Happy Couples*.
11 Tunariu, A. (2004). "Men in love: Living with sexual boredom." *Sage Family Studies Abstracts*, 26(2), p. 68.
12 Vondanovich, J. and Kass, S.J. (1990). "Age and gender differences in boredom proneness." *Journal of Social Behavior and Personality*, 5, pp. 297~304; Sundberg, N.D., Latkinc, A., Farmer, R., and Saoud, J. (1991). "Boredom in young adults: Gender and cultural comparisons." *Journal of Cross-Cultural Psychology*, 22, pp. 209~223; Watt, J.D. and Blanchard, M.J. (1994). "Boredom proneness and the need for cognition." *Journal of Research in Personality*, 28, pp. 44~51; Watt, J.D. and Ewing, J.E. (1996). "Toward the development and validation of a measure of sexual boredom." *Journal of Sex Research*, 33, pp. 57~66.
13 Watt, J.D. and Ewing, J.E. "Toward the development and validation of a measure of sexual boredom." pp. 57~66; Watt, J.D. and Vodanovich, S.J. (1999). "Boredom proneness and psychosocial development." *Journal of Psychology*, 333, pp. 303~308.
14 Symons, D. (1992). "On the use and misuse of Darwinism in the study of human behaviour." In Barkow, J.H., Cosmide, L., and Tooby, S.J. (eds) *The Adapted Mind: Evolutionary Psychology and the Generation of Culture*. Oxford University Press, Oxford, pp. pp. 137~162.
15 리뷰를 보려면 다음 논문을 읽어보시라. Dewsbury, D.A. (1981). "Effects of novelty on copulatory behaviour: The Coolidge effect and related phenomena." *Psychological Bulletin*, 89, pp. 464~482.
16 Wilson, G.D. (1988). "The sociobiological basis of sexual dysfunction." In Cole, M. and Dryden, W. (eds) *Sex Therapy in Britain*. Open University Press, Buckingham, pp. p. 65.
17 Apt, C. and Hurlbert, D.F. (1992). "The female sensation seeker and marital sexuality." *Journal of Sex and Marital Therapy*, 18(3), pp. 15~324; Greer, A.E. and Buss, D.M. (1994). "Tactics for promoting sexual encounters." *Journal of Sex Research*, 31, pp. 185~201; Laumann, E.O., Gagnon, J.H., Michael, R.T., and Michaels, S. (1994). *The Social Organization of Sexuality: Sexual Practices in the United States*. University of Chicago Press, Chicago.
18 Frazier, P.A. and Esterly, E. (1990). "Correlates of relationship beliefs: Gender, relationship experience and relationship satisfaction." *Journal of Social and Personal Relationships*, 7, pp. 331~352.
19 Hurlbert, D.F. (1992). "Factors influencing a woman's decision to end an extramarital sexual relationship." *Journal of Sex and Marital Therapy*, 18, pp. 104~113.
20 Hill, C.A. and Preston, L.K. (1996). "Individual differences in the experience of sexual motivation: theory and measurement of dispositional sexual motives." *Journal of Sex Research*, 33, pp. 27~45.
21 Regan, P.C. and Berscheid, E. (1999). *Lust: What We Know About Human Sexual Desire*. Sage, California.
22 Person, E.S. (1999). *The Sexual Century*. Yale University Press, New Haven and London.
23 Schwartz, P. (1994). *Peer Marriage*. Macmillan, New York; Plaud, J.J., Gaither, G.A., Henderson, S.A., and Devitt, M.K. (1997). "The long-term habituation of sexual arousal in human males: a crossover design." *Psychological Record*, 47, pp. 385~399; O'Hanlon, F. (1981). "Boredom: Practical consequences and theory." *Acta Psychologica*, 49, pp. 53~82; Perkins, R.E. and Hill, A.B. (1985). "Cognitive and affective aspects of boredom." *British Journal of Psychology*, 76, pp. 221~234; Dyer-Smith, M.B.A. and Wesson, D.A. (1997). "Resource allocation efficiency as an indicator of boredom, work performance and absence." *Ergonomics*, 40(5), pp. 515~521.
24 Clement, U. (2002). "Sex in long-term relationships: A systematic approach to sexual desire problems." *Archives of Sexual Behavior*, 31(3), p. 243.
25 같은 글, p. 245.
26 Tunariu, A. "Men in love: Living with sexual boredom." p. 88.

신화 16

1 Waite, L.J., Laumann, E.O., Das, A., and Schumm, L.P. (2009). "Sexuality: Measures of partnerships, practices, attitudes and problems in the National Social Life, Health and Aging Study." *Journal of Gerontology: Social Sciences*, 64B, pp. 156~166.

2 Fisher, L.L. (2010). *Sex, Romance and Relationships: AARP Survey of Midlife and Older Adults*. AARP, Washington DC. http://assets.aarp.org/rgcenter/general/srr_09.pdf (accessed August 12, 2014).
3 같은 글.
4 Northrup, C., Schwartz, P., and Witte, J. (2013). *The Normal Bar: Secrets of Extremely Happy Couples*. Crown, Random House, New York.
5 Northrup, C., Schwartz, P., and Witte, J. *The Normal Bar: Secrets of Extremely Happy Couples*.
6 Fisher, L.L. *Sex, Romance and Relationships: AARP Survey of Midlife and Older Adults*.
7 Bretschneider, J. and McCoy, N. (1988). "Sexual interest and behavior in healthy 80-102 year olds." *Archives of Sexual Behavior*, pp. 109~130.
8 Fisher, L.L. *Sex, Romance and Relationships: AARP Survey of Midlife and Older Adults*.
9 Hyde, J. and DeLamater, J. (2011). *Understanding Human Sexuality*, 11th edn. McGrawHill, New York.
10 Northrup, C., Schwartz, P., and Witte, J. *The Normal Bar: Secrets of Extremely Happy Couples*.
11 Hayes, R.D., Dennerstein, L., Bennett, C.M., Sidat, M., Gurrin, L.C., and Fairley, C.K. (2008). "Risk factors for female sexual dysfunction in the general population: Exploring factors associated with low sexual functioning and sexual distress." *Journal of Sexual Medicine*, 5, pp. 1681~1693.
12 Agency for Healthcare Research and Quality (2005). "Management of menopause related symptoms." http://archive.ahrq.gov/clinic/epcsums/menosum.htm (accessed August 12, 2014).
13 Schiavi, R. (1990). "Sexuality in aging men." *Annual Review of Sex Research*, 1, pp. 227~250.
14 Chu, M. and Lobo, R. (2004). "Formulations and use of androgens in women." *Journal of Family Practice*, 53, s3; Warnock, J., Bundren, J., and Davod, W. (1997) "Female hypoactive sexual desire disorder due to androgen deficiency: Clinical and psychometric issues." *Psychopharmacology Bulletin*, 33, pp. 761~766.
15 Wu, F.C., Tajar, A., Beynon, J.M., Pye, S.R., Silman, A.J., Finn, J.D., et al. (2010). "Identification of late onset hypogonadism in middle-aged and elderly men." *New England Journal of Medicine*, 363, pp. 123~135.
16 Waite, L.J., Laumann, E.O., Das, A., and Schumm, L.P. "Sexuality: Measures of partnerships, practices, attitudes and problems in the National Social Life, Health and Aging Study." pp. 156~166.
17 Fisher, L.L. *Sex, Romance and Relationships: AARP Survey of Midlife and Older Adults*.
18 DeLamater, J. and Moorman, S. (2007). "Sexual behavior in later life." *Journal of Aging and Health*, 19, pp. 921~925.
19 Schiavi, R.C., Mandeli, J., and Schreiner-Engel, P. (1994). "Sexual satisfaction in healthy aging men." *Journal of Sex and Marital Therapy*, 20(1), pp. 3~13.
20 Fisher, L.L. *Sex, Romance and Relationships: AARP Survey of Midlife and Older Adults*.
21 Koch, P., Mansfield, P., Thurau, D., and Cary, M. (2005). "Feeling frumpy: The relationship between body image and sexual response changes in middle aged women." *Journal of Sex Research*, 42, pp. 215~223.
22 Kenrick, D.T. and Gutierres, S.E. (1980). "Contrast effects and judgments of physical attractiveness: When beauty becomes a social problem." *Journal of Personality and Social Behavior*, 38, pp. 131~140.
23 AARP (1999). "AARP/Modern Maturity Survey." Prepared by NFO Research for AARP. http://assets.aarp.org/rgcenter/health/mmsexsurvey.pdf (accessed August 12, 2014).
24 Persson, G. (1980). "Sexuality in a 70-year-old urban population." *Journal of Psychosomatic Research*, 24(6), pp. 335~342; Davey Smith, G., Frankel, S., and Yarnell, J. (1997). "Sex and death: Are they related? Findings from the Caerphilly Cohort study." *British Medical Journal*, 315, pp. 1641~1644.
25 Davey Smith, G., Frankel, S., and Yarnell, J. "Sex and death: Are they related? Findings from the Caerphilly Cohort study." pp. 1641~1644.
26 Hall, S., Shackelton, R., Rosen, R.C., and Araujo, A.B. (2010). "Sexual activity, erectile dysfunction, and incident cardiovascular events." *American Journal of Cardiology*, 105, pp. 192~197.

신화 17

1 Douthat, R. (2011). "Why monogamy matters." *New York Times* (March 6).
2 Chandra, A., Mosher, W.D., Copen, C., & Sionean, C. (2011). "Sexual behavior, sexual attraction, and sexual identity in the United States: Data From the 2006~2008 National Survey of Family Growth." *National Health Statistics Reports*, 36. http://www.cdc.gov/nchs/data/nhsr/nhsr036.pdf (accessed July 22, 2014).
3 Martinez, G., Copen, C.E., and Abma, J.C. (2011). "Teenagers in the United States: sexual activity, contraceptive use, and childbearing, 2006~2010 National Survey of Family Growth." *National Center for Health Statistics, Vital Health Stat*, 23(31). http://www.cdc.gov/nchs/data/series/sr_23/sr23_031.pdf (accessed July 22, 2014).

4 Fortenberry, J. D., Schick, V., Herbenick, D., Sanders, S.A., Dodge, B., and Reece, M. (2010). "Sexual behaviors and condom use at last vaginal intercourse: A national sample of adolescents ages 14 to 17 years." *Journal of Sexual Medicine*, 7(s5), pp. 305~314.

신화 18

1 Sanders, S.A. and Reinisch, J.M. (1999). "Would you say you'd 'had sex' if…?" *Journal of the American Medical Association*, 281, pp. 275~277.

2 Laumann, E.O., Gagon, J.H., Michael, R.T., and Michaels, S. (1994). *The Social Organization of Sexuality: Sexual Practices in the United States*. University of Chicago Press, Chicago.

3 Voeller, B. (1991). "AIDS and heterosexual anal intercourse." *Archives of Sexual Behavior*, 20, pp. 233~276.

4 Erickson, P.I., Bastani, R., Maxwell, A.E., Marcus, A.C., Capell, F.J., and Yan, K.X. (1995). "Prevalence of anal sex among heterosexuals in California and its relationship to other AIDS risk behaviors." *AIDS Education and Prevention*, 7, pp. 477~493; Laumann, E.O., Gagnon, J.H., Michael, R.T., and Michaels, S. *The Social Organization of Sexuality: Sexual Practices in the United States*; Voeller, B. "AIDS and heterosexual anal intercourse." pp. 233~276; Halperin, D.T. (1999). "Heterosexual anal intercourse: Prevalence, cultural factors, and HIV infection and other health risks, part I." *AIDS Patient Care and STDs*, 13(12), pp. 717~730.

5 Bogart, L.M., Kral, A.H., Scott, A., Anderson, R., Flynn, N., Gilbert, M.L., et al. (2005). "Sexual risk among injection drug users recruited from syringe exchange programs in California." *Sexually Transmitted Diseases*, 32, pp. 27~34.

6 Erickson, P.I., Bastani, R., Maxwell, A.E., Marcus, A.C., Capell, F.J., and Yan, K.X. "Prevalence of anal sex among heterosexuals in California and its relationship to other AIDS risk behaviors." pp. 477~493; Halperin, D.T. "Heterosexual anal intercourse: Prevalence, cultural factors, and HIV infection and other health risks, part I." pp. 717~730.

7 Herbenick, D., Reece, M., Schick, V., Sanders, S.A., Dodge, B., and Fortenberry J.D. (2010). "Sexual behavior in the United States: Results from a national probability sample of men and women 14 to 95." *Journal of Sexual Medicine*, 7(Suppl 5), pp. 255~265.

8 같은 글, pp. 255~265.

9 Baldwin, J.L. and Baldwin, J.D. (2000). "Heterosexual anal intercourse: An understudied, high-risk sexual behavior." *Archives of Sexual Behavior*, 29, pp. 357~373.

10 Smith, L.B., Adler, N.E., and Tschann, J.M. (1999). "Underreporting sensitive behaviors: The case of young women's willingness to report abortion." *Health Psychology*, 18, pp. 37~43.

11 Lewis, D.K., Waiters, J.K., and Case, P. (1990). "The prevalence of high-risk sexual behavior in male intravenous drug users with steady female partners." *American Journal of Public Health*, 80, pp. 465~466; Rosenblum, L., Darrow, W., Witte, J., Cohen, J., French, F., Sikes, K., et al. (1992). "Sexual practices in the transmission of hepatitis B virus and prevalence of hepatitis delta virus infection in female prostitutes in the United States." *Journal of the American Medical Association*, 267, pp. 2477~2481; Voeller, B. "AIDS and heterosexual anal intercourse." pp. 233~276; Erickson, P.I., Bastani, R., Maxwell, A.E., Marcus, A.C., Capell, F.J., and Yan, K.X. "Prevalence of anal sex among heterosexuals in California and its relationship to other AIDS risk behaviors." pp. 477~493; Forquera, M.A. and Truax, S.R. (1997). "Risk factors for HIV seropositivity in women accessing publicly-funded HIV testing sites in California." *California HIV/AIDS Update*, 10, pp. 21~25 (California Dept. of Health Services Office of AIDS); Halperin, D.T. "Heterosexual anal intercourse: Prevalence, cultural factors, and HIV infection and other health risks, part I." p. 220.

12 Herbenick, D., Reece, M., Schick, V., Sanders, S.A., Dodge, B., and Fortenberry J.D. "Sexual behavior in the United States: Results from a national probability sample of men and women 14 to 95." pp. 255~265.

13 Hein, K., Dell, R., Futterman, D., Rotheram-Borus, M.J., and Shaffer, N. (1995). "Comparison of HIV+ and HIV- adolescents: Risk factors and psychosocial determinants." *Pediatrics*, 95, pp. 96~104; Kegeles, S., Greenblatt, R., Cardenas, C., Catania, J., Ontiveros, T., and Coates, T.J. (1990). "How do Hispanic and white adolescent women differ in sexual risk behavior and in their antecedents?" *International Conference on AIDS*, 6, 264 (Abst no. F.C. 733); Jaffe, L.R., Seehaus, M., Wagner, C., and Leadbeater, B.J. (1988). "Anal intercourse and knowledge of acquired immunodeficiency syndrome among minority group female adolescents." *Journal of Pediatrics*, 112, pp. 1005~1007; Halperin, D.T. "Heterosexual anal intercourse: Prevalence, cultural factors, and HIV infection and other health risks, part I." pp. 717~730.

14 Kotloff, K.L., Tacket, C.O., Wasserman, S.S., Bridwell, M.W., Cowan, J.E., Clemens, J.D., et al. (1991). "A voluntary serosurvey and behavioral risk assessment for human immunodeficiency virus infection among college students." *Sexually Transmitted Diseases*, 18, pp. 223~227; MacDonald, N.E., Wells, G.A., Fisher,

W.A., Warren, W.K., King, M.A., Doherty, J.A.A., et al. (1990). "High-risk STD/HIV behavior among college students." *Journal of the American Medical Association*, 263(23), pp. 3155~3159; Gilbert, L. and Alexander, L. (1998). "A profile of sexual health behaviors among college women." *Psychological Reports*, 82(1), pp. 107~116; Halperin, D.T. "Heterosexual anal intercourse: Prevalence, cultural factors, and HIV infection and other health risks, part I." pp. 717~730.

15 Reinisch, J.M., Hill, C.A., Sanders, S.A., and Ziemba-Davis, M. (1995). "High-risk sexual behavior at a Midwestern university: A confirmatory survey." *Family Planning Perspectives*, 27, pp. 79~82; Halperin, D.T. "Heterosexual anal intercourse: Prevalence, cultural factors, and HIV infection and other health risks, part I." pp. 717~730.

16 Erickson, P.I., Bastani, R., Maxwell, A.E., Marcus, A.C., Capell, F.J., and Yan, K.X. "Prevalence of anal sex among heterosexuals in California and its relationship to other AIDS risk behaviors." pp. 477~493; Laumann, E.O., Gagnon, J.H., Michael, R.T., and Michaels, S. *The Social Organization of Sexuality: Sexual Practices in the United States*; Voeller, B. "AIDS and heterosexual anal intercourse." pp. 233~276; Brody, S. (1995). "Lack of evidence for transmission of human immunodeficiency virus through vaginal intercourse." *Archives of Sexual Behavior*, 24, pp. 383~393; Halperin, D.T. "Heterosexual anal intercourse: Prevalence, cultural factors, and HIV infection and other health risks, part I." pp. 717~730.

17 Binson, D., Moskowitz, J., Mills, T., Anderson, R., Paul, J., Stall, R., et al. (1996). "Sampling men who have sex with men: Strategies for a telephone survey in urban areas of the United States." *Proceedings of the Section on Survey Research Methods*, American Statistical Association Meetings, pp. 68~72; Fay, R.E., Turner, C.F., Klassen, A.D., and Gagnon, J.H. (1989). "Prevalence and patterns of same-gender sexual contact among men." *Science*, 243(4889), pp. 338~348; Halperin, D.T. "Heterosexual anal intercourse: Prevalence, cultural factors, and HIV infection and other health risks, part I." p. 720.

18 Edward Laumann, Eric Rofes, personal communications, September 1999.

19 Lance M. Pollack, personal communication, September 1999.

20 Edward Laumann, Eric Rofes, personal communications, September 1999.

21 Erickson, P.I., Bastani, R., Maxwell, A.E., Marcus, A.C., Capell, F.J., and Yan, K.X. "Prevalence of anal sex among heterosexuals in California and its relationship to other AIDS risk behaviors." pp. 477~493; Laumann, E.O., Gagnon, J.H., Michael, R.T., and Michaels, S. *The Social Organization of Sexuality: Sexual Practices in the United States*; Turner, C.F., Danella, R.D., and Rogers, S.M. (1995). "Sexual behavior in the United States, pp. 1930~1990: Trends and methodological problems." *Sexually Transmitted Diseases*, 22, pp. 173~190; Catania, J.A., Coates, T.J., Stall, R., Turner, H., Peterson, J., Hearst, N., et al. (1992). "Prevalence of AIDS-related risk factors and condom use in the United States." *Science*, 258, pp. 1101~1106; Holmberg, S.D. (1996). "The estimated prevalence and incidence of HIV in 96 large US metropolitan areas." *American Journal of Public Health*, 86, pp. 642~654; Binson, D., Moskowitz, J., Mills, T., Anderson, R., Paul, J., Stall, R., et al. "Sampling men who have sex with men: Strategies for a telephone survey in urban areas of the United States." pp. 717~730.

22 Sanders, S.A. and Reinisch, J.M. "Would you say you'd 'had sex' if…?" pp. 275~277.

23 Schuster, M.A., Bell, R.M., and Kanouse, D.E. (1996). "The sexual practices of adolescent virgins: genital sexual activities of high school students who have never had vaginal intercourse." *American Journal of Public Health*, 86(11), pp. 1570~1576.

24 McBride, K.R. and Fortenberry, J.D. (2010). "Heterosexual anal sexuality and anal sex behaviors: A review." *Journal of Sex Research*, 47(2), p. 130; Halperin, D.T. pp. 717~730.

25 Pinkerton, S.D., Cecil, H., Bogart, L.M., and Abramson, P.R. (2003). "The pleasures of sex: An empirical investigation." *Cognition and Emotion*, 17, pp. 341~353., Wilson, S.M., and Medora, N. (1990). "Gender comparisons of college students' attitudes toward sexual behavior." *Adolescence*, 25, pp. 615~628.

26 McBride, K.R. and Fortenberry, J.D. "Heterosexual anal sexuality and anal sex behaviors: A review." pp. 123~136.

27 Rogala, C., and Tyden, T. (2003). "Does pornography influence young women's sexual behavior?" *Women's Health Issues*, 13, pp. 39~44.

28 McBride, K.R. and Fortenberry, J.D. "Heterosexual anal sexuality and anal sex behaviors: A review." pp. 123~136.

29 McBride, K.R. and Reece, M. (2008). "Heterosexual anal sex behaviors among men: Implications for STI risk." *Paper presented at the 51st Annual Meeting of the Society for the Scientific Study of Sexuality*, San Juan, Puerto Rico; McBride, K.R., Reece, M., Herbenick, D., Sanders, S., and Fortenberry, J.D. (2008). "Heterosexual anal sex research: Using mixed methods to understand sexual behavior." *Poster at the 136th Annual Meeting of the American Public Health Association*, San Diego.

신화 19

1 Carpenter, L.M. (2001). "The ambiguity of 'having sex': The subjective experience of virginity loss in the United States." *Journal of Sex Research*, 38(2), p. 127.

2 Tsui, L. and Nicoladis, E. (2004). "Losing it: Similarities and differences in first intercourse experiences of men and women." *Canadian Journal of Human Sexuality*, 13(2), pp. 95~106.

3 Carpenter, L.M. "The ambiguity of 'having sex': The subjective experience of virginity loss in the United States." p. 128.

4 Carpenter, L.M. "The ambiguity of 'having sex': The subjective experience of virginity loss in the United States." pp. 127~139에서 재인용.

5 Carpenter, L.M. "The ambiguity of 'having sex': The subjective experience of virginity loss in the United States." pp. 127~139.

6 SIECUS (2010a). "A brief history: Abstinence-only-until-marriage funding." http://www.nomoremoney.org/index.cfm?pageid=947 (accessed July 22, 2014).

7 SIECUS (2010b). "What programs must teach." http://www.nomoremoney.org/index.cfm?pageid=948 (accessed July 22, 2014).

8 Kempner, M. (2001). *Toward a Sexually Healthy America: Abstinence-only-until-marriage Programs that Try to Keep Our Youth "Scared Chaste."* Sexuality Information and Education Council of the United States (SIECUS).

9 Kempner, M. (2003). "A controversial decade: 10 years of tracking debates around sexuality education." *SIECUS Report*, 31(6), pp. 33~48.

10 Bearman, P.S. and Brückner, H. (2001). "Promising the future: Virginity pledges and first intercourse." *American Journal of Sociology*, 106(4), pp. 859~912.

11 Ingrassia, M. (1994). "Virgin cool." *Newsweek*, 124(5849), pp. 58~69. http://www.newsweek.com/virgin-cool-189654 (accessed August 12, 2014).

12 Kann, L., Kinchen, S., Shanklin, S.L., Flint, K.H., Kawkins, J., Harris, W.A., et al. (2014). "Youth risk behavior surveillance: United States, 2013." *Morbidity and Mortality Weekly Records Surveillance Summaries*, 63(Suppl 4), pp. 1~68.

13 Carpenter, L.M. "The ambiguity of 'having sex': The subjective experience of virginity loss in the United States." p. 133.

14 같은 글, p. 133.

15 같은 글, p. 133.

16 Carpenter, L.M. (2005). *Virginity Lost: An Intimate Portrait of First Sexual Experiences*. New York University Press, New York, p. 13.

17 같은 책, p. 135.

18 Carpenter, L.M. "The ambiguity of 'having sex': The subjective experience of virginity loss in the United States." pp. 127~139.

19 같은 글, pp. 127~139.

20 Carpenter, L.M. (2002). "Gender and the meaning and experience of virginity loss in the contemporary United States." *Gender and Society*, 16(3), pp. 345~365에서 재인용.

21 Higgins, J.A., Trussell, J., Moore, N.B., and Davidson, J.K. (2010). "Virginity lost, satisfaction gained? Physiological and psychological sexual satisfaction at heterosexual debut." *Journal of Sex Research*, 47(4), pp. 384~394.

22 같은 글, p. 388.

23 같은 글, p. 388.

24 Higgins, J.A., Trussell, J., Moore, N.B., and Davidson, J.K. "Virginity lost, satisfaction gained? Physiological and psychological sexual satisfaction at heterosexual debut." pp. 384~394.

25 Tsui, L. and Nicoladis, E. "Losing it: Similarities and differences in first intercourse experiences of men and women." pp. 95~106.

26 같은 글, p. 100.

27 같은 글, p. 99.

28 같은 글, p. 99.

29 같은 글, p. 100.

30 Martino, S.C., Collins, R.L., Elliott, M.N., Kanouse, D.E., and Berry, S.H. (2009). "It's better on TV: Does television set teenagers up for regret following sexual initiation?" *Perspectives on Sexual and Reproductive Health*, 41(2), pp. 92~100.

31 같은 글, p. 96.

32 Albert, B. (2010). *With One Voice 2010: America's Adults and Teens Sound Off About Teen Pregnancy A Peri-*

odic National Survey. National Campaign to Prevent Teen and Unplanned Pregnancy, p. 20.

신화 20

1 Van de Velde, T.H. (1932). *Ideal Marriage: Its Physiology and Technique*. William Heinemann (Medical Books) Ltd., London, p. 181.
2 Brody, S. and Weiss, P. (2012). "Simultaneous penile-vaginal orgasm is associated with sexual satisfaction." *Journal of Sexual Medicine*, 9(9), pp. 2476~2477.
3 Colson, M-H., Lemaire, A., Pinton, P., Hamidi, K., and Klein, P. (2006). "Sexual behaviors and mental perception, satisfaction and expectations of sex life in men and women in France." *Journal of Sexual Medicine*, 3, p. 124.
4 Brody, S. (2007). "Vaginal orgasm is associated with better psychological function." *Sexual and Relationship Therapy*, 22, pp. 173~191; Brody, S. and Costa, R.M. (2008). "Vaginal orgasm is associated with less use of immature psychological defense mechanisms." *Journal of Sexual Medicine*, 5, pp. 1167~1176; Costa, R.M. and Brody, S. (2010). "Immature defense mechanisms are associated with lesser vaginal orgasm consistency and greater alcohol consumption before sex." *Journal of Sexual Medicine*, 7, pp. 775~786; Brody, S. and Weiss, P. (2010). "Vaginal orgasm is associated with vaginal (not clitoral) sex education, focusing mental attention on vaginal sensations, intercourse duration, and a preference for a longer penis." *Journal of Sexual Medicine*, 7, pp. 2774~2781; Brody, S. and Weiss, P. "Simultaneous penile-vaginal orgasm is associated with sexual satisfaction." pp. 2476~2477.
5 Brody, S. and Weiss, P. "Simultaneous penile-vaginal orgasm is associated with sexual satisfaction." pp. 2476~2477.
6 Charland, L., Shrier, I., and Shor, E. (2012). "Simultaneous penile-vaginal intercourse orgasm." *Journal of Sexual Medicine*, 9(1), p. 334.
7 Darling, C.A., Davidson, J.K. Sr, and Cox, R.P. (1991). "Female sexual response and the timing of partner orgasm." *Journal of Sex and Marital Therapy*, 17(1), pp. 3~21.
8 Masters, W.H. and Johnson, V.E. (1966). *Human Sexual Response*. Little, Brown, Boston, MA.
9 Ellison, C.R. (1984). "Harmful beliefs affecting the practice of sex therapy with women." *Psychotherapy: Theory, Research, Practice, Training*, 21(3), p. 327.
10 Kinsey, A.C, Pomeroy, W.B., Martin, C.E., and Gebhard, P.H. (1953). *Sexual Behavior in the Human Female*. W.B. Saunders, Philadelphia, p. 582; Masters, W.H. and Johnson, V.E. *Human Sexual Response*.
11 Maines, R. (2001). *The Technology of Orgasm. "Hysteria." The Vibrator and Women's Sexual Satisfaction*. Johns Hopkins University Press, Baltimore, MD.
12 Northrup, C., Schwartz, P., and Witte, J. (2013). *The Normal Bar: The Surprising Secrets of Happy Couples*. Harmony/Random House, New York, NY.
13 Reece, M., Herbenick, D., Sanders, S.A., Dodge, B., Ghassemi, A., and Fortenberry, J.D. (2009). "Prevalence and characteristics of vibrator use by men in the United States." *Journal of Sexual Medicine*, 6, pp. 1867~1874.

신화 21

1 Muehlenhard, C.L. and Shippee, S.K. (2010) "Men's and women's reports of pretending orgasm." *Journal of Sex Research*, 47, pp. 552~567.
2 Wiederman, M.W. (1997). "Pretending orgasm during sexual intercourse: Correlates in a sample of young adult women." *Journal of Sex and Marital Therapy*, 23(2), pp. 131~139.
3 Cooper, E.B., Fenigstein, A., and Fauber, R.L. (2014). "The faking orgasm scale for women: Psychometric properties." *Archives of Sexual Behavior*, 43, pp. 423~435.
4 Kaighobadi, F., Shackelford, T.K., and Weekes-Shackelford, V.A. (2012). "Do women pretend orgasm to retain a mate?" *Archives of Sexual Behavior*, 41(5), pp. pp. 1121~1125.
5 Muehlenhard, C.L. and Shippee, S.K. "Men's and women's reports of pretending orgasm." pp. 552~567.
6 Levin, R.J. and Wagner, G. (1985). "Orgasm in women in the laboratory: Quantitative studies on duration, intensity, latency, and vaginal blood flow." *Archives of Sexual Behavior*, 14, pp. 439~449.
7 Laumann, E.O., Gagnon, J.H., Michael, R.T., and Michaels, S. (1994) *The Social Organization of Sexuality: Sexual Practices in the United States*. University of Chicago Press.

신화 22

1 Keifer, A.K. and Sanchez, D.T. (2007). "Scripting sexual passivity: A gender role perspective." *Personal Relationships*, 14(2), pp. 269~290.
2 Katz, J. and Tirone, V. (2010). "Going along with it: Sexually coercive partner behavior predicts dating women's compliance with unwanted sex." *Violence Against Women*, 16(7), pp. 730~742.
3 Katz, J. and Tirone, V. (2009). "Women's sexual compliance with male dating partners: Associations with investment in ideal womanhood and romantic well-being." *Sex Roles*, 60, pp. 5~6.
4 Osman, S.L. and Davis, C.M. (1999). "Belief in token resistance and type of resistance as predictors of men's perceptions of date rape." *Journal of Sex Education and Therapy*, 24, pp. 189~196.
5 Laumann, E.O., Paik, A., and Rosen, R.C. (1999). "Sexual dysfunction in the United States: Prevalence and predictors." *Journal of the American Medical Association*, 281(6), pp. 537~544.
6 Coady, D. and Fish, N. (2011). *Healing Painful Sex*. Seal Press, New York.

신화 23

1 Zilbergeld, B. (1978). *Male Sexuality*. Bantam, New York, pp. 168~169.
2 Pinkerton, S.D., Bogart, L.M., Cecil, H., and Abramson, P.R. (2002). "Factors associated with masturbation in a collegiate sample." *Journal of Psychology and Human Sexuality*, 14(2/3), pp. 103~121.
3 Herbenick, D., Reece, M., Schick, V., Sanders, SA, Dodge, B., and Fortenberry J.D. (2010). "Sexual behavior in the United States: Results from a national probability sample of men and women 14 to 95." *Journal of Sexual Medicine*, 7(Suppl 5), pp. 255~265.
4 Rye, B.J. and Meaney, G.J. (2007). "The pursuit of sexual pleasure." *Sexuality and Culture: An Interdisciplinary Quarterly*, 11(1), p. 32.
5 Bancroft, J., Herbenick, D., and Reynolds, M. (2002). "Masturbation as a marker of sexual development." In Bancroft, J. (ed.) *Sexual Development*. Indiana University Press, Bloomington, IN.
6 Atwood, J.D. and Gagnon, J. (1987). "Masturbatory behavior in college youth." *Journal of Sex Education and Therapy*, 13, pp. 35~42.
7 Hurlburt, D. and Whittaker, K. (1991). "The role of masturbation in marital and sexual satisfaction: A comparative study of female masturbators and nonmasturbators." *Journal of Sex Education and Therapy*, 17, pp. 272~282.
8 Kelly, M.P., Strassberg, D.S., and Kircher, J.R. (1990). "Attitudinal and experiential correlates of anogasmia." *Archives of Sexual Behavior*, 19(2), pp. 165~167.
9 Laumann, E.O., Gagnon, J.H., Michael, R.T., and Michaels, S; Coleman, E. (2002). "Masturbation as a means of achieving sexual health." *Journal of Psychology and Human Sexuality*, 14(2~3), pp. 5~16.
10 Heiman, J. and LoPiccolo, J. (1988). *Becoming Orgasmic: A Sexual and Personal Growth Program for Women*. Prentice Hall, Englewood Cliff, NJ; Leiblum, S. and Rosen, R.C. (1989). *Principles and Practices of Sex Therapy*, 2nd edn. Guilford, New York; Zilbergeld, B. (1992). *The New Male Sexuality*. Bantam, New York; Robinson, B.E., Manthei, R., Scheltema, K., Rich, R., and Koznar, J. (1999). "Therapeutic uses of sexually explicit materials in the United States and the Czech and Slovak Republics: A qualitative study." *Journal of Sex and Marital Therapy*, 25, pp. 103~119; Coleman, E. (2002). "Masturbation as a means of achieving sexual health." pp. 5~16; Bridges, A.J. and Morokoff, P.J. (2011). "Sexual media use and relational satisfaction in heterosexual couples." *Personal Relationships*, 18(4), pp. 562~585.
11 Coleman, E. (2002). "Masturbation as a means of achieving sexual health." pp. 5~16.
12 Hunt, M. (1974). *Sexual Behavior in the 1970s*. Playboy Press, Chicago; Coleman, E. (2002). "Masturbation as a means of achieving sexual health." pp. 5~16.
13 Dekker, A. and Schmidt, G. (2003). "Patterns of masturbatory behaviour." *Journal of Psychology and Human Sexuality*, 14(2~3), pp. 35~38.
14 Dekker, A. and Schmidt, G. (2003). Patterns of masturbatory behaviour. *Journal of Psychology and Human Sexuality*, 14(2~3), p. 36.
15 Betchen, S.J. (1991). "Male masturbation as a vehicle for the pursuer-distancer relationship in marriage." *Journal of Sex and Marital Therapy*, 17(4), p. 270.

신화 24

1 Sandroni, P. (2001). "Aphrodisiacs past and present: a historical review." *Clinical Autonomic Research: Official Journal of the Clinical Autonomic Research Society*, 11(5), pp. 303~307; Shamloul, R. (2010). "Natural aphrodisiacs." *Journal of Sexual Medicine*, 7(1), pp. 39~49.
2 Krychman, M.L., Gubili, J., Pereira, L., Holstein, L., and Cassileth, B. (2007). "Female sexual enhancers and neutraceuticals." *Current Sexual Health Reports*, 4, pp. 177~182.
3 Sandroni, P. "Aphrodisiacs past and present: a historical review." pp. 303~307; Melnyk, J.P. and Marcone, M.F. (2011). "Aphrodisiacs from plant and animal sources: A review of current scientific literature." *Food Research International*, 44(4), pp. 840~850.
4 Krychman, M.L., Gubili, J., Pereira, L., Holstein, L., and Cassileth, B. "Female sexual enhancers and neutraceuticals." pp. 177~182.
5 Shamloul, R. "Natural aphrodisiacs." pp. 39~49.
6 Melnyk, J.P. and Marcone, M.F. "Aphrodisiacs from plant and animal sources: A review of current scientific literature." p. 841.
7 Krychman, M.L., Gubili, J., Pereira, L., Holstein, L., and Cassileth, B. "Female sexual enhancers and neutraceuticals." pp. 177~182; Melnyk, J.P. and Marcone, M.F. "Aphrodisiacs from plant and animal sources: A review of current scientific literature." pp. 840~850.
8 George, W.H., Stoner, S.A., Norris, J., Lopez, P.A., and Lehman, G.L. (2000). "Alcohol expectancies and sexuality: A self-fulfilling prophecy analysis of dyadic perceptions and behavior." *Journal of Studies on Alcohol and Drugs*, 61(1), 168.
9 Friedman, R.S., McCarthy, D.M., Forster, J., and Denzler, M. (2005). "Automatic effects of alcohol cues on sexual attraction." *Addiction*, 100(5), pp. 672~673.
10 Sandroni, P. "Aphrodisiacs past and present: a historical review." p. 303.
11 Melnyk, J.P. and Marcone, M.F. "Aphrodisiacs from plant and animal sources: A review of current scientific literature." pp. 840~850.
12 같은 글, pp. 840~850.
13 Sandroni, P. "Aphrodisiacs past and present: a historical review." p. 303.
14 Kotta, S., Ansari, S.H., and Ali, J. (2013). "Exploring scientifically proven herbal aphrodisiacs." *Pharmacognosy Reviews*, 7(13), pp. 1~10.
15 Sandroni, P. "Aphrodisiacs past and present: a historical review." pp. 304~305; Fleshner, M., Harvey, H., Adomat, C., Wood, A., Eberding, K., Hersey, E., et al. (2005). "Evidence for contamination of herbal erectile dysfunction products with phosphodiesterase type 5 inhibitors." *Journal of Urology*, 174, pp. 636~41 (discussion 641; quiz 801).
16 Sandroni, P. "Aphrodisiacs past and present: a historical review." pp. 303~307.
17 같은 글, p. 305.
18 Shamloul, R. "Natural aphrodisiacs." p. 39.
19 Venhuis, B.J., Blok-Tip, L., and de Kaste, D. (2008). "Designer drugs in herbal aphrodisiacs." *Forensic Science International*, 177, p. e25.
20 Zeltner, B. (2014). "FDA warns 'Weekend Warrior' sexual enhancement supplement contains undeclared drug similar to Viagra, danger to heart patients." *Cleveland Plain Dealer*. http://www.cleveland.com/healthfit/index.ssf/2014/03/fda_warns_weekend_warrior_sexu.html (accessed July 22, 2014).
21 Schiavocampo, M., Jesko, J., and Effron, L.(2014). "The fight of the 'little pink pill' raises sexism questions." *ABC News*. http://abcnews.go.com/Health/fight-pink-pill-boostingwomens-sex-drive-raises/story?id=23813586 (ac cessed July 22, 2014).
22 Sandroni, P. "Aphrodisiacs past and present: a historical review." p. 306.

신화 25

1 Kelly, G.F. (2010). *Sexuality Today*, 10th edn. McGraw Hill, New York.
2 Wilcox, A.J., Dunson, D.B., Weinberg, C.R., Trussell, J., and Baird, D.D. (2001). "Likelihood of conception with a single act of intercourse: providing benchmark rates for assessment of post-coital contraceptives." *Contraception*, 63(4), pp. 211~215.
3 Goulet, T. (2009). "Male fertility and the sperm saga."*Conceive Magazine*, July/August.
4 Mader, S. (2002). *Human Reproductive Biology*, 2nd edn. William C. Brown Publishers, New York.
5 Jennings, V.H. and Burke, A.E. (2011). "Fertility awareness-based methods." In Hatcher, R.A., Trussell, J.,

Nelson, A.L., Cates, W., Kowal D., and Policar, M. (eds) *Contraceptive Technology*, 20th edn. Ardent Media, New York, pp. 418.
6 Wilcox, A.J., Dunson, D.B., Weinberg, C.R., Trussell, J., and Baird, D.D. "Likelihood of conception with a single act of intercourse: providing benchmark rates for assessment of post-coital contraceptives." pp. 211~215.
7 같은 책, p. 212.
8 같은 책, p. 214.
9 Trussell, J. (2011). "Contraceptive efficacy." In Hatcher, R.A., Trussell, J., Nelson, A.L., Cates, W., Kowal D., and Policar, M. (eds) *Contraceptive Technology*, 20th edn. Ardent Media, New York, pp. 779~863.
10 Shefi, S., Tarapore, P.E., Walsh, T.J., Croughan, M., and Turek, P.J. (2007). "Wet heat exposure: A potentially reversible cause of low semen quality in infertile men." *International Brazilian Journal of Urology*, 33(1), pp. 50~57.
11 Pollock, E.J. (1999). "Why Mountain Dew is now the talk of the teen circuit." *The Wall Street Journal* (October 14), p. 1.

신화 26

1 Connell, E.B. (1999). "Contraception in the prepill era." *Contraception*, 59(1), pp. 7S~10S.
2 같은 책, pp. 7S~10S.
3 Watkins, E.S. (2010). "From breakthrough to bust: the brief life of Norplant, the contraceptive implant." *Journal of Women's* History, 22(3), pp. 88~111.
4 Tyrer, L. (1999). "Introduction of the pill and its impact." *Contraception*, 59(1), pp. 11S~16S.
5 같은 책, pp. 11S~16S.
6 Nelson, A.L. and Cwiak, C. (2011). "Combined Oral Contraceptive (COCs)." In Hatcher, R., Trussell, J, Nelson, A.L. Cates, W., Kowal, D., and Policar, M. (eds) *Contraceptive Technology*, 20th edn. Ardent Media, New York, pp. 249~320.
7 Tyrer, L. "Introduction of the pill and its impact." pp. 11S~16S.
8 Nelson, A.L. and Cwiak, C. "Combined Oral Contraceptive (COCs)." pp. 249~320.
9 같은 책, pp. 249~320.
10 같은 책, pp. 249~320.
11 같은 책, pp. 249~320.
12 같은 책, pp. 249~320.
13 같은 책, pp. 249~320.
14 Brenner, M. (2014). "Danger in the ring." *Vanity Fair* (January 14). http://www.vanityfair.com/politics/2014/01/nuvaring-lethal-contraceptive-trial (accessed August 1, 2014).
15 Sidney, S., Cheetham, T.C., Connell, F.A., Ouellet-Hellstrom, R., Graham, D.J., Davis, D., et al. (2013). "Recent combined hormonal contraceptives (CHCs) and the risk of thromboembolism and other cardiovascular events in new users." *Contraception*, 87(1), pp. 93~100.
16 같은 책, pp. 93~100.
17 같은 책, pp. 93~100.
18 Dinger, J., Mohner, S., and Heinemann, K. (2013). "Cardiovascular risk associated with the use of an etonogestrel-containing vaginal ring." *Obstetrics and Gynecology*, 122(4), pp. 800~808.
19 Watkins, E.S. "From breakthrough to bust: the brief life of Norplant, the contraceptive implant." p. 104.
20 같은 책, p. 93.
21 같은 책, pp. 88~111.
22 같은 책, p. 99.
23 같은 책, p. 104.
24 Darney, P. (2006). "Everything you need to know about the contraceptive implant." *Journal of Family Planning*, 18(9).
25 Mansour, D. (2010). "Nexplanon: what Implanon did next." *Journal of Family Planning and Reproductive Health Care*, 36(4), pp. 187~189.
26 Raymond, E.G. (2011). "Contraceptive implants." In Hatcher, R., Trussell, J., Nelson, A.L., Cates, W., Kowal, D., and Policar, M. (eds) *Contraceptive Technology*, 20th edn. Ardent Media, New York, pp. 193~204.
27 Connell, E.B. "Contraception in the prepill era." pp. 7S~10S.
28 Dean, G. and Schwarz, E.B. (2011). "Intrauterine contraceptives." In Hatcher, R., Trussell, J., Nelson, A.L., Cates, W., Kowal, D., and Policar, M. (eds) *Contraceptive Technology*, 20th edn. Ardent Media, New York, p. 150.

29 Couzin-Frankel, J. (2011). "Contraceptive comeback: The maligned IUD gets a second chance." *Wired Magazine* (July 15). http://www.wired.com/2011/07/ff_iud/all/1 (accessed August 1, 2014).
30 같은 글.
31 ACOG Practice Bulletin (2011). "ACOG Practice Bulletin No. 121: Long-acting reversible contraception: Implants and Intrauterine devices." *Obsetrics and Gynecology*, 118(1), pp. 184~196.
32 Dean, G. and Schwarz, E.B. "Intrauterine contraceptives." pp. 147~182.
33 같은 책, pp. 147~182.
34 Speidel, J.J., Harper, C.C., and Shields, W. (2008). "The potential of long-acting reversible contraception to decrease unintended pregnancy." *Contraception*, 78(3), pp. 197~200.
35 같은 글, pp. 197~200.

신화 27

1 Trussell, J. (2011). Contraceptive efficacy. In Hatcher, R.A., Trussell, J., Nelson, A.L., Cates, W., Kowal D., and Policar, M. (eds) *Contraceptive Technology*, 20th edn. Ardent Media, New York, p. 779.
2 같은 책, p. 784.
3 같은 책, p. 784.
4 Jones, R.K., Fennell, J., Higgins, J.A., and Blanchard, K. (2009). "Better than nothing or savvy risk-reduction practice? The importance of withdrawal." *Contraception*, 79(6), pp. 407~410.
5 같은 글, pp. 407~410.
6 같은 글, p. 6.
7 같은 글, p. 7.
8 Killick, S.R., Leary, C., Trussell, J., and Guthrie, K.A. (2011). "Sperm content of pre-ejaculatory fluid." *Human Fertility*, 14(1), pp. 48~52.
9 같은 글, pp. 48~52.

신화 28

1 Lupkin, S. (2013). "Bill Gates offers grant for 'Next Generation Condom.'" *ABC News* (March 25). http://abcnews.go.com/blogs/health/2013/03/25/bill-gates-offers-grantfor-next-generation-condom/ (accessed August 1, 2014).
2 Collier, A. (2007). *The Humble Little Condom: A History*. Prometheus Books, p. 1.
3 같은 책, p. 13.
4 Trussell, J. (2011). Contraceptive efficacy. In Hatcher, R.A., Trussell, J., Nelson, A.L., Cates, W., Kowal D., and Policar, M. (eds) *Contraceptive Technology*, 20th edn. Ardent Media, New York, p. 779
5 같은 책, p. 784.
6 같은 책, p. 784.
7 Trussell, J. and Guthrie, K.A. (2011). "Choosing a contraceptive: Efficacy, safety, and personal considerations." In Hatcher, R.A., Trussell, J., Nelson, A.L., Cates, W., Kowal D., and Policar, M. (eds) *Contraceptive Technology*, 20th edn. Ardent Media, New York, p. 53.
8 Niccolai, L.M., Rowhani-Rahbar, A., Jenkins, H., Green, S., and Dunne, D.W. (2005). "Condom effectiveness for prevention of Chlamydia trachomatis infection." *Sexually Transmitted Infections*, 81(4), pp. 323~325.
9 Centers for Disease Control and Pevention (CDC) (2013). "Male latex condoms and sexually transmitted diseases: Condom fact sheet in brief." http://www.cdc.gov/condomeffectiveness/brief.html (accessed August 12, 2014).
10 Weller, S. and Davis, K. (2002). "Condom effectiveness in reducing heterosexual HIV transmission." *Cochrane Database of Systematic Reviews*, 1, CD003255.
11 Winer, R.L., Hughes, J.P., Feng, Q., O'Reilly, S., Kiviat, N.B., Holmes, K.K., et al. (2006). "Condom use and the risk of genital human papillomavirus infection in young women." *New England Journal of Medicine*, 354 (25), pp. 2645~2654.

신화 29

1 Guttmacher Institute (2012). "Laws Affecting Reproductive Health and Rights: 2012 State Policy Review." http://www.guttmacher.org/statecenter/updates/2012/statetrends42012.html (accessed August 1, 2014).

2 United States House of Representatives Committee on Government Reform-Minority Staff Special Investigations Division (2006). *False and Misleading Health Information Provided by Federally Funded Pregnancy Resource Centers*.
3 Paul, M. and Stein, T. (2011). "Abortion." In Hatcher, R.A., Trussell, J., Nelson, A.L., Cates, W., Kowal D., and Policar, M. (eds) *Contraceptive Technology*, 20th edn. Ardent Media, New York, p. 722.
4 같은 글, p. 726.
5 같은 글, p. 722.
6 같은 글, p. 727.
7 Melbye, M., Wohlfahrt, J., Olsen, J.H., Frisch, M., Westergaard, T., Helweg-Larsen, K., et al. (1997). "Induced abortion and the risk of breast cancer." *New England Journal of Medicine*, 336(2), pp. 81~85.
8 National Cancer Institute (2003). "U.S. National Institutes of Health." *Summary Report: Early Reproductive Events and Breast Cancer Workshop*, March 25, 2003. http://www.cancer.gov/cancertopics/causes/ere/workshop-report (accessed August 1, 2014).
9 Major, B., Appelbaum, M., Beckman, L., Dutton, M.A., Russo, N.F., and West, C. (2009). "Abortion and mental health: Evaluating the evidence." *American Psychologist*, 64(9), p. 863.
10 Adler, N.E., David, H.P., Major, B.N., Roth, S.H., Russo, N.F., and Wyatt, G.E. (1990). "Psychological responses after abortion." *Science*, 248(4951), pp. 41~44.
11 같은 글, p. 43.
12 Major, B., Appelbaum, M., Beckman, L., Dutton, M.A., Russo, N.F., and West, C. "Abortion and mental health: Evaluating the evidence." p. 863.
13 Paul, M. and Stein, T. "Abortion." p. 726.
14 Major, B., Appelbaum, M., Beckman, L., Dutton, M.A., Russo, N.F., and West, C. "Abortion and mental health: Evaluating the evidence." p. 867.
15 같은 글, p. 867.
16 Rosen, J.D. (2012). "The public health risks of crisis pregnancy centers." *Perspectives on Sexual and Reproductive Health*, 44(3), pp. 201~205.
17 같은 글, pp. 201~205.
18 같은 글, p. 203.
19 Guttmacher Institute. "Laws Affecting Reproductive Health and Rights: 2012 State Policy Review."

신화 30

1 Tom, D.A. (1997). "Doctors: Magic's HIV is at undetectable levels, but he's not virus-free." *Associated Press* (April 4). http://lubbockonline.com/news/040597/doctors.htm (accessed August 3, 2014).
2 AIDS.gov, "What Is HIV?"
3 AIDS.gov, "Overview of Treatment Options."
4 AIDS.gov, "CD4 Count."
5 AIDS.gov, "Viral Load."
6 Broder, S. (2010). "The development of antiretroviral therapy and its impact on the HIV-1/AIDS pandemic." *Antiviral Research*, 85(1), pp. 1~18.
7 AIDSresearch.org
8 Broder, S. "The development of antiretroviral therapy and its impact on the HIV-1/AIDS pandemic." pp. 1~18.
9 Castillo, M. (2013). "Two men 'cured' of HIV no longer taking treatments." *CBS News* (July 3). http://www.cbsnews.com/news/two-men-cured-of-hiv-no-longer-taking-treatments/(accessed August 3, 2014).
10 *Fox News* (2012). "HIV may have returned in man 'cured' of virus." *Fox News* (June 13). http://www.foxnews.com/health/2012/06/13/hiv-may-have-returned-in-man-curedvirus/(accessed August 3, 2014).
11 McNeil, D.G. (2013). "After marrow transplants, 2 more patients appear HIV-free without drugs." *New York Times* (July 3). http://www.nytimes.com/2013/07/04/health/post-transplant-and-off-drugs-hiv-patients-are-apparently-virus-free.html?pagewanted=all&_r=1& (accessed August 3, 2014).
12 Castillo, M. "Two men 'cured' of HIV no longer taking treatments."
13 Lazar, K. (2013). "HIV virus returns after cure hope rose; 2 Boston patients had transplants of marrow, halted powerful drugs." *Boston Globe* (December 6). http://www.bostonglobe.com/lifestyle/health-wellness/2013/12/05/hiv-virus-returns-after-cure-hope-rose/kSUyH1YkgJ27AP4aZwpUXJ/story.html (accessed August 3, 2014).
14 *Bloomberg News* (2013). "HIV and AIDS researchers analyze reports of cured baby." *Bloomberg News* (March 5). http://voxxi.com/2013/03/05/hiv-aids-researchers-curedbaby/(accessed August 3, 2014).
15 Harris, R. (2014). "Mississippi child thought cured of HIV shows signs of infection." http://www.npr.org/

blogs/health/2014/07/10/330538734/mississippi-child-thought-curedof-hiv-shows-signs-of-infection (accessed August 12, 2014).
16 Centers for Disease Control and Prevention (CDC) (2014). "HIV pregnant women and children." http://www.cdc.gov/hiv/risk/gender/pregnantwomen/index.html (accessed August 3, 2014).
17 World Health Organization (2011). "Key facts on global HIV epidemic and progress in 2010." http://www.who.int/hiv/pub/progress_report2011/global_facts/en/index1.html (accessed August 3, 2014); UNICEF (2010). "Children and AIDS Fifth Stocktaking Report, 2010." http://www.unicef.org/esaro/Stocktaking_Key_Facts.pdf (accessed August 3, 2014).
18 Hanauske-Abel, H.M., Saxena, D., Palumbo, P.E., Hanauske, A.R., Luchessi, A.D., Cambiaghi, T.D., et al. (2013). "Drug-induced reactivation of apoptosis abrogates HIV-1 infection." *PloS* One, 8(9), p. e74414.
19 Knox, R. (2013). "Failure of latest HIV vaccine test: A 'huge disappointment.'" *NPR* (April 26). http://www.npr.org/blogs/health/2013/04/26/179231916/failure-of-latest-hiv-vaccine-test-a-huge-disappointment (accessed August 3, 2014).
20 Esparza, J. (2013). "A brief history of the global effort to develop a preventive HIV vaccine." *Vaccine*, 31(35), pp. 3502~3518; International AIDS Vaccine Initiative (2012). "Progress on the path toward an AIDS vaccine." www.iavi.org (accessed August 12, 2014).
21 Esparza, J. "A brief history of the global effort to develop a preventive HIV vaccine." pp. 3502~3518; International AIDS Vaccine Initiative. "Progress on the path toward an AIDS vaccine."
22 Weller, S. and Davis, K. (2002). Condom effectiveness in reducing heterosexual HIV transmission. *Cochrane Database of Systematic Reviews*, 1, CD003255.
23 Centers for Disease Control and Prevention (CDC) (2014). "PrEP: How well does PrEP work?" http://www.cdc.gov/hiv/basics/prep.html (accessed August 3, 2014).
24 Marcus, J.L., Glidden, D.V., Mayer, K.H., Liu, A.Y., Buchbinder, S.P., Amico, K.R., et al. (2013). "No evidence of sexual risk compensation in the iPrEx trial of daily oral HIV preexposure prophylaxis." *PloS One*, 8(12), p. e81997.
25 Paz-Bailey, G., et al., for the Centers for Disease Control and Prevention (2013). "HIV testing and risk behaviors among gay, bisexual, and other men who have sex with men—United States." *Morbidity and Mortality Weekly Report*, 62(47), pp. 958~962.
26 Centers for Disease Control and Prevention (CDC) (2014). "HIV basic statistics." http://www.cdc.gov/hiv/basics/statistics.html (accessed August 3, 2014).
27 UNAIDS, no date.
28 같은 글.

신화 31

1 Simmons, E.E. (1937). "Value of fever therapy in the arthritides." *American Journal of Medical Science*, 194, pp. 170~178.
2 Sternberg, T.H. and Turner, T.B. (1944). "The treatment of sulfonamide resistant gonorrhea with penicillin sodium: Results in 1686 cases." *Journal of the American Medical Association*, 126, pp. 157~163.
3 Centers for Disease Control and Prevention (CDC) (updated February 2013). *Chlamydia: CDC Fact Sheet*. Centers for Disease Control and Prevention, Atlanta, GA. http://www.cdc.gov/std/chlamydia/STDFact-Chlamydia.htm (accessed August 4, 2014); Centers for Disease Control and Prevention (CDC) (2013). *Incidence, Prevalence, and Cost of Sexually Transmitted Infections in the United States: CDC Fact Sheet*. Centers for Disease Control and Prevention, Atlanta, GA. http://www.cdc.gov/std/stats/STIEstimates-Fact-Sheet-Feb-2013.pdf (accessed August 4, 2014)
4 Centers for Disease Control and Prevention (CDC). *Chlamydia: CDC Fact Sheet*.
5 Centers for Disease Control and Prevention (CDC) (updated October 2013). *STDs and Infertility: CDC Fact Sheet*. Centers for Disease Control and Prevention, Atlanta, GA. http://www.cdc.gov/std/infertility/ (accessed August 12, 2014).
6 Gallegos, G., Ramos, B., Santiso, R., Goyanes, V., Gosalvez, J., and Fernandez, J.L. (2008). "Sperm DNA fragmentation in infertile men with genitourinary infection by Chlamydia trachomatis and Mycoplasma." *Fertility and Sterility*, 90(2), pp. 328~334.
7 Centers for Disease Control and Prevention (CDC). *Incidence, Prevalence, and Cost of Sexually Transmitted Infections in the United States: CDC Fact Sheet*.
8 Centers for Disease Control and Prevention (CDC) (updated February 2013). *Gonorrhea: CDC Fact Sheet*. Centers for Disease Control and Prevention, Atlanta, GA. http://www.cdc.gov/std/gonorrhea/STDFact-gonorrhea.htm

(accessed August 4, 2014).
9 Bolan, G.A., Sparling, P.F., and Wasserheit, J.N. (2012). "The emerging threat of untreatable gonococcal infection." *New England Journal of Medicine*, 366(6), pp. 485~487.
10 Centers for Disease Control and Prevention (CDC) (2013). *Antibiotic Resistance Threats*. Centers for Disease Control and Prevention, Atlanta, GA. http://www.cdc.gov/drugresistance/threat-report-2013/pdf/ar-threats-2013-508.pdf (accessed August 4, 2014).
11 같은 글.
12 Quetel, C. (1990). *History of Syphilis*, trans. Judith Braddock and Brian Pike. Johns Hopkins University Press, Baltimore, MD.
13 같은 책.
14 Centers for Disease Control and Prevention (CDC) (updated 2014). *Syphilis: CDC Fact Sheet*. Centers for Disease Control and Prevention, Atlanta, GA. http://www.cdc.gov/std/syphilis/STDFact-Syphilis.htm (accessed August 4, 2014).
15 같은 글.
16 Hoyert, D.L. and Xu, J. (2012). "Deaths: preliminary data for 2011." *National Vital Statistics Report*, 61(6), pp. 1~65.
17 Centers for Disease Control and Prevention (CDC). *Incidence, Prevalence, and Cost of Sexually Transmitted Infections in the United States: CDC Fact Sheet*.
18 Centers for Disease Control and Prevention (CDC) (updated 2014). *Trichomoniasis: CDC Fact Sheet*. Centers for Disease Control and Prevention, Atlanta, GA. http://www.cdc.gov/std/trichomonas/STDFact-Trichomoniasis.htm (accessed August 4, 2014).
19 같은 글.
20 Centers for Disease Control and Prevention (CDC) (updated February 2013). *Herpes: CDC Fact Sheet*. Centers for Disease Control and Prevention, Atlanta, GA. http://www.cdc.gov/std/Herpes/STDFact-Herpes.htm (accessed August 4, 2014).
21 같은 글.
22 Bradley, H., Markowitz, L.E., Gibson, T., and McQuillan, G.M. (2014). "Seroprevalence of herpes simplex virus types 1 and 2: United States, 1999~2010." *Journal of Infectious Diseases*, 209(3), pp. 325~333.
23 Wald, A., Langenberg, A.M., Link, K., Izu, A.E., Ashley, R., Warren, T., et al. (2001). "Effect of condoms on reducing the transmission of herpes simplex virus type 2 from men to women." *Journal of the American Medical Association*, 285(24), pp. 3100~3106.
24 National Cancer Institute (2012). *HPV and Cancer*. National Cancer Institute, Bethesda, MD. http://www.cancer.gov/cancertopics/factsheet/Risk/HPV (accessed August 4, 2014).
25 Centers for Disease Control and Prevention (CDC) (updated July 2013). *HPV: CDC Fact Sheet*. Centers for Disease Control and Prevention, Atlanta, GA. http://www.cdc.gov/std/HPV/STDFact-HPV.htm (accessed August 4, 2014).
26 National Center for Health Statistics (2005). *Health, United States 2005*. US Department of Health, Hyattsville, MD, p. 56. http://books.google.com/books?id=Y7IfxSyZWXkC&printsec=frontcover&source=gbs_ge_summary_r&cad=0#v=onepage&q&f=false (accessed August 4, 2014).
27 Centers for Disease Control and Prevention (CDC) (updated 2012). *HPV Vaccine Information for Clinicians: CDC Fact Sheet*. Centers for Disease Control and Prevention, Atlanta, GA. http://www.cdc.gov/std/hpv/STDFact-HPV-vaccine-hcp.htm (accessed August 4, 2014).
28 Bednarczyk, R.A., Davis, R., Ault, K., Orenstein, W., and Omer, S.B. (2012). "Sexual activityrelated outcomes after human papillomavirus vaccination of 11- to 12-year-olds." *Pediatrics*, 130(5), pp. 798~805.
29 Winer, R.L., Hughes, J.P., Feng, Q., O'Reilly, S., Kiviat, N.B., Holmes, K.K., et al. (2006). Condom use and the risk of genital human papillomavirus infection in young women. *New England Journal of Medicine*, 354(25), pp. 2645~2654.
30 Centers for Disease Control and Prevention (CDC). *Incidence, Prevalence, and Cost of Sexually Transmitted Infections in the United States: CDC Fact Sheet*.

신화 32

1 Centers for Disease Control and Prevention (CDC) (updated July 2013). *HPV: CDC Fact Sheet*. Centers for Disease Control and Prevention, Atlanta, GA. http://www.cdc.gov/std/HPV/STDFact-HPV.htm (accessed August 4, 2014).
2 Centers for Disease Control and Prevention (CDC). *HPV: CDC Fact Sheet*.

3 Centers for Disease Control and Prevention, and National Cancer Institute (2012). *United States Cancer Statistics: 1999-2008 Incidence and Mortality Web-based Report*. US Cancer Statistics Working Group, Department of Health and Human Services, Centers for Disease Control and Prevention, and National Cancer Institute; Atlanta, GA. http://www.cdc.gov/uscs (accessed August 4, 2014).
4 World Health Organization (2012). *Cancers of the Cervix*. World Health Organization, Geneva. http://www.who.int/reproductivehealth/topics/cancers/en/index.html (accessed August 4, 2014).
5 Gibbs, N. (2006). "Defusing the war over the 'promiscuity' vaccine." *Time Magazine* (June 21). http://content.time.com/time/nation/article/0,8599,1206813,00.html (accessed August 12, 2014).
6 American Experience (2001). *People and Events: The Pill and the Sexual Revolution*. PBS, New York. http://www.pbs.org/wgbh/amex/pill/peopleevents/e_revolution.html (accessed August 4, 2014).
7 Asbell, B. (1995). *The Pill: A Biography of the Drug that Changed the World*. Random House, New York.
8 Amira, D. (2012). "Rick Santorum fine with shaming women in certain situations." *New York Magazine* (February 15). http://nymag.com/daily/intel/2012/02/rick-santorum-contraception-birth-control-sex.html (accessed August 4, 2014).
9 Stranton, D. and Evans, E. (2005). "Plan B: The facts behind the controversy." *US Pharmacist* 9, pp. 41~46.
10 Schlafly, P. (1986). "Teaching promiscuity." *Reading Eagle* (May 26). http://news.google.com/newspapers?nid=1955&dat=19860526&id=2FIiAAAAIBAJ&sjid=7aYFAAAAIBAJ&pg=5908,5510963 (accessed August 4, 2014).
11 Guttmacher, S., Lieberman, L., Ward, D., Freudenberg, N., Radosh, A., and Des Jarlais, D. (1997). "Condom availability in New York City public high schools: Relationships to condom use and sexual behavior." *American Journal of Public Health*, 87, pp. 1427~1433.
12 Blake, S.M., Ledsky, R., Goodenow, C., Sawyer, R., Lohrmann, D., and Windsor, R. (2003). "Condom availability programs in Massachusetts high schools: Relationships with condom use and sexual behavior." *American Journal of Public Health*, 93(6), pp. 955~961.
13 Kirby, D. (2007). *Emerging Answers 2007*. National Campaign to Prevent Teen and Unplanned Pregnancy, Washington, DC.
14 Bixby Center for Global Reproductive Health (2008). *Does Emergency Contraception Promote Sexual Risk Taking?* Bixby Center for Global Reproductive Health, University of California San Francisco, CA. http://bixbycenter.ucsf.edu/publications/files/DoesECPromoteSexRiskTaking_2008.pdf (accessed August 4, 2014).
15 Bednarczyk, R.A., Davis, R., Ault, K., Orenstein, W., and Omer, S.B. (2012). "Sexual activity-related outcomes after human papillomavirus vaccination of 11- to 12-year-olds." *Pediatrics*, 130(5), pp. 798~805.
16 Liddon, N., Leichliter, J.S., and Markowitz, L.E. (2012). "Human papillomavirus vaccine and sexual behavior among adolescent and young women." *American Journal of Preventive Medicine*, 42(1), pp. 44~52.
17 같은 글, pp. 44~52.

신화 33

1 Claxton, S.E. and van Dulmen, M.H. (2013). "Casual sexual relationships and experiences in emerging adulthood." *Emerging Adulthood*, 1(2), pp. 138~150.
2 England, P., Shafer, E.F., and Fogarty, A.C. (2008). "Hooking up and forming romantic relationships on today's college campuses." *The Gendered Society Reader*, 3.
3 England, P., Shafer, E.F., and Fogarty, A.C. "Hooking up and forming romantic relationships on today's college campuses."
4 Monto, M.A. and Carey, A.G. (2014). "A new standard of sexual behavior? Are claims associated with the "hookup culture" supported by general social survey data?" *Journal of Sex Research*, 51, pp. 605~615.
5 같은 글, p. 1.
6 같은 글, p. 9.
7 England, P., Shafer, E.F., and Fogarty, A.C. "Hooking up and forming romantic relationships on today's college campuses."
8 Fisher, M.L., Worth, K., Garcia, J.R., and Meredith, T. (2012). "Feelings of regret following uncommitted sexual encounters in Canadian university students." *Culture, Health and Sexuality*, 14(1), pp. 45~57.
9 Fielder, R.L. and Carey, M.P. (2010). "Predictors and consequences of sexual 'hookups' among college students: A short-term prospective study." *Archives of Sexual Behavior*, 39(5), pp. 1105~1119.
10 같은 글, pp. 1105~1119.
11 Hamilton, L. and Armstrong, E.A. (2009). "Gendered sexuality in young adulthood double binds and flawed options." *Gender and Society*, 23(5), pp. 589~616.
12 Bisson, M.A. and Levine, T.R. (2009). "Negotiating a friends with benefits relationship." *Archives of Sexual*

Behavior, 38(1), pp. 66~73.

13 England, P., Shafer, E.F., and Fogarty, A.C. "Hooking up and forming romantic relationships on today's college campuses."

14 Garcia, J.R. and Reiber, C. (2008). "Hook-up behavior: A biopsychosocial perspective." *Journal of Social, Evolutionary, and Cultural Psychology*, 2(4), p. 192; Lehmiller, J.J., VanderDrift, L.E., and Kelly, J.R. (2011). "Sex differences in approaching friends with benefits relationships." *Journal of Sex Research*, 48(2~3), pp. 275~284.

15 England, P., Shafer, E.F., and Fogarty, A.C. "Hooking up and forming romantic relationships on today's college campuses."

신화 34

1 Hicks, T.V. and Leitenberg, H. (2001). "Sexual fantasies about one's partner versus someone else: Gender differences in incidence and frequency." *Sage Family Studies Abstracts*, 23(4), pp. 411~568.

2 같은 글, pp. 411~568.

3 Northrup, C., Schwartz, P., and Witte, J. (2013). *The Normal Bar: the surprising secrets of happy couples and what they reveal about creating a new normal in your relationship.* Harmony/Random House Press, New York.

4 Leitenberg, H. and Henning, K. (1995). "Sexual fantasy." *Psychological Bulletin*, 117, pp. 469~496.

5 Jones, J.C. and Barlow, D.H. (1990). "Self reported frequency of sexual urges, fantasies and masturbatory fantasies, in heterosexual males and females." *Archives of Sexual Behavior*, 19, pp. 269~279.

6 Halatsis, P. and Christakis, N. (2009). "The challenge of sexual attraction within heterosexuals' cross-sex friendship." *Journal of Social and Personal Relationships*, 26(6~7), pp. 6~7.

7 *New York Times Magazine* (2000). "The way we live now poll." *New York Times Magazine* (May 7), p. 76.

신화 35

1 Freud, S. (1963). *The Relation of the Poet to Day-dreaming. Sigmund Freud: Character and Culture.* Collier, New York.

2 Deutsch, H. (1944). *The Psychology of Women.* Greene and Stratton, New York.

3 Maslow, A.H. (1942). "Self-esteem and sexuality in women." *Journal of Social Psychology*, 16, pp. 259~264.

4 Hariton, E.B. and Singer, J.L. (1974). "Women's fantasies during sexual intercourse: Normative and theoretical implications." *Journal of Consulting and Clinical Psychology*, 42, pp. 313~322.

5 Brown, J.J. and Hart, D.H. (1977). "Correlates of females' sexual fantasies." *Perceptual and Motor Skills*, 45, pp. 819~825; Crepault, C., Abraham, G., Porto, R., and Couture, M. (1977). "Erotic imagery in women." In Gemme, R. and Wheeler C. (eds) *Progress in Sexology.* Plenum, New York, pp. 267~283.

6 Pelletier, L.A. and Herold, E.S. (1988). "The relationship of age, sex guilt and sexual experience with female sexual fantasies." *Journal of Sex Research*, 24, pp. 250~256.

7 Moreault, D. and Follingstad, D.R. (1978). "Sexual fantasies of females as a function of sex guilt and experimental response cues." *Journal of Consulting and Clinical Psychology*, 46, pp. 1385~1393.

8 Harris, R., Yulis, S., and Lacoste, D. (1980). "Relationships among sexual arousability, imagery ability, and introversion-extraversion." *Journal of Sex Research*, 16, pp. 72~87.

9 Hariton, E.B. and Singer, J.L. "Relationships among sexual arousability, imagery ability, and introversion-extraversion." pp. 313~322.

10 Kelly, L.A.S. (1978). "Imagining ability, marital adjustment, and erotic fantasy during sexual relations in married men and women." *Dissertation Abstracts International*, 39, pp. 1457B~1458B. (University Microfilms No. 78~15, p. 595)

11 Davidson, J.K. Sr. and Hoffman, L.E. (1986). "Sexual fantasies and sexual satisfaction: An empirical analysis of erotic thought." *Journal of Sex Research*, 22(2), p. 203.

12 Friday, N. (1973). *My Secret Garden.* Simon and Schuster, New York.

13 Wolfe, L. (1981). *The Cosmo Report.* Arbor House, New York. p. 372.

14 Fisher, S. (1973). *The Female Orgasm.* Basic Books, New York. p. 213.

15 Davidson, J.K. Sr. and Hoffman, L.E., "Sexual fantasies and sexual satisfaction: An empirical analysis of erotic thought." pp. 184~205.

16 Barclay, A.M. (1973). "Sexual fantasies in men and women." *Medical Aspects of Human Sexuality*, 7, pp. 205~216; Gagnon, J.H. and Simon, W. (1973). *Sexual Conduct*. Aldine, Chicago; Hass, A. (1979). *Teenage Sexuality*. Macmillan, New York; Wilson, G.D. and Lang, R.J. (1981). "Sex differences in sexual fantasy." *Personality and Individual Differences*, 2, pp. 343~346; Wilson, G.D. (1987). "Male-female differences and sexual activity, enjoyment, and fantasies." *Personality and Individual Differences*, 8, pp. 125~127.

17 Northrup, C., Schwartz, P., and Witte, J. (2013). *The Normal Bar: The surprising secrets of happy couples and what they reveal about creating a new normal in your relationship*. Harmony/Random House Press, New York.

18 Kelley, K. (1983). "Sexual fantasy and attitudes as functions of sex of subject and content of erotica." *Imagination, Cognition, and Personality*, 4, pp. 339~347; Pryzbyla, D.P.J., Bryne, D., and Kelley, K. (1983). "The role of imagery in sexual behavior." In Sheikh, A.A. (ed.) *Imagery: Current Theory, Research, and Application*. Wiley, New York, pp. 436~467.

19 Hessellund, H. (1976). "Masturbation and sexual fantasies in married couples." *Archives of Sexual Behavior*, 5, pp. 133~147.

20 Brickman, J.R.R. (1978). "Erotica: Sex differences in stimulus preferences and fantasy content." Doctoral dissertation, University of Manitoba.

21 Barclay, A.M. "Sexual fantasies in men and women." pp. 205~216; Iwawaki, S. and Wilson, G.D. (1983). "Sex fantasies in Japan." *Personality and Individual Differences*, 4, pp. 543~545; Knafo, D. and Jaffe, Y. (1984). "Sexual fantasizing in males and females." *Journal of Research in Personality*, 18, pp. 451~462; Mednick, R.A. (1977). "Gender specific variances in sexual fantasy." *Journal of Personality Assessment*, 41, pp. 248~254; Wilson, G.D. and Lang, R.J. "Sex differences in sexual fantasy." pp. 343~346.

22 Davidson, J.K. Sr. and Hoffman, L.E., "Sexual fantasies and sexual satisfaction: An empirical analysis of erotic thought." pp. 540~541.

23 Sue, D. (1979). "Erotic fantasies of college students during coitus." *Journal of Sex Research*, 15, pp. 299~305; Knafo, D. and Jaffe, Y. "Sexual fantasizing in males and females." pp. 451~462; Ellis, B.J. and Symons, D. (1990). "Sex differences in sexual fantasy: An evolutionary psychological approach." *Journal of Sex Research*, 27(4), pp. 528~529.

24 Ellis, B.J. and Symons, D. "Sex differences in sexual fantasy: An evolutionary psychological approach." pp. 541~542.

25 Fisher, S. *The Female Orgasm*.

26 Davidson, J.K. Sr. and Hoffman, L.E. "Sexual fantasies and sexual satisfaction: An empirical analysis of erotic thought." p. 2002.

27 Pelletier, L.A. and Herold, E.S. "The relationship of age, sex guilt and sexual experience with female sexual fantasies." pp. 250~256.

28 Knafo, D. and Jaffe, Y. "Sexual fantasizing in males and females." pp. 451~462.

29 Talbot, R.M.R., Beech, H.R., and Vaughan, M. (1980). "A normative appraisal of erotic fantasies in women." *British Journal of Social and Clinical Psychology*, 19(1), pp. 81~83.

30 Bivona, J.M., Critelli, J.W., and Clark, M.J. (2012). "Women's rape fantasies: An empirical evaluation of the major explanations." *Archives of Sexual Behavior*, 41(5), p. 1111.

31 Strassberg, D.S. and Lockerd, L.K. (1998). "Force in women's sexual fantasies." *Archives of Sexual Behavior*, 27, pp. 403~414; Pelletier, L.A. and Herold, E.S. pp. 250~256.

32 Bivona, J.M., Critelli, J.W., and Clark, M.J. "Women's rape fantasies: An empirical evaluation of the major explanations." p. 1111; BBivona, J.M. and Critelli, J.W. (2009). "The nature of women's rape fantasies: An analysis of prevalence, frequency, and contents." *Journal of Sex Research*, 46, pp. 33~45; Kanin, E.J. (1982). "Female rape fantasies: A victimization study." *Victimology: An International Journal*, 7, pp. 114~121; Shanor, K.I.N. (1974). "Social variables of women's sexual fantasies." Dissertation Abstracts International, 35, p. 532B. (University Microfilms No. 74~14, p. 319)

33 Byers, E.S. (1996). "How well does the traditional sexual script explain sexual coercion? Review of a program of research." *Journal of Psychology and Human Sexuality*, 8, pp. 7~25.

34 Zurbriggen, E.L. and Yost, M.R. (2004). "Power, desire, and pleasure in sexual fantasies." *Journal of Sex Research*, 41(3), p. 289.

신화 36

1 예를 들어, Smith, T.W. (1994). "Attitudes toward sexual permissiveness: Trends, correlates, and behavioral connections." In Rossi, A.S. (ed.) *Sexuality Across the Life Course*. University of Chicago Press, Chicago, pp.

63~97.

2 World Values Survey Association (2000). "World Values Survey official data file 2000, v.20090914." http://www.worldvaluessurvey.org/wvs/articles/folder_published/survey_2000 (accessed August 5, 2014).

3 Lammers, J., Stoker, J., Jordan, J., Pollmann, M., and Stapel, D. (2011). "Power increases infidelity among men and women." *Psychological Science*, 22(9), p. 1195.

4 Mark, K.P., Janssen, E., and Milhausen, R.R. (2011). "Infidelity in heterosexual couples: Demographic, interpersonal, and personality-related predictors of extradyadic sex." *Archives of Sexual Behavior*, 40(5), p. 971.

5 Kinsey, A.C., Pomeroy, W.B., and Martin, C.E. (1948). *Sexual Behavior in the Human Male*. W.B. Saunders, Philadelphia; Kinsey, A.C., Pomeroy, W.B., Martin, C.E., and Gebhard, P.H. (1953). *Sexual Behavior in the Human Female*. W.B. Saunders, Philadelphia; Laumann, E.O., Gagnon, J.H., Michael, R.T., and Michaels, S. (1994). *The Social Organization of Sexuality: Sexual Practices in the United States*. University of Chicago Press, Chicago.

6 Wiederman, M.W. (1997). "Extramarital sex: Prevalence and correlates in a national survey." *Journal of Sex Research*, 34, pp. 167~174.

7 Barta, W.D. and Kiene, S.M. (2005). "Motivations for infidelity in heterosexual dating couples: The roles of gender, personality differences, and sociosexual orientation." *Journal of Social and Personal Relationships*, 22, pp. 339~360; Burdette, A.M., Ellison, C.G., Sherkat, D.E., and Gore, K.A. (2007). "Are there religious variations in marital infidelity?" *Journal of Family Issues*, 28, pp. 1553~1581.

8 Allen, E.S., Atkins, D.C., Baucom, D.H., Snyder, D.K., Gordon, K.C., and Glass, S.P. (2005). "Intrapersonal, interpersonal, and contextual factors in engaging in and responding to extramarital involvement." *Clinical Psychology: Science and Practice*, 12, pp. 101~130; Treas, J. and Giesen, D. (2000). "Sexual infidelity among married and cohabitating Americans." *Journal of Marriage and Family*, 62, pp. 48~60.

9 Mark, K.P., Janssen, E., and Milhausen, R.R. "Infidelity in heterosexual couples: Demographic, interpersonal, and personality-related predictors of extradyadic sex." pp. 971~982; Byers, S.E. (2001). "Evidence for the importance of relationship satisfaction for women's sexual functioning." *Women and Therapy*, 24, pp. 23~26; Dennerstein, L., Lehert, P., Burger, H., and Guthrie, J. (2005). "Sexuality." *American Journal of Medicine*, 118, pp. 59S-63S; McCabe, M.P. and Cobain, M.J. (1998). "The impact of individual and relationship factors on sexual dysfunction among males and females." *Sexual and Marital Therapy*, 13, pp. 131~143; Ellison, C.R. (2001). "A research inquiry into some American women's sexual concerns and problems." *Women and Therapy*, 24, pp. 147~159; Nicholls, L. (2008). "Putting The New View classification scheme to an empirical test." *Feminism and Psychology*, 18, pp. 515~526.

10 Mark, K.P., Janssen, E., and Milhausen, R.R. "Infidelity in heterosexual couples: Demographic, interpersonal, and personality-related predictors of extradyadic sex." pp. 971~982.

11 Preveti, D. and Amato, P.R. (2004). "Is infidelity a cause or consequence of poor marital quality?" *Journal of Social and Personal Relationships*, 21, pp. 217~230.

12 Spanier, G.B. and Margolis, R.L. (1983). "Marital separation and extramarital sexual behavior." *Journal of Sex Research*, 19, pp. 23~48; Mattingly, B.A., Clark, E.M., Weidler, D.J., Bullock, M., Hackathorn, J., and Blankmeyer, K. (2011). "Sociosexual orientation, commitment, and infidelity: A mediation analysis." *Journal of Social Psychology*, 151(3), pp. 222~226.

13 Choi, K.H., Catania, J.A., and Dolcini, M.M. (1994). "Extramarital sex and HIV risk behavior among US adults: Results from the National AIDS Behavioral Survey." *American Journal of Public Health*, 84, pp. 2003~2007.

14 Bancroft, J., Janssen, E., Carnes, L., Strong, D.A., Goodrich, D., and Long, J.S. (2004). "Sexual activity and risk taking in young heterosexual men: The relevance of personality factors." *Journal of Sex Research*, 41, pp. 181~192; Carpenter, D., Janssen, E., Graham, C.A., Vorst, H., and Wicherts, J. (2008). "Women's scores on the Sexual Inhibition/Sexual Excitation Scales (SIS/SES): Gender similarities and differences." *Journal of Sex Research*, 45, pp. 36~48.

15 Turchik, J.A. and Garske, J.P. (2009). "Measurement of sexual risk taking among college students." *Archives of Sexual Behavior*, 38, pp. 936~948.

16 Bancroft, J., Janssen, E., Strong, D., Vukadinovic, Z., and Long, J.S. (2003). "The relation between mood and sexuality in heterosexual men." *Archives of Sexual Behavior*, 32, pp. 217~230; Lykins, A., Janssen, E., and Graham, C. (2006). "The relationship between negative mood and sexuality in heterosexual college women and men." *Journal of Sex Research*, 43, pp. 136~143; Mark, K.P., Janssen, E., and Milhausen, R.R. "Infidelity in heterosexual couples: Demographic, interpersonal, and personality-related predictors of extradyadic sex." pp. 971~982.

17 Lammers, J., Stoker, J., Jordan, J., Pollmann, M., and Stapel, D. "Power increases infidelity among men and women." pp. 1191~1197.

18 Wilkey, B. (2011). "Power's effect on motivating romantic approach." Paper presented at the Close Relation-

ships preconference at the annual meeting of the Society for Pesrsonality and Social Psychology, San Antonio, TX.

19 Kunstman, J.W. and Maner, J.K. (2011). "Sexual overperception: Power, mating motives, and biases in social judgment." *Journal of Personality and Social P sychology*, 100, pp. 282~294; Lerner, B. (2011). "Power, physical attractiveness, and sexual overperception." Poster presented at the annual meeting of the Society for Personality and Social Psychology, San Antonio, TX; Gonzaga, G., Keltner, D., and Ward, D. (2008). "Power in mixed-sex stranger interactions." *Cognition and Emotion*, 22, pp. 1555~1568.

20 Friedman, H.S., Riggio, R.E., and Casella, D.F. (1988). "Nonverbal skill, personal charisma, and initial attraction." *Personality and Social Psychology Bulletin*, 14, pp. 203~211; Lammers, J., Stoker, J., Jordan, J., Pollmann, M., and Stapel, D. "Power increases infidelity among men and women." pp. 1191~1197.

21 Buller, D.J. (2005). *Adapting Minds: Evolutionary Psychology and the Persistent Quest for Human Nature*. MIT Press, Cambridge, MA; Eagly, A.H. and Wood, W. (1999). "The origins of sex differences in human behavior: Evolved dispositions versus social roles." *American Psychologist*, 54, pp. 408~423; Smuts, B. (1992). "Male aggression against women: An evolutionary perspective." *Human Nature*, 3, pp. 1~44; Wood, W. and Eagly, A.H. (2007). "Social structural origins of sex differences in human mating." In Gangestad, S.W. and Simpson, J.A. (eds) *Evolution of the Mind: Fundamental Questions and Controversies*. Guilford Press, New York, NY, pp. 383~390; Lammers, J., Stoker, J., Jordan, J., Pollmann, M., and Stapel, D. "Power increases infidelity among men and women." pp. 1191~1197.

22 Atkins, D.C., Baucom, D.H., and Jacobson, N.S. (2001). "Understanding infidelity: correlates in a national random sample." *Journal of Family Psychology*, 15(4), p. 735.

23 Liu, C. (2000). "A theory of marital sexual life." *Journal of Marriage and Family*, 62(2), pp. 363~374.

24 Wiggins, J.D. and Lederer, D.A. (1984). "Differential antecedents of infidelity in marriage." *American Mental Health Counselors Association Journal*, 6, pp. 152~161.

25 Treas, J. and Giesen, D. "Sexual infidelity among married and cohabitating Americans." pp. 48~60.

26 Blow, A.J. and Hartnett, K. (2005). "Infidelity in committed relationships II: A substantive review." *Journal of Marital and Family Therapy*, 31(2), pp. 217~233.

27 Glass, S.P. and Staeheli, J.C. (2004). *Not "Just Friends": Rebuilding Trust and Recovering Your Sanity After Infidelity*. Free Press, La Jolla, CA; Neuman, M.G. (2009). *The Truth About Cheating: Why Men Stray and What You Can Do to Prevent It*. Wiley, New York; Pittman, F. (1990). *Private Lies: Infidelity and the Betrayal of Intimacy*. W.W. Norton & Co., New York; Spring, J.A. and Spring, M. (1997). *After the Affair: Healing the Pain and Rebuilding Trust When a Partner Has Been Unfaithful*. Harper, New York.

28 Allen, E.S. and Rhoades, G.K. (2007). "Not all affairs are created equal: Emotional involvement with an extradyadic partner." *Journal of Sex and Marital Therapy*, 34(1), pp. 51~65.

29 같은 글, p. 51.

30 Whitty, M.T. (2003). "Pushing the wrong buttons: Men's and women's attitudes toward online and offline infidelity." *CyberPsychology and Behavior*, 6, pp. 569~579; Whitty, M.T. (2004). "Cyber-flirting: An examination of men's and women's flirting behaviour both offline and on the Internet." *Behaviour Change*, 21(2), pp. 115~126.

31 Whitty, M.T. (2005). "The realness of cybercheating: Men's and women's representations of unfaithful Internet relationships." *Social Science Computer Review*, 23(1), pp. 57~67; Hertlein, K. and Piercy, F. (2006). "Internet infidelity: A critical review of the literature." *Family Journal*, 14(4), pp. 366~371.

32 Wysocki, D.K. and Childers, C.D. (2011). "'Let my fingers do the talking': Sexting and infidelity in cyberspace." *Sexuality and Culture*, 15(3), pp. 217~239.

33 Blow, A.J. and Hartnett, K. "Infidelity in committed relationships II: A substantive review." pp. 217~233.

34 Blumstein, P. and Schwartz, P. (1983). *American Couples: Money, Work, Sex*. William Morrow, New York.

35 Worth, H., Reid, A., and McMillan, K. (2002). "Somewhere over the rainbow: Love, trust and monogamy in gay relationships." *Journal of Sociology*, 38(3), pp. 237~253.

36 Blow, A.J. and Hartnett, K. "Infidelity in committed relationships II: A substantive review." pp. 217~233.

37 Betzig, L. (1989). "Causes of conjugal dissolution: A cross-cultural study." *Current Anthropology*, 30, pp. 654~676.

38 Kelly, E.L. and Conley, J.J. (1987). "Personality and compatibility: A prospective analysis on marital stability and marital satisfaction." *Journal of Personality and Social Psychology*, 52, pp. 27~40.

39 Charny, I.W. and Parnass, S. (1995). "The impact of extramarital relationships on the continuation of marriages." *Journal of Sex and Marital Therapy*, 21, pp. 100~115; Buunk, B. (1987). "Conditions that promote breakups as a consequence of extradyadic involvements." *Journal of Social and Clinical Psychology*, 5, pp. 271~284.

40 Charny, I.W. and Parnass, S. "The impact of extramarital relationships on the continuation of marriages."

41 Schneider, J.P., Corley, M.D., and Irons, R.K. (1998). "Surviving disclosure of infidelity: Results of an interna-

tional survey of 164 recovering sex addicts and partners." *Sexual Addiction and Compulsivity: The Journal of Treatment and Prevention*, 5(3), pp. 189~217.
42 Blow, A.J. and Hartnett, K. "Infidelity in committed relationships II: A substantive review." pp. 217~233.
43 Cano, A. and O'Leary, D. (2000). "Infidelity and separations precipitate major depressive episodes and symptoms of nonspecific depression and anxiety." *Journal of Consulting and Clinical Psychology*, 68, pp. 774~781.

신화 37

1 Herbenick, D., Reece, M., Schick, V., Sanders, S.A., Dodge, B., and Fortenberry, J.D. (2010). "Sexual behavior in the United States: Results from a national probability sample of men and women ages" pp. 14~94. *Journal of Sexual Medicine*, 7(s5), pp. 255~265.
2 Call, V., Sprecher, S., and Schwartz, P. (1995). "The incidence and frequency of sex in a national sample." *Journal of Marriage and the Family*, 57, pp. 639~652.
3 같은 글, pp. 639~652.
4 Liu, C. (2003). "Does quality of marital sex decline with duration?" *Archives of Sexual Behavior*, 32, pp. 55~60; Perel, E. (2006). *Mating in Captivity*. Harper Collins, New York, NY; Schwartz, P. (1994). *Love Between Equals*. Free Press, New York, NY.
5 Liu, C., "Does quality of marital sex decline with duration?" pp. 55~60; Perel, E; Schwartz, P. *Love Between Equals*.
6 Hyde, J. and DeLamater, J. (2011). *Understanding Human Sexuality*. McGraw Hill, New York, NY.
7 Symonds, D. (1979). *The Evolution of Human Sexuality*. Oxford University Press, New York, NY; Buss, D. (1994). *The Evolution of Desire: Strategies of Human Mating*. Basic Books, New York, NY.
8 Blum, D. (1997). *Sex on the Brain*. Penguin, New York, NY.
9 Hallway, W. (1993) "Heterosexual sex: power and desire for the other." In Fox, B. (ed.) *Family Patterns in Gender Relations*. Oxford University Press, Oxford.
10 Mintz, L. (2009). *The Tired Women's Guide to Passionate Sex*. Adams Media, Avon, MA.
11 Gagnon, J.H. and Simon, W. (2005). *Sexual Conduct: The Social Sources of Human Sexuality*. Transaction Publishers.
12 Blumstein, P. and Schwartz, P. *American Couples: Money, Work, Sex*.
13 Lewis, R.W., Fugl-Meyer, K.S., Bosch, R., Fugl-Meyer, A.R., Laumann, E.O., Lizza, E., et al. (2004). "Epidemiology/risk factors of sexual dysfunction." *Journal of Sexual Medicine*, 1(1), pp. 35~39; Bancroft, J., Graham, C., Jannsen, E., and Saunders, S. (2009). "The dual control model: Current status and future directions." *Journal of Sex Research*, 46, pp. 221~241; Hyde, J. and DeLamater, J. *Understanding Human Sexuality*.
14 Basson, R. (2006). "Sexual desire and arousal disorders in women." *New England Journal of Medicine*, 354, pp. 1497~1506; Maurice, W. (2007). "Sexual desire disorders in men." In Leiblum, S. (ed.) *Principles and Practice of Sex Therapy*, 4th edn. Guildford Press, New York, NY, pp. 181~211.
15 Blumstein, P. and Schwartz, P. (1983). *American Couples: Money, Work, Sex*. William Morrow, New York, NY.
16 Rutter, V. and Schwartz, P. (2012). *The Gender of Sexuality*. Rowland and Littlefield, Lanham, MD.
17 McCarthy, B. and McCarthy, E. (2003). *Rekindling Desire*. Brunner-Routledge. p. 160.
18 Rutter, V. and Schwartz, P. *The Gender of Sexuality*.
19 Resnick, S. (2012). *The Heart of Desire*. John Wiley, Hoboken, NJ; McCarthy, B. and McCarthy, E. p. 160.
20 Schnarch, D.M. (1991). *Constructing the Sexual Crucible*. Norton, New York, NY.
21 Schnarch, D.M. *Passionate Marriage: Sex, Love, and Intimacy in Emotionally Committed Relationships*; Schnarch, D.M. (2001). *Resurrecting Sex*. Harper Collins, New York, NY.
22 Basson, R. "Sexual desire and arousal disorders in women." pp. 1497~1506.
23 Leiblum, S. (ed.) (2007). *Principles and Practices of Sex Therapy*, 4th edn. Guildford, New York, NY.
24 Zilbergeld, B. and Ellison, C. (1980). "Desire discrepancies and sexual arousal problems in sex therapy." In Leiblum, S. and Pervin, L.A. (eds) *Principles and Practices of Sex Therapy*. Guilford, New York, NY, pp. 65~104.

신화 38

1 Daly, M., Wilson, M., and Weghorst, S.J. (1982). "Male sexual jealousy." *Ethology and Sociobiology*, 3, pp.

11~27.
2 Barelds, D.P.H. and Barelds-Dijkstra, P. (2007). "Relations between different types of jealousy and self and partner perceptions of relationship quality." *Clinical Psychology and Psychotherapy*, 14, p. 3.
3 Buss, D.M. (2000). *The Dangerous Passion: Why Jealousy is as Necessary as Love and Sex*. Simon & Schuster, New York, NY.
4 Holden, C.J., Shackelford, T., Ziegler-Hill, V., Miner, E.J., Kaighobadi, F., Starratt, V.G., et al. (2014). "Husband's esteem predicts his mate retention tactics." *Evolutionary Psychology*, 12(3), pp. 655~672.
5 Buss, D.M. *The Dangerous Passion: Why Jealousy is as Necessary as Love and Sex*.
6 Buss, D.M., Larsen, R.J., Westen, D., and Semmelroth, J. (1992). "Sex differences in jealousy: Evolution, physiology, and psychology." *Psychological Science*, 3(4), pp. 251~255.
7 de Souza, A.A., Verderane, M.P., Taira, J.T., and Otta, E. (2006). "Emotional and sexual jealousy as a function of sex and sexual orientation in a Brazilian sample." *Psychological Reports*, 98, pp. 529~535.
8 같은 글, pp. 529~535.
9 Kennair, L.E.O., Nordeide, J., Andreassen, S., Strønen, J., and Pallesen, S. (2011). "Sex differences in jealousy: A study from Norway." *Nordic Psychology*, 63, p. 20.
10 Buunk, A.P., Angleitner, A., Oubaid, V., and Buss, D.M. (1996). "Sex differences in jealousy in evolutionary and cultural perspective: Tests from the Netherlands, Germany, and the United States." *Psychological Science*, 7, pp. 359~363.
11 Dijkstra, P., Barelds, D.P., and Groothof, H.A. (January 01, 2013). "Jealousy in response to online and offline infidelity: the role of sex and sexual orientation." *Scandinavian Journal of Psychology*, 54(4), p. 328.
12 Buunk, B. (1982). "Strategies of jealousy: Styles of coping with extramarital involvement of the spouse." *Family Relations*, 31, pp. 13~18; DeSteno, D., Valdesolo, P., and Bartlett, M. (2006). "Jealousy and the threatened self: Getting to the heart of the green-eyed monster." *Journal of Personality and Social Psychology*, 91, pp. 626~641; White, G.L. (1981). "A model of romantic jealousy." *Motivation and Emotion*, 5(4), pp. 295~310; Murray, S., Griffin, D., Rose, P., and Bellavia, G. (2003). "Calibrating the sociometer: The relational contingencies of self-esteem." *Journal of Personality and Social Psychology*, 85, pp. 63~84; Mullen, P.E. and Martin, J. (1994). "Jealousy: a community study." *British Journal of Psychiatry*, 164(1), p. 35.
13 Arnocky, S., Sunderani, S., Miller, J.L., and Vaillancourt, T. (2012). "Jealousy mediates the relationship between attractiveness comparison and females' indirect aggression." *Personal Relationships*, 19, p. 290.
14 Swami, V., Inamdar, S., Stieger, S., Nader, I.W., Pietschnig, J., Tran, U.S., and Voracek, M. (2012). "A dark side of positive illusions? Associations between the love-is-blind bias and the experience of jealousy." *Personality and Individual Differences*, 53(6), p. 798.
15 Berscheid, E. and Fei, J. (1977). "Romantic love and sexual jealousy." In Clanton, G. and Smith, L. (eds) *Jealousy*. Prentice Hall, Englewood Cliff, NJ, pp. 101~09; Buunk, B. "Strategies of jealousy: Styles of coping with extramarital involvement of the spouse." pp. 13~18.
16 White, G.L. "A model of romantic jealousy." pp. 295~310.
17 Simpson, J., Rholes, W., and Nelligan, J. (1992). "Support seeking and support giving within couples in an anxiety-provoking situation: The role of attachment styles." *Journal of Personality and Social Psychology*, 62, pp. 434~446; Skowron, E.A. and Dendy, A.K. (2004). "Differentiation of self and attachment in adulthood: Relational correlates of effortful control." *Contemporary Family Therapy*, 26, pp. 337~357; Karakurt, G. (2012). "The interplay between self esteem, feeling of inadequacy, dependency, and romantic jealousy as a function of attachment processes among Turkish college students." *Contemporary Family Therapy*, 34(3), pp. 334~345.
18 Buss, D.M. and Duntley, J.D. (2011). "The evolution of intimate partner violence." *Aggression and Violent Behavior*, 16, pp. 411~419.
19 Holden, C.J., Shackelford, T., Ziegler-Hill, V., Miner, E.J., Kaighobadi, F., Starratt, V.G., et al. "Husband's esteem predicts his mate retention tactics." pp. 655~72.
20 Elphinston, R.A., Feeney, J.A., Noller, P., Connor, J.P., and Fitzgerald, J. (2013). "Romantic jealousy and relationship satisfaction: The costs of rumination." *Western Journal of Communication*, 77(3), pp. 293~304.

신화 39

1 Peugh, J. and Belenko, S. (2001). "Alcohol, drugs and sexual function: a review." *Journal of Psychoactive Drugs*, 33(3), pp. 223~232.
2 Peugh, J. and Belenko, S., "Alcohol, drugs and sexual function: a review." pp. 223~232; Rubin, H.B. and Henson, D.E. (1976). "Effects of alcohol on male sexual responding." *Psychopharmacology*, 47(2), pp. 123~134.

3 Peugh, J. and Belenko, S., "Alcohol, drugs and sexual function: a review." pp. 223~232.
4 George, W.H. and Stoner, S.A. (2000). "Understanding acute alcohol effects on sexual behavior." *Annual Review of Sex Research*, 11(1), pp. 92~124.
5 Peugh, J. and Belenko, S., "Alcohol, drugs and sexual function: a review." pp. 223~232.
6 같은 책, p. 9.
7 George, W.H. and Stoner, S.A. "Understanding acute alcohol effects on sexual behavior." pp. 92~124.
8 Steele, C.M. and Josephs, R.A. (1990). "Alcohol myopia: Its prized and dangerous effects." *American Psychologist*, 45(8), p. 921.
9 같은 글, p. 923.
10 Griffin, J.A., Umstattd, M.R., and Usdan, S.L. (2010). "Alcohol use and high-risk sexual behavior among collegiate women: A review of research on alcohol myopia theory." *Journal of American College Health*, 58(6), pp. 523~532.
11 Steele, C.M. and Josephs, R.A., "Alcohol myopia: Its prized and dangerous effects." p. 932.
12 Monahan, J.L. and Lannutti, P.J. (2000). "Alcohol as social lubricant." *Human Communication Research*, 26(2), pp. 175~202.
13 Testa, M., Livingston, J.A., and Collins, R.L. (2000). "The role of women's alcohol consumption in evaluation of vulnerability to sexual aggression." *Experimental and Clinical Psychopharmacology*, 8(2), p. 185.
14 George, W.H., Stoner, S.A., Norris, J., Lopez, P.A., and Lehman, G.L. (2000). "Alcohol expectancies and sexuality: A self-fulfilling prophecy analysis of dyadic perceptions and behavior." *Journal of Studies on Alcohol and Drugs*, 61(1), 168.
15 George, W.H. and Stoner, S.A. (2000). "Understanding acute alcohol effects on sexual behavior." *Annual Review of Sex Research*, 11(1), pp. 92~24.
16 같은 글, pp. 92~24.
17 같은 글, pp. 92~24.
18 Eaton, D.K., Kann, L., Kinchen, S., Shanklin, S., Flint, K.H., Hawkins, J., et al. (2012). "Youth risk behavior surveillance: United States, 2011." *Morbidity and Mortality Weekly Report Surveillance Summaries*, 61(4), pp. 1~162.
19 Griffin, J.A., Umstattd, M.R., and Usdan, S.L. "Alcohol use and high-risk sexual behavior among collegiate women: A review of research on alcohol myopia theory." p. 528.
20 Kiene, S.M., Barta, W.D., Tennen, H., and Armeli, S. (2009). "Alcohol, helping young adults to have unprotected sex with casual partners: Findings from a daily diary study of alcohol use and sexual behavior." *Journal of Adolescent Health*, 44(1), pp. 73~80.
21 Walsh, J.L., Fielder, R.L., Carey, K.B., and Carey, M.P. (2013). "Changes in women's condom use over the first year of college." *Journal of Sex Research*, 50(2), p. 10.
22 같은 글, pp. 128~138.

신화 40

1 Hingson, R.W., Zha, W., and Weitzman, E.R. (2009). "Magnitude of and trends in alcoholrelated mortality and morbidity among US college students ages 18-4, 1998-2005." *Journal of Studies on Alcohol and Drugs*, Suppl. 16, p. 12.
2 National Institutes of Health, National Institute of Alcohol Abuse and Alcoholism (NIAA) (2013). "College drinking." http://pubs.niaaa.nih.gov/publications/CollegeFactSheet/CollegeFactSheet.pdf (accessed August 6, 2014).
3 George, W.H., Stoner, S.A., Norris, J., Lopez, P.A., and Lehman, G.L. (2000). "Alcohol expectancies and sexuality: A self-fulfilling prophecy analysis of dyadic perceptions and behavior." *Journal of Studies on Alcohol and Drugs*, 61(1), 168.
4 같은 글, p. 168.
5 같은 글, p. 168.
6 Kempner, M. (2013a). "Could new Steubenville indictments send a message to communities about dealing with rape?" *RH Reality Check* (November 25). http://rhrealitycheck.org/article/2013/11/25/could-new-steubenville-indictments-send-a-message-to-communities-about-dealing-with-rape/ (accessed August 6, 2014).
7 Kempner, M. (2013b). "We have a rape problem. First step: We have to admit it." *RH Reality Check* (October 17). http://rhrealitycheck.org/article/2013/10/17/we-have-a-rapeproblem-first-step-we-have-to-admit-it/ (accessed August 6, 2014).
8 같은 글.

9 Yoffe, E. (2013). "College women: Stop getting drunk." *Slate* (October 15). http://www.slate.com/articles/double_x/doublex/2013/10/sexual_assault_and_drinking_teach_women_the_connection.html (accessed August 7, 2014).

신화 41

1 American College of Obstetricians and Gynecologists (ACOG) (2011). "Frequently asked questions: When sex is painful." http://www.acog.org/~/media/For%20Patients/faq020.pdf?dmc=1&ts=20140123T1520169504 (accessed August 6, 2014).
2 Blonna, R. and Levitan, J. (2005). *Healthy Sexuality*. Brooks/Cole Publishing, MI. p. 216.
3 Herbenick, D.L. and Schick, V. (2011). *Read My Lips: A Complete Guide to the Vagina and Vulva*. Rowman & Littlefield, MD. p. 95.
4 American College of Obstetricians and Gynecologists (ACOG). "Frequently asked questions: When sex is painful."
5 Stewart, E.G. and Spencer, P. (2002). *The V Book*. Bantam Books, New York, NY. Accessed as a kindle e-book. 10장.
6 같은 책, 10장.
7 같은 책, 11장.
8 같은 책, 11장.
9 같은 책, 17장.
10 Sutton, J.T., Bachmann, G.A., Arnold, L.D., Rhoads, G.G., and Rosen, R.C. (2008). "Assessment of vulvodynia symptoms in a sample of US women: a follow-up national incidence survey." *Journal of Women' Health*, 17(8), pp. 1285~1292.
11 Arnold, L.D., Bachmann, G.A., Rosen, R., and Rhoads, G.G. (2007). "Assessment of vulvodynia symptoms in a sample of US women: a prevalence survey with a nested case control study." *American Journal of Obstetrics and Gynecology*, 196(2), p. 128-e1; Goetsch, M.F. (1991). "Vulvar vestibulitis: prevalence and historic features in a general gynecologic practice population." *American Journal of Obstetrics and Gynecology*, 164(6), pp. 1609~1616.
12 Stewart, E.G. and Spencer, P., *The V Book*. 17장.
13 같은 책, 17장.
14 Payne, K.A., Binik, Y.M., Amsel, R., and Khalife, S. (2005). "When sex hurts, anxiety and fear orient attention towards pain." *European Journal of Pain*, 9(4), p. 434.
15 Elmerstig, E., Wijma, B., and Bertero, C. (2008). "Why do young women continue to have sexual intercourse despite pain?" *Journal of Adolescent Health*, 43(4), pp. 357~363.
16 Stewart, E.G. and Spencer, P., *The V Book*. 17장.

신화 42

1 Tiefer, L. (2006). "The Viagra phenomenon." *Sexualities*, 9(3), pp. 273~294.
2 Lue, T.F., Giuliano, F., Montorsi, F., Rosen, R.C., Andersson, K.E., Althof, S., et al. (2004). "Original Research: Summary of the recommendations on sexual dysfunctions in men." *Journal of Sexual Medicine*, 1(1), pp. 6~23.
3 Hatzimouratidis, K., Amar, E., Eardley, I., Giuliano, F., Hatzichristou, D., Montorsi, F., et al. (2010). "Guidelines on male sexual dysfunction: Erectile dysfunction and premature ejaculation." *European Urology*, 57(5), pp. 804~814.
4 Heruti, R., Shochat, T., Tekes-Manova, D., Ashkenazi, I., and Justo, D. (2004). "Prevalence of erectile dysfunction among young adults: Results of a large-scale survey." *Journal of Sexual Medicine*, 1(3), pp. 284~291.
5 Zilbergeld, B. (1999). *The New Male Sexuality*. Random House.
6 같은 책, p. 303.
7 같은 책, p. 311.
8 Krans, B. (2014). "FDA Investigates the safety of testosterone drugs for 'low T'." *Healthline News* (February 4). http://www.healthline.com/health-news/men-hearts-could-be-atrisk-with-testosterone-therapy-020414 (accessed August 6, 2014).
9 Hatzimouratidis, K., Amar, E., Eardley, I., Giuliano, F., Hatzichristou, D., Montorsi, F., et al. "Guidelines on male sexual dysfunction: Erectile dysfunction and premature ejaculation." pp. 804~814.

10 *New York Times Health Guide* (2013). "Erection problems." (September 17). Accessed April 15, 2014, http://www.nytimes.com/health/guides/symptoms/erection-problems/oralmedications-(pde5-inhibitors).html (accessed August 6, 2014).
11 McMurray, J.G., Feldman, R.A., Auerbach, S.M., DeRiesthal, H., Wilson, N; Multicenter Study Group (2007). "Long-term safety and effectiveness of sildenafil citrate in men with erectile dysfunction." *Therapeutics and Clinical Risk Management*, 3(6), p. 975.
12 Li, W., Qureshi, A.A., Robinson, K.C., & Han, J. (2014). "Sildenafil use and increased risk of incident melanoma in US men: A prospective cohort study." *JAMA Internal Medicine*, 174(6), pp. 964~970.
13 American Urologists Association (2003). *Guidelines for the Treatment of Priapism*. https://www.auanet.org/education/guidelines/priapism.cfm (accessed August 6, 2014).
14 *New York Times Health Guide*. "Erection problems."
15 Diaz, J. (2001). "Viagra's growing recreational use prompts health warnings." *Miami Herald* (March 4).
16 Harte, C.B. and Meston, C.M. (2011). "Recreational use of erectile dysfunction medications in undergraduate men in the United States: Characteristics and associated risk factors." *Archives of Sexual Behavior*, 40(3), pp. 597~606.
17 같은 글, pp. 597~606.
18 McLeod, A.L., McKenna, C.J., and Northridge, D.B. (2002). "Myocardial infarction following the combined recreational use of Viagra® and cannabis." *Clinical Cardiology*, 25(3), pp. 133~134.
19 Harte, C.B. and Meston, C.M., "Recreational use of erectile dysfunction medications in undergraduate men in the United States: Characteristics and associated risk factors." pp. 597~606.
20 Haiken, M. (2013). "Up to 77 percent of Viagra bought online may be fake, and possibly dangerous, research shows."Recreational use of erectile dysfunction medications in undergraduate men in the United States: Characteristics and associated risk factors." *Forbes* (September 12). http://www.forbes.com/sites/melaniehaiken/2013/09/12/buying-viagra-online-its-very-likely-fake-and-possiblydangerous-new-data-say/ (accessed August 6, 2014).
21 같은 글.
22 Harte, C.B. and Meston, C.M., "Recreational use of erectile dysfunction medications in undergraduate men in the United States: Characteristics and associated risk factors." pp. 597~606.

신화 43

1 Ley, D.J. (2012). *The Myth of Sex Addiction*. Rowman & Littlefield, New York, NY. p. 10.
2 같은 책.
3 Carnes, P. (1983). *Out of the Shadows: Understanding Sexual Addiction*. CompCare Publishers, Minneapolis, MN.
4 Ley, D.J., *The Myth of Sex Addiction*. p. 12.
5 Carnes. P. (2003). "Understanding sexual addiction." *SIECUS Report*, 31(4), pp. 5~6.
6 Ley, D.J., *The Myth of Sex Addiction*. p. 17.
7 Sexaholics Anonymous (2001). "What is SA?" www.sa.org (accessed August 6, 2014).
8 Klein, M. (2003). "Sex addiction: A dangerous concept." *SIECUS Report*, 31(4), pp. 8~11.
9 같은 책, pp. 8~11.
10 Ley, D.J., *The Myth of Sex Addiction*. p. 29.
11 같은 책, p. 32.
12 Coleman, E. (2011). "Impulsive/compulsive sexual behavior: Assessment and Treatment." In Grant, J.E. and Potenza, M.N. (eds) *Oxford Handbook of Impulse Control Disorders*. Oxford University Press, New York, p. 379.
13 Klein, M., "Sex addiction: A dangerous concept." p. 10.
14 같은 책, p. 10.
15 Carnes. P. "Understanding sexual addiction." pp. 5~7.
16 Ley, D.J., *The Myth of Sex Addiction*. p. 41.
17 Kafka, M.P. (2010). "Hypersexual disorder: A proposed diagnosis for DSM-V." *Archives of Sexual Behavior*, 39(2), p. 379.
18 같은 글, p. 380.
19 Moser, C. (2011). "Hypersexual disorder: Just more muddled thinking." *Archives of Sexual Behavior*, 40(2), p. 227.
20 같은 글, p. 228.

21 Kafka, M.P., "Hypersexual disorder: A proposed diagnosis for DSM-V." p. 24.
22 Moser, C., "Hypersexual disorder: Just more muddled thinking." p. 228.
23 Coleman, E. "Impulsive/compulsive sexual behavior: Assessment and Treatment." In Grant, J.E. and Potenza, M.N. (eds) p. 379.
24 같은 글, table 2.
25 같은 글, p. 386.

신화 44

1 Eligon, J. and Schwirtz, M. (2012). "Senate candidate provokes ire with 'legitimate rape' comment." *New York Times* (August 19). http://www.nytimes.com/2012/08/20/us/politics/todd-akin-provokes-ire-with-legitimate-rape-comment.html?_r=0 (accessed August 6, 2014).
2 Buddie, A.M. and Miller, A.G. (2001). "Beyond rape myths: A more complex view of perceptions of rape victims." *Sex Roles*, 45(3~4), pp. 139~160.
3 Edwards, K.M., Turchik, J.A., Dardis, C.M., Reynolds, N., and Gidycz, C.A. (2011). "Rape myths: History, individual and institutional-level presence, and implications for change." *Sex Roles*, 65(11~12), pp. 761~773.
4 McMahon, S. (2010). "Rape myth beliefs and bystander attitudes among incoming college students." *Journal of American College Health*, 59(1), pp. 3~11.
5 Stevenson, K. (2000). "Unequivocal victims: The historical roots of the mystification of the female complainant in rape cases." *Feminist Legal Studies*, 8(3), pp. 343~366.
6 Stevenson, K., "Unequivocal victims: The historical roots of the mystification of the female complainant in rape cases."p. 345.
7 Haddad, R.I. (2005). "Shield or sieve? People v. Bryant and the rape shield law in high-profile cases." *Columbia Journal of Law and Social Problems*, 39(2), pp. 185~221.
8 Arnett, D. (2013). "Nightmare in Maryville: Teens' sexual encounter ignites a firestorm against family." *The Kansas City Star* (October 24). http://www.kansascity.com/news/special-reports/maryville/article329412/Nightmare-in-Maryville-Teens%E2%80%99-sexual-encounter-ignites-a-firestorm-against-family.htm (accessed August 13, 2014).
9 Haddad, R.I. "Shield or sieve? People v. Bryant and the rape shield law in high-profile cases." pp. 185~221.
10 Edwards, K.M., Turchik, J.A., Dardis, C.M., Reynolds, N., and Gidycz, C.A., "Rape myths: History, individual and institutional-level presence, and implications for change." pp. 761~773.
11 같은 글, p. 768.
12 Ferro, C., Cermele, J., and Saltzman, A. (2008). "Current perceptions of marital rape: Some good and not-so-good news." *Journal of Interpersonal Violence*, 23(6), p. 774.
13 Edwards, K.M., Turchik, J.A., Dardis, C.M., Reynolds, N., and Gidycz, C.A., "Rape myths: History, individual and institutional-level presence, and implications for change." p. 764.
14 Hasday, J.E. (2000). "Contest and consent: A legal history of marital rape." *California Law Review*, 88(5), pp. 1373~1505.
15 Monson, C.M., Langhinrichsen-Rohling, J., and Binderup, T. (2000). "Does 'no' really mean 'no' after you say 'yes'? Attributions about date and marital rape." *Journal of Interpersonal Violence*, 15(11), pp. 1156~1174.
16 White House Council on Women and Girls (2014). *Rape and Sexual Assault: A Renewed Call to Action*. p. 5.

신화 45

1 Singel, R. (2004). "Internet porn: Worse than crack?" *Wired* (November 19). http://archive.wired.com/science/discoveries/news/2004/11/65772 (accessed Au gust 13, 2014).
2 Blumenthal, M. (2004). "Her Kinsey obsession." *Alternet* (December 14). http://www.alternet.org/story/20744/her_kinsey_obsession (accessed August 6, 2014). p. 34.
3 Brownback, S. (2008). "Press Release: Brownback testifies before house committee on importance of funding for abstinence education." (April 23). http://votesmart.org/public-statement/335937/brownback-testifies-before-house-committee-on-importance-offunding-for-abstinence-education#.Uw9w9PldWmQ (accessed August 6, 2104).
4 포르노에 반대하는 이론과 사람들에 대해서는 MacKinnon, C.A. (1989). "Sexuality, pornography, and method: Pleasure under Patriarchy." *Ethics*, 99(2), pp. 314~346. 또는 Wolf, N. (2003). The porn myth. *New York Magazine*, 20. 참조.

5 Rife, K. (2014). "Porn MD's Live Search lets you see inside the minds of horny strangers." *The A V Club* (February 25). http://www.avclub.com/article/pornmds-live-search-lets-yousee-inside-the-minds--201494 (accessed August 6, 2104).
6 Van Scoy, K. (2000). "Sex sells, so learn a thing or two from it." *PC Computing*, 13(1), p. 64.
7 Ley, D.J. *The Myth of Sex Addiction*. p. 34.
8 as cited in Landsburg, S.E. (2006). "How the web prevents rape: All that internet porn reduces sex crimes. Really." *Salon* (October 30). http://www.slate.com/articles/arts/everyday_economics/2006/10/how_the_web_prevents_rape.html (accessed August 6, 2014).
9 Kutchinsky, B. (1991). "Pornography and rape: Theory and practice?: Evidence from crime data in four countries where pornography is easily available." *International Journal of Law and Psychiatry*, 14(1), pp. 47~64.
10 Duke, R.B. (2010). "More women lured to pornography addiction: Survey finds 1 in 6 caught up in steamy Web." *Washington Times* (July 11). http://www.washingtontimes.com/news/2010/jul/11/more-women-lured-to-pornography-addiction/ (accessed August 6, 2014).
11 Ley, D. (2010). "Watch out women, Porno will steal your soul!" *Psychology Today Online* (July 18). http://www.psychologytoday.com/blog/women-who-stray/201007/watchout-women-porno-will-steal-your-soul (accessed August 6, 2014).
12 McConnell, G. and Campbell, K. (1996). "The stages of pornography addiction." *Focus on the Family*. http://www.focusonthefamily.com/marriage/divorce_and_infidelity/pornography_and_virtual_infidelity/stages_of_porn_addiction.aspx (accessed August 6, 2014).
13 Reid R.C., Carpenter B.N., and Fong T.W. (2011). "Neuroscience research fails to support claims that excessive pornography consumption causes brain damage." *Surgical Neurology International*, 2, p. 64.
14 American Sexual Health Association (2014). "Is pornography addictive?" (January 20). http://www.ashasexualhealth.org/cgblog/100/Is-Pornography-Addictive.html (accessed August 6, 2014).
15 Klein, M. (2010). "Porn addict or selfish bastard? Life is more complicated than that." *Psychology Today Online* (May 6). http://www.psychologytoday.com/blog/sexualintelligence/201105/porn-addict-or-selfish-bastard-life-is-more-complicated (accessed August 6, 2014).
16 American Sexual Health Association. "Is pornography addictive?"

신화 46

1 Carrera, M. (1971). "Preparation of a sex educator: A historical overview." *The Family Coordinator*, 20(2). p. 99.
2 Yarber, W. (1994) "Past, present and future perspectives on sexuality education." In Drolet, J.C. and Clark, K. (eds) The Sexuality Education Challenge, *Promoting Healthy Sexuality in Young People*. ETR Associates, Santa Cruz, CA, pp. 3~28.
3 Kirby, D. (1997). *No Easy Answers: Research and Findings on Programs to Reduce Teen Pregnancy*. National Campaign to Prevent Teen Pregnancy; Kirby, D. (2001). *Emerging Answers: Research Findings on Programs to Reduce Teen Pregnancy*. National Campaign To Prevent Teen Pregnancy.
4 *Time Magazine*. (1969). "Sex in the classroom." *Time Magazine* (July 25).
5 McGuiness, W. (2013). "Tim McDaniel, Idaho teacher, explained 'vagina' in sex ed class, so he's being investigated." *Huffington Post* (March 31). http://www.huffingtonpost.com/2013/03/28/tim-mcdaniel-vagina-sex-education_n_2971710.html (accessed August 7, 2014).
6 Kempner, M. (2003). "A controversial decade: 10 years of tracking debates around sexuality education." *SIECUS Report*, 31(6), pp. 33-38.
7 Chandra, A., Mosher, W.D., Copen, C., and Sionean, C. (2011). "Sexual behavior, sexual attraction, and sexual identity in the United States: Data from the 2006-2008 National Survey of Family Growth." *National Health Statistics Reports*, 36. http://www.cdc.gov/nchs/data/nhsr/nhsr036.pdf (accessed August 7, 2104).
8 Kempner, M. "A controversial decade: 10 years of tracking debates around sexuality education." pp. 33~48.
9 Haskins, R. and Bevan, C.S. (1997). "Abstinence education under welfare reform." *Children and Youth Services Review*, 19(5~6), pp. 465~484.
10 D'Emilio, J. and Freedman, E.B. (1988). *Intimate Matters: A History of Sexuality in America*. Harper and Row.
11 Trenholm, C., Devaney, B., Fortson, K., Quay, L., Wheeler, J., and Clark, M. (2007). *Impacts of Four Title V, Section 510 Abstinence Education Programs*. Mathematica Policy Research, Inc.
12 Underhill, K., Montgomery, P., and Operario, D. (2007). "Sexual abstinence only programmes to prevent HIV infection in high income countries: Systematic review." *British Medical Journal*, 335(7613), p. 248.
13 Mast, C.K. (1997). *Sex Respect: The Option of True Sexual Freedom*, Revised edition. Respect, Inc. p. 11.
14 Kempner, M. (2007). "The rise of the abstinence-only-until-marriage movement." In Herdt, G. and Howe, C.

(eds) *21st Century Sexualities: Contemporary Issue in Health, Education, and Rights*. Routledge, New York, pp. 124~129에서 인용한 것처럼.
15 Kempner, M. (2001). *Toward a Sexually Healthy America: Abstinence-only-until-marriage Programs that Try to Keep Our Youth "Scared Chaste."* Sexuality Information and Education Council of the United States (SIECUS).
16 Kempner, M. "A controversial decade: 10 years of tracking debates around sexuality education." pp. 33~48.
17 Bearman, P.S. and Brückner, H. (2001). Promising the future: Virginity pledges and first intercourse. *American Journal of Sociology*, 106(4), pp. 859~912; Brükner, H. and Bearman, P. (2005). "After the promise: the STD consequences of adolescent virginity pledges." *Journal of Adolescent Health*, 36(4), pp. 271~278.
18 US Decennial Census (2010). "American Community Survey." http://www.census.gov/hhes/socdemo/marriage/data/acs/ElliottetalPAA2012figs.pdf (accessed August 7, 2014).
19 Guttmacher, S., Lieberman, L., Ward, D., Freudenberg, N., Radosh, A., and Des Jarlais, D. (1997). "Condom availability in New York City public high schools: Relationships to condom use and sexual behavior." *American Journal of Public Health*, 87(9), pp. 1427~1433.
20 Blake, S.M., Ledsky, R., Goodenow, C., Sawyer, R., Lohrmann, D., and Windsor, R. (2003). Condom availability programs in Massachusetts high schools: Relationships with condom use and sexual behavior. *American Journal of Public Health*, 93(6), pp. 955~962.
21 Baldo, M., Aggleton, P., and Slutkin, G. (1993). "Poster presentation to the Ninth International Conference on AIDS, Berlin, June 6~10." World Health Organization, Geneva, Switzerland.

신화 47

1 Thomas, K. (1959). "The double standard." *Journal of the History of Ideas*, 20(2), p. 195에서 재인용.
2 Thomas, K. (1959). "The double standard." *Journal of the History of Ideas*, 20(2), p. 209.
3 같은 글, pp. 195~216.
4 Lecky, W.E.H. (1913). *A history of Irland in the eighteenth century*, Longmans, Green & Co., London.
5 Thomas, K. (1959). The double standard. *Journal of the History of Ideas*, 20(2), p. 197.
6 White, E. (2002). *Fast Girls: Teenage Tribes and the Myth of the Slut*. Simon and Schuster.
7 같은 책, p. 13.
8 같은 책, p. 13.
9 같은 책, p. 73.
10 Thomas, K., "The double standard." p. 198.
11 Mast, C.K. (2001). *Sex Respect: The Option of True Sexual Freedom*, 4th edn. Respect, Inc. p. 11.
12 같은 책, p. 12.
13 Tolman, D.L. (2009). *Dilemmas of Desire: Teenage Girls Talk About Sexuality*, 2nd edn. Harvard University Press.
14 같은 책.
15 Bearman, P.S. and Brückner, H. "Promising the future: Virginity pledges and first intercourse." *American Journal of Sociology*, 106(4), pp. 859~912.
16 Kreager, D.A. and Staff, J. (2009). "The sexual double standard and adolescent peer acceptance." *Social Psychology Quarterly*, 72(2), p. 155.
17 Tolman, D.L. *Dilemmas of Desire: Teenage Girls Talk About Sexuality*.
18 White, E. *Fast Girls: Teenage Tribes and the Myth of the Slut*.
19 같은 책, p. 116.
20 Fard, M.F. (2012). "Sandra Fluke, Georgetown student called a 'slut' by Rush Limbaugh, speaks out." *Washington Post* (March 2).
21 Reid, J.A., Elliott, S., and Webber, G.R. (2011). "Casual hookups to formal dates refining the boundaries of the sexual double standard." *Gender and Society*, 25(5), pp. 545~568.
22 같은 책, p. 558.
23 같은 책, pp. 545~568.

신화 48

1 *Fox News* (2011). "Timeline of Weiner sexting scandal." *FoxNews.com* (June 16). http://www.foxnews.com/politics/2011/06/16/timeline-weiner-sexting-scandal/ (accessed August 7, 2014).

2 Kempner, M. (2013). "Political men behaving badly: Weiner and Filner won't quit even as more info emerges." *RH Reality Check* (August 1). http://rhrealitycheck.org/article/2013/08/01/political-men-behaving-badly-weiner-and-filner-wont-quit-even-asmore-info-emerges/ (accessed August 7, 2014).
3 *New York Times* (2013). "The Mayoral Primaries." *New York Times* (September 16). http://www.nytimes.com/projects/elections/2013/nyc-primary/mayor/map.html (accessed August 7, 2014).
4 Lenhart, A. (2009). *Teens and Sexting: How and why minor teens are sending sexually suggestive nude or nearly nude images via text messaging*. Pew Internet and American Life Project.
5 Mitchell, K.J., Finkelhor, D., Jones, L.M., and Wolak, J. (2012). "Prevalence and characteristics of youth sexting: a national study." *Pediatrics*, 129(1), pp. 13~20.
6 Temple, J.R., Paul, J.A., van den Berg, P., Le, V.D., McElhany, A., and Temple, B.W. (2012). "Teen sexting and its association with sexual behaviors teen sexting and sexual behaviors." *Archives of Pediatrics and Adolescent Medicine*, 166(9), pp. 828~833.
7 Gordon-Messer, D., Bauermeister, J.A., Grodzinski, A., and Zimmerman, M. (2012). "Sexting among young adults." *Journal of Adolescent Health*, 52(3), pp. 301~306.
8 Rice, E., Rhoades, H., Winetrobe, H., Sanchez, M., Montoya, J., Plant, A., et al. (2012). "Sexually explicit cell phone messaging associated with sexual risk among adolescents." *Pediatrics*, 130(4), pp. 667~673.
9 같은 책, p. 671.
10 Houck, C.D., Barker, D., Rizzo, C., Hancock, E., Norton, A., and Brown, L.K. (2014). "Sexting and sexual behavior in at-risk adolescents." *Pediatrics*, 133(2), pp. e276~282.
11 Guttmacher Institute (2013). *Facts on American Teens' Sexual and Reproductive Health*. http://www.guttmacher.org/pubs/FB-ATSRH.html (accessed August 7, 2014).
12 Houck, C.D., Barker, D., Rizzo, C., Hancock, E., Norton, A., and Brown, L.K., "Sexting and sexual behavior in at-risk adolescents." pp. e276~282.
13 Rice, E., Rhoades, H., Winetrobe, H., Sanchez, M., Montoya, J., Plant, A., et al. "Sexually explicit cell phone messaging associated with sexual risk among adolescents." p. 671.
14 Gordon-Messer, D., Bauermeister, J.A., Grodzinski, A., and Zimmerman, M. "Sexting among young adults." pp. 301~306.
15 Temple, J.R., Le, V.D., van den Berg, P., Ling, Y., Paul, J.A., and Temple, B.W. (2014). "Brief report: Teen sexting and psychosocial health." *Journal of Adolescence*, 37(1), pp. 33~36.
16 Englander, E. (2012). "Low risk associated with most teenage sexting: A study of 617 18-year-olds." Aggression Reduction Center, Bridgewater State University, Bridgewater, MA. http://webhost.bridgew.edu/marc/SEXTING%20AND%20COERCION%20report.pdf (accessed August 7, 2014).
17 같은 글.
18 같은 글.
19 Mitchell, K.J., Finkelhor, D., Jones, L.M., and Wolak, J. "Prevalence and characteristics of youth sexting: a national study." pp. 13~20.
20 Humbach, J.A. (2010). "'Sexting' and the First Amendment." *Hastings Constitutional Law Quarterly*, 37, p. 437.
21 같은 책, p. 433.
22 Wolak, J., Finkelhor, D., and Mitchell, K.J. (2012). "How often are teens arrested for sexting? Data from a national sample of police cases." *Pediatrics*, 129(1), pp. 4~12.
23 Lenhart, A. *Teens and Sexting: How and why minor teens are sending sexually suggestive nude or nearly nude images via text messaging*.
24 Associated Press (2013). "State adopts anti-sexting law for juveniles." *West Virginia Gazette* (May 16). http://www.wvgazette.com/News/201305060115 (accessed August 7, 2014).

신화 49

1 Kempner, M. (2013). "Should a 13-year-old and her 12-year-old partner really be considered sex offenders?" *RH Reality Check* (October 1). http://rhrealitycheck.org/article/2013/10/01/should-a-13-year-old-and-her-12-year-old-partner-really-be-considered-sexoffenders/ (accessed August 8, 2014).
2 Robertson, no date
3 Cocca, C. (2004). *Jailbait: The Politics of Statutory Rape Laws in the United States*. State University of New York Press.
4 Robertson, S. (no date). "Age of consent laws." In *Children and Youth in History*, Item #230. http://chnm.gmu.edu/cyh/teaching-modules/230 (accessed August 8, 2014).

5 Ehrlich, J.S. (2006). "From age of consent laws to the "Silver Ring Thing": The regulation of adolescent female sexuality." *Health Matrix*, 16, p. 156.
6 같은 글, pp. 157~158.
7 Robertson, S. "Age of consent laws."
8 같은 글.
9 같은 글.
10 Cocca, C. *Jailbait: The Politics of Statutory Rape Laws in the United States*. p. 90.
11 Sutherland, K. (2003). "From jailbird to jailbait: age of consent laws and the construction of teenage sexualities." *William and Mary Journal of Women and the Law*, 9, pp. 313~349.
12 Robertson, S. "Age of consent laws."
13 Glosser, A., Gardiner, K.N., and Fishman, M. (2004). *Statutory Rape: A Guide to State Laws and Reporting Requirements*. Department of Health and Human Services.
14 같은 글.
15 Pesta, A. (2012). "Laws gone wild: As teen sweethearts go to prison for sex, mothers rebel." *Daily Beast* (January 25). http://www.thedailybeast.com/articles/2012/01/25/shouldteens-be-jailed-for-sex-offenses-a-growing-parental-rebellion-says-no.html (accessed August 8, 2014).
16 같은 글.
17 Sutherland, K. "From jailbird to jailbait: age of consent laws and the construction of teenage sexualities." pp. 313~349.
18 같은 글, p. 316.
19 같은 글, p. 317.
20 같은 글, p. 318.
21 Eaton, D.K., Kann, L., Kinchen, S., Shanklin, S., Flint, K.H., Hawkins, J., et al. (2012). Youth risk behavior surveillance: United States, 2011. *Morbidity and Mortality Weekly Report Surveillance Summaries*, 61(4), pp. 1~162.
22 Sutherland, K. p. 333.
23 Oberman, M. (1996). Statutory rape laws: Does it make sense to enforce them in an increasingly permissive society. *ABA Journal*, 82, pp. 86~87.
24 Sutherland, K. "From jailbird to jailbait: age of consent laws and the construction of teenage sexualities." pp. 313~349.
25 같은 글, p. 323.
26 Ehrlich, J.S. (2006). "From age of consent laws to the 'Silver Ring Thing': The regulation of adolescent female sexuality." pp. 151~181.
27 Cocca, C., *Jailbait: The Politics of Statutory Rape Laws in the United States*. p. 28
28 Sutherland, K. "From jailbird to jailbait: age of consent laws and the construction of teenage sexualities." p. 321.
29 Higdon, M.J. (2008). "Queer teens and legislative bullies: The cruel and invidious discrimination behind heterosexist statutory rape laws." *UC Davis Law Review*, 42, p. 195; Sutherland, K. pp. 313~349.
30 Higdon, M.J., "Queer teens and legislative bullies: The cruel and invidious discrimination behind heterosexist statutory rape laws." p. 195.

신화 50

1 Republican Party Platform (1996). *American Presidency Project*. August 12, 1996. http://www.presidency.ucsb.edu/ws/index.php?pid=25848 (accessed August 8, 2014).
2 Moss, J.J. (1996). "Bill Clinton interview." *The Advocate* (June 25). https://web.archive.org/web/20050208184130/http://www.advocate.com/html/stories/824/824_clinton_710.asp (accessed August 8, 2014).
3 Hoffecker, L. (2005). "Bush won't lobby for amendment." *Orlando Sentinel* (January 17). http://articles.orlandosentinel.com/2005-01-17/news/0501170143_1_same-sexmarriage-marriage-act-defense-of-marriage (accessed August 8, 2014).
4 Coyle, M. (2010). "The first case, 40 years on." *National Law Journal* (August 23). http://www.nationallawjournal.com/id=1202470861873?slreturn=20140212091930 (accessed August 8, 2014).
5 Wolf, R. and Heath, B. (2013). "Supreme Court strikes down Defense of Marriage Act." *USA Today* (June 26). http://www.usatoday.com/story/news/politics/2013/06/26/supremecourt-gay-lesbian-marriage-doma/2394621/ (accessed August 8, 2014).
6 같은 글.

7 National Conference of State Legislatures (2014). "Defining marriage: State defense of marriage laws and same sex marriage." http://www.ncsl.org/research/human-services/samesex-marriage-overview.aspx (accessed August 8, 2014).

8 *Lawrence v. Texas*, 539 U.S. 558. United States Supreme Court. http://www.lambdalegal.org/sites/default/files/legal-docs/downloads/lawrence_tx_20030626_decision-ussupreme-court.pdf (accessed August 8, 2014)

9 Israel, J. (2013). "Ken Cuccinelli's legal appeal and how he helped undermine Virginia's protections against adult sex with minors." *Think Progress* (April 3). http://thinkprogress.org/justice/2013/04/03/1816861/ken-cuccinellis-appeal-and-how-he-helped-underminevirginias-protections-against-adult-sex-with-minors/ (accessed August 8, 2014).

10 Kempner, M. (2013a). "Baton Rouge sheriff arrests men for sodomy, despite law being struck down a decade ago." *RH Reality Check* (July 31). http://rhrealitycheck.org/article/2013/07/31/baton-rouge-sheriff-arrests-men-for-sodomy-despite-law-being-struckdown-a-decade-ago/ (accessed August 8, 2014).

11 Gregory, S. (2013). "Louisiana sodomy sting: How invalidated sex laws still lead to arrests." *Time* (July 31). http://nation.time.com/2013/07/31/louisiana-sodomy-sting-howinvalidated-sex-laws-still-lead-to-arrests/ (accessed August 8, 2014).

12 Gay Lesbian Straight Education Network (GLSEN) (no date). "No homo promo laws." http://glsen.org/learn/policy/issues/nopromohomo (accessed August 8, 2014).

13 Kempner, M. (2013b). "Tennessee's newest 'Don't Say Gay Bill' is worse than it ever was." *RH Reality Check* (February 7). http://rhrealitycheck.org/article/2013/02/07/tennessee%E2%80%99s-%E2%80%9Cdon%E2%80%99t-say-gaybill%E2%80%9D-is-back-worse-than-before-as-its-sponsor-hits-ai/ (accessed August 8, 2014).

14 Kempner, M., "Baton Rouge sheriff arrests men for sodomy, despite law being struck down a decade ago."

15 Fuller, J. (2014). "The Arizona 'religious rights' bill—and where the fight might move next." The *Washington Post* (February 26). http://www.washingtonpost.com/blogs/the-fix/wp/2014/02/24/the-states-fighting-the-fight-between-religious-rights-vs-gay-rights/(accessed August 8, 2014).

16 Sanchez, R. and Marquez, M. (2014). "Arizona lawmakers pass controversial anti-gaybill." *CNN* (February 21). http://www.cnn.com/2014/02/21/us/arizona-anti-gay-bill/(accessed August 8, 2014).

17 Santos, F. (2014). "Arizona governor vetoes bill on refusal of service to gays." *New York Times* (February 26). http://www.nytimes.com/2014/02/27/us/Brewer-arizona-gayservice-bill.html?_r=0&module=ArrowsNav&contentCollection=U.S.&action=keypress®ion=FixedLeft&pgtype=article (accessed August 8, 2014).

18 Fuller, J. "The Arizona 'religious rights' bill—and where the fight might move next."

19 Kempner, M. (2013c). "Russia's anti-LGBTQ law leads to protests, pushback, and a reminder of our laws here at home." *RH Reality Check* (August 7). http://rhrealitycheck.org/article/2013/08/07/russias-anti-lgbtq-law-leads-to-protests-pushback-and-a-reminderof-our-laws-here-at-home/ (accessed August 8, 2014).

20 Grove, T. and Gutterman, S. (2014). "Russia's gays fear more violence after brutal murder." http://www.reuters.com/article/2013/05/13/us-russia-gay-idUSBRE94C0AX20130513 (accessed August 8, 2014).

21 Palmer, J. (2013). "Russia must explain its anti-gay law, says International Olympics Committee." Reuters (August 9). http://www.huffingtonpost.com/2013/08/09/russiagay-olympics-committee_n_3730925.html (accessed August 8, 2014).

22 Reilly, K. (2013). "Russia's anti-gay laws in line with public's views on homosexuality." Pew Research Center (May 5). http://www.pewresearch.org/fact-tank/2013/08/05/russias-antigay-laws-in-line-with-publics-views-on-homosexuality/ (accessed August 8, 2014).

23 Katz, A. (2013). "Russia's anti-gay laws: How a Dutch activist got caught in the crosshairs." *Time* (August 5). http://world.time.com/2013/08/05/russia-faults-in-first-test-of-antigay-propaganda-law-but-future-remains-bleak/#ixzz2vlAzYldd (accessed August 8, 2014).

24 Sengupta, S. (2014). "Antigay laws gain global attention; countering them remains a challenge." *New York Times* (March 1). http://www.nytimes.com/2014/03/02/world/africa/antigay-laws-gain-global-attention-countering-them-remains-challenge.html (accessed August 8, 2014).

찾아보기

가임력
- 임신중절 226~227
- 피임약 202

가짜 오르가슴 172~177
- 가짜 오르가슴 대 진짜 오르가슴 176
- 대화의 중요성 177
- 이유 174~175

가톨릭 사제, 아동학대 115~116
간성 ☞ 생물학적 성
강간(☞ 성폭행) 180~181, 334~340
- 부부의 섹스 340
- 알코올 302, 304~306
- 역사 335, 339
- 포르노그래피 346~348
- 환상 274

거친 섹스(☞ 성폭행) 178~181
게이 남성
- 아동 성추행 112~117
- 음경 18
- 항문 성교 150, 402~403

게이더 63~67
게이 언급 금지(Don't Say Gay) 법안 405~406
게이 인권 400~402, 406~409
결혼보호법(DOMA)
- 동성 커플 110~111, 400~401
- 동성 커플의 아이들 110~111

골반염 245, 309
관계
- 관계 밖 끌림 266~267
- 동성 커플 관계 95~96, 100

관계 문제, 불륜 278
관계 밖 끌림 266~267
- 정서적 불륜 280~281

관계 밖 섹스 277~278, 280, 282~283
구강성교
- 젊은이들 139, 141, 248
- 헤르페스 248~249

금욕적 접근, 성교육 359, 361
기혼 커플 대 독신자, 성적 만족 121, 123

남색법(☞ 항문 성교) 402~403
노인과 성 133, 135~137

대화의 중요성
- 가짜 오르가슴 177
- 성적 만족 125

독신과 커플, 성적 만족 121
동성 커플 관계(☞ 동성애) 95~96, 100
- 게이 인권 400~402, 406~409
- 동성 커플 관계 대 이성 커플 관계 95~98
- 동성 커플의 아이들 101~111
- 법적 이슈들 111, 402
- 불륜 281~282
- 사회적 지지 99
- 양육 99, 104

동성 커플의 아이들 101~111
- 결혼보호법(DOMA) 110
- 사회적 낙인 108
- 성 학대 105~106

젠더 이슈 106~107
동성애 ☞ 동성 커플 관계
동성애 연구와 치료를 위한 전미협회 (NARTH) 86
성적 지향 변화 노력(SOCE) 91
치료 83~86, 89~90, 92~93
프로이트, 지그문트(Freud, Sigmund) 84
회복치료 86~90, 92~94
동성애 연구와 치료를 위한 전미협회 (NARTH) 86
동시적 오르가슴 165~169, 171
동의, 정보 제공 동의, 포경수술 34~36
두꺼비 껍질과 분비샘, 최음제? 188
뒷물
규제 방식 22
여성 생식기 20, 23

레비트라(바데나필) ☞ 비아그라(실데나필)
테스토스테론 46

마조히즘, 여성의 환상 269
매독 246~247
문란함 ☞ 불륜
성교육 256~257, 355~359, 361, 363, 365
응급피임약 254~257
이중 잣대 263, 366~368, 370~371, 373, 375
인유두종바이러스 백신 253~254, 257
젊은이들 138~139, 141, 256~257, 366, 371~374
혹업 261~265
문화적 이슈들, 노인의 성 136
미국산부인과학회, 수술 25
미국소아과학회, 포경수술 30, 33

바데나필(레비트라) ☞ 비아그라(실데나필)
테스토스테론 46~47
바람피우기 ☞ 불륜
바이브레이터
오르가슴 169~170
자위 169~170
발기부전 315~316, 318~322
비아그라(실데나필) 318~321
비의료적 선택 318
테스토스테론 318
배란주기법, 임신/피임 196~197
백신
인유두종바이러스(HPV) 253~254, 257
HIV/에이즈 240
법적 이슈들
게이 언급 금지(Don't Say Gay) 법안 405~406
게이 인권 400~402, 406~409
결혼보호법(DOMA) 110, 400~401
구강성교 398
남색법 402~404
법정강간법 388, 390, 394, 396
성관계 합의 연령 387~391, 393~395, 398
섹스팅 384~386
포르노그래피 384~385
합의된 섹스 387, 391, 393, 395, 398
호모 홍보 금지(no homo promo) 법 404
법정강간법 388, 390, 396
게이 남성에 대한 편견 398
역사 388
인종적 편견 396
젠더 편견 397
차별적인 법 집행 394~395, 398
피해자? 393~394
법정강간법의 역사 388
보이스카우트 116

부부의 섹스
강간 338~340
성적 만족 121~126, 129~130
성폭행 338, 340
부작용
임플란트 206~208
최음제 188~189
테스토스테론 45, 47~48, 318
피임약 201~205
호르몬 보충 치료 46
북미간성협회(ISNA) 55~56, 58
불륜(☞ 질투, 문란함) 277~283
결과 282
관계 문제 278
권력 279~280
기분 279
기회 280
동성 커플 281~282
성격 279
성병 283
자신감 280
정서적 불륜 280~281
지배 279
캐주얼섹스 경험 262, 264

사정 전 분비액 안의 정자 216~217
사정 전 분비액, 정자 216~217
사회적 낙인, 동성 커플의 아이들 108
사회적 지지, 동성 커플 99~100
생물학적 성 49~50, 52, 54~55, 59, 74~75
변이 49~50, 52
북미간성협회 55~56, 58
언어/용어 54~55
염색체 변이 51, 74
치료법 55
허머프로다이트 54
호르몬 보충 치료 53
호르몬 이상 52
선천성 부신증식증(CAH) 53
성관계 합의 연령 387~391, 393~395, 398
성교육(☞ 젊은이들) 355~359, 361, 363, 365
게이 언급 금지(Don't Say Gay) 법안 405~406
금욕적 접근 359
목표 358
문란함 256, 364
성병 비율 361
성행위 장려 356
임신 비율 361
처녀성 서약 362~363
콘돔 363~365
호모 홍보 금지(no homo promo) 법 404
성병(☞ HIV/에이즈) 242~249, 251~254, 256~257, 309
노인과 성 137
매독 246~247
불륜 282~283
예방 250~251
인유두종바이러스(HPV) 32, 223, 249~251
임질 245~246
자궁 내 장치 210~211
체외사정법 216
치료 243~247, 250~251
콘돔 211, 219~220, 222~223, 249
클라미디아 244~245
트리코모나스증 247
포경수술 29~32
항문 성교 146~147, 181
헤르페스 248~249, 309
성욕 ☞ 성 중독, 성 충동

성욕 감소 284
성욕 차이 286~287
약물 189~190
잘 맞음 284
젠더 차이 285~286
트랜스젠더 79
피임약 203
성욕 감소, 성욕 284
성욕 차이, 성욕 286~288
성적 만족
결혼 후 섹스 125~127
기혼 커플 대 독신자 121
대화의 중요성 125, 176~177
독신과 커플 121
따분한 섹스 125, 127
성적 만족 대 열정 126~127, 129
쿨리지 효과 128
성적 지향
게이더 63~67
양성애 69~73
성적 지향 변화 노력(SOCE) 85, 91
성 중독 323~327, 332~333
익명이 성 중독자 모임(SA) 325~326
자위 324, 326, 331~332
진단 325, 327~330
충동적·강박적 성 행동(ICSB) 331~332
포르노그래피 348~350
성 충동 ☞ 성욕, 성 중독
에스트로겐 46~47
여성들 47~48
정서 45, 48
테스토스테론 44, 46~48
성폭행(☞ 강간) 334~338, 340
부부의 섹스 339
알코올 302, 305~306
역사 335, 339
포르노그래피 345~348
합의된 섹스 302, 304, 306, 336~341
성 학대 ☞ 아동학대
동성 커플의 아이들 105~106
세균성 질증 311
섹스와 노인 131, 137
섹스 중 통증 179~181, 307, 309~312
섹스토이 133
섹스팅 377~386
법적 이슈들 384
소아성애자 113, 116
수술 ☞ 포경수술
미국산부인과학회 25
외음부 24, 26
음경 15
음핵 36, 55~56, 80~81
젠더 결정 56, 59
질 24
트랜스젠더 78~79
파트너들의 시선 25
순종
거친 섹스 178~181
여성의 환상 270, 274
시알리스(타다라필) ☞ 비아그라(실데나필)
신체 부위
노인의 성 133
음경 크기와의 상관관계 15~16
실데나필(비아그라)
발기부전 315~316, 318~321
부작용 318~320
즐기기 위한 사용 189, 320~321
최음제? 189
십 대의 성 행동 ☞ 젊은이들

아동 성추행, 게이 남성 112~117
아동학대(☞ 성 학대) 113~116

가톨릭 사제 115~116
동성 커플의 아이들 104~105
안드로겐 무감응 증후군 53
알약 ☞ 피임약
알코올 295~302, 304~306
강간 302~303, 305
사회적 윤활제 297
성폭행 302, 304~306
젊은이들 299, 301
최음제? 187
콘돔 300
합의된 섹스 302, 304, 306, 336~337
훅업 262
홍분 효과 295~296
알코올 근시 이론 297~298
알코올 기대 이론 298~299
암
유방암 202, 226~230
자궁경부암 32, 250~251, 253~254
포경수술 30~33
애정, 노인과 성 132
양성애 68~73
양육, 동성 커플 99, 106, 110
에스트라테스트 47
에스트로겐
테스토스테론 46~47
여성 생식기(☞ 질, 외음부) 20, 23~24, 26~27
여성 음부 훼손(FGM) 36~37
여성의 환상 269~275
마조히즘 269
순종 270, 274
지배 274
여성 청결제, 여성 생식기 20
역사
강간 334~335, 338~340
성폭행 335, 337~338, 340
자위 324
처녀성/처녀성 상실 155~160
열정 대 성적 만족 126~127, 129
염색체 변이, 생물학적 성 51~52, 74
오르가슴
가짜 오르가슴 172~177
바이브레이터 169~170
올바른 길 168
음핵 오르가슴 40~41, 165, 167
자극 165~169
지스폿 39~43
오프라벨 테스토스테론 47
외음부(☞ 질) 20~21, 23~24, 26~27
관리 21
뒷물 21~23
수술 24~26
여성 청결제 20
인식 23
외음부통증 311~313
요로 감염, 포경수술 31
요힘베, 최음제? 188
위기임신센터, 임신중절 226, 230~231
유방암
임신중절 226~230
피임약 202~203
윤활액 308
폐경 134
음경 15~19
게이 남성 18
수술 15
신체 일부, 크기와의 상관관계 15~16
크기와 만족 16~18
크기의 다양함 15
큼/좋음의 상관관계 19
음경 협착 56

음모 26~27
음핵
선천성 부신증식증 53
수술 55~56, 80~81
음핵 대 지스폿 39~43
음핵 오르가슴 40
응급피임약, 문란함 257
이중 잣대
문란함 369
포경수술 37~38
훅업 263~264, 375
익명의 성 중독자 모임(SA), 성 중독 325~326
인삼, 최음제? 188
인유두종바이러스(HPV) 249~251
백신 253~254, 257
자궁경부암 32, 250~251, 253~254
콘돔 222~223
포경수술 32
인종적 편견, 법정강간법 396
임신 ☞ 임신/피임
계산 196, 213
상식 198
생물학 195
자궁 외 임신 210~211
통계 197~198
임신중절
가임력 227
안전성 227
위기임신센터 226, 230~231
유방암 226~230
자궁 내 장치 211
정신건강 226, 229
임신/피임 195, 197~198, 200~201, 204, 206, 208, 210~214, 216, 218~219, 221, 231
먹는 피임약 200~206
배란주기법 196~197
응급피임약 257
임신 195~198
임플란트 206~208
자궁 내 장치 208~211
체외사정법 213~217
콘돔 144, 214, 216
콘돔 이용 프로그램 256
호르몬 피임법 200, 204, 206
임질 245~246, 309
임플란트
부작용 206~208
임신/피임 206~207

자궁경부암, 인유두종바이러스 32, 250~251, 253
자궁 내 장치 208~211
골반염 209~210
성병 211
유산 211
임신/피임 210~211
자궁 외 임신 210~211
자궁 외 임신, 자궁 내 장치 210~211
자위 182~185
낙인 184
바이브레이터 169~170
성 중독 323~327, 332~333
젊은이들 141
파트너 184~185
포경수술 29, 33
포르노그래피 342~345
잘 맞는 성욕 284, 288
장난스러운 섹스, 노인의 성 133
전정부통증 311~313
젊은이들 ☞ 성교육

구강성교 139~142, 248~249, 358~359
문란함 253~254, 256
성관계 합의 연령 387~391, 393~395, 398
성 행동 138~143
섹스팅 377~386
알코올 299~301
자위 141
콘돔 300
포르노그래피 351~352, 384~385
합의된 섹스 387, 391, 393, 395, 398
항문 성교 140~141
정보 제공 동의, 포경수술 34, 36
정서적 불륜
불륜 280
정신, 성적 충동 45, 48
정신건강, 임신중절 226~227, 229
젠더
생물학적 성 49~50, 52, 54~55, 59
트랜스젠더 50, 60, 75
젠더 결정 56, 59
수술 55~59
젠더 정체성(☞ 성적 지향) 49~50, 59, 76
젠더 차이, 성욕 285~286
젠더 편견, 법정강간법 397
젠더 표현 75~76
중독, 성 ☞ 성 중독
지배
거친 섹스 178~181
여성의 환상 274~275
지스폿 39~43
오르가슴 39~43
지스폿 대 음핵 39~43
성적 지향 ☞ 젠더 정체성, 동성애
게이더 63~67
양성애 68~73
진균 감염 310
질(☞ 외음부) 20~24, 28
관리 21
뒷물 21~23
수술 24~25
여성 청결제 20
질염 310~311
질투(☞ 불륜) 291~294

처녀성 서약, 성교육 362~363
처녀성 유지, 항문 성교 146, 150~151
처녀성/처녀성 상실 155~161, 163
역사 156~157, 159
자신의 견해 159~160
체모 27
체외사정법, 임신/피임 213~217
체중 증가, 피임약 203
초자(超雌, XXX) 52
최음제 186~190
부작용 188~189
충동적·강박적 성 행동(ICSB), 성 중독 331~332

칸디다 알비칸스 310
칸타리스(스패니시 플라이), 최음제? 187
캐주얼섹스 경험(☞ 불륜) 262, 264
콘돔 219~225
성교육 363, 365
성병 211, 219~220, 222~223, 249
알코올 299~301
인유두종바이러스(HPV) 223
임신/피임 144, 213~214, 216
젊은이들 299
즐거움 224~225
피임 성공률 221
B형간염 251

HIV/에이즈 223
쿨리지 효과, 성적 만족 128
클라미디아 244~245, 309
클라인펠터 증후군 51

타다라필(시알리스) ☞ 비아그라(실데나필)
터너 증후군 51
테스토스테론 44~48
남성 44~45, 135
바데나필(레비트라) 46
발기부전 318~319
부작용 46~48, 318
성욕 44~48
에스트로겐 46~47
여성 46~48
오프라벨 47
호르몬 보충 치료 46
DHT 부전증 53
트랜스젠더 50, 60, 75~79
성욕 80
수술 78, 80~82
장애물 82
트리코모나스증 247, 309

폐경, 노인과 성 134
포경수술 29~38
건강상 장점 31
문화의 역할 36
미국소아과학회 30~31, 33~34
성 기능에 대한 영향 33
성병 29~30, 32~33, 133, 165
암 30~32
여성 음부 훼손(FGM) 36~37
요로 감염 31
위험 30, 34~36
윤리적 논란 34, 36
이중 잣대 37
인유두종바이러스(HPV) 32
자위 29, 33
정보 제공 동의 34, 36
종교의 역할 36
학문적 논란 29
HIV/에이즈 29~32, 34~35
포르노그래피 342~352
강간 346~348
법적 이슈들 384
성 중독 348~350
섹스팅 377~386
시선과 편향 344~345
자위 342~343
청소년 351, 377~378, 380~381, 383~384
프로이트, 지그문트(Sigmund Freud), 동성애 84
피임약 200~206
가임력 202
문란함 254, 256
부작용 201, 203~205
성욕 203
유방암 202
체중 증가 203~204

합의된 섹스
법적 문제 396
성관계 합의 연령 387~391, 393~395, 398
성폭행 337~338, 340
알코올 관련 섹스 302, 336
연령 미달 388
항문 성교 146~152
게이 남성 150, 402, 404
남색법 402~404
동기 151

성병 146, 181
이성애자 146~150
젊은이 139, 141
처녀성 유지 146, 150~151
HIV/에이즈 147, 181
허머프로다이트 54
헤르페스 248~249, 309
구강성교 248~249
호르몬 보충 치료
남자 45
부작용 46~48
에스트로겐 46~47
여성 46~47
테스토스테론 45~48, 135
트랜스젠더 79
호르몬의 변화
남자 135
노인의 성 133, 136
호르몬 이상, 생물학적 성 52
호르몬 피임법, 임신/피임 200, 204, 206
호모 홍보 금지(no homo promo) 법 404
환상
강간 274
관계 밖 끌림 266~267
여성의 환상 269~275
효모 감염 310
훅업(☞ 문란함) 261~265
이중 잣대 263~264, 375

AAP ☞ 미국소아과학회
ACOG ☞ 미국산부인과학회
AIS ☞ 안드로겐 무감응 증후군
AMT ☞ 알코올 근시 이론

B형간염, 콘돔 251
BV ☞ 세균성 질염

DHT 부전증 53
DOMA ☞ 결혼보호법

ED ☞ 발기부전

FGM ☞ 여성 음부 훼손

HIV/에이즈
백신 240~241
예방 241~242
완치? 235, 238~239
전염 222~223
콘돔 223
포경수술 29~35
항문 성교 146~147, 181

ICSB ☞ 충동적·강박적 성 행동
ISNA ☞ 북미간성협회

PID ☞ 골반염

STIs ☞ 성병

XXX 증후군 52
XYY 증후군 51~52

지은이

페퍼 슈워츠 Pepper Schwartz

페퍼 슈워츠는 워싱턴대학의 사회학 교수이다. 미네소타대학 성건강센터 이사회 현대가족위원회의 선임연구원이며, 샌프란시스코 통합연구소 성 연구 박사과정 자문위원회의 위원장이다. *The Getaway Guide to a Great Sex Weekend*(2012), *The Normal Bar: The Surprising Secrets of Happy Couples*(2013), *Dating After 50 for Dummies*(2014)를 비롯해 20여 권의 책을 썼으며 수차례 전미도서상을 수상했다.

마사 켐프너 Martha Kempner

마사 켐프너는 작가, 컨설턴트, 성 건강 전문가이다. 청소년, 부모, 교육가, 정책입안가들을 위해 여러 권의 책을 썼다. 현재 생식 건강과 권리에 전념하는 온라인 뉴스 매체 *RH Reality Check*의 성 건강 전문가로 재직 중이다. 뉴욕대학에서 섹슈얼리티 연구로 석사학위를 받았다.

옮긴이

고경심

서울대학교 의과대학을 졸업하고 서울대학교병원 산부인과 전공의를 거쳐 산부인과 전문의가 되었다. 신천연합병원 산부인과 과장, 단국대학교병원 산부인과 교수를 거쳐 고양시에서 메이산부인과 원장으로 재직하면서 여성 질환과 성에 대한 진료 및 상담을 해왔다.

유채영

서울대학교에서 사회복지학 박사학위를 받고 정신보건 및 중독 분야의 사회복지사로 일했으며, 충남대학교 사회과학대학 사회복지학과 교수로 재직 중이다. 「사회복지전공 대학생의 성교육과 성태도가 성문제 개입의도에 미치는 영향에 대한 탐색적 연구」(2017, 공저), 「대학생 문제음주의 심리사회적 영향요인에 관한 연구」(2016, 공저) 등 관련 연구논문이 있다.

이수연

서울대학교 사회학과를 졸업하고, 충남대학교에서 사회복지학 박사과정에 있다. 종촌종합복지센터 가정·성폭력 통합상담소에서 일하고 있다. 관심 분야는 사회복지 실천가들의 성 문제 개입 역량 강화이다. 「사회복지사의 성문제 개입의도와 영향요인에 관한 연구」(2016)로 석사학위를 받았다.

인간의 성에 관한 50가지 신화

지은이 **페퍼 슈워츠, 마사 켐프너** | 옮긴이 **고경심, 유채영, 이수연**
펴낸이 **김종수** | 펴낸곳 **한울엠플러스(주)**
편집책임 **최규선** | 편집 **임혜정**

초판 1쇄 인쇄 **2019년 3월 15일** | 초판 1쇄 발행 **2019년 3월 25일**

주소 **10881 경기도 파주시 광인사길 153 한울시소빌딩 3층**
전화 **031-955-0655** | 팩스 **031-955-0656** | 홈페이지 **www.hanulmplus.kr**
등록번호 **제406-2015-000143호**

Printed in Korea.
ISBN 978-89-460-6547-5 03330 (양장)
978-89-460-6591-8 03330 (반양장)

* 책값은 겉표지에 표시되어 있습니다.